張大可
韓兆琦 等 注譯

新譯資治通鑑

（五）

漢紀二十—二十七

三民書局 印行

國家圖書館出版品預行編目資料

新譯資治通鑑(五) / 張大可,韓兆琦等注譯.——初
版一刷.——臺北市: 三民, 2017
冊; 公分.——(古籍今注新譯叢書)
ISBN 978-957-14-6223-3 (平裝)
1. 資治通鑑 2. 注釋

610.23 105022866

© 新譯資治通鑑(五)

注譯者	張大可 韓兆琦等
責任編輯	陳榮華
美術設計	李唯綸
發行人	劉振強
著作財產權人	三民書局股份有限公司
發行所	三民書局股份有限公司
	地址 臺北市復興北路386號
	電話 (02)25006600
	郵撥帳號 0009998-5
門市部	(復北店) 臺北市復興北路386號
	(重南店) 臺北市重慶南路一段61號
出版日期	初版一刷 2017年1月
編號	S 034070

行政院新聞局登記證局版臺業字第〇二〇〇號

ISBN 978-957-14-6223-3 (平裝)

http://www.sanmin.com.tw 三民網路書店
※本書如有缺頁、破損或裝訂錯誤,請寄回本公司更換。

新譯資治通鑑 目次

第五冊

卷第二十八

漢紀二十

起昭陽作噩（癸酉　西元前四八年），盡屠維單閼（己卯　西元前四二年），凡七年。

【題解】本卷記事起西元前四八到前四二年，凡七年，當漢元帝初元元年至永光二年。漢元帝是一位典型的昏君，說好聽一點是一位中庸之君，其特點是可與為善，也可與為惡。漢元帝親近宦官弘恭、石顯，以及外戚史高、許嘉等人，則辦出糊塗事，可以逼殺自己尊敬的老師大儒蕭望之；漢元帝親近蕭望之、周堪、劉向等人，則可以舉賢、納諫，並克己奉公，做出表率。本卷所載大事，主要有三個方面。其一，漢元帝舉賢納諫。王吉、貢禹是所舉賢者之一，兩人均為大儒。漢元帝起用蕭望之、周堪、劉向、張猛等人，亦皆大儒。漢元帝採納貢禹之言，為政節儉，下詔御廚房不要每天殺牲，省膳，減少飲食一半，立即停止宮殿的修繕，減少御用馬，撤銷角抵遊戲，釋放上林苑行宮中稀見的宮女回家，撤銷齊地的皇家織造廠，裁撤北假的軍事屯田，廢除刑法七十多條判例，發放賑濟，擴大太學和郡國學校招收生徒的名額，能精通一經的士人免除田租差役。漢元帝又採納賈捐之上書，停止征討海南島珠厓郡夷人的叛亂。這些都是善政。其二，以主要篇幅記載權臣鬥爭。中宮弘恭、石顯，外戚史高、許嘉，兩派勾結對付朝官，中堅人物為石顯。朝官蕭望之、周堪、劉向、張猛等人為中堅，志在除惡，劉向是朝官派的急先鋒，他的上書刀光劍影，直指對立面石顯，但仍隱晦其辭，不敢直呼其名。純儒派官僚貢禹、薛廣德、韋玄成、匡衡等依違其間。鑽營派官僚鄭朋、諸葛豐、賈捐之、楊興等人，推波助瀾，他們奔走於權貴之門，策劃陰謀詭計於密室，寡廉鮮恥巧言鑽營，一副小人嘴臉，描繪得栩栩如生。常語說，疏不間親。漢元帝貼近中官和外戚，石顯有恃無恐，朝官派事事先發難而常敗北。蕭望之自殺，劉向、周堪、張猛等人被罷官。其二，漢元帝羈縻北匈奴郅支單于，過於妥協，送還質子，派大臣直送至郅支王庭，示人以弱，郅支反而不買帳，殺漢使而西走，大為失計。馮奉世果決平定隴西羌人叛亂，鞏固了邊防，穩定了西域，這為後來西域都護斬殺郅支奠定了基礎。

孝元皇帝❶上

初元元年（癸酉　西元前四八年）

春，正月辛丑❷，葬孝宣皇帝于杜陵❸；赦天下。

三月丙午❹，立皇后王氏❺，封后父禁為陽平侯。○以三輔、太常、郡國公田及苑可省者振業❻貧民；貲❼不滿千錢者，賦貸種、食❽。○封外祖[1]平恩戴侯同產弟子❾中常侍❿許嘉為平恩侯。

夏，六月，以民疾疫，令太官⓫損膳⓬，減樂府⓭員，省苑馬⓮，以振困乏⓯。

秋，九月[2]，關東⓰郡、國十一大水⓱，饑⓲，或人相食，轉旁郡錢穀以相救⓳。

上素聞琅邪⑳王吉、貢禹㉑皆明經潔行㉒，遣使者徵之。吉道病卒。禹至，拜為諫大夫㉓。上數虛己㉔問以政事[3]，禹奏言：「古者人君節儉，什一而稅㉕，無他賦役，故家給人足。高祖、孝文、孝景皇帝，宮女不過十餘人，廄馬㉖百餘匹。後世爭為奢侈，轉轉益甚㉗；臣下亦稍[4]放㉘效。臣愚以為如太古㉙難，宜少㉚放古以自節㉛焉。方今宮室已定，無可柰何矣；其餘盡可減損。故時齊三服官㉜，輸物不過十笥㉝；方今齊三服官，作工各數千人，一歲費數鉅萬㉞，廄馬食粟將萬匹㉟。武帝時，又多取好女㊱至數千人，以填㊲後宮。及棄天下㊳，多藏㊴金錢、財物，鳥獸、魚鼈凡百九十物；又皆以後宮女置於園陵㊵。至孝宣皇帝時，陛下惡有所言㊶，羣臣亦隨故事㊷，甚可痛也！故使天下承化，取㊸女皆大過度㊹；諸侯妻妾或至數百人，豪富吏民畜歌者至數十人。是以內多怨女，外多曠夫。及眾庶㊺葬埋，皆虛地上以實地下。其過自上生㊻，皆在大臣循故事之罪也。唯陛下深察古道，從其儉者：大減損乘輿服御器物，三分去二；擇後宮賢者，留二十人，餘悉歸㊼之，及諸陵園女無子者，宜悉遣㊽；廄馬可無過數十匹，獨舍㊾長安城南苑地㊿，以為田獵之囿。以[5]方今天下饑饉，可無(51)大自損減(52)以救之，稱天意(53)乎？天生聖人，蓋為萬民，非獨使自娛樂而已也。」天子納善其言，下詔，令諸宮館希御幸(54)者勿繕治，太僕(55)減穀食馬(56)，水衡(57)減[6]肉食獸(58)。

臣光曰：「忠臣之事君也，責其所難(59)，則其易者(60)不勞而正(61)；補其所短，則其長者不勸而遂。孝元踐位之初，虛心以問禹，禹宜先其所急，後其所緩。然則優游不斷(62)，讒佞用權(63)，當時之大患也，而禹不以為言；恭謹[7]節儉，孝元之素志(64)也，而禹孜孜言之。何哉？使禹之智不足以知，烏(65)得為賢！知而不言，為罪愈大矣！」

匈奴呼韓邪單于(66)復上書，言民眾困乏。詔雲中、五原郡(67)轉穀二萬斛以給之。

是歲，初置戊己校尉(68)，使屯田車師故地(69)。

【章旨】以上為第一段，著重寫孝元皇帝初即位，徵召賢者，問政於貢禹。貢禹畏難避禍，不言急務而言枝節，受到司馬光的批評。

【注釋】❶孝元皇帝　名「奭」，漢宣帝劉詢之子，西漢第八代皇帝，西元前四八至前三三年在位。❷辛丑　正月初四日。❸杜陵　古杜伯國，漢宣帝陵所在地，在今陝西長安東北。❹丙午　三月初十日。❺皇后王氏　漢元帝王皇后，名政君（西元前七一—前一三年），王莽之姑。歷元、成、哀、平四帝，先後為皇后、皇太后、太皇太后，長達六十一年，使王氏外戚專擅朝政，為王莽代漢鋪平了道路。傳見《漢書》卷九十八。❻振業　興業。指農民有耕地作業。元帝即位，詔令京師三輔（京兆尹、右扶風、左馮翊）、太常所掌諸陵，郡國等各級政府部門所掌公田，以及皇室禁苑的多餘公田，假貸給貧民耕作。❼貲　同「資」。資產。❽賦貸種食　供給和借貸給種子和糧食。賦，給予；贈送。此指政府無償供給。❾同產弟子　同母所生兄弟之子，親姪兒。漢元帝外祖平恩戴侯許廣漢因受腐刑無後，以其姪許嘉襲爵平恩侯以繼其後。此言「封」，是指政府對許嘉的襲爵，正式頒賜冊書。⑩中常侍　官名，西漢時，朝官加中常侍或侍中，可出入內宮，給事皇帝。東漢專以宦官為中常侍，傳達詔令奏議，宦官得以弄權。⑪太官　官名，執掌皇帝膳食。⑫損膳　減少供給皇帝及嬪妃的膳食。⑬樂府　官府名，長官為樂府令。掌朝會宴享及出遊的音樂，兼採集民間詩歌及樂曲。⑭苑馬　政府諸苑所養戰馬。西漢極盛時，文、景、武之世，西北沿邊諸郡，有苑馬場三十六所，養馬三十萬匹。這裡專指皇家禁苑廄馬，有一萬匹。⑮以振困乏　用損膳等措施節省的費用救濟困苦和缺少生活物資的民眾。振，救濟。困乏，貧困的人。⑯關東　指函谷關以東。⑰郡國十一大水　據《漢書》卷九〈元帝紀〉，元帝初元元年九月，中原地區有十一個郡、國發生大水災。⑱饑　災荒。《爾雅・釋天》：「饑，穀不熟為饑。」⑲轉旁郡錢穀以相救　政府調轉未受災鄰郡的錢穀去救濟受災的郡國。轉，調轉。旁郡，相鄰的郡。⑳琅邪　郡名，治所東武，在今山東諸城。㉑王吉貢禹　皆為漢元帝時大儒。王吉，字子陽。貢禹，字少翁，與王吉友善，官至御史大夫。傳均見《漢書》卷七十二。㉒明經潔行　精通經學，品行清廉。㉓諫大夫　官名，郎中令屬官，掌議論，拾遺左右。㉔虛己　指皇帝虛心聽諫。㉕什一而稅　徵收十分取一的賦稅，即稅率百分之十。㉖廄馬　專指皇家禁苑的馬匹，供皇帝出行及儀仗之用。㉗轉轉益甚　奢侈之風，越來越加劇。轉轉，成倍翻番增長。㉘放　通「仿」。㉙太古　遠古。指儒家所褒美的堯舜時代。㉚少　通「稍」。㉛自節　自為節儉。㉜齊三服官　在齊地臨淄（在今山東）設立的皇家織造廠，供給製作春秋、冬、夏不同季節服飾的絲織品，故稱三服官。㉝笥　方形竹箱。㉞鉅萬　大萬，即萬萬、億。㉟將萬匹　近萬匹。㊱好女　美女。㊲填　充實。㊳棄天下　皇帝死去的委婉說法。㊴多藏　指厚葬，埋下很多的錢物在陵墓中。㊵置於園陵　安置在墓園，看守墳墓。㊶惡有所言　厭惡談論節葬的話。㊷隨故事　沿用舊例。此指葬宣帝，依照漢武帝厚葬的舊例。㊸取　通「娶」。聘娶。㊹過度　超過制度。㊺眾庶　普通老百姓。㊻其過自上生　這種厚葬的過失，是由皇上造成的。㊼歸　將宮女釋放回家。㊽遣　發遣；釋放看陵宮女。㊾獨舍　只保留。㊿長安城南苑地　秦漢京師上林苑，範圍數百里，今只保留南苑，因南苑為終南山地，餘皆闢為耕地。(51)可無　能不。(52)大自損減　大幅度地減少支出。(53)稱天意　符合上天的意願。(54)希御幸　皇帝很少駕臨。希，同「稀」。(55)太僕　官名，九卿之一，掌皇帝車馬。(56)減穀食馬　減少用糧食餵養的馬匹。漢制，皇帝有六廄，各養馬萬匹。(57)水衡　官名，水衡都尉之省稱。掌上林苑馴養禽獸。(58)肉食獸　吃肉食的動物，如虎、豹等。(59)責其所難　要求君王先做難事。這裡指斥逐群小。(60)易者　容易做到的事，這裡指節儉。(61)不勞而正　不用費力即可走上正軌。(62)優游不斷　即優柔寡斷。(63)用權　執掌政權。(64)素志　平素的志向。(65)烏　怎能。(66)呼韓邪單于　匈奴單于欒提稽侯狦，西元前五八至前三一年在位。宣帝甘露二年（西元前五二年），呼韓邪歸附漢朝，漢匈和親，結束了長達八十三年的戰爭。(67)雲

中五原郡　皆為朔方邊郡。雲中郡治所雲中，在今內蒙古托克托北。五原郡治所九原，在今內蒙古包頭西北。㊳戊己校尉武官名，戊己兩校尉，掌西域車師屯田，巡護諸國。兩漢戊己校尉屯田車師，常駐高昌壁，在今新疆吐魯番東南。因車師分前後兩部，故戊己為兩校尉。㊴屯田車師故地　宣帝元康二年（西元前六四年），以車師地給與匈奴。現匈奴歸附，故復屯田故地。車師，西域國名，宣帝時分為前後兩部。車師前國，王治交河城，在今新疆吐魯番西北。車師後國，王治務塗谷，在今新疆奇臺西南。

【校　記】①外祖　據章鈺校，乙十一行本、孔天胤本皆作「外祖父」，張敦仁《通鑑刊本識誤》同。②秋九月　原無此三字。據章鈺校，乙十一行本、孔天胤本皆有此三字，傅增湘校北宋本同，今據補。③事　原無此字。據章鈺校，乙十一行本、孔天胤本皆有此字，傅增湘校北宋本同，今從補。④稍　據章鈺校，乙十一行本作「相」，傅增湘校北宋本同。⑤以　據章鈺校，乙十一行本無此字。⑥減　據章鈺校，乙十一行本作「省」，傅增湘校北宋本同。⑦謹　據章鈺校，孔天胤本作「勤」。

【語　譯】孝元皇帝上

初元元年（癸酉　西元前四八年）

春，正月初四日辛丑，安葬孝宣皇帝於杜陵。下詔大赦天下。

三月初十日丙午，冊立皇后王氏，封皇后父親王禁為陽平侯。〇詔令將京師三輔、太常、郡國所掌公田，以及皇室禁苑可以節省的土地假貸給貧民耕作；資產不到一千錢的貧民，賑濟或借貸給種子、糧食。〇封外祖父平恩戴侯許廣漢的同胞弟弟的兒子中常侍許嘉為平恩侯。

夏，六月，因為民間流行傳染病，命令太官減少宮中膳食，裁減樂府人員，減少禁苑馬匹，用來賑濟貧困缺吃少穿的民眾。

秋，九月，函谷關以東十一個郡和諸侯國發生大水災，鬧饑荒，有的地方人吃人，於是轉運相鄰郡縣的錢穀加以賑救。

皇上早就聽說琅邪郡人王吉、貢禹都精通經術、德行高潔，就派遣使者徵召他們。王吉病死在赴京師的途中。貢禹到達京師，被任命為諫大夫。皇上多次向貢禹虛心詢問政事，貢禹上奏說：「古代國君節儉，只徵收十分之一的賦稅，沒有其他的賦稅徭役，因此家家富裕，人人豐足。高祖皇帝、孝文皇帝、孝景皇帝，宮女不過十多個人，皇家馬棚裡的馬只有一百多匹。後代爭相奢侈，越來越厲害；臣子也逐漸仿效。我個人認為，回到太古時代也太難，但應該稍稍仿效古人，自行節儉。如今宮室已成定制，沒有辦法裁減；但其他方面都可以減省。從前齊國的三服官，每年供奉衣物不超過十箱；如今齊國的三服官，製作工匠各有幾千人，每年費用幾億，御用馬圈裡用糧食餵養的馬上萬匹。武帝時，又多方選取美人幾千人，用來充實後宮。等到他去世後，隨葬的金錢、財物、鳥獸、魚鱉等多達一百九十種；又把後宮女全部安置去守護園陵。等到孝宣皇帝去世時，皇上厭惡節葬的言論，群臣依循舊例厚葬，這真是令人痛心啊！所以使得天下受到影響，聘娶女子都大大超過了規制：諸侯的妻妾有的多達幾百人，豪紳富民和官吏畜養的歌伎多到幾十人。因此，宮室內和豪民家裡多有未嫁的怨女，社會上多有光棍漢。以致普通老百姓喪葬時，都用盡地上有用的東西，葬入地下。這種厚葬陋習是由皇上造成，又都是大臣依循舊例的罪過啊！願皇上深深考察古代治國的道理，效法他們的節儉：大大減損車乘衣物和御用器物，三分去二；選擇後宮賢淑的女子，留下二十人，其餘的都放她們回家，至於留守在園陵的沒有子女的女子，應當全部遣送回家；皇家馬棚裡的馬不要超過幾十匹，只留下長安城南的苑囿，作為打獵的苑囿。由於現今天下饑荒，能不大量減省費用來救災，順合天意嗎？天生聖人，是為了萬眾百姓，並不是要讓他獨享快樂。」元帝讚賞並採納貢禹的建議，頒下詔書，命令凡很少駕臨的宮館，不必整修，太僕減少用糧食餵養的馬匹，掌管禁苑的水衡都尉，減少餵養肉食的野獸。

司馬光說：「忠臣侍奉國君，職責是督促國君先做難做的事，這樣，那些容易做的事不費力氣就可走上正軌；彌補了國君的短處，那麼國君的長處不用鼓勵也能發揮。孝元皇帝即位之初，虛心詢問貢禹，貢禹應該首先提出皇上急需辦理的事，然後提出緩辦的事務。然而孝元皇帝優柔寡斷，讒佞之人專權，這才是當時的大患。可是貢禹不針對這些提出建議；恭謹節儉，是孝元皇帝平素的志向，貢禹卻絮絮叨叨地說這些。這是為什麼呢？如果貢禹的智慧認識不到，怎麼能稱為賢者！如果貢禹知道而不言，那他犯的罪就更大了！」

匈奴呼韓邪單于再次上書朝廷，訴說匈奴民眾生活困乏。孝元皇帝下詔雲中、五原兩郡轉運二萬斛糧食供給匈奴。

這一年，開始設置戊己兩校尉，令他們在從前車師國境內屯田。

二年（甲戌　西元前四七年）

春，正月，上行幸甘泉❶，郊❷泰畤❸。樂陵侯史高❹以外屬❺領尚書事❻，前將軍❼蕭望之❽、光祿大夫❾周堪❿為之副。望之名儒，與堪皆以師傅舊恩⓫，天子任⓬之，數宴見⓭，言治亂，陳王事⓮。望之選白⓯宗室明經有行⓰，散騎⓱、諫大夫劉更生⓲給事中⓳，與侍中⓴金敞並拾遺左右㉑。四人同心謀議，勸導㉒上以古制，多所欲匡正㉓。上甚鄉納㉔之。史高充位㉕而已，由此與望之有隙。

中書令㉖弘恭㉗、僕射㉘石顯㉙，自宣帝時久典樞機㉚，明習文法。帝即位多疾，以顯久典事，中人㉛無外黨㉜，精專㉝可信任，遂委以政，事無大小，因顯白決㉞，貴幸傾朝㉟，百僚皆敬事顯。顯為人巧慧㊱習事㊲，能深得人主微指㊳，內深賊㊴，持詭辯，以中傷人，忤恨睚眦㊵，輒被以危法㊶；亦與車騎將軍㊷高為表裏，議論常獨持故事㊸，不從望之等。

望之等患苦㊹許、史放縱㊺，又疾恭、顯擅權，建白㊻以為：「中書政本，國家樞機，宜以通明公正處之[47]。武帝游宴後庭，故用宦者，非古制也[48]。宜罷中書宦官，應古不近刑人之義[49]。」由是大與高、恭、顯忤[50]。上初即位，謙讓，重改作[51]，議久不定，出[52]劉更生為宗正[53]。

望之、堪數薦名儒、茂材以備諫官[54]，會稽[55]鄭朋陰欲附望之，上疏[1]言車騎將軍高遣客為姦利郡國，及言許、史子弟罪過。章視周堪[56]，堪白：「令朋待詔金馬門[57]。」朋奏記[58]望之曰：「今將軍規撫[59]，云若管、晏[60]而休[61]，遂行日昃[62]，至周、召[63]乃留[64]乎？若管、晏而休，則下走[65]將歸延陵[66]之皋，沒齒[67]而已矣。如將軍興周、召之遺業，親日昃之兼聽[68]，則下走其庶幾[69]願竭區區[70]奉萬分之一！」望之始見朋，接待以意[71]；後知其傾邪[72]，絕不與通[73]。朋，楚士[74]，怨恨，更求[75]入許、史，推所言許、史事[76]，曰：「皆周堪、劉更生教我。我關東[77]人，何以知此！」於是侍中許章白見朋。朋出，揚言曰：「我見言前將軍小過五，大罪一。」待詔華龍[78]行汙穢[79]，欲入堪等[80]，堪等不納，亦與朋相結。

恭、顯令二人告望之等謀欲罷車騎將軍[81]，疏退許、史狀[82]，候望之出休日[83]，令朋、龍上之。事下弘恭問狀[84]，望之對曰：「外戚在位多奢淫，欲以匡正國家，非為邪也。」恭、顯奏：「望之、堪、更生朋黨相稱舉[85]，數譖訴大臣[86]，毀離親戚[87]，欲以專擅權勢[88]。為臣不忠，誣上不道[89]，請謁者[90]召致廷尉[91]。」時上初即位，不省[92]召致廷尉為下獄也，可其奏。後上召堪、更生，曰：「繫獄。」上大驚曰：「非但廷尉問邪！」以責恭、顯，皆叩頭謝。上曰：「令出視事[93]。」恭、顯因使史高言：「上新即位，未以德化聞於[2]天下，而先驗師傅[94]。既下九卿、大夫獄[95]，宜因決免[96]。」於是制詔丞相、御史：「前將軍望之，傅朕八年[97]，無它罪過，今事久遠[98]，識忘難明[99]，其赦望之罪，收前將軍、光祿勳印綬，及堪、更生皆免為庶人。」

【章　旨】以上為第二段，寫漢元帝初即位，以蕭望之為首的外朝官與以弘恭、石顯為首的中朝官，展開了激烈的鬥爭，外戚許、史集團投入中官集團，無行官僚鄭朋輩推波助瀾，第一回合，蕭望之等敗下陣來。

【注　釋】❶甘泉　行宮名，在雲陽縣甘泉山上，今屬陝西淳化。❷郊　郊祀。❸泰畤　天神之最為尊者為泰一，泰畤即祭祀泰一之處。漢武帝曾居甘泉宮，於雲陽立泰畤，祭於宮南。孝元帝幸甘泉宮所祀即此。❹史高　人名，宣帝祖母衛太子婦史良娣兄史恭之子。宣帝即位封樂陵侯。❺外屬　外家親屬。❻領尚書事　總領尚書事務。尚書，內廷官，出納章奏。❼前將軍　漢制，置前、後、左、右四將軍。❽蕭望之　（？—西元前四七年）字長倩，東海蘭陵（今山東蒼山縣西南）人，徙杜陵。宣帝時，歷任左馮翊、大鴻臚、御史大夫、太子太傅等官。甘露三年（西元前五一年），主持石渠閣會議，評議《五經》同異。傳見《漢書》卷七十八。❾光祿大夫　官名，掌議論。❿周堪　字少卿，元帝師，太子少傅。元帝即位，為光祿大夫。傳見《漢書》卷八十八。⓫師傅舊恩　蕭望之、周堪是漢元帝當太子時的師傅，舊情很深。⓬任　信賴。⓭宴見　即燕見，退朝之後單獨召見。宴，閒居，此指退朝。⑭陳王事　陳述皇帝治理天下的大事。⑮選白　推薦報告皇帝。⑯明經有行　精通經術，品德端正的人。⑰散騎　秦朝置，隨皇帝出行，騎而散從，故名。西漢因之，為加官。有此銜者騎乘侍從皇帝。⑱劉更生　（西元前七六－前四年）即劉向，更生為其本名，字子政，沛（今江蘇沛縣）人，西漢文獻學家。傳附《漢書·楚元王傳》卷三十六。⑲給事中　加官，侍從宮中，平決尚書奏事。⑳侍中　秦朝始置。因往來殿內，故名。西漢為加官，入侍禁中。㉑拾遺左右　在皇帝身邊建言，備顧問。㉒勸導　規勸引導。㉓匡正　糾正。㉔鄉納　信賴採納。鄉，通「嚮」。㉕充位　在職充數，即有職無權。㉖中書令　中書謁者令之省稱，西漢以宦者充任，掌傳達政令。㉗弘恭　沛人。漢元帝時宦官，專權，與石顯狼狽為奸，二人同傳，見《漢書·佞幸傳》卷九十三。㉘僕射　尚書僕射之省稱。總領尚書，位次尚書令。㉙石顯　濟南人，因犯法受腐刑為宦，善佞，宣帝時與弘恭並任中書官，弘恭為令，石顯為副職僕射。㉚久典樞機　長久地執掌中樞之官。此指中書官，近侍皇帝，出納章奏。㉛中人　宦官。㉜無外黨　指宦官為皇帝家奴，無骨肉婚姻之親，在外朝沒有黨羽。㉝精專　精明專一。㉞因顯白決　通過石顯上奏，再由皇帝裁決。因，憑藉；通過。白，上奏。決，裁斷。㉟貴幸傾朝　指石顯受漢元帝寵幸，尊貴無比，權傾朝野。㊱巧慧　狡猾聰明。㊲習事　辦事幹練。㊳人主微指　皇帝藏於內心的想法。㊴內深賊　內心陰險狠毒。㊵忤恨睚眦　細小的怨忿，也要懷恨在心。忤，違逆。睚眦，瞪眼睛，指細小的怨忿。㊶輒被以危法　往往用法致人於死地。輒，每每；往往。㊷車騎將軍　官名，位次大將軍，初為高級武官，後亦輔政。史高為大司馬車騎將軍。㊸持故事　主張按舊例辦事。㊹患苦　厭惡；傷腦筋。㊺許史放縱　指許、史兩家外戚驕奢放縱。許，指宣帝許皇后外家。元帝即位，封舅許嘉為平恩侯，加位大司馬車騎將軍，與史高共同輔政。㊻建白　建言並向皇上報告。㊼以通明公正處之　用精通政治又辦事公正的人來執掌中書官。通明，指精通政體，明於治事的人。㊽故用宦者二句　尚書屬少府，秦官，漢因之，本由士人擔任，漢武帝始雜用宦官，所以說「用宦者，非古制」。㊾應古不近刑人之義　宦官為刑餘之人，不宜擔任官職，這才符合古禮。《禮記·曲禮上》：「刑人不在君側。」㊿忤　違忤；抵觸。(51)重改作　把改變制度看作很難的事。重，難。(52)出　出宮；到外朝。散騎、給事中，為中朝官；宗正，為外朝官。(53)宗正　官名，掌皇室事務。漢元帝優柔寡斷，未能改變漢武帝用宦官典樞要之舊例，而將劉向出為宗正。(54)諫官　即太中大夫、中大夫、諫大夫等議論官，無定員。(55)會稽　郡名，治所山陰，在今浙江紹興。(56)章視周堪　元帝把鄭朋的奏章告訴周堪。視，通「示」。告訴。(57)待詔金馬門　待詔，吏民奉詔待命應對稱「待詔」。金馬門，宮闕南門外車止之門。吏民上書或被徵召，均待詔金馬門，由公車司馬令接待傳達。(58)奏記　吏民向上級官府送呈的署名文案。(59)規橅　即規模，規制法式。此指蕭望之肩負重任，手握法度。橅，通「模」。法也。(60)管晏　春秋時齊相管仲、晏嬰。管仲佐齊桓公稱霸，晏嬰佐齊景公稱治。二人合傳，見《史記》卷六十二。(61)休　止。(62)遂行日昃　指效法周公、召公輔政，忙於政務，日過中午還沒顧上吃飯。日昃，日過中午。(63)周召　即西周開國重臣周公姬旦和召公姬奭，兩人佐武王滅商，輔成王理政。周公旦事詳《史記》卷三十三〈魯周公世家〉。召公奭事詳《史記》卷三十四〈燕召公世家〉。(64)留　止。此指追步周公、召公之業才停止。(65)下走　即趨走之使，鄭朋自謙語。(66)延陵　邑名，春秋時吳公子季札的封邑，在今江蘇武進。季札鄙棄吳王之位，不願與兄弟爭國，棄國而耕於皋澤。事詳《史記》卷三十一〈吳太伯世家〉。(67)沒齒　終身。(68)親日昃之兼聽　指像周公那樣忙於公事，連午飯都吃不好，聽取多方面意見。(69)庶幾　差不多。這裡指盡全力。(70)竭區區　竭盡我的一點點力量。(71)接待以意　真誠接待。(72)傾邪　不正派。(73)絕不與通　斷絕關係，不再來往。(74)楚士　鄭朋是會稽人，古屬楚地，故稱楚士。古人認為江、淮楚人輕薄無行。(75)更求　改而尋求。(76)推所言許史事　鄭朋推諉自己原來上書告發許、史的行為。推，推諉。(77)關東　函谷關以東，泛指關外。(78)華龍　人名。(79)行汙穢　品行惡劣。(80)欲入堪等　想進入周堪等人的圈內。(81)車騎將軍　指史高。史高時為車騎將軍。(82)疏退許史狀　意謂蕭望之離間皇帝與外戚許、史之間的關係。這是弘恭、石顯的誣陷之詞。(83)出休日　即休沐日，古代法定假日。漢制，自三署郎以上入值禁中者，每十日一出休沐。宣帝一度曾改為五日一出休沐。(84)事下弘恭問狀　皇上把此事交給弘恭查問實際情況。(85)朋黨相稱舉　結為死黨，互相標榜。(86)譖訴大臣　詆毀國家重臣。(87)毀離親戚　挑撥離間皇帝的內外親屬。(88)專擅權勢　獨攬威權。(89)誣上不道　誣罔皇上無道。(90)謁者　官名，執掌禮儀兼報事官。(91)召致廷尉　宣召廷尉來接案。也就是移交司法部定罪下獄。廷尉，九卿之一，國家最高司法長官。(92)不省　指元帝不明白「召致廷尉」便是入獄，還以為僅僅是到廷尉府對質而已。(93)令出視事　讓蕭望之等出獄辦公。(94)先驗師傅　此句意為皇上之德化先在對待師傅蕭望之上得到驗證。言下之意是不能讓蕭望之等復官。驗，驗證。(95)九卿大夫獄　指大臣九卿、大夫入獄，這裡具體指劉更生、周堪。因劉更生為宗正，是九卿之一；周堪為光祿大夫。(96)宜因決免　大臣入獄，即使無罪也不宜復職，因為會表明皇帝處置不當，應該維護皇帝的尊嚴，一律免職。(97)傅朕八年　蕭望之擔任元帝太子太傅，是從宣帝五鳳二年（西元前五六年）至黃龍元年（西元前四九年），共八年。(98)事久遠　指蕭望之年事已高。事，年事。(99)識忘難明　記憶力衰退。《漢書》顏師古注謂言不能盡記，有遺忘者，故難明。

【校　記】[1]疏　原作「書」。據章鈺校，乙十一行本、孔天胤本皆作「疏」，今從改。[2]於　原無此字。據章鈺校，乙十一行本、孔天胤本皆有此字，今據補。

【語　譯】二年（甲戌　西元前四七年）

春，正月，孝元皇帝行幸甘泉宮，祭祀天帝泰一神。樂陵侯史高因為是外戚，掌領尚書事，前將軍蕭望之、光祿大夫周堪擔任他的副手。蕭望之是名儒，他和周堪都因為對天子有師傅舊恩，孝元皇帝很信任他們，多次單獨召見，討論國家興衰治亂，陳說天子治國的大事。蕭望之舉薦皇室中精通經術又有德行修養的散騎、諫大夫劉更生任給事中，讓劉更生與侍中金敞兩人一起在皇上左右拾遺補缺。蕭望之、周堪、劉更生、金敞四人齊心協力謀議政事，勸導孝元皇帝依從古代的制度，想多方面匡正缺失。孝元皇帝十分信賴，採納他們的意見。史高在職備位而已，因此與蕭望之有了嫌隙。

中書令弘恭和僕射石顯，自宣帝時起，長期掌管中樞機要，精通各種典章法制。孝元帝即位身體多病，又因石顯長期執掌政事，加之是宮中宦官，在外朝沒有黨羽，精力專一可以信任，於是孝元皇帝把政事託付給石顯，政事無論大小，均由石顯上奏然後決斷，石顯受到的尊寵傾動了外朝，文武百官都敬重奉承石顯。石顯為人聰明狡猾，辦事幹練，能夠深刻領會人主心意，內心陰險狠毒，善於運用詭辯來中傷別人，誰違背他的心意，即使小小怨忿，每每用重刑懲治；石顯還與車騎將軍史高內外呼應，每次議政，經常主張按舊例辦事，不聽從蕭望之等人的意見。

蕭望之等對許嘉和史高的放縱又厭惡又苦惱，還痛恨弘恭和石顯的專權，就向皇上提出建議，認為：「中書省是施政的根本機關，國家的權力中樞，應當選用精通政治辦事公正的人擔任中書令。武帝時因在後宮遊樂宴會，所以用宦官擔任中書令，不是古代就有的制度。應當罷免在中書省任職的宦官，以符合古代人君不接近刑人的禮義。」由此蕭望之等與史高、弘恭、石顯產生很大的抵觸。孝元皇帝因為剛即位，做事謙讓，不願改變舊有做法，對蕭望之的建議長久不能做出決斷，就令劉更生出宮擔任外朝的宗正卿。

蕭望之、周堪多次舉薦名儒、茂材擔任諫官，會稽郡人鄭朋暗中想依附蕭望之，就上奏說車騎將軍史高派遣賓客到郡國去謀私利，還揭發許嘉、史高子弟的罪過。皇上把奏章告訴周堪，周堪稟告說：「命令鄭朋在金馬門待詔。」鄭朋又打報告給蕭望之說：「如今將軍想成就的規模，是想做到管仲、晏嬰那樣的業績就停止，還是要忙得連午飯都沒時間去吃，達到周公、召公那樣才罷休呢？如果只想做到管仲、晏嬰那樣就停止，在下我就將像季札那樣回到延陵的岸邊，以終天年算了。如果將軍要重振周公、召公那樣的功業，親自聽取各種意見，連中午飯都顧不上吃，那麼在下我就跟隨您，竭盡全力奉獻我的微薄之力！」蕭望之首次見到鄭朋，誠心地接待他；後來知道他奸邪，就斷絕關係不和他來往。鄭朋是楚地士人，怨恨蕭望之疏遠他，就轉而謀求投入許嘉、史高的幫派，還推脫自己所說許嘉、史高之事，說：「這都是周堪、劉更生教唆我做的。我是關東人，怎麼知道這些事情呢！」於是侍中許章向皇上建言接見鄭朋。鄭朋出宮以後，揚言說：「我朝見皇上報告了前將軍蕭望之的五件小過錯，一件大罪。」待詔華龍品行卑汙，想依附周堪等人，周堪等不接納他，也與鄭朋勾結在一起。

弘恭、石顯讓鄭朋、華龍兩人告發蕭望之等人謀劃要罷免車騎將軍史高，離間皇上與外戚許、史的關係，等到蕭望之休假出宮的時候，要鄭朋、華龍上奏給皇上。孝元皇帝把此事交給弘恭去查問實際情況，蕭望之回答說：「外戚在位多奢侈放蕩，我們想糾正國家的過失，並不是邪惡。」弘恭、石顯上奏說：「蕭望之、周堪和劉更生結成朋黨，互相標榜，多次誣諂大臣，誹謗離間皇上親屬，想要獨攬威權。為人臣而不忠，誣罔皇上無道，請皇上派謁者宣召把他們交給廷尉。」當時孝元皇帝剛即位，不知道交給廷尉就是關進牢獄，就批准了這個奏章。後來皇上要召見周堪和劉更生，身邊的人告訴說：「已經關進牢獄了。」孝元皇帝大驚，說：「不是只送交廷尉對質嗎！」孝元皇帝責問弘恭、石顯，兩人都磕頭謝罪。孝元皇帝說：「讓他們出獄辦公。」弘恭、石顯於是讓史高向孝元皇帝建言說：「皇上剛剛即位，還沒有讓天下人知道皇上的德行教化，那就首先從皇上的師傅做起。既然把九卿宗正劉更生、光祿大夫周堪關進了監獄，就應當一律免職。」於是下詔給丞相和御史大夫：「前將軍蕭望之，輔導朕八年，沒有其他罪過，如今年事已高，記憶力衰退說不明事理，可赦免蕭望之的罪過，收回前將軍、光祿勳的印綬，周堪和劉更生都免職為平民。」

二月丁巳❶，立弟竟為清河王。○戊午❷，隴西❸地震，敗城郭、屋室，壓殺人眾。

三月，立廣陵厲王子霸❹為王。

詔罷黃門❺乘輿狗馬，水衡❻禁囿、宜春下苑❼、少府佽飛❽外池、嚴籞❾池田❿假與貧民⓫。又詔赦天下，舉茂材異等、直言極諫之士⓬。

夏，四月丁巳⓭[1]，立子驁為皇太子。待詔鄭朋薦太原⓮太守張敞⓯，先帝名臣，宜傅輔皇太子。上以問蕭望之，望之以為敞能吏，任治煩亂⓰，材輕⓱，非師傅之器。天子使使者徵敞，欲以為左馮翊⓲，會病卒。

詔賜蕭望之爵關內侯⓳，給事中，朝朔望。

關東饑，齊地⓴人相食。

秋，七月己酉㉑，地復震。

上復徵周堪、劉更生，欲以為諫大夫㉒，弘恭、石顯白，皆以為中郎㉓。

上器重蕭望之不已，欲倚以為相，恭、顯及許、史子[2]弟㉔、侍中、諸曹㉕皆側目㉖於望之等。更生乃使其外親㉗上變事㉘，言「地震殆為恭等，不為三獨夫㉙動。臣愚以為宜退㉚恭、顯以章蔽善之罰㉛，進望之等以通賢者之路。如此，則[3]

太平之門開，災異之原[32]塞矣。」書奏，恭、顯疑其更生所為，白請考姦詐，辭果服[33]，遂逮更生繫獄，免為庶人。

會望之子散騎[34]、中郎伋[35]亦上書訟[36]望之前事[37]，事下有司，復奏：「望之前所坐明白，無譖訴者[38]，而教子上書，稱引亡辜之詩[39]，失大臣體，不敬[40]。請逮捕。」弘恭、石顯等知望之素高節[41]，不詘辱[42]，建白：「望之前幸得不坐，復賜爵邑，不悔過服罪，深懷怨望，教子上書，歸非於上[43]，自以託[44]師傅，終必不坐[45]。非頗屈望之於牢獄，塞[46]其怏怏[47]心，則聖朝無以施恩厚。」上曰：「蕭太傅素剛，安肯就吏[48]！」顯等曰：「人命至重，望之所坐，語言薄罪[49]，必無所憂。」上乃可其奏。冬，十二月，顯等封詔以付謁者，敕令召望之手付[50]，因令太常[51]急發執金吾[52]車騎馳圍其第。使者至，召望之，望之以問門下生[53]魯國朱雲[54]。雲者，好節士[55]，勸望之自裁。於是望之仰天歎曰：「吾嘗備位將相，年踰六十矣，老入牢獄，苟求生活，不亦鄙乎！」字謂雲曰[56]：「游，趣[57]和藥來，無久留我死[58]！」遂[4]飲鴆自殺。天子聞之驚，拊手[59]曰：「曩[60]固[61]疑其不就牢獄，果然殺吾賢傅！」是時，太官方上晝食，上乃卻食[62]，為之涕泣，哀動左右。於是召顯等責問；以議不詳[63]，皆免冠謝[64]，良久然後已[65]。上追念望之不忘，每歲時66遣使者祠祭望之冢，終帝之世。

臣光曰：「甚矣，孝元之為君，易欺而難寤[5]也！夫恭、顯之譖訴67[6]望之，其邪說詭計，誠有所不能辨68也。至於始疑望之不肯就獄，恭、顯以為必無憂，已而果自殺，則恭、顯之欺亦明矣。在中智69之君，孰不感動奮發70以厎邪臣之罰71！孝元則不然。雖涕泣不食以傷望之，而終不能誅恭、顯，纔得其免冠謝而已。如此，則姦臣安所懲乎72！是使恭、顯得肆其邪心而無復忌憚者也。」

是歲，弘恭病死，石顯為中書令。

【章旨】以上為第三段，著重寫蕭望之之死。這是中朝與外朝權臣之爭的第二個回合，朝官再度敗陣，折了核心主將蕭望之。

【注釋】❶丁巳　二月二十七日。❷戊午　二月二十八日。❸隴西　郡名，治所狄道，在今甘肅臨洮。❹廣陵厲王子霸　廣陵厲王，漢武帝李姬所生子劉胥封爵號廣陵王，其人因祝詛皇帝坐罪，在宣帝五鳳四年（西元前六六年）自殺，謚曰厲王，國廢。今復立其子霸為王，襲封廣陵。詳《漢書》卷六十三〈武五子．廣陵厲王傳〉。❺黃門　即黃門寺，屬少府，皇帝的乘輿狗馬均歸其主管。❻水衡　官名，水衡都尉之省稱，少府屬官，管理上林苑禽獸。❼宜春下苑　即宜春苑，在長安南郊。有天子行宮，即宜春宮。❽少府佽飛　少府屬官，原名左弋，漢武帝太初元年更名為佽飛，掌弋射。長官名佽飛令，屬官有九丞二尉。佽飛所掌外池，為皇家射鳥林園。❾嚴籞　上林苑中獵射禁地。❿池田　上林苑中池澤及荒地。⓫假與貧民　租給貧民耕種。秦漢時咸陽、長安周圍數百里皆為禁苑，隨著關中人口增多，苑中禁地逐漸闢為耕地。⓬舉茂材異等直言極諫之士　即詔舉賢士，「茂材異等」與「直言極諫」為選舉科目。賢良對策，要直陳時政，故稱「直言極諫士」。其制始於漢文帝。⓭丁巳　四月二十八日。⓮太原　郡名，治所晉陽，在今太原西南。⓯張敞　字子高，河東平陽（今山西臨汾西南）人，歷仕宣元二朝，為郡守、京兆尹，政績突出。傳見《漢書》卷七十六。⑯任治煩亂　能治理煩亂棘手的政事。⑰材輕　行為輕薄。張敞曾用便面拍馬過章臺街（這條街青樓林立），又曾為其妻畫眉。這就是所謂的輕佻行為。⑱左馮翊　地名，關中三輔左部地，治所設長安城中。又為官名，即左馮翊的行政長官。此處是官名。⑲關內侯　秦漢二十級爵之第十九級，爵級僅次列侯，食采邑於京畿，故名關內侯。⑳齊地　即今山東北部，古為齊國，故稱齊地，漢時為青州。㉑己酉　七月己未朔，無己酉。己酉，當為八月二十一日。㉒諫大夫　官名。掌議論。㉓中郎　郎官之一，掌宿衛。㉔許史子弟　許、史兩姓外戚子弟。㉕諸曹　政府機關所屬各部門稱諸曹。此指尚書省屬官。㉖側目　怒視的樣子。蕭望之為官嚴正，故宦官及屬官均恨之。㉗外親　外家。㉘上變事　漢制，臣民言非常事，可不經尚書轉奏而直接向皇帝上陳機密奏章，稱上變事，或稱上封事。㉙三獨夫　猶言三匹夫，指蕭望之、周堪、劉更生。㉚退　罷免；斥退。㉛章蔽善之罰　彰顯對妒賢害能的小人的懲罰。㉜原　根源。㉝辭果服　供辭果然說出真相。㉞散騎　官名，皇帝親隨，騎馬侍從。㉟伋　蕭望之長子。㊱訟　申訴。㊲望之前事　指蕭望之前為石顯所誣下獄事。㊳無譖訴者　謂望之前罪，不是受人誣陷所致。㊴稱引亡辜之詩　亡，通「無」。史不載蕭伋上書所引之詩。《詩・十月之交》有「無罪無辜，讒口囂囂！」疑即蕭伋所引。㊵失大臣體二句　指臣下怨望，丟失了等級禮制，是對皇上的不敬。體，此指等級禮制。不敬，冒犯皇上。㊶高節　高風亮節，這裡指蕭望之性情剛烈。㊷不詘辱　不能接受屈辱。據此，疑蕭望之前「召致廷尉」時，可能只是周堪、劉更生二人下獄，而蕭望之本人則似未為廷尉逮繫，僅移案廷尉待捕而已。㊸歸非於上　歸罪於皇上。㊹託　依靠；憑藉。㊺終必不坐　意謂蕭望之恃帝師之寵，以為無論怎樣也不會被判有罪。終，終究；無論怎麼樣。㊻塞　杜絕；壓制。㊼怏怏　怨恨的樣子。㊽安肯就吏　怎肯接受獄吏管制。元帝明知蕭望之剛烈，故有此憂。㊾語言薄罪　言論輕罪。這是弘恭、石顯欺騙元帝之詞，目的是取得處置蕭望之的詔書。漢法，對涉及皇帝的所謂「誣上」罪，往往要殺頭，是很重的罪名。㊿手付　親手交給蕭望之。目的是逼其自殺。(51)太常　官名，九卿之一，掌諸陵事。(52)執金吾　掌京師衛戍治安。時蕭望之家居杜陵，故弘恭、石顯憑藉手中權力，緊隨謁者的敕令，調騎兵包圍蕭宅，逼迫蕭望之自裁。(53)門下生　學生、弟子。(54)朱雲　字游，魯國（今山東曲阜一帶）人，嘗從蕭望之受《論語》，元帝時官至杜陵令。傳見《漢書》卷六十七。(55)節士　有節操的人。(56)字謂雲曰　呼朱雲之字說話。老師呼門生之字，表示敬重。(57)趣　速。(58)無久留我死　不要延長我等死的時間。按，蕭望之不肯步獄而死，說明正月案件，僅有周堪、劉向二人被捕，那一次只將蕭望之的案宗移交司法，而沒有拘捕蕭望之。所以這次石顯用欺詐手法激使漢元帝同意拘捕蕭望之，目的就是逼死蕭望之。(59)拊手　以手拍擊，形容大怒。(60)曩　先前。(61)固　本來。(62)卻食　猶絕食。(63)議不詳　主意考慮不周密。

石顯等不承認謀殺蕭望之，用判斷有誤來開脫罪責。64免冠謝　摘下官帽，磕頭請罪。65良久然後已　石顯等磕頭很長一陣，元帝這才罷休。66每歲時　每年的祭奠時節。67譖訴　暗中打小報告；誣陷。68誠有所不能辨　固然有時不能分辨。69中智　常人的智慧。70感動奮發　感情衝動而勃然大怒。71底邪臣之罰　辦奸臣之罪。底，致；辦。72姦臣安所懲乎　怎麼能懲戒奸臣呢。

【校　記】①丁巳　原無此二字。據章鈺校，乙十一行本、孔天胤本皆有此二字，張敦仁《通鑑刊本識誤》、傅增湘校北宋本同，今據補。②子　原作「兄」。據章鈺校，乙十一行本、孔天胤本皆作「子」，今從改。③則　據章鈺校，乙十一行本無此字。④遂　據章鈺校，乙十一行本作「竟」，傅增湘校北宋本同。⑤寤　原作「悟」。據章鈺校，乙十一行本作「寤」，傅增湘校北宋本同，今從改。⑥訴　據章鈺校，乙十一行本作「愬」，傅增湘校北宋本同。

【語　譯】二月二十七日丁巳，冊封皇上的弟弟劉竟為清河王。〇二十八日戊午，隴西郡地震，震壞城牆、房屋，壓死許多民眾。

三月，冊封廣陵厲王劉胥的兒子劉霸為廣陵王。

下詔裁撤黃門寺所掌管的車駕狗馬，將水衡都尉掌管的皇家花園、宜春宮所屬的御花園、少府佽飛管理的外池、皇家射鳥園林中的空地，都借貸給貧民去耕種。又下詔赦免天下，選舉茂材異等和直言極諫的人士。

夏，四月二十八日丁巳，冊封皇子劉驁為皇太子。待詔鄭朋舉薦太原郡太守張敞，他是先帝的名臣，適宜輔導皇太子。皇上就此事詢問蕭望之，蕭望之認為張敞是一位很能幹的官員，能治理煩亂的政事，但行為輕佻，不是做皇太子的師傅的人才。孝元皇帝派使者徵召張敞，想任用他為左馮翊，恰巧他病死了。

下詔賜爵蕭望之為關內侯，拜給事中，規定每月初一和十五進宮朝見天子。

關東鬧饑荒，齊地人相食。

秋，七月己酉日，再次發生地震。

孝元皇帝重新徵召周堪、劉更生，想任用他們為諫大夫，弘恭、石顯向孝元皇帝稟白了什麼，都改任為中郎。

孝元皇帝一直器重蕭望之，想倚重他，讓他擔任宰相，弘恭、石顯，以及許嘉、史高子弟、侍中、諸曹都忌恨蕭望之等人。劉更生就讓他的外親上奏封事，說「地震之所以發生，大概是因弘恭等人的專權，並不是因為蕭望之、周堪、劉更生三個孤獨的人。臣個人認為應當罷免弘恭、石顯，藉以表明對妒賢害能的小人的懲罰，進用蕭望之等人打通賢人效力的道路。如能這樣，那麼太平盛世之門就打開了，災異發生的根源就堵住了。」文書上奏以後，弘恭、石顯懷疑是劉更生幹的，就報告皇上，請求調查其中的詭詐，劉更生的那位外親果然供出真相，於是抓捕了劉更生投入監獄，被免為平民。

恰好，蕭望之的兒子散騎、中郎蕭伋也上奏申訴蕭望之前次被弘恭、石顯誣告的事，這事被批轉主管官吏去審理，主管官吏回奏說：「蕭望之先前所犯的罪過十分清楚，沒有被人誣告，而蕭望之卻教唆兒子上書，引用『無辜』的詩句，有失大臣的體統，是大不敬之罪。請求逮捕他。」弘恭、石顯等人深知蕭望之向來節操高尚剛烈，不能忍受屈辱，就向皇上建言說：「蕭望之前次僥倖沒被判罪，又賞賜給他爵邑，卻不悔過服罪，還深懷怨恨，教唆兒子上書，歸罪皇上，自認為是皇上的師傅，終究不會治他的罪。如果不把蕭望之關進牢獄，壓一壓他怨恨不服的心理，那麼皇上將無法施加厚恩。」孝元皇帝說：「蕭太傅一向剛強，怎肯去坐牢！」石顯等人說：「人對生命最看重，蕭望之所犯的罪過，只是說話不當的輕微過錯，皇上沒有必要擔憂。」孝元皇帝同意了石顯等人的建議。冬，十二月，石顯等人密封了皇上的詔書交付謁者，敕令宣召蕭望之的謁者親手交給蕭望之，又命令太常緊急調發執金吾的車騎迅速包圍蕭望之的住宅。敕令使者到達，宣召蕭望之，蕭望之向門生魯國人朱雲詢問對策。朱雲是一個很有節操的士人，他勸蕭望之自裁。於是蕭望之仰天長歎，說：「我曾經任職將相，現今年過六十，老年進入監獄，苟且求活，難道不是很丟臉的事嗎！」蕭望之叫著朱雲的字說：「朱游，趕快去調配毒藥送來，不要延長我等死的時間！」於是就喝了鴆酒自殺。孝元皇帝聽到消息大驚，拍著手說：「我早先就懷疑他不肯去坐牢，果真殺了我的賢良太傅！」這時，太官剛好送來午飯，皇上拒絕用餐，為蕭望之之死而抽泣，悲傷的情景感動了身邊的人。於是宣召石顯等人責問；他們以議事不周為由，都摘下帽子謝罪，過了很長時間元帝才作罷。孝元皇帝追念蕭望之，始終不能忘情，每年過節派遣使者去祭奠蕭望之的墳冢，一直到皇上去世才終止。

司馬光說：「孝元皇帝當國君，容易受騙而又難以醒悟，真是太嚴重了！弘恭、石顯誣告蕭望之，他們的邪說詭計，確實有些難以分辨。可是原先就考慮到蕭望之不會屈辱接受監禁，弘恭、石顯認為不必擔憂，結果蕭望之真的自殺了，這時弘恭、石顯的欺騙也就昭然若揭了。即使是一個中等智力的國君，哪能不感動奮起而懲辦奸臣之罪！孝元皇帝卻不是這樣。儘管他哭泣不吃飯，為蕭望之的悲傷，但始終沒有誅殺弘恭、石顯，僅讓他們摘掉官帽請罪罷了。像這樣，奸臣哪能受到懲戒呢！這讓弘恭、石顯更加放肆耍奸，不再有所忌憚。」

這一年，弘恭病死，石顯任中書令。

初，武帝滅南越，開置珠厓、儋耳郡❶，在海中洲❷上；吏卒皆中國人❸，多侵陵之。其民亦暴惡❹，自以阻絕❺，數犯吏禁，率數年壹[1]反，殺吏；漢輒發兵擊定之。二十餘年間，凡六反❻。至宣帝時，又再反❼。上即位之明年，珠厓山南縣反❽，發兵擊之。諸縣更叛，連年不定。上博謀於羣臣❾，欲大發軍。待詔賈捐之❿曰：「臣聞堯、舜、禹之聖德，地方⓫不過數千里，西被流沙⓬，東漸于海⓭，朔南⓮暨聲教⓯，言欲與聲教則治之，不欲與者不彊治也。故君臣歌德，含氣之物⓰各得其宜。武丁⓱、成王⓲，殷、周之大仁也，然地東不過江、黃⓳，西不過氐、羌⓴，南不過蠻荆㉑，北不過朔方，是以頌聲並作，視聽之物[2]咸樂其生，越裳氏㉒重九譯㉓而獻，此非兵革之所能致也。以至于秦，興兵遠攻，貪外虛內㉔而天下潰畔。孝文皇帝偃武行文㉕，當此之時，斷獄數百㉖，賦役輕簡㉗。孝武皇帝厲兵馬㉘以攘四夷㉙，天下斷獄萬數，賦煩役重，寇賊並起㉚，軍旅數發㉛，父戰死於前，子鬬傷於後，女子乘亭障㉜，孤兒號於道，老母、寡婦飲泣巷哭，是皆廓地泰大㉝，征伐不休之故也。今關東民眾久困，流離道路。人情莫親父母，莫樂夫婦；至嫁妻、賣子，法不能禁，義不能止㉞，此社稷之憂也。今陛下不忍悁悁之忿㉟，欲驅士眾擠㊱之大海之中，快心幽冥之地㊲，非所以救助饑饉，保全元元㊳也。詩云㊴：『蠢爾蠻荊，大邦為讎㊵。』言聖人起則後服㊶，中國衰則先畔，自古而患之，何況乃復其南方萬里之蠻乎！駱越之人㊷，父子同川而浴，相習以鼻飲㊸，與禽獸無異，本不足郡縣置也。顓顓㊹獨居一海之中，霧露氣濕㊺，多毒草、蟲蛇、水土之害㊻；人未見虜，戰士自死。又非獨珠厓有珠、犀、瑇瑁㊼也。棄之不足惜，不擊不損威㊽；其民譬猶魚鱉，何足貪也！臣竊以往者羌軍㊾言之，暴師曾未一年，兵出不踰千里，費四十餘萬萬；大司農㊿錢盡，乃以少府[51]禁錢續之。夫一隅為不善，費尚如此，況於勞師遠攻，亡士毋功[52]乎！求之往古則不合，施之當今又不便。臣愚以為非冠帶之國，禹貢所及，春秋所治[53]，皆可且無以為(54)。願遂(55)棄珠厓，專用恤關東為憂(56)。」上以問丞相、御史。御史大夫陳萬年(57)以為當擊；丞相于定國(58)以為：「前日興兵擊之連年，護軍都尉、校尉(59)及丞凡十一人，還者二人，卒士及轉輸死者萬人以上，費用三萬萬餘，尚未能盡降。今關東困乏，民難搖動(60)，捐之議是。」上從之。捐之，賈誼曾孫也。

【章旨】以上為第四段，寫孝元皇帝納諫，與前一段對照形成鮮明反差，漢元帝判若兩人。由此可見，漢元帝是一個中庸之君，可與為善，亦可以為惡。孝元皇帝聽信讒佞小人弘恭、石顯，殺逐忠臣蕭望之、周堪等，表現昏庸；孝元皇帝納諫，罷珠厓郡用兵，表現仁德。

【注釋】❶珠厓儋耳郡　兩郡名，珠厓郡治所在今海南瓊山縣，儋耳郡治所在今海南儋州。漢武帝元鼎六年（西元前一一一年）平定南越，置交州九郡，其中有珠厓、儋耳兩郡。❷海中洲　即海島。此指海南島。❸中國人　指中原人。❹暴惡　暴戾兇惡。❺阻絕　大海隔斷了海島與大陸的交通。❻凡六反　據《漢書．賈捐之傳》海南島自元封元年（西元前一一〇年）初為郡至昭帝始元元年（西元前八六年），二十五年間，凡六反。❼至宣帝時二句　昭帝始元五年（西元前八二年），罷儋耳郡，併屬珠厓郡。至宣帝神爵三年（西元前五九年），珠厓三縣反，甘露元年（西元前五三年），九縣再反。❽珠厓山南縣反　時在漢元帝初元二年（西元前四七年）。此為下文廷議征討還是罷郡的起因。❾博謀於羣臣　廣泛徵求大臣們的意見，即事下公卿廷議。漢制，國家大事，廷議後再由皇帝裁決。❿待詔賈捐之　賈捐之，字君房，洛陽（今河南洛陽）人，賈誼曾孫，時上疏言得失，待詔金馬門。傳見《漢書》卷六十四下。⓫地方　所統治的區域，即版圖。⓬西被流沙　西疆與沙漠相接。⓭東漸于海　東邊瀕臨大海。⓮朔南　朔方以南。漢武帝北逐匈奴置朔方郡，約在今內蒙古河套地區，郡治在今內蒙古烏拉特前旗。按，堯舜禹時的疆域，沒有賈捐之所說的那麼大。⓯暨聲教　蒙受聲威和教化。暨，被及；蒙受。⓰含氣之物　所有生靈。⓱武丁　商朝中興之主。⓲成王　西周開國之君。⓳江黃　古國名，江國，西漢時在汝南安陽（今河南息縣西）。黃國，西漢時在汝南弋陽（今河南潢川縣西）。⓴氐羌　氐族、羌族。居於今甘肅東南部。㉑蠻荊　指楚民族發祥地，在今湖北襄陽一帶。㉒越裳氏　古族名，漢時為九真郡，在今越南境內。㉓重九譯　多次輾轉翻譯。地域遙遠，語言隔閡，要多次翻譯。㉔貪外虛內　貪圖向外擴張，虛耗了國力。㉕偃武行文　停止武事，實行文治。㉖斷獄數百　審理和判決案件，每年只有幾百件。㉗賦役輕簡　賦稅輕（很少），徭役簡（不煩苛）。㉘厲兵馬　即厲兵秣馬。㉙攘四夷　侵奪四方少數民族。㉚並起　同時興起。㉛軍旅數發　大軍不斷出征。㉜乘亭障　意謂守衛邊防據點、衛所。乘，登上。㉝廓地泰大　開拓的疆土太廣。㉞法不能禁二句　因為賣妻賣子是為了活命，所以法律難以禁止，道義難以約束。㉟悁悁之忿　憂忿的樣子。㊱擠　推入。㊲快心幽冥之地　必欲奪得荒寒的海島才甘心。㊳元元　黎民百姓。㊴詩云　引自《詩經・采芑》。㊵大邦為讎　與大國為敵。㊶聖人起則後服　賢聖之君出，外族則自然歸服。㊷駱越之人　此指海南島上的土著居民。㊸鼻飲　據胡三省注，這是海南當地少數民族一種特殊的飲水方式，並非指飲酒。㊹顓顓　猶區區，兼有圓環之意，形容海南島不過是一圓形的彈丸小島。㊺霧露氣濕　霧大露重，氣候潮溼。㊻水土之害　指中原人士到海島容易水土不服。㊼珠厓瑇瑁　珍珠、犀牛角、瑇瑁殼。瑇瑁，一種海龜，其甲很美，可做裝飾品及藥用。㊽不擊不損威　不加討伐，並不損害漢朝的威望。㊾往者羌軍　指宣帝神爵元年羌人反，趙充國安羌事。㊿大司農　九卿之一，掌糧穀、財貨，以供國用。(51)少府　九卿之一，掌山林池澤之稅收，專供皇室之用。宣帝征羌，國用不足，調少府錢以充國用。(52)亡士毋功　犧牲戰士，建不了功業。即白白犧牲。(53)禹貢所及二句　這裡的範圍指《尚書・禹貢》所記載的邊遠地方，《春秋》所載已接受教化的周邊民族。(54)皆可且無以為　都可以棄置不管。(55)遂　終於，此指果斷地下定決心。(56)專用恤關東為憂　全力撫恤關東受災民眾，這才是朝廷最應憂慮、最要緊的事。(57)陳萬年　字幼公，沛郡相縣（故治在今安徽宿州西北）人，由郡吏起家，歷經縣令、郡守，官至太僕。傳見《漢書》卷六十六。(58)于定國　字曼倩，東海郡郯縣（故治在今山東郯城西南）人，官至丞相，為漢元帝時名臣之一。傳見《漢書》卷七十一。(59)護軍都尉校尉　次於將軍的武官。(60)民難搖動　不可使民心浮動。

【校　記】[1]壹　據章鈺校，孔天胤本作「一」。按，二字通。[2]物　據章鈺校，乙十一行本、孔天胤本皆作「類」，張敦仁《通鑑刊本識誤》同。

【語　譯】當初，漢武帝消滅了南越，設置珠厓、儋耳兩郡，都在一個海島上；官吏士兵都是中原人，常常侵犯欺陵當地平民。當地平民也很暴戾兇惡，自認為有大海隔絕，多次違反官吏的禁令，大率幾年就要反叛一次，殺死官吏；漢朝常常出兵攻打，平定叛亂。二十多年間，一共反叛了六次。到宣帝時，又兩次反叛。孝元皇帝即位的第二年，珠厓郡山南縣反叛，朝廷發兵進擊。許多郡縣相繼叛變，連年未能平定。孝元皇帝向群臣廣泛徵求意見，打算大規模出兵征討。待詔賈捐之說：「臣聽說堯、舜、禹的聖德教化，方圓領土不過幾千里，西部邊界到達沙漠，東部邊界到了海洋邊，朔方以南蒙受聲威和教化。說是想要接受聲威和教化，便去治理他們，不願意接受聲威和教化的，便不強求治理。所以，君臣齊頌功德，所有的生靈各得其所。殷朝武丁、周朝成王，是殷、周時代偉大的仁德之君，然而疆土東部不過界臨江國、黃國，西部不過界臨氐族、羌族部落，南部邊界只到達荊州的蠻族，北部邊界只到達朔方，因此，歌頌之聲同時並起，能看能聽的生物都快樂地生存，極南邊的越裳氏經過重重翻譯，來向中國朝貢，這不是憑藉干戈征戰所能達到的。然而到了秦朝，興師遠征，貪圖開拓邊外的領土，使國庫空虛，造成天下崩潰叛亂。孝文皇帝息武事行文教，在那個時候，審理和判決案件每年只有幾百件，賦稅輕，徭役少。孝武皇帝厲兵秣馬，侵奪四方蠻夷，全國每年審理和判決案件有幾萬件，賦稅重，徭役煩，盜賊同時興起，軍隊屢屢出征，父親在前面戰死，兒子在後面接著被殺傷，婦女戍守邊塞亭障，孤兒在路上號哭，老母、寡婦在里巷痛哭，這都是開拓的疆土太大，征戰不停的緣故啊。如今關東人民久處困境，四處流亡。人的性情，最親莫過於父母，快樂莫過於夫婦；導致出嫁自己的妻子，出賣自己的子女，法令難以禁止，道義無法約束，這是國家的憂患啊。如今陛下不能忍受一時的怨憤，想要驅趕士兵讓他們墜入大海中，一定要奪取那個荒蕪黑暗的海島才甘心，這絕不是拯救饑荒、保全百姓的好辦法。《詩經》說：『蠢蠢妄動的荊蠻，敢與我大國為仇。』意思是說賢聖之君出現，外族自然歸服，但如果中國衰落，那麼外族首先叛亂，自古以來就憂慮這樣的事情，更何況珠厓是在南方之南遠隔萬里的蠻夷呢！駱越的民眾，父子同時在河裡洗澡，習慣用鼻子飲水，與禽獸沒有兩樣，本來就不值得去設置郡縣。一個獨處海中的環形小島，霧大露重，氣候潮溼，到處是毒草、毒蛇、毒蟲，以及水土不適之害；還沒見到敵人，戰士自己就死去了。又不是只有珠厓郡才生產珍珠、犀牛角、瑇瑁殼。丟棄這種地方不值得可惜，不去征伐也不損害國家威望；那裡的民眾如同魚鱉，不值得去貪求！臣個人認為可以用先前皇帝時征討西羌做例證分析一下，出兵竟不到一年，兵出之地距離長安京師沒有超過千里，卻耗費了四十多億；大司農所藏國庫的錢財用盡，就調用少府的禁錢來繼續投入。西羌那一個角落出了問題，用費尚且如此，何況勞師遠攻，戰士死亡而無功業呢！比照往古不合時宜，當今執行又不便利。臣十分愚昧，認為不是用冠帶習禮義的國家，如《禹貢》所記載的，《春秋》中所征服的，都可以暫且不去理會。希望果斷地放棄珠厓郡，全力體恤關東受災的飢民。」孝元皇帝詢問丞相、御史大夫的意見。御史大夫陳萬年認為應該征討；丞相于定國認為：「先前連年用兵攻擊，出征的護軍都尉、校尉，以及丞一共十一人，生還的只有兩人，戰士和後勤運輸死了一萬多人，費用三億多，仍然沒有完全降服。如今關東困乏，不可使民心搖動，賈捐之的意見是對的。」皇上聽從了。賈捐之，是賈誼的曾孫。

三年（乙亥　西元前四六年）

春，詔曰：「珠厓虜殺吏民，背畔為逆。今廷議者或言可擊，或言可守，或欲棄之，其指❶各殊。朕日夜惟思議者之言，羞威不行❷，則欲誅之；狐疑辟難，則守屯田❸；通乎時變❹，則憂萬民。夫萬民之饑餓與遠蠻之不討，危孰大焉❺？且宗廟之祭，凶年不備❻，況乎辟不嫌之辱❼哉！今關東大困，倉庫空虛，無以相贍❽；又以動兵，非特勞民，凶年隨之。其罷珠厓郡，民有慕義❾欲內屬❿，便處之⓫；不欲，勿彊。」

夏，四月乙未晦⓬，茂陵⓭白鶴館⓮災⓯。赦天下。

夏，旱。

立長沙煬王弟宗為王⑯。

長信少府⑰貢禹上言：「諸離宮⑱及長樂宮衛，可減其太半⑲以寬繇役⑳。」

六月，詔曰：「朕惟烝庶㉑之饑寒，遠離父母妻子，勞於非業之作㉒，衛於不居之宮㉓，恐非所以佐陰陽㉔之道也。其罷甘泉、建章宮衛㉕，令就農。百官各省費。條奏㉖，毋有所諱。」

是歲，上復擢周堪為光祿勳㉗，堪弟子㉘張猛㉙為光祿大夫㉚、給事中，大見信任。

四年（丙子　西元前四五年）

春，正月，上行幸甘泉，郊泰畤。三月，行幸河東㉛，祠后土㉜。赦汾陰㉝徒。

【章旨】以上為第五段，寫孝元皇帝初元三年（西元前四六年）裁撤珠厓郡，停止用兵，削減宿衛，厲行節儉以賑災。初元四年繼續休養生息無大事。

【注釋】❶指　主張。❷羞威不行　羞於威信不行於珠厓。❸狐疑辟難二句　退一步考慮，避難就易，可不加誅討，而施行屯田之策。❹通乎時變　即按實際情況變通辦理。❺危孰大焉　哪種情況危害更大。❻宗廟之祭二句　古制，國家年收入的十分之一應用於宗廟祭祀。凶年收入減少，以致宗廟的祭品也不能齊備。❼不嫌之辱　即區區不值一提的小辱。嫌，通「慊」。❽贍　足也。❾慕義　嚮往中國禮儀。❿內屬　內遷。⓫便處之　根據內遷之民所便而安置。⓬乙未晦　乙未，四月二十一日。晦，指天昏地暗、黃霧彌漫一類的天變。⓭茂陵　漢武帝陵，在今陝西興平東北。⓮白鶴館　茂陵寢殿名。⓯災發生火災。⑯立長沙煬王弟宗為王　長沙煬王劉旦，漢景帝子，長沙王劉發之玄孫，初元元年死，諡煬王，無後。立劉旦之弟劉宗，以為長沙王後嗣。⑰長信少府　官名，原名長信詹事，執掌皇太后宮，景帝中六年更名為長信少府。又皇太后居長樂宮，亦稱長樂少府。長信宮、長樂宮，皆皇太后所居宮名。⑱離宮　皇帝建於京師以外的行宮。⑲減其太半　裁撤宮衛的大半。⑳寬繇役　減輕差役。㉑烝庶　眾庶。㉒勞於非業之作　從事非本業（農耕）以外的工作。㉓衛於不居之宮　守衛著君王從來也不去居住的行宮。㉔佐陰陽　調和陰陽。㉕罷甘泉建章宮衛　裁撤建章宮、甘泉宮的警衛。甘泉宮在長安西北甘泉山上，為秦漢時皇帝避暑行宮。甘泉山在今陝西淳化。建章宮在長安城西，漢武帝新建。㉖條奏　分條陳奏。㉗光祿勳　官名，秦時名郎中令，武帝太初元年更名光祿勳，掌皇宮禁衛。㉘弟子　門生。㉙張猛　字子游，漢中（治所在今陝西漢中）人，張騫孫。見《漢書》卷六十一〈張騫傳〉。㉚光祿大夫　秦時名中大夫，太初元年更名光祿大夫，為光祿勳屬官，掌議論。㉛河東　郡名，治所安邑，在今山西夏縣西北。㉜祠后土　祭祀土地神。后土祠在汾陰。㉝汾陰　縣名，屬河東郡。縣治在今山西河津市西南臨河。

【語譯】 三年（乙亥　西元前四六年）

春，孝元皇帝下詔說：「珠厓人殺害官吏和民眾，背叛造反。現今朝廷討論，有的人主張征討，有的人主張堅守城堡，有的人主張放棄海島，主意各不相同。朕日夜思考大臣們提出的各種意見，恥於威信不行於海島，就想發兵去征討；遲疑不決，避難就易，就施行屯田駐守；按時勢變通，就會憂慮給千萬人民帶來困苦。千萬人民的饑荒與遠方蠻夷的叛亂，哪一件事危害更大？況且宗廟的祭奠，因為荒年祭品不能齊備，哪裡還能顧及區區邊境的一點小辱呢！如今關東人民非常困苦，倉庫又空虛，沒辦法去救濟；如果再興兵作戰，不只是勞民，荒年會隨之而來。現在裁撤珠厓郡，那裡的民眾有嚮往中原禮義想要內遷的，便妥善安置；不願內遷的，不要勉強。」

夏，四月十一日乙未，天昏地暗，茂陵白鶴館發生火災。詔令大赦天下。

夏季，發生旱災。

冊封長沙煬王劉旦的弟弟劉宗為長沙王。

長信少府貢禹上奏說：「各處離宮和長樂宮的護衛隊，可以減少大半，用以減輕人民的勞役。」六月，下詔說：「朕憂慮廣大黎民的飢寒，役夫遠離父母妻子，從事非農業的勞作，守衛君王不去居住的行宮，恐怕這不是調和陰陽的辦法。應該撤銷甘泉宮、建章宮的護衛隊，讓他們回家從事農耕。所有的官員都要節省用費。分條上奏，不要有什麼顧慮。」

這一年，孝元皇帝又起用周堪任光祿勳，周堪的學生張猛被任用為光祿大夫、給事中，大被信任。

四年（丙子　西元前四五年）

春，正月，孝元皇帝行幸甘泉宮，祭祀上天泰一神。三月，巡幸河東郡，祭祀土地神。特赦在汾陰的勞改犯。

五年（丁丑　西元前四四年）

春，正月，以周子南君❶為周承休侯❷。

三月[1]，上行幸雍❸，祠五畤❹。

夏，四月，有星孛于參❺。

上用諸儒貢禹等之言，詔太官❻毋日殺❼，所具各減半❽，乘輿秣馬，無乏正事❾而已。罷角抵❿、上林宮館希御幸者⓫、齊三服官、北假田官⓬、鹽鐵官⓭、常平倉⓮。博士弟子毋置員⓯，以廣學者，今民有能通一經者，皆復⓰。省刑罰七十餘事⓱。

陳萬年卒。六月辛酉⑱，長信少府貢禹為御史大夫⑲。禹前後言得失書數十上，上嘉其質直⑳，多采用之。

匈奴郅支單于㉑自以道遠，又怨漢擁護呼韓邪㉒而不助己，困辱漢使者江乃始等；遣使奉獻，因求侍子㉓。漢議遣衛司馬谷吉送之㉔，御史大夫貢禹、博士㉕東海匡衡㉖以為：「郅支單于鄉化未醇㉗，所在絕遠㉘，宜令使者送其子，至塞㉙而還。」吉上書言：「中國與夷狄有羈縻㉚不絕之義。今既養全其子十年，德澤甚厚，空絕㉛而不送，近從塞還，示棄捐不畜㉜，使無鄉從㉝之心，棄前恩，立後怨，不便㉞！議者見前江乃始無應敵之數，智勇俱困，以致恥辱，即豫為臣憂㉟。臣幸得建彊漢之節，承明聖之詔，宣諭厚恩，不宜敢桀㊱。若懷禽獸心，加無道於臣，則單于長嬰大罪㊲，必遁逃遠舍，不敢近邊。沒一使以安百姓，國之計，臣之願也。願送至庭㊳。」上許焉。既至，郅支單于怒，竟殺吉㊴等。自知負漢，又聞呼韓邪益彊，恐見襲擊，欲遠去。會康居㊵王數為烏孫㊶所困，與諸翕侯㊷計，以為：「匈奴大國，烏孫素服屬㊸之。今郅支單于困阨在外，可迎置東邊，使合兵㊹取烏孫而[2]立之㊺，長無匈奴憂矣。」即使使至堅昆㊻，通語郅支。郅支素恐，又怨烏孫㊼，聞康居計，大說㊽，遂與相結，引兵而西。郅支人眾中寒㊾道死，餘財㊿三千人。到康居，康居王以女妻郅支；郅支亦以女予康居王。康居甚尊敬郅支，欲倚其威以脅諸國。郅支數借兵擊烏孫，深入至赤谷城，殺略民人，敺(51)畜產去。烏孫不敢追，西邊空虛不居者五千里(52)。

冬，十二月丁未(53)，貢禹卒。丁巳(54)，長信少府薛廣德(55)為御史大夫。

【章旨】以上為第六段，寫郅支單于遠遁康居。

【注釋】❶周子南君　漢武帝元鼎四年封周後裔姬嘉為「周子南君」，以奉周祀。❷承休侯　姓姬名延，姬嘉之孫。承休侯國，在潁川郡。❸行幸雍　元帝前往雍城。雍，縣名，在今陝西鳳翔。秦興起於雍，其地有行宮，有五天帝及百神祠壇。❹祠五畤　祭祀五帝。五畤，五天帝之神壇。五天帝為東方青帝靈威仰，南方赤帝赤熛怒，中央黃帝含樞紐，西方白帝白招拒，北方黑帝汁光紀。❺有星孛于參　在參星之旁出現孛星。❻太官　官名，掌皇帝膳食。❼毋日殺　不要每天宰殺牲畜。❽所具各減半　將按規定供應的菜餚數量減少一半。❾正事　指皇帝巡狩、祭祀宗廟以及閱兵所需的儀仗、車駕。至於遊宴田獵所需的御車馬，則屬於非正事所用。❿角抵　摔跤一類的角鬥。⓫上林宮館希御幸者　指皇帝很少接近的上林苑各行宮中的宮女。⓬北假田官　北假為地名，即今河套以北、包頭以西的夾山帶河地段。田官，泛指屯田的官卒。⓭鹽鐵官　漢武帝時所置，掌鹽鐵生產與專賣。⓮常平倉　漢宣帝所置，豐年儲糧，災年賑饑，並可平抑糧價，故稱常平倉。⓯博士弟子毋置員　漢武帝建元五年始置《五經》博士，置弟子限員五十名；昭帝時增至一百人；宣帝時又倍增之。今元帝「毋置員」，即不限額，以擴大學者隊伍。至成帝時，博士弟子已增至三千人。⓰復　免除賦役。⓱省刑罰七十餘事　簡化刑法，廢除有關刑罰的七十餘條案例。⓲辛酉　六月二十日。⓳御史大夫　官名，副丞相，監察百官。⓴質直　樸實坦率。㉑郅支單于　呼韓邪單于之兄呼屠吾斯，原為左賢王，後在東部自立為郅支骨都侯單于，西元前五六至前三六年在位。郅支畏漢之強，西遷至今新疆伊犁河流域，向西發展，史稱北匈奴。西元前三六年為漢西域副校尉陳湯擊殺。㉒呼韓邪　指南匈奴呼韓邪單于，名稽侯狦，西元前五八至前三一年在位。宣帝甘露三年（西元前五一年）呼韓邪朝漢，漢匈始又和親。其所部史稱南匈奴。

㉓侍子　入侍漢廷的質子。郅支單于曾遣子右大將駒于利受為侍子。事詳本書卷二十七宣帝甘露元年。㉔衛司馬谷吉送之　即以谷吉為使團護衛官出使郅支，護送郅支單于的質子回北匈奴。㉕博士　官名，備顧問應對，參加朝廷大議備諮詢。漢武帝置博士弟子後，又為太學教官。㉖匡衡　字稚生，東海郡承縣（故治在今山東棗莊東南）人。西漢經學家，官至丞相。漢元帝時名臣之一。傳見《漢書》卷八十一。㉗鄉化未醇　歸附不誠。醇，厚；專一。鄉，同「嚮」。化，教化。此指漢王朝之教化。㉘所在絕遠　地處荒遠的絕域。㉙至塞　到邊塞，即至國境線。㉚羈縻　牽制籠絡。㉛空絕　徒然離絕。㉜棄捐不畜　扔棄不畜養。謂永斷恩義。㉝鄉從　嚮化而聽從。㉞不便　不利。㉟豫為臣憂　事先替我擔心。豫，通「預」。㊱桀　桀傲不馴。㊲長嬰大罪　永遠負有大罪。嬰，繫帶，引申為犯有。㊳庭　指郅支單于庭。㊴竟殺吉　終於殺了谷吉。㊵康居　古西域國名，故地在今中亞哈薩克東南部，錫爾河以北。王治卑闐域，城築於都賴水（今塔拉斯河）上。㊶烏孫　古族名，初居祁連、敦煌間，後西遷至今伊犁河和伊塞克湖一帶建國，都赤谷城。㊷翕侯　康居官名。㊸素服屬　一向歸順服從。㊹合兵　康居與郅支兵力聯合。㊺取烏孫而立之　奪取烏孫地而使郅支立國。㊻堅昆　西域古族名、國名，在今新疆焉耆北。郅支西進，擊滅堅昆而都之。㊼郅支素恐二句　烏孫西遷乃為匈奴所迫，故烏孫與匈奴為世仇，匈奴強則附之，匈奴弱則擊之。宣帝黃龍元年（西元前四九年），郅支西走，烏孫發兵迎接，實欲襲擊，為郅支發覺，故結怨。㊽說　通「悅」。㊾中寒　受到寒凍傷害。㊿財　通「才」。(51)毆　古「驅」字。此指擄掠。(52)五千里　《漢書・陳湯傳》作「且千里」，當時烏孫赤谷城至康居間不可能有五千里空虛之地，當從《陳湯傳》。(53)丁未　十二月九日。(54)丁巳　十二月十九日。(55)薛廣德　字長卿，沛郡相（今安徽濉溪縣西北）人。經學家，曾傳魯詩，官至御史大夫。傳見《漢書》卷七十一。

【校　記】[1]三月　原無此二字。據章鈺校，乙十一行本、孔天胤本皆有此二字，張敦仁《通鑑刊本識誤》、張瑛《通鑑校勘記》、傅增湘校北宋本同，今據補。[2]而　據章鈺校，乙十一行本作「以」，傅增湘校北宋本同。

【語　譯】五年（丁丑　西元前四四年）

春，正月，冊封周子南君為周承休侯。

三月，皇上巡幸雍邑，祭祀五帝祠。

夏，四月，在參星之旁出現孛星。

皇上採納眾儒生和貢禹等人的建言，下詔太官不得每天宰殺牲畜，所備膳食減少一半，供皇帝乘用的御車御馬，巡狩、祭祀無乏而已。裁撤角力的雜技遊戲，釋放上林苑離宮中難以見到皇帝的宮女回家，撤銷齊地三服官、北假田官、鹽鐵官、常平倉。博士弟子的員額不加限制，以便擴大學者隊伍，下令只要能精通一經以上的士人，免除徭役。減少七十多條刑法案例。

陳萬年去世。六月二十日辛酉，長信少府貢禹為御史大夫。貢禹陳述政治得失的文書，先後上奏了數十篇，皇上欣賞他的坦率正直，多數都採納了。

匈奴郅支單于呼屠吾斯自認為道路遙遠，又怨恨漢朝扶助呼韓邪單于稽侯狦而不扶助自己，於是困辱漢朝使者江乃始等人；又派使者到漢朝進貢，乘便要求入侍漢朝的兒子駒于利受回匈奴。漢朝商議派衛司馬谷吉護送欒提駒于利受，御史大夫貢禹、博士東海人匡衡認為：「郅支單于沒有誠心歸附，又在離漢朝絕遠的地方，應當派使者送他的兒子到達邊界就回來。」谷吉上奏說：「漢朝對於蠻夷應當牽制籠絡不要斷絕關係。如今已經養育了郅支單于的兒子十年，恩德十分深厚，徒然離絕而不護送，臨近邊塞就回來，這表示漢朝遺棄了他們，不再畜養，讓他們失去歸順的心意，丟棄了先前的恩德，結下往後的怨恨，是很不利的。提議不遠送的人，看到先前江乃始缺少應敵的策略，沒有智慧，沒有勇氣，遭致羞辱，於是預先替我擔憂。臣有幸握持強大漢朝的符節，捧著皇上聖明的詔書，去宣揚曉諭皇上深厚的恩德，料想郅支單于不敢逞兇。如果郅支單于懷有禽獸心腸，對臣蠻橫無禮，那麼郅支單于就犯下了永遠的大罪，一定會跑到更遠的地方居住，不敢接近漢朝的邊界。丟了一個使臣而安定了天下百姓，國家最合算，也是臣的意願。我願意把郅支單于的兒子送到王庭。」孝元皇帝同意了谷吉的請求。谷吉送達匈奴王庭，郅支單于忿怒，終於殺害了谷吉等人。郅支單于自知背負了漢朝，又聽說呼韓邪單于更加強大，害怕遭受襲擊，想逃到遠方。正巧康居王多次受到烏孫國的侵擾，康居王便和他的大臣翕侯商議，認為：「匈奴是大國，烏孫一向附屬匈奴。如今郅支單于在外處境艱難，可以接到我國的東邊居住，讓他與我們併力消滅烏孫，而使郅支單于在烏孫立國，這樣，我國永遠沒有匈奴之憂了。」康居王當即派使臣到堅昆去，傳話給郅支單于。郅支單于一向害怕烏孫，又結怨烏孫，聽到了康居王的計畫，十分高興，於是與康居王勾結，領兵西去。郅支單于的部眾受凍，不少人死在路上，剩下的只有三千人。到了康居，康居王把女兒嫁給郅支單于為妻；郅支單于也把女兒嫁給康居王。康居王十分敬重郅支單于，想借重他的聲威去威脅鄰國。郅支單于多次借兵去攻擊烏孫，深入到烏孫的赤谷城，屠殺擄掠烏孫民眾，搶奪烏孫的牛馬財物離去。烏孫不敢追擊，西部有五千里地方無人居住。

冬，十二月初九日丁未，貢禹去世。十九日丁巳，長信少府薛廣德為御史大夫。

永光元年（戊寅　西元前四三年）

春，正月，上行幸甘泉，郊泰畤。禮畢，因留射獵。薛廣德上書曰：「竊見關東困極，人民流離；陛下日撞亡秦之鍾，聽鄭、衛之樂❶，臣誠悼❷之。今士卒暴露，從官❸勞倦，願陛下亟反宮❹，思與百姓同憂樂，天下幸甚！」上即日還。

二月，詔：「丞相、御史舉質樸、敦厚、遜讓、有行❺者；光祿歲以此科第郎、從官。」

三月，赦天下。○雨雪、隕霜❻，殺桑❼。

秋，上酎祭宗廟❽，出便門❾，欲御樓船。薛廣德當❿乘輿車，免冠頓首⓫曰：「宜從橋。」詔曰：「大夫冠。」廣德曰：「陛下不聽臣，臣自刎，以血汙車輪，陛下不得入廟矣！」上不說⓬。先敺⓭光祿大夫張猛進曰：「臣聞主聖臣直。乘船危，就橋安；聖主不乘危。御史大夫言可聽！」上曰：「曉人不當如是邪⑭！」乃從橋。

九月，隕霜殺稼，天下大饑。丞相于定國⑮、大司馬、車騎將軍史高、御史大夫薛廣德俱以災異乞骸骨⑯。賜安車⑰、駟馬、黃金六十斤，罷。太子太傅韋玄成⑱為御史大夫。廣德歸，縣其安車，以傳示子孫為榮。

帝之為太子也，從太中大夫孔霸⑲受尚書，及即位，賜霸爵關內侯，號褒成君⑳，給事中。上欲致霸相位，霸為人謙退，不好權勢，常稱「爵位泰過，何德以堪之！」御史大夫屢缺，上輒欲用霸；霸讓位，自陳至于再三。上深知其至誠，乃弗用。以是敬之，賞賜甚厚。

戊子㉑，侍中、衛尉㉒王接㉓為大司馬、車騎將軍。

石顯憚周堪、張猛等，數譖毀之。劉更生懼其傾危㉔，上書曰：「臣聞舜命九官㉕，濟濟㉖相讓，和㉗之至也。眾臣和於朝則萬物和㉘於野，故簫韶九成[1]，鳳皇來儀㉙。至周幽、厲㉚之際，朝廷不和，轉相非怨，則日月薄食㉛，水泉沸騰，山谷易處㉜，霜降失節㉝。由此觀之，和氣致祥㉞，乖氣致異㉟，祥多者其國安，異眾者其國危，天地之常經㊱，古今之通義㊲也。今陛下開三代㊳之業，招文學之士[39]，優游寬容[40]，使得並進。今賢不肖渾殽[41]，白黑不分，邪正雜糅[42]，忠讒[43]並進；章交公車[44]，人滿北軍[45]，朝臣舛午[46]，膠戾乖剌[47]，更相讒愬[48]，轉相是非[49]。所以營惑耳目[50]，感移心意[51]，不可勝載。分曹為黨[52]，往往羣朋[53]將同心以陷正臣[54]。正臣進者，治之表也[55]；正臣陷者，亂之機也[56]。乘治亂之機，未知孰任[57]，而災異數見，此臣所以寒心者也。初元以來六年矣，按春秋六年之中，災異未有稠[58]如今者也。原[59]其所以然者，由讒邪並進[60]也。讒邪之所以並進者，由上多疑心，既已用賢人而行善政，如或譖[61]之，則賢人退而善政還[62]矣。夫執狐疑之心者，來讒賊之口[63]；持不斷之意者，開羣枉之門[64]。讒邪進則眾賢退，羣枉盛則正士消。故易有否、泰[65]，小人道長，君子道消，則政日亂；君子道長，小人道消，則政日治。昔者鯀、共工、驩兜[66]與舜、禹[67]雜處堯朝，周公與管、蔡[68]並居周位，當是時，迭進相毀[69]，流言相謗，豈可勝道哉！帝堯、成王能賢舜、禹、周公而消共工、管、蔡，故以大治，榮華至今。孔子與季、孟[70]偕仕[71]於魯，李斯[72]與叔孫[73]俱宦於秦，定公[74]、始皇賢季、孟、李斯而消孔子、叔孫，故以大亂，汙辱至今。故治亂榮辱之端[75]，在所信任；信任既賢，在於堅固而不移。詩云：『我心匪石，不可轉也』[76]，言守善篤也。易曰：『渙汗其大號[77]』，言號令如汗，汗出而不反[78]者也。今出善令未能踰時[79]而反，是反汗也；用賢未能三旬[80]而退[81]，是轉石[82]也。論語曰：『見不善如探湯[83]。』今二府[84]奏佞讇不當在位，歷年[85]而不去。故出令則如反汗，用賢則如轉石，去佞則如拔山[86]，如此，望陰陽之調[87]，不亦難乎！是以羣小窺見間隙[88]，緣飾文字[89]，巧言醜詆[90]，流言[91]、飛文[92]譁[93]於民間。故詩云[94]：『憂心悄悄[95]，慍[96]于羣小。』小人成羣，誠足慍也。昔孔子與顏淵、子貢[97]更相稱譽，不為朋黨[98]；禹、稷與皋陶傳相汲引，不為比周[99]。何則？忠於為國，無邪心也。今佞邪與賢臣並交戟[100]之內，合黨共謀，違善依惡，歙歙訿訿[101]，數設危險之言[102]，欲以傾移[103]主上，如忽然用之，此天地之所以先戒，災異之所以重至[104]者也。自古明聖未有無誅而治者也，故舜有四放之罰[105][2]，孔子有兩觀之誅[106]，然後聖化可得而行也。今以陛下明知，誠深思天地之心[107]，覽否、泰之卦[108]，歷周、唐之所進以為法[109]，原秦、魯之所消以為戒[110]，考祥應之福，省[111][3]災異之禍，以揆[112]當世之變，放遠[113]佞邪之黨，壞散[114]險詖之聚[115]，杜閉[116]羣枉之門[117]，廣開眾正之路，決斷狐疑，分別猶豫[118]，使是非炳然[119]可知，則百異消滅而眾祥並至，太平之基，萬世之利也。」顯見其書，愈與許、史比[120]而怨更生等。

【章　旨】以上為第七段，記載漢元帝納言，薛廣德攔路跪諫和劉向上書請誅奸佞。薛廣德疏諫，攔阻漢元帝出行不要擺渡過河，而要從橋上行路，小題大作，表演熱愛君王，漢元帝樂得有納諫之名而聽從。劉向上書言國家大事，漢元帝捨不得左右親信，下不了誅除奸佞的決心，於是稀裡糊塗裝呆，甚至把劉向上書捅給政敵看，於是石顯等對劉向恨之入骨。

【注　釋】❶鄭衛之樂　指靡靡之音。鄭、衛，春秋時二國名，鄭國在今河南新鄭，衛國在今河南淇縣。兩地民歌輕柔，被儒家視為亡國之音。❷誠悼　心情十分沉痛。悼，悲痛。❸從官　侍從之官，諸如宦者、諸郎、太醫等。❹亟反宮　立即回宮。反，通「返」。❺質樸敦厚遜讓有行　這是元帝永光元年舉賢良的四種科目。❻隕霜　降霜。❼殺桑　凍死了桑樹。❽酎祭宗廟　漢制，每年八月以重釀之醇酒祭祀祖廟，稱酎祭。酎，專用的醇酒。❾便門　長安城南西頭第一門。❿當　阻擋。⓫免冠頓首　摘帽磕頭。攔阻乘輿車，乃犯上之舉，薛廣德免冠頓首諫，表示有罪。⓬說　通「悅」。⓭先敺　先導。敺，同「驅」。⓮曉人不當如是邪　規勸人難道不應當如此嗎。這是元帝誇獎張猛諫諍有方。⓯于定國　字曼倩，東海郯（今山東郯城縣北）人。宣帝時為廷尉，持法寬平，人稱賢臣。元帝時為丞相。傳見《漢書》卷七十一。⓰乞骸骨　古時大臣辭職的委婉說法。丞相、大司馬、御史大夫為漢三公，按當時天人感應之說，應對天災負責，故皆引咎辭職。⓱安車　坐乘之小車，以蒲裹輪，運行平穩，供致仕大臣或所徵耆學大儒乘坐。⓲韋玄成　字少翁，魯國鄒（今山東鄒縣東南）人。宣帝相韋賢之子，官至丞相。事附其父傳，見《漢書》卷七十三。⓳孔霸　字次儒，孔子第十三代孫，世傳經學。宣帝時官至太中大夫、詹事。漢元帝封為褒成君。傳見《漢書》卷八十一。⓴褒成君　胡三省注引如淳曰：「為帝師，教令成就，故曰褒成君。」㉑戊子　九月二十四日。㉒衛尉　官名，九卿之一，掌皇宮禁衛之職。㉓王接　漢元帝舅平昌侯王無故之子。㉔傾危　險詐。㉕舜命九官　《尚書．舜典》與《史記．五帝本紀》載，虞舜繼堯治事，草創國家，任命禹做司空，棄做后稷，契做司徒，皋陶做士，垂做共工，益做朕虞，伯夷做秩宗，夔做典樂，龍做納言，凡九官。㉖濟濟　形容人才眾多。㉗和　感情融洽，團結一致。㉘萬物和　萬物欣欣向榮。㉙簫韶九成二句　多次演奏〈韶〉樂，鳳凰也要飛來朝拜。〈韶〉樂，舜時樂典名。九，不定數詞，多。㉚幽厲　周幽王、周厲王。周朝第十代國君名姬胡，死後謚厲王；厲王後為宣王，宣王後為幽王姬宮涅，即周朝第十二代國君。厲王暴虐，為國人所逐；幽王昏亂，導致西周滅亡。按，古史將周厲王、周幽王並舉時，倒其時序，不稱「厲幽」，而說「幽厲」，因幽王更為暴虐，以致亡國。㉛日月薄食　日蝕和月蝕交替發生。薄，迫也，謂日月相掩而成蝕。

㉜水泉沸騰二句　百川氾濫，高山與深谷改變了位置。意謂山川動搖。㉝霜降失節　降霜失調，與節令不符。㉞致祥　招來祥瑞。㉟致異　導致災禍。㊱常經　不變的法則。㊲通義　一貫的道理，即普遍真理。㊳三代　夏、商、周。㊴文學之士　通曉經術的人士。漢時文學指經學。今之文學，漢時稱文章、文辭。㊵優游寬容　悠閒自得，寬厚而能容人。㊶渾殽　即混淆。㊷雜糅　混雜。㊸忠讒　忠奸。㊹章交公車　吏民上書，呈於公車司馬令代轉。公車，即公車司馬令之省稱，主管宮城南門外之司馬門，接納吏民章奏。章，指奏章，上奏的文書。㊺人滿北軍　因言論獲罪的人犯塞滿了北軍的監獄。漢制，中壘校尉，主北軍壘門內。吏民上章於公車，有不如法者，由北軍尉依法治之。㊻舛午　背逆；志意不合。㊼繆戾乖剌　互相違背不和諧。㊽更相讒愬　互相進讒陷害。㊾轉相是非　相互以對方為非。㊿營惑耳目　蠱惑皇帝耳目。(51)感移心意　轉移皇帝的主見。(52)分曹為黨　各自按部門結黨營私。(53)羣朋　朋比為奸。(54)正臣　耿直秉正之臣。正，品德正直，心胸光明磊落。(55)正臣進者二句　直臣進用，是政治開明的表現。(56)正臣陷者二句　直臣遭陷害，是禍亂的先兆。(57)乘治亂之機二句　在治亂的關頭，不知應當用誰。(58)稠　密；多。(59)原　推究。(60)讒邪並進　讒臣與奸邪小人都得到進用。(61)譖　讒言陷害。(62)還　被收還，即中止。(63)執狐疑之心者二句　心懷猜忌，就要招來讒惡之口。(64)持不斷之意者二句　辦事沒有決斷力，就給一群小人開了後門。羣枉，一群邪曲的小人。(65)易有否泰　《易經》上有象徵不順利的〈否卦〉和順利的〈泰卦〉。(66)鯀共工驩兜　堯時的凶臣。(67)舜禹　虞舜、大禹。(68)周公與管蔡　即周公姬旦、管叔姬鮮、蔡叔姬度，三人皆周文王之子。姬旦賢而多能，是輔佐武王、成王的西周賢臣。管、蔡二人則不識大體，聯合讒害周公，進而發動叛亂，為周公所誅。(69)迭進相毀　交替進用，互相打擊。(70)季孟　魯國的季孫氏、孟孫氏兩大夫家族，皆魯桓公之後。(71)偕仕　同在一朝做官。與孔子一起在魯國做官的有季孫斯、孟孫何忌。(72)李斯　（？—西元前二〇八年）秦始皇時丞相，始皇死後，李斯受趙高蠱惑，擁立秦二世，加速了秦朝的滅亡，故這裡以李斯為奸臣。傳見《史記》卷八十七。(73)叔孫　指叔孫通，秦博士，入漢為奉常。傳見《史記》卷九十九。(74)定公　春秋時孔子出仕時的魯國國君。(75)端　緣由。(76)詩云三句　引自《詩經・柏舟》。意謂石雖堅，尚可轉移，我心非石，是不可動搖的。(77)渙汗其大號　意謂君令發出，如同汗從體出，不可收回，喻號令不可改變。語見《易經・渙卦・九五・爻辭》。(78)反　通「返」。(79)踰時　超過三月。(80)旬　十天。(81)退　指官職被罷免。(82)轉石　指用賢如用手轉石頭，太隨意。(83)見不善如探湯　見到邪惡，如同用手去探沸水，應立即避退。語見《論語・季氏》。湯，沸水。(84)二府　指丞相、御史兩府。(85)歷年　一年又一年，歷經數年。(86)去佞則如拔山　排除邪惡小人就像搬動一座大山一樣艱難。(87)陰陽之調　陰陽調和，指風調雨順，沒有災害。(88)間隙　漏洞；空子。(89)緣飾文字　誇張其詞以誣人。緣飾，誇張；增飾。(90)醜

詆　誹謗。❾流言　謠言。❾飛文　匿名信。❾譁　喧譁；傳播。❾詩云　引自《詩經・柏舟》。❾悄悄　憂心如焚的樣子。❾慍　怒。❾顏淵子貢　均係孔子弟子。事見《史記》卷六十七〈仲尼弟子列傳〉。❾不為朋黨　不是拉幫結派，互相吹捧。❾比周　互相勾結。❿交戟　本指宿衛衛士以戟相交，這裡喻佞臣與賢臣交織在一起。❿歙歙訿訿　嘰嘰喳喳，象聲詞。形容交頭接耳、鬼鬼祟祟之狀。❿危險之言　聳動視聽，陷人於圈套的言論。❿傾移　轉移。這裡指使皇帝改變主意。❿重至大至。❿舜有四放之罰　舜流放共工於幽州，逐驩兜於崇山，貶三苗於三危，殺鯀於羽山。❿孔子有兩觀之誅　魯定公十四年（西元前四九六年），孔子為魯司寇，殺少正卯於兩觀之下。兩觀，魯宮外之闕門。❿思天地之心　思考天地懲惡佑善之心。❿覽否泰之卦　閱覽《易經》中〈否〉、〈泰〉二卦的卦辭。〈否卦・彖辭〉有「內小人而外君子，小人道長，君子道消」句。〈泰卦・彖辭〉有「內君子而外小人，君子道長，小人道消」句。❿歷周唐之所進以為法　歷觀西周、唐堯如何進用賢人，可以作為榜樣。⓫原秦魯之所消以為戒　推原秦國、魯國衰敗的原因，應引以為戒。⓫省　反省；反思。⓫揆　估量；審度。⓫放遠　放逐遠離。⓫壞散　打破、解散。⓫險詖之聚　專門從事陰謀構陷之集團。⓫杜閉　堵塞。⓫羣枉之門　群小鑽營之門。⓫決斷狐疑二句　當機立斷，不可猶豫，這裡指誅除顯、許集團。⓫炳然　顯明。⓬比　結黨。

【校記】①成　據章鈺校，乙十一行本、孔天胤本此下皆有「而」字，傅增湘校北宋本同。②罰　據章鈺校，乙十一行本、孔天胤本此下皆有「而」字，傅增湘校北宋本同。③省　原無此字。據章鈺校，乙十一行本有此字，張敦仁《通鑑刊本識誤》同，今據補。

【語譯】永光元年（戊寅　西元前四三年）

春，正月，皇上巡幸甘泉宮，祭祀天帝泰一神。祭禮結束，便留下打獵。薛廣德上奏書說：「臣看到關東地區困苦到了極點，人民流離失所；陛下卻每天敲著亡秦的喪鐘，聽著鄭國、衛國的靡靡之音，臣下實在悲痛。如今護衛士兵露宿在野外，隨從的官員也疲憊不堪，希望陛下趕快回到宮中，想著與百姓同樂同憂，這才是天下之福！」皇上當天就返回長安。

二月，皇上下詔說：「丞相、御史大夫要推薦質樸、敦厚、遜讓、品德良好的人才，光祿勳每年要依照這四科考核各曹的郎官和侍從官。」

三月，赦免天下。〇下雪，又降霜，凍死了桑樹。

秋，孝元皇帝祭祀祖廟，出了長安南城的便門，準備乘樓船。薛廣德擋住皇上的車駕，摘掉官帽磕頭勸諫說：「應當從橋上走。」皇上下令說：「御史大夫戴上官帽。」薛廣德說：「陛下不聽從臣的勸諫，臣就自殺，用血汙染車輪，陛下就進不了祖廟了！」皇上很不高興。車隊前導官光祿大夫張猛上前奏說：「臣聽說皇上聖明臣下就剛直。乘船危險，橋上走安全；聖明的皇上不去冒險。御史大夫的建議可以聽從！」皇上說：「勸導別人難道不應當如此嗎！」於是從橋上走。

九月，天降霜凍死了莊稼，全國鬧饑荒。丞相于定國、大司馬・車騎將軍史高、御史大夫薛廣德都因天災而引咎辭職。皇上賜給他們安車、駟馬、黃金六十斤，免了他們的官職。任命太子太傅韋玄成為御史大夫。薛廣德回到老家，把安車懸吊起來，留傳給子孫，以示榮耀。

孝元皇帝做皇太子的時候，師從太中大夫孔霸學習《尚書》，等到即位為皇帝，賞賜孔霸爵位為關內侯，號褒成君，任用為給事中。皇上想提升孔霸為丞相，孔霸為人謙遜，不喜好權勢，經常說「爵位太高，我有何德去擔任啊！」御史大夫多次空缺，皇上每次都想任用孔霸；孔霸讓位，親自陳請了好幾次。皇上深知他極其誠懇，於是不用。因此敬重他，賞賜很豐厚。

九月二十四日戊子，任用侍中、衛尉王接為大司馬、車騎將軍。

石顯懼怕周堪、張猛等人，多次在皇上面前說他們的壞話。劉更生戒懼石顯險詐，就上書奏說：「臣聽說虞舜任命九位大臣，濟濟一堂互相謙讓，十分和諧。群臣在朝廷和睦相處，萬物就在野外欣欣向榮，所以洞簫演奏〈韶〉樂九遍，鳳凰就飛來朝拜。到了周幽王、周厲王的時候，朝廷失和，互相排斥怨恨，結果日蝕、月蝕相繼發生，江河氾濫，山谷易位，霜降不依節令。由此看來，和睦之氣招來祥瑞，乖戾之氣導致災異，祥瑞多的國家安定，怪異多的國家危險，這是天地不變的法則，古今一貫的道理。如今陛下要開創夏商周三代那樣的盛業，應招致文學才士，優閒自得，寬厚而能容人，使得賢士都得到任用。如今賢能之士與不賢的壞人混雜在一起，黑白不分，邪正雜亂，忠奸並用；上訪的奏章堆集在公車府，北軍的監獄人滿為患，朝中群臣互相仇恨，意志不合，互相說壞話，輾轉以對方為非。因而蠱惑皇上視聽，移動皇上主見，真是不可勝記。他們又各自結成幫派，各派往往共同陷害正直的大臣。正直的大臣被重用，是政治開明的表現；正直的大臣遭陷害，是國家混亂的苗頭。在治亂的緊要關頭，不知道任用誰，而災異屢屢出現，這是臣寒心的原因。從初元以來已有六年，按《春秋》的記載，每六年發生的災異，沒有像今天這樣密集。究其原因，是由於邪惡的人得到任用。邪惡的人之所以得到任用，是因為皇上多疑，既然已經用了賢人去推行善政，如果賢人受到陷害，那麼賢人就被罷退而善政就要終止。懷有猜忌多疑之心，就招來讒惡之口；有遲疑不決的思想，就給邪曲之徒打開方便之門。讒邪之徒被任用，而群賢就會被斥退，眾多邪惡的人得勢，那麼正人君子就衰退。因此，《易經》有〈否卦〉和〈泰卦〉，小人的一套受到重視，君子的道義就要消退，那麼政治日益混亂；反之，君子的道義受到重視，小人的一套消退，那麼政治日益昌盛。從前鯀、共工、驩兜，與舜、禹同在堯的朝廷做官，周公與管叔、蔡叔同在周朝做官，當時，他們之間互相誹謗，流言四起，哪裡說得完呢！帝堯、周成王能夠認識舜、禹、周公賢能，而排除了共工、管叔、蔡叔，所以天下大治，榮耀直到今天。孔子與季孫斯、孟孫何忌同在魯國做官，李斯和叔孫通同在秦朝做官，魯定公和秦始皇認定季孫斯、孟孫何忌、李斯賢能，排斥了孔子、叔孫通，因此國家大亂，惡名一直流傳到今天。所以國家治與亂、榮與辱的緣由，在於皇上信任什麼樣的人；既然信任了賢人，關鍵在於堅持而不動搖。《詩經》說：『我的心不是石頭，是不可以轉動的』，這說的是堅持善行十分執著。《易經》說：『王者發號令，渙然如汗水湧出』，說的是令從口出，如同汗從體出，不可再返回體內。現今頒布的善政號令，未超過三月就被收回，這就是返汗；任用賢能的人才，不到三十天就被斥退，這就是轉動石頭。《論語》說：『看見不好的事，就像是手伸到開水裡一樣。』現今兩府上奏巧言逢迎之徒不當在位，可是歷經數年還沒離去。所以皇上發出號令如同收回流出的汗水，任用賢才如同轉動石頭，而排除邪惡小人簡直像搬動一座大山一樣艱難，在這種情況下，希望陰陽調和，不也是很困難的嗎！因此，一群小人尋找到漏洞，專做文字遊戲功夫，造謠誹謗，散布流言，在民間廣為傳布。所以《詩經》說：『我心憂如焚，只因觸怒了一群小人』，小人拉幫結派，確實令人憤怒。從前孔子與他學生顏淵、子貢互相讚揚誇獎，沒有人認為他們結黨營私；大禹、后稷與皋陶互相推薦引用，沒有人說他們勾結為奸。為什麼呢？因為他們忠心為國，沒有私心邪念。如今奸佞小人，混雜在賢人中間，小人們勾結在一起，共設陰謀，離善從惡，嘰嘰喳喳，花言巧語，設置一重又一重的圈套，想用此來改變皇上的主意，如果皇上貿然聽信，這就是天地先行警告，災異大至的原因。自古以來的聖明君王，從來沒有不用誅殺就可以治理好國家的，所以虞舜有放逐四凶的懲罰，孔子有在兩觀誅殺少正卯的事件，只有這樣，聖明的教化才得到推行。現今，以陛下的聖明睿智，如真能深思天地的旨意，觀覽《易經》上〈否〉、〈泰〉兩卦的卦辭，歷覽西周、唐堯如何進用賢人並把它作為法則，追根秦國、魯國賢人消退的原因並以之為鑑戒，考求那些祥瑞給國家帶來幸福，反省災異給國家帶來禍害，用來考量當前的局勢，放逐遠離奸佞邪惡之徒，打散陰謀構陷之人的聚集，堵塞群小鑽營之門，廣開引進正人君子的途徑，杜絕猶疑，區別善惡，讓是非明白可知，那麼，成百的災異都將消除，而眾多的祥瑞都會來臨，這是太平盛世的基業，萬世的長遠利益。」石顯看到這份奏章，更加與許、史皇親朋比為奸，而愈益怨恨劉更生等人。

是歲，夏寒，日青無光❶，顯及許、史皆言堪、猛用事之咎。上內重堪，又患眾口之寖潤❷，無所取信。時長安令楊興以材能❸幸，常稱譽堪，上欲以為助，乃見問興：「朝臣齗齗❹不可光祿勳，何邪？」興者，傾巧士❺，謂上疑堪，因順指❻曰：「堪非獨不可於朝廷，自州里❼亦不可也！臣見眾人聞堪與[1]劉更生等謀毀骨肉❽，以為當誅，故臣前書言堪不可誅傷，為國養恩也。」上曰：「然此何罪而誅？今宜柰何？」興曰：「臣愚以為可賜爵關內侯，食邑三百戶，勿令典事[9]。明主不失師傅之恩，此最策之得者[2]也。」上於是疑之。

司隸校尉[10]琅邪諸葛豐[11]，始以剛直特立[3]著名於朝，數侵犯貴戚[12]，在位者[4]多言其短；後坐春夏繫治人[13]，徙城門校尉[14]。豐於是上書告堪、猛罪。上不直[15]豐，乃制詔御史[16]：「城門校尉豐，前與光祿勳堪、光祿大夫猛在朝之時，數稱言[17]堪、猛之美。豐前為司隸校尉，不順四時，修法度[18]，專作苛暴以獲虛威[19]。朕不忍下吏[20]，以為城門校尉。不內省諸己[21]，而反怨堪、猛以求報舉[22]，告按無證之辭[23]，暴揚難驗之罪[24]，毀譽恣意[25]，不顧前言，不信之大[26]也。朕憐豐之耆老[27]，不忍加刑，其免為庶人！」又曰：「豐言堪、猛貞信不立[28]，朕閔而不治[29]，又惜其材能未有所效[30]，其左遷[31]堪為河東[32]太守，猛槐里[33]令。」

臣光曰：「諸葛豐之於堪、猛，前譽而後毀，其志非為朝廷進善而去姦也，欲比周求進[34]而已矣；斯亦鄭朋、楊興之流，烏在其為剛直哉[35]！人君者，察美惡，辨是非，賞以勸善，罰以懲姦[36]，所以為治也。使豐言得實，則豐不當黜[37]；若其誣罔[38]，則堪、猛何辜焉！今兩責[39]而俱棄之，則美惡、是非果安[5]在哉！」

賈捐之與楊興善。捐之數短石顯[40]，以故不得官，稀復進見[41]；興新以材能得幸。捐之謂興曰：「京兆尹[42]缺，使我得見，言君蘭[43]，京兆尹可立得。」興曰：「君房㊹下筆，言語妙天下。使君房為尚書令㊺，勝㊻五鹿充宗㊼遠甚。」捐之曰：「令我得代充宗，君蘭為京兆，京兆，郡國首㊽，尚書，百官本，天下真大治，士則不隔㊾矣！」捐之復短石顯，興曰：「顯方貴，上信用之。今欲進，第㊿從我計，且與合意(51)，即得入矣！」捐之即與興共為薦顯奏，稱譽其美，以為宜賜爵關內侯，引其兄弟以為諸曹(52)，又共為薦興奏，以為可試守(53)京兆尹。石顯聞知，白之上，乃下興、捐之獄，令顯治之，奏「興、捐之懷詐偽，更相薦譽，欲得大位，罔上(54)不道(55)！」捐之竟坐棄市(56)，興髡鉗為城旦(57)。

臣光曰：「君子以正攻邪，猶懼不克。況捐之以邪攻邪，其能免乎！」

徙清河王竟(58)為中山王。

匈奴呼韓邪單于民眾益盛，塞下禽獸盡，單于足以自衛，不畏郅支，其大臣多勸單于北歸者。久之，單于竟北歸庭，民眾稍稍歸之，其國遂定。

【章　旨】以上為第八段，寫諸葛豐、賈捐之、楊興等一班鑽營官吏的嘴臉。他們奔走於權門，策劃於密室，寡廉鮮恥，隨風轉舵，不擇手段往上爬，揣摩人主說鬼話，到頭來竹籃打水一場空。諸葛豐被罷官，賈捐之掉了腦袋，可以說是罪有應得。

【注　釋】❶日青無光　日色青藍而黯淡。❷寖潤　指譖言如水之浸潤，久則成奸。《論語・顏淵》孔子曰：「浸潤之譖不行焉，可謂明也已矣。」❸材能　才幹。❹齗齗　切齒憤恨的樣子。此指說話時的激動神情。❺傾巧士　奸詐的人。❻順指　揣摩主意而阿附。指，通「旨」。❼州里　指同州鄉而居的人。❽謀毀骨肉　誹謗離間骨肉親情。❾典事　主管政事。❿司隸校尉　官名，掌京師治安。⓫諸葛豐　字少季，琅邪諸縣（今山東諸城西南）人，漢元帝時官至司隸校尉，剛直不阿。傳見《漢書》卷七十七。⓬數侵犯貴戚　多次侵犯皇親國戚。⓭坐春夏繫治人　指諸葛豐因春夏捕人而被起訴。古人信奉天人感應之說，春、夏為生長季節，因此仲春省囹圄（釋放輕罪犯），去桎梏（不戴刑具），停止審訊，不捕犯人；仲夏改善重犯人的生活，增加食物供給。春夏捕人，被認為是不順天行事。⓮城門校尉　武官名，掌京師十二城門護衛。⓯不直　不認為對。⓰制詔御史　下詔御史大夫。漢制，皇帝下詔，先交御史大夫，再由御史大夫移丞相府布告天下。⓱稱言　讚揚。⓲修法度　遵守法令制度。⓳獲虛威　獵取聲譽。⓴下吏　交司法官治罪。㉑內省諸己　自我反省。㉒求報舉　尋求對方過失舉發以報復。㉓告按無證之辭　控告的是無證據的言辭。㉔暴揚難驗之罪　揭發的是難以按驗的罪過。㉕毀譽恣意　誹謗與讚揚隨心所欲。㉖不信之大　為不誠信之最。㉗耆老　六十曰耆，七十曰老。㉘貞信不立　缺乏忠貞和信義。㉙閔而不治　因憐惜而不治其罪。㉚未有所効　未能報效國家。効，報效。㉛左遷　降職。㉜河東　郡名，治所安邑，在今山西夏縣西北。㉝槐里　縣名，縣治在今陝西興平。㉞比周求進　結黨營私以求得升遷。㉟烏在其為剛直哉　哪能是一個剛烈正直的人呢。㊱賞以勸善二句　用獎賞鼓勵善行，用刑罰懲治奸惡。㊲豐言得實二句　諸葛豐說的是實情，那麼諸葛豐不應當被罷官。黜，罷官。㊳誣罔　誣告。㊴兩責　對雙方均進行處罰。㊵數短石顯　屢次說石顯的壞話。㊶稀復進見　很少再見到皇帝。㊷京兆尹　京師行政長官。㊸君蘭　楊興字君蘭。㊹君房　賈捐之字君房。㊺尚書令　官名，屬少府，與中書令皆為皇帝祕書官。其時，石顯任中書令，五鹿充宗任尚書令。㊻勝　超過。㊼五鹿充宗　複姓五鹿，字君孟，《易》學大師，官至少府。事見《漢書》卷八十八〈朱雲傳〉。㊽郡國首　指京兆尹在郡國守相中要排在第一，因京師是郡國之首。㊾士則不隔　天下才智之士，不受阻隔，得以進用。㊿第　但。(51)合意　迎合心意。(52)諸曹　各部屬官。這裡指中書、尚書府屬官。(53)試守　漢制，郡國守相，第一年為見習期，稱試守，然後轉為正式。(54)罔上　欺騙皇帝。(55)不道　大逆不道。(56)坐棄市　被判處在鬧市腰斬。(57)髡鉗為城旦　髡鉗，剃去頭髮，戴上頸枷。城旦，即城旦舂，一種築城的苦役。漢制，髡鉗為城旦者，服刑五年，其中三年為築城苦役。(58)竟　劉竟，漢宣帝子。

【校　記】①與　據章鈺校，乙十一行本、孔天胤本皆作「前與」。②者　據章鈺校，乙十一行本、孔天胤本皆無此字。③剛

直特立 據章鈺校，乙十一行本、孔天胤本皆作「特立剛直」，傅增湘校北宋本同。④者 據章鈺校，乙十一行本、孔天胤本皆無此字。⑤安 據章鈺校，乙十一行本作「何」，傅增湘校北宋本同。

【語 譯】這一年，夏天寒冷，太陽青色無光，石顯和許嘉、史高都說這都是周堪、張猛執政引起的災禍。元帝內心敬重周堪，又憂慮眾口之讒言，無法取信大家。當時長安縣令楊興憑著才幹得到皇上寵愛，經常稱讚周堪，皇上想得到楊興的幫助，就召見楊興，詢問他：「朝中一些大臣時常激動地非議光祿勳，這是怎麼回事？」楊興是一個奸詐之人，他誤以為元帝懷疑周堪，就順著自己誤解的旨意說：「周堪這人，不僅朝中大臣非議他，他同州鄉的人也不認可他。臣先前聽說，周堪和劉更生等挑撥離間陛下的骨肉親情，應當誅殺，所以臣先前上書說不可誅殺周堪，那是為國家培植恩德。」元帝說：「那麼他們有什麼罪而被誅殺呢？如今應該如何處置呢？」楊興說：「臣愚昧的個人意見認為，可以賜爵關內侯，食邑三百戶，而不要讓他主事。這樣，聖明的皇上就沒有拋棄師傅的恩德，這可以說是得計之上策。」元帝於是疑心周堪。

司隸校尉琅邪人諸葛豐，起先由於剛強正直，特立獨行，聞名於朝廷，多次侵犯皇親國戚，很多當權的人說他的壞話；後來因諸葛豐在春夏季節逮捕犯人，遭到控告，被降職為城門校尉。諸葛豐於是上書控告周堪、張猛有罪。元帝不認為諸葛豐有理，就下詔書給御史大夫說：「城門校尉諸葛豐，先前與光祿勳周堪、光祿大夫張猛同在朝廷為官時，多次稱讚周堪、張猛的美德。諸葛豐先前任司隸校尉，不遵順四時天意，不遵守法律制度，專門用苛刻兇殘的手段來樹立個人的威風。朕不忍心法辦，讓他當城門校尉。可是諸葛豐卻不自我反省，反而怨恨周堪、張猛，尋找對方過失舉發報復，告發的言辭沒有證據，揭發的全是無法證明的罪過，毀謗讚譽，隨心所欲，不顧先前讚譽周堪、張猛的言辭，這是最不誠信的行為。朕可憐諸葛豐是年老之人，不忍心法辦，解除他的官職做一個平民！」元帝又說：「諸葛豐揭發周堪、張猛缺失忠貞和信義，朕也憐憫兩人，不予追究，又惋惜兩人的才幹未能報效國家，就降職任用，周堪為河東太守，張猛為槐里縣令。」

司馬光說：「諸葛豐對於周堪、張猛，先讚揚而後毀謗，他的想法不是為國家進賢除奸，是打算結黨營私，以求仕進罷了；諸葛豐也是鄭朋、楊興之類，哪能是一個剛直的人物啊！作為國君，要能考察善惡，明辨是非，用獎賞鼓勵善行，用刑罰懲治邪惡，以此來治理國家。如果諸葛豐說的是真話，那麼諸葛豐不應當貶黜；如果是誣陷，那麼周堪、張猛有什麼罪過！而今雙方都受到責罰而遭黜廢，那麼善與惡、是與非，到底在哪一方呢！」

賈捐之與楊興兩人交好。賈捐之多次說石顯的壞話，因此沒有得到官職，很少見到元帝；楊興最近因才幹得到元帝親幸。賈捐之對楊興說：「京兆尹空缺，您讓我見到皇上，推薦您楊君蘭，您立馬得到京兆尹。」楊興說：「您賈君房下筆成文，言語精妙天下第一。如果讓您賈君房任尚書令，比五鹿充宗強多了！」賈捐之說：「如果我替代五鹿充宗為尚書令，您楊君蘭為京兆尹，京兆是郡國之首，尚書是百官的根本，天下真的太平，士人就不會阻塞了！」賈捐之又揭發石顯的過失，楊興說：「石顯正顯貴，皇上信任重用他。如今想要升官，只要依從我的計畫，暫且投合石顯，便能入朝做官。」賈捐之就與楊興一起上書元帝，稱讚石顯美德，認為應當給石顯賜爵關內侯，任用石顯的兄弟為諸曹官員，然後，兩人又一起謀劃推薦楊興的奏章，認為可以讓楊興代理京兆尹。石顯得知實情，就報告元帝，便把楊興、賈捐之兩人逮捕下獄，讓石顯治兩人的罪，石顯上奏說「楊興、賈捐之心懷奸詐，彼此推薦稱譽，企圖謀取重要官職，欺騙皇上，大逆不道！」賈捐之最終被判在街市處斬，楊興被剃髮戴枷，服役築城。

司馬光說：「君子以正壓邪，還憂慮不能取勝。何況賈捐之以邪攻邪，怎能免除災禍呢！」

改封清河王劉竟為中山王。

匈奴呼韓邪單于的部眾日益強盛，邊塞的禽獸都絕滅了，單于也足以自衛，不再害怕郅支單于，呼韓邪單于的大臣大多來勸單于北歸。過了很長時間，呼韓邪單于終於回到北方的王庭，民眾漸漸歸附，他的國家便安定下來。

二年（己卯　西元前四二年）

春，二月，赦天下。○丁酉❶，御史大夫❷韋玄成❸為丞相，右扶風❹鄭弘❺為御史大夫。

三月壬戌朔❻，日有食之❼。

夏，六月，赦天下。

上問給事中❽匡衡以地震日食之變，衡上疏曰：「陛下躬聖德❾，開太平之路，閔❿愚吏民觸法抵禁⓫，比年⓬大赦，使百姓得改行自新，天下幸甚！臣竊見大赦之後，姦邪不為衰止，今日大赦，明日犯法，相隨入獄，此殆⓭導之未得其務⓮也。今天下俗，貪財賤義，好聲色，上⓯侈靡，親戚⓰之恩薄，婚姻之黨⓱隆⓲，苟合⓳徼幸⓴，以身設利㉑；不改其原㉒，雖歲赦㉓之，刑猶難使錯而不用㉔也。臣愚以為宜壹曠然大變其俗㉕。夫朝廷者，天下之楨幹㉖也。朝㉗有變色之言㉘，則下有爭鬬之患；上有自專㉙之士，則下有不讓之人；上有克勝之佐㉚，則下有傷害之心；上有好利之臣，則下有盜竊之民；此其本也。治天下者，審所上㉛而已。教化之流，非家至而人說㉜之也；賢者在位，能者布職㉝，朝廷崇禮，百僚敬讓，道德之行，由內及外㉞，自近者始，然後民知所法㉟，遷善日進㊱而不自知也。詩㊲

曰：『商邑翼翼[38]，四方之極[39]。』今長安，天子之都，親承聖化，然其習俗無以異於遠方，郡國來者無所法則[40]，或見侈靡而放效之；此教化之原本，風俗之樞機[41]，宜先正[42]者也。臣聞天人之際[43]，精祲有以相盪，善惡有以相推[44]，事作乎下者象動乎上[45]，陰變則靜者動[46]，陽蔽則明者晻[47]，水旱之災隨類而至[48]。陛下祗畏天戒[49]，哀閔[50]元元[51]，宜省靡麗[52]，考制度[53]，近忠正，遠巧佞[54]，以崇至仁[55]，匡失俗[56]，道德弘[57]於京師，淑問揚乎疆外[58]，然後大化[59]可成、禮讓可興也。」上說[60]其言，遷衡為光祿大夫[61]。

荀悅[62]論曰：「夫赦者，權時之宜[63]，非常典[64]也。漢興，承秦兵革[65]之後，大愚之世，比屋[66]可刑，故設三章之法[67]，大赦之令，蕩滌穢流[68]，與民更始[69]，時勢然也。後世承業，襲而不革，失時宜矣。若惠、文之世[70]，無所赦之。若孝景之時，七國皆亂[71]，異心並起，姦詐非一。及武帝[72]末年，賦役繁興，羣盜並起，加以太子之事，巫蠱之禍[73]，天下紛然，百姓無聊，人不自安[1]。及光武[74]之際，撥亂之後，如此之比，宜為赦矣。」

【章旨】以上為第九段，著重載述漢元帝永興二年（西元前四二年），匡衡上奏，論地震、日蝕、月蝕等天地災變發生，與其頒布赦令，不如改變社會風氣，構建和諧社會。具體措施，生活上厲行節儉，政治上親忠良、遠奸佞，倡導仁義道德，矯正敗壞的社會風氣。漢元帝十分欣賞，提升了匡衡的職務。匡衡的進言，是傳統儒家勸導人主畏天以達到節制帝王隨意膨脹權力的辦法。但是往往收效甚微，漢元帝始終就不能斥逐奸佞。

【注釋】❶丁酉　二月初五日。❷御史大夫　副丞相，監察百官。❸韋玄成　（？—西元前三六年）字少翁，宣帝丞相韋賢少子，二人同傳，見《漢書》卷七十三。❹右扶風　官名，漢武帝太初元年改都尉置，主內史右地，與左馮翊、京兆尹並稱三輔，得參與朝政，秩中二千石。❺鄭弘　字穉卿，泰山剛（今山東寧陽東北）人，官至御史大夫。傳見《漢書》卷六十六。❻壬戌朔　三月初一日。❼日有食之　發生了日蝕。❽給事中　加官。加此銜可出入禁中。時匡衡以博士加給事中。❾躬聖德　自身大德。❿閔　通「憫」。憐惜。⓫觸法抵禁　犯法犯禁。觸、抵，均作「違犯」解。⓬比年　連年。⓭殆　恐怕；大概。⓮務　要務；要領。⓯上　通「尚」。⓰親戚　同宗親族。⓱婚姻之黨　有婚姻關係的人。⓲隆　厚重。⓳苟合　以利結合。⓴徼幸　找機會；鑽空子。㉑以身設利　用身家性命博取財利。設，施也，設置圈套求取。㉒原　原本，此為本性。㉓歲赦　每年一赦。㉔錯而不用　放置刑法而不用。謂社會太平，無人犯法。錯，設置。㉕壹曠然大變其俗　專力進行全面整頓，大力改變社會風氣。壹，專一。曠然，空曠博大。㉖楨幹　築牆的模板夾具。題頭稱楨，兩側木板叫幹。這裡以楨幹喻治理天下的根本、骨幹。㉗朝　與下文的「上」，均指朝中的高官、在上位的人，變文同義。㉘變色之言　忿怒變臉之言。㉙自專　剛愎自用。㉚克勝之佐　指爭強鬥勝的大臣。㉛上　通「尚」。崇尚。㉜家至而人說　到每家，見每一人，均進行教化勸說。㉝布職　在職。㉞由內及外　此句內涵豐富，指推行道德，由核心向外擴展，由朝廷向下逐級推廣，由親向疏推廣，個人則由內心達於外表。㉟法　效法。㊱遷善日進　善行與日俱增。遷善，品行向善轉變。㊲詩　指《詩經．殷武》。㊳翼翼　謹慎淳厚的樣子。㊴極　標準。㊵法則　效法。㊶樞機　關鍵。㊷先正　首先糾正。㊸天人之際　天道與人事的關係。際，交會之處；關係。㊹精祲有以相盪二句　天人關係，是陰陽精氣互相浸漸激盪，善惡也隨之相互轉化。㊺事作乎下者象動乎上　事物在下面興起時，跡象就在上面顯現。㊻陰變則靜者動　陰氣變異，就要發生地震。靜，指大地。動，指地震。㊼陽蔽則明者晻　陽氣衰蔽，光明就要昏暗。明，指太陽。晻，通「暗」。㊽水旱之災隨類而至　地震、日蝕之後，水旱等災將連類而至。㊾祗畏天戒　敬畏上天的警告。㊿哀閔　哀憐。(51)元元　黎民百姓。(52)省靡麗　節省奢靡華麗之費。(53)考制度　考究並健全制度。(54)近忠正二句　親近忠良，疏遠奸佞。(55)崇至仁　尊崇至高的仁德。(56)匡失俗　矯正敗壞的風俗。

57弘　發揚光大。58淑問揚乎疆外　美好的聲譽傳播到疆域之外。59大化　教化大成，即大治。60說　通「悅」。61光祿大夫　官名，掌議論，為皇帝身邊顧問應對之臣。西漢末期大多用作貴戚重臣的加官。62荀悅　（西元一四八－二〇九年）字仲豫，潁川潁陰（今河南許昌）人，東漢末政論家、史學家，著有《申鑒》、《漢紀》。這裡所引為《漢紀》中荀悅的評論。傳見《後漢書》卷六十二。63權時之宜　權宜之計。64常典　正常的法度。65兵革　戰亂。66比屋　每個家庭。67三章之法　劉邦入關滅秦後，廢秦苛法，僅約法三章：殺人者死，傷人及盜抵罪。68蕩滌穢流　指大赦的目的是洗刷社會上的罪惡汙穢。69更始　重新開始，煥發一種新面貌，或國家改革政治，或人民開始新生活。此指後者。70惠文之世　漢惠帝、漢文帝時代。71孝景之時二句　漢景帝三年（西元前一五四年），吳、楚、膠西、膠東、濟南、菑川、趙等七王國聯合反叛。72武帝　指漢武帝劉徹。73太子之事二句　漢武帝征和二年（西元前九一年），奸臣江充治巫蠱獄，誣太子劉據詛咒漢武帝，太子矯詔發兵誅江充。武帝令丞相劉屈氂討伐太子，長安城中大戰，死者以萬計。巫蠱，女巫刻木為人形，以詛咒之術害人。74光武　漢光武帝劉秀。

【校　記】1人不自安　原無此四字。據章鈺校，乙十一行本、孔天胤本皆有此四字，張瑛《通鑑校勘記》、傅增湘校北宋本同，今據補。

【語　譯】二年（己卯　西元前四二年）

春，二月，大赦天下。〇初五日丁酉，御史大夫韋玄成為丞相，右扶風鄭弘為御史大夫。

三月初一日壬戌，發生日蝕。

夏，六月，赦免天下。

元帝就地震、日蝕災異詢問給事中匡衡，匡衡上奏說：「陛下自身聖德，開拓太平盛世的大道，憐憫那些愚昧的官吏、民眾觸犯法律，連年大赦，使犯法民眾得以改過自新，真是國家的大幸！我私下看到每次大赦之後，為非作歹的事沒有減少和停止，今天赦罪出獄，明天就犯法，一個接一個入獄，這大概是未得教導要領的原因吧。現今社會的習俗，貪圖財利，輕視道義，喜歡音樂美色，崇尚奢侈，親戚恩情淡薄，重視婚姻裙帶關係，苟且相合，鑽營謀利，以身家性命博取財物。本性不改，雖然每年大赦，通過刑罰還是難以做到置刑不用。臣認為要專力進行全面整治，大力變更風俗。中央政府朝廷是治理全天下的根本，好比是築牆的模板。朝中大臣有忿怒變臉之言，那麼下面就有爭鬥的隱患；上面有專權弄勢的人，下面就有爭鬥不讓之民；上面有爭強好勝的官僚，下面的人就會興起暗害他人之心；上面有貪利之臣，下面就會有偷盜之民；朝廷是問題的根本。治理天下的國君，只需考察人民崇尚什麼就可以了。教化的推行，並不是要到每個家庭對每一個人進行勸說；只要讓賢能的人在位，能幹的人任職，朝廷崇尚禮義，文武百官互敬互讓，推行道德，由內及外，並從最接近皇上的朝廷開始，然後人民就知道應效法什麼，就會在不知不覺中日益增進善行。《詩經》說：『商王京都的淳厚風氣，是全國四方的榜樣。』現今長安是天子的都城，近距離接受聖王的教化，但是京都的習俗與遠方沒有差別，地方郡國的人來到京都，找不到效法的榜樣，有的人見到了奢侈靡亂而加以仿效。首都是教化的根本，社會風習形成的關鍵，應當首先端正。臣聽說天與人的關係，是陰陽精氣互相浸潤激盪，善與惡也會互相轉變，事物在下面興起，而跡象早在上面就有顯現，陰氣變動就產生地震，陽氣衰弱就要發生日蝕，水旱的災害也就隨之到來。陛下敬畏上天的警示，憐憫天下的人民，節省華奢之費，杜絕奢侈，健全制度，親近忠直的人士，排斥奸巧小人，崇尚至高的仁德，矯正敗壞的風氣，讓高尚的道德弘揚於京師，美好的聲譽播揚到國境之外，然後教化可成，禮讓可興。」元帝很欣賞匡衡的建言，升遷匡衡為光祿大夫。

荀悅評論說：「赦免囚犯是權宜的措施，不是正常的法典。漢朝興起，緊接暴秦戰亂之後，也是人民極為昏愚的時代，幾乎每家每戶都觸犯了刑法，所以漢高祖約法三章，頒布大赦命令，洗刷當時社會的汙穢，讓人民開始新的生活，這是當時的局勢使之如此。後世繼承的人，沿襲這個制度不變革，就不合時宜了。在惠帝、文帝時，就沒有大赦。像孝景帝時，七國全都叛亂，邪心並起，奸詐百出。到了武帝末年，賦稅重，徭役繁，盜賊四起，加上皇太子被殺事件，巫蠱之禍興起，導致天下紛亂，百姓無以為生，人人不自安生。等到光武帝時期，平息禍亂以後，以這種形勢與前代相比，應當頒布赦令了。」

秋，七月，隴西羌❶彡姐旁種❷反，詔召丞相韋玄成等入議。是時，歲比不
登❸，朝廷方以為憂，而遭羌變，玄成等漠然❹，莫有對者。右將軍馮奉世❺曰：
「羌虜近在竟❻內背畔，不以時誅，無以威制遠蠻，臣願帥師討之。」上問用兵
之數，對曰：「臣聞善用兵者，役不再興❼，糧不三載❽，故師不久暴❾而天誅亟
決❿。往者數不料⓫敵，而師至於折傷，再三發調⓬，則曠日煩費，威武虧⓭矣。
今反虜無慮⓮三萬人，法當倍⓯，用六萬人。然羌戎，弓矛之兵耳，器不犀利⓰，
可用四萬人。一月足以決。」丞相、御史、兩將軍⓱皆以為「民方收斂時⓲，未可
多發。發萬人屯守之，且足⓳。」奉世曰：「不可。天下被饑饉⓴，士馬羸耗㉑，
守戰之備久廢不簡㉒，夷狄皆有輕邊吏之心，而羌首難㉓。今以萬人分屯數處，
虜見兵少，必不畏懼；戰則挫兵病師㉔，守則百姓不救㉕，如此，怯弱之形見㉖。
羌人乘利㉗，諸種並和㉘，相扇㉙而起，臣恐中國之役不得止於四萬，非財幣之 [1]
所能解㉚也。故少發師而曠日㉛，與一舉而疾決，利害相萬㉜也。」固爭之，不能
得。有詔，益二千人。於是遣奉世將萬二千人騎㉝，以將屯為名㉞，典屬國㉟任立、
護軍都尉㊱韓昌為偏裨㊲，到隴西㊳，分屯三處㊴。昌先遣兩校尉㊵與羌戰，羌眾 [2]
盛多㊶，皆為所破，殺兩校尉。奉世具上地形部眾多少之計㊷，願益三萬六千人，

乃足以決事㊸。書奏，天子大為發兵六萬餘人。八月，拜太常㊹弋陽侯任千秋為奮武將軍㊺以助之。冬，十月，兵畢至㊻隴西。十一月，並進㊼，羌虜大破，斬首數千級，餘皆走出塞。兵未決間㊽，漢復發募士㊾萬人，拜定襄㊿太守韓安國(51)為建威將軍(52)。未進，聞羌破而還。詔罷吏士(53)，頗留屯田，備要害(54)處。

【章旨】以上為第十段，馮奉世討平隴西羌。

【注釋】❶隴西羌　居於今甘肅洮河流域。❷彡姐旁種　彡姐羌的別支。彡姐，羌人種姓。❸歲比不登　連年歉收。❹漢然　默然。❺馮奉世　（？—西元前三九年）字子明，上黨潞縣（今山西潞城東北）人，宣帝時立功西域，元帝時官至右將軍。傳見《漢書》卷七十九。❻竟　通「境」。❼役不再興　不再興兵打仗。意謂一戰就徹底勝利。❽糧不三載　囤積糧餉不超過三年。即戰事不會超過三年。❾暴露師於野　即征戰。❿亟決　速戰速決。亟，通「急」。⓫料　估量。⓬發調徵調援軍。⓭威武虧　朝廷威信受到損害。⓮無慮　大概。⓯法當倍　按兵法，攻方應比守方兵力多出一倍。⓰犀利　鋒利。⓱丞相御史兩將軍　指丞相韋玄成、御史大夫鄭弘、車騎將軍王接、左將軍許嘉。⓲民方收斂時　正值百姓秋收之時。⓳且足　將足夠。⓴被饑饉　遭受大災荒。被，遭受。㉑士馬羸耗　戰士、戰馬消瘦減員。㉒簡　查檢。㉓首難　帶頭發難。㉔挫兵病師　兵敗喪師。㉕百姓不救　救不了百姓。㉖形見　形跡暴露。見，通「現」。㉗乘利　乘勝利之機。㉘諸種並和　羌人各部聯合響應。㉙相扇　互相煽動。㉚非財幣之所能解　不是花錢財能解決的。㉛曠日　空廢時日而無功。㉜利害相萬利與弊，相差萬倍。㉝萬二千人騎　步卒（人）與騎兵（騎）合計共一萬兩千人。㉞以將屯為名　聲稱卒兵屯墾。因兵力不足，不言討伐，而曰屯田。㉟典屬國　官名，執掌歸附的少數民族事務。㊱護軍都尉　低於將軍的武官，協助將軍管理軍務。㊲偏裨　副將。㊳隴西　郡名，治所狄道，在今甘肅臨洮。㊴分屯三處　任立為右軍，屯白石（山名，在狄道與首陽之間）；韓昌為前軍，屯臨洮（縣名，縣治在今甘肅岷縣）；馮奉世為中軍，屯首陽（縣名，縣治在今甘肅渭源）西山上。㊵兩校尉兩校尉兵力約二千人。漢制，一校尉領兵約千人。㊶盛多　指羌人兵力佔絕對優勢。㊷具上地形部眾多少之計　詳盡呈報山川地圖及兵力部署計畫。㊸乃足以決事　才能足夠解決問題。此指取得勝利。㊹太常　九卿之一，掌宗廟禮儀。㊺奮武將軍　為出征將軍所擬之號。㊻兵畢至　士兵全部到達。㊼並進　各路同時前進，發起總攻。㊽兵未決間　戰事未分勝負時。㊾募士　招募士兵。㊿定襄　郡名，治所成樂，在今內蒙古和林格爾西北。(51)韓安國　此人與漢武帝時官至御史大夫的韓安國不是一人。(52)建威將軍　臨時擬定的雜號將軍。(53)詔罷吏士　下詔撤除軍吏和士兵。(54)要害　戰略要地。

【校　記】[1]之　據章鈺校，乙十一行本無此字，傳增湘校北宋本同。[2]眾　據章鈺校，乙十一行本、孔天胤本皆作「虜」。

【語　譯】秋，七月，隴西羌人彡姐部的分支種落叛亂，元帝召集丞相韋玄成等入宮會議。當時，連年歉收，朝廷正為此憂慮，又碰上羌人叛變，韋玄成等沉默，沒有人發言。右將軍馮奉世說：「羌人部落最近在國境之內發動反叛，如不及時誅討，就無法以威武控制遠方的少數民族，臣願率兵討伐他們。」元帝問需要多少兵力，馮奉世回答說：「臣聽說善於用兵的人，打仗不用再次興兵，軍糧不超過三年，所以軍隊不會長久地露宿在外，而是速戰速決。從前我方一再不料度敵情，導致部隊受創，再三地調發援軍，曠日持久，軍費煩費，國家威望受到了損害。現今反叛的敵人大約有三萬人，按兵法，征討的軍隊應當加倍，需要六萬人。不過羌人的武器，長矛、弓箭罷了，兵器並不鋒利，所以我們只需用四萬兵力，一個月就足以平定。」丞相韋玄成、御史大夫鄭弘、車騎將軍王接、左將軍許嘉一致認為「正值民眾秋收時節，不可以多徵調民眾入伍。派出一萬人屯守，就足夠了。」馮奉世說：「不可以。天下百姓遭受饑荒，兵士戰馬不僅消瘦，而且減員，防守攻戰的準備工作長久廢弛沒有查檢，夷狄都有輕視邊吏的心思，羌人只不過是首先發動叛亂。如今派出一萬兵力，分散防守多個地方，羌虜看見兵少，一定不害怕；官兵出戰就會挫敗喪師，防守就救不了百姓，這樣，衰弱膽怯的情形暴露無遺。羌人趁勢攻擊得利，其他夷狄部落都隨聲附和，相互煽動而起，到那時，我擔心漢朝的戰爭所需的兵力就不止是四萬，更不是多花錢就能解決的事了。所以，少派兵而拖延時間，比起多派兵一戰就能迅速滅敵，利與害要相差萬倍。」馮奉世據理力爭，但是得不到支持。元帝下詔，增加二千兵力。於是派馮奉世率領一萬二千兵馬，打著領兵屯田的旗號，任命典屬國任立、護軍都尉韓昌兩人為副將，進兵到達隴西郡，分兵屯守三個地方。韓昌首先派出兩個校尉出兵與羌人戰鬥，羌人眾多，兩校尉都被打敗，羌人殺了兩校尉。馮奉世向朝廷呈報山川地理形勢和兵力部署的計畫，要求增兵三萬六千人，才能決戰勝利。奏章上達元帝，元帝大規模調發士兵六萬餘人。八月，任命太常弋陽侯任千秋為奮武將軍增援馮奉世。冬，十月，大軍全部到達隴西。十一月，各路大軍全線出擊，大破羌虜，斬殺了數千人，羌人的殘餘部眾，全都逃出邊塞。在勝負還沒有分曉時，漢朝又加派徵召的一萬援軍，任命定襄太守韓安國為建威將軍。援軍還沒有進發，聽到羌人大敗，就撤了回來。元帝下詔，撤除前線軍吏士兵，但留下足夠守禦的兵士屯田，防守邊塞要地。

【研　析】本卷史事，給評史者提供三大反思。其一，貢禹上書，表現了儒家圓滑政治帶來的思考。漢元帝求言，貢禹上書以「婚」、「喪」兩點說事，建言為政節儉。漢元帝說「好」，身體力行做了一番政治秀，諸如停修宮室、減膳、發放賑濟等。司馬光批評貢禹耍滑頭，言小不言大。司馬光認為，漢元帝是仁弱之君，其特長愛好就是標榜節儉，即使是皇帝奢侈浪費，於國家大政是其小者。而漢元帝優柔寡斷，信用奸佞邪惡，小人專權，才是國家大政，貢禹不言。如果貢禹不知，就不是一個賢者，如果知而不言，就是罪人。司馬光的批評，可以說是一半對，一半錯。首先漢元帝初即位，弘恭、石顯等尚未專權，貢禹不可能預推以揭奸；其次，漢元帝昏庸，他雖然聽得進忠言，但不能果決除奸，師傅蕭望之、宗室劉向等人展開與奸人鬥爭，下場如何？以師傅、宗室之親，尚不能撼動奸小分毫，怎麼可能要求一個剛剛被徵召的布衣大儒來建言除奸呢？但貢禹確實又是耍滑頭，他專挑漢元帝能聽得進的或允許說的小題大作，言之諄諄，如說裁減宮女只留二十人，這是帝王不可能做到的事，但這種不關痛癢的話說說無妨。貢禹取得高位以後，對石顯等人讒害忠良之事，不聞不問，獨善其身，尸位素餐，高據顯位而圓滑世故，無視國計民生，當然是罪人，司馬光又說得對。但專制政體，只要獨善其身，有如貢禹，也就是一個好官了。其二，蕭望之嫉惡如仇，代表了鯁直派朝官的風采，敢與奸人奮戰，不顧個人安危，確實做到了殺身成仁，是儒家的忠臣榜樣。但蕭望之也爭權好勝，拉幫結派，黨同伐異，專制官僚的惡行他也不能避免。如果蕭望之一身正氣，鄭朋就無縫鑽營，鄭朋推薦張敞，蕭望之一本正經指斥張敞輕佻，張敞不過是走馬章臺，為婦畫眉而已，以今天觀點看，張敞恰恰是性情直率可以信賴的人。在宣帝朝，蕭望之也曾陷害韓延壽，並企圖奪丙吉之位。蕭望之受陷害遭到審查，卻指使兒子上書呼冤，有濫用元帝信任之嫌，結果被政敵抓住把柄，枉送了卿卿性命。看來蕭望之也不是一個寬厚善良之輩。其三，鄭朋、賈捐之、楊興之流，雖然鑽營弄巧，卻也有為善的一面，如鄭朋想投靠蕭望之，又舉薦張敞，賈捐之、楊興狼狽為奸，卻也有施展才華、治理國家的夢想。縱觀貢禹、蕭望之、鄭朋這三類官僚，似乎也可以為大善，也可以為大惡。大概人之性均有善惡兩面，在昏君之朝、專政之體的政治場景中，也是搖擺不定的。那麼如何才能使人揚善棄惡，和諧的政治場景是關鍵，的確給人留下深深的思考。

卷第二十九

漢紀二十一

起上章執徐（庚辰　西元前四一年），盡著雍困敦（戊子　西元前三三年），凡九年。

【題解】本卷記事起西元前四一至前三三年，凡九年，當漢元帝永光三年到竟寧元年。本卷所載大事，著重兩個方面。其一，詳述中官權臣石顯的種種奸詐手段，善於自保，邀寵固位。石顯結納貢禹，掩蓋逼殺蕭望之的惡行，而世故官僚貢禹也賣身投靠，互相利用。韋玄成、匡衡等均為世故官僚，他們替奸邪小人護身，也分得了一塊自烹的蛋糕。其二，西域都護甘延壽、副校尉陳湯，審時度勢，抓住戰機，矯詔一戰功成，誅滅了郅支單于，一雪漢使谷吉被殺之恥，高揚大漢國威，建立了絕世之功，而迎接功臣的卻是堆積案頭的刑法條文，以及被誇大了的過錯，審查沒完沒了，拖了兩年多才論功行賞，拘泥意識形態理念的腐儒政治，到了是非不明的程度，令人悲歎！

孝元皇帝下

永光三年（庚辰　西元前四一年）

春，二月，馮奉世還京師，更為左將軍，賜爵關內侯。

三月，立皇子康為濟陽王。

夏，四月癸未❶[1]，平昌考侯王接❷薨。秋，七月壬戌❸，以平恩侯許嘉❹為大司馬、車騎將軍❺。

冬，十一月己丑❻，地震，雨水❼。

復鹽鐵官。置博士弟子員千人❽。以用度不足，民多復除，無以給中外繇役故也。

四年（辛巳　西元前四〇年）

春，二月，赦天下。

三月，上行幸雍❾，祠五畤❿。

夏，六月甲戌⓫，孝宣園東闕災⓬。

戊寅晦⓭，日有食之。上於是召諸前言日變⓮在周堪、張猛者責問⓯，皆稽首謝⓰。因下詔稱堪、猛[2]之美，徵詣行在所⓱，拜為光祿大夫，秩中二千石，領尚書事⓲；猛復為太中大夫、給事中。中書令⓳石顯管⓴尚書，尚書五人皆其黨㉑也。堪希得見，常因顯白事，事決顯口。會堪疾瘖㉒，不能言而卒。顯誣譖猛㉓，令自殺於公車㉔。

初，貢禹奏言㉕：「孝惠、孝景廟皆親盡宜毀，及郡國廟不應古禮，宜正定。」天子是其議。秋，七月戊子㉖，罷昭靈后、武哀王、昭哀后、衛思后、戾太子、戾后園㉗，皆不奉祠㉘，裁置吏卒守㉙焉。

冬，十月乙丑㉚，罷祖宗廟在郡國者㉛。諸陵分屬三輔㉜。以渭城㉝壽陵亭㉞部原上為初陵，詔勿置縣邑及徙郡國民㉟。

【章旨】以上為第一段，寫漢元帝永光三年（西元前四一年）、四年無大事，為政節儉，限額博士弟子員，裁撤不合典制的皇家陵園，不給自己壽陵置邑，不煩擾百姓。但是元帝信用群小，石顯及許、史黨羽子弟充滿朝廷，雖然重新起用了能吏廉吏周堪、張猛，但並不信任，反而被奸佞讒逼至死。漢元帝親小人，遠賢臣，於此可見。

【注釋】❶癸未　四月二十八日。❷平昌考侯王接　宣帝舅王無故以外戚封為平昌侯，其子王接嗣為侯，死後諡曰考侯。❸七月壬戌　七月甲申朔，無壬戌。七月應為「八月」之誤。壬戌，八月初九日。❹許嘉　漢元帝舅。❺大司馬車騎將軍　執政大臣所加之官號。漢武帝曾授霍光大司馬、大將軍之號，其後執政者多加大司馬、大將軍之號，或加大司馬、車騎將軍。❻己丑　十一月初八日。❼雨水　降雨。十一月天寒應降雪，因氣候反常而降雨，故記載下來。❽復鹽鐵官二句　漢元帝初元五年（西元前四四年）曾令罷去鹽鐵官、博士弟子不置員。現今因用度不足，恢復鹽鐵專賣並置官，博士弟子限額為一千人。❾雍　縣名，縣治在今陝西鳳翔南。❿祠五畤　祭祀五天帝。畤，祭祀神靈的臺基祠觀，即神靈所居之地。秦漢時在雍地祭祀五天帝，五天帝分別是東方蒼帝、南方赤帝、西方白帝、北方黑帝、中央黃帝。⓫甲戌　六月二十六日。⓬孝宣園東闕災　宣帝墓園東門失火。宣帝葬杜陵，在今陝西西安東南。⓭戊寅晦　六月三十日。⓮諸前言日變　指永光元年夏，突然發生氣象災變，寒冷，日青無光，石顯、許嘉、史高等人藉機攻訐周堪、張猛，說災變因周堪、張猛專權而起。如今日蝕，元帝責問石顯等人。⑮責問　中斥並質問。⑯稽首謝　磕頭請罪。⑰行在所　一般指皇帝出京所巡幸之地。這裡指京都。⑱領尚書事　兼職尚書事務。光祿大夫屬光祿勳，掌顧問應對；尚書掌出納章奏，是執政掌實權的機要部門，屬少府。給周堪加此頭銜才能過問政事。⑲中書令　中書謁者令之簡稱，屬少府，掌傳達政令。⑳管　主管。㉑尚書五人皆其黨　中書令及其他典領尚書事四人，共五人。成帝建始四年（西元前二九年）始成定制。周堪兼管尚書，但尚書府五人皆石顯死黨，周堪有職無權。時尚書五人為：石顯、牢梁、五鹿充宗、伊嘉、陳順。㉒瘖　喉啞不能說話。㉓顯誣譖猛　石顯誣陷讒害張猛。㉔公車　公車府。㉕貢禹奏言　貢禹卒於元帝初元五年（西元前四四年），生前曾諫議定漢宗廟迭毀之禮及罷郡國廟。貢禹認為，天子七廟，其中太上皇廟、漢高祖廟、漢文帝廟三廟為祖宗廟，應世世不毀；漢武帝、昭帝、宣帝、宣帝父史皇孫悼考廟等四廟為親廟，應祠祀。此外，惠帝尊高帝廟為太祖廟，景帝尊文帝廟為太宗廟，宣帝尊武帝廟為世宗廟。此三廟為祖宗廟，郡國皆立廟。全國郡國六十八個，共立廟一百六十七所，再加上歷代皇后廟，祭祀需耗費大量資財，故貢禹建言迭毀。漢元帝未及施行而貢禹卒，至是永光四年（西元前四〇年）舊事重提，下公卿議。事詳《漢書》卷七十三。㉖戊子　七月初十日。㉗罷昭靈后句　毀棄祭祀寢園。昭靈后，高帝劉邦之母。武哀王，劉邦之兄劉伯。昭哀后，劉邦之姐。衛思后，武帝劉徹皇后，戾太子劉據母。戾太子，武帝長子劉據。戾后，戾太子妻史良娣。㉘皆不奉祠　均不再按時按禮儀祭祀。據《漢儀注》，宗廟每年要進行十二次祭祀。㉙裁置吏卒守　裁撤設置的官員和守護人員。㉚乙丑　十月十九日。㉛罷祖宗廟在郡國者　裁撤設置在郡國的祖宗廟，即高祖廟、太宗廟、世宗廟。㉜諸陵分屬三輔　先是諸陵直屬太常，今依照其所在分屬三輔地方管理。諸陵為：高帝長陵、景帝陽陵，屬左馮翊；惠帝安陵、武帝茂陵、昭帝平陵，屬右扶風；文帝霸陵、宣帝杜陵，屬京兆尹。㉝渭城　縣名，縣治在今陝西咸陽東北。㉞壽陵亭　指元帝壽陵之亭。皇帝預置之陵稱「壽陵」，亦稱「初陵」。漢元帝壽陵在渭城，後稱「渭陵」。㉟詔勿置縣邑及徙郡國民　漢初諸陵均設縣邑，遷移各郡國富室及豪俠百姓充實陵邑。漢元帝不欲勞民，故下詔不在壽陵設邑，不遷移郡國百姓。

【校　記】[1]癸未　原無此二字。據章鈺校，乙十一行本、孔天胤本皆有此二字，張敦仁《通鑑刊本識誤》、張瑛《通鑑校勘記》、傅增湘校北宋本同，今據補。[2]猛　據章鈺校，乙十一行本無此字，傅增湘校北宋本同。

【語　譯】孝元皇帝下

永光三年（庚辰　西元前四一年）

春，二月，馮奉世返回京師，調任為左將軍，賜爵位關內侯。

三月，冊立皇子劉康為濟陽王。

夏，四月二十八日癸未，平昌考侯王接去世。秋，七月壬戌日，任命平恩侯許嘉為大司馬、車騎將軍。

冬，十一月初八日己丑，地震，降雨。

恢復鹽鐵官。設置博士弟子限額一千人。因為朝廷開支出現赤字，且很多民戶免除了賦役，收入無法滿足內外徭役用度的緣故。

四年（辛巳　西元前四〇年）

春，二月，大赦天下。

三月，元帝巡幸雍縣，祭祀五天帝。

夏，六月二十六日甲戌，孝宣皇帝陵園東門發生火災。

六月三十日戊寅，日蝕。元帝因此宣召先前那些說天變都是因周堪、張猛而發生的官員，責令他們解釋，他們都磕頭請罪。於是元帝下詔稱讚周堪、張猛的美德，徵召周堪、張猛到自己的住處，任用周堪為光祿大夫，秩祿中二千石，兼職尚書事務；張猛官復原職任太中大夫、給事中。當時中書令石顯主管尚書，尚書五人全是石顯黨羽。周堪很少見到元帝，常常通過石顯向皇上奏事，事事都取決於石顯之口。碰巧周堪得了失音症，不能說話，最後病死。石顯又誣陷讒害張猛，逼迫張猛在公車府自殺。

起初，貢禹上奏說：「孝惠廟、孝景廟，都因血親已到盡頭，應當毀棄，還有各郡國所立的皇帝祭廟不合古禮的，都應當定制撤毀。」元帝肯定了貢禹的上奏。秋，七月初十日戊子，裁撤高祖的母親昭靈后、漢高祖哥哥武哀王劉伯、漢高祖姐姐昭哀后、漢武帝的皇后衛思后、漢元帝的曾祖父戾太子、漢元帝的曾祖母戾后等人的陵園，都不再按時奉祭，裁撤所置官吏和守護人員。

冬，十月十九日乙丑，裁撤郡國中不合典制的宗廟。

將太常直管的各個皇陵，分別隸屬三輔管理。又劃定渭城北原上的壽陵亭一帶為元帝壽陵園地，下詔不置陵邑，也不遷移郡國百姓到那裡。

五年（壬午　西元前三九年）

春，正月，上行幸甘泉❶，郊泰畤❷。三月，幸河東❸，祠后土❹。

秋，潁川❺水流殺人民❻。

冬，上幸長楊射熊館❼，大獵❽。

十二月乙酉❾，毀太上皇、孝惠皇帝寢廟園，用韋玄成等之議❿也。

上好儒術⓫、文辭⓬。頗改宣帝之政，言事者多進見⓭，人人以[1]為得上意。

又傅昭儀⓮及子濟陽王康⓯愛幸，逾於皇后⓰、太子⓱。太子少傅⓲匡衡上疏曰：「臣聞治亂安危之機⓳，在乎審所用心。蓋受命之主⓴[2]，務在創業垂統，傳之無窮；繼體之君㉑，心存於承宣㉒先王之德而褒大其功。昔者成王㉓之嗣位，思述文、武之道㉔以養其心，休烈盛美㉕歸[3]之二后㉖，而不敢專其名，是以上天歆享㉗，鬼神祐焉。陛下聖德天覆㉘，子愛海內㉙，然而陰陽未和，姦邪未禁者，殆議[4]者未丕揚㉚先帝之盛功，爭言制度不可用也，務變更之，所更或不可行而復復㉛之，是以羣下更相是非，吏民無所信。臣竊恨國家釋樂成之業(32)而虛為此紛紛也！願陛下詳覽統業之事(33)，留神於遵制揚功(34)，以定羣下之心。詩[5]大雅曰：『無念爾祖，聿脩厥德(35)』，蓋至德之本也。傳曰(36)：『審好惡，理情性，而王道畢矣。』治性之道(37)，必審己之所有餘而彊其所不足(38)，蓋聰明疏通者戒於太察(39)，寡聞少見者戒於壅蔽(40)，勇猛剛彊者戒於太暴(41)，仁愛溫良者戒於無斷(42)，湛靜安舒者(43)戒於後時(44)，廣心浩大者(45)戒於遺忘(46)。必審己之所當戒(47)而齊之以義(48)，然後中和(49)之化應，而巧偽之徒不敢比周(50)而望進。唯陛下戒之，所以崇聖德也！

「臣又聞室家之道脩(51)，則天下之理得(52)，故詩始國風(53)，禮本冠、婚(54)。始乎國風，原情性以[6]明人倫(55)也；本乎冠、婚，正基兆(56)以[7]防未然也。故聖王必慎妃后之際(57)，別適(58)長之位，禮之於內也。卑不踰尊，新不先故(59)，所以統人情而理陰氣(60)也。其尊適而卑庶(61)也，適子冠乎阼，禮之用醴(62)，眾子不得與列，所以貴正體(63)而明嫌疑(64)也。非虛加其禮文(65)而已，乃中心與之殊異(66)，故禮探其情而見之外(67)也。聖人動靜(68)游燕所親(69)，物得其序(70)，則海內自脩(71)，百姓從化(72)。如當親者疏，當尊者卑，則佞巧之姦(73)因時而動(74)，以亂國家。故聖人慎防其端(75)，禁於未然，不以私恩害公義。傳曰：『正家(76)而天下定矣！』

初，武帝既塞宣房㊆，後河復北決於館陶㊇，分為屯氏河㊈，東北入海，廣深與大河等，故因其自然，不隄塞也。是歲，河決於[8]清河靈鳴犢口㊉，而屯氏河絕。

【章旨】以上為第二段，詳載元帝永光五年（西元前三九年）匡衡上書，反覆申說尊卑等級秩序是國家大政，不可須臾怠慢，用以維護太子獨尊的地位，封殺濟陽王劉康可能產生的覬覦之心。這一年黃河決口改道。

【注釋】❶甘泉　宮名，在陝西雲陽甘泉山上，即今淳化西北。❷郊泰畤　郊祭泰一神。泰一為天神中最為尊崇者，泰畤即祭祀泰一之處，為漢武帝所立。❸河東　郡名，郡治安邑，在今山西夏縣西北。❹祠后土　祭祀地神。漢武帝立后土祠於汾陰脽上，在今山西河津市西南的黃河東岸。❺潁川　郡名，治所在陽翟，即今河南禹州。❻水流殺人民　發生洪流水災，淹殺民眾。❼長楊射熊館　長楊是行宮名，其中有射熊館。長楊宮在盩厔縣，在今陝西周至東。❽大獵　大規模圍獵。❾乙酉　十二月十六日。❿用韋玄成等之議　漢元帝永光四年廷議貢禹毀廟之議，韋玄成及諫大夫尹更始等十八人反覆議論，最後採納了韋玄成的建議，天子保留七廟，拆除親情已盡的太上皇（劉邦之父劉執嘉）、孝惠帝（劉邦子劉盈）兩廟。漢元帝所祭的七廟為高祖廟、文帝太宗廟，此二廟為祖宗廟，萬世不毀。其餘五世親廟為：景帝、武帝、昭帝、宣帝、宣帝父皇考廟。⓫儒術　經學。⓬文辭　文學。⓭言事者多進見　上書言事者，皇帝多召見。⓮傅昭儀　元帝嬪妃，生濟陽王劉康。昭儀為漢元帝所加的嬪妃位號，位次於皇后，秩視同丞相，爵比諸侯王，十分尊寵。⓯濟陽王康　後徙為定陶王。傳見《漢書》卷八十。⓰皇后　指元帝王皇后，成帝之母。傳見《漢書》卷九十八。⓱太子　即漢成帝劉驁。⓲太子少傅　官名，太子的老師之一，掌輔導太子之責。⓳機　關鍵。⓴受命之主　指開國之君。㉑繼體之君　繼承帝位的守業之君。㉒承宣　繼承並弘揚。㉓成王　西周成王姬誦，周武王姬發之子。㉔文武之道　指西周開國之君周文王、周武王的治國之道。㉕休烈盛美　指偉大的事業，隆盛的榮譽。㉖二后　指周文王、周武王。后，國君。㉗上天歆享　上天欣然接受祭享。㉘聖德天覆　聖明之德，像天一樣覆蓋四方。㉙子愛海內　愛天下之民如子。海內，全國；全天下。㉚丕揚　光大發揚。丕，大。㉛復復　又恢復原來的制度。前一「復」為副詞，意為又，後一「復」為動詞，意為恢復原來的制度。㉜釋樂成之業　放棄人們樂於成功的事業。這裡指放棄人們習慣了的規章制度。㉝詳覽統業之事　仔細回顧先帝完成統一偉業之事。㉞遵制揚功　遵守先帝的法制，光大先帝的功業。㉟無念爾祖二句　懷念你的祖先，繼承和發揚他們的功德。無念，念也。聿，述。這兩句詩引自《詩經．文王》。㊱傳曰　匡衡精於《詩經》，此乃《詩傳》之言，已佚。㊲治性之道　陶治情操的方法。㊳審己之所有餘而彊其所不足　努力弄清自己的長處，盡量彌補自己的短處。㊴聰明疏通者戒於太察　聰明而通達事理的人，要警惕苛察太細。㊵壅蔽　壅塞蒙蔽。指眼界狹窄，知識淺薄。㊶暴　性情暴烈。㊷無斷　缺乏決斷，遇事優柔寡斷。㊸湛靜安舒者　滿足於恬淡清靜之人。㊹後時　遲悟；把握不住良機。㊺廣心浩大者　胸懷坦蕩的人。㊻遺忘　粗枝大葉，疏忽大意。㊼審己之所當戒　弄清自己應警惕的短處。㊽齊之以義　以義作為標準來提高修養。㊾中和　即中庸，是儒家竭力提倡的美德。㊿比周　拉幫結派。(51)室家之道修　能把家庭治理得和睦安定。(52)天下之理得　治理天下的道理就找到了。(53)詩始國風　《詩經》三百零五篇由〈風〉、〈雅〉、〈頌〉三部分組成。〈風〉為全國各地封國的民歌，反映風習教化。《詩經》共收十五個封國的風詩一百六十一首，列在《詩經》的首位，以示教化為王政之始。(54)禮本冠婚　《禮》即十三經中之《儀禮》，首為〈士冠禮〉，其次為〈士昏禮〉。儒家學者認為，冠為禮之始，婚姻為禮之本，故將二者列為《儀禮》之首。(55)人倫　人與人之間的血緣關係及禮儀規範等。〈國風〉首篇為〈關雎〉，係詠愛情之詩，因夫婦為人倫之始，故〈關雎〉為〈國風〉之始。(56)正基兆　整頓基礎和根本。冠、婚禮是貫徹家庭倫理之基礎。(57)聖王必慎妃后之際　聖明的君王，一定謹慎地處理自己與皇后及嬪妃的關係。(58)適　通「嫡」。正妻所生的長子為嫡子。(59)卑不踰尊二句　卑賤的人不應超過尊貴的，新來的不應超過舊有的。(60)統人情而理陰氣　理順人情關係而合乎陰陽之道。理陰氣，導理陰氣使陰陽合順，這裡指理順后妃關係。(61)尊適而卑庶　使嫡者尊貴而庶者卑賤。(62)適子冠乎阼二句　為嫡長子舉行加冠禮，要在高臺上設置座位，還要用甜酒祝福。阼，高臺上設置的座位。醴，名貴的甜酒。(63)貴正體　尊貴正幹主體。(64)明嫌疑　明顯地將嫡長子置於無可懷疑之地位。(65)虛加其禮文　表面上的禮儀形式。(66)中心與之殊異　內心上使嫡庶有很大的區別。(67)禮探其情而見之外　禮儀不過是把心中的情感表露在外。(68)動靜　一舉一動。(69)游燕所親　與所親之人歡宴遊樂。燕，通「宴」。(70)物得其序　一切事物的大小尊卑，均合於秩序。(71)海內自脩　全天下的人都自我修養。(72)從化　順從教化。(73)佞巧之姦　善於鑽營之徒。(74)因時而動　乘機行動。(75)端　端倪；苗頭。(76)正家　治理好家庭。此引語出自《易經．家人》之彖辭。(77)塞宣房　堵塞黃河瓠子決口。漢武帝元光三年（西元前一三二年），黃河在瓠子（今河南濮陽南）決口，成為嚴重水患。漢武帝決心整治黃河，於元封二年（西元前一〇九年）終於堵住了決口，並於瓠子決口地建宣房宮以資紀念。宣房，取義於宣導防塞。78館陶　縣名，縣治在今河北館陶。79分為屯氏河　分黃河水別出為屯氏河。屯氏河，由館陶決口引黃河水東北流，至勃海郡章武縣（今河北黃驊）入海。80清河靈鳴犢口　在屯氏河下游，鳴犢口決堤，屯氏河中斷。鳴犢口在今河北清河縣東南，今清河縣為漢清河郡治所。

【校　記】1以　據章鈺校，乙十一行本、孔天胤本皆作「自以」。2主　原作「王」。據章鈺校，乙十一行本作「主」，傅增湘校北宋本同，今從改。3歸　據章鈺校，乙十一行本、孔天胤本皆作「皆歸」，張敦仁《通鑑刊本識誤》、傅增湘校北宋本同。4議　據章鈺校，乙十一行本、孔天胤本皆作「論議」，張敦仁《通鑑刊本識誤》同。5詩　據章鈺校，乙十一行本、孔天胤本皆無此字。6以　據章鈺校，乙十一行本作「而」，傅增湘校北宋本同。7以　據章鈺校，乙十一行本作「而」，傅增湘校北宋本同。8於　據章鈺校，乙十一行本無此字，傅增湘校北宋本同。

【語　譯】五年（壬午　西元前三九年）

春，正月，元帝巡幸甘泉宮，郊祀泰畤。三月，巡幸河東，祭祀土地神。

秋，潁川郡發生水災，淹死百姓。

冬，元帝巡幸長楊宮射熊館，進行大規模圍獵。

十二月十六日乙酉，拆毀太上皇劉執嘉和孝惠帝劉盈兩座祖廟及陵園，這是元帝採納韋玄成等人的建議。

元帝喜好儒學和文學。更改了宣帝時的很多施政辦法，提出施政建議的人，往往被召見，人人都以為給皇上留下了好印象。傅昭儀和她生的皇子濟陽王劉康特別受到元帝的寵愛，超過了皇后和太子。太子少傅匡衡上奏說：「臣聽說國家治亂安危的關鍵，在於人主用心謹慎。承受天命的開國之君，盡力於開創基業，傳給子孫，以至於無窮；繼承皇位的君主，用心承接先王的功德而發揚光大。從前周成王繼承王位以後，追思周文王、周武王的治國大道，用以修養自己的心性，有了偉大的功業和美好的讚譽都歸功於文、武二王，而不敢自己居功。因此，上天接受周成王的祭享，鬼神也都保佑周成王。陛下的聖明恩德像天一樣覆蓋天下，像愛兒女一樣愛護天下人民。但是陰陽仍未調和，奸邪沒有禁止，原因大概是那些議論政事的臣子沒能發揚光大先帝的盛大功業，反而爭先恐後地說先帝時的規章制度不可用，致力於改變它，而更改後不能推行又倒回來實行舊制度，因此群臣爭論是非，互相攻擊，使得下面的官民無所信從。臣個人十分痛恨國家放棄了大家樂於接受的已成的制度，而徒然搞這爭論不休的新令。希望陛下詳細觀覽創業垂統的大事，全神貫注遵守先帝的法規，光大先帝的功業，用以安定群臣的心理。《詩經・大雅》說：『懷念你的先祖，繼承和發揚他們的功德』，這是聖德的根本。《詩傳》說：『能審察好惡，調理情性，聖王之道就具備了。』陶冶性情的方法，一定要瞭解自己的長處並彌補自己的短處，聰明通達的人，要以苛求別人為戒；見聞淺薄的人，要以壅塞蒙蔽為戒；勇猛剛強的人，要以過分粗暴為戒；仁愛敦厚的人，要以優柔寡斷為戒；恬淡安靜的人，要以錯失時機為戒；胸襟廣闊的人，要以疏忽大意為戒。一定要弄清自己應警戒的方面，用道義來修養自己，然後中庸的教化才能實現，而那些奸巧偽善的人，才不敢結黨營私，鑽營升遷。懇請陛下知所戒懼而崇尚聖王之德！

「臣又聽說，能使家庭和睦安定，那就找到了治理天下的道理。所以《詩經》以〈國風〉起始，《禮經》以冠禮、婚禮為本。以〈國風〉起始，追溯性情之原，用以揭示人倫關係；以冠禮、婚禮為根本，是要奠正基礎防患於未然。所以聖明的君主，一定要慎重地處理好與皇后及嬪妃之間的關係，區別好嫡子與庶子的地位，這是把禮用之於家內。卑賤的不能超過尊貴的，新來的不能超過舊有的，這樣用來統一人情，協理陰陽。使嫡子尊貴而庶子卑賤，是在嫡子成人時，要在高臺上舉行加冠典禮，用甜酒祝福，其他兒子不能入列，這樣做的目的，就是要尊貴正體，把嫡子放在不可置疑的地位。不是徒有表面的形式，而是要把嫡庶的巨大區別植根於人心，所以禮儀不過是把內心的真情表現在外罷了。聖人的一舉一動，甚至與最親近的人在一起歡宴娛樂，均要合於大小尊卑的秩序，那麼，全天下的人都會自我修養，老百姓從風而化。如果應當親近的反而疏遠，應當尊貴的反而卑賤，那麼奸巧邪惡之徒就會乘機行動，擾亂國家。所以聖人謹慎地防止苗頭發生，未發作就禁止，絕不以個人的私情損害大義。《易傳》說：『端正了家庭，那麼天下就安定了！』」

當初，漢武帝堵塞了宣房宮那兒的黃河決口，後來黃河又在北岸館陶決口，分流出屯氏河，向東北流入渤海，河床的寬度、深度與黃河相等，所以就讓這條河順其自然，不築堤堵塞。這一年黃河在清河郡靈縣鳴犢口決口，而屯氏河就斷流了。

建昭元年（癸未　西元前三八年）

春，正月戊辰❶，隕石于梁❷。

三月，上行幸雍，祠五畤。

冬，河間王元❸坐賊殺不辜廢❹，遷房陵❺。○罷孝文太后寢祠園❻。

上幸虎圈鬬獸，後宮皆坐。熊逸出圈，攀檻欲上殿，左右貴人❼、傅倢伃❽等皆驚走；馮倢伃❾直前，當熊而立。左右格殺❿熊。上問：「人情驚懼，何故前當熊？」倢伃對曰：「猛獸得人而止，妾恐熊至御坐，故以身當之。」帝嗟嘆，倍敬重焉。傅倢伃慚，由是與馮倢伃有隙⓫。馮倢伃，左將軍奉世之女也。

【章旨】以上為第三段，元帝建昭元年（西元前三八年）無大事，特記馮婕妤捨身護帝，賢淑忠勇反遭妒嫉。

【注釋】❶戊辰　正月二十九日。❷隕石于梁　隕石墜落在梁國。梁，封國名，治所睢陽，在今河南商丘。❸河間王元　河間王劉元，景帝子河間王劉德第五代孫。傳附《漢書・景十三王傳》。❹坐賊殺不辜廢　犯殘殺無辜罪而被廢。坐，被判罪。賊殺不辜，殘忍地濫殺無辜。據《漢書・景十三王傳》載，劉元濫殺王姬廉等七人，以及少史（王妃之號）留貴之母。❺房陵　縣名，縣治在今湖北房縣。秦漢時，房陵為流徙罪人之所。❻罷孝文太后寢祠園　撤除漢文帝母薄太后的陵園。薄太后陵，在文帝霸陵之南。❼左右貴人　漢元帝隨身侍從的嬪妃。貴人，位次皇后的嬪妃之號。《漢書・外戚傳》嬪妃十四等，無貴人之號，漢元帝加昭儀之號，位次皇后。此處貴人，或即指昭儀。❽傅倢伃　即哀帝祖母傅太后。傳見《漢書》卷九十七下〈外戚傳〉。倢伃，位次貴人的嬪妃之號。❾馮倢伃　即平帝祖母馮太后，與傅婕妤等同。❿格殺　擊殺。⓫有隙　產生隔閡；有了矛盾。漢元帝死，傅婕妤隨其子定陶王劉康歸國為定陶王太后。馮婕妤也隨其子信都王劉興歸國。後劉興徙為中山王，馮氏為中山王太后。漢成帝死無子，以定陶王劉康子入嗣大統，是為哀帝。傅太后追怨馮氏，迫害中山王太后，起大獄。哀帝死，又無嗣，徵中山王子入繼大統，是為平帝。平帝為外家平反，斥逐傅氏外戚。傅、馮交惡，漢元帝王皇后外戚王莽乘機擅權。

【語譯】 建昭元年（癸未　西元前三八年）

春，正月二十九日戊辰，隕石墜落在梁國。

三月，元帝巡幸雍縣，祭祀五天帝。

冬，河間王劉元因犯濫殺無辜罪被廢除王位，遷徙到房陵。○撤除漢文帝母薄太后的寢宮陵園。

元帝親臨虎圈，使野獸相鬥，後宮嬪妃全都在座。熊竄出了獸圈，攀柵欄要爬上看臺，元帝身邊的後宮貴人和傅婕妤都驚恐逃走；馮婕妤逕直上前，擋在熊的前面站立。元帝身邊的人殺死了熊。元帝問馮婕妤：「人心驚恐，你為什麼上前擋熊？」馮婕妤回答說：「猛獸抓到了人就會停止前進，我怕熊撲到陛下跟前，所以用我的身體去阻擋。」元帝感歎，加倍敬重馮婕妤。傅婕妤感到慚愧，因此與馮婕妤有矛盾。馮婕妤，是左將軍馮奉世的女兒。

二年（甲申　西元前三七年）

春，正月，上行幸甘泉，郊泰畤。三月，行幸河東，祠后土。

夏，四月，赦天下。

六月，立皇子興❶為信都王。

東郡京房❷學易於梁人焦延壽。延壽常曰：「得我道以亡身者，京生也。」

其說長於災變，分六十卦，更直日用事❸，以風雨寒溫為候❹，各有占驗。房用之尤精，以孝廉❺為郎，上疏屢言災異，有驗。天子說之，數召見問。房對曰：「古帝王以功舉賢，則萬化成❻，瑞應著❼；末世❽以毀譽取人❾，故功業廢而致災異❿。宜令百官各試其功⓫，災異可息。」詔使房作其事，房奏考功課吏法⓬。上令公卿朝臣與房會議溫室⓭，皆以房言煩碎⓮，令上下相司⓯，不可許。上意鄉⓰之。時部刺史⓱奏事京師，上召見諸刺史，令房曉以課事⓲，刺史復以為不可行。唯御史大夫鄭弘、光祿大夫周堪初言不可，後善之。

是時，中書令石顯顓⓳權，顯友人五鹿充宗為尚書令，二人用事。房嘗宴見⓴，問上曰：「幽、厲㉑之君何以危？所任者何人也？」上曰：「君不明而所任者巧佞㉒。」房曰：「知其巧佞而用之邪，將以為賢也㉓？」上曰：「賢㉔之。」房曰：「然則今何以知其不賢也？」上曰：「以其時亂而君危知之。」房曰：「若是，任賢必治，任不肖必亂，必然之道也。幽、厲何不覺寤[1]而更求賢，曷為㉕卒㉖任不肖以至於是？」上曰：「臨亂之君，各賢其臣。令皆覺寤，天下安得危亡之君！」房曰：「齊桓公、秦二世亦嘗聞此君而非笑之。然則任豎刁㉗、趙高㉘，政治日亂，盜賊滿山，何不以幽、厲卜㉙之而覺寤乎？」上曰：「唯有道者能以往知來㉚

耳。」房因免冠頓首[31]曰：「春秋[32]紀二百四十二年災異，以示[33]萬世之君[34]。今陛下即位以來，日月失明，星辰逆行[35]，山崩，泉湧，地震，石隕，夏霜，冬靁，春凋，秋榮，隕霜不殺[36]，水、旱、螟蟲，民人饑、疫，盜賊不禁，刑人滿市[37]，春秋所記災異盡備。陛下視今為治邪，亂邪？」上曰：「亦極亂耳，尚何道[38]！」房曰：「今所任用者誰與[39]？」上曰：「然，幸其愈於彼，又以為不在此人也[40]。」房曰：「夫前世之君，亦皆然矣。臣恐後之視今，猶今之視前也。」上良久，乃曰：「今為亂者誰哉？」房曰：「明主宜自知之。」上曰：「不知也；如知，何故用之！」房曰：「上最所信任，與圖事帷幄[41]之中，進退[42]天下之士者是矣。」房指謂石顯。上亦知之，謂房曰：「已諭[43]。」房罷出[44]。後上亦不能退顯也。

臣光曰：「人君之德不明[45]，則臣下雖欲竭忠，何自而入乎！觀京房所以曉孝元，可謂明白切至[46]矣，而終不能寤，悲夫！詩曰：『匪面命之，言提其耳。匪手攜之，言示之事[47]。』又曰：『誨爾諄諄，聽我藐藐[48]。』孝元之謂矣！」

上令房上弟子[49]曉知考功、課吏事者，欲試用之。房上「中郎任良、姚平，願以為刺史，試考功法。臣得通籍殿中[50]，為奏事，以防壅塞[51]。」石顯、五鹿充宗皆疾房[52]，欲遠[53]之，建言，宜試以房為郡守。帝於是以房為魏郡太守[54]，得以考功法治郡。

房自請：「歲竟，乘傳奏事[55]。」天子許焉。房自知數以論議為大臣所非，與石顯等有隙，不欲遠離左右，乃上封事[56]曰：「臣出之後，恐為用事所蔽，身死而功不成，故願歲盡乘傳奏事，蒙哀見許[57]。乃辛巳[58]，蒙氣復乘卦，太陽侵色[59]，此上大夫覆陽而上意疑也[60]。己卯、庚辰之間[61]，必有欲隔絕臣，令不得乘傳奏事者。」

房未發[62]，上令陽平侯王鳳[63]承制[64]詔房止無乘傳奏事。房意愈恐。秋，房去至新豐[65]，因郵[66]上封事曰：「臣前以六月中言遯卦不效，法曰：『道人始去，寒涌水為災[67]。』至其七月，涌水出。臣弟子姚平謂臣曰：『房可謂知道，未可謂信道也。房言災異，未嘗不中。涌水已出，道人當逐死[68]，尚復何言！』臣曰：『陛下至仁，於臣尤厚，雖言而死，臣猶言也。』平[69]又曰：『房可謂小忠[70]，未可謂大忠[71]也。昔秦時趙高用事，有正先[72]者，非刺高[73]而死，高威自此成，故秦之亂，正先趣[74]之。』今臣得出守郡，自詭效功[75]，恐未效而死。惟陛下毋使臣塞涌水之異[76]，當正先之死，為姚平所笑。」

房至陝[77]，復上封事曰：「臣前白願出任良試考功，臣得居內。議者[78]知如此於身不利，臣不可蔽，故云『使弟子不若試師。』臣為刺史，又當奏事，故復云『為刺史，恐太守不與同心，不若以為太守。』此其所以隔絕臣也。陛下不違其言而遂聽之，此乃蒙氣所以不解，太陽無色者也。臣去稍遠，太陽侵色益甚，願陛下毋難還臣(79)而易逆天意(80)！邪說雖安于人，天氣必變(81)，故人可欺，天不可欺也，願陛下察焉！」

房去月餘，竟徵下獄。初，淮陽憲王(82)舅張博，傾巧無行(83)，多從王求金錢，欲為王求入朝。博從京房學，以女妻房。房每朝見，退輒為博道其語(84)。博因記房所說密語(85)，令房為王作求朝奏草(86)，皆持柬與王，以為信驗(87)。石顯知之，告「房與張博通謀，非謗政治，歸惡天子，詿誤(88)諸侯王。」皆下獄，棄市(89)，妻子徙邊。鄭弘坐與房善，免(90)為庶人。

御史中丞(91)陳咸(92)數毀石顯，久之，坐與槐里令朱雲(93)善，漏泄省中語(94)，石顯微伺(95)知之。與雲皆下獄，髡為城旦(96)。

【章　旨】以上為第四段，寫京房建言「考績官吏條例」，還未來得及推行自身即遭不測。此為漢元帝時中外權臣交爭的第四個回合，仍是外朝失敗，這回換成了京房成替罪羊。

【注　釋】❶皇子興　即漢元帝馮婕妤之子劉興，初封信都王，後徙為中山王。傳見《漢書》卷八十。❷京房　（西元前七七—前三七年）本姓李，字君明，東郡頓丘（今河南清豐西南）人，曾學《易》於孟喜門下人焦延壽，以「通變」說《易》，好言災異，創京氏《易》學。今存《京氏易學》三卷。傳見《漢書》卷七十五。❸更直日用事　以六十卦配六十甲子日期，按日期輪流交替占卦，推知當日的吉凶。更，變更，指六十卦輪流使用。❹以風雨寒温為候　京房推算天災人禍，用風雨冷熱為徵兆。候，證驗。❺孝廉　漢代選舉制度科目之一。民間士子或低級吏員，經過推薦考試可取得孝廉名號，候缺補官。❻萬化成　興辦萬事皆有成就。❼瑞應著　祥瑞出現，顯示政治清明。❽末世　衰世。❾以毀譽取人　用人只重虛名，不看實績。毀，貶低。譽，讚揚。❿致災異　導致天變，出現災異。⓫試其功　考核其成績。⓬房奏考功課吏法　京房上奏考核官吏功績的辦法。如令、丞、尉，治一縣，推行教化，無犯法之人，可升遷。如出現盜賊，滿三日未破案，則要追究縣尉之責。⓭温室　未央宮前殿。⓮煩碎　繁瑣細碎。⓯上下相司　上下級互相監督。⓰鄉　嚮往；贊同。⓱部刺史　漢武帝置十三州刺史，各部一州，故稱部刺史。⓲曉以課事　宣諭考績條例。⓳顓　通「專」。⓴宴見　皇帝閒暇時入宮晉見。㉑幽厲　指西周幽王、厲王。㉒巧佞　奸巧善諛的小人。㉓將以為賢也　還是認為賢能。將，選擇連詞，與「抑」義同。㉔賢　認為賢。意動用法。㉕曷為　為什麼。㉖卒　終於；始終。㉗豎刁　齊桓公時自宮以求寵的宦官。齊桓公晚年，豎刁與桓公另一寵宦易牙合謀作亂，使齊桓公餓死宮中，三個月不得安葬。㉘趙高　秦始皇、秦二世兩朝的宦官，專權任事。秦始皇死後，趙高與李斯合謀矯詔，殺太子扶蘇，擁立秦二世，後又計殺李斯，弒二世皇帝，加速了秦朝的滅亡。㉙以幽厲卜　以周幽王、周厲王之故事為前車之鑑。卜，本指龜卜以占吉凶，這裡引申為借鑑。㉚以往知來　用以往的經驗或借鑑推察未來的發展。㉛免冠頓首　摘下官帽磕頭請罪。這種舉動一般表示受到皇帝申斥時請求寬恕，有時在強諫時，也有這種動作，表示請求寬恕，所謂冒死以諫。㉜春秋　指孔子所作史書《春秋》，記事起魯隱公元年至魯哀公十四年（西元前七二二—前四八一年），共載二百四十二年史事。其中載有日蝕、星隕等天變災異。㉝示　昭示；警告。㉞萬世之君　後世歷代君主。㉟星辰逆行　星辰逆轉而行。行星在太空中自西向東運行稱順行，反之則為逆行。太陽系中所有行星均由西向東運行，本無順逆。由於地球不在太陽系的中心，各行星繞日運動的快慢也不同，因此從地球上看行星的視運動就有了順逆。㊱隕霜不殺　雖降霜但殺不死害蟲。㊲刑人滿市　受過刑的人充斥街市。㊳尚何道　還有什麼好說的。㊴與　同「歟」。疑問語氣詞。㊵幸其愈於彼二句　幸虧今天的政治比前代亂世好，至於亂世，責任也不在所用的這些人。愈，勝過；超過。㊶圖事帷幄　共商大事於密室。圖，謀劃。帷幄，本指軍營帳幕，這裡作為密室的代稱。㊷進退　升降。㊸已諭　已經明白。㊹罷出　告退。㊺德不明　道德不能修明。指不能明辨是非。㊻切至　道理說得深透。㊼匪面命之四句　引自《詩經‧抑》。不只是當面告誡他，還揪著他的耳朵教導他；不只是把著手教他，還給他擺出事實。㊽誨爾諄諄二句　《詩經·抑》又說：「對你諄諄教導，你卻當做耳邊風。」諄諄，懇切教導。藐藐，輕視；不用心聽。㊾上令房上弟子　漢元帝讓京房推薦他的弟子。第一個「上」字，指代漢元帝。第二個「上」字，為奏上，即上書，意為推薦。㊿通籍殿中　通名籍於宮中，以便隨時晉見皇帝。51防壅塞　防止被人隔阻。52疾房　痛恨京房。53遠　排斥出朝，令其遠遠離去。54以房為魏郡太守　出京房到魏郡任太守。魏郡治所鄴城，在今河北臨漳西南。55歲竟二句　歲末，乘坐公家驛車回京奏事。這是京房請求漢元帝給予他面君的特許權。56上封事　漢制，一般奏章均清抄兩份，一份上奏，一份留尚書處。臣民若有絕密奏章，可直送皇帝，叫做「上封事」。57蒙哀見許　幸而得到陛下哀憐應允。58辛巳　二月十八日。59蒙氣復乘卦二句　蒙氣在卦上預示出來，陰雲蔽日，陽光暗淡。《晉書·天文志》：「凡連陰十日，晝不見日，夜不見月，亂風四起，欲雨而無雨，名曰『蒙』。」60此上大夫覆陽而上意疑也　蒙氣蔽日，象徵有大臣蒙蔽皇帝，而使皇帝心存疑慮。上大夫，指重臣。覆陽，指蒙蔽皇帝。61己卯庚辰之間　二月十六日、十七日之間。62未發　還未離京師赴任。63王鳳　王皇后之兄，成帝時官至大將軍，專擅朝政，為王莽代漢奠定政治基礎。64承制　稟承皇上的旨意。65新豐　縣名，縣治在今陝西臨潼東北。66因郵　通過傳遞文書的驛站傳送。67道人始去二句　這句話引自京房的占候法，意為有道術之人一離去，六月天寒，氣候驟變，大水湧出，氾濫成災。68道人當逐死　照應前句「道人始去」，象徵京房將被放逐而死。69平　指京房弟子姚平。70小忠　直言諫君致死，於國無益，是為小忠。71大忠　諫言被採納，身與國俱安，是為大忠。72正先　秦博士，因指控趙高而死，由是忠臣亡，奸臣勢熾，秦愈速亡。此憤激語，促漢元帝警醒。73非刺高　譏刺趙高。非，譏諷。74趣　通「促」。加速。75自詭效功　自責立功報效。詭，責。76使臣塞涌水之異　以臣（京房自指）因湧水出之災異而死。塞，塞責。77陝　縣名，在今河南三門峽市西舊陝縣。78議者　此指石顯等議事權臣。79難還臣　以京房還京師為難。謂不讓京房乘傳奏事。80易逆天意　輕易違背天意。81邪說雖安于人二句　異端邪說雖可使人君安而不察，但天象必有反映。82淮陽憲王　即淮陽王劉欽，係宣帝張婕妤之子、漢元帝之弟，死後諡為憲王。傳見《漢書》卷八十。83傾巧無行　奸詐無品行。84為博道其語　京房對張博講述他與皇帝議論的事。漢制，洩禁中語，乃大逆不道。京房洩禁中語，給石顯等人可乘之機。85密語　祕密之語，指禁中語。86奏草　奏章草稿。87皆持柬與王二句　張博把所記錄的禁中語及京房代作的奏章，一併送給淮陽王劉欽，作為憑證。88詿誤　連累。89棄市　腰斬於市。90免　免職。91御史中丞　官名，為御史大夫的副職，東漢以後，不設御史大夫，則以御史中丞為御史之長。92陳咸　字子康，沛郡相（今安徽濉溪縣西北）人。御史大夫陳萬年之子。父子二人同傳，見《漢書》卷六十六。93朱雲　字游，魯人。著名直臣。傳見

《漢書》卷六十七。❾❹漏泄省中語　朱雲與丞相韋玄成互相攻訐，陳咸洩省中語讓朱雲上書自辯。石顯遂指控二人通謀而治二人之罪。省中，中書省中，亦即禁中。❾❺微伺　暗中窺伺。❾❻髡為城旦　剃去頭髮，罰作築城苦役。漢制，髡為城旦者，共服刑五年，其中三年為築城苦役。

【校　記】1寤　原作「悟」。據章鈺校，乙十一行本作「寤」，傅增湘校北宋本同，今從改。

【語　譯】二年（甲申　西元前三七年）

春，正月，元帝巡幸甘泉宮，郊祭泰畤。三月，巡幸河東，祭祀土地神。

夏，四月，赦免天下。

六月，冊立皇子劉興為信都王。

東郡人京房向梁國人焦延壽學習《易經》。焦延壽經常說：「得到我的學問而遭致殺身之禍的人，就是京房。」焦延壽的《易經》學說，擅長推算天災人禍，共分為六十卦，輪換交替當值日期，用來推占每日的善惡禍福，又用風雨冷熱的氣象變化作驗證，十分準確。京房運用此法尤為精妙，當他由孝廉而被任用為朝廷郎官時，多次上書談論天象變異，得到驗證。天子很高興，多次召見詢問。京房回答說：「古代帝王按功績舉用賢人，那麼興辦萬事都有成就，祥瑞之象顯現；衰世帝王根據或毀或譽取人，因此功業盡廢，導致災異。最好的辦法是命令文武百官，考核他們每人實際才能和政績，按才能大小使用，災異就可停息。」於是元帝下詔讓京房負責這一事務。京房上奏「考功課吏法」。元帝下令公卿大臣和京房在溫室宮進行討論，公卿大臣都認為京房的考績法細碎煩瑣，讓上下官吏相互監督，這個辦法不能同意。元帝的想法是贊同京房的。當時各州的刺史回京城報告，元帝召見他們，讓京房向他們說明「考績條例」之事，刺史們還是認為不可行。只有御史大夫鄭弘、光祿大夫周堪，起初認為行不通，後來又贊同這個辦法。

這時，中書令石顯專權，石顯的好友五鹿充宗任尚書令，二人主政。京房曾在皇帝閒暇時入宮見元帝，問元帝說：「周幽王、周厲王為什麼身處險境？他們所任用的都是些什麼人？」元帝說：「君王昏庸，所任用的都是巧詐佞邪的小人。」京房說：「是明知他們巧詐佞邪而任用他們？還是誤以為他們賢能？」元帝說：「當然是認為他們賢能。」京房說：「那麼如今我們怎麼知道他們不賢能呢？」元帝說：「因當時局勢混亂，君王又身處險境，這才明白了。」京房說：「由此可見，任用賢能的人，國家一定太平；任用不賢的人，國家一定混亂，這是必然的規律。為什麼幽王、厲王不明白這道理而任用賢能，卻始終任用奸佞，以致如此呢？」元帝說：「面臨亂世的國君，都認為他所任用的人是賢臣。假若都能覺悟到自己的錯誤，那天下哪還有危身亡國的君主呢！」京房說：「齊桓公、秦二世也都曾聽說幽王、厲王的無道而譏笑過他們。但他們卻任用豎刁、趙高，致使政局日益混亂，盜賊滿山遍野，為什麼他們不能把周幽王、周厲王當做一面鏡子而醒悟呢？」元帝說：「只有有道的君王才能知往鑑今。」京房脫下官帽叩首說：「《春秋》一書，記載二百四十二年的災異，用來警告後世君王。現今陛下即位以來，日月失明，星辰逆行，山崩泉湧，地震石隕，夏季降霜，冬天打雷，春天草木凋枯，秋天草木茂盛，霜雪不能凍殺害蟲，水災、旱災、蝗災，民眾饑荒，瘟疫流行，盜賊未能禁止，坐過牢的人充滿街市，《春秋》記載的天災人禍，現今全都齊備。陛下您看當今國家是太平盛世呢，還是亂世呢？」元帝說：「可以說是亂到了極點，還有什麼好說的！」京房說：「當今任用的都是些什麼人呢？」元帝說：「還好，幸虧今天的政治比前朝的亂世好一些，亂世的責任也不在所用的這些人。」京房說：「前世君王也都是這個想法。臣擔心後世的君王看待今天，就像我們今天看前代一樣。」元帝過了很長時間才說：「今天造成混亂的人是誰呢？」京房說：「聖明的君主應該自己知道是誰。」元帝說：「朕不知道啊；如果知道了，為什麼還用他呢！」京房說：「皇上所最信任的人，在宮內與他謀劃國家大事，任免天下官吏的那個人就是啊！」京房指的是石顯。元帝也知道，便對京房說：「已經明白了。」京房告退出宮。後來元帝也沒有黜退石顯。

司馬光說：「君王的德行不修明，那麼臣僚即使想竭盡忠心，從何處入手呢！看到京房對孝元帝的曉諭，可以說是明白透徹了，而孝元帝始終不能覺醒，可悲啊！《詩經》說：『不只是當面提醒你，還提著你的耳朵教導你。不只是把著手教你，還給你擺出事實。』又說：『對你諄諄教導，你全當耳邊風。』孝元帝正是這種人！」

元帝讓京房推薦他的學生中熟悉「考功課吏」之事的人，想任用他們試行考功法。京房上奏說：「中郎任良、姚平，請求委派他們做刺史，試行『考功法』。臣能夠通名籍於宮中，為的是即時轉報他們的奏章，以防止被人隔阻。」石顯、五鹿充宗都忌恨京房，想讓京房遠離元帝，便向元帝建議，應當任命京房去試任郡守。元帝於是任命京房為魏郡太守，得用「考功法」來治理魏郡。

京房請求說：「在年終的時候，請皇上允許我乘坐驛站的車馬回到京師直接上奏。」元帝同意了。京房自己知道因多次討論朝政，遭到大臣的非議，又與石顯等人有矛盾，所以不想遠離元帝，於是上了一封密奏說：「臣離開京師之後，擔心被執政大臣隔蔽，身死而功業不成，所以盼望年終時能夠乘坐驛車回京向皇上奏報，幸而蒙受皇上應允。可是二月十八日辛巳，陰雲亂風觸犯當值的〈晉卦〉，掩蔽了陽光，這是昭示上大夫蒙蔽皇上，導致皇上疑惑。十六日己卯、十七日庚辰之間，一定有想隔絕臣，使臣不能乘驛車回京向皇上奏事的人。」

京房沒有出發，元帝命令陽平侯王鳳傳達皇上的旨意，告訴他不要年終乘驛馬車回京奏事。京房心中更加驚恐。秋季，京房離長安到達陝西新豐，通過郵亭呈上密封奏章說：「臣先前在六月間上書陛下，所說〈遯卦〉雖沒有效驗，但占候之法說：『有道行的人才一離去，天氣驟然寒冷，大水湧出成災。』到七月，果然大水湧出。臣的學生姚平對臣說：『京房先生可說是一位能知曉大道的人，但也不能說是相信大道。京房先生所預測的災異，沒有不被言中。大水已經湧出，有道行的人當被放逐而死，還有什麼話可說呢！』臣說：『陛下非常仁慈，對臣尤其寬厚，即使因進言而死，臣還是要進言的。』姚平又說：『京房先生可謂小忠，不可說是大忠。從前秦朝趙高當權，有一位叫正先的人，因譏諷趙高而被處死，趙高的權威從此樹立，所以秦朝的衰亂，是正先促成的。』如今臣被派任郡守，自求為國效力，恐怕沒有效力就死了。只有請求陛下不要讓我因大水上湧的災異而塞責身死，充當正先的角色，被姚平所笑。」

京房到了陝縣，又一次上密封奏章說：「臣先前推薦任良試行官員考績制度，臣留在朝廷。那些決策朝政的大臣知道這樣對他們不利，而且也不能隔絕臣，所以他們說『與其學生去，不如老師親自試行。』臣如果去當刺史，又會向皇上當面奏事，他們於是又說『京房擔任刺史，恐怕各郡太守不與他同心，不如索性讓京房當太守。』這就是他們隔絕臣的辦法。陛下沒有背離他們所說的話，聽從了他們的建議，這正是陰蒙的昏氣所以不散，太陽失去光芒的原因。臣離首都長安越遠，太陽的暗灰顏色就越重，希望陛下不要以召臣還京師為難，卻輕易去違背天意！邪說雖然能使陛下安然無事，天象卻一定有變異，因此，人可以欺騙，天卻不可以欺騙，請求陛下詳察。」

京房離開京師一個多月，終究被捕入獄。起初，淮陽憲王劉欽的舅舅張博，投機取巧又毫無品行，多次向淮陽憲王伸手要錢，打算替憲王謀求入京朝見。張博曾求學於京房，把女兒嫁給京房為妻。京房每次朝見回家以後，就把和元帝的談話告訴張博。張博乘機記下京房所講的機密言語，讓京房代淮陽憲王劉欽寫了一份入朝的奏章草稿，然後把這些機密言語、奏章草稿送給淮陽憲王劉欽作為憑證。石顯聽說這些情況後，就向元帝指控：「京房和張博通謀，毀謗朝政，把罪惡歸於皇上，連累諸親王。」京房和張博一起被關進監獄，腰斬棄市，妻子兒女遷徙到邊塞。御史大夫鄭弘因和京房友善，也被牽連有罪，免職為平民。

御史中丞陳咸多次抨擊石顯，一段時間以後，因和槐里令朱雲友善，向朱雲洩漏了省禁中的談話，被石顯偵察得知。結果陳咸、朱雲都被捕入獄，剃掉頭髮，服刑築城。

石顯威權日盛，公卿以下畏顯，重足一迹❶。顯與中書僕射❷牢梁、少府五鹿充宗結為黨友，諸附倚者皆得寵位。民歌之曰：「牢邪，石邪！五鹿客邪！印何纍纍❸，綬若若邪❹！」

顯內自知擅權，事柄在掌握，恐天子一旦納用左右耳目以間己❺，乃時歸誠❻，取一信以為驗[7]。顯嘗使至諸官[8]，有所徵發，顯先自白[9]：「恐後漏盡宮門閉[10]，請使詔吏開門[11]。」上許之。顯故投夜[12]還，稱詔開門入。後果有上書告「顯顓命[13]，矯詔[14]開宮門」，天子聞之，笑以其書示顯。顯因泣曰：「陛下過私[15]小臣，屬任以事，羣下無不嫉妒，欲陷害臣者，事類如此非一，唯獨明主知之。愚臣微賤，誠不能以一軀稱快萬眾[16]，任天下之怨；臣願歸樞機職[17]，受後宮掃除之役，死無所恨。唯陛下哀憐財幸[18]，以此全活小臣！」天子以為然而憐之，數勞勉顯，加厚賞賜，賞賜及賂遺訾[19]一萬萬。初，顯聞眾人匈匈[20]，言己殺前將軍蕭望之，恐天下學士訕己[21]，以諫大夫貢禹明經著節[22]，乃使人致意[23]，深自結納[24]，因薦禹天子，歷位九卿，禮事之甚備[25]。議者於是或稱顯[26]，以為不妒譖[27]望之矣。顯之設變詐[28]以自解免[29]，取信人主者，皆此類也。

荀悅[30]曰：「夫佞臣之惑君主也甚矣，故孔子曰：『遠佞人[31]。』非但不用而已，乃遠而絕之[32]，隔塞其源[33]，戒之極也[34]。孔子曰：『政者，正也[35]。』夫要道之本，正己而已矣。平直真實者，正之主也[36]。故德必核[37]其真，然後授其位；能必核其真，然後授其事；功必核其真，然後授其賞；罪必核其真，然後授其刑；行必核其真，然後貴之；言必核其真，然後信之；物必核其真，然後用之；事必核其真，然後脩之。故眾正積於上，萬事實於下㊳。先王之道，如斯㊴而已矣！」

八月癸亥㊵，以光祿勳匡衡為御史大夫。

閏月丁酉㊶，太皇太后上官氏㊷崩。

冬，十一月，齊、楚地震㊸，大雨雪，樹折，屋壞。

【章　旨】以上為第五段，寫石顯奸詐的機心，善於自謀固寵之術，非常人所及。荀悅評論，認為漢元帝自己未能正身，喜歡聽讒言，替奸佞之人留下了活動空間。

【注　釋】❶重足一迹　疊足站立，不敢稍有移動。形容十分驚恐。❷中書僕射　官名，中書令的副職。❸印何纍纍　印章堆積。❹綬若若邪　印上的佩帶綿長。綬，繫印的彩帶。若若，綿長不斷的樣子。❺間己　離間自己。❻乃時歸誠　於是找機會表示忠誠。❼取一信以為驗　找機會做一件顯示忠心的事給皇上作為效驗。此為石顯替自己身處險境採取的預防措施。❽諸官　朝廷諸官府。❾顯先自白　石顯預先向皇帝稟告。❿後漏盡宮門閉　晚於閉宮門時間回宮。漏盡，古代以銅壺滴漏計時，漏盡指閉宮門的時間已到。⓫請使詔吏開門　請求讓其以皇帝詔命之名使吏開宮門。⓬投夜　挨到深夜。投，到；臨。⓭顓命　專擅朝命。⓮矯詔　假傳聖旨。⓯過私　特別偏愛。⓰以一軀稱快萬眾　用一人的身軀，使天下大眾百姓稱心快意。即表示一人承擔所有的過失。⓱歸樞機職　辭去位居樞要的中書令之職。⓲財幸　裁定免罪，則萬幸。財，通「裁」。⓳訾　通「貲」。資財。⓴眾人匈匈　眾人憤激不平。㉑訕己　誹謗自己。㉒明經著節　經學通達，名節顯著。㉓致意　通款致敬仰之意。意在拉攏貢禹。㉔深自結納　石顯與貢禹深相交結。㉕禮事之甚備　禮敬貢禹十分周到。㉖或稱顯　有人稱讚石顯。㉗不妬譖　不嫉妒陷害。㉘設變詐　施奸謀權術。㉙自解免　自己擺脫困境。㉚荀悅　（西元一四八—二〇九年）字仲豫，潁川潁陰（今河南許昌）人，東漢史學家、政論家。著《漢紀》。傳見《後漢書》卷六十二。㉛遠佞人　斥退小人。此孔子告顏淵之言，語出《論語・衛靈公》。㉜遠而絕之　使佞人遠離自己，與之隔絕。㉝隔塞其源　隔絕佞人把源頭塞住。㉞戒之極也　最重要的警誡。㉟政者二句　「政」字的意義就是端正自己。此孔子答季康子之言，語出《論語・顏淵》。㊱平直真實者二句　正直誠實，是正身的主幹。㊲核　核實；驗證。㊳眾正積於上二句　眾多正臣集中在上位，萬事在下面實事求是地落實。㊴如斯　就是這樣子。指正身正己這個樣子就是先王之道的核心。㊵癸亥　八月初三日。㊶丁酉　閏八月初八日。㊷上官氏　即昭帝上官皇后，上官桀之女。元帝立，尊為太皇太后。傳見《漢書》卷九十七上。㊸齊楚地震　古齊國、楚國地區發生地震，約相當於今山東、安徽、江蘇地區。

【語譯】石顯的權勢日益隆盛，公卿以下都很害怕他，重足而立。石顯與中書僕射牢梁、少府五鹿充宗結成死黨，依附他們的人都得到了尊寵的職位。民間歌謠說：「牢姓啊，石姓啊！五鹿客啊！官印何其多，綬帶那樣長！」

石顯自知專權，政柄在握，深恐皇帝一旦任用左右耳目人，離間自己，於是找機會表示忠誠，設局做一件表示忠心的憑證給皇上看。石顯曾奉命到各官府有所調動，他事先向元帝稟告：「恐怕漏盡宮門關閉後才能回宮，請讓小臣說奉陛下之命，叫他們打開宮門。」皇上同意了。石顯有意挨到深夜才回宮，宣稱皇帝命令，叫開宮門進入。不久，果然有人上奏告發「石顯專擅命令，假傳聖旨，私開宮門」，皇上看了笑著把奏章拿給石顯看。石顯乘機流淚說：「陛下過分偏愛小臣，將朝廷政事委任給小臣，群臣沒有不嫉妒小臣，想陷害小臣的，類似這種事情，已不止一次，只有聖明的皇上，才知道小臣的忠心。小臣出身微賤，實在不能以小臣一身去使萬人稱快，擔負起天下所有的怨恨；小臣願辭去中書令之職，去負責宮廷清潔灑掃的工作，死而無恨。只求陛下可憐小臣，讓小臣能保全性命！」天子以為事情果真如此，就很同情他，多方安慰他，厚加賞賜，賞賜和百官群下所送的錢財有一億之多。當初，石顯得知眾人憤憤不平，說自己逼死前將軍蕭望之，擔心天下學士指責自己，認為諫大夫貢禹經學通達，名節顯著，於是託人向貢禹表達他的敬慕，和貢禹深加交往，又向天子舉薦貢禹，使貢禹位至九卿，對貢禹的禮遇非常周備。議政的人因此有人稱頌石顯，認為他不會讒害蕭望之。石顯設計變詐，為自己解困，取信於人君，所用手法，全都如此之類。

荀悅說：「奸佞迷惑君王的手法真是厲害呀，所以孔子說：『遠離奸佞的人。』不止是不用他而已，還要使他遠離自己，斷絕關係，堵塞源頭，這是最重要的警誡。孔子說：『政字的意思就是端正。』治國之道的根本，就是端正自己。正直誠實，是正身的主幹。所以，對於一個人的品德，一定核查他的真實情況，然後授給他官職；對於能力，一定核查真實，然後把國家大事交給他；對於功勞，一定核查真實，然後頒給他獎賞；對於犯罪，一定核查真實，然後加給他刑罰；對於行為，一定核查真實，然後讓他顯貴；對於言論，一定核查真實，然後信任他；對於器物，一定核查真實，然後使用它；對於事務工作，一定核查真實，然後才去實施。所以，眾多正直的大臣居於上，萬事在下面得到落實。古代帝王施政的道理，不過如此罷了！」

八月初三日癸亥，任命光祿勳匡衡為御史大夫。

閏八月初八日丁酉，上官太皇太后去世。

冬，十一月，齊、楚地震，下大雪，樹木折斷，房屋倒塌。

三年（乙酉　西元前三六年）

夏，六月甲辰❶，扶陽共侯韋玄成薨。

秋，七月，匡衡為丞相。戊辰❷，衛尉❸李延壽為御史大夫。

冬，使❹西域都護・騎都尉北地甘延壽❺、副校尉山陽陳湯❻共誅斬匈奴[1]郅支單于於康居。

始，郅支單于自以大國，威名尊重，又乘勝驕❼，不為康居王禮，怒殺康居王女及貴人、人民數百，或支解❽投都賴水❾中。發民作城，日作五百人，二歲乃已。又遣使責闔蘇⑩、大宛諸國歲遺⑪，不敢不予。漢遣使三輩至康居，求谷吉等死⑫，郅支困辱使者，不肯奉詔；而因都護上書⑬，言「居困戹，願歸計彊漢，遣子入侍⑭。」其驕嫚如此⑮。

湯為人沈勇⑯，有大慮⑰，多策略[2]，喜奇功⑱，與延壽謀曰：「夷狄畏服大種，其天性也。西域本屬⑲匈奴，今郅支單于威名遠聞，侵陵烏孫、大宛，常為康居畫計，欲降服之⑳。如得此二國，數年之間，城郭諸國㉑危矣。且其人剽悍㉒，好戰伐，數取勝，久畜㉓之，必為西域患。雖所在絕遠，蠻夷無金城㉔、彊弩之守。如發屯田吏士㉕，毆從㉖烏孫眾兵，直指㉗其城下㉘，彼亡則無所之㉙，守則不足自保，千載之功可一朝而成也！」延壽以[3]為然，欲奏請之。湯曰：「國家㉚與公卿議，大策非凡所見㉛，事必不從。」延壽猶與㉜不聽。會其久病，湯獨矯制發城郭諸國兵、車師㉝戊己校尉㉞屯田吏士。延壽聞之，驚起，欲止焉。湯怒，按劍叱㉟延壽曰：「大眾已集會，豎子㊱欲沮眾㊲邪！」延壽遂從之。部勒行陳㊳，漢兵、胡兵合四萬餘人。延壽、湯上疏自劾㊴奏矯制，陳言兵狀。即日引軍分行㊵，別為六校㊶：其三校從南道踰葱領㊷，徑大宛；其三校都護自將㊸，發溫宿國，從北道入赤谷㊹，過烏孫，涉康居界，至闐池㊺西。而康居副王抱闐㊻將數千騎寇赤谷城東，殺略大昆彌(47)千餘人，毆畜產甚多，從後與漢軍相及(48)，頗寇盜後重(49)。湯縱(50)胡兵擊之，殺四百六十人，得其所略民四百七十人，還付大昆彌，其馬、牛、羊以給軍食。又捕得抱闐貴人伊奴毒。入康居東界，令軍不得為寇。間呼(51)其貴人屠墨見之，諭以威信(52)，與飲、盟，遣去。徑引行，未至單于城可六十里，止營。復捕得康居貴人具色(53) [4] 子男開牟以為導。具色子，即屠墨母之弟，皆怨單于，由是具知郅支情。明日，引行，未至城三十里，止營。

單于遣使問：「漢兵何以來？」應曰：「單于上書言：『居困厄，願歸計彊漢，身入朝見。』天子哀閔單于，棄大國(54)，屈意康居，故使都護將軍來迎單于妻子。恐左右驚動，故未敢至城下。」使數往來相答報，延壽、湯因讓(55)之：「我為單于遠來，而至今無名王(56)、大人(57)見將軍受事者(58)。何單于忽(59)大計，失客主之禮也！兵來道遠，人畜罷極，食度且盡(60)，恐無以自還，願單于與大臣審計策(61)！」

明日，前至郅支城都賴水上，離城三里，止營傅陳(62)。望見單于城上立五采幡織(63)，數百人被甲乘城(64)。又出百餘騎往來馳城下，步兵百餘人夾門魚鱗陳(65)，講習用兵(66)。城上人更招漢軍曰：「鬭來(67)！」百餘騎馳赴營(68)，營皆張弩持滿指之[69]，騎引卻[70]。頗遣吏士射城門騎、步兵，騎、步兵皆入[71]。延壽、湯令軍：「聞鼓音，皆薄城下[72]，四面圍城，各有所守[73]，穿塹[74]，塞門戶[75]，鹵楯為前[76]，戟弩為後[77]，仰射城樓上人。」樓上人下走；土城外有重木城[78]，從木城中射，頗殺傷外人。外人發薪燒木城，夜，數百騎欲出，外迎射[79]，殺之。

初，單于聞漢兵至，欲去；疑康居怨己，為漢內應，又聞烏孫諸國兵皆發，自以無所之[80]。郅支已出[81]，復還，曰：「不如堅守。漢兵遠來，不能久攻。」單于乃被甲在樓上，諸閼氏、夫人數十皆以弓射外人。外人射中單于鼻，諸夫人頗死，單于乃下。夜過半，木城穿[82]；中人[83]卻入土城[84]，乘城呼[85]。時康居兵萬餘騎，分為十餘處，四面環城[86]，亦與相應和。夜，數奔營[87]，不利，輒卻[88]。平明[89]，四面火起，吏士喜，大呼乘之[90]，鉦[91]、鼓聲動地。康居兵引卻[92]；漢兵四面推鹵楯[93]，並入土城中[94]。單于男女百餘人走入大內[95]。漢兵縱火，吏士爭入，單于被創死。軍候假丞杜勳[96]斬單于首。得漢使節二[97]及谷吉等所齎帛書[98]；諸鹵獲以畀[99]得者。凡斬閼氏、太子、名王以下千五百一十八級，生虜百四十五人，降虜千餘人，賦予[100]城郭諸國所發十五王[101]。

【章　旨】以上為第六段，詳載漢元帝建昭三年（西元前三六年）西域都護剿滅郅支單于的戰鬥過程。此戰消除了西域邊患，大長日漸衰落的大漢國威，意義十分重大。此役功臣首推西域都護副校尉陳湯，他審時度勢，抓住西域各國怨怒郅支單于的時機，矯詔一戰功成。西域都護甘延壽雖然是因人成事，但他最後時刻支持了陳湯，建立功名，也是應當的。

【注　釋】❶甲辰　六月十九日。❷戊辰　七月十四日。❸衛尉　官名，漢九卿之一，掌護衛皇宮之責。❹使　使者。甘延壽、陳湯本是出使西域之使，故先說使者，後說他們的官職姓名。❺甘延壽　（？—西元前二五年）字君況，北地郁郅（今甘肅慶陽）人。漢元帝時為西域都護，與副校尉陳湯共擊殺北匈奴郅支單于，封義成侯。傳見《漢書》卷七十。❻陳湯　字子公，山陽郡瑕丘（今山東兗州東北）人，為西域副校尉，是擊殺郅支單于的主將，爵關內侯。與甘延壽同傳。❼乘勝驕　郅支單于先後斬閏振單于，破呼韓邪單于，殺伊利目單于，西遷康居郅支城後，又屢破烏孫兵，因屢勝而驕傲自大起來。❽支解　斷人四肢的酷刑。❾都賴水　即今塔拉斯河。❿闔蘇　一名「奄蔡」，古西域國名。在今中亞鹹海之北。⓫歲遺　每歲按定額進貢。⓬求谷吉等死　索求谷吉等人的遺體。死，屍體。漢使谷吉被郅支單于殺害，見本書卷二十八元帝初元五年。⓭因都護上書　郅支單于通過西域都護上書漢廷。⓮居困戹三句　郅支單于故意這麼說，調戲漢朝。⓯驕嫚如此　驕橫傲慢到了如此地步。⓰沈勇　沉著勇敢。⓱大慮　深謀遠慮。⓲奇功　非常之功。⓳屬　臣服。漢武帝已敗匈奴，通西域，但郅支未滅之前，西域城邦小國仍臣服匈奴。⓴欲降服之　欲使烏孫、大宛二國臣服。㉑城郭諸國　指臣服漢朝的西域諸城邦小國。㉒剽悍　勇猛強悍。㉓久畜　長久地容忍、姑息。畜，養。㉔金城　固若金湯的城池。㉕發屯田吏士　徵調在車師屯田的部隊。㉖毆從　驅使附屬國的軍隊。此指率領烏孫之兵作為隨從去進攻郅支單于。毆，同「驅」。㉗直指　長驅直入。㉘城下　指郅支單于城下。㉙亡則無所之　郅支單于敗亡則沒有地方可逃。㉚國家　指漢元帝。㉛大策非凡所見　這種遠大的策略，不是凡庸之人所能洞察的。㉜猶與　即猶豫。㉝車師　漢西域三十六城邦小國之一，在今新疆吐魯番境內，分為前後兩部。㉞戊己校尉　武官名，車師屯田軍士的長官，治所在車師前王庭。秩二千石。詳本書卷二十八元帝初元元年「戊己校尉」條注。㉟叱　斥責。㊱豎子　小子。㊲沮眾　破壞大眾的士氣。㊳部勒行陳　操練、部署隊伍。陳，通「陣」。㊴自劾　自我彈劾。㊵引軍分行　領兵分路出擊。㊶別為六校　將全軍分屬六校尉統領。據《漢書·陳湯傳》載，新設置陽威、合騎、白虎三校尉，加上原有西域副校尉、戊己兩校尉，總計為六校尉。㊷從南道踰葱領　從西域南道（塔里木盆地南沿于闐、莎車、疏勒道）西端的疏勒（今新疆喀什）出發，越過葱嶺，經大宛直指郅支城。㊸都護自將　都護甘延壽親自帶領主力軍。㊹從北道入赤谷　從西域北道（塔里木盆地北沿龜茲、姑墨、溫宿道）的溫宿（今新疆烏什）出發，進入烏孫赤谷（今吉爾吉斯伊什提克城）。㊺闐池　今吉爾吉斯伊塞克湖。㊻抱闐　康居副王之名。㊼大昆彌　烏孫大國王。㊽從後與漢軍相及　康居兵尾隨漢軍，兩軍相遇。㊾頗寇盜後重　奪取了漢軍後勤部隊所運送的大批輜重。㊿縱　大肆出擊。(51)閒呼　暗中招呼。(52)諭以威信　諭之以威，曉之以信。(53)具色　康居貴人之名。(54)棄大國　指郅支放棄祖居的蒙古高原。大國，指統一前的匈奴大國。(55)讓　責備。(56)名王　位高名重的王爵。(57)大人　重臣。(58)受事者　受教命而辦事的人。(59)忽　忽略；輕視。(60)食度且盡　糧食估量也快食盡。陳湯故意如此說，以促郅支固守，便於漢軍圍城。(61)審計策　慎重決策。(62)傅陳　布陣。傅，通「敷」。(63)五采幡幟　五色旗幟。(64)乘城　登上城頭。(65)夾門魚鱗陳　在城門兩邊布成魚鱗陣。魚鱗陣，步兵錯列相次站位的一種陣形。(66)講習用兵　進行戰鬥演習。(67)鬭來　郅支兵的叫戰聲。(68)百餘騎馳赴營　一百多名郅支騎兵向漢營奔襲而來。(69)張弩持滿指之　漢軍士兵拉滿硬弓，一齊瞄準奔襲而來的郅支騎兵。(70)引卻　撤退。(71)入　退入城內。(72)薄城下　逼進城下。(73)各有所守　攻城部隊各有分配的職守。(74)穿塹　越過壕溝。塹，指護城河。(75)塞門戶　堵塞城門及城上的射擊孔。(76)鹵楯為前　持盾戰士居前列。鹵，通「櫓」。大楯。(77)戟弩為後　負戈持弓的戰士緊跟其後。(78)土城外有重木城　正式的土築城牆之外，加置了兩層木頭城牆。(79)外迎射　城外的漢兵迎頭射殺突圍的匈奴兵。(80)無所之　無處投奔。(81)郅支已出　漢軍合圍之前，郅支一度已逃出單于城。(82)穿　攻破。(83)中人　指木城中的匈奴人。(84)卻入土城　退入土城。(85)乘城呼　登上城頭吶喊。(86)四面環城　康居兵四面環繞包圍，企圖與城中匈奴人裡應外合，夾擊漢軍。(87)數奔營　康居兵多次奔擊漢軍營地。(88)輒卻　康居兵稍稍後退。輒，就。(89)平明　黎明。(90)大呼乘之　漢兵抓住時機，隨著高聲呼喊的殺敵聲踴躍登城。(91)鉦　即鐃鈴，用以節制鼓聲。鉦、鼓聲均為進攻之號令。(92)引卻　後退。(93)鹵楯　此指持楯的前排士兵。(94)並入土城中　環城四面均被攻破，漢兵湧入城中。(95)大內　單于所居內宮。(96)軍候假丞杜勳　杜勳本為軍候官，兼代理校尉丞，為陳湯之副手，是第一線總指揮。軍候，掌偵察。假，代理；兼職。丞，副職。(97)使節二　中國使臣所持皇帝的符節兩件。(98)帛書　使節所帶的書於縑帛上的國書。(99)畀　給予。此句是說將各人所獲，賜與本人。(100)賦予　即賜予。(101)所發十五王　將所擄獲的人與物分賜給參加共擊郅支的十五國的國王。

【校　記】[1]匈奴　原無此二字。據章鈺校，乙十一行本、孔天胤本皆有此二字，今從補。[2]略　據章鈺校，乙十一行本、孔天胤本皆作「謀」。③以　據章鈺校，乙十一行本、孔天胤本皆作「亦以」，傅增湘校北宋本同。④具色　據章鈺校，乙十一行本作「貝色」，張瑛《通鑑校勘記》同。下同。

【語　譯】三年（乙酉　西元前三六年）

夏，六月十九日甲辰，扶陽共侯韋玄成去世。

秋，七月，匡衡任丞相。十四日戊辰，衛尉李延壽任御史大夫。

冬，使者西域都護．騎都尉北地人甘延壽、副校尉山陽人陳湯共同在康居誅殺了匈奴郅支單于。

當初，郅支單于自認為是大國，威名受到鄰國尊重，又乘勝驕傲，對康居王無禮，因為生氣殺死了康居王的女兒以及貴族大臣、平民幾百人，有的分解屍體投到都賴水中。又徵發平民築城，每天役使五百名苦工，歷時兩年才作罷。又派使臣苛責闔蘇王國、大宛王國等國每年進貢，各國不敢不給。漢朝先後派出了三批使臣到康居，索要谷吉等人的遺體，郅支單于困辱漢使，不肯接受漢朝的詔令；還通過西域都護上書漢朝，說「匈奴居處困難，願意歸附強大的漢朝聽候差遣，並派遣兒子到漢朝侍奉天子。」態度傲慢到了這種地步。

陳湯為人沉著勇敢，有深遠的思慮，多計謀，喜建非常之功，他與甘延壽商量說：「夷狄敬畏歸服強大的種姓，是他們的天性。西域各國，本來都臣屬匈奴，如今郅支單于威名遠播，侵略烏孫、大宛，經常給康居出謀劃策，想吞併烏孫和大宛。一旦把這兩國征服，只要幾年時間，西域城邦各國就都危險了。並且郅支單于強悍，喜好征戰，多次取得勝利，讓他長久地活下去，一定成為西域的禍害。郅支單于雖然距離漢朝遙遠，但這些蠻夷沒有牢固的城堡和堅利的弓箭，無法固守。我們如果調派在車師屯田的官兵，驅使烏孫的官兵隨從，長驅直入郅支單于城下，他們要逃沒有地方可逃，要守又守不住，這種千載難逢的功業，可以在一天早上完成啊！」甘延壽贊同他的意見，打算奏請元帝。陳湯說：「皇上與公卿一起商議，這樣重大的計策，不是平庸之輩所能洞見的，此事一定不會得到允許。」甘延壽猶豫，不聽從。恰好甘延壽久病，陳湯就獨自假傳聖旨，調派西域各城邦小國的士兵，以及在車師國由戊己校尉率領的屯田士兵。甘延壽聽到這消息，大驚而起，想要阻止。陳湯發怒，手按劍柄，呵斥甘延壽說：「大軍已經集合，你小子想破壞大軍的士氣嗎！」甘延壽於是順從了陳湯。指揮部署漢兵、胡兵共四萬多人。甘延壽、陳湯上奏自我彈劾假傳聖旨之罪，並陳述軍事部署狀況。當天就率大軍出發，共分屬六個校尉：其中三校尉從南道越過葱嶺，穿過大宛；另三路校尉由都護甘延壽親自率領，從溫宿國出發，經過北道進入烏孫國首都赤谷城，穿過烏孫國，進入康居國的邊界，到達闐池的西岸。而此時，康居國的副王抱闐，也率領數千名騎兵，在赤谷城東邊，攻擊烏孫國大昆彌，屠殺和俘虜千餘人，又擄掠了烏孫很多的馬牛羊等牲畜，隨後尾追漢軍，兩軍相遇，奪取了漢軍後面的大批輜重。陳湯指揮西域兵大肆出擊，殺敵四百六十人，奪回被他們劫走的烏孫人四百七十人，還給大昆彌，繳獲的馬牛羊用做漢軍的補給。還俘虜了抱闐手下貴族伊奴毒。漢軍進入康居東境，禁令漢軍不得燒殺搶掠。暗中招呼康居國的貴族屠墨相見，曉諭漢朝的威力與誠信，與屠墨喝酒盟誓，然後送他回去。漢軍長驅直進，在離郅支單于城約六十里的地方紮下營寨。這時，漢軍又活捉了康居另一位貴人具色的兒子開牟，讓他做嚮導。具色的兒子，就是屠墨母親的弟弟，他們都怨恨郅支單于，漢軍由此得知郅支單于內部的詳細情況。第二天，漢軍繼續前進，在離郅支單于城三十里的地方紮下營寨。

郅支單于派使者來詢問：「漢兵為什麼到這裡來？」漢軍回答說：「郅支單于上書給漢天子說：『處境艱苦，願意歸附強大的漢朝聽候差遣，親自到長安朝見天子。』漢天子很同情郅支單于，他丟棄那麼大的國家，委服於康居國，因此派西域都護率軍前來迎接郅支單于和他的妻小。擔心驚動單于左右，所以沒敢直接到達城下。」雙方使節交涉了好幾次，甘延壽、陳湯責備郅支單于的使節說：「我們為了郅支單于，不遠萬里而來，但至今沒有一位有名望的王爵、大臣來晉見將軍，受命辦事。郅支單于多麼忽視大計，不懂得主人待客的禮節啊！漢軍從遙遠之地到來，人馬疲乏極了，糧草也快用完，恐怕是回不去了，希願郅支單于與大臣們商量一個辦法！」

第二天，漢軍前進到郅支城都賴水上，離城三里遠，安營布陣。漢軍望見單于城上樹立五彩旗幟，有幾百名士兵披甲登城。郅支單于又派出一百多名騎兵在城下往來奔跑，步兵一百多人在城門兩邊排成魚鱗陣勢，正在做戰鬥演習。城上守軍輪番向漢軍挑戰說：「來攻城啊！」這時，一百多名匈奴騎兵直奔漢營，漢營戰士都張滿弓弩指向他們，匈奴騎兵只好退回。漢軍出動大批吏士射殺在城門的騎兵和步兵，騎兵、步兵都退入城內。甘延壽、陳湯命令部隊：「聽到鼓聲時，都要直奔城下，四面包圍單于城，各部記住所分配的位置，挖掘壕溝，堵塞門戶，盾牌在前，戈矛和弓弩手在後，弓弩手朝上射擊城樓上的敵人。」城樓上的敵人向下逃走；土城之外，還有兩層堅固的木牆，匈奴兵由木牆內向外射箭，殺傷了外面很多漢兵。木牆外的漢兵搬來木柴焚燒木牆，到夜晚，有幾百名匈奴騎兵想突圍，城外漢兵迎面射擊，消滅了他們。

當初，郅支單于聽說漢兵到達，想逃走；因為疑心康居王怨恨自己，替漢兵做內應，又聽說烏孫等西域各國的軍隊都出發支援漢兵，自料無處可去。郅支單于已經逃出單于城，卻又返回，說：「不如堅守。漢兵從遠方而來，不可能持久攻城。」郅支單于於是披著戰甲站在城樓，他的妻、妾數十人全都用弓箭射擊城外的漢兵。漢兵一箭射中郅支單于的鼻子，夫人也死了不少，郅支單于只好跑下城樓。過了半夜，木牆全被燒毀；在木牆內的守兵都退入土城，登上城牆呼叫。此時，康居國救援郅支單于的軍隊一萬多人，分為十多支，從四面環繞單于城，與城內匈奴單于兵相互呼應。到了夜晚，康居兵多次攻擊漢軍營，戰鬥不利，又都退了回去。天剛亮時，單于城四面大火燃起，漢軍官兵大喜，大喊殺敵，趁勢進攻，鉦鼓之聲震天動地。康居兵退走。四面攻城的漢兵跟在持盾士兵的後面，湧入攻破的土城中。郅支單于率領男女百餘人退入宮城。漢兵放火，官兵爭先衝入，郅支單于受了重傷死亡。擔任軍候兼任都護丞的杜勳，砍下單于的人頭。漢兵在單于王宮找到了漢使所持的兩個符節以及谷吉等帶來的書信，其他所有的擄獲均給予擄獲者。共計斬殺閼氏、太子、名王以下一千五百一十八人首級，活捉一百四十五人，投降的有一千多人，都分給西域十五個發兵參戰的城邦國王。

四年（ㄙˋ ㄋㄧㄢˊ）（丙戌　西元前三五年）

春，正月，郅支首至京師。延壽、湯上疏曰：「臣聞天下之大義當混為一❶，昔有唐、虞❷，今有彊漢。匈奴呼韓邪單于已稱北藩❸，唯郅支單于叛逆，未伏其辜❹，大夏❺之西，以為彊漢不能臣也。郅支單于慘毒行於民，大惡通於天；臣延壽、臣湯將義兵，行天誅❻，賴陛下神靈，陰陽並應❼，天氣精明，陷陳克敵❽，斬郅支首及名王以下，宜縣頭槀街❾蠻夷邸❿間，以示萬里，明犯彊漢者，雖遠必誅！」丞相匡衡等以為：「方春掩骼、埋胔⓫之時，宜勿縣。」詔縣十日，乃埋之，仍告祠郊廟⓬，赦天下。羣臣上壽，置酒⓭。

六月甲申，中山哀王竟⓮薨。哀王者，帝之少弟，與太子⓯游學⓰相長大。及薨，太子前弔⓱。上望見太子，感念哀王，悲不能自止。太子既至前，不哀。上大恨曰：「安有人不慈仁，而可以奉宗廟⓲，為民父母者乎！」是時駙馬都尉⓳、侍中史丹⓴護㉑太子家，上以責謂丹，丹免冠謝曰：「臣誠見陛下哀痛中山王，至以感損㉒。向者㉓太子當進見，臣竊戒屬，毋涕泣，感傷陛下㉔。罪乃在臣，當死！」上以為然，意乃解㉕。

五年（丁亥　西元前三四年）

藍田㉖地震，山崩，壅霸水㉗。安陵岸崩，壅涇水㉘，涇水逆流。

春，三月，赦天下。

夏，六月庚申㉙，復戾園㉚。○壬申晦㉛，日有食之。

秋，七月庚子㉜，復㉝太上皇寢廟園、原廟㉞、昭靈后、武哀王、昭哀后、衛思后園。時上寢疾，久不平，以為祖宗譴怒，故盡復之，唯郡國廟遂廢云。

是歲，徙濟陽王康㉟為山陽王。

匈奴呼韓邪單于聞郅支既誅，且喜且懼㊱，上書，願入朝見。

【章旨】以上為第七段，寫漢元帝平庸，於國家大政無所建樹，建昭四年（西元前三五年）、五年竟無事可述。西域都護誅滅郅支，何等大事，元帝君臣也祭告天地宗廟，設宴彈冠相慶，卻把功臣將士冷落一旁。呼韓邪單于來朝，才又引發一番爭論，年曆已跨入竟寧元年。

【注釋】❶混為一　全國應該統一。❷唐虞　即傳說中的古代聖王唐堯和虞舜。❸北藩　北邊的屏藩。❹未伏其辜　沒有伏罪。❺大夏　葱嶺外之西域國名，在今阿富汗北部。❻行天誅　替天征討。❼陰陽並應　陰陽應和。❽陷陳克敵　攻陷敵人營壘，戰勝敵人。❾槀街　長安城內街名，四方蠻夷來京者聚集於此。❿蠻夷邸　四方蠻夷駐長安代表的官邸。⓫掩骼埋胔　《禮記・月令》載：「孟春，掩骼，埋胔。」說的是開春以後，萬物復蘇，生氣上升，要掩埋好無主屍體。骼，枯骨。胔，腐肉。⓬告祠郊廟　告祭上天及宗廟。郊，郊祀，祭天。廟，廟祀，祭祖宗。⓭羣臣上壽二句　百官向皇帝祝賀，擺設酒宴。⓮中山哀王竟　中山王劉竟，漢宣帝少子，戎婕妤所生，死後諡為哀王。傳見《漢書》卷八十。⓯太子　漢元帝太子，即成帝劉驁。⓰游學　宴遊學習。⓱太子前弔　劉驁到中山王劉竟靈前弔喪。⓲奉宗廟　主持宗廟祭祀。指儲君將繼位為皇帝。⓳駙馬都尉　加官名號，皇帝出行時掌副車。⓴史丹　字君仲，魯國（今山東曲阜）人，大將軍史高之子。歷任右、左將軍，光祿大夫，護立太子及援立成帝有功。傳見《漢書》卷八十二。㉑護　監護。㉒感損　哀傷過度導致神氣耗損。㉓向

者 先前；剛才。㉔感傷陛下 讓陛下傷感。㉕意乃解 心情才平靜下來。指息怒。㉖藍田 縣名，縣治在今陝西藍田西。㉗壅霸水 阻塞了霸水。霸水，在長安東，渭水支流。㉘涇水 即今陝西境內的涇河，在咸陽東流入渭水。㉙庚申 六月十七日。㉚復戾園 恢復戾太子墓園。戾園於永光四年（西元前四〇年）罷，現又恢復。戾園在湖縣閿鄉邪里聚，即今河南靈寶西臨近陝西之地，舊有閿鄉縣。戾太子係漢元帝曾祖。㉛壬申晦 六月二十九日。㉜庚子 七月二十八日。㉝復 漢元帝永光五年十二月，採納韋玄成建言，毀親盡的祖上皇陵，至是恢復。㉞原廟 正廟以外別立之廟。此指漢惠帝劉盈在渭水北所建第二座宗廟。㉟濟陽王康 哀帝之父，傅昭儀子。初封濟陽王，徙為山陽王，後又徙為定陶王。《漢書》卷八十有傳。㊱且喜且懼 南匈奴呼韓邪單于，聽到郅支單于被殺，一則以去掉強敵而喜，一則以匈奴勢孤而懼。

【語譯】四年（丙戌 西元前三五年）

春天，正月，郅支單于首級送到首都長安。甘延壽、陳湯上奏說：「臣聽說，天下的大義，就是應當四海統一，從前有唐堯、虞舜，現在有強大的漢朝。匈奴呼韓邪單于已為北藩，只有郅支單于叛逆，沒有伏罪，他在大夏國的西邊，自以為強大的漢朝不能使他臣服。郅支單于對民眾暴虐狠毒，大惡通天；臣甘延壽、陳湯率仁義之師，替天征討，幸賴陛下威靈，陰陽配合，天道神明，因此克敵陷陣，斬殺郅支單于首級以及名王以下，應當把他們的首級懸掛在長安城內槀街蠻夷客館之間，用來昭示萬里之外的蠻夷，讓他們明確知道，膽敢冒犯強大的漢朝，距離再遠，也一定遭誅殺！」丞相匡衡等人認為：「現在正是春天掩埋屍骨的時候，不應懸掛人頭。」皇上下詔懸掛示眾十日，然後埋葬，依例祭告天地宗廟，赦免天下。群臣向元帝祝賀，擺設酒宴。

六月初五日甲申，中山哀王劉竟去世。哀王是皇上最小的弟弟，和皇太子劉驁一起遊玩、讀書，一同長大。哀王逝世，太子前往弔喪。元帝看見太子，想起小弟的去世，悲哀不能自已。太子到達喪柩前，不哀傷。元帝大為惱恨，說：「哪有一個人不仁慈，而能奉祀宗廟，做人民的父母呢！」這時，駙馬都尉、侍中史丹，兼職監護太子家，皇上就此事責備史丹，史丹摘下官帽請罪說：「臣確實看見陛下哀痛中山王，內心傷痛導致神氣損耗。剛才，太子要來進見皇上，臣特地告誡太子，不要流淚悲泣，引起陛下傷感。罪責在臣，臣該死！」元帝信以為真，怒氣才消解。

藍田縣發生地震，山體崩塌，阻塞霸水。景帝墳安陵邊的涇水河岸崩塌，阻塞涇水，使涇水倒流。

五年（丁亥　西元前三四年）

春，三月，赦免天下。

夏，六月十七日庚申，恢復戾園。○最後一天二十九日壬申，發生日蝕。

秋，七月二十八日庚子，恢復太上皇陵寢廟園、原廟、昭靈后、武哀王、昭哀后、衛思后陵園。當時，元帝正患病臥床，久治不癒，認為是祖宗在怪罪他，因而都恢復起來，只有在郡國內的那些園廟一直廢棄。

這一年，改封濟陽王劉康為山陽王。

匈奴呼韓邪單于得知郅支單于已經被殺，又高興，又害怕，上書漢朝，請求入京朝見。

竟寧❶元年（戊子　西元前三三年）

春，正月，匈奴呼韓邪單于來朝，自言願壻漢氏以自親❷。帝以後宮良家子❸王嬙❹字昭君賜單于。單于驩喜，上書「願保塞上谷以西至敦煌❺，傳之無窮。請罷邊備塞吏卒，以休天子人民。」天子下有司議，議者皆以為便。郎中侯應習邊事❻，以為不可許。上問狀，應曰：「周、秦以來，匈奴暴桀，寇侵邊境，漢興，尤被其害。臣聞北邊塞至遼東❼，外有陰山❽，東西千餘里，草木茂盛，多禽獸，本冒頓單于❾依阻其中，治作弓矢，來出為寇，是其苑囿也。至孝武世，出師征伐，斥⑩奪此地，攘之於幕北⑪，建塞徼，起亭隧⑫，築外城，設屯戍⑬以守之，然後邊境用得少安⑭。幕北地平，少草木，多大沙，匈奴來寇，少所蔽隱；從塞以南，徑深山谷⑮，往來差難⑯。邊長老⑰言：『匈奴失陰山之後，過之未嘗不哭也。』如罷備塞吏[1]卒⑱，示夷狄之大利，不可一也。今聖德廣被，天覆匈奴，匈奴得蒙全活之恩，稽首來臣⑲。夫夷狄之情，困則卑順，彊則驕逆，天性然也。前已罷外城⑳，省亭隧㉑[2]，纔[3]足以候望㉒，通烽火而已。古者安不忘危，不可復罷，二也。中國有禮義之教，刑罰之誅，愚民猶尚犯禁㉓；又況單于，能必其眾不犯約哉！三也。自中國尚建關梁㉔以制諸侯，所以絕臣下之覬欲㉕也。設塞徼㉖，置屯戍，非獨為匈奴而已，亦為諸屬國降民，本故匈奴之人，恐其思舊逃亡，四也。近西羌㉗保塞，與漢人交通，吏民貪利，侵盜其畜產、妻子，以此怨恨，起而背畔。今罷乘塞㉘，則生嫚易分爭之漸㉙，五也。往者從軍多沒不還㉚者，子孫貧困，一旦亡出，從其親戚㉛，六也。又邊人奴婢愁苦，欲亡者多，曰：『聞匈奴中樂㉜，無柰候望急何㉝！』然時有亡出塞者，七也。盜賊桀黠㉞，羣輩犯法，如其窘急㉟，亡走北出㊱，則不可制，八也。起塞以來百有餘年㊲，非皆以土垣㊳也，或因山巖、石、木、谿谷、水門㊴，稍稍平之，卒徒築治㊵，功費久遠[41]，不可勝計[42]。臣恐議者不深慮[43]其終始[44]，欲以壹切省繇戍[45]，十年之外，百歲之內，卒有他變[46]，障塞破壞，亭隧滅絕，當更發屯繕治[47]，累歲〔4〕之功不可卒復[48]，九也。如罷戍卒，省候望，單于自以保塞守御，必深德漢[49]，請求無已[50]；小失其意，則不可測[51]。開夷狄之隙，虧中國之固[52]，十也。非所以永持至安[53]，威制百蠻[54]之長策也！」對奏，天子有詔：「勿議罷邊塞事。」使車騎將軍嘉[55]口諭單于曰：「單于上書願罷北塞吏士屯戍，子孫世世保塞。單于鄉慕禮義[56]，所以為民計者甚厚，此長久之策也。朕甚嘉之！中國四方皆有關梁障塞，非獨以備塞外也，亦以防中國姦邪放縱[57]，出為寇害[58]，故明法度以專[59]眾心也。敬諭[60]單于之意，朕無疑焉。為單于怪其不罷[61]，故使嘉曉[62]單于。」單于謝曰：「愚不知大計，天子幸使大臣告語，甚厚！」

初，左伊秩訾為呼韓邪畫計歸漢，竟以安定。其後或讒伊秩訾自伐其功[63]，常鞅鞅[64]，呼韓邪疑之；伊秩訾懼誅，將其眾千餘人降漢。漢以為關內侯，食邑三百戶，令佩其王印綬[65]。及呼韓邪來朝，與伊秩訾相見，謝曰：「王為我計甚厚，今匈奴至今安寧，王之力也，德豈可忘！我失王意[66]，使王去，不復顧留，皆我過也。今欲白天子，請王歸庭[67]。」伊秩訾曰：「單于賴天命，自歸於漢，得以安寧，單于神靈，天子之祐也，我安得力！既已降漢，又復歸匈奴，是兩心也。願為單于侍使於漢68，不敢聽命！」單于固請69，不能得而歸。

單于號王昭君為寧胡閼氏70，生一男伊屠智牙師，為右日逐王71。

【章　旨】以上為第八段，寫呼韓邪單于入朝，請求和親，願為漢家守邊。這是郅支單于被消滅，在匈奴社會引起的震盪。漢元帝改元竟寧以示和平，派宮女王昭君和蕃，在中國文學史上，閃射出許多燦爛。郎中侯應駁斥撤邊防守備的錯誤建議，列舉十要說明邊防守備為國家大政，透徹至明，連糊塗的漢元帝也折服了。

【注　釋】❶竟寧　匈奴既服，改年號為竟寧，表示永遠安寧。竟，終也，引申為永遠。又竟，通「境」。言竟寧者，表示境土安寧。以本字釋義為長。❷壻漢氏以自親　希望成為漢室的女婿以便親近漢室。❸良家子　清白人家的子女。❹王嬙　字昭君，南郡秭歸（今湖北秭歸）人。晉時因避司馬昭諱，改稱明君或明妃。昭君嫁呼韓邪單于，號寧胡閼氏，後又從匈奴俗為後嗣單于閼氏。昭君出塞，對漢和匈奴的友好關係，起了促進作用。❺願保塞上谷以西至敦煌　願為漢朝守衛邊防，守護東起上谷、西至敦煌的邊境。上谷，郡名，治所沮陽，在今河北懷來東南。敦煌，郡名，治所敦煌，在今甘肅敦煌。❻習邊事　熟悉邊防事務。❼遼東　郡名，治所襄平，在今遼寧遼陽。❽陰山　在河套北，為歷代中國北疆之天然要塞。❾冒頓單于　西漢初統一匈奴各部的著名單于，西元前二〇九至前一七四年在位。❿斥　開拓。⓫攘之於幕北　驅逐匈奴至大漠之北。幕，通「漠」。沙漠。⓬建塞徼二句　建立哨卡、小路，設置亭障、烽燧。隧，通「燧」。烽火臺。又，《漢書》顏師古注：「隧，謂深開山道而行，避敵抄寇也。音遂。」⓭設屯戍　設置軍屯戍所。⓮邊境用得少安　由於有邊防，邊境才稍為安定。用，因而。⓯徑深山谷　谷中山路幽深曲折。徑，小道；山徑。⓰往來差難　往來十分艱難。差，很。⓱邊長老　邊塞老人。⓲罷備塞吏卒　裁撤防守邊地的官兵。⓳稽首來臣　磕頭稱臣。⓴前已罷外城　宣帝地節二年（西元前六八年），漢邊無事，曾拆除塞外前沿諸城障，如光祿塞、受降城、遮虜障等。㉑省亭隧　減少邊塞哨所亭障及烽燧。㉒候望　瞭望。㉓犯禁　指犯法。㉔關梁　關卡。設於陸路要衝之地稱關，水濱渡口之處稱梁。㉕覬欲　即覬覦，指抱有非分之想，有野心。㉖塞徼　邊地的亭障哨卡。㉗西羌　指居於漢西部邊塞之外，即今青海高原上的羌族人。㉘罷乘塞　拆除邊防守備。乘塞，本指登亭塞守衛。㉙生嫚易分爭之漸　邊塞將逐漸產生邊民之間的欺侮紛爭。嫚易，欺侮。㉚多沒不還　大多死亡不得生還。㉛一旦亡出二句　指過去流落匈奴的士兵子孫有可能要求出境探訪親屬。㉜聞匈奴中樂　聽說匈奴那邊生活很好。㉝無柰候望急何　邊境守護很嚴怎麼辦。意謂如果撤除守備，那麼面臨大批奴婢越境外逃時，必將束手無策。㉞桀黠　兇暴狡猾。㉟窘急　困迫至極，走投無路。㊱亡走北出　向北逃越邊境。㊲起塞以來百有餘年　自從漢武帝元光二年（西元前一三三年）設謀馬邑以來，築亭塞防禦北方，已歷百年。㊳土垣　土築的牆垣。㊴或因山巖句　有的是利用懸崖絕壁、大石、巨木、深溝險谷、水峽渡口等自然險阻構成障塞。㊵卒徒築治　役卒罪徒來修建治理。㊶久遠　經年累月。㊷不可勝計　無法統計。㊸深慮　長遠考慮。㊹終始　前因後果。㊺壹切省繇戍　為減輕戍邊的負擔而一律撤除邊防。壹切，如刀切物，整齊劃一。㊻卒有他變　突然發生變故。卒，通「猝」。㊼發屯繕治　徵發夫役屯邊，修邊塞。㊽累歲之功不可卒復　成百年積累下來的工程，不可能一下子修復。㊾必深德漢　單于定會認為對漢朝有大的恩德。㊿請求無已　要求回報沒有止境。指匈奴以戍邊功向漢家求索沒完沒了。(51)不可測　難以預測。(52)開夷狄之隙二句　引起外族（指匈奴）對中國嫌隙，毀壞中國的防衛。隙，嫌隙。(53)永持至安　永久地保持和平、安定。(54)威制百蠻　以威武控制周邊蠻族。(55)嘉　指外戚重臣許嘉。(56)鄉慕禮義　嚮往中國的禮義。(57)姦邪放縱　奸民巧詐之徒無法無天。(58)出為寇害　越境為非作歹。(59)專　統一。(60)敬諭　知曉。(61)怪其不罷　責怪漢朝不撤除邊防。(62)曉　告訴。(63)自伐其功　自己誇功。(64)鞅鞅　怨恨的樣子。(65)令佩其王印綬　讓歸漢的伊秩訾保留匈奴王號，佩王印。(66)我失王意　我使大王失望，即我對不起大王。(67)歸庭　回歸匈奴單于庭。(68)願為單于侍使於漢　情願作為匈奴單于使臣留在漢朝。(69)固請　堅決請求。(70)寧胡閼氏　王昭君的封號，意為匈奴得昭君而國安寧。(71)日逐王　匈奴王號，有左右之分。

【校記】[1]吏　據章鈺校，乙十一行本作「戍」，傅增湘校北宋本同。[2]隧　據章鈺校，乙十一行本、孔天胤本此下皆有「令」字，張敦仁《通鑑刊本識誤》同。[3]纔　據章鈺校，乙十一行本、孔天胤本皆作「裁」。[4]歲　據章鈺校，乙十一行本、孔天胤本皆作「世」。

【語譯】竟寧元年（戊子　西元前三三年）

春，正月，匈奴呼韓邪單于來長安朝見漢天子，自己說願作漢朝女婿，親近大漢。皇上把後宮良家女子王嬙，字昭君，賞賜給了呼韓邪單于。呼韓邪單于非常高興，上書說「願意替漢朝防守邊塞，從上谷郡以西直到敦煌，一代接一代守下去。請求撤銷邊境的士兵，讓天下的人民得以休養生息。」元帝把呼韓邪的建議下達有關部門討論，參加討論的人都認為很好。郎中侯應熟悉邊塞事務，認為不能答應。元帝問他原因，侯應說：「周、秦以來，匈奴桀驁不馴，侵犯邊境，漢朝興起，尤其受到匈奴的傷害。臣聽說北方邊境抵達遼東，西到陰山，東西一千多里，草木茂盛，禽獸眾多，原本冒頓單于盤據其中，他們製造弓矢，進出寇掠，是他的苑囿一樣。到了漢武帝時代，出師征伐，開拓領土，奪取了這片地方，把匈奴趕到沙漠以北，修建防守的哨卡、小路，設置亭障、烽燧，又建築塞外邊城，設立屯戍來防守，這樣以後邊境因而能稍稍安定。沙漠以北，土地平坦，草木稀少，很多大沙丘，匈奴若來侵擾，少有隱蔽之地；邊塞之南，山高谷深，往來十分不便。邊塞上的老年人說：『匈奴失去陰山之後，經過那裡，沒有不傷心流淚的。』我們如果撤走邊塞的守兵，向夷狄出示了很大的好處，這是不可的理由之一。如今皇恩聖德廣被天下，像上天一樣庇護著匈奴，匈奴得到保全性命的恩惠，前來俯首稱臣。夷狄的性情，窮困時謙卑恭順，強大時驕橫叛逆，天性如此。此前，我們已撤除塞外諸城，裁減了一些亭燧，留下的勉強能夠擔任瞭望、烽火相連而已。從古以來的人，都知道居安思危，我們對於邊塞的守備，再也不能撤除，這是理由之二。中國有禮義教化，有刑法誅殺，但是愚民還要犯禁；更何況是匈奴單于，他能約束部民一定不冒犯禁約嗎！這是理由之三。在中國本土，我們還要修築水陸關卡，以控制封國王侯，用以斷絕臣屬的非分之想。設立要塞城堡，置軍屯戍，不僅僅是為了防備匈奴，也是為了那些屬國的降民，他們原是匈奴人，恐怕他們會因思念故舊而逃亡，這是理由之四。接近邊塞的西羌部落，與漢人來往做生意，吏民貪利圖財，搶奪盜竊他們的牛羊牲畜，強佔他們的妻子女兒，由此激起他們的怨恨，群起叛變。現在撤除邊防守備，那麼就會逐漸產生欺侮爭奪，這是理由之五。以前從軍的人，許多人都陷沒匈奴，沒有回來，他們的子孫貧苦，一旦逃亡出來，便會投靠親戚，這是理由之六。沿邊各地，奴僕婢女，身世悲苦，想要逃離的人很多，都說：『聽說在匈奴那裡生活得很快樂，無奈邊境守護很嚴！』即使這樣，仍經常有人逃亡出塞，這是理由之七。盜賊兇惡奸詐，成群犯法，如果困迫至急，北逃匈奴，就無法控制，這是理由之八。自設置要塞以來，已經有了一百多年，並不全都是土築邊牆，有的是利用懸崖絕壁、大石樹木、深溝險谷、水峽渡口，稍稍平整，徵發役卒罪徒修築，經年累月，耗費的人力經費，無法計算。臣擔心主張撤除邊塞的人，沒有深思前因後果，就想一刀切地免除徭役，十年之後，百年之內，突然發生變故，要塞破壞，亭燧毀絕，就要重新徵發屯卒修建。可是多年累積下來的邊防工程，不可能一下修復，這是理由之九。如果撤裁戍邊的士卒，省去守望戒備，匈奴單于自認為替漢朝保衛了邊境，對漢朝有大恩大德，就會求索無已；稍微不滿意，後果就難以預測。這一來，開啟了匈奴的嫌隙之心，毀壞了中國的防衛，這是理由之十。裁撤邊塞和守衛士兵，不是保持永久太平、控制外夷的長遠策略啊！」侯應回答元帝的奏章上去後，元帝頒下詔書說：「不要討論撤除邊塞的事。」並派車騎將軍許嘉，口諭呼韓邪單于說：「單于上書，希望漢朝撤除北方邊塞的守衛士卒，子孫世代替漢朝保衛邊境。單于嚮禮慕義，為中國百姓打算的一番好心善意，的確是使國家長治久安的好策略。朕非常感謝！但是中國四面八方邊境，都設有關卡、津樑、亭障、邊塞，並不僅為了防備塞外的侵擾，也是用來防止中國境內的奸邪之徒放縱無法，出塞為害，所以要修明法度，統一民眾之心。朕明白單于的心意，沒有懷疑。恐怕單于責怪中國不撤去邊防，因此派許嘉向你作說明。」呼韓邪單于感謝說：「我愚昧不知漢天子的宏大計畫，有幸派大臣來告訴我，待我這麼優厚！」

當初，左伊秩訾王曾替呼韓邪單于謀劃依附漢朝，匈奴邊境因此而安定。後來，有人讒毀伊秩訾，說伊秩訾自誇有安定國家的大功，沒有封賞，常悶悶不樂，呼韓邪單于對伊秩訾有了疑心；伊秩訾害怕被殺，率領部眾一千多人投降漢朝。漢朝封他為關內侯，封邑三百戶，給予佩戴王爵的印信絲帶。等到呼韓邪單于來京朝見漢天子，與伊秩訾會面，呼韓邪單于道歉說：「大王為我設計的策略，實在很好，使得匈奴直到今天太平安定。這都是大王的功勞。恩德豈能忘記！我使大王失望，讓王離我而去，不再有所留念，這都是我的過失。如今我想向天子稟告，請大王重回單于王庭。」伊秩訾說：「單于有賴天命，自行歸順漢朝，獲得安寧，單于明智，也是漢天子保護，我哪裡有什麼功勞！我既然已經歸降漢朝，如果又回到匈奴，便是有二心。

願意充當單于的使者，留侍在漢朝，不敢聽命返回匈奴！」單于再三請求，終於無法說動伊秩訾，就自己回國了。

單于封號王昭君為寧胡閼氏，生一男孩，取名叫伊屠智牙師，封為右日逐王。

皇太子冠❶。

二月，御史大夫李延壽卒。

初，石顯見馮奉世父子為公卿著名，女又為昭儀❷在內，顯心欲附之，薦言：「昭儀兄謁者逡脩敕❸，宜侍幄帷❹。」天子召見，欲以為侍中。逡請間言事。上聞逡言顯專權，大怒，罷逡歸郎官。及御史大夫缺，在位多舉逡兄大鴻臚野王❺；上使尚書選第中二千石❻，而野王行能第一。上以問顯，顯曰：「九卿無出野王者；然野王，親昭儀兄，臣恐後世必以陛下度越❼眾賢，私後宮親以為三公。」上曰：「善，吾不見是❽！」因謂羣臣曰：「吾用野王為三公，後世必謂我私後宮親屬，以野王為比❾。」三月丙寅❿，詔曰：「剛彊堅固⓫，確然亡欲，大鴻臚野王是也。心辨善辭⓬，可使四方，少府五鹿充宗是也。廉潔節儉，太子少傅張譚是也。其以少傅為御史大夫。」

河南⓭太守九江召信臣⓮為少府。信臣先為南陽太守，後遷河南，治行常第一。視民如子，好為民興利⑮，躬勸耕稼⑯，開通溝瀆⑰，戶口增倍。吏民親愛，號曰「召父」⑱。

癸未⑲[1]，復孝惠皇帝寢廟園⑳、孝文太后、孝昭太后寢園。

初，中書令石顯嘗欲以姊妻甘延壽，延壽不取㉑。及破郅支還，丞相、御史亦惡其矯制，皆不與㉒延壽等。陳湯素貪，所鹵獲財物入塞，多不法㉓。司隸校尉移書道上㉔，繫吏士，按驗㉕之。湯上疏言：「臣與吏士共誅郅支單于，幸得禽滅，萬里振旅㉖，宜有使者迎勞道路㉗。今司隸反逆㉘收繫按驗，是為郅支報讎也！」上立出吏士㉙，令縣、道具[2]酒食以過軍㉚。既至，論功，石顯、匡衡以為：「延壽、湯擅興師矯制，幸得不誅。如復加爵土，則後奉使者爭欲乘危徼幸㉛，生事於蠻夷，為國招難。」帝內嘉延壽、湯功而重違㉜衡、顯之議，久之不決。

故宗正劉向㉝上疏曰：「郅支單于囚殺使者、吏士以百數，事暴揚外國㉞，傷威毀重㉟，羣臣皆閔㊱焉。陛下赫然㊲欲誅之，意未嘗有忘。西域都護延壽、副校尉湯，承聖指㊳，倚神靈，總百蠻之君，攬城郭之兵，出百死，入絕域㊴，遂蹈康居，屠三重城㊵，搴㊶歙侯㊷之旗，斬郅支之首，縣旌㊸萬里之外，揚威昆山㊹之西，埽谷吉之恥㊺，立昭明之功㊻，萬夷慴伏㊼，莫不懼震。呼韓邪單于見郅支已誅，且喜且懼，鄉風馳義(48)，稽首來賓(49)，願守北藩，累世稱臣。立千載之功，建萬世之安，羣臣之勳莫大焉。昔周大夫方叔、吉甫為宣王誅獫狁而百蠻從(50)，其詩曰(51)：『嘽嘽焞焞(52)，如霆如雷。顯允(53)方叔，征伐獫狁，蠻荊來威。』易曰：『有嘉折首，獲匪其醜。』(54)言美誅首惡之人，而諸不順者皆來從也。今延壽、湯所誅震(55)，雖易之折首，詩之雷霆，不能及也。論大功者不錄小過，舉大美者不疵細瑕。司馬法(56)曰：『軍賞不踰月』，欲民速得為善之利也。蓋急(57)武功，重用人也。吉甫之歸，周厚賜之，其詩曰(58)：『吉甫燕[3]喜，既多受祉。來歸自鎬(59)，我行永久。』千里之鎬猶以為遠，況萬里之外，其勤至矣。延壽、湯既未獲受祉之報，反屈捐命之功(60)，久挫於刀筆之前(61)，非所以厲(62)[4]有功，勸[5]戎士(63)也。昔齊桓前有尊周之功，後有滅項之罪，君子以功覆過而為之諱(64)。貳師將軍李廣利(65)，捐五萬之師，靡(66)億萬之費，經四年之勞，而僅獲駿馬三十匹，雖斬宛王毋寡之首，猶不足以復費(67)，其私罪惡甚多。孝武以為萬里征伐，不錄其過，遂封拜兩侯、三卿(68)、二千石百有餘人。今康居之國，彊於大宛，郅支之號，重於宛王，殺使者罪，甚於留馬；而延壽、湯不煩漢士，不費斗糧，比於貳師，功德百之(69)。且常惠隨欲擊之烏孫(70)，鄭吉迎自來之日逐(71)，猶皆裂土受爵。故言威武勤勞，則大於方叔、吉甫；列功覆過，則優於齊桓、貳師；近事之功，則高於安遠、長羅(72)，而大功未著，小惡數布(73)，臣竊痛之！宜以時解縣，通籍(74)，除過勿治(75)，尊寵爵位(76)，以勸有功(77)。」於是天子下詔赦延壽、湯罪勿治，令公卿議封焉。議者以為宜如軍法捕斬單于令(78)。匡衡、石顯以為「郅支本亡逃失國，竊號絕域，非真單于(79)。」帝取安遠侯鄭吉故事，封千戶；衡、顯復爭。夏，四月戊辰(80)，封延壽為義成侯，賜湯爵關內侯，食邑各三百戶，加賜黃金百斤。拜延壽為長水校尉，湯為射聲校尉。

於是杜欽(81)上疏追訟(82)馮奉世前破莎車功(83)。上以先帝時事，不復錄。欽，故御史大夫延年子也。

荀悅論曰：「誠(84)[6]其功義足封，追錄前事可也。春秋之義，毀泉臺則惡之(85)，舍中軍則善之(86)，各由其宜也。夫矯制之事，先王之所慎也，不得已而行之。若矯大而功小者，罪之可也；矯小而功大者，賞之可也；功過相敵(87)，如斯而已(88)可也。權其輕重而為之制宜焉(89)。」

【章旨】以上為第九段，長篇摘載劉向上疏為甘延壽、陳湯申冤，漢元帝終於醒悟，獎勵西域立功將士，封甘延壽為義成侯，封陳湯為關內侯。

【注　釋】❶皇太子冠　為太子劉驁舉行加冠禮。劉驁生於宣帝甘露二年（西元前五二年），至此已二十歲。❷昭儀　漢元帝加於寵妃之號，位次皇后，尊於婕妤。❸脩敕　整敕；有好的道德修養。❹侍帷幄　侍奉皇帝左右。❺野王　馮野王，字君卿，上黨潞（今山西黎城南古城）人。馮昭儀次兄，官至大鴻臚，有賢名。傳見《漢書》卷七十九。❻選第中二千石　從中二千石級別的官員中，選出優秀者補御史大夫之缺。中二千石，九卿的品秩。❼度越　跨越。❽吾不見是　我沒有想到這點。❾以野王為比　以野王為例證。❿丙寅　三月庚午朔，無丙寅。丙寅，四月二十八日。⓫剛彊堅固　品格剛強正直。⓬心辨善辭　心辨是非，善於辭令。⓭河南　郡名，治所洛陽。⓮召信臣　字翁卿，九江壽春（今安徽壽縣）人，官至少府，長期當地方官，有賢名。傳見《漢書》卷八十九。⓯興利　開源求利。⓰躬勸耕稼　親自勸民勤耕。⓱開通溝瀆　開溝通渠，興修水利。⓲號曰召父　稱為「召父」。⓳癸未　三月十四日。⓴復孝惠皇帝寢廟園　永光五年毀惠園，建昭元年，罷孝文太后、孝昭太后寢園，現在恢復。㉑不取　即不娶。㉒不與　不許。㉓多不法　大多違法。指以外國財物擄掠入邊關。㉔司隸校尉移書道上　司隸校尉行文陳湯經過的沿途郡縣。㉕按驗　查辦審問。㉖振旅　凱旋班師。㉗迎勞道路　在道路上迎接慰問。㉘反逆　反過來。指司隸校尉逮捕審問之事。㉙上立出吏士　皇帝下令，立即釋放逮捕的遠征軍官兵。㉚令縣道具酒食以過軍　命令沿途地方政府備酒食慰勞遠征軍。道，漢制，有少數民族的縣稱道。㉛乘危徼幸　冒險興兵，企圖僥倖成功。㉜重違　難違。㉝故宗正劉向　元帝初即位時劉向為宗正，早已免官，故稱故宗正。宗正，九卿之一，掌皇族事務。㉞事暴揚外國　郅支囚殺漢使之事，在外國廣為傳播。暴，顯露。㉟傷威毀重　傷害漢朝的威信，有損漢朝的名譽地位。㊱閔　痛苦難過。㊲赫然　憤怒的樣子。㊳承聖指　稟承皇帝的旨意。㊴絕域　極邊遠之地。㊵屠三重城　攻陷郅支拒守的三重堅城。郅支城有土城，外有兩重木城，共三重。㊶搴　拔取。㊷歙侯　康居大臣官號。㊸縣旂　漢軍之旗飄揚。縣，通「懸」。㊹昆山　即昆侖山。㊺埽谷吉之恥　洗刷了谷吉被殺的恥辱。㊻立昭明之功　立下了顯赫的功勳。㊼萬夷慴伏　西域各國都恐懼歸服。㊽鄉風馳義　聞風慕義，奔馳前來。㊾稽首來賓　來到漢朝，磕頭臣服。㊿昔周大夫方叔句　從前周宣王兩大夫方叔、尹吉甫誅討獫狁，其後北方各族臣服。方叔和尹吉甫是輔佐宣王中興的兩位名臣。方叔曾率兵車三千輛攻楚獲勝，又攻獫狁獲勝。事見《詩經・采芑》。吉甫，即兮伯吉父，兮氏，名甲，字伯吉父，又作「伯吉甫」，尹為官名，史稱尹吉甫。周宣王時，獫狁（匈奴祖先，居北方）侵周，進至涇水北岸。尹吉甫率軍誅討，逐獫狁至太原以北。(51)其詩曰　引自《詩經・采芑》。(52)嘽嘽焞焞　形容周師軍容盛大。嘽嘽，眾多。焞焞，盛大。(53)顯允　英明。(54)易曰三句　《易經》上說：「斬殺敵首、俘獲凶醜的人，應得嘉獎。」語出《易經・離卦・上九・爻辭》。匪其醜，非我族類的凶人。匪，通「非」。(55)誅震　誅殺郅支單于所引起的震動。(56)司馬法　即《司馬穰苴兵法》，是戰國時齊威王命大夫整理的古代兵法，省稱《司馬兵法》或《司馬法》。《漢書・藝文志》入於禮類，題名《軍禮司馬法》百五十篇，漢以後失傳。今傳《司馬法》五篇，為後人輯錄之書。(57)急　急需。(58)其詩曰　引自《詩經・六月》。所引詩意為：尹吉甫享宴歡樂不已，還受到很多福賜；我們從前線鎬城回來，路程遙遠行軍長久。(59)鎬　地名，不是鎬京，今地不詳。(60)反屈捐命之功　甘延壽、陳湯冒著生命危險取得的戰功，不但未得封賞，反而遭受誣陷。(61)久挫於刀筆之前　長久受刀筆吏陵辱。刀筆，指舞文弄墨的文吏。漢時文書使用簡牘，誤書則用刀削，故以刀筆作為文吏的代稱。(62)厲　激勵。(63)勸戎士　鼓勵戰士。(64)昔齊桓前有尊周之功三句　齊桓公尊周，曾伐楚責其不貢苞茅，後又伐滅項國。《春秋》為桓公諱，書「滅項」而不書「齊滅項」，以報償其尊周室之功。(65)李廣利　漢武帝寵姬李夫人之兄，太初年間拜貳師將軍伐大宛，因功封海西侯。傳見《漢書》卷六十一。(66)靡　耗費。(67)復費　抵償所耗費用。(68)封拜兩侯三卿　兩侯，指封李廣利海西侯及封斬郁成王的騎士趙弟為新時侯。三卿，指以上官桀為少府，共三人為九卿，史失載二人。見本書卷二十一武帝太初四年。(69)功德百之　指甘延壽、陳湯的功勞是李廣利的一百倍。(70)常惠隨欲擊之烏孫　宣帝時西域校尉常惠，與烏孫一起大敗匈奴，受封長羅侯。事見本書卷二十四宣帝本始三年。(71)鄭吉迎自來之日逐　指匈奴日逐王前來歸順漢朝，騎都尉鄭吉只不過率軍迎接一事。見本書卷二十六宣帝神爵二年。(72)安遠長羅　此指鄭吉、常惠。鄭吉封安遠侯，常惠封長羅侯。(73)數布　指甘、陳因小過多次受申斥。(74)解縣通籍　赦罪、拜官。縣，通「懸」。指懸而未決之案。通籍，記名於門籍，使能出入朝廷。意即拜官。(75)除過勿治　不再追究他們的小過失。(76)尊寵爵位　賜給他們爵位。(77)以勸有功　用以鼓勵有功的人。(78)宜如軍法捕斬單于令　應該按照軍令法給甘延壽、陳湯按捕斬單于功加封。(79)非真單于　這是石顯、匡衡為貶抑甘、陳之功的說法。實際上，西漢自武帝伐匈奴以來，破軍殺將封侯者有上百人，但只有甘、陳所捕斬之郅支是真單于，建絕世之功。(80)戊辰　四月三十日。(81)杜欽　字子夏，南陽杜衍（今河南南陽西南）人。大將軍王鳳幕僚，以經學聞名當世。他是宣帝時的御史大夫杜延年的次子，武帝時酷吏廷尉杜周之孫。傳見《漢書》卷六十。(82)追訟　追究申述。(83)馮奉世前破莎車功　事見本書卷二十九宣帝元康元年。(84)誠　如果；真是。(85)毀泉臺則惡之　毀掉泉臺，就應當受到譴責。泉臺，築於魯都曲阜東南逵泉上。魯莊公三十一年築，魯文公十六年因有蛇自臺中出而毀之，《春秋》書曰「毀泉臺」以示批評。(86)舍中軍則善之　撤銷中軍則應當受到讚揚。據《周禮》，天子六軍，諸侯大國三軍，中小之國二軍或一軍，每軍一萬二千五百人。魯國原有上下二軍，襄公五年增中軍。昭公五年裁撤中軍，恢復祖制以合於禮。《春秋》書曰「舍中軍」以示讚揚。(87)功過相敵　功過相等。(88)如斯而已　保持原樣罷了。即功過相等，不褒不貶。(89)權其輕重而為之制宜焉　權衡功過大小，再作賞罰決定才合理。

【校記】①癸未 原作「癸卯」。據章鈺校，乙十一行本、孔天胤本皆作「癸未」，張敦仁《通鑑刊本識誤》、張瑛《通鑑校勘記》、傅增湘校北宋本同，今據改。按，是年三月庚午朔，無癸卯。②具 原作「出」。據章鈺校，乙十一行本作「具」，傅增湘校北宋本同，今從改。③蕻 據章鈺校，乙十一行本作「宴」，傅增湘校北宋本同。④厲 據章鈺校，乙十一行本作「勸」，張敦仁《通鑑刊本識誤》同。⑤勸 據章鈺校，乙十一行本作「厲」，張敦仁《通鑑刊本識誤》同。⑥誠 據章鈺校，乙十一行本、孔天胤本皆作「成」，傅增湘校北宋本同。

【語譯】皇太子劉驁舉行加冠禮。

二月，御史大夫李延壽去世。

當初，石顯看到馮奉世父子身為公卿而名聲顯著，女兒又被封為昭儀住在後宮，內心想依附馮氏父子，就向元帝舉薦說：「馮昭儀的哥哥謁者馮逡，道德整敕，應侍奉在皇上左右。」元帝召見馮逡，想任命他為侍中。馮逡請求單獨進言。元帝聽到馮逡說石顯專權，大怒，停止提升馮逡，仍讓他任郎官。等到御史大夫空缺，在位大臣大多推舉馮逡的哥哥大鴻臚馮野王；元帝派尚書在中二千石品級的官員中，選拔並排列品行能力優秀的人，馮野王又名列第一。元帝詢問石顯的意見，石顯說：「在九卿中沒有超過馮野王的人；然而馮野王是馮昭儀的親哥哥，我擔心後世必定認為陛下壓制了其他人才，偏私後宮親情，才破格選用了馮野王擔任三公的職務。」元帝說：「對，我沒有看到這一點！」於是告訴群臣說：「我任用馮野王為三公，後世必定說我偏私後宮親屬，把馮野王作為例證。」三月丙寅日，元帝下詔：「剛強正直、清白無私，大鴻臚馮野王就是這樣的人。心辨是非，善於辭令，可奉使四方，少府五鹿充宗就是這樣的人。廉潔而又節儉，太子少傅張譚就是這樣的人。還是任命少傅張譚為御史大夫。」

河南太守九江郡人召信臣擔任少府。召信臣先為南陽太守，後調任河南太守，治績在全國常列第一。他視民如子，熱心為人民興辦公利，親自勸導人民耕種，開溝通渠，人戶倍增。官吏和百姓都敬愛他，稱他「召父」。

三月十四日癸未，修復漢惠帝寢廟墓園，恢復孝文太后、孝昭太后寢廟墓園。

當初，中書令石顯曾想把自己的姐姐嫁給甘延壽，甘延壽沒有迎娶。等到甘延壽打敗郅支單于返回長安，丞相匡衡、御史李延壽也不滿甘延壽假傳聖旨，都不讚許甘延壽。陳湯一向貪財，把擄獲的財物帶給塞內，多有違法之事。司隸校尉便行文到陳湯所經過的沿途郡縣，要他們逮捕陳湯的部下，查辦審問。陳湯上書說：「臣與官吏士兵共同討伐郅支單于，幸而擊滅了他們，從萬里以外回朝，應當有使臣在道路上迎接慰勞。如今司隸校尉反而逮捕官吏士兵，拷問口供，這可是在替郅支單于報仇啊！」元帝立即釋放了被捕官吏士兵，命令沿途郡縣拿出酒食迎候過境大軍。回到長安後，論功行賞，石顯、匡衡認為：「甘延壽、陳湯擅自興兵，假傳聖旨，僥倖不被誅殺。若是再給他們加封爵土，那麼以後派出的使節，恐怕都要爭先恐後地採取冒險行動，以圖僥倖成功，在蠻夷中間，惹事生非，給國家招來災禍。」元帝內心讚揚甘延壽、陳湯立功，但又難以違背匡衡、石顯的意見，這事很久不能作出決斷。

前任宗正劉向上奏說：「郅支單于囚禁及殺害漢朝的使臣和官吏士兵上百人，這種事情已傳播外國，嚴重地損害了漢朝威信，群臣無不痛心。陛下憤然大怒，想要誅殺郅支，這想法一直沒有忘記。西域都護甘延壽、副校尉陳湯，稟承聖上的旨意，倚賴神靈的庇祐，統率西北各蠻夷的君王，集結各城邦的軍隊，出生入死，深入遙遠荒涼的絕域，終於踏平康居國，攻陷郅支單于據守的三重堅城，奪取康居歙侯的大旗，砍下郅支單于的首級，懸掛漢朝的旗幟於萬里之外，揚威於昆侖山之西，洗刷掉谷吉被殺的恥辱，建立了顯赫的功勳，西域各國懾服，沒有不震恐的。呼韓邪單于看到郅支單于被殺，既高興，又害怕，就嚮風慕義，驅馳而來，磕頭順從，願為漢朝守衛北方邊疆，世代稱臣。立千載之功，建萬世之安，群臣中所建立的功勳，沒有比甘延壽和陳湯更大的。以前周朝的大夫方叔、尹吉甫為周宣王誅殺獫狁，使蠻夷歸順，因此《詩經》說：『軍容壯盛，好似雷霆。英明方叔，討伐獫狁，南蠻歸順。』《易經・離卦・上九・爻辭》說：『斬殺敵首，俘獲凶醜，這樣的人應受獎勵。』說的是嘉獎誅殺了首惡的人，叛逆不服的人就都來歸順。如今甘延壽、陳湯誅殺首惡引起震動，即便是《易經》上說的誅殺敵首之功，《詩經》中說的雷霆之勢，都趕不上。評價有大功勞的人，不能斤斤計較他的小過錯，讚揚最美的事物，不能挑剔細小的瑕疵。《司馬法》說：『對軍人的獎賞，不要超過一月』，是希望民眾迅速得到為善的好處。這是急需武功，重視用人啊。尹吉甫班師的時候，周宣王給予重賞，《詩經》說：『尹吉甫享宴歡樂不已，還受到很多福賜。我們從鎬地回來，路途遙遠，行軍很久。』千里之鎬，尚以為很遠，何況萬里之外的康居，那艱辛已到了頂點。甘延壽、陳湯非但沒有獲得接受福祉的報償，反而被抹殺了冒著生命危險取得的功勞，長期被刀筆之吏陵辱，這不是激勵有功、勸勉戰士的辦法。從前齊桓公先有尊崇周朝的功勞，後有滅亡項國的過失，君子認為他功大過小就替他掩飾。漢武帝時，貳師將軍李廣利犧牲了五萬人的軍隊，耗費了上億錢財，經過了四年的辛苦征戰，而僅僅得到三十匹駿馬，儘管斬了宛王毌寡的首級，還是不足以抵償他的耗費，而且他自身罪過也很多。漢武帝認為萬里征伐，不追究他的過失，於是封了兩個侯爵，三個九卿，獲得二千石高官的有一百多人。現今的康居國，比大宛強大，郅支單于的稱號，比宛王威重，而且郅支單于殺害漢朝使節的罪過，超過宛王的不獻汗血馬；而甘延壽、陳湯不煩勞漢朝的軍士，也沒有花費漢朝的一斗糧食，與貳師將軍李廣利比，功德是李廣利的一百倍。況且當年的常惠只是隨從要攻打匈奴的烏孫，鄭吉也只是迎接自願來歸降的匈奴日逐王，他們都還裂土受封，接受侯爵。論威武勤勞，甘延壽、陳湯大於方叔、尹吉甫；論功補過，則優於齊桓公、貳師將軍李廣利；比起近期的事功，更高過安遠侯鄭吉、長羅侯常惠，而大功勞沒有被顯揚，微小的過失被不斷傳布，臣深感痛心！應該立即了斷這樁懸案，記名於門籍，不再追究他們的過失，使他們爵位尊寵，用來鼓勵有功的人。」於是元帝下詔赦免甘延壽、陳湯的過失，不再追究，命令公卿商議如何封賞他們。參與討論的大臣認為，應按軍法所規定的捕斬單于的法令封賞。匡衡、石顯認為「郅支本是亡命失國，在荒涼邊遠的絕域稱號單于之人，並不是真正的單于。」元帝援引安遠侯鄭吉前例，封他們千戶，匡衡、石顯又力爭以為不可。夏，四月三十日戊辰，封甘延壽為義成侯，賜陳湯爵號關內侯，食邑各三百戶，另加賞賜黃金各一百斤。任命甘延壽為長水校尉，陳湯為射聲校尉。

在這時，杜欽上書追述馮奉世從前擊破莎車國的功績。元帝認為那是先帝時的事情，不再去考慮。杜欽，是前御史大夫杜延年的兒子。

荀悅評論說：「如果馮奉世的功勞確實足夠封賞，追認前功就是應該的。《春秋》大義：魯文公因毀壞先祖所修的泉臺，應當受譴責；魯昭公撤銷中軍，則應受褒揚，各有各的合理性。假傳聖旨這件事，從前的國君慎之又慎，不得已而為之。如果假傳聖旨事件重大，而所得的功勳較小，處罰他當然應該；如果假傳聖旨的事件較小，而功勳很大，就應該賞賜；如果是功過相等，不獎不罰就可以了。這是需要權衡兩者的輕重，而後才可作出適當的處理。」

初，太子少好經書，寬博❶謹慎；其後幸酒❷，樂燕樂❸，上不以為能。而山陽王康有才藝，母傅昭儀又愛幸，上以故常有意欲以山陽王為嗣。上晚年多疾，不親政事，留好音樂❹；或置鼙鼓❺殿下，天子自臨軒檻上❻，隤銅丸以擿鼓❼，聲中嚴鼓之節❽。後宮及左右習知音者莫能為，而山陽王亦能之，上數稱其材。史丹進❾曰：「凡所謂材者，敏而好學，溫故知新❿，皇太子是也。若乃器人⓫於絲竹鼙鼓之間，則是陳惠、李微⓬高於匡衡，可相國也！」於是上嘿然而笑⓭。及上寢疾⓮，傅昭儀、山陽王康常在左右，而皇后、太子希得進見⓯。上疾稍侵⓰，意忽忽不平⓱，數問尚書以景帝時立膠東王故事⓲。是時太子長舅陽平侯王鳳為衛尉、侍中，與皇后、太子皆憂，不知所出。史丹以親密臣⓳得侍視疾，候上間獨寢時[20]，丹直入臥內，頓首伏青蒲上[21]，涕泣而言曰：「皇太子以適長立，積十餘年，名號繫於百姓，天下莫不歸心。臣子見山陽王雅素愛幸[22]，今者道路流言，為國生意[23]，以為太子有動搖之議。審若此，公卿以下必以死爭，不奉詔。臣願先賜死以示羣臣！」天子素仁，不忍見丹涕泣，言又切至[24]，意大感寤[25]，喟然太息[26]曰：「吾日困劣[27]，而[1]太子、兩王幼少[28]，意中戀戀[29]，亦何不念[30]乎！然無有此議。且皇后謹慎，先帝又愛太子[31]，吾豈可違指[32]！駙馬都尉[33]安所受此語？」丹即卻[34]，頓首曰：「愚臣妄聞，罪當死！」上因納[35]，謂丹曰：「吾病寖加[36]，恐不能自還[37]，善輔道太子，毋違我意！」丹噓唏[38]而起，太子由是遂定為嗣。而右將軍・光祿大夫王商[39]、中書令石顯亦擁佑[40]太子，頗有力焉。夏，五月壬辰[41]，帝崩于未央宮。

班彪[42]贊曰：「臣外祖兄弟[43]為元帝侍中，語臣曰：『元帝多材藝，善史書[44]，鼓琴瑟[45]，吹洞簫[46]，自度曲[47]，被歌聲[48]，分刌節度[49]，窮極幼眇[50]。少而好儒，及即位，徵用儒生，委之以政，貢、薛、韋、匡[51]迭為宰相。而上牽制文義，優游不斷[52]，孝宣之業[53]衰焉。然寬弘盡下，出於恭儉，號令溫雅[54]，有古之風烈。』」

匡衡奏言：「前以上體不平[55]，故復諸所罷祠[56]，卒不蒙福。案衛思后、戾太子、戾后園，親未盡。孝惠、孝景廟，親盡，宜毀。及太上皇、孝文、孝昭太后、昭靈后、昭哀后、武哀王祠，請悉罷勿奉。」奏可[57]。

六月己未[58]，太子即皇帝位，謁高廟[59]。尊皇太后曰太皇太后[60]，皇后曰皇太后[61]。以元舅[62]侍中、衛尉，陽平侯王鳳為大司馬、大將軍、領尚書事。

秋，七月丙戌[63]，葬孝元皇帝于渭陵[64]。○大赦天下。

丞相衡上疏曰：「陛下秉至孝，哀傷思慕，不絕於心，未有游虞[65]弋射[66]之宴，誠隆於慎終追遠[67]，無窮已[68]也。竊願陛下雖聖性[69]得之，猶復加聖心[70]焉！詩云：『煢煢在疚』[71]，言成王喪畢思慕[72]，意氣未能平也[73]。蓋所以就文、武之業，崇大化之本也。臣又聞之師曰：『妃匹之際，生民之始，萬福之原。婚姻之禮正，然後品物遂而天命全。』[74]孔子論詩[75]以關雎為始，此綱紀之首，王教之端[76]也。自上世以來，三代興廢[77]，未有不由此者也。願陛下詳覽得失盛衰之效[78]，以定大基[79]，采有德[80]，戒聲色[81]，近嚴敬[82]，遠技能[83]！臣聞六經[84]者，聖人所以統天地之心，著善惡之歸[85]，明吉凶之分[86]，通人道之正[87]，使不悖[88]於其本性[89]者也。及論語、孝經，聖人言行之要，宜究其意。臣又聞聖王之自為[90]，動靜周旋，奉天承親[91]，臨朝享臣[92]，物有節文[93]，以章人倫[94]。蓋欽翼祗栗，事天之容也95；溫恭敬遜，承親之禮也；正躬嚴恪，臨眾之儀也96；嘉惠和說，饗下之顏也97。舉錯動作，物遵其儀98，故形為仁義，動為法則99。今正月初100，幸路寢101，臨朝賀102，置酒以饗萬方。傳曰：『君子慎始。』103願陛下留神104動靜之節，使羣下得望盛德休光105，以立基楨106，天下幸甚！」上敬納其言。

【章旨】以上為第十段，寫漢元帝臨終，儲君之位的爭鬥過程。史丹等大臣護衛太子劉驁，度過險關，成帝即位，採納匡衡的建言，節制放縱的品性。

【注釋】❶寬博　寬厚博學。❷幸酒　嗜酒。❸樂燕樂　喜歡逸樂。❹留好音樂　留意、愛好音樂。❺鼙鼓　戰鼓。❻臨軒檻上　靠在欄杆上。❼隤銅丸以擿鼓　投擲銅丸擊鼓。❽聲中嚴鼓之節　戰鼓發出合於進軍鼓的急促聲。中，合節拍。嚴鼓，急迫的進軍鼓聲。❾進　進言。❿敏而好學二句　思慮敏捷而又愛好學問，溫習舊知識而有新的體會。此孔子之言，見《論語・為政》和〈公冶長〉。⓫器人　度量人的才能。⓬陳惠李微　兩人皆好音樂，是黃門鼓吹郎。⓭嘿然而笑　先沉默而後笑。即忍不住而笑。⓮寢疾　臥病。⓯希得進見　很少能進見皇帝。⓰疾稍侵　病勢逐漸加重。⓱意忽忽不平　心情煩悶不平靜。⓲立膠東王故事　漢景帝廢太子劉榮而立膠東王劉徹之事。元帝欲廢長立幼，故問膠東王故事。⓳親密臣　親信大臣。史丹是史高之子，既是皇親，又是託孤大臣，故元帝十分信任，以為太子護衛。⓴候上間獨寢時　等候元帝病略有好轉單獨在房間時。間，病情好轉。㉑頓首伏青蒲上　磕頭拜伏在青色蒲團上。按制度，只有皇后才能踏上蒲，今史丹磕頭於上，表示他與皇帝親密之至。㉒雅素愛幸　一向得皇帝寵愛。㉓為國生意　引發對國事的議論。㉔言又切至　說話確當中肯。㉕意大感寤　內心受感動。㉖喟然太息　長長地歎了一口氣。㉗吾日困劣　我的身子一天天衰弱。㉘太子兩王幼少　太子劉驁、山陽王劉康、信都王劉興，三個孩子都年少。㉙戀戀　依戀。㉚念　懸念；放心不下。㉛先帝又愛太子　漢宣帝十分喜愛長孫，親自給劉驁命名。㉜違指　違背老父旨意。指，通「旨」。㉝駙馬都尉　史丹所任官，元帝此時呼其官名以示鄭重。㉞卻　退下；離開。指史丹離開青蒲席表示謝罪。㉟上因納　元帝採納了史丹的意見。㊱病寖加　病漸漸加重。㊲不能自還不能恢復健康。(38)噓唏　由感動而嗚咽。(39)王商　（？—西元二五年）字子威，涿郡蠡吾（今河北博野西南）人，成帝時官至丞相。傳見《漢書》卷八十二。東漢有兩王商，王鳳弟成都侯亦名王商，字子夏。(40)擁佑　擁護輔佐。(41)壬辰　五月二十四日。(42)班彪　（西元三—五四年）字叔皮，扶風安陵（今陝西咸陽東北）人，班固之父，東漢史學家。傳見《後漢書》卷四十上。(43)臣外祖兄弟　班彪外祖兄弟即元帝侍中金敞。(44)善史書　善寫大篆。史書，即史籀所作大篆。先秦古字大篆，相傳為周宣王太史籀所審定。(45)鼓琴瑟　彈琴鼓瑟。(46)吹洞簫　吹奏洞簫。洞簫是一種豎吹的竹管樂器。(47)度曲　譜曲。(48)被歌聲　演唱歌辭。(49)分刌節度　分切曲譜節拍。刌，切，指分節拍。(50)窮極幼眇　精通音律至極。幼眇，即精妙。(51)貢薛韋匡　漢元帝時的四大名相。貢禹、薛廣德官至副丞相、御史大夫，韋玄成、匡衡官至丞相。(52)牽制文義二句　拘束於儒家的教義，猶豫不能決斷。(53)孝宣之業　指漢宣帝勵精圖治的王霸之業。宣帝剛毅善斷，治國儒法並施。元帝優柔寡斷，治國純用儒術。(54)號令溫雅　謂漢元帝號令臣下，態度極溫和。(55)上體不平　元帝染病。(56)復諸所罷祠　將已經拆毀的祖宗廟重新恢復。(57)奏可　此處可其奏者為尚未即位的儲君太子劉驁。(58)己未　六月二十二日。(59)謁高廟　祭告高祖劉邦廟。(60)尊皇太后曰太皇太后　指漢宣帝髮妻王皇后。她是漢元帝之母，成帝之祖母，所以尊為太皇太后。(61)皇后曰皇太后　即加漢元帝皇后王政君為皇太后（成帝之母）。(62)元舅　大舅。(63)丙戌　七月十九日。(64)渭陵　漢元帝陵，在今陝西咸陽東北。(65)游虞　遊樂。虞，通「娛」。(66)弋射　射獵。(67)慎終追遠　謹慎地孝敬父母之喪，追念遠代的祖先。語出《論語・學而》曾子之言。終，鄭玄注：「老死曰終。」(68)無窮已　無止境。(69)聖性　盡孝的忠誠本性。(70)復加聖心　繼續努力加強孝心。(71)詩云二句　《詩經》上說：「孤獨痛苦，憂病重重。」引詩見《詩經・閔予小子》，是周成王悼文王、武王的詩。(72)喪畢思慕　服喪已畢，內心仍憂思不解，追念不已。(73)意氣未能平也　悼念親人的心緒仍不平靜。(74)臣又聞之師曰六句　我又從老師那裡聽說：「夫妻關係，是人生的開始，幸福的源頭。故婚姻的禮儀端正，然後萬事萬物才能順成，天命圓滿。」(75)孔子論詩　指孔子編纂《詩經》。論，研究、評價，此指編輯。(76)此綱紀之首二句　婚姻居於禮法的首位，是推行教化的起點。(77)三代興廢　指夏、商、周三代的興衰。(78)效　效驗。(79)定大基　奠定根本。(80)采有德　錄用有德行的人。(81)戒聲色　警惕靡靡之音和女色。(82)近嚴敬　親近莊重自尊的人。(83)遠技能　疏遠賣弄技巧的小人。(84)六經　儒家經典著作，即《詩》、《書》、《禮》、《易》、《春秋》、《樂》。其中，《樂經》早失，故實為《五經》。(85)著善惡之歸　顯示善惡之不同結果。(86)明吉凶之分　彰明吉凶的分別。(87)通人道之正　通達做人的正路。(88)悖　違背。(89)本性　儒家認為人性本善。(90)自為　作為。(91)奉天承親　敬奉上天，順承父母。(92)臨朝享臣　上朝聽政，宴饗臣僚。(93)物有節文　萬事皆有規章法度。物，事。(94)以章人倫　以便於發揚人倫的美德。(95)欽

翼祇栗二句　恭敬戰慄，小心翼翼，才是敬天的儀容。栗，通「慄」。儒家主張畏天，故要求表情要畏懼。96正躬嚴恪二句　修飾自身儀容，表情嚴肅，是面對百官的儀表。97嘉惠和說二句　和顏悅色，是宴饗臣下的表情。98舉錯動作二句　舉止行動，人人遵守一定的規範。99形為仁義二句　儀容合於仁義，舉動成為法則。100正月初　即正月元旦。101路寢　即指皇帝寢宮。文王既為世子，元旦時應到父母寢宮門外請安。102臨朝賀　上殿接受百官及萬邦使臣的朝賀。103傳曰二句　古書上說，君子要謹慎地開個好頭。引語出《禮記・文王世子》：「古之君子，舉大事必慎其終始。」104留神　留意。105休光　華美的風采。106以立基楨　為國家奠立堅固的基礎。楨，古代築牆時所用模板夾具。這裡引喻指根本。

【校　記】1而　原無此字。據章鈺校，乙十一行本、孔天胤本皆有此字，今從補。

【語　譯】當初，太子劉驁年少喜歡經書，寬厚博學，小心謹慎；後來嗜酒，喜歡逸樂，元帝認為他沒有治國的才能。而山陽王劉康有才藝，母親傅昭儀又得寵，元帝因此經常有意立山陽王劉康為太子。元帝晚年多病，不親理政事，特別喜歡音樂；有時在殿下放置鼙鼓，親自到走廊上，靠著欄杆，用銅丸投擊鼙鼓，聲音合於戰鼓的節奏。皇上宮妃和左右懂得音樂的人也投擊不出這般聲音，而山陽王劉康也能這樣，元帝多次誇獎劉康的才幹。史丹進言說：「一般所說的才幹，是指思慮敏捷而愛好學習，溫習舊知識而有新意，皇太子是這樣的人。如果用演奏音樂的水平來衡量一個人的才能，那麼陳惠、李微這些能吹善彈的人，比匡衡還要高明，則可以做丞相了！」於是元帝沉默一下，一笑置之。

後來，元帝臥病在床，傅昭儀和山陽王劉康經常陪伴左右，而王皇后和太子劉驁很少進見元帝。元帝病情漸漸嚴重，心情煩悶不平靜，多次向尚書詢問漢景帝改立膠東王劉徹為皇太子的故例。這時，劉驁的大舅父陽平侯王鳳為衛尉、侍中，同皇后、太子都擔憂，想不出保護太子的辦法。史丹由於是元帝最親密的大臣，能夠直接服侍探病，等到元帝病有好轉獨寢在床時，史丹就直入元帝的臥室，磕頭匍伏在青蒲席上，哭泣說：「皇太子以嫡長子的身分冊立為太子，已經十多年，名號繫於百姓之心，萬眾歸順。由於臣子見到山陽王劉康平素受到皇上的寵愛，現今流言紛起，引發對國事的議論，以為太子的地位將有動搖。果真這樣，那麼公卿以下的大臣，誓必以死進諫，拒絕接受改變太子的詔命。臣請求陛下先賜臣死，用來昭示群臣！」元帝向來仁厚，不忍看見史丹泣不成聲，而他的話又確當中肯，很是感動，長歎說：「我一天比一天疲困衰弱，而太子和劉康、劉興兩王年紀都小，心中非常依戀他們，怎能不念念不忘呢！但沒有改立太子的論議！況且皇后謹慎小心，先帝又很喜歡太子，我怎能違背先帝的旨意！駙馬都尉是在哪裡聽到這些話呢？」史丹聽後，馬上退出青蒲席，磕頭說：「臣誤信傳聞，罪當處死！」元帝於是接受了史丹的意見，告訴他說：「朕的病漸漸加重，恐怕無法再恢復健康，你要好好輔導太子，切莫違背我的心意！」史丹嗚咽抽泣著起身告退，太子因此就被定為儲君。而右將軍・光祿大夫王商、中書令石顯，也都擁護太子，很是出力。夏，五月二十四日壬辰，元帝在未央宮逝世。

班彪評論說：「臣的外祖兄弟曾任元帝的侍中，告訴臣說：『元帝多才多藝，擅長大篆，彈琴鼓瑟，吹演洞簫，自己譜寫曲調，演唱歌辭，可以分切曲譜節拍，精妙至極。小時喜好儒學，等到即位，徵用儒生，把國家大政交給他們，貢禹、薛廣德、韋玄成、匡衡，依次為宰相。但是，皇上拘泥於文義，凡事優柔寡斷，宣帝中興的大業，日漸衰退。然而待下寬厚，言行恭儉，態度溫和，有古代帝王的風範。』」

匡衡上奏說：「前些時因皇上身體欠安，因此把廢除的祭廟，又都恢復，最終仍不能蒙受祖先的賜福。依禮教，衛思后、戾太子和戾后墓園，親屬關係尚未疏遠，不應撤除。而孝惠帝、孝景帝的廟園，親屬關係疏遠，應該撤除。至於太上皇、孝文帝、孝昭太后、昭靈后、昭哀后、武哀王的祠廟，請全部撤除不再奉祭。」奏章得到儲君批准。

六月二十二日己未，太子劉驁即位，拜謁漢高祖陵廟。尊奉祖母皇太后張氏為太皇太后，皇后王氏為皇太后，任命大舅父侍中、衛尉，陽平侯王鳳為大司馬、大將軍、領尚書事。

秋，七月十九日丙戌，葬孝元皇帝於渭陵。○大赦天下。

宰相匡衡上奏說：「陛下天性孝順，對先帝的哀傷思念，不絕於心，從沒有過弋射娛樂，確實是謹慎地對父母送終，追念遠代的祖先，盡孝沒有止境。臣個人認為陛下雖有盡孝的忠誠本性，但仍希望陛下還要加強聖心。《詩經》說：『孤孤單單，痛在心頭。』這是說周成王辦完周武王喪事後思念文王、武王，心情不能平靜。這也正是追思周文王、周武王的偉大德業以作為教化的本源。臣又聽老師說過：『夫妻關係，是人生的開始，萬般幸福的源頭。婚姻的禮儀端正，然後萬事萬物順成，天命圓滿。』孔子編纂《詩經》，以〈關雎〉為首，以此昭示婚姻居於禮法的首位，是王者教化的起點。自上古以來，夏商周三代興替，沒有不是從婚姻開始的。希望陛下詳細考察前代得失興衰的經驗，用來奠定基業，錄用有德行的人，警惕靡靡之音和女色，親近莊重自尊的人，疏遠賣弄技巧的小人！臣又聽說，《六經》是聖人用來統一天下人心的，顯示善惡的不同結果，彰明吉凶的區別，通達做人的正路，使人不違背本性的經典。還有《論語》、《孝經》，是聖人言行的摘要，應當探究其中的意義。臣還聽說聖王的作為，一舉一動，都要敬奉上天，順承父母，上朝聽政，宴饗臣僚，凡事都有規章法度，以此彰顯人倫的美德。恭敬戰慄，小心翼翼，是敬天的儀容；溫順恭敬，是侍奉父母雙親的禮儀；修飾儀容，表情嚴肅，是面對百官的儀表；和顏悅色，是宴饗臣下的表情。舉止行動，都要遵守一定的規範，所以儀容服飾，要合於仁義；舉動措置，合於法則。現今，正月元旦，皇上要到雙親寢宮，然後駕臨大殿接受群臣朝賀，設置酒宴，慰勞各方來朝見的臣民。古書上說：『君子要謹慎地開個好頭。』希望陛下留心一舉一動的節度，使群臣得以看到偉大的品德和華美的風采，為國家奠定堅固的基礎，那麼天下大幸！」成帝謙恭地接受了匡衡的建議。

【研　析】漢元帝是西漢第八任國君，也是承繼昭宣中興之後的第一位國君，其時西漢鼎盛，強敵匈奴衰落，內政國庫充盈，人民安居，朝中大臣，賢人居多，可以說是太平盛世，正由於此，儘管元帝昏庸，奸佞當道，中官石顯專權，國家尚無大事，還有餘威誅殺郅支。但是漢元帝的昏庸誤國，忠奸不辨，是非不明，導致西漢政治走了下坡路。漢元帝是西漢盛衰的一個分水嶺。

大體昏庸之君，多是才藝之人。漢元帝善音樂，好文學，若在當世做一個大學教席，可能是一個優秀的博士導師。南唐後主李煜，寫得一手絕妙好詞；宋徽宗是一員足球健將，又是一位字畫雙絕的藝術家。但他們都是誤國昏君。論智商，他們不低；論心眼，他們也不為惡，可以說還寬厚待人，一心想做一個明君。漢元帝採取許多節儉措施，心繫百姓，想的是要把國家治好。但是生性仁弱，即所謂婦人之仁，看不得眼前親近的人悲傷落淚。石顯做了壞事，只要磕頭落淚，就可大事化小，小事沒了。漢元帝這份菩薩心腸，遮蔽了雙眼，使他是非不明，忠奸不分，有時明白了，也沒有果斷能力去邪遠佞，要不就各打五十大板，誣告者諸葛豐免官，受誣者周堪、張猛被降職，是非善惡一鍋煮。如此這般的難得糊塗，不被群小包圍才是怪事。漢元帝看出太子劉驁不成器，臨終想更換太子，卻又不敢觸動宗法制度，他只好在遺憾中瞑目。繼位的成帝、哀帝沿著漢元帝開創的下坡路繼續滑，西漢的滅亡無可救藥了。

卷第三十

漢紀二十二

起屠維赤奮若（己丑 西元前三二年），盡著雍閹茂（戊戌 西元前二三年），凡十年。

【題 解】本卷記事起西元前三二年，迄西元前二三年，凡十年史事，當漢成帝建始元年至陽朔二年。漢成帝是西漢第九位國君，在位二十六年。本卷載述漢成帝前期十年的治國情況。漢成帝是典型的昏庸之君，比漢元帝還要糊塗，也還要窩囊，完全被掌控在外戚大將軍王鳳手中，沒有一絲主意。西漢政治大衰敗，政權逐漸轉移外戚王氏之手，最終王莽代漢，就是成帝為其奠定的基礎。成帝河平二年（西元前二七年）六月在一天之中同時冊封五位舅舅王譚、王商、王立、王根、王逢時為列侯，世謂之「五侯」。這一非常事件，打破了開國皇帝劉邦與大臣約，制定的不是劉姓皇室的外姓「非有功不得封侯」的基本國策，開啟了外戚靠裙帶可以封侯的制度，如此縱容王鳳肆無忌憚的專權，外戚日進，皇室日退的局面基本形成。漢成帝政治上無所作為，自然災害也頻繁發生。黃河兩次決堤，第一次在建始四年，河決東郡金隄，淹沒四郡，三十二縣，毀壞村落房屋四萬餘所，沖毀耕地十五萬餘頃，人民死亡無數。第二次在河平三年，河決平原郡，淹沒兩郡，災情是上一次的一半。丞相匡衡反對加固河堤，因此兩次決口，造成大災害，政府不作為佔了主要因素。大雨、冰雹、山崩、地震不絕於書。成帝也做了幾件好事，斥逐宦官石顯，節省皇室開支，以至於許皇后提出了抗議；賑災、減稅，其中人頭稅減收三分之一，原稅一百二十文，減收四十文；大規模整理圖書；多次下詔求言。國境四鄰尚稱安靜，不接受匈奴使者的詐降，羈縻西域罽賓，用能吏安撫西南夷，決策正確，成帝尚有英明的一面。可惜成帝生性懦弱愚孝，在後母皇太后王政君和大舅王鳳的挾制下，喪失了一切的聰明，一次又一次斥逐賢良大臣，丞相王商、京兆尹王尊、王章都蒙冤而死，又心知劉向忠誠而不敢任用。漢成帝違心屈從大將軍王鳳，丟失了皇帝的威嚴，令人可歎。讀本卷書，不免使人喪氣。

孝成皇帝❶上之上

建始元年（己丑　西元前三二年）

春，正月乙丑❷，悼考廟災❸。

石顯遷長信中太僕❹，秩中二千石。顯既失倚，離權❺，於是丞相、御史條奏顯舊惡❻，及其黨牢梁、陳順❼皆免官。顯與妻子徙歸故郡❽，憂懣不食，道死❾。諸所交結以顯為官者，皆廢罷。少府五鹿充宗左遷❿玄菟⓫太守，御史中丞伊嘉為鴈門都尉⓬。

司隸校尉涿郡王尊⓭劾奏：「丞相衡、御史大夫譚，知顯等顓權擅勢⓮，大作威福，為海內患害，不以時⓯白奏行罰；而阿諛曲從，附下罔上⓰，懷邪迷國⓱，無大臣輔政之義，皆不道⓲！在赦令前⓳。赦後，衡、譚舉奏顯，不自陳不忠之罪，而反揚著先帝任用傾覆之徒⑳，妄言『百官畏之，甚於主上㉑』，卑君尊臣㉒，非所宜稱㉓，失大臣體㉔！」於是衡慙懼㉕，免冠謝罪，上丞相、侯印綬㉖。天子以新即位，重傷大臣㉗，乃左遷尊為高陵令㉘。然羣下多是尊者㉙。衡嘿嘿㉚不自安，每有水旱，連乞骸骨讓位㉛；上輒以詔書慰撫㉜，不許㉝。

立故河間王元弟上郡庫令良㉞為河間王。○有星孛于營室㉟。○赦天下。王子㊱，封舅諸吏、光祿大夫、關內侯王崇㊲為安成侯，賜舅譚、商、立、根、逢時爵關內侯。夏，四月，黃霧四塞㊳，詔博問㊴公卿大夫，無有所諱。諫大夫楊興、博士駟勝㊵等[1]皆以為「陰盛侵陽之氣也。高祖之約㊶，非功臣不侯。今太后諸弟皆以無功為侯，外戚未曾有也，故天為見異。」於是大將軍鳳懼，上書乞骸骨，辭職；上優詔㊷不許。

御史中丞㊸東海薛宣㊹上疏曰：「陛下至德仁厚，而嘉氣尚凝㊺，陰陽不和，殆吏多苛政。部刺史或不循守條職㊻，舉錯㊼各以其意，多與郡縣事㊽，至開私門㊾，聽讒佞，以求㊿吏民過[2]，譴呵及細微(51)，責義不量力(52)；郡縣相迫促，亦內相刻，流及[3]眾庶(53)。是故鄉黨(54)闕(55)於嘉賓之懽(56)，九族(57)忘其親親之恩，飲食周急之厚(58)彌衰(59)，送往勞來之禮不行。夫人道不通則陰陽否隔(60)，和氣不通[4]，未必不由此也！詩云(61)：『民之失德，乾餱以愆(62)。』鄙語(63)曰：『苛政不親，煩苦傷恩(64)。』方刺史奏事時，宜明申敕(65)，使昭然(66)知本朝之要務。」上嘉納(67)之。

八月，有兩月相承(68)，晨見東方。

冬，十二月，作長安南、北郊(69)，罷甘泉、汾陰祠(70)，及紫壇偽飾、女樂、鸞路、騂駒、龍馬、石壇之屬(71)。

【章旨】以上為第一段，寫成帝初即位，斥逐權臣石顯及其黨羽，優禮大臣，大封外戚王氏，採納薛宣建言，約法省禁。政治出現一絲曙光。

【注釋】❶孝成皇帝　漢元帝子，名驁，字太孫，西漢第八代皇帝，西元前三三至前七年在位。胡三省注引荀悅云：「諱『驁』之字曰『俊』。」❷乙丑　正月初一日。❸悼考廟災　漢宣帝父史皇孫的廟發生火災。宣帝尊史皇孫曰悼考。❹長信中太僕　官名，掌管長信宮皇太后的車馬，不常置。❺顯既失倚二句　石顯為漢元帝親信，元帝死，他失去倚靠，又被罷了中書令的顯職，沒有了權力。❻丞相御史條奏顯舊惡　丞相匡衡、御史大夫張譚彈劾石顯，一條條列出其先前的罪惡。❼牢梁陳順　兩人皆石顯死黨。牢梁官至中書僕射。❽徙歸故郡　逐出京師還歸故鄉濟南郡。❾道死　在回鄉的途中死亡。❿左遷　降職任用。⓫玄菟　郡名，治所在今遼寧新賓東。⓬鴈門都尉　官名，掌雁門郡郡兵。雁門郡治所善無，在今山西右玉南。⓭王尊　字子贛，涿郡高陽（今河北高陽東）人。長於經學，官至司隸校尉。傳見《漢書》卷七十六。⓮顓權擅勢　專斷權力，擅作威福。顓，同「專」。⓯不以時　不及時。⓰附下罔上　拉攏臣下，欺騙皇帝。⓱懷邪迷國　心懷邪惡，迷惑君王。⓲不道　漢代刑目之一。⓳在赦令前　成帝去年六月即位，七月發布大赦令。匡衡、張譚在赦令之前的過失，姑且不究。⓴反揚著先帝任用傾覆之徒　反而張揚先帝任用奸險之徒。㉑甚於主上　超過了畏懼皇上。㉒卑君尊臣　壓低皇帝，抬高臣下。㉓非所宜稱　與大臣地位不相稱。㉔失大臣體　有失大臣的規矩。㉕慙懼　慚愧畏懼。㉖上丞相侯印綬　自動交出丞相、封侯印。匡衡封樂安侯。㉗重傷大臣　不願傷害大臣。重傷，難於傷害。㉘左遷尊為高陵令　將王尊降為高陵縣令。㉙羣下多是尊者朝廷大臣中很多人肯定王尊。㉚嘿嘿　沉默寡言。㉛每有水旱二句　每逢水旱災害發生，匡衡就接連上書請求辭職讓位。乞骸骨，表示辭職的委婉說法，意謂出仕任職是以身許國，乞求皇帝賜還。㉜詔書慰撫　下詔勸慰留任。㉝不許　不批准辭職。㉞上郡庫令良　上郡軍械庫長劉良，是河間王劉元之弟。元帝建昭元年，劉元被廢，今以其弟劉良嗣封河間王。上郡，在今陝西北部，郡治膚施，在今陝西綏德東南。㉟有星孛于營室　在營室（營室二星，象天子之宮）出現孛星。㊱壬子　正月乙丑朔，無壬子。壬子，應為二月十八日。㊲王崇　王崇與大將軍王鳳、皇太后王政君三人為同母所生。下文王譚、王商、王立、王根、王逢時皆為成帝諸舅，五人與王崇、王鳳為異母兄弟。㊳黃霧四塞　黃色的濃霧充滿四方。古人認為這種天變是陰陽錯亂造成，是政事不當的徵兆。㊴博問　廣泛詢問。㊵駟勝　人名，史失其姓。時任博士。㊶高祖之約　高祖劉邦晚年，曾殺白馬與大臣盟誓，不是皇室劉姓而封王，以及無功而封侯的人，天下可共誅之。㊷優詔　辭美情切的詔書。㊸御史中丞　官名，御史大夫副職，秩千石。受公卿奏事，舉劾按章，內掌祕籍，外督部刺史。㊹薛宣　字贛君，東海郡郯縣（今山東郯城）人，官至丞相，封高陽侯。傳見《漢書》卷八十三。㊺嘉氣尚凝　吉祥之氣仍未通。㊻部刺史或不循守條職　十三州部刺史中，有的不遵守律條履行職責。條職，刺史按六條問事，漢武帝所定。六條內容為：一、強宗豪右，田宅逾制，以強陵弱，以眾暴寡。二、二千石不奉詔書，遵承典制，背公向私，旁詔守利，侵漁百姓，聚斂為奸。三、二千石不恤疑獄，風厲殺人，怒則任刑，喜則任賞，煩擾苛暴，肅戮黎元，為百姓所疾，山崩石裂，妖祥訛言。四、二千石選署不平，苟阿所愛，蔽賢寵頑。五、二千石子弟怙恃榮勢，請託所監。六、二千石違公下比，阿附豪強，通行貨賂，割損政令。見《續漢書・百官志》注引《漢儀》。㊼舉錯　處理政事。此指部刺史執行六條問事的具體行為。㊽多與郡縣事　過多地干預郡縣行政事務。㊾至開私門　甚至大開後門，收受賄賂。㊿求　查找。(51)譴呵及細微　申斥到吹毛求疵的地步。(52)責義不量力　要求別人去做不能勝任的事。(53)郡縣相迫促三句　這幾句是說郡縣政府在部刺史催逼壓力下，也使用苛刻手段，將禍害轉嫁給民眾。(54)鄉黨　鄉親鄰里。(55)闕　通「缺」。(56)嘉賓之懽　相互友好的歡樂。《詩・小雅・鹿鳴》：「我有嘉賓，鼓瑟吹笙。」(57)九族　親族。上至高祖，下至玄孫，上下共九代，是為九族。這裡泛指同宗親族。(58)周急之厚　指相互救助急難的敦厚風俗。周急，救濟困難。周，通「賙」。(59)彌衰　更加衰敗；日益衰敗。(60)人道不通則陰陽否隔　做人的倫理不順，則陰陽自然被阻隔。否隔，阻隔。(61)詩云　引自《詩經・伐木》。(62)民之失德二句　人們喪失了道德，為一塊乾糧也會犯錯。愆，過失。(63)鄙語　諺語；俗語。(64)苛政不親二句　政令苛刻，傷害親情，人民煩勞悲苦就傷害恩義。(65)申敕　約束。(66)昭然　清楚明白。(67)嘉納　欣然採納。(68)有兩月相承　天空出現一上一下兩個月亮。相承，相重。參照京房對《易傳》的解釋，君弱似婦，為陰所乘，則兩月出。㊾作長安南北郊　在京城南北郊分建天地壇以祭天地。㊿罷甘泉汾陰祠　武帝建的甘泉泰畤與河東汾陰的后土祠，因違反南陽北陰以及東為少陽之義，故予以拆除。㊿及紫壇偽飾女樂鸞路騂駒龍馬石壇之屬　指同時撤除甘泉泰畤的紫壇、女樂、石壇等。紫壇，祭壇上的紫色裝飾。女樂，甘泉祭天時，用七十名童男童女唱歌。鸞路，運送牛羊等犧牲的專用道路。騂駒，祭祀用的棗紅駿馬。龍馬，裝飾著龍紋的馬。石壇，石築的祭壇。

【校　記】①等　據章鈺校，十四行本、乙十一行本、孔天胤本此下皆有「對」字，張敦仁《通鑑刊本識誤》同。②過　張敦仁《通鑑刊本識誤》作「過失」。③及　據章鈺校，十四行本、乙十一行本、孔天胤本皆作「至」。④通　據章鈺校，十四行本、乙十一行本、孔天胤本皆作「興」。

【語　譯】孝成皇帝上之上

建始元年（己丑　西元前三二年）

春，正月初一日乙丑，宣帝的父親悼考廟發生火災。

石顯調任長信宮的中太僕，秩祿為中二千石。石顯已經失去了漢元帝這個依靠，離開了權力中樞，於是丞相匡衡和御史大夫張譚列舉石顯一條條罪狀上奏，連同石顯的黨羽牢梁、陳順都被罷官。石顯和妻子兒女被遣送回原籍濟南郡，憂愁悲憤，吃不下飯，死在路上。所有因交結石顯而得官的人，全都被罷官。少府五鹿充宗降職為玄菟郡太守，御史中丞伊嘉降職為雁門郡都尉。

司隸校尉涿郡人王尊上奏彈劾說：「丞相匡衡、御史大夫張譚，明知石顯等人專權仗勢，大作威福，為害天下，不及時報奏皇上懲處他們；反而百般諂媚，曲意奉承，拉攏臣下，欺騙皇上，心懷邪惡，迷惑君主，沒有大臣輔政的原則，都犯下了不道之罪！幸好這都在去年七月大赦之前。在大赦之後，匡衡、張譚上奏彈劾石顯時，不但沒有陳述自己不忠的罪過，反而張揚先帝任用了奸險之徒，荒謬地宣稱『文武百官畏懼石顯，甚於畏懼天子』，貶低皇上，抬高臣下，不應當是他們說的話，有失大臣的規矩！」這一來，匡衡既羞愧，又恐慌，就脫下官帽請罪，交出了丞相和樂安侯的印綬。成帝因剛即位，不願重罰大臣，就把王尊降職為高陵縣的縣令。但是朝中很多人肯定王尊。匡衡沉默寡言，心裡很不平靜，以後凡遇水旱天災，就接連請求辭職讓位；成帝就下詔書慰留，不同意他辭職。

冊封以前的河間王劉元的弟弟上郡的武庫令劉良為河間王。○有彗星出現在營室附近。○赦免天下。

王子日，冊封舅舅諸吏、光祿大夫、關內侯王崇為安成侯，賜舅舅王譚、王商、王立、王根、王逢時關內侯的爵位。夏，四月，黃色的濃霧充塞四方，成帝下詔廣泛地詢問公卿大夫意見，不要有任何諱忌。諫大夫楊興、博士駟勝等人都認為「陰氣太盛，侵犯陽氣。當年高皇帝規定，不是功臣，不可以封侯爵。如今，太后的幾位弟弟，並沒有功勞，卻都加封侯爵，這是外戚從未有過的，所以上天現此變異。」於是大將軍王鳳恐懼，上奏請求退休，辭去職務；成帝美詔撫慰，不予批准。

御史中丞東海郡人薛宣上奏說：「陛下有至高的仁德，但是，吉祥之氣仍未通，陰陽不和，大概是官吏們的苛政太多的緣故。十三州各部的巡按刺史，有的不按條規辦事，辦事各以己意，多方干預郡縣的行政事務，甚至私自納賄，聽信讒言，查找官吏和人民的過失，申斥責問吹毛求疵，要求別人去做不能勝任的事；郡守和縣令在壓力之下，也隨之採取苛刻手段，層層苛責，災禍落到民眾身上。因此，鄉里民眾彼此間缺乏對待嘉賓那樣的歡樂，九族之間，也相互忘了親密的血緣關係，飲食相助，急難相濟的好風尚日益衰退，送往迎來的禮節也丟了。做人的道德遭到破壞，天地間陰陽之氣的流通就會被阻隔，祥和之氣不通，未必不是由於這些啊！《詩經》說：『人民丟失了道德，為一塊乾餅也會犯錯。』俗話說：『施政太過苛刻，會傷害親情；人民煩勞悲苦，會傷害恩義。』每當一方的部刺吏回京奏事，皇上應加以管束，讓他們瞭解朝廷的要務。」成帝欣然採納了他的建議。

八月的一天，一上一下兩個月亮，清早出現在東方。

冬，十二月，成帝分別在首都長安南郊、北郊，祭祀上天和大地，撤除原在甘泉祭天、汾陰祭地的祭祀，同時撤銷在甘泉泰畤的紫壇上所有的裝飾、歌伎、車駕、赤色馬、神馬和石壇等物。

二年（庚寅　西元前三一年）

春，正月，罷雍五畤及陳寶祠❶，皆從匡衡之請也。辛巳❷，上始郊祀長安南郊。赦奉郊縣及中都官耐罪徒❸，減天下賦錢，筭四十❹。

閏月❺，以渭城延陵亭部為初陵❻。

三月辛丑❼，上始祠❽后土于北郊。

丙午❾，立皇后許氏❿。后，車騎將軍嘉之女也。元帝傷母恭哀后⓫居位日淺而遭霍氏之辜，故選嘉女以配太子。

上自為太子時，以好色聞；及即位，皇太后詔采良家女以備後宮。大將軍武庫令⓬杜欽⓭說王鳳曰：「禮，一娶九女，所以廣嗣重祖⓮也；娣姪⓯雖缺不復補，所以養壽塞爭⓰也。故后妃有貞淑⓱之行，則胤嗣⓲有賢聖之君；制度有威儀之節⓳，則人君有壽考之福。廢而不由，則女德不厭⓴；女德不厭，則壽命不究於高年㉑。男子五十，好色未衰；婦人四十，容貌改前㉒；以改前之容侍於未衰之年，而不以禮為制，則其原不可救㉓，而後徠異態㉔；後徠異態，則正后自疑而支庶有間適之心㉕。是以晉獻被納讒之謗，申生蒙無罪之辜㉖。今聖主富於春秋㉗，未有適嗣，方鄉術入學，未親后妃之議㉘。將軍輔政，宜因始初之隆，建九女之制㉙，詳擇有行義之家㉚，求淑女之質㉛，毋必有聲色技能㉜，為萬世大法㉝。夫少戒之在色㉞，小下之作，可為寒心㉟。唯將軍常以為憂㊱！」鳳白之太后，太后以為故事無有㊲；鳳不能自立法度，循故事㊳而已。鳳素重欽㊴，故置之莫府㊵，國家政謀常與欽慮㊶之，數稱達㊷名士，裨正闕失㊸。當世善政多出於欽者。

夏，大旱。

匈奴呼韓邪單于嬖㊹左伊秩訾兄女二人。長女顓渠閼氏生二子，長曰且莫車，次曰囊知牙斯；少女為大閼氏，生四子，長曰雕陶莫皋，次曰且麋胥，皆長於且莫車，少子咸、樂二人，皆小於囊知牙斯。又它閼氏子十餘人。顓渠閼氏貴㊺，且莫車愛㊻，呼韓邪病且死，欲立且莫車。顓渠閼氏曰：「匈奴亂十餘年，不絕如髮㊼，賴蒙漢力，故得復安。今平定未久，人民創艾㊽戰鬬。且莫車年少，百姓未附，恐復危國。我與大閼氏一家共子，不如立雕陶莫皋。」大閼氏曰：「且莫車雖少，大臣共持國事。今舍貴立賤，後世必亂。」單于卒從顓渠閼氏計，立雕陶莫皋，約令傳國與弟。呼韓邪死，雕陶莫皋立，為復株累若鞮單于㊾。復株累若鞮單于以且麋胥為左賢王，且莫車為左谷蠡王，囊知牙斯為右賢王。復株累單于復妻王昭君㊿，生二女，長女云為須卜居次[51]，小女為當于居次。

【章　旨】以上為第二段，寫杜欽針對成帝好色的秉性，建言大將軍王鳳建立君王娶妻限額九女的制度，惜未推行。杜欽受到了大將軍的重用，做了一些好事。匈奴呼韓邪單于臨終為了安定國家，立長不立嫡，不失為匈奴的明君。

【注　釋】❶罷雍五畤及陳寶祠　裁撤雍城的五天帝祭壇，以及陳寶祠。陳寶祠，指秦時建於陳倉（今陝西寶雞）北坡上的寶雞神祠。相傳秦文公時，曾於此獲寶雞。❷辛巳　正月二十三日。❸赦奉郊縣及中都官耐罪徒　赦免長安、長陵縣以及京師政府各部門中服役的罪徒。奉郊縣，指供奉郊祀的縣。漢代天壇在長安城南，近長安縣；地壇在長安城北的長陵縣界中，二縣有供奉之職，故稱為奉郊縣。中都官，京城各部的總稱。耐罪徒，剃去兩鬢的輕罪徒。耐，通「耏」。剃去鬢髮，一種輕於剃光頭髮的髡刑。❹筭四十　漢制，成人須納人頭稅，每年每人一算，稱算錢，一算為一百二十文。今減少為每算四十，即算賦每人減少八十文。筭，同「算」。❺閏月　閏正月。❻初陵　即成帝陵，定名延陵，在今陝西咸陽東北。❼辛丑　三月十四日。❽始祠　首次祭祀。❾丙午　正月十九日。❿皇后許氏　成帝舅車騎將軍許嘉之女，雖立為后，但因無子受王鳳等外戚排斥，終被廢。傳見《漢書》卷九十七下。⓫恭哀后　指許廣漢之女，漢宣帝的許皇后。許皇后與許嘉是堂兄妹，權臣霍光之妻勾結宦官和太醫，藥死了許皇后。⓬大將軍武庫令　大將軍之軍所屬的武庫軍械長。⓭杜欽　王鳳之幕僚，杜延年之子。傳見《漢書》卷六十。⓮廣嗣重祖　多育子女便是尊重祖宗。這是儒家的觀點。⓯娣姪　指陪嫁之女，若係親妹稱娣，若是正夫人兄弟之女則稱姪。這裡泛指嬪妃。⓰養壽塞爭　讓皇帝頤養身體長壽，杜絕眾嬪妃的爭風吃醋。⓱貞淑　品行端莊。⓲胤嗣　指皇帝的兒子。⓳制度有威儀之節　嬪妃進幸皇帝有制度規定。⓴廢而不由二句　君王若廢除這些規定不遵守，就會不斷追求女色。女德，女色。㉑不究於高年　不會達到高壽。㉒容貌改前　指女貌變醜，不如年輕時。㉓原不可救　不能從根本上阻止君王的好色。㉔後徠異態　發展下去還會出現不正常的變化。㉕正后自疑而支庶有間適之心　皇后惶恐不安而寵妃及庶子則會產生奪嫡的野心。適，通「嫡」。㉖晉獻被納讒之譖二句　晉國的第十九任國君晉獻公因寵愛驪姬，聽信讒言，逼迫世子申生自殺，立驪姬子奚齊為世子。晉獻公死後，晉國大亂。㉗富於春秋　正當年輕力壯之年。時成帝劉驁二十一歲。㉘方鄉術入學二句　正是讀書求學的年齡，還不懂得處理與皇后、嬪妃的夫婦關係。㉙建九女之制　恢復夏、殷古制，建立天子只娶九女的制度。㉚詳擇有行義之家　認真選擇出身於仁義之家的女性。㉛淑女之質　質樸賢惠的女性。㉜聲色技能　容貌美且能歌善舞。㉝萬世大法　可傳之後世的根本法則。㉞夫少戒之在色　年少之人最要節制情欲。孔子在

《論語・季氏》中說：「君子有三戒，少之時，血氣未定，戒之在色。」㉟小卞之作二句　小卞，《詩經・小雅》篇名。其詩意是諷刺周幽王罷黜申后、廢太子宜臼、立褒姒、封庶子伯服，最後導致西周滅亡，是為寒心之戒。㊱常以為憂　經常以此為憂慮之事。㊲故事無有　漢朝廷從無先例。㊳循故事　因循成法慣例。㊴鳳素重欽　王鳳一向敬重杜欽。重，看重；尊重。㊵置之莫府　安置在幕府。莫，通「幕」。㊶慮　商計。㊷稱達　推薦。㊸裨正闕失　補救王鳳政治上的缺陷或失誤。裨正，補正。㊹嬖　寵愛。㊺貴　地位尊貴。㊻愛　受寵愛。㊼不絕如髮　匈奴國運危如細髮。㊽創艾　因受打擊而戒懼。㊾復株累若鞮單于　西元前二〇—前一二年在位。㊿復妻王昭君　匈奴俗，單于立可妻諸母，故復株累若鞮單于復以王昭君為妻。(51)居次　匈奴語，公主之意。王昭君所生二女分別嫁匈奴貴族須卜氏、當于氏，從夫姓稱作須卜公主、當于公主。

【語　譯】二年（庚寅　西元前三一年）

春，正月，撤除雍縣的五天帝祭壇和陳倉的陳寶祠廟，這都是採納匡衡的奏請。二十三日辛巳，成帝初次到京都長安南郊舉行祭天典禮。赦免供奉郊祀之縣以及京師各部門服役的輕罪囚徒，減輕全國賦稅，算錢四十文。

閏正月，成帝把渭城延陵亭一帶劃定為自己的初陵地，興建延陵。

三月十四日辛丑，成帝首次在京都北郊舉行祭地典禮。

三月十九日丙午，冊立許氏皇后。許皇后，是車騎將軍許嘉的女兒。元帝因為哀悼母親恭哀后在位時間不長，就受到霍氏毒害，所以特選許嘉的女兒婚配給太子。

成帝為太子時，就以好色聞名；等到即了皇帝位，皇太后下詔選娶良家女子充實後宮。大將軍武庫令杜欽勸諫王鳳說：「按照禮制，君王一次娶九個女子，藉以多生子嗣，尊重祖先；其中嬪妃空缺，不再補充，為的是頤養長壽，杜絕爭風吃醋。所以，皇后與嬪妃品行端莊，那麼後代就有聖賢的國君；嬪妃進幸有制度規定，那麼君王才會有高壽的福氣。如果廢棄這些規定不遵守，那麼就會不斷追求女色；不斷追求女色，那君王的壽命就不能達到高壽。男子到了五十歲，還是喜好女色；女子到了四十，容貌改變了先前模樣；以改變了容貌的女子，侍奉性慾沒有衰退的男子，如果不用禮教來節制，就不能阻止原來的好色之心，導致對待妻子的態度發生變化；那樣，元配嫡妻就會起疑心，而寵妃與庶子就會產生奪嫡的野心。所以晉獻公遭到輕聽驪姬讒言的批評，申生蒙受冤枉而被殺。如今皇上年輕，沒有嫡子，正當讀書求學的年齡，還不懂得處理皇后與嬪妃的夫婦關係。將軍輔政，應當趁著皇上剛即位之時的隆盛，建立只娶九女的制度，仔細選擇德行高尚的仁義之家，物色賢惠質樸的女子，不必一定有過分的美色和能歌善舞的技能，以此作為可傳之萬世的宮廷基本法則。青春少年時期，必須克制貪求美色，《詩經·小雅》中的那首〈小卞〉之詩，實在令人寒心啊！希望將軍能常以此事為念！」王鳳轉告皇太后，皇太后認為皇帝只限於九個妻子，沒有前例可循；王鳳不能自立法度，只有按成例去做而已。王鳳一向很器重杜欽，因此把他安排在自己官府，國家的大事方針經常與他共同商議，杜欽屢次舉薦有名望的人士，補救政治上的缺失。當時的善政，很多出於杜欽。

夏天，發生大旱災。

匈奴呼韓邪單于寵愛左伊秩訾哥哥的兩個女兒。長女顓渠閼氏，生了兩個兒子，大兒子叫且莫車，二兒子叫囊知牙斯；小女為大閼氏，生了四個兒子，長子叫雕陶莫皋，次子叫且麋胥，二人都比且莫車年長，小兒子欒提咸、欒提樂二人，都比囊知牙斯年小。還有其他的閼氏生的兒子共十多個。顓渠閼氏的地位顯貴，而且莫車又深受寵愛，呼韓邪病危時，想立且莫車為太子。顓渠閼氏說：「匈奴動亂十多年，國家命脈像一根細細的頭髮，面臨斷絕，幸賴漢朝的扶持，才得以穩定下來。如今剛安定不久，人民都十分害怕戰爭。且莫車年紀尚幼，百姓還沒有親附他，立他恐怕再次危害國家。我與大閼氏是親姐妹，不如立雕陶莫皋。」大閼氏說：「且莫車年紀雖幼，但有大臣們共同輔佐他執掌國政。現今若棄貴立賤，後世必定發生戰亂。」單于最終聽從了顓渠閼氏的建議，立雕陶莫皋為繼承人，約定將來雕陶莫皋要傳位給弟弟且莫車。呼韓邪死後，雕陶莫皋即位，稱復株累若鞮單于。他封且麋胥為左賢王，且莫車為左谷蠡王，囊知牙斯為右賢王。復株累若鞮單于又娶王昭君為妻，生二女，長女云為須卜居次，小女為當于居次。

三年（辛卯　西元前三〇年）

春，三月，赦天下徒。

秋，關內大雨四十餘日。京師民相驚，言大水至。百姓奔走相蹂躪❶，老弱號呼❷，長安中大亂。天子親御前殿，召公卿議。大將軍鳳以為：「太后與上及後宮可御船，令吏民上長安城以避水。」羣臣皆從鳳議。左將軍王商獨曰：「自古無道之國，水猶不冒城郭❸；今政治和平，世無兵革，上下相安，何因當有大水一日暴至❹[1]，此必訛言❺也！不宜令上城，重驚百姓❻。」上乃止。有頃，長安中稍定，問之，果訛言。上於是美壯商之固守❼，數稱其議；而鳳大慚，自恨失言。

上欲專委任王鳳，八月，策免車騎將軍許嘉，以特進侯就朝位❽。

張譚坐選舉不實，免。冬，十月，光祿大夫尹忠為御史大夫。

十二月戊申朔❾，日有食之。其夜，地震未央宮殿中。詔舉賢良方正能直言極諫之士。杜欽及太常丞❿谷永⓫上對，皆以為後宮女寵太盛，嫉妒專上⓬，將害繼嗣之咎⓭。

越巂⓮山崩。

丁丑⑮，匡衡坐多取封邑四百頃⑯，監臨盜所主守直十金以上⑰，免為庶人⑱。

【章　旨】以上為第三段，寫成帝建始三年（西元前三〇年）無大事，實質是君臣無所作為，丞相匡衡貪婪被罷官。全國各地災害不斷，大水、地震、山崩。

【注　釋】❶蹂躪　踐踏。❷號呼　大聲哀叫。❸冒城郭　淹沒了城牆。❹暴至　突然發生。❺訛言　謠言。❻重驚百姓　嚴重震驚百姓。❼美壯商之固守　讚賞王商臨事鎮定自若。此王商字子威，並不是王鳳之弟王商。從此王鳳恨王商，處心積慮地加以排斥。❽以特進侯就朝位　許嘉被免官，允許以特進和侯爵的身分仍在京師列位朝官的行列。許嘉繼嗣為平恩侯。特進，加官，位在三公以下，列侯之上。❾戊申朔　十二月初一日。❿太常丞　官名，太常副長官，佐太常掌宗廟禮儀。⓫谷永（？—西元前一一年）字子雲，長安人，經學大師，尤長於《京氏易》，依附外戚王氏，官至大司農。傳見《漢書》卷八十五。⓬專上　皇上的專寵。⓭咎　禍患。⓮越嶲　郡名，治所邛都，在今四川西昌。⓯丁丑　十二月三十日。⓰坐多取封邑四百頃　匡衡封邑在臨淮郡僮縣樂安鄉，封地三千一百頃，南以閩陌為界，後以平陵陌為界，多佔四百頃，因而蒙罪。坐，被判有罪。⓱監臨盜所主守直十金以上　匡衡屬下官員盜取官物價值超過十金。漢制，黃金二十四兩為一鎰，即一金。按漢律，超過十金即須定罪。⓲免為庶人　罷免官職為平民。

【校　記】①何因當有大水一日暴至　張瑛《通鑑校勘記》作「何因當大水，水一日暴至」。

【語　譯】三年（辛卯　西元前三〇年）

春，三月，赦免天下服勞役的犯人。

秋季，關中大雨四十餘天。京師的民眾驚慌，說洪水到了。百姓奔逃互相踐踏，老弱號呼，長安城內大亂。成帝就親自到前殿召集公卿商議。大將軍王鳳認為：「皇太后和皇上，以及後宮嬪妃，可以乘船，下令官吏民眾登上長安城牆去躲避水災。」群臣都同意王鳳的建議，只有左將軍王商反對說：「自古以來，即使是暴虐無道的國家，大水也不淹沒它的城郭；如今政治太平，世無兵革，上下相安無事，怎麼會有洪水一天突然來到，這一定是謠言！不應該讓百姓爬上城牆，嚴重驚動百姓。」成帝便停止行動。沒多久，長安城內逐漸安定，查問緣由，果真是謠言。成帝於是很讚賞王商臨事鎮定自若，多次稱揚他的提議；王鳳大感慚愧，自恨說錯了話。

皇上準備把朝政大權委任給王鳳，八月，策命免去車騎將軍許嘉之職，讓他以特進侯爵身分置身朝列。

御史大夫張譚因舉薦人才與實不符，被免官。冬，十月，任命光祿大夫尹忠為御史大夫。

十二月初一日戊申，發生日蝕。當天夜晚，未央宮發生地震。成帝下詔舉薦賢良方正以及能直言敢諫的人才。杜欽和太常丞谷永上奏回應，都認為後宮美女過於受寵，互相嫉妒，都想獨佔成帝，將有害於繼嗣。

越巂郡山崩。

十二月三十日丁丑，匡衡因在本封邑外侵佔四百頃土地，且他管轄下的主管官員盜取官物價值十金以上，被罷官為平民。

四年（壬辰　西元前二九年）

春，正月癸卯❶，隕石于亳四❷，隕于肥累❸二。

罷中書宦官❹。初置尚書員五人❺。

三月甲申❻，以左將軍樂昌侯王商❼為丞相。

夏，上悉召前所舉直言之士，詣白虎殿❽對策❾。是時上委政王鳳，議者多歸咎焉。谷永知鳳方見柄用❿，陰欲自託⓫，乃曰：「方今四夷賓服⓬，皆為臣妾，北無葷粥、冒頓之患⓭，南無趙佗、呂嘉之難⓮，三垂⓯晏然⓰，靡有兵革之警⓱；

諸侯大者乃食數縣，漢吏制其權柄⑱，不得有為，無吳、楚、燕、梁⑲之勢；百官盤互⑳，親疏相錯㉑，骨肉大臣有申伯㉒之忠，洞洞屬屬㉓，小心畏忌，無重合、安陽、博陸之亂㉔。三者無毛髮之辜㉕，竊恐陛下舍昭昭之白過㉖，忽天地之明戒，聽暗昧之瞽說㉗，歸咎乎無辜㉘，倚異乎政事㉙，重失天心，不可之大者也。陛下誠深察愚臣之言，抗湛溺之意㉚，解偏駁之愛㉛，奮乾剛之威㉜，平天覆之施㉝，使列妾得人人更進㉞，益納宜子婦人㉟，毋擇好醜㊱，毋避嘗字㊲，毋論年齒㊳。推法言之㊴，陛下得繼嗣於微賤之間，乃反為福；得繼嗣而已，母非有賤也㊵。後宮女史、使令有直意者㊶，廣求於微賤之間，以遇天所開右㊷，慰釋皇太后之憂慍㊸，解謝上帝之譴怒，則繼嗣蕃滋㊹，災異訖息！」○杜欽亦做此意。上皆以其書示後宮，擢永為光祿大夫。

夏，四月，雨雪㊺。

秋，桃、李實㊻。

大雨水十餘日，河決東郡金隄㊼。先是清河都尉㊽馮逡㊾奏言：「郡承河下流㊿，土壤輕脆易傷，頃所以闊無大害(51)者，以屯氏河通，兩川分流也。今屯氏河塞，靈鳴犢口又益不利，獨一川兼受數河之任(52)，雖高增隄防，終不能泄(53)。

如有霖雨54，旬日不霽55，必盈溢56。九河57故迹，今既滅難明，屯氏河新絕未久，其處易浚58；又其口所居高，於以分殺水力59，道里便宜60，可復浚以助大河，泄暴水61，備[1]非常62。不豫63脩治，北決病64四、五郡，南決病十餘郡，然後憂之，晚矣！」事下丞相、御史65，白遣博士許商行視66，以為「方用度不足，可且勿浚67。」後三歲，河果決68於館陶及東郡金隄，泛濫兗、豫及[2]平原、千乘、濟南69，凡灌四郡、三十二縣70，水居地71十五萬餘頃，深者三丈，壞敗官亭、室廬72且四萬所。

冬，十一月，御史大夫尹忠以對方略疏闊，上切責其不憂職73，自殺。遣大司農非調74調均錢穀75河決所灌之郡，謁者二人發河南以東船五百㮴，徙民避水居丘陵九萬七千餘口。

壬戌76，以少府張忠為御史大夫。

【章旨】以上為第四段，寫漢成帝陶醉於後宮美色，賢良方正谷永在大將軍王鳳唆使下不在對策中建言國家大事而替皇上縱慾辯護；丞相匡衡尸位素餐，不治黃河，至此終於釀成大禍。

【注釋】❶癸卯　正月二十六日。❷隕石于亳四　在亳縣落下了四顆隕石。亳，縣名，縣治在今河南商丘東南。四，隕石四顆。❸肥累　縣名，縣治在今河北藁城東。❹罷中書宦官　漢初宦官有中謁者令，漢武帝改稱中書謁者令，又置中書謁者僕射為副長官。至此，成帝罷宦官而復用士人，復改為中謁者令。❺初置尚書員五人　《漢舊儀》云：「尚書四人，為四曹（四個司）：常侍尚書，主丞相、御史事；二千石尚書，主刺史、二千石事；戶曹尚書，主庶人上書事；主客尚書，主外交事務。」成帝置五人，加三公曹尚書，主斷獄事。按，元帝時尚書已至五人，至成帝時始成定制。❻甲申　三月初八日。❼王商　字子威，非王鳳之弟。❽白虎殿　未央宮殿名，為宮中講學之所。❾對策　選人才之考試。由皇帝出題設問，應對者直言以對，既求言，又選士。❿方見柄用　正掌握權柄受重用。⓫陰欲自託　想暗中投靠王鳳。⓬賓服　臣服。⓭葷粥冒頓之患　即匈奴之邊患。殷周時稱匈奴為葷粥，冒頓是西漢初年屢次侵擾中國的匈奴單于。⓮趙佗呂嘉之難　指南邊南越之禍患。趙佗為南越王，西漢初通好於漢。事見《史記》、《漢書》之南越傳。呂嘉是南越大臣，漢武帝時反叛漢朝，被武帝誅殺。⓯三垂　北、西、南三邊。⓰晏然　太平無事。⓱靡有兵革之警　沒有戰爭警報。⓲漢吏制其權柄　朝廷所派官吏控制著諸侯王的權柄。⓳吳楚燕梁　吳、楚，指漢景帝時吳楚等七諸侯國之亂。燕，指漢昭帝時燕王劉旦謀反。梁，指漢景帝弟梁王劉武，驕橫逾制，死後梁國一分為五。⓴盤互　互相牽制。㉑親疏相錯　皇親國戚與百官交錯。㉒申伯　周宣王之舅，《詩經．崧高》就是褒獎申伯的詩。這裡以申伯暗喻大將軍王鳳。㉓洞洞屬屬　謹慎而又小心。洞洞，敬肅的樣子。屬屬，謹慎小心的樣子。㉔重合安陽博陸之亂　指武帝時的重合侯馬通，昭帝時的安陽侯上官桀，宣帝時的博陸侯霍禹，三人皆以陰謀作亂而被誅。㉕三者無毛髮之辜　外敵、諸侯王、臣僚三方面都沒有絲毫過失。㉖舍昭昭之白過　犯下明顯的錯誤。舍，留下；犯下。㉗忽天地之明戒二句　忽視天地災異之變的明顯警示，而聽信愚昧之人的瞎說。㉘歸咎乎無辜　歸罪於無辜的人。㉙倚異乎政事　改變託付重任的人。倚，依。《漢書．谷永傳》原文在「三者無毛髮之辜」句下有「不可歸咎諸舅」之語，其義更為明晰。㉚抗湛溺之意　抗拒沉溺之心。湛，通「沉」。㉛解偏駁之愛　解除專寵之愛。谷永此言，是針對許皇后而發。㉜奮乾剛之威　振奮陽剛精神。㉝平天覆之施　指平等對待眾嬪妃。施，恩惠。㉞使列妾得人人更進　讓嬪妃人人都能得到皇帝的恩寵。㉟益納宜子婦人　多接納能生育男孩的婦女。這是勸皇帝早生後代的措施。許皇后僅生一女，且早夭。㊱毋擇好醜　不要挑選長得美醜。㊲毋避嘗字　不必計較是不是為處女。其時，王鳳已將自己小妾的妹妹，結過婚的張美人送進後宮。谷永此言，一為王鳳開脫，二為張美人得寵造輿論。㊳毋論年齒　不必管年齡大小。㊴推法言之　按理說來。這裡的理，指為速得子而擇婦之理。㊵得繼嗣而已二句　只要能生子，就不必計較其母身分的貴賤與否。㊶後宮女史使令有直意者　即使是後宮的女婢、女奴，只要皇帝中意便可侍奉皇帝。女史，抄寫文書的宮婢。使令，在後宮供差遣的使女。㊷以遇天所開右　一旦上天保佑，說不定會降生皇子。右，通「佑」。㊸慰釋皇太后之憂慍　可使皇太后的憂愁消失。㊹繼嗣蕃滋　後代不斷增多。㊺雨雪　降雪。農曆夏四月降雪屬天變，故記載。㊻秋二句　秋天桃李結實。按常理，桃、李應在春末結實。㊼河決東郡金隄　指在今河南滑縣境內的黃河決口。金隄是河堤之名，在東郡轄區內。㊽清河都尉　官名，清河郡都尉，掌郡兵。清河郡在黃河下游，治所清陽，在今河北清河縣東。㊾馮逡　馮奉世之子，字子產，為清河郡尉時，曾提出過治理黃河的策略，見《漢書・溝洫志》，這裡只是摘要。馮逡傳附〈馮奉世傳〉，見《漢書》卷七十九。㊿郡承河下流　指清河郡在黃河的下游。(51)闊無大害　很少有大的水災。闊，稀少。(52)一川兼受數河之任　指黃河一川而容納了多條河的水量。這是指因屯氏河阻塞，幾條河的水全部流入黃河。屯氏河是漢武帝修的一條人工河，目的在於分黃河的水勢。漢元帝永光五年（西元前三九年），靈縣鳴犢口決口，屯氏河遂淤塞。(53)泄　指排洩水量。(54)霖雨　連續三天以上的大雨。(55)旬日不霽　天連下十日大雨不晴。旬，十日為旬。(56)必盈溢　必然暴漲，溢出堤防。(57)九河　相傳大禹在兗州境內開鑿過九條河，有徒駭河、太史河、馬頰河、覆釜河、胡蘇河、簡河、潔河、鉤盤河、鬲津河，目的是分黃河水入渤海。(58)浚　疏通。(59)分殺水力　分減河水的衝力。(60)道里便宜　指疏浚原屯氏河比新開河道要省工省力。(61)泄暴水　分洩洪水。(62)備非常　防範非常事件（指決口）。(63)豫　預先。(64)病　為害。(65)事下丞相御史　馮逡的奏章交給丞相王商、御史大夫尹忠處理。(66)白遣博士許商行視　丞相、御史大夫奏請成帝派博士許商前去實地考察。(67)可且勿浚　可以暫時不疏浚。(68)後三歲二句　過了三年，黃河果然決口，事在成帝建始四年（西元前二九年）。(69)泛濫兗豫及平原千乘濟南　災區包括兗州、豫州以及青州的平原、千乘、濟南等郡。(70)凡灌四郡三十二縣　這次黃河決口，總計淹沒了四個郡共三十二個縣的地界。灌，淹沒。四郡，即被水淹的平原、千乘、濟南三郡和東郡。(71)水居地　積水淹沒的耕地。(72)壞敗官亭室廬　洪水沖毀官房及民居。壞，洪水沖毀。官亭，公房。室廬，民居。(73)不憂職　不盡職。(74)非調　人名，非姓據說是秦非子之後。(75)調均錢穀　指籌措救災經費及糧食，調往受災的地區。(76)壬戌　十一月二十日。

【校　記】 1備　張敦仁《通鑑刊本識誤》作「衛」。2及　據章鈺校，乙十一行本、孔天胤本皆作「入」。

【語　譯】 四年（壬辰　西元前二九年）

春，正月二十六日癸卯，亳縣落下四顆隕石，肥累縣落下兩顆隕石。

撤銷中書宦官。首次設置尚書五人，分曹辦事。

三月初八日甲申，任命左將軍樂昌侯王商為丞相。

夏，皇上召集前些時候所舉薦的全部直言敢諫的人士，前往未央宮白虎殿參加對策面試。當時成帝把朝政委託給王鳳，對策士人大多將缺失歸罪於王鳳。谷永知道王鳳正掌權柄受重用，想暗中投靠，於是在對策中說：「如今四方外族，都已臣服，都成了我國的臣屬，北邊沒有葷粥、冒頓的禍患，南邊沒有趙佗、呂嘉的發難，三方邊境都很安寧，沒有戰爭的警訊；最大的諸侯，才食邑數縣，況且有朝廷派去的官吏控制他們的權柄，不能有什麼作為，已沒有當年吳、楚、燕、梁等諸侯王國那種尾大不掉的勢力；文武百官互相制衡，皇親國戚與朝中百官交錯掌權，在皇上骨肉之親的大臣中，又有像周宣王的舅舅申伯一樣忠誠的人，謹慎敬畏，小心翼翼，更沒有像重合侯馬通、安陽侯上官桀、博陸侯霍禹那樣的亂臣賊子。外戚、諸侯王、臣僚三個方面都沒有絲毫的過失，我深恐陛下留下明顯的錯誤，忽視天地明顯的警告，聽信愚昧之人的瞎說，歸罪於無辜，把政事託附給不可靠的人，那麼就大失天心，這是最不應該的。陛下若能深切考慮愚臣的建議，排除沉溺之心，解除專寵之愛，振奮陽剛精神，平等布施恩德，使妃嬪人人都能得到皇上的恩寵，多接納能生兒子的婦人，不要挑選美醜，不必計較是不是處女，無論她的年齡大小。按理說來，陛下若能讓出身卑賤的嬪妃生下兒子，反倒是一種福氣；因為是要得到繼承人罷了，其母沒有貴賤之別。即使是後宮的女史宮婢，有皇上中意的，便可廣泛接納侍奉皇上，貴與賤都不重要，一旦上天保佑，說不定降下皇子，就可以使皇太后的憂愁消失，消解上帝的責怒，那麼後嗣繁衍，災害消除。」〇杜欽也效法奏上同樣的意見。皇上把奏章都傳示後宮，擢升谷永為光祿大夫。

夏，四月，下雪。

秋，桃樹、李樹結下果實。

大雨接連下了十多天，黃河在東郡金隄決口。在這之前，清河郡都尉馮逡上奏說：「清河郡處在黃河的下游，土壤鬆脆，容易崩塌，近些年之所以沒有大水災，因為有屯氏河暢通，黃河分流為二。如今屯氏河被堵塞，靈縣的鳴犢口也一天天淤塞不通，只剩下一條黃河，卻要容納幾條河水的流量，即使把堤防加高，也無法使它宣洩暢通，如果遇上連續幾天的大雨，十天不晴，河水必定漲過堤防。夏禹疏通的九河遺跡，如今已經消失，找不到它的位置，屯氏河剛淤塞不久，疏通並不困難；加上黃河分口處地勢較高，可以大大分減黃河水流的衝擊力，道里便利，可以疏通用來分擔黃河的水量，宣洩暴漲的洪水，預防非常險情的發生。若不預先加以修治，北岸決口危害四、五個郡，南岸決口危害十餘郡，之後擔憂操心，就晚了！」馮逡的奏章轉交到丞相匡衡、御史大夫張譚那裡去審議，匡衡、張譚奏請派博士許商前往視察，許商視察後，報告說「現在國家經費困難，可以暫時不疏通它。」三年後，黃河果然在館陶和東郡的金隄決口，大水氾濫兗州、豫州以及平原郡、千乘郡、濟南郡，共淹沒四郡，三十二縣，水浸沒耕地十五萬餘頃，水深處有三丈，沖壞了官府和民間房屋四萬多間。

冬，十一月，御史大夫尹忠因為提出的救災方案過於粗疏，成帝痛切地指責他不盡職責，尹忠自殺。成帝命大司農非調籌措經費和糧食，調往受災各郡實施救濟，又派出兩名謁者徵召河南郡以東的船舶五百艘，遷移災民到丘陵高地躲避水患，共九萬七千餘人。

十一月二十日壬戌，任命少府張忠為御史大夫。

南山❶羣盜傰宗❷等數百人為吏民害。詔發兵千人逐捕，歲餘不能禽。或說大將軍鳳，以「賊數百人在轂下❸，討不能得，難以示四夷❹。獨選賢京兆尹乃可。」於是鳳薦故高陵令王尊，徵為諫大夫，守京輔都尉❺，行京兆尹事❻。旬月間❼，盜賊清；後拜為京兆尹。

上即位之初，丞相匡衡復奏：「射聲校尉陳湯以吏二千石奉使❽，顓命蠻夷中❾，不正身以先下❿，而盜所收康居財物，戒官屬曰：『絕域事不覆校⓫。』雖在赦前[12]，不宜處位。」湯坐免。

後湯上言：「康居王侍子，非王子。」按驗，實王子也。湯下獄當死。太中大夫[13]谷永上疏訟湯[14]曰：「臣聞楚有子玉得臣[15]，文公為之仄席而坐[16]；趙有廉頗、馬服[17]，彊秦不敢窺兵井陘[18]；近漢有郅都、魏尚[19]，匈奴不敢南鄉沙幕。由是言之，戰克之將，國之爪牙，不可不重[20]也。蓋君子聞鼓鼙之聲[21]，則思將帥之臣。竊見關內侯陳湯，前斬郅支，威震百蠻，武暢西海[22]，漢元[23]以來，征伐方外[24]之將，未嘗有也！今湯坐言事非是，幽囚久繫，歷時不決，執憲之吏欲致之大辟[25]。昔白起[26]為秦將，南拔郢都[27]，北阬趙括[28]，以纖介之過[29]，賜死杜郵[30]；秦民憐之，莫不隕涕[31]。今湯親秉鉞[32]，席卷[33]、喋血[34]萬里之外，薦功祖廟[35]，告類上帝[36]，介冑之士靡不慕義[37]。以言事為罪，無赫赫之惡[38]。周書曰：『記人之功，忘人之過，宜為君者也。』[39]夫犬馬有勞於人，尚加帷蓋之報[40]，況國之功臣者哉！竊恐陛下忽於鼙鼓之聲，不察周書之意，而忘帷蓋之施[41]，庸臣遇湯[42]，卒從吏議[43]，使百姓介然[44]有秦民之恨，非所以厲[45]死難之臣[46]也！」書奏，天子出湯[47]，奪爵為士伍[48]。

會西域都護段會宗[49]為烏孫兵所圍，驛騎上書[50]，願發城郭、敦煌兵[51]以自救；丞相商、大將軍鳳及百僚議數日不決。鳳言：「陳湯多籌策[52]，習外國事，可問。」上召湯見宣室[53]。湯擊郅支時中寒[54]，病兩臂不屈申[55]。湯入見，有詔毋拜[56]，示以會宗奏。湯對曰：「臣以為此必無可憂也。」上曰：「何以言之？」湯曰：「夫胡兵五而當漢兵一，何者？兵刃朴鈍[57]，弓弩不利。今聞頗得漢巧，然猶三而當一。又兵法曰：『客倍而主人半，然後敵[58]。』今圍會宗者人眾不足以勝會宗，唯陛下勿憂！且兵輕行五十里[59]，重行三十里[60]，今會宗欲發城郭、敦煌，歷時[61]乃至，所謂報讎之兵，非救急之用也。」上曰：「柰何？其解可必乎[62]？度[63]何時解？」湯知烏孫瓦合[64]，不能久攻[65]，故事不過數日，因對曰：「已解矣！」屈指計其日，曰：「不出五日，當有吉語聞[66]。」居四日[67]，軍書到，言已解。大將軍鳳奏以為從事中郎[68]，莫府[69]事壹決於湯[70]。

【章旨】以上為第五段，寫段會宗建功西域，用以襯托陳湯的軍事才能與功勳，而純儒的迂腐大臣匡衡等人卻糾纏不休，必欲置陳湯於死地而後快。由於西域邊事再起，挽救了功臣陳湯。

【注釋】❶南山　指長安南郊的終南山。❷傰宗　人名。❸轂下　京師輦轂之下，天子腳下。❹難以示四夷　難以向四方蠻族宣威。❺守京輔都尉　代理京輔都尉之職。京輔都尉，漢官名，掌京師治安。❻行京兆尹事　行使京兆尹的權力。京輔都尉為京兆尹之助理，掌郡兵，現又代理行使京兆尹的職權。❼旬月間　一個月內。❽以吏二千石奉使　陳湯以二千石品級的官吏作為西域副校尉出使西域。二千石，指作為地位為二千石的官員。西域都護，秩二千石。西域副校尉，比二千石。陳湯為副校尉，特給予西域校尉待遇。❾顓命蠻夷中　在西域蠻夷中獨斷專行。顓，同「專」。❿不正身以先下　不能以身作則為下屬的表率。⓫絕域事不覆校　事出在極遠的西域，朝廷不會認真追究。⓬雖在赦前　成帝於竟寧元年七月發布大赦令。赦前吏民的罪過，既往不咎。陳湯事雖在赦前，但匡衡揪住陳湯不放。⓭太中大夫　時谷永為光祿大夫，此據《漢書·陳湯傳》。太中大夫、光祿大夫，均郎中令屬官，掌諫議。⓮訟湯　替陳湯申訴、辯護。⓯子玉得臣　楚國大夫，羋姓，名得臣，字子玉。魯僖公二十八年（西元前六三二年），楚子玉得臣率軍與晉文公戰於城濮。這是晉楚之間的一場大戰，史稱城濮之戰。雖然晉勝楚敗，但晉文公仍然憂愁不樂，當聽到楚成王殺了子玉得臣之後，才轉憂為喜。⓰仄席而坐　斜坐在席上。即心有憂慮，不能安坐在席上。仄，同「側」。⓱廉頗馬服　均為戰國時趙國的名將。馬服，指馬服君趙奢。廉頗、趙奢兩人同傳，見《史記》卷八十一。⓲井陘　地名，在今河北井陘西，戰國時為趙國西境的軍事重鎮。⓳郅都魏尚　郅都是景帝時的雁門太守，魏尚是文帝時的雲中太守。二人均勇猛善戰，匈奴不敢進犯。郅都事見《史記·酷吏列傳》。魏尚事附《史記·張釋之馮唐列傳》。⓴重　重視；看重。㉑聞鼓鼙之聲　聽到戰鼓的聲音。鼓鼙之聲，戰鼓之聲，此指戰爭警報。㉒武暢西海　武功傳播西域。西海，指西域的闐池，即今吉爾吉斯境內的伊塞克湖。此代指西域。㉓漢元　指漢初。元，開始。㉔方外　境外。㉕執憲之吏欲致之大辟　執法官決心要判處陳湯死刑。大辟，殺頭。㉖白起　秦昭王時名將，在秦趙長平之戰中，全殲趙軍四十五萬人，震驚列國。從此，趙國一蹶不振。傳見《史記》卷七十三。㉗南拔郢都　南下攻破楚國郢都，事在西元前二七八年。郢都，在今湖北江陵。㉘北阬趙括　西元前二六〇年，秦趙長平之戰，趙將趙括率領的四十五萬趙軍戰敗，被秦軍阬殺。阬，同「坑」。㉙纖介之過　微小的過失。長平戰後，白起認為圍攻邯鄲，列國來救，秦軍不能取勝，拒絕為將，本是正確意見，不僅不被秦昭王採納，反而以抗君之命被賜死杜郵。㉚杜郵　地名，在今陝西咸陽東。㉛隕涕　流淚。㉜秉鉞　手執武器。鉞，大斧。㉝席卷　如捲席之勢迅猛進軍。㉞喋血　奮勇血戰。㉟薦功祖廟　將戰果進獻在祖宗廟上。薦，獻。㊱告類上帝　將勝利祭告上天。㊲介冑之士靡不慕義　穿甲戰士，無不傾心崇拜。㊳赫赫之惡　大惡。㊴周書曰四句　牢記臣下的功勞，忘記臣下的過失，這才是一個真正的君王。今本《尚書》無此語，此係《逸周書》之文。人，他人，此指臣下。㊵帷蓋之報　報答；回報。語出《禮記·檀弓下》，孔子說：「敝帷弗棄，為埋馬也；敝蓋弗棄，為埋狗也。」意謂破帳不要丟棄，留作埋馬之用；破篷不要丟棄，留作埋狗之用。帷，帳幕。蓋，車蓋。㊶忘帷蓋之施　指忘了給陳湯以報答。㊷庸臣遇湯　以對待庸臣的方式對待陳湯。㊸卒從吏議　終於交給司法官審判。㊹介然　耿正的樣子。此指內心不平。㊺厲　通「勵」。勉勵。㊻死難之臣　為國難而死的忠臣。㊼出湯　把陳湯從監獄中放出。㊽奪爵為士伍　取消陳湯關內侯的爵位，貶為普通士兵。㊾段會宗　字子松，天水上邽（今甘肅天水市）人，官至西域都護，立功西域，最後病死烏孫。傳見《漢書》卷七十。㊿驛騎上書　用驛站的乘騎快速上奏朝廷。51發城郭敦煌兵　徵發西域諸城邦國家和駐守敦煌的軍隊。52多籌策　長於謀略。53宣室　未央宮中殿名。54中寒　染上風溼病。55兩臂不屈申　兩臂不能自由彎曲伸直。56有詔毋拜　特下詔命，可不跪拜。57兵刃朴鈍　兵器粗糙不鋒利。朴，實，引申為粗糙。58客倍而主人半二句　進攻一方要超過防守一方一倍的人數，兩方才勢均力敵。客倍，指攻方的部隊要達到守方的兩倍。主人半，指據守城市的部隊只要達到攻方的一半，就可以守得住。敵，相當；相匹敵。59輕行五十里　輕裝前進，每天五十里。60重行三十里　重裝前進，一天三十里。61歷時　要經歷很長時間。62其解可必乎　指段會宗憑藉自己的力量能退敵解圍嗎。63度　估計。64瓦合　如瓦之聚合，形容不牢固。65久攻　持久戰。66吉語聞　好消息傳到；捷報到達。67居四日　過了四天。68從事中郎　武官名，大將軍幕府僚屬，秩六百石，職責是參謀劃策。69莫府　即幕府。70壹決於湯　全都決定於陳湯。

【語　譯】南山一帶盜賊傰宗等數百人成為官吏和人民的禍害。成帝下詔發兵一千人去追捕，一年多沒能抓獲。有人建議大將軍王鳳說「盜賊數百人在京師附近，征討卻不能捕得，這很難宣威四夷。唯有選任賢能的京兆尹，才可以處理。」因此王鳳推薦前高陵縣令王尊，徵調為諫大夫，守理京輔都尉，代行京兆尹職權。一個月內，盜賊肅清；後來王尊拜任京兆尹。

成帝初即位時，丞相匡衡又上奏說：「射聲校尉陳湯以二千石官的身分出使西域，在蠻夷中專權獨行，不能以身作則，為部下表率，反而盜取了所收的康居國的財物，還告訴部下說：『我們身在絕域幹的事，朝廷是不會認真查究的。』這件事雖發生在竟寧元年七月大赦之前，但陳湯也不適宜仍居官位。」陳湯坐罪免職。

後來陳湯上奏說：「康居王送來的入侍皇上的兒子，不是真王子。」調查證明，實是真王子。陳湯被捕入獄，判了死刑。太中大夫谷永上奏為陳湯辯護，說：「我聽說楚國有大夫名叫得臣，字子玉，晉文公因而坐不安席；趙國有廉頗和馬服君趙奢，強大的秦國不敢窺伺趙國西界的井陘關；近世漢朝有郅都、魏尚，匈奴不敢南下靠近沙漠。由這些例證看來，戰勝敵人的將領，是國家武臣，不能不看重他們。當君王聽到戰鼓的聲音，便會想到將帥之臣。臣看到關內侯陳湯，從前擊斬郅支單于，威震蠻夷，功名傳遍了整個西域，自漢初以來，在疆域之外作戰的將領中，未曾有過這樣的人！現在陳湯因言事不實，被長期囚禁監獄，歷時長久不能結案，那些執法的官吏是想判他死刑。從前白起當秦國的大將，南征攻陷了楚國郢都，北伐坑殺了趙括，後來卻因一點細小過失，賜死在杜郵；秦國人民哀憐他，無不流淚。如今陳湯親執武器，如捲席般迅疾，血戰萬里之外，把戰果呈獻在皇家祖宗祭廟上，祭告上帝，所有的戰士，無不傾心崇拜。陳湯不過是因言事犯罪，並沒有嚴重的過惡。《周書》說：『記住他人的功勞，忘卻他人的過失，這樣的人才適宜做國君。』犬馬對人們有功勞，死後人們尚且加蓋帷帳埋葬，用以報答牠，何況是對國家有大功的功臣呢！只怕是陛下忽視了戰鼓的聲音，沒有去弄清《周書》的意思，因此忘記給陳湯留下像給犬加帷蓋那樣的恩惠，用對待平庸之臣的態度來看待陳湯，終於批准死刑，使百姓心裡再次懷有當年秦國人民那樣的遺憾，這絕不是勉勵死難之臣的辦法啊！」奏章呈上之後，天子下令釋放陳湯，但剝奪爵位，貶為士卒。

適逢西域都護段會宗被烏孫國的軍隊圍困，驛騎飛馳上書朝廷，希望徵調西域城邦及在敦煌的駐兵前去營救；丞相王商、大將軍王鳳以及文武百官商議了幾天也不能決定。王鳳說：「陳湯多謀略，又熟悉西域各國的情況，可以向他詢問。」成帝於是在未央宮的宣室殿召見陳湯。陳湯在攻擊郅支單于時患了風溼，兩臂不能屈伸。陳湯入宮拜見時，成帝下詔讓他不必跪拜，把段會宗的奏章給他看。陳湯回答說：「我認為這件事一定不用擔憂。」成帝說：「你為什麼這樣說？」陳湯說：「五個胡兵，才能抵擋得住一個漢兵，為什麼？因為他們的武器落後，刀劍不鋒利，弓箭不強勁。於今聽說學到一些中國兵器的技術，但仍需三個胡兵才能抵得過一個漢兵。《兵法》說：『攻擊的部隊的人數超過守軍人數一倍，才能勢均力敵。』現今包圍段會宗的人數，不足以勝過段會宗，因此請陛下不必憂慮！況且部隊輕裝行軍，每天五十里，重裝行軍，每天三十里，現在段會宗想調發西域城邦及敦煌的士兵去解圍，需要很長時間才能抵達，這就是所謂用來報仇的軍隊，不能用來救急啊。」成帝說：「那怎麼辦呢？段會宗一定能夠退敵解圍嗎？估計什麼時候才能解圍呢？」陳湯知道烏孫軍隊如同屋瓦之合，不能持久進攻，所以只需幾天就可解圍。於是回答說：「已經解圍了！」陳湯屈指計算日期，說：「不出五天，就能聽到好消息。」過了四天，軍隊的文書送到京師，說已經解圍了。大將軍王鳳上奏請求任命陳湯為大將軍府的從事中郎，大將軍幕府的日常事務都由陳湯決斷。

河平元年（癸巳　西元前二八年）

春，杜欽薦犍為王延世❶於王鳳，使塞決河。鳳以延世為河隄使者❷。延世以竹落❸長四丈，大九圍❹，盛❺以小石，兩船夾載而下之。三十六日，河隄成。三月，詔以延世為光祿大夫，秩中二千石，賜爵關內侯、黃金百斤。

夏，四月己亥晦❻，日有食之。詔公卿百僚陳過失❼，無有所諱。大赦天下。光祿大夫劉向對曰❽：「四月交於五月，月同孝惠，日同孝昭❾，其占恐害繼嗣。」是時許皇后專寵，後宮希得進見，中外❿皆憂上無繼嗣，故杜欽、谷永及向所對皆及之。上於是減省⓫椒房⓬、掖庭⓭用度，服御、輿駕⓮所發諸官署及所造作⓯，遺賜外家⓰、羣臣妾⓱，皆如竟寧以前故事⓲。

皇后上疏[1]自陳⓳，以為：「時世異制，長短相補，不出漢制而已，纖微⓴之間未必可同。若竟寧前與黃龍前㉑，豈相放哉㉒！家吏㉓不曉，今壹受詔㉔如此，且使妾搖手不得㉕。設妾欲作某屏風張於某所，曰：『故事無有。』或不能得，則必繩[26]妾以詔書矣。此誠不可行，唯陛下省察[27]！故事，以特牛祠大父母[28]，戴侯、敬侯皆得蒙恩以太牢祠[29]，今當率如故事[30]，唯陛下哀之！今吏甫受詔讀記[31]，直豫言[32]使后知之，非可復若私府有所取也[33]。其萌牙所以約制妾者，恐失人理[34]。唯陛下深察焉！」

上於是采谷永、劉向所言災異咎驗皆在後宮之意以報之[35]，且曰：「吏拘於法，亦安足過[36]。蓋矯枉者過直[37]，古今同之。且財幣之省，特牛之祠，其於皇后，所以扶助德美，為華寵[38]也。咎根[39]不除，災變相襲[40]，祖宗且不血食，何戴侯也！傳不云乎[41]：『以約失之者鮮[42]』，審[43]皇后欲從其奢與？朕亦當法孝武皇帝也，如此，則甘泉、建章可復興矣。孝文皇帝，朕之師也。皇太后，皇后成法[44]也。假使太后在彼時不如職[45]，今見親厚，又惡可以踰乎[46]！皇后其刻心秉德[47]，謙約為右[48]，垂則列妾，使有法焉[49]。」

給事中平陵平當[50]上言：「太上皇[51]，漢之始祖，廢其寢廟園，非是。」上亦以無繼嗣，遂納當言。秋，九月，復太上皇寢廟園。

詔曰：「今大辟之刑[52]千有餘條，律令煩多，百有餘萬言；奇請、它比[53]，日以益滋。自明習者[54]不知所由[55]，欲以曉喻眾庶，不亦難乎！於以羅元元之民[56]，天絕無辜㊼，豈不哀哉！其議減死刑㊽及可蠲除約省㊾者，令較然易知㊿，條奏61！」時有司不能廣宣上意，徒鉤摭微細62，毛舉數事63，以塞詔64而已。

匈奴單于遣右皋林王伊邪莫演65等奉獻，朝正月。

【章　旨】以上為第六段，寫河平元年（西元前二八年）漢成帝辦了兩件大事：一是堵塞了黃河缺口；二是因日蝕下詔求言，並採納臣下建議，節省皇室費用，裁減刑法條文。

【注　釋】❶王延世　字長叔，犍為郡人，水利專家。犍為郡治所僰道，在今四川宜賓。❷河隄使者　官名，臨時任命的築堤總指揮官。❸竹落　竹籠。❹圍　計量周長的度量單位。兩手合抱為一圍。❺盛　裝滿。❻己亥晦　四月三十日。❼陳過失　上言皇帝施政中的過失。❽劉向對曰　劉向這番話也是針對許皇后專寵而言。事關皇后，不便明說，故假借天變為藉口來陳說。❾四月交於五月三句　漢惠帝七年（西元前一八一年）五月丁卯，即五月二十九日發生日蝕；漢昭帝七年（西元前八〇年）七月己亥，即七月三十日發生日蝕；且兩帝皆無後嗣。現在成帝河平元年四月三十日發生日蝕，論月，接近惠帝，論日，同於昭帝。劉向用此例暗示，成帝也可能沒有後嗣。❿中外　朝廷內外。⓫減省　緊縮開支。⓬椒房　皇后所居殿名，以用椒和泥塗壁而得名。椒，結籽成團，象徵多子。⓭掖庭　後宮。⓮服御輿駕　皇帝的衣服、車馬用度。⓯諸官署及所造作　朝廷百官府署及政府各項工程。⓰遺賜外家　賞賜外戚。遺賜，賞賜。外家，皇后娘家家族。⓱羣臣妾　指內宮妃嬪。⓲皆如竟寧以前故事　指將各項開支恢復到漢元帝時的標準。竟寧以前，即成帝即位前（漢元帝時）。成帝奢靡，元帝節儉。⓳自陳　親自申述。⓴纖微　喻細微的制度區別。㉑黃龍前　指宣帝時。黃龍，宣帝最後的一個年號，僅一年，即西元前四九年。㉒豈相放哉　難道是相同的嗎。放，通「仿」。仿效；雷同。㉓家吏　皇后官屬，如長樂少府等。㉔壹受詔　剛受詔。㉕搖手不得　擺擺手都是錯。極言皇后被管束得手足無措。㉖繩　以法約束。㉗省察　明察。㉘故事二句　按照漢代的儀制，皇后祭祀祖父母只能用一牲。特牛，古時祭祀。一牲用牛，稱特牛。牛、羊二牲稱少牢；牛、羊、豕三牲具稱太牢。大父母，祖父母。㉙戴侯敬侯皆得蒙恩以太牢祠　戴侯是許皇后叔高祖許廣漢，封平恩侯，謚為戴侯。敬侯是許皇后祖父許延壽，封樂成侯，謚為敬侯。許延壽本是許廣漢之姪，過繼給許廣漢為後嗣。蒙恩，成帝特別開恩，允許戴侯、敬侯享受太牢祭祀。

㉚今當率如故事　按竟寧以前的舊例，戴侯、敬侯只能享受特牛祠。㉛吏甫受詔讀記　家吏剛對皇后宣讀詔書畢。㉜直豫言　直率地警告。豫言，指把警告的話說在前頭。豫，同「預」。㉝非可復若私府有所取也　家吏對皇后說，宮中之物不能像從前那樣當做私產隨意取用。㉞其萌牙所以約制妾者二句　這才是約束我的開始，恐怕今後擺布我會達到失去人性的地步。萌牙，即萌芽，以草木初生之蒙喻開始。㉟上於是采谷永劉向所言句　成帝於是將谷永、劉向等人所說的天變災異咎由後宮的話用來回答許皇后。㊱吏拘於法二句　主管官吏依法執法，有什麼過錯呢。㊲矯枉者過直　矯枉必須過正。㊳華寵　光榮的恩寵。㊴咎根　禍根。㊵災變相襲　天變接連不斷地到來。㊶傳不云乎　書傳上不是有這樣的記載嗎。傳，引言見《論語・里仁》孔子之言。㊷以約失之者鮮　因節儉的美德而犯過失的人是很少有的。㊸審　真是；如果。㊹成法　定法；必須依循之法。㊺假使太后在彼時不如職　假使皇太后當年做皇后時尚不能隨心所欲。太后，指許皇后婆母王政君。㊻今見親厚二句　謂今皇后，即許皇后，受到寵愛，但又怎麼能超過婆婆呢。按照封建禮法，兒媳的穿戴用度，不能超過婆母。㊼刻心秉德　專心秉持美德。㊽謙約為右　以謙虛儉約為先。㊾垂則列妾二句　給眾嬪妃作出榜樣，使她們能夠效法。垂則，垂範；留下儀範。㊿平當　字子思，平陵（今陝西咸陽西北）人，哀帝時官至丞相。傳見《漢書》卷七十一。(51)太上皇　指漢朝開國君主劉邦之父劉太公，劉邦尊為太上皇。(52)大辟之刑　殺頭罪。(53)奇請它比　在常法之外，臨時擬定的定罪條文，稱奇請。援引、參照其他法律條文定罪，叫它（他）比。(54)明習者　熟悉法令的人。指執法者。(55)不知所由　不知如何遵從。(56)羅元元之民　設置禁網陷天下百姓於罪。(57)夭絕無辜　使無罪的人死於非命。夭絕，未盡天年而早死於非命。(58)減死刑　放寬量刑尺度，減少死刑。(59)蠲除約省　廢除不合理的法禁，使條文簡化。(60)較然易知　明白易懂。(61)條奏　分條詳細回奏。(62)徒鉤摭微細　只是在小事上作文章。鉤摭，尋求。(63)毛舉數事　列舉一些細如毫髮的小事。(64)塞詔　敷衍詔命。(65)伊邪莫演　匈奴族人名。

【校　記】①疏　原作「書」。據章鈺校，十四行本、乙十一行本、孔天胤本皆作「疏」，今從改。

【語　譯】河平元年（癸巳　西元前二八年）

春，杜欽向王鳳舉薦犍為人王延世，派他堵塞黃河缺口。王鳳任命王延世為河隄使者。王延世用長四丈，大九圍的竹籠，裝滿小石頭，用兩條船夾著搬運，投入河堤的缺口。三十六天，堤防修成。三月，下詔任命王延世為光祿大夫，年俸中二千石，封爵位關內侯，賞賜黃金一百斤。

夏，四月最後一天三十日己亥，發生日蝕。成帝下詔公卿百官上書條陳過失，不要有什麼忌諱。大赦天下。光祿大夫劉向上書回答說：「四月三十日月末連結五月，這一天的日蝕，按月分與孝惠皇帝相同，按日期與孝昭皇帝相同，這個占象恐怕有害於後嗣。」當時許皇后專寵，後宮嬪妃很少進見成帝，朝廷內外都擔心皇上無繼嗣，所以杜欽、谷永，以及劉向的對策都言及這一點。成帝於是減少椒房、掖庭的用費，壓縮御用衣服、車馬，以及朝廷百官府署的各項工程的造作，對於皇后家族和內宮妃嬪的賞賜都依照先帝竟寧以前的規矩辦事。

許皇后上奏疏親自申述，認為：「時代不同，規矩要變，長短互補，只要不超出漢朝的制度，那些細微的地方不一定要完全相同。竟寧時代與黃龍時代難道是一樣！後宮屬吏不明白，如今剛受詔命就如此這般，將使臣妾想搖搖手都不可能。假設臣妾想做某屏風安置在某個地方，屬吏就說：『沒有先例。』臣妾的想法不能實現，他們必用詔書來限制臣妾，這實在是行不通，請陛下明察！按照舊例，只能用一頭牛祭祀祖父母，可是我祖父平恩戴侯許廣漢、父親樂成敬侯許延壽，都蒙受恩典，可以用牛、羊、豬三牲來祭祀，現在也要一律按照舊制度，只能用一頭牛了，請陛下哀憐他們！如今屬吏剛剛把詔書讀給臣妾聽，還警告臣妾說，不可以和從前一樣，把宮廷中的物品當做自己的私產隨意支配。這才是制約臣妾的開始，將來對臣妾的擺布，恐怕會達到失去人性的地步。請陛下深切考慮！」

成帝於是用谷永、劉向所說災異罪證都在後宮這一意思回答許皇后，並且說：「官吏執行法令，有什麼過錯！矯枉過正，古今一樣。況且節省錢財，改用一頭牛來祭祀先祖，對皇后而言，正好幫助你，使你德行更美，以利你得到更大的恩寵。如果禍根不剷除，災異相襲，祖宗的祭祀恐怕都會中斷，還談什麼平恩戴侯的祭祀啊！《論語》不是說過：『因節儉而犯過失的人是很少有的。』難道皇后真的是追求奢侈？那麼朕也應當仿效孝武皇帝了，這樣一來，那甘泉、建章兩宮就應當重新修建起來。孝文皇帝，才是朕的老師。皇太后，就是皇后應該依循的成法。假如皇太后在當年都不能隨心所欲，如今皇后受到親厚，又怎能超過太后呢！皇后應該專心秉持美德，以謙虛節儉為先，給眾嬪妃作出榜樣，使她們能夠效法。」

給事中平陵人平當上奏說：「太上皇是漢朝的始祖，廢除他的墓園，不對。」成帝也因自己沒有繼嗣，就採納了平當的建議。秋，九月，恢復太上皇的祭廟墓園。

成帝下詔說：「如今僅死刑的條文，就有一千多條，律令繁多，百餘萬字；奇請、他比這類新增條文，一天比一天多。就連熟悉法令的法官獄吏，也都不知所從，想用它去教育民眾，讓他們都能知曉，不是很難嗎！用它來網羅天下的百姓，使無辜的人死於非命，未盡天年，豈不是令人哀痛的事嗎！有關部門商討減少死刑以及應當廢除那些不合時宜的法令，使法律條文明白易知，商議之後，分條詳細回奏！」當時那些主管官員不能全面體會成帝的旨意，只不過找出細微末節，列舉了一些毫毛般的小事，來搪塞詔書罷了。

匈奴單于派右皋林王伊邪莫演等人前來進貢，將在明年正月朝見。

二年（甲午　西元前二七年）

春，伊邪莫演罷歸❶，自言欲降，「即不受我，我自殺，終不敢還歸。」使者以聞，下公卿議。議者或言：「宜如故事，受其降。」光祿大夫谷永、議郎杜欽以為：「漢興，匈奴數為邊害，故設金爵之賞❷以待降者。今單于屈體稱臣❸，列為北藩，遣使朝賀，無有二心；漢家接之，宜異於往時。今既享單于聘貢之質❹，而更受其逋逃之臣，是貪一夫之得而失一國之心，擁❺有罪之臣而絕❻慕義之君❼也。假令單于初立，欲委身中國，未知利害，私使伊邪莫演詐降以卜吉凶❽，受之，虧德沮善❾，令單于自疏❿，不親邊吏⓫；或者設為反間⓬，欲因以[1]生隙，受之，適合其策⓭，使得歸曲而責直⓮。此誠邊境安危之原⓯，師旅動靜之首⓰，不可不詳也。不如勿受，以昭日月之信，抑詐諼之謀⑰，懷附親之心，便！」對奏，天子從之。遣中郎將⑱王舜往問降狀，伊邪莫演曰：「我病狂，妄言耳。」遣去。歸到，官位如故，不肯令見漢使。

【章　旨】以上為第七段，寫漢成帝在河平二年（西元前二七年）春節朝貢時，傾聽群臣意見，採納了正確的建議，沒有接受匈奴朝貢使者的詐降，維護了兩國的和平友好關係。

【注　釋】❶罷歸　朝罷遣歸國。❷金爵之賞　賞以黃金和爵位。❸屈體稱臣　屈膝跪拜，自稱臣下。❹今既享單于聘貢之質　此句意為，現在既然接受單于報聘朝貢的誠意。享，接受；接納。質，誠心誠意。❺擁　得到。❻絕　斷送。❼慕義之君　指已臣服於漢的匈奴單于。❽詐降以卜吉凶　假投降，藉以試探漢朝對匈奴的態度。❾虧德沮善　虧損德義，敗壞漢匈友好關係。❿令單于自疏　迫使單于疏遠中國。⓫不親邊吏　不再親近漢朝邊境上的官員，即邊塞形勢趨於緊張。⓬反間　向敵人提供假情報，或派人打入敵人內部稱反間。此指伊邪莫演不一定是真降，有可能是匈奴採用的反間計。⓭適合其策　正中圈套。⓮使得歸曲而責直　使匈奴能責備漢朝背信棄義。⓯安危之原　安危的根源。安危，偏義複詞，危。指危急，危險。⓰師旅動靜之首　指軍事調動（戰爭）的開端。動靜，偏義複詞，動。指戰爭。首，開端。⓱抑詐諼之謀　遏止欺詐的陰謀。⓲中郎將　官名，郎中令屬官，中郎之長，秩比二千石。掌宮門禁衛。

【校　記】①以　據章鈺校，十四行本、乙十一行本、孔天胤本皆作「而」。

【語　譯】二年（甲午　西元前二七年）

春，匈奴使者伊邪莫演朝貢後將回國，卻聲稱要投降漢朝。他說：「如果不接受我的投降，我就自殺，終究不回匈奴。」接待官員如實奏報，皇上提交公卿大臣商議。參加商議的大臣，有的說：「應該依照成例，接受他投降。」光祿大夫谷永、議郎杜欽認為：「漢朝建立，匈奴多次侵犯邊境，所以用賞賜黃金和爵位對待匈奴來投降的人。如今單于跪拜稱臣，列名為北方的藩屬，又遣使朝貢，沒有二心。漢朝接待他們，應當不同於往時。如今已經接納了單于的朝貢誠意，卻又收留他們叛逃的臣子，這將是貪圖一個人而失掉了一國的歸心，得到一個犯罪的臣子，而斷送一位嚮義歸順的國君。可能是匈奴復株累若單于剛剛即位，本想依靠中國，卻不知是利是害，祕密指使伊邪莫演前來詐降，用以試探漢朝對匈奴的態度，我們接受他的請求，那就有虧道義，敗壞美德使單于和我們疏遠，不再親善中國邊境的官吏；或者是他設下的反間之計，想要藉此惹事生非，若我們接受他的請求，正好中了他們的圈套，使他們有指責我們背信棄義的藉口。這確實是今後邊境危急的根源，發生戰爭的開端，不能不特別慎重考慮。所以不如拒絕他的請降，以顯示我們如同日月一樣的信義，遏止他們詐降的陰謀，安撫他們歸順親近我們的心意，這樣最適宜！」這項建議上奏後，皇上採納了。派遣中郎將王舜前往詢問伊邪莫演請降的情況，伊邪莫演說：「我有精神狂妄症，我是胡言亂語而已。」伊邪莫演被遣送出境。他回到匈奴後，官位如故，單于不願讓他會見漢朝使者。

夏，四月，楚國❶雨雹，大如釜。○徙山陽王康❷為定陶王。

六月，上悉封諸舅：王譚為平阿侯，商為成都侯，立為紅陽侯，根為曲陽侯，逢時為高平侯。五人同日封，故世謂之「五侯」。太后母李氏更嫁❸為河內苟賓妻，生子參；太后欲以田蚡為比而封之❹。上曰：「封田氏，非正也！」以參為侍中、水衡都尉❺。

御史大夫張忠奏京兆尹王尊暴虐倨慢，尊坐免官；吏民多稱惜之。湖❻三老❼公乘興❽等上書訟：「尊治京兆，撥劇整亂❾，誅暴禁邪，皆前所希[1]有，名將所不及；雖拜為真⑩，未有殊絕褒賞加於尊身。今御史大夫奏尊『傷害陰陽⑪，為國家憂，無承用詔書意⑫，「靖言庸違，象恭[2]滔天⑬。」』原[3]其所以，出御史丞楊輔⑭，素與尊有私怨，外依公事⑮建畫為此議⑯，傅致奏文⑰，浸潤加誣⑱，臣等竊痛傷⑲。尊修身潔己，砥節首公⑳，刺譏不憚將相，誅惡不避豪彊，誅不制之賊㉑，解國家之憂，功著職修，威信不廢，誠國家爪牙之吏，折衝之臣㉒。今一旦無辜制於仇人之手，傷於詆欺之文㉓，上不得以功除罪，下不得蒙棘木之聽㉔，獨掩怨讎之偏奏㉕，被共工之大惡㉖，無所陳冤愬罪㉗。尊以京師廢亂㉘，羣盜並興，選賢徵用，起家為卿。賊亂既除，豪猾伏辜，即以佞巧廢黜。一尊之身，三期之間，乍賢乍佞㉙，豈不甚哉！孔子曰㉚：『愛之欲其生，惡之欲其死，是惑㉛也。』『浸潤之譖不行焉，可謂明矣。』願下公卿、大夫、博士、議郎定尊素行㉜。夫人臣而『傷害陰陽』，死誅之罪也；『靖言庸違』，放殛之刑㉝也。審如御史章，尊乃當伏觀闕之誅㉞，放於無人之域，不得苟免；及任舉尊者，當獲選舉之辜，不可但已㉟。即不如章㊱，飾文深詆㊲以愬無罪，亦宜有誅，以懲讒賊之口，絕詐欺之路。唯明主參詳㊳，使白黑分別！」書奏，天子復以尊為徐州㊴刺史。

【章　旨】以上為第八段，寫京兆尹王尊果敢執法，觸犯權貴，被誣告免官；又因吏民替他辯護而被任用，漢成帝左右搖擺，沒有獨斷之明。

【注　釋】❶楚國　封國名，治所彭城，在今江蘇徐州。❷山陽王康　劉康，成帝之弟。《漢書》卷八十有傳。❸太后母李氏更嫁　據《漢書‧元后傳》，成帝母王政君之母因妒被棄，更嫁河內人苟賓為妻。❹以田蚡為比而封之　太后以田蚡為例，要求成帝封苟參為侯。田蚡是漢武帝母王太后的同父異母弟，武帝封為武安侯。苟參恰好是王政君太后的同母異父弟，成帝之舅，故欲援例封侯。❺以參為侍中水衡都尉　這是雙重官銜。水衡都尉，執掌上林苑。❻湖　縣名，縣治在今河南靈寶西。❼三老　鄉官名，掌教化。❽公乘興　人名，以爵為姓。公乘係秦漢二十級爵位的第八級。❾撥劇整亂　即撥亂返正，打開了局面。❿拜為真　指王尊由代理京兆尹轉為正式。⓫傷害陰陽　傷害陰陽之氣。喻傷天害理。陰陽，指天地萬物生存繁育之氣。⓬無承用詔書意　不執行皇帝詔書的旨意。⓭靖言庸違一句　語出《尚書‧堯典》，虞舜指責共工的話。意為言行不一，罪惡滔天。這是御史大夫張忠指控王尊時所引的話。靖言庸違，說一套，做一套，言行不一。靖言，善言；說得好聽。庸違，做的一套與說的一套相違背。庸，用。⓮楊輔　本是王尊書佐，曾因酒醉被王尊的管家利家打了耳光，因此居心報復。事見《漢書‧王尊傳》。⓯外依公事　表面上利用公事。⓰建畫為此議　策劃了這一彈劾案。⓱傅致奏文　捕風捉影地羅織罪狀，拼湊彈劾的奏文。⓲浸潤加誣　一點一點地加大罪狀，誣衊陷害。⓳痛傷　十分痛心。⓴砥節首公　修養名節，一心向公。㉑誅不制之賊　指誅殺了無法無天的大盜傰宗等。㉒折衝之臣　指能獨當一面的大臣。折衝，能禦敵抗強。㉓傷於詆欺之文　被一篇誣陷的文字所傷害。㉔棘木之聽　指公堂對證。據《周禮‧王制》：「大司寇聽獄於棘木之下。」相傳公堂立棘木是表示斷案要秉公辦事。這裡是說王尊被御史大夫誣告，連申辯的機會都沒有。㉕獨掩怨讎之偏奏　獨自受到仇家的片面彈劾。㉖被共工之大惡　蒙受共工一樣的惡名。張忠在彈劾王尊的奏文中引用「靖言庸違，象恭滔天」的話，就是虞舜當年指責共工時用的話。㉗陳冤愬罪　申訴冤枉。㉘京師廢亂　首都秩序混亂。㉙乍賢乍佞　一會是賢人，一會是奸佞。㉚孔子曰　引語出《論語‧顏淵》，孔子答子張之言。㉛惑　迷惑；思維混亂。㉜定尊素行　根據王尊的一貫表現定案。㉝放殛之刑　流放到遠方。放殛，偏義詞組，重在「放」字，以流為主。殛，死刑。㉞伏觀闕之誅　明正典刑。相傳孔子誅少正卯於兩觀之間。㉟不可但已　不能原諒。已，止。漢法，被舉者不勝其任，保舉者應與之同罪。王尊為京兆尹，是大將軍王鳳保薦，故這裡欲藉此作翻案文章。㊱即不如章　如果不是指控文書所言那樣，即調查核實沒有罪。㊲飾文深詆　誇大其辭，無限上綱，用文字鍛鍊成獄。㊳唯明主參詳　請英明的皇帝詳察。㊴徐州　漢十三部州之一，轄琅邪、東海、臨淮等郡，及楚、廣陵等國。治所在彭城，即今江蘇徐州。

【校　記】①希　據章鈺校，十四行本、乙十一行本、孔天胤本皆作「稀」。②恭　據章鈺校，十四行本、乙十一行本、孔天胤本皆作「龔」。③原　據章鈺校，十四行本、乙十一行本皆作「源」。

【語　譯】夏，四月，楚國降落冰雹，大塊的冰雹就像飯鍋。○徙封山陽王劉康為定陶王。

六月，成帝冊封他的各位舅舅：王譚為平阿侯，王商為成都侯，王立為紅陽侯，王根為曲陽侯，王逢時為高平侯。五人同一天受封，所以世人稱他們為「五侯」。皇太后王政君的母親改嫁給河內人苟賓為妻，生了兒子苟參；皇太后想比照田蚡封苟參為侯。成帝說：「孝武皇帝封田蚡，不是正典！」皇上任命苟參為侍中、水衡都尉。

御史大夫張忠上奏京兆尹王尊殘暴傲慢，王尊被免除職務；官民很多人惋惜他。湖縣三老公乘興等上書為王尊辯護，說：「王尊治理京師，撥亂返正，剷除兇暴，禁止奸邪，都是從前少有的，有名的郡將也趕不上他；雖然由代理而被正式任命為京兆尹，卻沒有受到任何特別的封賞。如今御史大夫上書指控王尊『傷天害理，給國家帶來憂患，不執行皇上詔書的旨意，就像《書經》形容的：「言行不一，說得好，做得差，外表好像恭廉，實際上罪惡滔天。」』考究被指控的原因，是出自御史丞楊輔，楊輔素來與王尊有私人仇怨，表面上利用公事策劃了這一彈劾案，羅織成奏章，一點一點地施加誣陷，臣等非常痛心。王尊修養自身，廉潔自愛，砥礪品節，一心向公，批評不懼將相，伐惡不避豪強，討滅了不肯順服的盜匪，解除國家的憂患，功績顯著，職事修明，不失威信，實在是國家武勇威猛的官吏，抗敵保國的功臣。如今一朝無辜地受制於仇人之手，被一篇誣陷的文字傷害，上不能因功免罪，下不能在公堂之上申辯，獨自受到仇家的片面彈劾，蒙受共工一樣的惡名，卻無處訴說冤屈。王尊因京師社會混亂、群盜橫行，皇上選舉賢能，將他徵召入朝，列為公卿。如今賊亂已平，大奸巨猾也都伏法，而王尊卻立即被指控奸巧諂媚而遭到貶斥。同樣一個王尊，三年的時間，一會被尊崇為賢能的人，一會被指責為奸佞的人，怎麼會是這樣！孔子說：『愛這個人，就希望他活著，厭惡這個人，就希望他死去，既希望他活，又希望他死，這就是迷惑。』又說：『點點滴滴，日積月累的毀謗在你那裡都行不通，那你可算是個明白人了。』臣等希望把王尊的案件，交給公卿、大夫、博士、議郎去會審，按照王尊的一貫表現定罪。為人臣子卻『傷天害理』，就是死罪；如果『說得好、做得差』，也應該遭到放逐的處罰。如果確有御史大夫上奏所說的罪狀，王尊就應當伏誅在宮殿之下，或流放到罕無人煙的地方，不該免去官職了事；還有那舉薦王尊的人，也應該受到舉薦不當的懲罰，不應原諒。若果王尊不像奏章所說那樣，那麼編造文辭，羅織罪狀，以指控無罪的人，也應當遭到懲罰，用以懲戒讒害人的人，斷絕詐騙欺人的途徑。請求英明的皇上參酌詳察，使黑白分明！」奏章呈上後，天子又任命王尊為徐州刺史。

夜郎王興、鉤町王禹、漏臥侯俞❶更舉兵相攻。牂柯❷太守請發兵誅興等。議者以為道遠不可擊，乃遣太中大夫蜀郡❸張匡持節和解。興等不從命，刻木象漢吏，立道旁，射之。

杜欽說大將軍王鳳曰：「蠻夷王侯輕易漢使❹，不憚國威❺，恐議者選耎❻，復守和解；太守察動靜有變，乃以聞。如此，則復曠一時❼，王侯得收獵其眾❽，申固其謀，黨助眾多，各不勝忿，必相殄滅。自知罪成，狂犯守尉❾，遠臧溫暑毒草之地❿。雖有孫、吳將⓫，賁、育士⓬，若入水火，往必焦沒⓭，智勇亡⓮所施；屯田守之，費不可勝量⓯。宜因其罪惡未成，未疑漢家加誅，陰敕旁郡守尉練士馬⑯，大司農豫調穀積要害處⑰，選任職太守往，以秋涼時入，誅其王侯尤不軌者⑱。即以為⑲不毛之地⑳，無用之民，聖王不以勞中國，宜罷郡，放棄其民，絕其王侯勿復通。如以先帝㉑所立累世之功不可墮壞，亦宜因其萌牙㉒，早斷絕之㉓。及已成形然後戰師，則萬姓被害。」於是鳳[1]薦金城司馬臨邛陳立㉔為牂柯太守。

立至牂柯諭告夜郎王興，興不從命；立請誅之，未報。乃從吏數十人出行縣，至興國且同亭㉕，召興。興將數千人往至亭，從邑君㉖數十人入見立。立數責㉗，因斷頭。邑君曰：「將軍誅無狀㉘，為民除害，願出曉士眾！」以興頭示之，皆釋兵降。鉤町王禹、漏臥侯俞震恐，入粟千斛、牛羊勞吏士。立還歸郡。

興妻父翁指㉙，與子邪務㉚收餘兵㉛，迫脅旁二十二邑反。至冬，立奏募諸夷，與都尉、長史㉜分將攻翁指等。翁指據阸㉝為壘，立使奇兵絕其饟道，縱反間㉞以誘其眾。都尉萬年曰：「兵久不決，費不可共㉟。」引兵獨進，敗走，趨㊱立營。立怒，叱戲下㊲令格之。都尉復還戰，立救之。時天大旱，立攻絕其水道。蠻夷共斬翁指，持首出降，西夷遂平。

【章　旨】以上為第九段，寫牂柯太守陳立平定了西南夷地區西夷的反叛。

【注　釋】❶夜郎王興鉤町王禹漏臥侯俞　漢武帝開發西南夷後，將夜郎、鉤町、漏臥三縣歸屬牂柯郡，而原有的部落仍按舊建制稱王。興、禹、俞，人名，史失其姓。興，夜郎王。禹，鉤町王。❷牂柯　郡名，郡治在故且蘭，即今貴州貴定東。❸蜀郡　郡名，治所成都，在今四川成都。❹輕易漢使　輕視怠慢漢朝使者。❺不憚國威　不畏懼漢朝的權威。❻議者選耎　廷議者怯懦。❼復曠一時　徒然空廢幾個月的時間。一時，三個月。❽王侯得收獵其眾　指夜郎等王侯，有時間集結和訓練部隊。❾狂犯守尉　瘋狂到攻殺郡守、郡尉。❿遠臧溫暑毒草之地　遠遠地深藏到煙瘴毒草遍布之地。臧，通「藏」。⓫孫吳將　孫武、吳起那樣的名將。⓬賁育士　孟賁、夏育那樣的勇士。孟賁、夏育，古代勇士之名。⓭焦沒　燒焦或淹沒。⓮亡　通「無」。⓯費不可勝量　費用開支不可估量。⓰陰敕旁郡守尉練士馬　暗中下令讓鄰近郡郡守、郡尉訓練人馬。⓱要害處　軍事要衝。⓲尤不軌者　最不守法者。⓳即以為　如以為。⓴不毛之地　寸草不生的蠻荒之地。㉑先帝　指漢武帝。㉒因其萌牙　趁變亂的苗頭初起。因，趁。㉓早斷絕之　及早掐斷它。㉔金城司馬臨邛陳立　臨邛人陳立原任金城郡司馬。金城郡治允吾，在今青海民和。臨邛，縣名，縣治在今四川邛崍。㉕且同亭　亭名，係夜郎縣郊亭。王莽改夜郎為同亭，即以亭名縣。夜郎縣治在今貴州桐梓東南。㉖邑君　夜郎所屬小部落酋長。西南夷以邑落為聚，各有君長。㉗數責　歷數其罪狀。㉘無狀　指無善行的人。㉙翁指　人名。㉚邪務　人名，翁指之子。㉛收餘兵　收聚、集結夜郎未投降陳立的殘餘兵眾。㉜都尉長史　郡太守屬官。郡都尉，即郡尉，掌郡兵。郡長史，掌郡日常事務。㉝據阸　據險。㉞縱反間　派出間諜。㉟費不可共　費用軍資供應不上。㊱趨　奔赴。㊲戲下　指帳下武士。戲，通「麾」。

【校　記】①於是鳳　據章鈺校，十四行本、乙十一行本、孔天胤本皆作「大將軍鳳於是」。

【語　譯】夜郎王興、鉤町王禹、漏臥侯俞，彼此興兵互相攻擊。牂柯太守請求發兵征討夜郎王興等。參與廷議的大臣認為路途太遠，不可出兵討伐，便派遣太中大夫蜀郡人張匡持符節前往調解。興等不聽從和解的命令，還用木頭刻成漢吏的形像，立在道路旁邊，用箭射擊。

杜欽勸說大將軍王鳳說：「蠻夷王侯輕視漢朝使節，不懼朝廷的國威，恐怕那些參與廷議的人怯懦，仍然堅持和解政策；等到當地太守察知蠻夷王侯的動靜有了變化，才呈報上來。這樣，就會延誤三個月，蠻夷王侯能有時間集結訓練部眾，再次堅定他們的謀略，黨徒眾多，各部落相互之間的憤恨又不能容忍，一定自相殘殺。等到他們知道自己罪過已經鑄成，就可能瘋狂進犯郡城殺害太守和都尉，然後遠遠地深藏到煙瘴毒草遍布的地方。到那時，即使有孫武、吳起那樣的將領，孟賁、夏育這樣的勇士，也將像跳進火坑深潭，前往交戰一定被燒死或淹死，智慧和勇敢都無法施展；派兵屯田駐守，費用無法計算。應趁他們還沒有鑄成大罪，尚未想到漢朝討伐，祕密下令相鄰各郡的太守和都尉訓練兵馬，大司農徵調糧草儲備在各軍事要衝，選用稱職的人前去任太守，在秋涼季節發動攻擊，誅殺王侯中特別橫暴的分子。如認為那是不毛之地，無用之民，聖明的君王就不應為此煩勞中國，就應當撤銷郡縣，放棄那裡的人民，斷絕與他們王侯的關係，不再和他們往來。如認為那裡積累幾代先帝所建立的萬世功業，不可毀壞，也應當在變亂剛剛萌芽，及早去消除它。等到變亂已經爆發，然後興師問罪，那麼百姓就遭難了。」於是王鳳向成帝舉薦金城郡司馬臨邛人陳立為牂柯太守。

陳立到達牂柯郡明白告訴夜郎王興，興不從命；陳立便向朝廷請求殺掉興，朝廷沒有回覆。陳立就率領隨從數十人巡視所轄各縣，到達夜郎國的且同亭時，宣召夜郎王興。夜郎王興率領數千名部眾來到且同亭，帶著數十名酋長入見陳立。陳立歷數他的罪狀，趁機砍下他的頭。酋長們說：「將軍殺掉了不法之徒，為民除害，我們願出去告訴部眾！」陳立以夜郎王興的人頭示眾，數千名部眾全都棄械投降。鉤町王禹、漏臥侯俞很害怕，交納粟米一千斛和牛羊慰勞將士。陳立返回牂柯郡。

夜郎王興的岳父翁指，和他的兒子邪務搜集殘部，脅迫附近二十二個村邑反叛。到了冬天，陳立奏請招募各部落的夷人，和都尉、長史分別率領攻擊翁指等。翁指據守險要，修築壁壘，陳立用奇兵切斷翁指糧道，派出間諜，利用反間計誘惑他的部眾。都尉萬年說：「戰爭持久不決，軍費無法供給。」就率軍單獨挺進，大敗而還，奔赴陳立營壘。陳立大怒，責令部下拘捕他。都尉萬年只好回軍再戰，陳立率軍援救。當時天大旱，陳立攻佔並截斷了翁指部眾的輸水渠道。蠻夷就一起殺掉翁指，獻出人頭投降，西夷於是被平定。

三年（乙未　西元前二六年）

春，正月，楚王囂❶來朝。二月乙亥❷，詔以囂素行純茂❸，特加顯異，封其子勳為廣戚侯。

丙戌❹，犍為❺地震，山崩，壅❻江水，水逆流。

秋，八月乙卯晦❼，日有食之。

上以中祕書❽頗散亡，使謁者❾陳農求遺書於天下。詔光祿大夫劉向校經傳、諸子、詩賦，步兵校尉❿任宏校兵書，太史令⓫尹咸校數術⓬，侍醫⓭李柱國校方技⓮。每一書已⓯，向輒條其篇目⓰，撮其指意⓱，錄而奏之⓲。

劉向以王氏權位太盛，而上方嚮詩、書古文，向乃因⓳尚書洪範⓴，集合上古以來，歷春秋、六國至秦、漢符瑞、災異㉑之記，推迹行事㉒，連傳禍福㉓，著其占驗㉔，比類相從㉕，各有條目㉖，凡十一篇，號曰洪範五行傳論㉗，奏之。天子心知向忠精，故為鳳兄弟起此論也；然終不能奪王氏權。

河復決平原㉘，流入濟南、千乘，所壞敗者半建始㉙時。復遣王延世與丞相史楊焉及將作大匠㉚許商、諫大夫乘馬延年㉛同作治㉜，六月乃成。復賜延世黃金百斤。治河卒非受平賈者㉝，為著外繇六月㉞。

【章　旨】以上為第十段，寫劉向受命校理圖書，上書成帝抑制王氏外戚勢力。成帝不納，王氏權勢日盛。黃河再次決口。

【注　釋】❶楚王囂　即劉囂，宣帝子，成帝叔。傳見《漢書》卷八十。❷乙亥　二月十六日。❸素行純茂　品行一向端正。❹丙戌　二月二十七日。❺犍為　郡名，治所僰道，在今四川宜賓。❻壅　阻塞。❼乙卯晦　八月二十九日。❽中祕書　宮中藏書。西漢時國家藏書分宮內、宮外。宮內皇家藏書有延閣、廣內等藏館，宮外有太常、太史、博士等單位藏館。❾謁者　官名，掌禮儀賓贊，秩六百石。❿步兵校尉　武官名，漢武帝置禁軍八校尉之一，掌上林苑門屯兵。⓫太史令　官名，太常屬官，掌天官圖籍。⓬數術　占卜之書。⓭侍醫　御醫，屬太醫令。⓮方技　醫藥之書。⓯每一書已　每一種書校訂完畢。⓰條其篇目　列出篇章目錄。⓱撮其指意　寫出內容提要。⓲錄而奏之　彙總起來，呈報成帝。錄，彙總。劉向校書所作的彙總工作，就是目錄學史上有名的《別錄》，由其子劉歆完成。其書漢後已佚，《漢書・藝文志》即該書摘要。⓳因　憑藉。⓴洪範　《尚書》中之篇名，闡述占卜理論。㉑符瑞災異　祥瑞災害。㉒推迹行事　推論歷史上每一次祥瑞或災異產生的經過及意義。㉓連傳禍福　說明其與禍福的關係。傳，通「附」。㉔著其占驗　揭示出占卜與應驗的結果。㉕比類相從　分門別類排比。㉖各有條目　各立題目。㉗洪範五行傳論　劉向所作天人感應的書，已佚。㉘決平原　黃河在平原郡決口。平原郡治所平原，在今山東平原縣南。㉙建始　成帝初即位年號。建始四年（西元前二九年），黃河在東郡金隄決口，凡灌四郡三十二縣。這次平原決口，災情大約是上次的一半。㉚將作大匠　本作「將作少府」，秦官名，漢景帝中元六年改名「將作大匠」，掌治宮室。㉛乘馬延年　人名，乘馬乃複姓。㉜同作治　共同負責治河。㉝治河卒非受平賈者　被徵發參加築河的民伕中未付工錢者。平賈，當時的勞力市價。賈，同「價」。㉞為著外繇六月　漢律，成丁應輪流義務戍守京師一年，稱正卒，若以錢雇人代役，則每月須納錢二千。今築河六月，未發給民伕工錢，因此決定可以折抵六個月正卒負擔的傜役，並將此記錄在案。著，記錄在案。外繇，指正卒在外地戍守。繇，通「傜」。

【語　譯】三年（乙未　西元前二六年）

春，正月，楚王劉囂來京師朝見天子。二月十六日乙亥，皇上下詔因劉囂品行一向端正，特別加以褒揚，封他的兒子劉勳為廣戚侯。

二月二十七日丙戌，犍為郡發生地震，山崩，堵塞了長江，江水倒流。

秋，八月最後一天二十九日乙卯，發生日蝕。

成帝因為宮中藏書失散很多，派謁者陳農到全國各地徵求散佚的書籍。命令光祿大夫劉向校正經傳、諸子、詩賦，步兵校尉任宏校正兵書，太史令尹咸校正占卜算卦書籍，侍醫李柱國校正醫藥書籍。每本書校正完畢，劉向就列出篇章目錄，寫出內容提要，彙總並呈報成帝。

劉向因王氏權勢日益膨脹，而成帝正一心想著《詩經》、《書經》等古書，劉向就根據《尚書·洪範》，搜集自上古以來，歷經春秋、戰國，以至秦、漢等有關祥瑞吉兆、天地災異的記載，推測每一次祥瑞或災異發生的經過，以及與禍福的關係，占卜與應驗的結果，分門別類，編定篇目，共十一篇，名為《洪範五行傳論》，呈獻給成帝。成帝心知劉向對漢朝一片赤誠之心，所以因王鳳兄弟的權勢過大，才產生這些論述；但始終未能剝奪王氏的權位。

黃河又在平原郡決口，洪水氾濫到濟南郡、千乘郡，所造成的破壞是建始四年那次水害的一半。又派王延世和丞相長史楊焉，以及將作大匠許商、諫大夫乘馬延年共同修築河堤，歷時六個月才完工。朝廷再次賞賜王延世黃金一百斤。沒有領工錢的治河民伕，都登記姓名，可以抵免六個月的其他勞役。

四年（丙申　西元前二五年）

春，正月，匈奴單于來朝。○赦天下徒❶。

三月癸丑朔❷，日有食之。

琅邪太守楊肜❸與王鳳連昏❹，其郡有災害，丞相王商按問之。鳳以為請❺，商不聽，竟奏免彤，奏果寢❻不下。鳳以是怨商，陰求其短❼，使頻陽耿定❽上書，言「商與父傅婢通❾，及女弟❿淫亂，奴殺其私夫⓫，疑商教使。」天子以為暗昧之過⓬，不足以傷大臣。鳳固爭⓭，下其事司隸⓮。太中大夫蜀郡張匡，素佞巧⓯，復上書極言詆毀⓰商。有司奏請召商詣詔獄⓱。上素重商，知匡言多險，制曰：「勿治！」鳳固爭之。夏，四月壬寅⓲，詔收商丞相印綬。商免相三日，發病，歐血薨，謚曰戾侯。而商子弟親屬為駙馬都尉、侍中、中常侍、諸曹、大夫、郎吏者，皆出補吏，莫得留給事、宿衛者⓳。有司奏請除國邑，有詔：「長子安嗣爵為樂昌侯。」

上之為太子也，受論語於蓮勺張禹⓴，及即位，賜爵關內侯，拜為諸吏、光祿大夫，秩中二千石，給事中，領尚書事。禹與王鳳並領尚書，內不自安，數病，上書乞骸骨，欲退避鳳。上不許，撫待愈厚。六月丙戌㉑，以禹為丞相，封安昌侯。

庚戌㉒，楚孝王囂薨。

【章旨】以上為第十一段，寫丞相王商在大將軍王鳳的報復下被罷官逼死，成帝任用老師張禹為丞相。

【注　釋】❶赦天下徒　赦免全國服勞役的犯人。❷癸丑朔　三月初一日。❸楊彤　琅邪郡守。琅邪郡治所東武，在今山東諸城。❹連昏　通婚。昏，通「婚」。❺請　說情。❻寢　擱置。❼陰求其短　暗中搜求王商的過失。❽頻陽耿定　頻陽，縣名，縣治在今陝西富平東北。耿定，頻陽縣人。❾商與父傅婢通　王商與其父的貼身婢女通姦。傅，附。❿女弟　妹。⓫奴殺其私夫　王商家的奴僕殺了王商之妹的情夫。⓬暗昧之過　隱祕的過失。⓭固爭　頑固堅持己見。⓮下其事司隸　將此案移交司隸校尉審理。⓯素佞巧　一貫逢迎拍馬，專為奸巧。⓰極言詆毀　用最狠毒的語言誹謗。⓱詣詔獄　送到特別監獄拘押審理。詣，送。詔獄，以皇上名義主管的特別監獄，審理大臣。⓲王寅　四月二十日。⓳莫得留給事宿衛者　王商的親族不得留在給事中、近衛郎官等位置上。⓴張禹　（？—西元前五年）字子文，本河內軹（今河南濟源東南）人，至禹父遷左馮翊蓮勺。精通經學，為博士。元帝時，教太子學《論語》，成帝時官至丞相。傳見《漢書》卷八十一。㉑丙戌　六月初五日。㉒庚戌　六月二十九日。

【語　譯】四年（丙申　西元前二五年）

春，正月，匈奴單于來京師朝見天子。〇赦免天下服勞役的犯人。

三月初一日癸丑，發生日蝕。

琅邪太守楊彤與大將軍王鳳連姻，琅邪郡發生災害，丞相王商調查此事。王鳳替楊彤說情，王商不聽從，最終上奏罷免楊彤，免職奏書擱置宮中沒有下發。王鳳因此怨恨王商，暗中尋找王商的短處，指使頻陽人耿定上書，說：「王商和他父親的近身侍婢通姦，王商的妹妹淫亂，王商的家奴殺了王商妹妹的情夫，懷疑是王商唆使。」成帝認為這是隱祕的過失，不值得傷害大臣。王鳳堅持己見，將這案子移交司隸校尉查辦。太中大夫蜀郡張匡，一貫奸巧，再次上奏用最狠毒的語言誹謗王商。主管部門奏請召來王商送往詔獄。成帝一向敬重王商，知道張匡的言論大多陰險，下詔說：「不要追究！」王鳳堅持查辦。夏，四月二十日王寅，成帝下詔收回王商的丞相印綬。王商罷相後三天，突發重病，吐血而死，諡號戾侯。王商的子弟親屬任職有駙馬都尉、侍中、中常侍、諸吏、大夫、郎官的人，全部外放做地方官，沒有一個留在給事中、近衛郎官的職位上。主管官員還奏請削除王商封邑，成帝下詔：「王商的長子王安嗣爵為樂昌侯。」

成帝為太子時，曾跟蓮勺縣的張禹學習《論語》，等到即皇帝位，賜張禹關內侯爵位，任職諸吏、光祿大夫，年俸中二千石，兼職給事中，領尚書事。張禹與王鳳同領尚書，內心惶恐不安，多次稱病，上書請求退休，想退避王鳳。成帝不准，撫慰禮遇更加優厚。六月初五日丙戌，任命張禹為丞相，封爵安昌侯。

六月二十九日庚戌，楚孝王劉囂去世。

初，武帝通西域，罽賓❶自以絕遠❷，漢兵不能至，獨不服，數剽殺❸漢使。久之，漢使者文忠與容屈❹王子陰末赴❺合謀攻殺其王❻；立陰末赴為罽賓王。後軍候❼趙德使罽賓，與陰末赴相失❽。陰末赴鎖琅當德❾，殺副已下❿七十餘人，遣使者上書謝。孝元帝以其[1]絕域，不錄⓫，放其使者於縣度⓬，絕而不通。及帝即位，復遣使謝罪。漢欲遣使者報送其使。杜欽說王鳳曰：「前罽賓王陰末赴，本漢所立，後卒畔逆。夫德莫大於有國子民⓭，罪莫大於執殺使者，所以不報恩，不懼誅者，自知絕遠，兵不至也。有求則卑辭，無欲則驕慢[2]，終不可懷服⓮。凡中國所以為通厚蠻夷，愜快其求⓯者，為壤比⓰而為寇。今縣度之阸，非罽賓所能越[3]也，其鄉慕⓱，不足以安西域；雖不附，不能危城郭。前親逆節⓲，惡暴西域⓳，故絕而不通。今悔過來，而無親屬、貴人⓴，奉獻者皆行賈賤人㉑，欲通貨市買㉒，以獻為名。故煩使者送至縣度，恐失實見欺㉓。凡遣使送客者，欲為防護寇害也。起皮山㉔，南更不屬漢之國四、五，斥候㉕士百餘人，五分夜㉖擊刁斗㉗自守，尚時為所侵盜。驢畜負糧，須諸國稟食㉘，得以自贍㉙。國或貧小不能食㉚，或桀黠㉛不肯給。擁彊漢之節㉜，餒山谷之間，乞匄無所得㉝，離一、二旬㉞，則人畜棄捐曠野㉟而不反。又歷大頭痛、小頭痛㊱之山，赤土、身熱之阪，令人身熱無色㊲，頭痛嘔吐，驢畜盡然。又有三池盤、石阪道，陿者尺六七寸㊳，長者徑三十里㊴，臨崢嶸㊵不測之深㊶，行者騎步相持，繩索相引，二千餘里，乃到縣度。畜墜，未半阬谷盡靡碎㊷；人墮，勢不得相收視㊸。險阻危害，不可勝言。聖王分九州㊹，制五服㊺，務盛內，不求外㊻；今遣使者承至尊之命，送蠻夷之賈，勞吏士之眾，涉危難之路，罷敝所恃以事無用㊼，非久長計也。使者業已受節㊽，可至皮山而還。」於是鳳白從欽言。罽賓實利賞賜賈市㊾，其使數年而壹至云。

【章　旨】以上為第十二段，寫中國與西域罽賓國的通使情況。

【注　釋】❶罽賓　南亞古國名，當今印、巴之間的喀什米爾地區。❷絕遠　極遠。❸剽殺　劫殺。❹容屈　臣服罽賓的部落國名。❺陰末赴　人名。❻攻殺其王　殺掉了罽賓國王烏頭勞。❼軍候　武官名，掌偵察情報。❽相失　鬧翻。❾鎖琅當　把趙德用鐵鏈鎖起來。琅當，指鐵鏈。❿副已下　副使以下。⓫不錄　不接受罽賓國書，以示斷交。⓬縣度　喀喇昆侖山的一山口名。原意是懸繩架索橋而度，因以為名。⓭德莫大於有國子民　最大的恩德莫過於讓他擁有國家，統治臣民。⓮懷

服　懷德臣服。⑮惬快其求　盡可能地滿足對方的要求並讓他們快意。⑯壤比　國土相連。⑰鄉慕　嚮往仰慕漢朝。鄉，通「嚮」。⑱前親逆節　此前罽賓國王陰末赴曾親自傷害過漢朝使節。⑲惡暴西域　罪惡暴露在西域。⑳無親屬貴人　指罽賓使者中沒有王族及重臣。㉑奉獻者皆行賈賤人　來漢朝奉獻的使者都是普通的商人。奉獻者，奉使貢獻者。行賈賤人，做生意的下等人。㉒欲通貨市買　想來做生意。㉓煩使者送至縣度二句　意謂煩勞漢朝使者把罽賓使者護送到縣度，害怕事情失實被欺騙。㉔皮山　西域國名，在今新疆南部皮山縣。漢時，皮山以西之國，尚未藩屬漢朝。㉕斥候　指邊防巡邏隊。㉖五分夜　將每夜分五個更次。㉗刁斗　軍中巡夜用的銅鈴，敲擊器物，能容一斗，故稱刁斗。㉘稟食　給予食物。稟，給予。食，通「飤」。以食與人。㉙贍　滿足需要。㉚不能食　無力供食。㉛桀黠　倨傲而且狡猾。㉜擁彊漢之節　持著強大漢朝的符節。㉝餧山谷之間二句　在山谷間挨餓，乞討不到東西。㉞離一二旬　挨餓十天、二十天。㉟棄捐曠野　倒斃在曠野中。棄捐，指拋屍，無人收埋。㊱大頭痛小頭痛　這兩名和下文之「赤土」、「身熱」皆翻越崑崙山所經地名。山勢險惡，以行者的感覺而起是名。㊲身熱無色　身上發燒，面無人色。㊳陿者尺六七寸　道路最狹窄處只有一尺六七寸寬。㊴長者徑三十里　狹谷的道路長達三十里。徑，直。指彎曲的道路拉直計算長度。㊵崢嶸　山峰參差險惡。㊶不測之深　山谷深不見底。深，此指山谷。㊷畜墜二句　牲畜失蹄掉落深谷，落到一半即已粉身碎骨。㊸人墮二句　人若失足墜落，連屍首也無法收找。㊹聖王分九州　大禹治水，分天下自然區域為九州，即冀、兗、豫、青、徐、荊、揚、梁、雍。㊺制五服　周制，以王都為中心，向四方輻射，按遠近不同劃分為五等政治隸屬關係。五服為：甸服（京畿）、侯服、綏服、要服、荒服。㊻務盛內二句　致力於治理好內政，不管外域之事。㊼罷敝所恃以事無用　使民疲敝去侍奉外族蠻夷，即勞民傷財之意。㊽使者業已受節　護送罽賓使者的官員已經選定。受節，已接受符節，即將奉命出發。㊾罽賓實利賞賜賈市　罽賓國實際目的是貪圖漢朝的賞賜用來進行商業活動。

【校　記】①其　據章鈺校，十四行本、乙十一行本、孔天胤本皆無此字。②慢　據章鈺校，乙十一行本、孔天胤本皆作「嫚」。③越　據章鈺校，孔天胤本作「趨」。

【語　譯】當初，漢武帝打通西域，罽賓自認為路途遙遠，漢兵不能到達，獨自不歸服，多次劫掠殺害漢朝使節。過了很久，漢使文忠與罽賓的附屬國容屈王的兒子陰末赴合謀攻殺罽賓國王；立陰末赴為罽賓國王。後來漢朝軍候趙德出使罽賓，與陰末赴關係鬧翻。陰末赴把趙德用鐵鏈鎖起來，殺死漢朝副使以下七十多人，派遣使者到京師上書請罪。孝元帝因為其地路途遙遠，不接受罽賓國書，把罽賓國的使者流放到縣度，斷絕邦交，不再通使。

等到成帝即位，罽賓國又派遣使者來請罪。漢朝打算派遣漢使護送罽賓使者回國。杜欽勸王鳳說：「先前罽賓王陰末赴，原本是漢使所立，後來竟然背叛。最大的恩德，莫過於使他擁有國家，統治萬民，最大的罪惡，莫過於抓住並殺死他的使節，他們所以不肯報恩，又不怕懲罰，是因為仗恃距離中國極遠，漢兵無法到達。因而當他們有求於我們時，就恭敬謙虛；無求於我們時，就驕縱怠慢，始終無法使他們感恩歸服。大凡中國所以要厚待蠻夷部落，盡量滿足他們的要求讓他們快意，為的是雙方疆土相接，避免他們入境劫掠。如今縣度的通道險要，不是罽賓國軍隊所能越過的，他們仰慕而歸附漢朝，不足以安定西域；即使他們不歸附，也不會危害已經歸漢的西域城邦各國。先前罽賓王親自傷害漢使，罪惡暴露於西域各國，所以中國和罽賓斷絕來往。如今雖然悔過前來，但是派來奉獻的使節中卻沒有罽賓王的親屬、貴族官員，奉獻貢物的都是做生意的賤人，不過是想來做生意，拿貢獻當藉口。因此，派漢使護送他們到縣度，害怕事情失實被他們欺騙。凡是護送外國使節，為的是保護他們不受盜匪傷害。自皮山國以南，不臣屬於漢朝的還有四、五個國家。漢朝還要派偵察部隊百餘人，每晚分五個班次，敲打刁斗警戒守衛，有時尚且遭受到襲擊。驢子載負食糧有限，還需要沿途各國給予食物，才能自給。有些國家，又小又窮，無力供應，有些國家倨傲狡猾不願供給。使節拿著強大漢朝的符節，在山谷之間忍飢挨餓，乞討不到東西，挨餓一、二十天，人馬就會棄身曠野，不能歸還。沿途又要經過大頭痛、小頭痛山，以及赤土、身熱阪，使人渾身發燒，面無人色，頭痛、嘔吐，連驢馬也都是如此。路途又有三池盤、石阪道，最狹的山徑只有一尺六、七寸寬，而長達三十里，山徑下邊是深不可測的險峻山谷，行人與馬匹要相互扶持，使用繩索前後牽連，走二千餘里，才到縣度。一旦牲畜墜落，還沒有跌到谷底，已經粉身碎骨；人墜落下去，連屍首也不能收殮。艱難險阻，難以說盡。從前聖明的君王把全國劃分為九州，制定了五服的遠近親疏關係，是致力於治好內政，不管外族之事；如今派遣使節，承奉皇上之命，護送蠻夷的商人回去，煩勞那麼多的官員士民，跋涉險惡的道路，疲憊國家所依賴的官民，去侍奉毫無用處的蠻夷，這不是長久的計策。既然使節已經派定，可以護送到皮山國就返回。」於是王鳳向成帝呈報，成帝採納了杜欽的建議。罽賓王確實是貪圖賞賜用來做生意，因此，每隔數年，總要派遣使節前來中國。

陽朔元年（丁酉　西元前二四年）

春，二月丁未晦❶，日有食之。

三月，赦天下徒。

冬，京兆尹泰山王章❷下獄，死。

時大將軍鳳用事，上謙讓無所顓。左右嘗薦光祿大夫劉向少子歆通達❸有異材。上召見，歆誦讀詩賦，甚悅之，欲以為中常侍❹，召取衣冠，臨當拜，左右皆曰：「未曉❺大將軍。」上曰：「此小事，何須關大將軍！」左右叩頭爭之，上於是語鳳。鳳以為不可，乃止。

王氏子弟皆卿、大夫、侍中、諸曹，分據勢官❻，滿朝廷。杜欽見鳳專政泰重，戒之曰：「願將軍由周公之謙懼❼，損穰侯之威❽，放武安之欲❾，毋使范雎之徒得間其說❿！」鳳不聽。

時上無繼嗣，體常不平⓫。定陶共王來朝，太后與上承先帝意，遇共王甚厚，賞賜十倍於他王，不以往事⑫為纖介⑬；留之京師，不遣歸國。上謂共王：「我未有子，人命不諱，一朝有它⑭，且不復相見，爾長留侍我矣！」其後天子疾益有瘳⑮，共王因留國邸⑯，旦夕侍上；上甚親重之。大將軍鳳心不便共王在京師，會日食，鳳因言：「日食，陰盛之象。定陶王雖親，於禮當奉藩在國；今留侍京師，詭正非常⑰，故天見戒。宜遣王之國。」上不得已於鳳而許之。共王辭去，上與相對涕泣而決。

王章素剛直敢言，雖為鳳所舉，非鳳專權⑱，不親附鳳，乃奏封事⑲，言「日食之咎，皆鳳專權蔽主之過。」上召見章，延問以事⑳。章對曰：「天道聰明，佑善而災惡㉑，以瑞應[1]為符效。今陛下以未有繼嗣，引近定陶王，所以承宗廟，重社稷，上順天心，下安百姓，此正議善事，當有祥瑞，何故致災異！災異之發，為大臣專[2]政者也。今聞大將軍猥歸日食之咎於定陶王㉒，建遣之國㉓，苟欲使天子孤立於上，顓擅朝事以便其私，非忠臣也。且日食，陰侵陽，臣顓君之咎㉔。今政事大小皆自鳳出，天子曾不壹舉手㉕；鳳不內省責，反歸咎善人，推遠定陶王㉖。且鳳誣罔㉗不忠，非一事㉘也。前丞相樂昌侯商，本以先帝外屬㉙，內行篤㉚，有威重，位歷將相，國家柱石臣也，其人守正，不肯屈節㉛隨鳳委曲㉜；卒用閨門之事[33]，為鳳所罷，身以憂死，眾庶愍之[34]。又鳳知其小婦弟張美人[35]已嘗適人，於禮不宜配御至尊，託以為宜子[36]，內[37]之後宮，苟以私其妻弟；聞張美人未嘗任身就館[38]也。且羌、胡尚殺首子以盪腸[39]正世，況於天子，而近已出之女[40]也！此三者[41]皆大事，陛下所自見，足以知其餘及他所不見者。鳳不可令久典事[42]，宜退使就第，選忠賢以代之！」

自鳳之白罷商[43]，後遣定陶王也，上不能平[44]。及聞章言，天子感寤[45]，納之，謂章曰：「微[46]京兆尹直言，吾不聞社稷計。且唯賢知賢，君試為朕求可以自輔者。」於是章奏封事，薦信都王[47]舅琅邪太守馮野王[48]，忠信質直，智謀有餘，以王舅出，以賢復入，明聖主樂進賢也[3]。上自為太子時，數聞野王名[4]，方欲[5]倚以代鳳。章每召見，上輒辟左右[49]。時太后從弟子侍中音[50]獨側聽，具知章言，以語鳳。鳳聞之，甚憂懼。杜欽令鳳稱病[51][6]出就第，上疏乞骸骨，其辭指甚哀。太后聞之，為垂涕，不御食[52]。上少[53]而親倚鳳，弗忍廢，乃優詔報鳳，彊起之，於是鳳起視事。

上使尚書劾奏章[54]：「知野王前以王舅出補吏[55]，而私薦之，欲令在朝，阿附諸侯；又知張美人體御至尊，而妄稱引羌胡殺子盪腸，非所宜言。」下章吏[56]。

廷尉致其大逆罪[57]，以為「比上夷狄，欲絕繼嗣之端。背畔天子，私為定陶王。」章竟死獄中，妻子徙合浦[58]。自是公卿見鳳，側目而視。

馮野王懼不自安，遂病。滿三月，賜告[59]，與妻子歸杜陵就醫藥。大將軍鳳風御史中丞劾奏「野王賜告養病而私自便[60]，持虎符出界[61]歸家，奉詔不敬。」杜欽奏記於鳳曰：「二千石病，賜告得歸，有故事[62]；不得去郡，亡著令[63]。傳曰[64]：『賞疑從予[65]』，所以廣恩勸功也；『罰疑從去[66]』，所以慎刑，闕難知也[67]。今釋令與故事而假不敬之法[68]，甚違『闕疑從去』之意。即以二千石守千里之地，任兵馬之重，不宜去郡，將以制刑為後法者[69]，則野王之罪在未制令前也。刑賞大信，不可不慎！」鳳不聽，竟免野王官。

時眾庶多冤王章譏朝廷[70]者，欽欲救其過[71]，復說鳳曰：「京兆尹章，所坐事密[72]，自京師不曉，況於遠方！恐天下不知章實有罪，而以為坐言事[73]。如是，塞爭引之原[74]，損寬明之德。欽愚以為宜因章事舉直言極諫，並見郎從官[75]，展盡其意，加於往前，以明示四方，使天下咸知主上聖明，不以言罪下也。若此，則流言消釋，疑惑著明。」鳳白行其策焉。

是歲，陳留太守薛宣[76]為左馮翊。宣為郡，所至有聲迹[77]。宣子惠為彭城令，宣嘗過其縣，心知惠不能，不問以吏事78。或問宣：「何不教戒惠以吏職？」宣笑曰：「吏道以法令為師，可問而知。及能與不能，自有資材79，何可學也！」眾人傳稱80，以宣言為然。

【章　旨】以上為第十三段，著重寫陽朔元年（西元前二四年）一件大事，京兆尹王章祕密上奏，直言朝政，蒙冤而死。成帝昏庸，大權旁落，可視為王氏代漢的伏筆。

【注　釋】❶丁未晦　二月三十日。❷王章　字仲卿，泰山郡鉅平（今山東泰安南）人，繼王尊之後為京兆尹，因彈劾王鳳而蒙冤死。傳見《漢書》卷七十六。❸通達　知識淵博而又能融會貫通。❹中常侍　西漢為加官，可以出入宮中，東漢始純用宦官，成為專權的皇帝近侍。❺曉　告知。❻分據勢官　分別擔任有權勢的要職。勢官，掌握要害部門實權的官。❼由周公之謙懼　遵循西周賢臣周公姬旦那樣的謙虛、警懼。主要是指周公在成王年幼時攝政，成王長大後，周公返政為臣。❽損穰侯之威　損減秦權臣穰侯的威勢。穰侯魏冉是秦昭王舅，時昭王年少，穰侯秉政，有大功於秦王，後被秦放逐至封邑憂鬱而死。傳見《史記》卷七十二。❾放武安之欲　放棄武安君白起那樣的欲望。秦名將白起，封為武安君，功高震主，被秦昭王賜死。傳見《史記》卷七十三。胡三省注認為「武安君」是指漢武帝時的武安侯田蚡，今不取。❿毋使范雎之徒得間其說　范雎曾說服秦昭王放逐穰侯而用他為相。事詳《史記》卷七十九范雎本傳。《史記》「雎」作「睢」。字當作「雎」或「且」。⓫體常不平　意謂身體多疾病。⓬往事　指元帝在世時曾打算立劉康為太子之事。⓭纖介　絲毫芥蒂。⓮一朝有它　一旦發生意外。指皇帝崩逝。⓯疾益有瘳　病情有好轉。⓰留國邸　居留在京師的定陶王官邸。⓱詭正非常　違反常規的非常事件。⓲非鳳專權　反對王鳳專權。⓳奏封事　漢制加密奏章直達皇上，稱奏封事。往往是揭發大臣或告變，或言非常的奏章。⓴延問以事　引入詢問彈劾王鳳之事。㉑佑善而災惡　保佑善人，懲治惡人。㉒大將軍猥歸日食之咎於定陶王　大將軍王鳳枉曲地把日蝕之災推到定陶王劉康的頭上。猥，曲。㉓建遣之國　建議將劉康遣離京師歸國。㉔臣顓君之咎　陰侵犯了陽，象徵大臣專了君權產生的禍患。意謂日蝕之咎不應由定陶王承擔，應由大臣王鳳承擔責任。㉕天子曾不壹舉手　皇帝連插手問一次事的機會都沒有。㉖推遠定陶王　把劉康排擠到遠方。㉗誣罔　欺騙皇上的罪。㉘非一事　不止一件。指王鳳的誣罔罪不止一件。㉙本以先帝外屬　王商本是先帝（漢宣帝）的外戚。王商係宣帝舅王武之子。㉚內行篤　內在品德純厚。㉛屈節有虧大臣之節。㉜隨鳳委曲　隨從王鳳進退。㉝閨門之事　指閨房隱私。㉞愍之　同情王章。愍，悲悼感傷。㉟張美人　王鳳妾之妹，已經嫁人，王鳳又把她薦入宮中，安插在成帝身邊為妃。㊱託以為宜子　以宜於生子作藉口。㊲內　同「納」。㊳任身就館　婦人懷孕，出外到其他館舍。㊴盪腸　古人為保持嫡親血統，有時將婦人的頭胎子拋棄，名曰洗腸。㊵近已出之女　接近已經嫁過人的女人。㊶此三者　指將日蝕歸咎於定陶王、排斥丞相王商、薦已嫁之女（妾妹）為嬪妃等三事。㊷典事　指王鳳專擅國政之事。㊸白罷商　王鳳上奏罷免丞相王商。㊹不能平　不能寧靜。㊺感寤　醒悟。㊻微　沒有。㊼信都王　即劉興，成帝弟，元帝馮婕妤之子。㊽馮野王　字君卿，上黨潞縣人，西漢名將馮奉世中子，官至大鴻臚。傳見《漢書》卷七十九。㊾辟左右　讓身邊的人迴避。辟，通「避」。㊿太后從弟子侍中音　王音，王太后堂弟，長樂宮衛尉王弘之子。據《漢書・元后傳》顏師古注，王弘為王太后叔父，則王音為太后從弟，成帝從舅。(51)杜欽令鳳稱病　這是杜欽出主意讓王鳳稱病歸家。(52)不御食　不進食物。(53)少　年幼時。(54)劾奏章　彈劾王章。(55)野王前以王舅出補吏　成帝初立時，有司曾奏馮野王是信都王舅，不宜居九卿之位，於是將野王外放為上郡太守。出補吏，出任地方官。(56)下章吏　逮捕王章交由司法官吏審理。(57)廷尉致其大逆罪　廷尉羅織罪狀判王章大逆罪。據《漢書・百官公卿表》，當時廷尉為范路。(58)合浦　郡名，郡治在今廣東合浦東北。(59)賜告　成帝頒詔，允許已稱病三月的馮野王繼續休假。漢制，告病過百日則免職，故成帝此舉是一種特殊待遇。(60)賜告養病而私自便　成帝特詔馮野王帶職養病，回家本是慣例，而王鳳把馮野王歸家說成是擅離職守，藉故免官。從此之後，即使皇帝特詔，也不能歸家，只能在任上養病。便，安適。(61)出界　指馮野王離開其任所琅邪郡界，即所謂擅離職守。(62)故事　慣例，指得到賜告歸家養病。(63)不得去郡二句　得賜告者不能離任養病，沒有律令規定。(64)傳曰　古書上說。(65)賞疑從予　對賞賜有疑問時，應給予賞賜。(66)罰疑從去　對處罰有疑問時，不予處罰。去，免除。(67)闕難知也　對疑難案件，寧可擱置難以弄清的問題，避免造成冤獄。(68)今釋令與故事而假不敬之法　現在把法令和慣例丟在一邊而藉「大不敬」法治罪。釋，廢棄；丟開。假，藉。(69)將以制刑為後法者　將要制定新的令條作為以後的法規。(70)譏朝廷　批評朝廷。(71)救其過　補救因錯誤處理馮野王所造成的過失，以挽回輿論的影響。(72)所坐事密　王章被指控的罪狀，十分隱密。實際上王章是因向成帝密奏王鳳之罪而被王鳳加害，冤死獄中，故無法公開。(73)坐言事　因上書言事犯罪。古制，一般不應將上書言事者治罪。(74)塞爭引之原　杜塞今後群臣的進諫。爭引，指臣下有諫爭，君則引而納之。(75)見郎從官　讓現任的近衛郎官及大將軍部屬放膽直言。(76)薛宣　字贛君，東海郯（今山東郯城）人，官至丞相。傳見《漢書》卷八十三。(77)聲迹　聲譽、事跡。(78)吏

事　行政事務。下文「吏職」、「吏道」與「吏事」同義。(79)資材　天資才幹，即天分。(80)傳稱　傳播和稱讚。

【校記】[1]應　據章鈺校，十四行本、乙十一行本、孔天胤本皆作「顯」。[2]專　據章鈺校，十四行本、乙十一行本皆作「異」。[3]以王舅出以賢復入明聖主樂進賢也　原無此十五字。據章鈺校，乙十一行本有此十五字，今據補。[4]數聞野王名　據章鈺校，乙十一行本作「數聞野王先帝名，卿聲譽出鳳遠甚」。[5]欲　原無此字。據章鈺校，十四行本、乙十一行本、孔天胤本皆有此字，張敦仁《通鑑刊本識誤》同，今從改。[6]稱病　原無此二字。據章鈺校，乙十一行本有此二字，張敦仁《通鑑刊本識誤》同，今據補。

【語譯】陽朔元年（丁酉　西元前二四年）

春，二月最後一天三十日丁未，發生日蝕。

三月，赦免天下服勞役的犯人。

冬，京兆尹泰山郡人王章被捕下獄死去。

這時大將軍王鳳主政，成帝謙讓軟弱，沒有權力。左右侍從曾舉薦光祿大夫劉向的小兒子劉歆，說他學識淵博，通達事理，有奇才。成帝召見他，劉歆朗誦詩賦，成帝十分喜歡他，打算任命為中常侍，就叫人去拿官服，正當要授職時，身邊的人都說：「還沒有告訴大將軍。」成帝說：「這是小事，何必麻煩他呢！」身邊的人惶恐，磕頭力爭。皇上於是告訴王鳳，王鳳認為不可以，便作罷了。

王氏子弟都是卿、大夫、侍中、諸曹等官職，分別擔任有權勢的要職，勢力充滿朝廷。杜欽看到王鳳權勢太盛，告誡王鳳說：「希望將軍遵循周朝周公姬旦那樣的謙虛戒懼，減少秦朝權臣穰侯魏冉的威勢，放棄秦朝武安君白起那樣的欲望，不要讓范雎那種人抓住把柄挑撥離間！」王鳳不聽規勸。

當時成帝沒有兒子，身體多病。定陶共王劉康來朝見，皇太后和成帝稟承先帝的心意，待劉康很優厚，給他的賞賜十倍於其他的親王，並不因為先帝曾一度想立他為太子這事而有所嫌隙；還把劉康留在京師，不讓他返回封國。成帝告訴劉康：「我沒有嗣子，人生不必諱死，有朝一日我有了意外，我們將不能再相見，你就長留在京師與我作伴吧！」後來成帝漸漸病癒，劉康便住在京師的定陶共王府邸，早晚陪侍成帝；成帝十分親愛看重他。大將軍王鳳心中認為劉康久留京師，對自己不利，恰好遇到日蝕，王鳳藉機說：「日蝕，是陰氣過盛的天象。定陶共王雖然是親兄弟，依禮他應當回到封國；現今留侍京師，是違犯常規的非常事件，因此上天呈現警告。應該遣送定陶共王回國。」成帝對王鳳沒有辦法，只好答應。劉康拜辭成帝時，兄弟二人相泣而別。

王章一向剛正敢於直言，雖然是王鳳舉薦的人，不滿王鳳的專權，不親附王鳳，於是上祕密奏章，說「日蝕的災異，都是由於王鳳專權、蒙蔽主上的罪過。」成帝召見王章，引入詢問彈劾王鳳的事。王章回答說：「上天耳聰目明，它保佑善良而降災禍給邪惡的人，常用天變作為信驗。如今陛下因為無繼嗣，所以特別親近定陶王劉康，這是為承繼祖先宗廟，尊重國家，上順天意，下安民心的作為，是一樁善事，上天應有祥瑞才對，怎麼會導致災變呢！災變發生，那是因為大臣專政的緣故。現在聽說大將軍王鳳枉曲地把日蝕的發生歸咎於定陶王劉康，建議遣送回藩國，如果想使陛下在上孤立無助，自己專擅朝政以便行其私欲，那就不是忠臣。況且日蝕是陰氣侵犯了陽氣，是臣子專擅君權的災異。如今朝廷大小政事，都出自王鳳之手，皇上連一次插手的機會都沒有；王鳳不從內心檢討，反而怪罪善良的人，把定陶王排擠到遠方。何況王鳳毀謗欺騙的不忠之事，不止一件。前任丞相樂昌侯王商，本是宣帝舅舅王武的兒子，品德純厚，威望素重，位居將相，是國家的棟樑之臣。由於他梗直正派，不肯違背節操阿附王鳳進退；結果竟以閨房隱私，被王鳳罷官，以致憂憤而死，大家都為他悲傷而惋惜。還有王鳳明知他小妾的妹妹張美人曾出嫁過，依禮不當再配給至尊的皇上，他藉口說她能生兒子，把她納入後宮，徇私偏袒她；可是張美人進宮後，卻沒有懷孕生子。況且西羌、北胡尚且對女人首胎嬰兒還要殺掉，稱為洗腸，以便純正血統，何況皇帝陛下，怎可以接近已嫁過人的女子！這三件都是大事，是陛下自己所見，足以推斷其他的事和看不見的事情。王鳳不當長久主持朝政，應該讓他退位回到府第，挑選忠良賢能的人來代替他。」

自從王鳳上奏罷免了丞相王商，後又遣送定陶王回到封國，成帝內心不能寧靜。等聽到王章所言，成帝醒悟，決定採納王章的建議，對王章說：「沒有你京兆尹的直言，朕就聽不到治國大計。況且，只有賢能的人才知道誰是賢人，卿試著給朕找一個可以輔佐我的人。」於是王章祕密上奏，舉薦信都王劉興的舅舅琅邪太守馮野王，說他忠心正直，很有謀略，以前因為信都王舅舅的身分而調出朝廷，又因為賢良而調入朝廷，彰顯皇上是樂於進用賢良的。皇上從當太子時起，多次聽到馮野王的名聲，正想要依靠他來代替王鳳。王章每次被召見，成帝就讓身邊的人迴避。當時皇太后的姪兒侍中王音獨自從旁偷聽，全部瞭解王章的話，把他的話告訴了王鳳。王鳳聽說後，非常憂慮恐懼。杜欽讓王鳳稱病搬出大將軍府，回到自己府第，上疏請求辭職退休，言辭十分悲痛。皇太后聽到了，為此哭泣，不進食。成帝從小就親近依賴王鳳，不忍心罷他的官，於是下詔書慰勉，強迫王鳳上任，王鳳於是上任辦公。

皇上指使尚書上奏彈劾王章說：「王章明知馮野王先前因是親王舅舅的緣故，外放就任地方官，而私自舉薦他，想讓馮野王回到朝中，諂媚諸侯；又明知張美人已經匹配皇上，而荒謬地引用羌胡殺子洗陽的事，不是臣子應該說的話。」成帝把王章交給主管官吏查辦。廷尉羅織罪狀判王章大逆不道之罪，認為「王章把皇上比作羌胡蠻族，想用洗陽的辦法斷絕皇上的後嗣。背叛天子，私自為定陶王謀劃。」王章最終死在獄中，妻子兒女流放到合浦。從此以後，公卿大臣遇見王鳳，都側目而視。

馮野王非常憂懼，坐立不安，因而病倒。病假三個月期滿，皇上准他帶職養病，馮野王便帶妻子兒女回到故鄉杜陵就醫治病。大將軍王鳳暗示御史中丞上奏彈劾說「馮野王賜准帶職養病，卻私自隨意行事，持虎符出了任職郡界回家，這是對詔書存心不敬。」杜欽給王鳳寫信說：「二千石的官員患病，皇上恩准帶職回家養病，是有舊例的；說他不能離開郡界，沒有法令規定。古書上說：『對獎賞有疑問，寧可獎賞』，目的在於推廣恩德，勉勵人立功；『對懲罰有疑問，就免去懲罰』，目的在於謹慎用刑，擱置難以弄清的問題。現在把法令和前例丟在一邊，而藉『大不敬』的法條治罪，大大違背『疑罪從無』的古訓。如果因為二千石官員管轄千里國土，負責兵馬重任，不宜離開本郡，將要制定新的令條，作為以後的法規，那麼馮野王所犯的罪，卻發生在未制定新令條之前。懲罰和獎賞，是朝廷最重要的信譽，不能不慎重啊！」王鳳不聽，最終還是免了馮野王的官職。

當時許多民眾認為王章冤屈而譏刺朝廷，杜欽為了補救這個過失，又勸王鳳說：「京兆尹王章犯罪事實隱密，近在京師的人都不知道，更何況遠方的人呢！怕天下人不知道王章的確有罪，而誤認為他是因直言規勸才被判刑。如果這樣，就會阻塞今後臣下的進諫，杜絕了皇上引納建議的來源，傷害朝廷寬厚的德惠。我愚昧認為應當利用王章的事件，下詔全國舉薦直言極諫的人士，以及現任近衛郎官，讓他們盡情暢所欲言，超過以往，用來向四方昭示，讓天下的人全都知道皇上聖明，不因言論懲罰臣民。如果這樣，謠言就會平息，疑惑之處也就明白了。」王鳳報告成帝，按杜欽的辦法實施。

這一年，陳留太守薛宣任職左馮翊。薛宣治理陳留，所到之處都很有聲譽事跡。薛宣的兒子薛惠為彭城縣令，薛宣途經彭城，知道兒子沒有才能，因此他不考察兒子行政方面的事。有人問薛宣：「為什麼不教誡你兒子怎樣當官呢？」薛宣笑著說：「當官的訣竅，就是以法為師，一問便知。至於能不能當好官，那是天生的才能，怎麼能學到呢！」大家都傳頌這句話，認為薛宣說得有道理。

二年（戊戌　西元前二三年）

春，三月，大赦天下。○御史大夫張忠卒。

夏，四月丁卯❶，以侍中、太僕王音為御史大夫。於是王氏愈盛，郡國守相、刺史皆出其門下。五侯羣弟❷爭為奢侈，賂遺珍寶❸，四面而至，皆通敏人事，好士養賢，傾財施予以相高尚❹；賓客滿門，競為之聲譽。劉向謂陳湯曰：「今災異如此，而外家日盛❺，其漸必危劉氏❻。吾幸得以同姓末屬❼，累世蒙漢厚恩，身為宗室遺老，歷事三主❽。上以我先帝舊臣，每進見，常加優禮。吾而不言，孰當言者⑨！」遂上封事極諫曰：

「臣聞人君莫不欲安，然而常危；莫不欲存，然而常亡。失御臣之術⑩也。夫大臣操權柄，持國政，未有不為害者也。故書曰：『臣之有作威作福，害于而家，凶于而國。』⑪孔子曰：『祿去公室，政逮大夫』⑫，危亡之兆也。今王氏一姓，乘朱輪華轂⑬者二十三人，青、紫、貂、蟬⑭充盈幄內⑮，魚鱗左右⑯。大將軍秉事用權，五侯驕奢僭盛⑰，並作威福，擊斷自恣⑱。行汙而寄治⑲，身私而託公⑳，依東宮之尊㉑，假甥舅之親㉒，以為威重。尚書、九卿、州牧、郡守皆出其門，管執樞機㉓，朋黨比周㉔。稱譽者登進㉕，忤恨者誅傷㉖；游談者㉗助之說，執政者為之言。排擯宗室，孤弱公族㉘，其有智能者，尤非毀㉙而不進，遠絕宗室之任，不令得給事朝省㉚，恐其與己分權；數稱燕王、蓋主㉛以疑上心，避諱呂、霍而弗肯稱㉜。內有管、蔡之萌㉝，外假周公㉞之論，兄弟據重㉟，宗族磐互㊱，歷上古至秦、漢，外戚僭貴㊲未有如王氏者也。物盛必有非常之變先見㊳，為其人微[1]象㊴。孝昭帝時，冠石立於泰山㊵，仆柳起於上林㊶，而孝宣帝即位。今王氏先祖墳墓在濟南㊷者，其梓柱生枝葉，扶疏上出屋，根臿地中㊸，雖立石起柳，無以過此之明也。事勢不兩大，王氏與劉氏亦且不並立，如下有泰山之安㊹，則上有累卵之危[45]。陛下為人子孫，守持宗廟，而令國祚移於外親，降為皁隸[46]，縱不為身，柰宗廟何！婦人內夫家而外父母家[47]，此亦非皇太后之福也。孝宣皇帝不與舅平昌侯[48]權，所以全安[49]之也。夫明者[50]起福於無形，銷患於未然。宜發明詔[51]，吐德音，援近宗室[52]，親而納信[53]，黜遠外戚，毋授以政，皆罷令就弟[54]，以則效先帝之所行，厚安外戚，全其宗族，誠東宮之意[55]，外家之福也。王氏永存，保其爵祿；劉氏長安，不失社稷。所以褒睦[56]外內之姓[57]，子子孫孫無疆[58]之計也。如不行此策，田氏[59]復見於今，六卿[60]必起於漢，為後嗣憂，昭昭甚明[61]。唯陛下深留聖思[62]！」

書奏，天子召見向，歎息悲傷其意，謂曰：「君且休矣，吾將思之[63]！」然終不能用其言。

秋，關東大水。

八月甲申[64]，定陶共王康薨。

是歲，徙信都王興為中山王。

【章　旨】以上為第十四段，錄載劉向長篇上疏，陳奏外戚專權之禍，指出劉姓政權面臨的危機。糊塗透頂的漢成帝得過且過，毫無能力採取措施。

【注釋】❶丁卯　四月二十七日。❷五侯羣弟　五侯等兄弟。《漢書・元后傳》載：王鳳兄弟共八人。王鳳、王崇與王政君同母，先封侯。王政君異母兄弟六人，王曼早死，王譚、王商、王立、王根、王逢時五人同日封侯，世稱五侯。❸賂遺珍寶　賄賂和饋贈的珍珠寶玉。❹相高尚　互相標榜。❺外家日盛　指外戚王氏權勢日益隆盛。❻其漸必危劉氏　王氏勢力發展下去，勢必危及劉氏政權。❼末屬　疏遠的族屬。劉向是高祖劉邦之弟楚王劉交的第五代孫，對皇室來說，已成為疏族。❽歷事三主　劉向歷仕宣、元、成三朝。❾孰當言者　誰應當進言。❿御臣之術　控制臣下的方法。⓫書曰四句　引自《尚書・洪範》。意思是說，如果大臣作威作福，不僅會給家族帶來禍患，而且會給國家造成凶險。而，同「爾」。汝。⓬孔子曰三句　引自《論語・季氏》，原文為：「孔子曰：祿之去公室五世矣，政逮于大夫四世矣，故夫三桓之子孫微矣。」⓭朱輪華轂　車輪紅色，車軸頭有彩繪。漢制，二千石以上的大官才能乘這種車。此指王氏家族做高官的人。⓮青紫貂蟬　漢制，列侯印繫紫色繡帶，二千石印繫青色繡帶，侍中、中常侍官帽上用貂尾作標誌，還用金線繡上蟬的圖案。⓯充盈幄內　充滿宮廷。⓰魚鱗左右　形容王氏子弟圍在皇帝周圍，像魚鱗一樣。⓱僭盛　逾制過分。⓲擊斷自恣　隨意橫行。⓳行汙而寄治　行為卑汙，卻偽裝廉潔。⓴身私而託公　自己為私，卻假託為公。㉑依東宮之尊　這裡是指倚仗皇太后的尊位。漢制，太后居長樂宮，在天子所居未央宮之東，故稱東宮。太子居天子宮東殿，亦為東宮。名同而實不同。㉒假甥舅之親　指外戚王鳳等藉著與成帝是甥舅關係的親情作威作福。假，借；憑藉。㉓管執樞機　把持了關鍵部門。㉔朋黨比周　結黨營私。㉕稱譽者登進　讚揚王氏的人得到進用。㉖忤恨者誅傷　違抗和憎恨王氏的人，非死即傷。㉗游談者　遊閒說客。㉘排擯宗室二句　排斥皇室，使皇族孤弱。㉙尤非毀　特別受到打擊、摧殘。㉚給事朝省　在宮中供職或奉朝請。㉛燕王蓋主　燕王，即劉旦，昭帝兄。蓋主，即鄂邑蓋長公主，昭帝姐。二人與上官桀、桑弘羊等通謀，反對昭帝及霍光，均以大逆罪被誅。王鳳多次向成帝提及此事，是指斥宗室近親反叛。㉜避諱呂霍而弗肯稱　呂，指呂祿、呂產。霍，指霍光之子霍禹，皆因謀反罪被誅。王鳳對呂、霍等外戚亂政的事則諱莫如深，目的是讓成帝對王鳳等外戚不起疑心。㉝管蔡之萌　管叔鮮、蔡叔度，周文王之子、周武王之弟。武王死後，周公旦輔佐成王，管叔、蔡叔與殷紂王之子武庚祿文聯合叛周，被周公討平。事詳《史記・管蔡世家》。此指叛亂的苗頭。萌，苗頭。㉞周公　即協助武王伐紂、輔佐幼年成王的大臣姬旦。事詳《史記・魯周公世家》。㉟據重　盤據重要的權力部門。㊱磐互　盤根錯節。㊲僭貴　奢侈僭越與權勢尊貴。㊳非常之變先見　非常的天變預先顯現，以示警告。見，通「現」。㊴為其人微象　昭示某人隱微動機的天象。㊵冠石立於泰山　泰山上有大石自動立了起來。冠石，大圓石。㊶仆柳起於上林　上林苑的枯柳起死回生。事見本書卷二十三昭帝元鳳三年。仆柳，僵仆的枯柳。㊷王氏先祖墳墓

在濟南　據《漢書・元后傳》，王氏本濟南東平陵（今山東章丘）人，漢武帝時，繡衣御史王賀免官後，從東平陵徙居魏郡元城（今河北大名東）。㊸其梓柱生枝葉三句　此三句意思是，王氏老屋的樑柱，忽然生出枝葉，且生長茂盛，上出屋外，下垂地中變成樹根。梓柱，木樑柱。函，通「臿」。深入地下。㊹下有泰山之安　指王氏。㊺上有累卵之危　指劉氏。㊻皁隸　奴僕。㊼婦人內夫家而外父母家　婦人親近夫家人而疏遠娘家人。隱喻王太后親近娘家人而疏遠夫家人。㊽平昌侯　王無故，宣帝舅。㊾全安　保全和安定。意謂完完全全的安全。㊿明者　明人。(51)明詔　明白的詔書。(52)援近宗室　提拔宗室的人。(53)親而納信　親近信用。(54)皆罷令就弟　一一罷免外戚，讓他們各歸其府第。(55)誠東宮之意　這才符合王太后之本意。(56)褒睦　褒揚和睦。(57)外內之姓　王、劉兩姓。外，指外戚王氏。內，指皇室劉氏。(58)無疆　無盡。(59)田氏　指春秋時替代姜齊的田氏。(60)六卿　春秋時晉國六卿智、范、中行、韓、趙、魏專權，後演變為韓、趙、魏三家分晉。(61)昭昭甚明　十分明顯。極度形容鮮明。(62)深留聖思　要深深的思慮，即三思。(63)君且休矣二句　你不必再說了，我將認真考慮。(64)甲申　八月己亥朔，無甲申日，疑記載有誤。

【校記】① 微　張敦仁《通鑑刊本識誤》作「徵」。

【語譯】二年（戊戌　西元前二三年）

春，三月，大赦天下。○御史大夫張忠去世。

夏，四月二十七日丁卯，成帝任命侍中、太僕王音為御史大夫。於是王氏更加強大，郡國守相、刺史都出自王氏門下。譚、商、立、根、逢時五位兄弟爭相豪華奢侈，賄賂和饋贈的珍珠寶玉，從四面八方湧入王氏家門，他們全都洞曉人事，好士養賢，輸財施捨競相攀比；賓客滿門，競相為王氏製造聲譽。劉向對陳湯說：「如今變異如此嚴重，而外戚的權勢日益強盛，發展下去，勢必威脅劉氏王朝。我有幸是劉氏皇家疏遠的族屬，累代都蒙受漢室的厚恩，我又是宗室老臣，歷事宣帝、元帝、成帝三位皇帝。皇上因為我是先帝老臣，每次接見我，都給予特別禮遇。我如果不說話，還有誰應當進言！」因此呈遞祕密奏章，竭力勸諫說：

「臣聽說沒有一個國君不想安定，然而常常陷於危險之中；沒有一個國君不盼望長存，然而常常滅亡。這是由於皇上失去駕御人臣的方法。大臣操縱朝廷大權，把持國政，沒有不為害國家的。因此《書經》上說：

『大臣一旦作威作福，不僅對家族造成災難，而且對國家造成凶險。』孔子說：『國君不能支配俸祿，大夫操縱政權』，這是國家危亡的先兆啊！如今王氏一姓，能坐紅色車輪和華麗軸頭車子的，就有二十三人，佩青、紫色印章綬帶，帽上有貂尾與蟬文繡花的列侯，充斥宮廷，魚鱗般排列在皇上左右。大將軍王鳳執掌朝政大權，五侯驕奢僭越，作威作福，隨意橫行。行為卑汙，卻偽裝廉潔，自己為私，卻假託為公，依仗皇太后的尊位，憑藉甥舅間的親情，取得權勢。尚書、九卿、州牧、郡守全都出自王氏家門，掌管國家關鍵部門，結黨營私。讚揚王氏的人得到進用，違抗和憎恨王氏的人不死即傷；遊閒說客之流給他們歌功頌德，執政的人也替王氏說話。排斥劉氏宗室，孤立劉氏皇族，皇族中稍有智能的人，尤其受到毀謗，不得晉升，阻絕皇族，不准他們在宮中供職或奉朝請，害怕皇室宗親的人分了自己的權力；還經常在皇上跟前說起從前燕王、蓋主謀反之事，使皇上對宗室大臣心生猜忌，卻故意迴避呂后的娘家呂產、呂祿等的擅權專政，以及霍光的子姪和女婿們反逆被殺的往事，以免皇上對王氏外戚起疑心。在內心裡，王氏和管叔、蔡叔一樣，叛亂之念已經萌芽，外表上，卻藉口皇上年幼，自比周公攝政，兄弟盤據朝中重要位置，王氏宗族盤根錯節，從上古直到秦朝、漢朝，外戚僭越尊貴，從沒有像王氏這個樣子的。萬物太盛一定有不同尋常的天變顯現，就是為把這種人的隱微動機昭示出來。孝昭帝時，泰山就有大石塊自行起立，上林苑中有枯倒的柳樹復蘇重生，而孝宣帝即位。如今王氏在濟南郡的祖先墳墓，老屋的樑柱上忽生枝葉，茂盛的枝葉伸出戶外，樹根深植地中，比起泰山大石塊起立、枯倒柳樹復活，是更明顯的徵兆。兩個人主必然勢不兩立，王氏、劉氏也將不能同時並存，若王氏有泰山那樣安穩，而皇上就像堆疊起來的蛋那樣的危險。陛下身為劉氏子孫，守護宗廟，卻把國家的命運移於外戚，自己降低成奴僕，即使陛下不為自身打算，也應為劉氏宗廟考慮！婦人應當親近夫家人，疏遠娘家人，而皇太后卻反過來親近娘家，這並非是皇太后之福。孝宣皇帝不給舅舅平昌侯王無故大權，為的是保護舅家的安全。英明的人，能在無形中得福，把災禍消除在未發生之前。皇上應當發布明白的詔書，吐發善言，提拔宗室的人，親近信用，疏遠外戚，不要授予大權，全都讓他們解職回到自己的府第，以此效法先帝孝宣皇帝的行為，厚待外戚，保全他們的宗族，這才符合皇太后的本意，也是外戚之福。王氏家族永存，保住爵位和俸祿；劉氏皇族長治久安，不丟失江山。這才是和睦內外兩姓，讓子子孫孫傳之無盡的策略啊！如果不這樣做，那麼田氏篡齊的事件就要重現於今天，晉國六卿分晉的事重演於漢朝，為後世子孫帶來憂患，這是十分明顯的。請求陛下三思。」

劉向的奏疏呈上後，成帝召見了劉向，為其深意歎息悲傷，對他說：「你不必再說了，我將認真考慮！」然而始終沒有採納他的建議。

秋，關東發生大水災。

八月甲申日，定陶共王劉康去世。

這一年，徙封信都王劉興為中山王。

【研　析】本卷史事給讀者提出了許多沉重的思考。首先，漢成帝這個誤國昏君帶給我們的思考。成帝個性仁懦，人又聰明，心地善良，有一份孝心。皇太后王政君並不是漢成帝的生母，但他貴為天子，卻極有孝心，王政君一耍婦人的小脾氣，流眼淚，不吃飯，漢成帝就慌了神，撤銷了對王鳳的罷免令，轉而收拾王章，是非不分，黑白不明，這就是昏君的特點。成帝也想把國家治好，一即位就斥逐了中官權臣石顯，下詔求言，似乎有一線新生的曙光，但很快就把政權旁落給外戚了。成帝效法先帝漢元帝節儉之風，減少皇室用費，甚至於許皇后都提出了抗議；成帝賑災、減稅，水災後尚思救弊，修治河堤，安定四夷，加強教育投資，大規模整理圖書，給歷史留下了這一章閃閃發光，這些善政，表現了成帝仁厚的一面。成帝依賴王鳳，常常是迫於王鳳壓力違心處理國家大事，每一次斥逐耿正大臣，冤殺王尊、王章，罷免王商，甚至迫使定陶王回到封國，成帝都是違心做出的決定，活得很窩囊，這表現了成帝的懦弱，畏懼權臣產生了依賴心理。成帝沒能力治國的弱點，他的父親漢元帝早就看出了，要廢立太子，可是儒家立嫡不立庶的宗法制度，廢立太子是舉國震動的大事件，不是乾綱獨斷的帝王是下不了決心的。漢景帝廢立太子帶來了漢武帝治國的隆盛；漢武帝廢立太子，帶來了漢室中興。無獨有偶，匈奴立單于都是以立賢為標準，既可以父死子繼，又可以兄終弟及。

呼韓邪單于臨終，大小閼氏都支持立長君，不以嫡子為意，有利國家。宗法制度培育著漢成帝式的昏君一個又一個產生，是專制政體不可克服的又一病根，豈不令人深思。

第二個思考是那些道貌岸然的純儒君子，迂腐僵化，這等人當政，簡直是個混混。丞相匡衡，知名大儒，官至丞相，歷仕漢元帝、漢成帝兩朝，他幹了些什麼呢？為了保持爵祿，投靠石顯做幫兇；石顯倒臺，翻臉落井下石；摳死理，鑽牛角，抓住一個「矯制」理由，硬是與陳湯過不去，歷經元帝、成帝兩朝，念念不忘置陳湯於死地。他抓住陳湯貪財做文章，而自己卻在封地裡強佔土地四百餘頃，管家盜取財物價值黃金十斤。更不能容忍的是，身為丞相，不為百姓謀利益，反而阻止維修黃河堤，三年後導致黃河大決口，卻沒有被追究。一個昏庸皇帝，任用玩忽職守的偽君子，要想國家奮發圖強，豈不是南轅北轍嗎！

第三個思考，還有一些既為善又為惡的騎牆官員，像杜欽、谷永。他們既是權臣王鳳的幫兇，又不斷地給王鳳補臺，把危害國家的事件，盡可能降低負面的影響。例如為功臣陳湯辯護，保護人才，藉王章冤死事件求納善言，改善緊張關係，平緩矛盾。如果明君當國，政治開明，杜欽、谷永是良臣，而今權臣王鳳專政，能夠做到和稀泥，也就是不錯的了。

卷第三十一

漢紀二十三　起屠維大淵獻（己亥　西元前二二年），盡彊圉協洽（丁未　西元前一四年），凡九年。

【題　解】本卷記事起西元前二二年，迄西元前一四年，凡九年史事，當漢成帝陽朔三年至永始三年。這一時期是漢成帝的中期政治，九年之間幾乎無善政可述。成帝更加荒怠政事，極意聲色遊樂。鴻嘉元年（西元前二〇年），成帝與嬖寵張放想出新招，微服出遊，皇太后和大臣皆以為憂。直到永始二年，班伯進言，皇太后、諸舅大臣及朝官共同勸諫施壓，成帝迫不得已斥遣張放出京做外官，還時常優詔慰問。鴻嘉三年，趙飛燕姐妹大受成帝寵幸成了新歡。到永始元年，趙飛燕竟然奪取正宮成了新皇后，許皇后被廢打入冷宮。趙皇后行為不檢，汙穢後宮，大臣交章上書切諫。王音、劉輔、劉向、杜業、谷永、梅福等諫書頻奏，成帝不納。本卷長篇摘載奏書，以彰漢成帝的昏憒頑劣。這時西漢國勢漸衰，人民起義星火此起彼伏，陽朔三年，潁川郡鐵官徒暴動，永始三年，尉氏縣樊並造反，山陽郡鐵官徒起事，自稱將軍，流竄達十九個郡國。水旱之災頻繁發生。鴻嘉四年，黃河在清河等郡決口，淹沒三十一縣，成帝竟然不加修整，任由洪水氾濫。西漢政治的衰敗，不可逆轉。代漢的王莽在本卷初露頭角。

孝成皇帝上之下

陽朔三年（己亥　西元前二二年）

春，三月壬戌❶，隕石東郡❷八。

夏，六月，潁川❸鐵官徒❹申屠聖等百八十人殺長吏，盜庫兵❺，自稱將軍，經歷九郡。遣丞相長史、御史中丞逐捕，以軍興從事❻，皆伏辜❼。

秋，王鳳疾，天子數自臨問❽，親執其手涕泣曰：「將軍病，如有不可言❾，平阿侯譚❿次將軍⓫矣！」鳳頓首泣曰：「譚等雖與臣至親⓬，行皆奢僭⓭，無以率導⓮百姓，不如御史大夫音⓯謹敕⓰，臣敢以死保之！」及鳳且死，上疏謝上，復固薦音自代，言譚等五人⓱必不可用；天子然之。初，譚倨⓲，不肯事鳳，而音敬鳳，卑恭如子，故鳳薦之。八月丁巳⓳，鳳薨。九月甲子⓴，以王音為大司馬、車騎將軍，而王譚位特進㉑，領城門兵㉒。安定太守谷永㉓以譚失職㉔，勸譚辭讓，不受城門職。由是譚、音相與不平。

冬，十一月丁卯㉕，光祿勳㉖于永㉗為御史大夫。永，定國之子也。

【章旨】以上為第一段，寫陽朔三年（西元前二二年），社會發生動盪，東郡鐵官徒造反。王鳳堂姪王音親附王鳳，得以取代王鳳親弟王譚而繼王鳳之後執掌國政。

【注　釋】❶三月壬戌　三月丙寅朔，無壬戌。壬戌，應為四月二十八日。❷東郡　郡名，治所濮陽，在今河南濮陽西南。❸潁川　郡名，治所陽翟，在今河南禹州。❹鐵官徒　治鐵工官所屬勞工。❺盜庫兵　盜取政府軍械庫中的武器。❻以軍興從事　按照戰時軍律執行。軍興，軍興法之省稱，指緊急動員時的發兵體制。從事，辦事。❼伏辜　伏法。❽臨問　上對下的探問。❾不可言　不好直說；不可測。指死亡。❿平阿侯譚　大將軍王鳳之弟，字子元。封爵平阿侯。見《漢書》卷九十八〈元后傳〉。⓫次將軍　指依次接替王鳳的大將軍之位。⓬至親　骨肉兄弟。⓭奢僭　奢華違制。⓮率導　榜樣；表率。⓯御史大夫音　即王音，時任御史大夫之職。王音是王鳳的堂姪，繼王鳳之後任大司馬車騎將軍，封安陽侯。⓰謹敕　謹慎正派。⓱譚等五人　指王鳳的五個弟弟，即平阿侯王譚、成都侯王商、紅陽侯王立、曲陽侯王根、高平侯王逢時。⓲倨　傲慢。⓳丁巳　八月二十四日。⓴甲子　九月初二日。㉑特進　一種位次三公的加官，沒有實權的榮銜，只是一種朝會位置，位在三公之下，侯爵之上。㉒領城門兵　掌管長安城門的屯兵。長安十二門，每門均備有屯兵。㉓谷永　漢成帝時的政治家。本名並，更名永，字子雲，長安人。建始三年，舉方正直言對策入仕。依附王鳳，任北地太守，官至大司農。傳見《漢書》卷八十五。㉔失職　指王譚失去了執政的大將軍的職位。㉕丁卯　十一月初六日。㉖光祿勳　官名，即九卿之一的郎中令，武帝太初元年更名為光祿勳，掌宮廷警衛。㉗于永　宣帝時丞相于定國之子，官至御史大夫。傳附《漢書·于定國傳》中。

【語　譯】孝成皇帝上之下

陽朔三年（己亥　西元前二二年）

春，三月壬戌日，八顆隕石落在東郡。

夏，六月，潁川郡鑄鐵官所屬勞工申屠聖等一百八十人殺了長官，盜取武庫的兵器，自稱將軍，歷經了九個郡。朝廷派出丞相府長史、御史中丞去追捕，按戰時軍事法行事，申屠聖等全都伏法。

秋，王鳳生病，天子多次前往探問，親自握住王鳳的手，流著眼淚說：「將軍病重，若有不測，就由平阿侯王譚依次接替將軍了！」王鳳磕頭流淚說：「王譚等人雖然和臣是至親，但他們行事奢侈違制，不能為民眾做出表率，他不如御史大夫王音謹慎正派，臣敢以生命做擔保！」等到王鳳臨死時，又上書稱謝皇上，再次堅持推薦王音代替自己，說王譚等五侯一定不可重用；成帝認為他說得對。起初，王譚傲慢，不肯侍奉王鳳，而王音尊敬王鳳，恭敬謙卑就像兒子對待父親一樣，所以王鳳推薦他。八月二十四日丁巳，王鳳去世。九月初二日甲子，任命王音為大司馬、車騎將軍，而王譚只進位特進，掌管城門衛兵。安定太守谷永認為王譚失去了執政的大將軍的職位，勸他辭職，不接受掌管城門衛兵的職位。由此王譚與王音相互不和。

冬，十一月初六日丁卯，任命光祿勳于永為御史大夫。于永，是于定國的兒子。

四年（庚子　西元前二一年）

春，二月，赦天下。

夏，四月，雨雪❶。

秋，九月壬申❷，東平思王宇❸薨。

少府王駿為京兆尹❹。駿，吉之子也❺。先是，京兆有趙廣漢、張敞、王尊、王章，至駿，皆有能名，故京師稱曰：「前有趙、張，後有三王❻。」

閏月壬戌❼，于永卒。

烏孫小昆彌❽烏就屠死，子拊離代立；為弟日貳所殺。漢遣使者立拊離子安日為小昆彌。日貳亡阻❾康居；安日使貴人姑莫匿等三人詐亡從日貳，刺殺之。於是西域諸國上書，願復得前都護段會宗❿。上從之。城郭諸國聞之，皆翕然⓫親附。

谷永奏言：「聖王不以名譽加於實效。御史大夫任重職大，少府宣⓬達於從政⓭，唯陛下留神考察！」上然之。

【章旨】以上為第二段，寫陽朔四年（西元前二一年），成帝對京兆尹和御史大夫的任命，以及西域都護的人選，察納善言，頗為得人。

【注釋】❶雨雪　下雪。雨，降，作動詞用。❷壬申　九月十六日。❸東平思王宇　宣帝之子劉宇，封東平王，諡曰思。傳見《漢書》卷八十。❹京兆尹　京師長安的行政長官，位次列卿。❺駿二句　西漢有四王駿。此王駿為經學家王吉之子。王吉官至廢帝昌邑王中尉，與貢禹齊名。傳見《漢書》卷七十二。❻前有趙張二句　前，指宣帝時。後，指成帝時。趙廣漢、張敞，均於宣帝時為京兆尹。王尊、王章、王駿，成帝時為京兆尹。五人均稱能吏，故民間有口碑。王駿傳附《漢書・王吉傳》中，其餘四人合傳，見《漢書》卷七十六。❼壬戌　閏十二月初七日。❽烏孫小昆彌　烏孫，西域國名，都赤谷城，與西漢連姻為與國。昆彌，又作「昆莫」，烏孫王號。宣帝時，立元貴靡為大昆彌，烏就屠為小昆彌。元貴靡與烏就屠為兄弟，皆烏孫肥王翁歸靡之子。元貴靡為漢解憂公主所生，係長男；烏就屠為胡婦所生。❾亡阻　亡，逃亡。阻，依恃。❿段會宗　字子松，西漢名將，元、成帝時兩度為西域都護。第一任為西域都護在西元前三三年，三年期滿於西元前三一年回長安。此為第二度出任。傳見《漢書》卷七十。⓫翕然　聚合趨附貌。⓬少府宣　少府，掌管皇室財政，九卿之一。宣，薛宣，繼于永為御史大夫，後官至丞相。傳見《漢書》卷八十三。⓭達於從政　通達為政。

【語譯】四年（庚子　西元前二一年）

春，二月，赦免天下。

夏，四月，降雪。

秋，九月十六日壬申，東平思王劉宇去世。

任命少府王駿為京兆尹。王駿，是王吉的兒子。此前，擔任過京兆尹的有趙廣漢、張敞、王尊、王章，以至現任的王駿，都以才幹聞名，所以京師傳頌說：「前有趙、張，後有三王。」

閏十二月初七日壬戌，于永去世。

烏孫的小昆彌烏就屠去世，他的兒子拊離繼位；拊離被弟弟日貳所殺。漢王朝派遣使臣去封拊離的兒子安日為小昆彌。日貳就逃亡並依恃康居國；安日派貴族姑莫匿等三人也偽裝跟隨日貳逃亡，刺殺了日貳。於是西域各國都上書漢天子，希望再派遣前任都護段會宗返回西域。成帝聽從了這個請求。西域有城邦的國家聽到這個消息，都一致親附了漢朝。

谷永上奏說：「聖明的君王，考察一個人，不把這人名聲放在實際才能之上。御史大夫責任重大，少府薛宣精通為政，請陛下留意考察！」成帝同意他的看法。

鴻嘉元年（辛丑　西元前二〇年）

春，正月癸巳❶，以薛宣為御史大夫。

二月壬午❷，上行幸初陵❸，赦作徒❹；以新豐❺之戲鄉❻為昌陵縣，奉初陵。

上始為微行❼，從期門郎❽或私奴十餘人，或乘小車，或皆騎，出入市里郊野，遠至旁縣甘泉、長楊、五柞❾，鬬雞、走馬，常自稱富平侯家人。富平侯者，張安世四世孫放❿也。放父臨，尚敬武公主⓫，生放。放為侍中、中郎將，娶許皇后女弟⓬，當時寵幸無比，故假稱⓭之。

三月庚戌⓮，張禹以老病罷，以列侯朝朔、望⓯，位特進，見禮如丞相，賞賜前後數千萬。

夏，四月庚辰⑯，薛宣為丞相，封高陽侯；京兆尹王駿為御史大夫。

王音既以從舅⑰越親用事⑱，小心親職。上以音自御史大夫入為將軍，不獲宰相之封⑲，六月乙巳⑳，封音為安陽侯。

冬，黃龍見真定㉑。

是歲，匈奴復株累單于㉒死，弟且麋胥㉓[1]立，為搜諧若鞮單于；遣子左祝都韓王昫留斯侯入侍，以且莫車為左賢王。

【章旨】以上為第三段，寫王音以皇上表兄弟之親取代親舅「五侯」執政，小心謹慎。漢成帝微服出宮嬉戲遊樂。

【注釋】❶癸巳　正月初九日。❷壬午　二月二十八日。❸初陵　指成帝更修的壽陵，即昌陵，未成而廢，在今陝西臨潼東。❹赦作徒　赦免修陵的勞改犯人。❺新豐　縣名，縣治在今陝西臨潼東。❻戲鄉　新豐所屬鄉名，因建成帝陵而置邑，為昌陵縣。❼微行　便服私自出行。❽期門郎　漢武帝私訪，與衛士相約在宮門會合，故稱皇帝私訪的警衛為期門郎。❾甘泉長楊五柞　京師遠郊行宮名，甘泉宮在今陝西淳化西北甘泉山上，長楊宮、五柞宮在今陝西周至。❿放　張放，西漢宣帝時中興名臣張安世四世孫，大受成帝寵愛，為侍中、中郎將，儀比將軍。因驕恣被外放。傳附見《漢書・張湯傳》。⓫敬武公主　元帝妹。⓬許皇后女弟　指成帝許皇后之妹。許皇后姐妹，為平恩侯許嘉之女。⓭假稱　冒名。指成帝冒名張放家人。⓮庚戌　三月二十七日。⓯朝朔望　每月的初一和十五入宮朝見皇上。⓰庚辰　四月二十七日。⓱從舅　堂舅父。⓲越親用事　指王音超越成帝親舅王譚等五侯而執掌國政。⓳宰相之封　漢初劉邦與大臣約，非功不得封侯。武帝時丞相公孫弘封為平津侯，自此丞相封侯成為定制，稱作丞相之封。⓴六月乙巳　六月癸丑朔，無乙巳。乙巳，應為七月二十四日。㉑真定縣名，為真定國治所，在今河北正定南。㉒復株累單于　呼韓邪單于之子，名雕陶莫皋，西元前三一—前二〇年在位。㉓且麋胥　繼復株累為搜諧若鞮單于，西元前二〇至前一二年在位。

【校　記】①且麋胥　據章鈺校，十四行本、乙十一行本、孔天胤本皆作「且糜胥」。

【語　譯】鴻嘉元年（辛丑　西元前二〇年）

春，正月初九日癸巳，任命薛宣為御史大夫。

二月二十八日壬午，成帝親臨壽陵，赦免了修建陵墓的犯人；把陵墓所在的新豐的戲鄉改為昌陵縣，作為壽陵的奉邑。

成帝首次微服出行，帶著期門郎或宮奴十多人跟隨，有時乘坐小車，有時都騎馬，出入於京師大街、小巷、郊外，甚至遠到長安鄰縣地區的甘泉宮、長楊宮、五柞宮，鬥雞賽馬，經常自稱是富平侯的家人。富平侯是張安世第四代孫張放。張放的父親張臨娶皇上的姑姑敬武公主生下張放。張放任職侍中、中郎將，娶許皇后的妹妹為妻，當時受到的寵愛無比，所以成帝冒稱是張放的家人。

三月二十七日庚戌，張禹因年老多病辭職回家，以侯爵的身分每月初一、十五上朝晉見，賜位特進，受到的禮遇與丞相一樣，所得到的賞賜前後達數千萬。

夏，四月二十七日庚辰，任命薛宣為丞相，封高陽侯；京兆尹王駿為御史大夫。

王音以堂舅父的身分超越親舅「五侯」而掌握大權，因此特別謹慎盡職。成帝把王音由御史大夫而直升為車騎將軍，卻沒有封侯，六月乙巳日，封王音為安陽侯。

冬，黃龍出現在真定縣。

這一年，匈奴復株累單于去世，他的弟弟且麋胥繼位，是為搜諧若鞮單于；搜諧若鞮單于派他的兒子左祝都韓王昫留斯侯到漢朝侍奉皇上，任命欒提且莫車為左賢王。

二年（壬寅　西元前一九年）

春，上行幸雲陽❶、甘泉。

三月，博士❷行大射禮❸。有飛雉❹集于庭，歷階登堂而雊❺；後雉又集太常、宗正、丞相、御史大夫、車騎將軍之府，又集未央宮承明殿❻屋上。車騎將軍音[1]、待詔❼寵❽等上言：「天地之氣，以類相應；譴告❾人君，甚微而著。雉者聽察❿，先聞雷聲，故月令⓫以紀氣。經載高宗雊雉之異⓬，以明轉禍為福之驗。今雉以博士行禮之日大眾聚會，飛集於庭[2]，歷階登堂，萬眾睢睢⓭，驚怪連日，徑歷三公之府，太常、宗正典宗廟骨肉之官⓮，然後入宮。其宿⓯留告曉人，具備深切；雖人道相戒，何以過是！」後帝使中常侍鼂閎詔音⓰曰：「聞捕得雉，毛羽頗摧折，類拘執者⓱，得無人為之⓲？」音復對⓳曰：「陛下安得亡國之語！不知誰主為佞諂之計，誣亂聖德如此者！左右阿諛甚眾，不待臣音復諂而足。公卿以下，保位自守，莫有正言⓴。如令陛下覺寤，懼大禍且至身，深責臣下，繩㉑以聖法㉒，臣音當先誅，豈有以自解哉！今即位十五年，繼嗣不立㉓，日日駕車而出，失行流聞㉔，海內㉕傳之，甚於京師。外有微行之害，內有疾病之憂，皇天㉖數見災異，欲人變更㉗，終已不改。天尚不能感動陛下，臣子何望！獨有極言㉘

待死，命在朝暮而已。如有不然，老母安得處所，尚何皇太后之有！高祖天下當以誰屬乎㉙！宜謀於賢智，克己復禮㉚，以求天意，繼嗣可立，災變尚可銷也。」

初，元帝儉約，渭陵㉛不復徙民起邑㉜；帝起初陵㉝，數年後，樂霸陵曲亭南㉞，更營之。將作大匠㉟解萬年使陳湯㊱為奏，請為初陵徙民起邑，欲自以為功，求重賞。湯因自請先徙，冀得美田宅。上從其言，果起昌陵邑。

夏，徙郡國豪桀貲五百萬以上五千戶于昌陵。

五月癸未㊲，隕石于杜郵㊳三。

六月，立中山憲王㊴孫雲客為廣德王。

是歲，城陽哀王雲㊵薨，無子，國除。

【章　旨】以上為第四段，寫成帝從鴻嘉二年（西元前一九年）起，行為放縱，微服遊樂，鋪張建置壽陵。車騎將軍王音藉口野雞飛集官府、皇宮這一異常事件，極力直諫漢成帝節制遊樂。

【注　釋】❶雲陽　行宮名，即甘泉宮。初為秦所建，稱林光宮，漢時擴建，因在雲陽縣甘泉山上，故又稱雲陽宮、甘泉宮。❷博士　官名，屬太常，備顧問。武帝立太學後，博士兼經學教官。❸大射禮　射擊講武之禮。古代講究文武合一，故天子、諸侯、大夫、士皆有大射之禮。此指博士所行士射禮。❹雉　野雞。❺歷階登堂而雊　順階登殿堂而鳴叫。雊，鳴叫。❻承明殿　未央宮殿名。❼待詔　等待詔命的候補官，一般在公車府待詔。❽寵　人名，史失其姓，從上疏內容看，似為經術待詔。❾譴告　警告。指上天以災祥警告人君。❿聽察　指野雞聽覺敏銳。⓫月令　《禮記》中的篇名。⓬經載高宗雊雉之異

《尚書・高宗肜日》載：商王武丁祭祀成湯，有隻雉飛落在鼎耳上啼叫，武丁恐懼，大臣祖己作〈高宗肜日〉訓誡商王修德，商朝復興。高宗，即商王武丁。⓭雊雊　因驚怪而瞪眼注視的樣子。⓮骨肉之官　即指宗正，掌管皇族事務。骨肉，喻其親近。⓯其宿　指野雉止留宮中一宿。⓰黽閎詔音　黽閎，人名。詔音，黽閎把成帝詔書責問雊雉似人為之事傳達給王音，要求王音做出解釋。⓱類拘執者　指野雉像是捕獲來的。⓲得無人為之　莫非是人為製造的。⓳音復對　王音再次上奏關於雊雉之事，係回答詔書的責問，故稱復對。⓴正言　正直的忠言。㉑繩　以法律為準繩制裁。㉒聖法　指漢法。㉓繼嗣不立　太子未立。這裡指未育皇子。㉔失行流聞　錯誤的行為到處傳播。㉕海內　天下；全國。㉖皇天　上天。㉗欲人變更　希望皇帝改正錯誤。㉘極言　盡忠直諫。㉙如有不然四句　此四句意為，如我不直言極諫，一旦禍患應驗，連老母都不知如何安置，更無法侍奉皇太后。到那時，高祖打下的江山，陛下將交給誰呢。㉚克己復禮　克制自己的欲望，務使言行合於禮儀。語出《論語・顏淵》：「克己復禮為仁。一日克己復禮，天下歸仁焉。」㉛渭陵　元帝陵，在今陝西咸陽西北。㉜徙民起邑　移民於皇帝陵旁，形成縣邑。秦漢時已是一項基本國策。帝陵前，定要有萬家邑。㉝帝起初陵　指成帝最初（建始二年）起造的延陵，在今陝西咸陽西北。成帝死後葬延陵。中間更修的昌陵，因地勢低平，難以起陵，數年後罷廢。㉞霸陵曲亭南　指成帝新建昌陵所在地新豐縣戲鄉，位於霸陵縣曲亭之南。霸陵縣為漢文帝的陵邑。㉟將作大匠　官名，掌治宮室陵邑。㊱陳湯　字子公，山陽瑕丘（在今山東兗州東北）人。成帝時安邊名將，官至西域副校尉，誅匈奴郅支單于。因建言修昌陵邑，擾動天下，被彈劾徙邊。傳見《漢書》卷七十。㊲癸未　五月初六日。㊳杜郵　地名，在今陝西咸陽東。㊴中山憲王　劉福，為景帝子中山王劉勝的玄孫。㊵城陽哀王雲　劉雲，為文帝時所封城陽王劉章的十世孫。劉章為高帝長男，齊王劉肥的次子，因誅諸呂功封城陽王。

【校　記】①音　據章鈺校，十四行本、乙十一行本、孔天胤本皆作「王音」。②大眾聚會飛集於庭　原無此八字。據章鈺校，乙十一行本、孔天胤本皆有此八字，張敦仁《通鑑刊本識誤》、張瑛《通鑑校勘記》同，今據補。

【語　譯】二年（壬寅　西元前一九年）

春，成帝巡幸雲陽宮和甘泉宮。

三月，博士舉行大射禮。有野雞飛集庭院，順著臺階一級一級登上廳堂，發出叫聲；隨後野雞又飛集到太常、宗正、丞相、御史大夫、車騎將軍各府，又飛集到未央宮承明殿屋頂上。車騎將軍王音、待詔寵等人上書說：「天地之氣，按類別相呼應；對君王顯示告誡，雖然很細微，卻是非常的明顯。野雞聽覺敏銳，能先聽到雷聲，所以《禮記．月令》就用野雞的鳴叫來分別節氣。《書經》記載商代的高宗祭祀祖先成湯時，有野雞飛到大鼎耳柄上鳴叫的異兆，是為了顯示高宗改行德政，轉禍為福的效驗。而今野雞在博士舉行大射禮之日大群聚集，飛聚到庭院，順著臺階，登上廳堂，使得眾多的人瞪大眼睛茫然看著，驚怪了好幾天，野雞又逕直飛集三公的府上，還飛到太常、宗正這些掌管宗廟和骨肉親屬的官府，最後飛到了未央宮。野雞留止一夜，它顯示給人的警戒，既完備又深切；即使用人事來勸誡，怎麼能超過這！」隨後皇上命中常侍鼂閎下詔書給王音說：「聽說捕捉到了那些野雞，發現牠們的羽毛很多被折斷，像是被人抓來的，莫不是有人故意這樣做？」王音再次上書說：「陛下怎麼說出這樣亡國的話！不知是誰設計了這樣敗壞皇上聖德，巧言諂媚的詭計！陛下左右奉承諂媚的人很多，用不著臣再來說奉承話就已足夠了。公卿以下，都只顧守著自己的職位，沒有人說一句正直的話。如果要讓陛下醒悟，恐怕就要大禍臨頭，嚴厲地斥責臣下，用法律制裁，臣王音當會第一個被誅殺，哪還有辦法解救自己！如今陛下即位已十五年，還沒有立太子，每天駕車出遊，錯誤的行為到處傳播，天下的流言，比京師還嚴重。陛下身外有微服私遊的毛病，身內有疾病纏身，皇天多次顯示災異，是警示陛下自己改正錯誤，而陛下始終沒有改正。皇天尚且感動不了陛下，臣等還能有什麼辦法可指望！唯有極力冒死進言，生命置於早晚之間罷了。如果不這樣做，大禍到來，老母都不知安身何處，又怎麼顧得上皇太后！漢高祖創下的天下，陛下該當交給誰呢！陛下應當跟賢能智慧的人一起謀劃，克制自己的私欲，使言行合於禮規，遵循天意，繼承人問題才可解決，災變才會消失。」

當初，元帝儉約，他的渭陵不再移民建立縣邑；而成帝建造自己的初陵，幾年後，又認為霸陵曲亭南邊的風水更好，重新在那裡建造。將作大匠解萬年要陳湯上奏，請求往初陵移民，並在那裡設置縣邑，想為自己邀功，謀取重賞。陳湯便自己請求率先遷移，希望分到豪華的住宅和肥沃的田地。成帝採納了他們的主張，果然建置了昌陵邑。

夏，遷徙郡國中擁有家財五百萬以上的豪富五千戶到昌陵。

五月初六日癸未，三顆隕石墜落在杜郵。六月，冊封中山憲王劉福的孫子劉雲客為廣德王。這一年，城陽哀王劉雲去世，沒有兒子，封國被撤銷。

三年（癸卯 西元前一八年）

夏，四月，赦天下。○大旱。

王氏五侯爭以奢侈相尚。成都侯商嘗病，欲避暑，從上借明光宮❶。後又穿長安城，引內灃水❷，注第中大陂❸以行船，立羽蓋❹，張周帷❺，楫棹越歌❻。上幸商第，見穿城引水，意恨，內銜之❼，未言；後微行出，過曲陽侯第，又見園中土山、漸臺❽，象白虎殿❾，於是上怒，以讓❿車騎將軍音。商、根兄弟欲自黥、劓以謝太后⓫。上聞之，大怒，乃使尚書責問司隸校尉、京兆尹，知成都侯商等奢僭不軌，藏匿姦猾⓬，皆阿縱⓭，不舉奏正法；二人頓首省戶下⓮。又賜車騎將軍音策書曰：「外家何甘樂禍敗！而欲自黥、劓，相戮辱於太后前⓯，傷慈母之心，以危亂國家！外家宗族彊⓰，上一身寖弱⓱日久，今將一施之⓲。君其召諸侯，令待府舍⓳。」是日，詔尚書奏文帝誅將軍薄昭故事⓴。車騎將軍音藉[1]稾請罪㉑，商、立、根皆負斧質謝㉒，良久乃已。上特欲恐之，實無意誅也。

秋，八月乙卯23，孝景廟北闕24災。

初，許皇后與班倢伃25皆有寵於上。上嘗遊後庭，欲與倢伃同輦載，倢伃辭曰：「觀古圖畫，賢聖之君皆有[2]名臣在側，三代末主26乃有嬖妾27；今欲同輦，得無近似之乎！」上善其言而止。太后聞之，喜曰：「古有樊姬28，今有班倢伃！」班倢伃進侍者李平得幸，亦為倢伃，賜姓曰衛。

其後，上微行過陽阿主家，悅歌舞者趙飛燕29，召入宮，大幸。有女弟，復召入，姿性尤醲粹30，左右見之，皆嘖嘖31嗟賞32。有宣帝時披香博士33淖方成在帝後，唾曰：「此禍水也，滅火必矣！」姊、弟俱為倢伃，貴傾後宮。許皇后、班倢伃皆失寵。於是趙飛燕譖告許皇后、班倢伃挾媚道34，祝詛後宮，詈及主上。

冬，十一月甲寅35，許后廢處昭臺宮36，后姊謁37等[3]皆誅死，親屬歸故郡38。考問班倢伃，倢伃對曰：「妾聞『死生有命，富貴在天39。』脩正尚未蒙福，為邪欲以何望！使鬼神有知，不受不臣之愬40；如其無知，愬之何益！故不為也。」上善其對，赦之，賜黃金百斤。趙氏姊、弟驕妒41，倢伃恐久見危，乃求共養太后於長信宮42。上許焉。

廣漢男子鄭躬等六十餘人攻官寺，篡囚徒43，盜庫兵，自稱山君。

【章　旨】以上為第五段，寫漢成帝懲處王氏五侯，五侯喪膽，表明漢成帝仍有控制朝政的絕對權威，礙於王氏皇太后的袒護，始終不能下定決心罷斥五侯。這時出身微賤的歌舞女子趙飛燕姐妹，闖入成帝的生活，大受寵幸，乃至奪了許皇后之位。漢成帝沉溺女色，更加荒怠政事，無所作為。

【注　釋】❶明光宮　在長安城南，離桂宮不遠。❷引內灃水　引灃河之水入人工湖。內，通「納」。灃水，渭水支流，在長安西，今已堙。❸第中大陂　指王商住宅花園中的人工湖。❹立羽蓋　用羽毛編製的華蓋。蓋，此指船篷。❺張周帷　在遊船四周張掛圍帳。❻楫棹越歌　讓划船的人高唱越人的歌曲。楫棹，船槳，短名楫，長名棹。❼內銜之　把對王商的恨，藏於心中。銜，含，隱而不發。❽漸臺　人工築的湖中小島。❾白虎殿　未央宮中殿名。❿讓　申斥。⓫自黥劓以謝太后　指王商、王根兄弟自刑向太后請罪，向成帝施加壓力。黥，臉上刺字。劓，割掉鼻子。謝太后，向太后請罪。太后，即成帝母王政君，王商、王根兄弟之姐。⓬藏匿姦猾　窩藏罪犯。⓭阿縱　徇私縱容。⓮二人頓首省戶下　司隸校尉、京兆尹到宮門外磕頭請罪。省戶，禁門。司隸校尉察舉官吏，京兆尹治理京師，王商兄弟犯法，二人皆被追究瀆職罪。⓯戮辱於太后前　指王商兄弟想自黥自劓，在太后面前自相戮辱。⓰彊　同「強」。驕橫。⓱寖弱　日漸孤立。⓲一施之　堅決地執法於外戚。⓳君其召諸侯二句　君，指車騎將軍王音。成帝令王音通知王商、王根等諸侯，在家裡聽候處分。⓴薄昭故事　指漢文帝誅舅薄昭事，詳本書卷十四文帝前元十年。㉑藉藁請罪　坐在草墊子上聽候處治。古代囚犯斬首時，為避免血汙遍地，襯以草墊。㉒負斧質謝　背負刑具請罪。斧，斬具。質，砧板。㉓乙卯　八月十五日。㉔北闕　北門。㉕班倢伃　成帝妃。倢伃，位僅次於皇后的貴妃之號。㉖三代末主　夏商周三代的亡國之君夏桀王、商紂王、周幽王。㉗嬖妾　受寵的妃子。㉘樊姬　春秋時楚莊王賢妃。楚莊王好畋獵，樊姬不食野味，終於使楚莊王感悟而停止了畋獵。㉙趙飛燕　陽阿公主的舞女，成帝召入宮為婕妤，奪許皇后之寵為皇后。傳見《漢書》卷九十七下。㉚姿性尤醲粹　天生麗質，美豔無比。㉛嘖嘖　交口讚譽之聲。㉜嗟賞　驚奇讚賞。㉝披香博士　管理後宮的官員。㉞媚道　詛咒他人以求自己得寵。㉟甲寅　十一月十六日。㊱昭臺宮　在上林苑中。㊲后姊謁　許皇后姐許謁，為平安剛侯夫人。㊳歸故郡　遣歸原籍。許皇后故鄉在山陽郡。㊴死生有命二句　語出《論語・顏淵》子夏答司馬牛之言。㊵不受不臣之愬　不接受叛逆者的控訴。不臣，指詛咒皇帝之事。㊶驕妬　驕橫而忌妒。㊷長信宮　太后所居宮，在長安城東，與未央宮相對。㊸簒囚徒　脅迫獄中囚徒造反。

【校　記】[1]藉　原作「籍」。據章鈺校，十四行本、乙十一行本、孔天胤本皆作「藉」，今從改。[2]有　原無此字。據章鈺校，十四行本、乙十一行本、孔天胤本皆有此字，今從補。③等　原無此字。據章鈺校，乙十一行本、孔天胤本皆有此字，張敦仁《通鑑刊本識誤》同，今據補。按，《漢書·外戚傳》亦作「謁等」，且誣以巫蠱之罪，其誅連當不止一人而已。

【語譯】三年（癸卯　西元前一八年）

夏，四月，赦免天下。〇發生大旱。

王氏侯互相攀比豪華奢侈。成都侯王商曾經生病，想避暑，就向成帝借用明光宮。後來又鑿穿長安城牆，把灃水引來，注入到他家的人工湖裡用來划船，用羽毛編製船篷，在船的四周張掛帷帳，搖船唱古越歌謠。成帝曾到王商家，看到穿城引水，懷恨在心，沒有說話；後來成帝微服出行，路過曲陽侯王根家，又看見他園中有人工假山，以及建在水中的漸臺，格局就像未央宮中的白虎殿，因此成帝發怒，申斥車騎將軍王音。王商、王根兄弟打算在自己臉上刺字，割掉鼻子，向皇太后請罪。成帝聽說後，大怒，就派尚書質問司隸校尉和京兆尹，說他們明知成都侯王商等人生活奢侈，行為越軌，又窩藏罪犯，卻都徇私縱容，不舉奏揭發，繩之以法；司隸校尉、京兆尹二人到宮門外下跪磕頭請罪。成帝又下詔給車騎將軍王音說：「外戚他們為什麼心甘情願遭致家破人亡！竟然想刺臉、割鼻，要在皇太后的面前自相戮辱，既傷害慈母的心，又擾亂國家！王氏宗族在朝中太過強橫，朕在上面一身孤立軟弱很長時間了，現今要對他們下一次狠手。你通知那幾位侯爵，命令他們待在家裡等著。」當天，成帝下詔尚書，要尚書上奏文帝時誅殺將軍薄昭的舊事。車騎將軍王音坐在草墊子上請罪，王商、王立、王根都背負刑具認錯，過了很長一段時間，才赦免了他們。成帝想特意這樣恐嚇他們，實際上不是真心要誅殺他們。

秋，八月十五日乙卯，景帝陵園的北門失火。

起初，許皇后與班婕妤都受成帝寵愛。成帝曾經在後宮遊樂，想要班婕妤跟他同坐一輛車，班婕妤推辭說：「我看古代的圖畫，賢聖的國君，都有名臣跟隨在身旁，夏、商、周三朝的末代君王，才有寵愛的姬妾在身旁；今天要我和皇上同乘一車，豈不是和三代的末代國君相似嗎！」成帝認為她說得對，就不再勉強。

皇太后聽到這件事，滿意地說：「古代有個樊姬，現今有班婕妤！」班婕妤舉薦她的侍女李平給成帝，李平受到寵愛，也封婕妤，賜她姓衛。

此後，成帝微服出行經過陽阿公主家，喜歡公主家的歌舞女子趙飛燕，就召進宮中，大受寵愛。趙飛燕有妹妹也被召入宮，她的姿容儀態，純美無疵，左右侍從看見她，都嘖嘖稱讚。宣帝時在後宮任披香博士的淖方成，正站在皇上身後，吐唾沫說：「她是禍水，漢朝之火德一定被她所滅！」趙飛燕姐妹二人都被封為婕妤，顯貴壓倒後宮所有美女。連許皇后、班婕妤都失寵。於是趙飛燕進讒言，誣陷許皇后、班婕妤用妖術詛咒後宮嬪妃，甚至詬罵成帝。

冬，十一月十六日甲寅，許皇后被廢幽閉在上林苑的昭臺宮，許皇后的姐姐許謁等人被殺害，親屬都被遣回原籍山陽郡。又拷問班婕妤，班婕妤回答說：「臣妾聽說『死生有命，富貴在天。』修行正道，尚且未能蒙受幸福，從事邪惡，還想能有指望嗎！假若鬼神有知，就不會接受不守臣道的人提出的控訴；如果鬼神無知，那控訴又有什麼用呢！所以我不做這種事。」成帝認為她回答得好，赦免了她，還賞賜黃金一百斤。

趙飛燕姐妹驕縱妒嫉，班婕妤擔心時間長了遭到危害，就要求到長信宮侍奉皇太后。成帝答應了。

益州廣漢郡男子鄭躬等六十餘人攻打地方官署，脅迫獄中囚犯，盜取武庫的兵器，自稱山君。

四年（甲辰　西元前一七年）

秋，勃海、清河、信都❶河水湓溢❷，灌縣、邑三十一，敗❸官亭❹、民舍四萬餘所。平陵❺李尋[1]奏言：「議者常欲求索九河故迹❻而穿之。今因其自決，可且勿塞，以觀水勢；河欲居之，當稍自成川，跳出沙土。然後順天心而圖之，必有成功，而用財力寡。」於是遂止不塞。朝臣數言百姓可哀，上遣使者處業❼振贍之。

廣漢❽鄭躬[2]黨與寖廣❾，犯歷四縣，眾且❿萬人，州郡不能制。冬，以河東⓫都尉⓬趙護為廣漢太守，發郡中及蜀郡合三萬人擊之，或相捕斬除罪⓭；旬月⓮平。遷護為執金吾⓯，賜黃金百斤。

是歲，平阿安侯王譚薨。上悔廢譚使不輔政而薨也，乃復進[3]成都侯商，以特進領城門兵，置幕府⓰，得舉吏如將軍⓱。

魏郡杜鄴⓲時為郎，素善車騎將軍音，見音前與平阿侯有隙，即說音曰：「夫戚而不見殊，孰能無怨⓳！昔秦伯⓴有千乘之國而不能容其母弟，春秋譏焉㉑。周、召㉒則不然：忠以相輔，義以相匡，同己之親，等己之尊㉓，不以聖德獨兼國寵，又不為長專受榮任㉔；分職於陝，並為弼疑㉕；故內無感㉖恨之隙，外無侵侮之羞，俱享天祐，兩荷高名㉗者，蓋以此也。竊見成都侯以特進領城門兵，復有詔得舉吏如五府㉘，此明詔所欲必[4]寵也。將軍宜承順聖意，加異往時㉙，每事凡議，必與及之。發於至誠，則孰不說諭㉚！」音甚嘉其言，由是與成都侯商親密。二人皆重鄴。

【章旨】以上為第六段，寫黃河再次鬧水害，漢成帝採納錯誤意見，不堵決口，人民遭殃。外戚集團，王音、王商採納杜鄴之言，和衷共濟。

【注釋】❶勃海清河信都　郡國名，渤海郡治所浮陽，在今河北滄州東南。清河郡治所清陽，在今河北清河縣東南。信都郡治所信都，在今河北冀州。❷溢溢　河水漲過堤壩湧出。❸敗　沖毀。❹官亭　郵亭。❺平陵　昭帝陵邑，在今陝西咸陽東北。❻九河故迹　九河故道。傳說夏禹疏九河，《爾雅・釋水》記載其名為：一徒駭河，二太史河，三馬頰河，四覆釜河，五胡蘇河，六簡河，七潔河，八鉤盤河，九鬲津河。九河流域在今河北東部天津市以南地區。❼處業　安置。❽廣漢　郡名，治所在今四川金堂。❾黨與寖廣　追隨鄭躬的黨羽日益壯大。❿且　將近。⓫河東　郡名，治所安邑，在今山西夏縣西北。⓬都尉　官名，掌一郡軍事事務。⓭相捕斬除罪　指發布命令，規定起事者可以互相捕斬以免除本人之罪。⓮旬月　一月。旬，滿。⓯執金吾　官名，九卿之一，秩中二千石，掌京師治安。⓰置幕府　建立指揮機構。漢制，車騎、左、右將軍才能置幕府。今王商領城門兵，是低於將軍的校尉，特准許他置幕府是表示恩寵。⓱得舉吏如將軍　可如將軍一樣不經請示舉用下屬官吏。舉吏，舉用官吏。⓲杜鄴　字子夏，魏郡（治所鄴縣，在今河北磁縣南）人，以孝廉為郎。傳見《漢書》卷八十五。⓳戚而不見殊二句　親屬卻得不到殊榮，誰能沒有怨恨。指平阿侯王譚係成帝親舅，反而未能執政，所以對王音產生了怨恨。⓴秦伯　指秦景公。景公同母弟公子鍼有寵於其父桓公。景公立，鍼懼而奔晉。事詳《左傳》昭公元年。㉑春秋譏焉　對公子鍼出走晉國之事，《春秋》記作「秦伯之弟鍼出奔晉」，意含譏刺，表示對秦景公的批評。㉒周召　指西周時的周公姬旦、召公姬奭。兩人無私怨，忠心輔國，為後世人臣楷模，受到歷代封建社會士大夫的褒揚。㉓同己之親二句　指周公、召公互相敬重，和對方平等相待。㉔不以聖德獨兼國寵二句　周、召二人，都不因自己的才德而獨佔朝廷的恩寵，也不因撫養成王而專享榮耀的職位。㉕分職於陝二句　周、召二公，並為輔佐大臣，以陝（今河南陝縣）為界，分別主持該地區政務，自陝以東，由周公主管，稱「左輔」、「前疑」；自陝以西，由召公主管，稱「右弼」、「後丞」。㉖慼　通「慽」。意為不滿。㉗兩荷高名　兩人獲得很高的聲譽。㉘五府　丞相、御史大夫、車騎將軍、左將軍、右將軍並稱五府。國家軍政大事，五府合議。㉙加異往時　指王音較前更親近王商。㉚說諭　和悅無憂。說，通「悅」。

【校記】①李尋　據章鈺校，乙十一行本、孔天胤本皆作「李尋等」。②鄭躬　據章鈺校，十四行本、乙十一行本、孔天胤本皆作「鄭躬等」，張敦仁《通鑑刊本識誤》同。③進　據章鈺校，十四行本、乙十一行本、孔天胤本皆無此字。④必　據章鈺校，乙十一行本、孔天胤本皆無此字。

【語　譯】四年（甲辰　西元前一七年）

秋，勃海、清河、信都各郡境內黃河洪水漫過河堤，淹了三十一縣，沖毀郵亭、民房四萬多棟。平陵人李尋上奏說：「先前朝中討論治河的官員，經常想尋找九河故道，重新疏通。現今趁著黃河決口，可以暫不堵塞，用來察看水勢；黃河流經的地方，當會逐漸形成自然的河道，沖出泥沙。然後順著天意而疏通河床，一定能成功，並且所用經費和人力都會較少。」於是停止治河，不堵塞黃河決口。朝廷大臣多次上奏說，受災的百姓可憐，成帝這才派出使者前往災區安置救濟災民。

廣漢人鄭躬的黨羽日益壯大，侵掠波及四縣，部眾將近一萬人，州郡沒有能力制服。冬，任命河東郡都尉趙護為廣漢太守，徵調廣漢郡和蜀郡的兵力共三萬人出擊，又發布命令，如果鄭躬的部眾互相捕殺就免除本人的罪；一個月就平定了叛亂。升遷趙護為執金吾，賞賜黃金一百斤。

這一年，平阿安侯王譚去世。成帝後悔沒有讓王譚輔政便死了，於是重新進用成都侯王商，以特進身分掌管城門屯兵，建置幕府，可以同車騎將軍一樣舉用屬吏。

魏郡人杜鄴當時任郎官，一向與車騎將軍王音友好，看到王音先前與平阿侯王譚之間有矛盾，就勸王音說：「親屬卻得不到殊榮，誰能沒有怨恨！從前秦景公是一個擁有千輛兵車的國君，卻容不下同母弟弟公子鍼，受到《春秋》的諷刺。西周時的周公姬旦、召公姬奭就不是這樣：他們以誠心互相幫助，以道義相互糾正錯誤，視同親人，彼此敬重，都不因自己德行高尚而獨享國家的恩寵，也不因撫養成王而專享榮耀的職位；以陝邑為界，劃區分職，共同為弼輔大臣；所以內心沒有抱怨的嫌隙，外表也沒有受侵侮的羞辱，共同享有上天的保佑，兩人都獲得很高的聲譽，大概是因為這個原因。我看到成都侯王商以特進之位掌管城門兵，又有詔命讓他和丞相、御史、車騎將軍、左將軍、右將軍等五府一樣能舉用屬吏，這很明顯，是皇上一定想要寵信他。將軍你應該順著皇上的意思，要比平常時更加倍地厚待王商，每一件凡是要協商的政事，都要和他商量。只要出於誠心，那怎麼會不和悅無憂！」王音很贊同他的話，從此就和成都侯王商關係親密。王音、王商也都很敬重杜鄴。

永始元年（乙巳　西元前一六年）

春，正月癸丑❶，太官❷凌室❸火。戊午❹，戾后園❺南闕火❻。

上欲立趙倢伃❼為皇后，皇太后嫌其所出微甚，難之❽。太后姊子淳于長為侍中，數往來通語東宮❾；歲餘，乃得太后指❿，許之。

夏，四月乙亥⓫，上先封倢伃父臨為成陽侯。諫大夫河間劉輔⓬上書，言：「昔武王、周公，承順天地以饗魚、烏之瑞⓭，然猶君臣祗懼⓮，動色相戒⓯。況於季世⓰，不蒙繼嗣之福，屢受威怒⓱之異者虖！雖夙夜自責，改過易行，畏天命，念祖業，妙選⓲有德之世，考卜⓳窈窕之女，以承宗廟，順神祇心，塞天下望⓴，子孫之祥猶恐晚暮！今乃觸情縱欲，傾㉑於卑賤之女，欲以母天下㉒，不畏于天，不愧于人，惑莫大焉！里語㉓曰：『腐木不可以為柱，人婢不可以為主。』天人之所不予㉔，必有禍而無福，市道㉕皆共知之，朝廷莫肯壹言㉖。臣竊傷心，不敢不盡死！」

書奏，上使侍御史㉗收縛輔，繫掖庭祕獄㉘，羣臣莫知其故。於是左將軍辛慶忌㉙、右將軍廉褒㉚、光祿勳琅邪師丹㉛、太中大夫谷永俱上書曰：「竊見劉輔前以縣令求見，擢為諫大夫，此其言必有卓詭切至㉜當聖心者，故得拔至於此。旬月之間，收下祕獄。臣等愚以為輔幸得託公族之親，在諫臣之列，新從下土來，未知朝廷體，獨觸忌諱，不足深過。小罪宜隱忍而已；如有大惡，宜暴治理官㉝，與眾共之。今天心未豫㉞，災異屢降，水旱迭臻㉟，方當隆寬廣問㊱，褒直盡下㊲之時也，而行慘急之誅於諫爭㊳之臣，震驚羣下，失忠直心。假令輔不坐直言，所坐不著，天下不可戶曉㊴。同姓近臣，本以言顯㊵，其於治親養忠㊶之義，誠不宜幽囚於掖庭獄。公卿以下，見陛下進用輔亟而折傷之暴，人有懼心，精銳銷耎㊷，莫敢盡節正言，非所以昭有虞之聽㊸，廣德美之風！臣等竊深傷㊹之，惟陛下留神省察㊺！」上乃徙輔繫[1]共工獄㊻，減死罪一等，論為鬼薪㊼。

初，太后兄弟八人㊽，獨弟曼早死，不侯，太后憐之。曼寡婦渠供養東宮㊾，子莽幼孤，不及等比㊿。其羣兄弟皆將軍、五侯子，乘時(51)侈靡，以輿馬聲色佚游相高(52)。莽因折節(53)為恭儉，勤身(54)博學，被服如儒生(55)；事母及寡嫂，養孤兄子(56)，行甚敕備；又外交英俊，內事諸父，曲有禮意(57)。大將軍鳳病，莽侍疾，親嘗藥，亂首垢面(58)，不解衣帶連月。鳳且死，以託太后及帝，拜為黃門郎(59)，遷射聲校尉(60)。久之，叔父成都侯商上書，願分戶邑以封莽。長樂少府(61)戴崇、侍中(62)金涉、中郎(63)陳湯等皆當世名士，咸為莽言。上由是賢莽，太后又數以為言。五月乙未(64)，封莽為新都侯，遷騎都尉(65)、光祿大夫(66)、侍中。宿衛謹敕(67)，爵位益尊，節操愈謙，散輿馬、衣裘振施賓客，家無所餘；收贍(68)名士，交結將、相、卿、大夫甚眾。故在位者[2]更推薦之，游者(69)為之談說(70)，虛譽(71)隆洽(72)，傾(73)其諸父矣。敢為激發之行(74)，處之不慙恧(75)。嘗私買侍婢，昆弟或頗聞知[3]，莽因曰：「後將軍朱子元(76)無子，莽聞此兒種宜子(77)，為買之[4]。」即日以婢奉朱博。其匿情(78)求名如此！

六月丙寅(79)，立皇后趙氏，大赦天下。

皇后既立，寵少衰(80)，而其女弟絕幸(81)。為昭儀(82)，居昭陽舍，其中庭彤朱(83)，而殿上髹漆(84)；切皆銅沓，黃金塗(85)；白玉階；壁帶(86)往往為黃金釭(87)，函(88)藍田璧、明珠、翠羽(89)飾之。自後宮未嘗有焉。趙后居別館，多通侍郎(90)、宮奴(91)多子者。昭儀嘗謂帝曰：「妾姊性剛，有如為人構陷，則趙氏無種矣！」因泣下悽惻。帝信之，有白(92)后姦狀者，帝輒殺之。由是后公為淫恣，無敢言者，然卒無子。

光祿大夫劉向(93)以為王教由內及外，自近者始。於是採取詩、書所載賢妃、貞婦興國顯家及孽、嬖(94)亂亡者，序次(95)為列女傳，凡八篇；及采傳記行事，著新序、說苑，凡五十篇(96)，奏之。數上疏言得失，陳法戒(97)；書數十上，以助觀覽，補遺闕(98)。上雖不能盡用，然內嘉其言，常嗟嘆之。

【章　旨】以上為第七段，寫漢成帝荒淫而廢除許皇后，以及寵幸趙飛燕姐妹的過程。王莽矯情，初露頭角。

【注　釋】❶癸丑　正月二十二日。❷太官　少府屬官，掌御尉。❸淩室　藏冰之所。❹戊午　正月二十七日。❺戾后園　武帝戾太子劉據妻史良娣的陵園，在長安城南。❻南闕火　戾后園南門失火。❼趙倢伃　指趙飛燕。❽難之　皇太后王政君不同意立趙飛燕為皇后。❾東宮　指皇太后所居之長信宮。❿指　通「旨」。⓫乙亥　四月十五日。⓬河間劉輔　河間，封國名，治所樂成縣，在今河北獻縣東南。劉輔，河間宗室，舉孝廉為襄賁令，官至諫大夫。傳見《漢書》卷七十七。⓭魚烏之瑞　據今文《尚書・泰誓》載：武王伐紂，渡河時有一條白魚跳進武王乘坐的船上，武王拾起來作為祭品。渡河後，又有天火掉在武王住的屋頂上，化為一隻烏鴉。魚，在古代以介鱗之物象徵戰爭。白色，為殷之正色，武王拾白魚，象徵政權轉移。火化作烏鴉，象徵周朝得火德。二者即是所謂的祥瑞。⓮祗懼　敬畏。⓯動色相戒　神色嚴肅地互相誡勉。⓰季世　末世，此指當今。⓱威怒　指皇天降威，憤怒譴告。⓲妙選　精心選擇。⓳考卜　稽考占卜。⓴塞天下望　滿足天下人的期望。㉑傾　迷戀。㉒母天下　為天下人之母，指當皇后。㉓里語　俗語。㉔天人之所不予　上天與百姓都不會贊同。㉕市道　指市井道路之人，即平民。此句是指這個道理連市井小民、三尺童子都清楚。㉖壹言　講一句話。㉗侍御史　御史大夫屬官，給事殿中，受納章奏，監察檢舉百官。亦出監郡國、收捕審訊有罪官吏。㉘掖庭祕獄　宮中的祕密監獄。掖庭，亦稱宮中之永巷。漢制設掖庭令，由宦官充任，管理嬪妃事務及負責內廷詔獄。㉙辛慶忌　辛武賢之子，以武勇儉約出名。傳見《漢書》卷六十九。㉚廉褒　立功西域的名將，官至右將軍，史書無傳。㉛師丹　字仲公，哀帝即位，官至大司空。傳見《漢書》卷八十六。㉜卓詭切至　指言論異於常人，中肯而且恰當。卓詭，不俗。㉝宜暴治理官　應當公布罪狀，交給司法官員處治。暴，公開揭露。理官，指廷尉。㉞豫　愉悅。㉟水旱迭臻　水災旱災交替發生。㊱隆寬廣問　寬大為懷，廣開言路。㊲褒直盡下　褒獎忠直，讓臣下盡情發言。㊳諫爭　直言極諫。㊴假令輔不坐直言三句　意為如果劉輔不是因直言而致罪，那麼他的罪過就不明顯，天下的人都會產生疑問，而這種疑慮又不可能去挨家挨戶解釋。這是反對成帝祕密審理劉輔的委婉辯辭。㊵以言顯　以言論正直聞名。㊶治親養忠　教育親族，培養忠良。㊷公卿以下四句　朝廷公卿以下官員，看到皇帝快速提升劉輔又突然打擊他，人懷恐懼，雖欲盡忠也銳氣盡消。㊸昭有虞之聽　表現出像虞舜那樣虛懷若谷，樂於傾聽意見。有虞，即大舜，相傳舜設敢諫之鼓，虛心納諫。㊹傷　痛心。㊺留神省察　留意考察。㊻共工獄　即考工獄。考工，管理製作器物的工官，屬少府。考工令兼理少府詔獄。㊼減死罪一等二句　減罪一等，免去劉輔死刑，改為判苦役三年。論，判決。鬼薪，為宗廟伐薪，三歲刑。㊽太后兄弟八人　太后王政君有八弟，依次為王鳳、王曼、王譚、王崇、王商、王立、王根、王逢時。太后與王鳳、王崇係同母所生，王鳳襲爵陽平侯，王崇封成安侯。庶弟六人，王曼早死不得侯，餘五弟同日封侯，謂之五侯。㊾供養東宮　受供養於東宮。指太后把王曼寡妻接到東宮供養。㊿等比　同輩。比，輩。(51)乘時　趁富貴之時。(52)佚游相高　盡情遊蕩，互相攀比。(53)折節　甘居人下。(54)勤身　自身勤勉。(55)被服如儒生　穿戴打扮像一個普通的讀書人。(56)養孤兄子　養亡兄之子。王莽兄王永早死，遺一子名光，王莽養之如己子。(57)曲有禮意　卑身禮敬。(58)亂首垢面　頭髮蓬亂，臉面汙穢。一方面表示盡心侍候病人，連梳洗的時間也沒有；另一方面表示哀傷過度，無心梳洗。(59)黃門郎　掌守禁門的侍從官，屬黃門令。(60)射聲校尉　北軍八校尉之一。校尉，職別低於將軍的武官。(61)長樂少府　官名，主管太后長樂宮事務。長樂宮，高帝建，自惠帝時呂后居住後，遂為太后宮。(62)侍中　加官，皇帝親隨。東漢以後始掌實權。(63)中郎　郎官之一，掌守殿門，出充車騎。(64)乙未　五月初六日。(65)騎都尉　騎兵侍從官。都尉，低於將軍等同校尉的武官。(66)光祿大夫　光祿勳屬官，掌議論。(67)宿衛謹敕　侍從皇上謹慎嚴正。(68)收贍　收留供養。(69)游者　幫閒者。(70)談說　宣揚。(71)虛譽　聲譽。(72)隆洽　隆盛而美滿。(73)傾　淩駕於。(74)敢為激發之行　敢於做常人不敢做的事情，如王莽買婢贈人、殺子償命等事均屬「激發之行」。(75)慚恧　慚愧。(76)朱子元　朱博字子元。傳見《漢書》卷四十三。(77)此兒種宜子　這女子能夠多生子女。(78)匿情　偽飾真情。(79)丙寅　六月初七日。(80)寵少衰　寵愛日漸淡薄。(81)絕幸　極受寵愛。(82)昭儀　成帝增設的嬪妃之號。趙昭儀所居宮，史稱昭陽宮，即下文的昭陽舍，極其奢麗。(83)中庭彤朱　昭陽宮的中庭漆成朱紅色。(84)殿上髹漆　寢殿漆成黑色。髹，赤黑漆。(85)切皆銅沓二句　用銅做門檻，再用黃金包裹。切，門檻。沓，突出，這裡指在木門檻上加一層銅門檻。(86)壁帶　牆上露出的帶狀橫木。❽黃金釭　裝飾在壁帶上的金環。❽函　鑲嵌。❽翠羽　翠鳥的羽毛。翠，青綠色。❾侍郎　諸郎之一，可以出入宮禁。❾宮奴　因罪沒入宮中的奴僕。❾白　稟告。❾劉向　原名更生，字子政，在成帝即位時改名劉向。西漢著名學者。傳附《漢書》卷三十六。❾孽嬖　均指寵幸的嬪妃。❾序次　編排。劉向所著的《列女傳》、《新序》、《說苑》等，皆流傳至今。❾凡五十篇　總計五十篇。《新序》三十篇，《說苑》二十篇。❾陳法戒　陳述值得效法、借鑑的史跡。❾補遺闕　拾遺補缺，指補救皇帝的過失。

【校　記】1輔繫　據章鈺校，乙十一行本、孔天胤本二字皆互乙。2者　據章鈺校，十四行本、乙十一行本、孔天胤本皆無此字。3知　據章鈺校，孔天胤本作「之」。4為買之　原無此三字。據章鈺校，十四行本、乙十一行本、孔天胤本皆有此三字，張敦仁《通鑑刊本識誤》、張瑛《通鑑校勘記》同，今據補。

【語　譯】永始元年（乙巳　西元前一六年）

春，正月二十二日癸丑，太官冰庫失火。二十七日戊午，戾后陵園的南門失火。

成帝想立趙婕妤為皇后，皇太后嫌她出身太微賤，不同意。皇太后姐姐的兒子淳于長任侍中，經常往來於長樂宮說服皇太后；一年多，才得到皇太后旨意，同意了這件事。

夏，四月十五日乙亥，成帝先封趙飛燕的父親趙臨為成陽侯。諫大夫河間人劉輔上書說：「從前周武王、周公，順應天地，因而享有白魚、烏鴉的祥瑞，然而君臣仍然恭敬戒懼，神色嚴肅地互相誡勉。何況現在，陛下並沒有蒙受上天賜給太子的福氣，反而多次受到上天憤怒而降的災異呢！即使日夜自我責備，改過易行，敬畏天命，懷念祖宗的大業，精選有品德的人家，考求性情嫻靜的女子，用來承接宗廟，順應神明，滿足天下人的願望，享受生育子孫的福分，恐怕還要很晚！如今陛下卻因情縱欲，傾心於卑賤的女子，想立她為天下人的國母，不敬畏天命，不怕愧對人民，再沒有比這更糊塗的了！俗話說：『腐朽的木頭不可以作樑柱，人主的婢女不可以當主婦。』上天和人民所不贊同的事情，必定會帶來災禍而絕不會帶來幸福，這是市井道路全都知道的，而朝廷沒有人說一句話。我私下感到傷心，不敢不冒死以進諫！」

奏章呈上後，成帝派侍御史逮捕劉輔，關押在宮廷祕密監獄，大臣們都不知其中緣故。於是左將軍辛慶忌、右將軍廉褒、光祿勳琅邪人師丹、太中大夫谷永等四人一起上書說：「我們看到先前劉輔以襄賁縣令的職務求見，皇上提升他為諫大夫，這表明他一定有高明獨到又深合皇上心意的言論，所以才受到如此提拔。一個月時間，抓捕投入祕獄。臣等認為劉輔有幸託身皇室宗親，置身諫臣行列，但他新從地方上來，不知朝廷體制，觸犯忌諱，不應當過分追究。小過錯，皇上應對他克制忍耐；如果有大的罪過，應公開他的罪狀，交由廷尉審理，使大家都知道他犯的罪過。如今上天不高興，多次降下災異，水災、旱災，交替發生，這正應當是皇上寬大為懷，廣開言路，褒獎正直，讓臣民暢所欲言的時候，可是皇上卻對諍諫的臣子施行慘烈急切的刑罰，使群臣震驚，使臣下失去忠誠正直之心。如果劉輔不是因直言規勸而判罪，他犯的罪過就不明顯，對天下的人不能去挨家挨戶解釋。劉輔原本是皇上同姓的近臣，早就因直言而聞名，不論是作為皇族的榜樣，還是培植忠良的模範，都不應該把他囚禁在宮廷祕獄。朝廷公卿以下大臣，看到皇上提升劉輔快速，而打擊他也迅疾，人懷恐懼，即使想盡忠心也銳氣盡失，沒有人敢盡節直言，這不是用來昭示虞舜虛懷納諫那樣的胸懷，推廣直言敢說的盛德風範！臣等深為痛心，希望陛下留心考察！」成帝於是把劉輔移交少府所屬的監獄關押，減免死罪，判他三年徒刑，為宗廟採供柴薪。

當初，皇太后王政君有八個弟弟，唯有王曼早死，沒有被封侯，太后非常憐惜。王曼的遺孀名渠，被供養在宮中，兒子王莽，因自幼喪父，待遇不及同輩。他的堂兄弟們，都是將軍、五侯的兒子，趁富貴之時奢侈靡爛，在聲色狗馬遊蕩上爭高低。王莽卻甘居人下，謙恭節儉，勤奮好學，穿著與儒生一樣；侍奉母親和守寡的嫂嫂，撫養去世的哥哥王永的兒子王光，行為很嚴整周全；又，王莽對外結交才智傑出的朋友，對內侍奉伯父、叔父，委曲周備，彬彬有禮。伯父大將軍王鳳患病，王莽在床前侍奉，親自嘗藥，以致蓬頭垢面，好幾個月都沒有解脫衣帶。王鳳臨死前，把他託付給皇太后和皇上，任命王莽為黃門郎，後來又升為射聲校尉。過了很長時間，叔父成都侯王商上奏成帝，願把自己的封邑分出一部分封給王莽。長樂少府戴崇、侍中金涉、中郎陳湯等人都是當代的知名人物，都替王莽說話。成帝因此認為王莽很賢能，皇太后又一再替王莽說話。五月初六日乙未，下詔封王莽為新都侯，升遷為騎都尉、光祿大夫、侍中。王莽在宮中值勤侍奉成帝極為謹慎嚴正，官爵愈加尊貴，態度愈益謙遜恭敬，散發自己的車馬衣裘，周濟門下的賓客，家無餘財；收留供養名士，結交很多將、相、卿、大夫。所以在朝掌權的官員對王莽無不稱讚，輪番推薦他，遊說幫閒的人替他宣揚，以致他的聲譽盛美，遠遠高於他的伯父、叔父。王莽敢於做常人不敢做的事情，卻毫無愧色。他曾經私下買了婢女，被他兄弟們知道，王莽就說：「後將軍朱子元沒有兒子，我聽說這女子會生兒子，為他買了下來。」當天就把這個婢女送給了朱博。他就是這樣隱瞞真情而博取名聲！

六月初七日丙寅，冊立趙飛燕為皇后，大赦天下。

趙飛燕被冊立為皇后之後，成帝的寵愛漸漸衰減，但是她的妹妹卻極受成帝寵幸。被封為昭儀，住在昭陽宮，庭院的裝飾全用朱紅色，殿閣漆成黑色；用銅做門檻，外面包上黃金；臺階用白玉雕成；牆壁上帶狀的橫木都用黃金環裝飾，還用藍田玉璧、明珠，以及青綠色的鳥羽嵌入牆壁作為裝飾。從有後宮以來，未曾這樣裝潢過。皇后趙飛燕另居一宮，經常與侍郎和多子的奴僕私通。趙昭儀曾經對成帝說：「臣妾的姐姐性格剛強，如果有人陷害，那麼趙家就要被滅族！」說完哭得非常悲傷。成帝相信了她的話，凡有密告皇后姦淫的人，成帝就把告狀的人殺害。從此以後，皇后公開縱情淫亂，也沒有人敢揭發，然而始終沒有生兒子。

光祿大夫劉向認為君王的教化應當由內向外推行，先從親近的人開始。於是，劉向就摘錄《詩經》、《書經》中所記載的興盛國家、顯耀家族的賢妃、貞婦，以及亂國亡家的寵妻庶妾的故事，按照一定的順序編列而成《列女傳》，共八篇；又摘錄書傳上有關國家興亡的記載，著成《新序》、《說苑》，共五十篇，奏獻給成帝。屢次上書陳說政事得失，敘述治理國家值得效法鑑戒的史事；前後上書數十次給成帝觀覽，拾遺補缺。成帝雖然不能全都採用，但心裡卻稱美他的言論，常常讚歎他。

昌陵制度奢泰❶，久而不成。劉向上疏曰：「臣聞王者必通三統❷，明天命所授者博，非獨一姓也。自古及今，未有不亡之國。孝文皇帝嘗美石槨之固❸，張釋之曰：『使其中有可欲，雖錮④南山猶有隙。』夫死者無終極⑤而國家有廢興，故釋之之言為無窮計⑥也。孝文寤焉，遂薄葬。棺槨⑦之作，自黃帝始。黃帝、堯、舜、禹、湯、文、武、周公，丘壠⑧皆小，葬具甚微；其賢臣孝子亦承命順意而薄葬之，此誠奉安君父忠孝之至也。孔子葬母於防⑨，墳四尺。延陵季子⑩葬其子，封墳掩坎⑪，其高可隱。故仲尼孝子而延陵慈父，舜、禹忠臣，周公弟⑫，其葬君、親、骨肉皆微薄矣；非苟為儉，誠便於體⑬也。秦始皇[1]葬於驪山之阿⑭，下錮三泉⑮，上崇山墳⑯，水銀為江、海，黃金為鳧、雁，珍寶之臧⑰，機械之變，棺槨之麗，宮館之盛，不可勝原⑱；天下苦其役而反之，驪山之作未成，而周章⑲百萬之師至其下矣。項籍燔其宮室、營宇⑳，牧兒持火照求亡羊，失火燒其臧槨。自古及[2]今，葬未有盛如始皇者也。數年之間，外被項籍之災，內離牧豎之禍，豈不哀哉！是故德彌厚者葬彌薄，知㉑愈深者葬愈微。無德寡知，其葬愈厚，丘壠彌高，宮廟㉒[3]甚麗，發掘必速。由是觀之，明暗之效，葬之吉凶，昭然可見矣！陛下即位，躬親節儉，始營初陵㉓，其制約小，天下莫不稱賢明；及徙昌陵，增庳㉔為高，積土為山，發民墳墓，積以萬數㉕，營起邑居，期日迫卒㉖，功費大萬㉗百餘，死者恨於下，生者愁於上，臣甚惽㉘焉！以死者為有知，發人之墓，其害多矣；若其無知，又安用大？謀之賢知(29)則不說(30)，以示眾庶則苦之，若苟以說愚夫淫侈之人(31)，又何為哉！唯陛下上覽明聖之制以為則(32)，下觀亡秦之禍以為戒(33)，初陵之模(34)，宜從公卿大臣之議，以息眾庶！」上感其言。

初，解萬年自詭(35)昌陵三年可成，卒不能就；羣臣多言其不便者。下有司議(36)，皆曰：「昌陵因卑為高，度便房(37)猶在平地上。客土(38)之中，不保幽冥之靈(39)，淺外不固(40)。卒徒工庸以鉅萬數(41)，至然脂[4]夜作(42)，取土東山，且與穀同賈(43)，作治數年，天下徧被其勞(44)。故陵因天性(45)，據真土(46)，處勢高敞，旁近祖考(47)，前又已有十年功緒(48)。宜還復故陵，勿徙民，便！」秋，七月，詔曰：「朕執德不固(49)，謀不盡下(50)，過聽將作大匠萬年言『昌陵三年可成』，作治五年，中陵(51)、司馬殿門(52)內尚未加功(53)。天下虛耗，百姓罷勞，客土疏惡(54)，終不可成。朕惟其難，怛然傷心(55)。夫『過而不改，是謂過矣(56)』。其罷昌陵，及故陵勿徙吏民，令天下毋有動搖之心！」

初，酇侯蕭何(57)之子孫[5]嗣為侯者，無子及有罪，凡五絕祀(58)。高后、文帝、景帝、武帝、宣帝思何之功，輒以其支庶紹封(59)。是歲，何七世孫酇侯獲(60)坐使奴殺人，滅死，完為城旦[61]。先是，上詔有司訪求漢初功臣之後，久未省錄[62]。杜業[63]說上曰：「唐、虞、三代皆封建諸侯，以成太平之美，是以燕、齊[64]之祀與周並傳，子繼弟及[65]，歷載不墮[66]。豈無刑辟[67]，繇祖之竭力[68]，故支庶賴焉。迹[69]漢功臣，亦皆剖[6]符[70]世爵，受山、河之誓[71]；百餘年間，而襲封者盡，朽骨孤於墓，苗裔流於道，生為愍隸[72]，死為轉屍[73]。以往況今[74]，甚可悲傷。聖朝憐閔，詔求其後，四方忻忻[75]，靡不歸心。出入數年而不省察，恐議者不思大義，徒設虛言，則厚德掩息[76]，吝簡布章[77]，非所以示化勸後也[78]。雖難盡繼，宜從尤功[79]。」上納其言。癸卯[80]，封蕭何六世孫南䜌長喜為酇侯。

立城陽哀王弟俚為王。

八月丁丑[81]，太皇太后王氏[82]崩。

九月，黑龍見東萊[83]。○丁巳晦[84]，日有食之。

是歲，以南陽太守陳咸[85]為少府，侍中淳于長[86]為水衡都尉[87]。

【章旨】以上為第八段，寫漢成帝修建壽陵，由於計劃不密，選址不周，匆匆動工，來回變動，勞民傷財，虛耗國力。在古代，現任皇帝建壽陵是一項國家大工程，而成帝與執政大臣竟然如此荒怠失職，表現了成帝時期政治昏暗的一個側面。

【注釋】❶奢泰　指昌陵工程浩大奢侈，耗費無度。泰，同「汰」。❷三統　指天統、地統、人統。漢代流行的一種歷史循環理論，比如說夏、商、周就是按三統曆法週期改朝換代的。詳見《漢書・律曆志》。❸美石槨之固　漢文帝巡視自己的壽陵（霸陵）時，曾對群臣說：「用北山石做棺是多麼堅固啊！」事詳本書卷十四文帝三年。❹錮　用金屬熔液灌鑄、封閉。❺死者無終極　謂死亡永遠不會完結，即人總是要死的。❻無窮計　為長遠計劃。❼棺槨　人死厚葬用兩重棺，內稱棺，外稱槨。相傳上古薄葬，人死只用柴草遮蓋，自黃帝起始用棺槨。❽丘壠　墳冢。❾防　山名，一稱「筆架山」，在山東曲阜東二十五里。相傳孔子葬母於防山。❿延陵季子　春秋時吳王壽夢的少子公子季札封於延陵，有賢名，人稱延陵季子。⓫封墳掩坎　墳冢的高度只及人腰。掩坎，《漢書》臣瓚注：「謂人立可隱肘也。」人立時肘關節正在人腰部。⓬弟弟　即「悌弟」，對兄弟友愛。⓭體　指遺體。⓮驪山之阿　驪山旁。⓯下錮三泉　墳穴深及地下三泉，用金屬液澆鑄。⓰上崇山墳　向上將墳冢堆得像山一樣高。據《皇覽》，秦始皇陵高約合今七十六公尺。⓱臧　通「藏」。⓲不可勝原　無法說盡。勝，盡。原，推究。⓳周章　陳勝部將，他曾率兵攻入關中至戲下臨近秦始皇陵。⓴營宇　指秦始皇驪山陵園建築。㉑知　通「智」。指智者。㉒宮廟　即陵廟。㉓始營初陵　指最初營建的延陵。㉔庳　低窪地。㉕發民墳墓二句　為修昌陵，遷徙百姓祖墳數以萬計。㉖營起邑居二句　興建昌陵邑，限期緊迫。卒，通「猝」。㉗大萬　萬萬，即億。㉘惛　同「憫」。痛心；痛惜。㉙知　通「智」。㉚說　通「悅」。㉛說愚夫淫侈之人　使愚昧奢侈的人高興。㉜則　榜樣。㉝戒　借鑑。㉞初陵之模　壽陵的規模。㉟詭　詭稱；妄說。㊱下有司議　交給主管部門審議。㊲度便房　度，估計；度量。便房，陵之便殿。㊳客土　從別處搬來的泥土。㊴不保幽冥之靈　不能保護埋葬在地下的靈魂。㊵淺外不固　淺表浮土，鬆軟不堅固。㊶卒徒工庸以鉅萬數　為修昌陵役徒累計做工上億個工作日。工庸，指累計的工作日。鉅萬，即大萬，億。㊷然脂夜作　點起火把，夜以繼日地勞作。然，同「燃」。脂，灌以油脂的柴薪，即火把。㊸賈　同「價」。㊹偏被其勞　都感到疲勞。偏，同「遍」。㊺故陵因天性　指原來選定的延陵，憑藉天然的山勢，即延陵依山為陵。因天性，借助天然的地勢。㊻真土　原地的泥土。㊼祖考　指祖先陵墓。延陵靠近武帝茂陵和元帝渭陵。㊽緒　頭緒；成果。㊾執德不固　遵守道德規範不堅定。㊿謀不盡下　謀略沒有廣泛聽取群下的意見。(51)中陵　陵中寢殿。(52)司馬殿門　指地上寢殿之司馬門。(53)尚未加功　還沒有動工。(54)疏惡　指外地土鬆軟不堅固。(55)怛然傷心　驚駭又傷心。(56)過而不改二句　引語見《論語・衛靈公》。(57)蕭何　西漢開國功臣，封酇侯，傳見《史記》卷五十三、《漢書》卷三十九。(58)凡五絕祀　指酇侯五次斷了繼嗣。蕭何子祿死後無子，一絕祀。高后乃封蕭何夫人同為酇侯，封蕭何少子蕭延為筑陽侯。孝文帝元年，更封蕭延為酇侯，延死其子蕭遺繼嗣，遺死後無子，二絕祀。漢文帝又封蕭遺之弟蕭則嗣，蕭則有罪免，三絕祀。景帝二年，封蕭則弟蕭嘉為武陽侯，蕭嘉死後，子蕭勝嗣，因罪免，四絕祀。武帝元狩中，又以酇縣二千四百戶封蕭何長孫蕭慶為酇侯。蕭慶死，子蕭壽成嗣，因罪免，五絕祀。(59)支庶紹封　支庶，宗族旁支的子孫。紹封，續封。即酇侯家五絕祀，五次紹封。(60)酇侯獲　蕭壽成坐罪免後，宣帝又封蕭何玄孫蕭建世為酇侯，蕭獲乃蕭建世之孫。(61)完為城旦　刑名，全稱「完為城旦舂」，為五歲刑，其中三年為築牆苦刑。完，指身體完整。漢文帝廢除傷殘肢體的肉刑，以苦刑代，故稱完。舂，築牆。(62)省錄　調查登錄，即辦理。(63)杜業　杜周曾孫，官至太常。傳附《漢書》卷六十。(64)燕齊　西周初召公姬奭封燕，太公呂尚封齊。(65)子繼弟及　子繼父業稱繼，弟承兄位稱及。(66)歷載不墮　香火不絕。(67)刑辟　刑罰。(68)繇祖之竭力　由於祖先盡力建功，蔭庇子孫。繇，通「由」。(69)迹　遺跡，引申為考察、回顧。(70)剖符　符，封諸侯的憑信，一分為二，天子與諸侯各執其一，以為憑證。(71)山河之誓　漢高祖封諸侯時的誓詞說：「使黃河如帶，泰山若厲，國以永存，爰及苗裔。」(72)慼隸　淪為徒隸，令人憐憫。(73)轉屍　屍首流轉溝壑。(74)以往況今　以周之厚德比漢之薄情。況，比況。(75)忻忻　歡悅的樣子。(76)掩息　消失。(77)吝簡布章　謂成帝尋求功臣之後的詔書下發後，略而不問，沒有認真執行，致使傳播彰顯於天下。(78)非所以示化勸後也　這不是傳布教化，勸勉後人的辦法。(79)雖難盡繼二句　謂漢朝功臣絕祀者眾多，難以一一續封，但可以選擇功勞最大的功臣後裔，先行續封。(80)癸卯　七月十五日。(81)丁丑　八月十九日。(82)太皇太后王氏　即成帝祖母宣帝王皇后。傳見《漢書》卷九十七上。(83)東萊　郡名，治所掖縣，在今山東煙臺。(84)丁巳晦　九月三十日。(85)陳咸　字子康，陳萬年之子。傳附《漢書》卷六十六。(86)淳于長　太后王政君姐王君俠之子，佞幸小人。傳見《漢書》卷九十三。(87)水衡都尉　官名，武帝元鼎二年置，東漢省。掌上林苑及有關皇室財政，名義為少府屬官，實際上權重於少府。

【校　記】[1]皇　據章鈺校，十四行本、乙十一行本、孔天胤本皆作「皇帝」。[2]及　據章鈺校，十四行本、乙十一行本、孔天胤本皆作「至」。[3]廟　原作「闕」。據章鈺校，十四行本、乙十一行本、孔天胤本皆作「廟」，今從改。按，此處當為陵廟之意，「宮闕」意違，「宮廟」當是。[4]脂　據章鈺校，十四行本、乙十一行本、孔天胤本皆作「脂火」，張敦仁《通鑑刊本識誤》同。[5]孫　原無此字。據章鈺校，十四行本、乙十一行本、孔天胤本皆有此字，張敦仁《通鑑刊本識誤》同，今據補。[6]剖　據章鈺校，十四行本、乙十一行本、孔天胤本皆作「割」。

【語　譯】昌陵工程過於浩大奢侈，很長時間沒有完成。劉向上奏說：「臣聽說國家的君主一定要精通夏商周三統循環的曆法，要明白天命要把君王的位置傳給的人，不是一姓。從古到今，沒有不滅亡的國家。孝文帝曾讚美石槨的堅硬，張釋之說：『如果石槨中藏有使人想要的東西，即便是澆鑄在南山也會鑽鑿出縫隙。』說到死亡，永無完結，而國家也有興盛和衰亡，所以張釋之的話是為長遠計劃的。孝文帝領悟了，於是實行薄葬。使用棺槨埋葬，從黃帝時就開始了。黃帝、堯、舜、禹、湯、文王、武王、周公，他們的墳冢都很小，陪葬的物品也很少；他們的賢臣孝子，也都承襲他們的遺願，實行薄葬，這才是侍奉君父的大忠大孝。孔子把母親埋葬在防邑，墳墓只有四尺高。延陵季子埋葬他的兒子，墳墓只及人腰，它的高度幾乎看不見。所以孔仲尼是孝子，延陵季子是慈父，虞舜、大禹是忠臣，周公友愛弟弟，他們埋葬國君、父親、骨肉兄弟都很微薄；並不是摳門節省，而是有利於遺體不遭破壞。秦始皇埋葬在驪山之旁，墳穴深達三泉，用銅鐵汁澆鑄，地上堆起山一樣高的墳冢，用水銀做成江海，用黃金鑄成野鴨、飛雁，收藏的珍寶，機械的變化，棺槨的華麗，宮殿的雄偉，真是一言難盡；天下的百姓不堪差役的痛苦，群起造反，驪山的墳墓還沒有建成，而周章的百萬大軍已經到達墳墓下面了。項羽燒了驪山的宮殿和陵寢建築，牧童點著火把找尋失落的羊隻，又失火燒了墓穴中的棺槨。從古到今，沒有人的陪葬豐盛超過秦始皇的。不過幾年之間，就外受項籍之災，內遭牧童之禍，這難道不是很悲哀的事嗎！因此，道德越是深厚的人葬禮越是輕微，智慧越高的人葬禮越是微不足道。缺乏道德缺少智慧的人，其葬禮越是富厚，墳墓越是高大，陵廟極為華麗，一定很快被人挖掘。由此看來，埋葬是吉還是凶，就如同光明與黑暗一樣清楚明白！陛下初即位時，帶頭節儉，開始興建初陵時，規模很小，天下人民都稱讚皇上的賢明；後來改建昌陵，卻墊高窪地，積土成山，挖掘民墳，數以萬計，建縣造房，限期緊迫，耗費財力、人力達億萬之多，讓死了的人含恨於地下，活著的人憂愁於世上，臣深為憂傷！如果認為死者有知，那麼挖掘了人家墳墓，危害就太多了；若死者無知，那又何必把墳墓修建得那麼大呢？拿大建陵墓的事諮詢賢能的人，他們不會喜悅，告訴天下老百姓，他們只會因此而痛苦。如果只是為了討那些愚夫和奢侈的人高興，那又何必呢！希望陛下上觀聖朝制度，作為法則，下覽秦王朝滅亡的災禍，作為戒鑑，初陵的規模，應當聽從公卿大臣的建議，使天下人能休養生息！」成帝為這番話深為感動。

起初，解萬年妄說昌陵三年可以修成，到期卻沒能竣工；群臣大多認為興建昌陵有不利的地方。成帝就把它交給主管部門去商討，大家都說：「昌陵是借助低下地勢來建築高大陵墓，估計陵寢的便殿位置還在平地上。從別處運來的泥土，不能保護地下幽靈，淺表浮土不牢固。參與建墳的役徒累計的工作日上億，到晚上甚至點燈勞作，從東山運泥土，耗去的費用差不多與糧食價格相等，連續幾年的修築，全國民眾普遍感到疲勞。原先所選定的初陵，順著天然的地勢，使用原地泥土，地勢高亢寬廣，又靠近祖墳，以前又有十年的修築基礎。應該還是建在那裡，也不要移民去建置陵邑，這樣比較有利！」秋，七月，成帝下詔說：「朕遵守道德規範不夠堅定，又沒有廣泛地徵詢群臣意見，錯誤聽信了將作大匠解萬年說的『昌陵三年可以建成』的話，建造了五年，陵中的寢殿、司馬門都還沒有開工。國力已經空虛，百姓精疲力盡，從外地運來的泥土鬆軟不好，始終不能完成。朕念及工程的困難，既傷心又感到不安。古人說過『有了過失而不改正，那才是真正的過失』。還是放棄修建昌陵，仍建初陵，也不要遷移吏民到初陵去建置縣邑，使天下人心安定！」

當初，酇侯蕭何子孫繼承爵位為侯的，因為沒有兒子或犯法，共有五次斷絕祭祀。高后、文帝、景帝、武帝、宣帝思念蕭何的功勞，每次都讓他的旁支繼承爵位。本年，蕭何第七代孫子酇侯蕭獲犯教唆奴僕殺人罪被判死刑，減刑免死，改判四年徒刑。在這之前，成帝下詔要主管部門尋訪漢初功臣的後代，很久沒有辦理。杜業勸成帝說：「唐堯、虞舜和夏、商、周三代，都是因封建了諸侯，才成就了太平盛世的偉業，因此燕國、齊國的祭祀，能和周朝並傳，爵位或由兒子繼承，或由兄弟繼承，歷代沒有斷絕。這並不是那時的諸侯子孫沒有觸法犯罪，而是由於他們祖先竭盡其力，建有功勳，所以他們的子孫有了依靠。回顧漢朝的功臣也都是剖符受封，世世代代繼承，享受了高帝的『山河之誓』；然而，百餘年間，那些受封世襲的侯爵全都撤銷，腐朽的骨骸孤單單地躺在墳墓之中，後代流落在道路之上，活著的時候充當令人憐憫的徒隸，死後屍首流轉溝壑。拿古代的事和現在相比，實在太悲哀了。皇上的憐憫，下詔尋訪功臣的後代，四方人民都歡欣鼓舞，無不心向朝廷。但是拖延了好幾年，卻沒有訪察清楚，這恐怕是承辦人不思大義，說空話應付，如此，就會使陛下深恩厚德遭到遮蔽而消失，尋訪功臣後代的詔書被忽略不問，致使傳布彰顯於天下，這不是傳布教化、勸勉後人的辦法。漢朝的功臣絕嗣的比較多，儘管很難都續封爵位，但應該選擇那些功勞顯著的功臣後代先續封爵位。」成帝採納了他的建議。七月十五日癸卯，封蕭何六世孫鉅鹿郡南䜌縣的縣長蕭喜為酇侯。

冊立城陽哀王劉雲的弟弟劉俚為城陽王。

八月十九日丁丑，太皇太后王氏去世。

九月，黑龍出現在山東東萊。〇最後一天三十日丁巳，發生日蝕。

這一年，任命南陽太守陳咸為少府，侍中淳于長為水衡都尉。

二年（丙午　西元前一五年）

春，正月己丑❶，安陽敬侯王音薨。王氏唯音為修整，數諫正，有忠直節。

二月癸未❷夜，星隕如雨，繹繹❸，未至地滅。〇乙酉晦❹，日有食之。

三月丁酉，以成都侯王商[1]為大司馬、衛將軍；紅陽侯王立位特進，領城門兵。

京兆尹翟方進❺為御史大夫。

谷永為涼州刺史，奏事京師，訖，當之部，上使尚書問永，受所欲言。永對曰：「臣聞王天下、有國家者，患在上有危亡之事❻而危亡之言❼不得上聞。如使危亡之言輒上聞，則商、周不易姓而迭興，三正❽不變改而更用。夏、商之將亡也，行道之人皆知之；晏然自以若天有日⑨，莫能危，是故惡日廣而不自知⑩，大命傾而不自[2]寤⑪。易曰：『危者有其安者也，亡者保其存者也。』⑫陛下誠垂寬明之聽，無忌諱之誅，使芻蕘⑬之臣得盡所聞於前，羣臣之上願，社稷之長福也！

「去[3]年九月，黑龍見⑭；其晦⑮，日有食之。今年⑯二月己未⑰夜，星隕；乙酉⑱，日有食之。六月之間⑲，大異四發⑳，二二[4]而同月㉑。三代之末，春秋之亂，未嘗有也。臣聞三代所以隕社稷、喪宗廟者，皆由婦人㉒與羣惡沈湎於酒；秦所以二世、十六年而亡者㉓，養生泰奢，奉終泰厚也㉔。二者，陛下兼而有之，臣請略陳其效。

「建始、河平㉕之際，許、班之貴㉖，傾動前朝，熏灼四方㉗，女寵至極，不可上矣；今之後起㉘，什倍于前。廢先帝法度，聽用其言，官秩不當，縱釋王誅㉙，驕其親屬，假之威權，從橫亂政㉚，刺舉之吏，莫敢奉憲㉛。又以掖庭獄大為亂阱㉜，榜箠憯於炮烙㉝，絕滅人命，主為趙、李報德復怨㉞。反除白罪，建治正吏㉟，多繫無辜，掠立迫恐㊱。至為人起責，分利受謝㊲，生入死出㊳者，不可勝數。是以日食再既，以昭其辜。

「王者必先自絕[39]，然後天絕之。今陛下棄萬乘[40]之至貴，樂家人之賤事[41]；厭高美之尊號，好匹夫之卑字[42]。崇聚僄輕無義小人[43]以為私客，數離深宮之固，挺身晨夜，與群小相隨，烏集雜會[44]，醉飽吏民之家，亂服共坐[45]，沈湎媟嫚[46]，溷淆無別[47]，黽勉遁樂[48]，晝夜在路；典門戶、奉宿衛之臣執干戈而守空宮，公卿百僚不知陛下所在。積數年矣。

「王者以民為基，民以財為本，財竭則下畔，下畔則上亡。是以明王愛養基本，不敢窮極[49]，使民如承大祭[50]。今陛下輕奪民財，不愛民力，聽邪臣之計，去高敞初陵，改作昌陵，役百乾谿[51]，費擬驪山[52]，靡敝天下，五年不成而後反故。百姓愁恨感天，饑饉仍臻[53]，流散冗食[54]，餧死[55]於道，以百萬數。公家無一年之畜，百姓無旬月[56][5]之儲，上下俱匱[57]，無以相救。詩云：『殷監不遠，在夏后之世。』[58]願陛下追觀夏、商、周、秦所以失之，以鏡考[59]己行，有不合者，臣當伏妄言之誅！

「漢興九世[60]，百九十餘載[61]，繼體之主七[62]，皆承天順道，遵先祖法度，或以中興[63]，或以治安[64]；至於陛下，獨違道縱欲，輕身妄行，當盛壯之隆，無繼嗣之福，有危亡之憂，積失君道[65]，不合天意，亦以多矣。為人後嗣，守人功業如此，豈不負哉？方今社稷、宗廟禍福安危之機在於陛下。陛下誠能昭然遠寤[66]，專心反道[67]，舊愆畢改[68]，新德既章，則赫赫大異[69]庶幾可銷[70]，天命去就[71]庶幾可復，社稷、宗廟庶幾可保！唯陛下留神反覆，熟省臣言[72]！」

帝性寬，好文辭，而溺於宴[6]樂，皆皇太后與諸舅夙夜所常憂，至親難數言，故推永等使因天變而切諫，勸上納用之。永自知有內應，展意無所依違[73]，每言事輒見答禮[74]。至上此對，上大怒。衛將軍商密摘永[75]令發去[76]。上使侍御史收永，敕過交道廄[77]者勿追；御史不及永，還。上意亦解，自悔。

上嘗與張放及趙、李諸侍中共宴飲禁中，皆引滿舉白[78]，談笑大噱[79]。時乘輿幄坐張畫屏風[80]，畫紂醉踞妲己，作長夜之樂。侍中、光祿大夫班伯久疾新起，上顧指畫而問伯曰：「紂為無道，至於是虖？」對曰：「書云『乃用婦人之言』[81]，何有踞肆[82]於朝！所謂眾惡歸之，不如是之甚者也！」上曰：「苟不若此，此圖何戒？」對曰：「『沈湎于酒[83]』，微子所以告去[84]也；『式號式謼[85]』，大雅所以流連[86]也。詩、書淫亂之戒，其原皆在於酒！」上乃喟然歎曰：「吾久不見班生，今日復聞讜言[87]！」放等不懌[88]，稍自引起更衣，因罷出。

時長信庭林表[89]適使來，聞見之。後上朝東宮[90]，太后泣曰：「帝間顏色瘦黑91。班侍中本大將軍92所舉，宜寵異之；益求其比，以輔聖德！宜遣富平侯且就國！」上曰：「諾。」上諸舅聞之，以風93丞相、御史，求放過失。於是丞相宣、御史大夫方進奏「放驕蹇縱恣94，奢淫不制95，拒閉使者96，賊傷無辜97，從者支屬98並乘權勢99，為暴虐，請免放就國。」上不得已，左遷放為北地都尉。其後比年數有災變，故放久不得還。璽書勞問不絕。敬武公主100有疾，詔徵放歸第視母疾。數月，主有瘳101，後復出放為河東都尉。上雖愛放，然上迫太后，下用大臣，故常涕泣而遣之。

【章　旨】以上為第九段，寫谷永上書，直言極諫成帝縱情酒色，荒於政事，以及在皇太后、諸舅執政的壓力下，成帝迫不得已外放嬖臣張放。此時王氏外戚集團尚有護持漢朝之心，而漢成帝太不爭氣，迷途不返。

【注　釋】❶己丑　正月初三日。❷癸未　二月二十八日。❸繹繹　光芒閃爍的樣子。❹乙酉晦　二月三十日。❺翟方進　字子威，汝南上蔡（今河南上蔡西南）人。官至丞相。傳見《漢書》卷八十四。❻危亡之事　指出現政治危機。❼危亡之言　挽救危機的意見。❽三正　指夏、商、周曆法。夏以正月一日為元旦，商以十二月一日為元旦，周以十一月一日為元旦。三正曆法的變易，象徵王朝更迭。其後秦曆以十月一日為元旦，漢初因之，漢武帝改曆，行夏正，又以正月一日為元旦。❾自以若天有日　自比天上的太陽。《尚書大傳》載：夏桀無道，還自比為太陽，說：「日亡，吾亦亡矣。」意謂只要太陽不掉下來，誰也對他無可奈何。❿惡日廣而不自知　罪惡一天一天增多，而自己卻不知道。⓫大命傾而不自寤　性命將結束而自己仍不醒悟。⓬易曰三句　語出《易經・繫辭下》孔子之言。《十三經注疏》作：「子曰：危者安其位者也，亡者保其存者也。」

意謂居安思危的人才能得其安，居位思亡的人才能享其存。⑬芻蕘　割草曰芻，采薪曰蕘。這裡喻卑賤小民。⑭見　通「現」。黑龍現東萊。⑮其晦　當月的最後一天，指永始元年九月三十日。⑯今年　指成帝永始二年。⑰己未　二月初四。⑱乙酉　二月三十日。⑲六月之間　永始元年九月至次年二月，首尾凡六月。⑳大異四發　重大的天象變異發生了四次。㉑二二而同月　四次災變兩次為一組集中分布在兩個月中。即元年九月黑龍現、日蝕；二年二月星隕、日蝕。㉒皆由婦人　三代之亡皆因女禍。夏桀以妹喜，殷紂以妲己，周幽以褒姒。這是封建社會正統史家的說法。㉓十六年而亡者　從秦始皇稱帝至秦二世亡，凡十六年，即西元前二二一—前二〇六年。㉔養生泰奢二句　指皇帝生時窮奢無度，死時厚葬。泰，通「太」。㉕建始河平　西元前三二—前二八年為建始年號；西元前二八—前二五年為河平年號。㉖許班之貴　指許皇后、班婕妤兩姓外戚貴盛。㉗熏灼四方　許、班外戚的勢力，像煙火一樣熏灼四方。㉘今之後起　指現今女寵又起，即趙飛燕姐妹與李平等。㉙縱釋王誅　寬大釋放犯法應受誅殺的罪犯。㉚從橫亂政　指女寵貴戚橫行霸道，擾亂政治。從，同「縱」。㉛刺舉之吏二句　負責糾察的官員，無人敢執法辦事。憲，法。㉜阱　陷阱。喻宮中掖庭詔獄隨意捕人，陷人於罪，有如陷阱。㉝榜箠瘖於炮烙　苦刑拷打比受炮烙之刑還痛苦。榜箠，拷打。瘖，疼痛。炮烙，殷紂王設之酷刑，銅柱上塗油膏後，用炭火燒，讓犯人在上面行走。漢文帝去肉刑，改為笞刑，但往往打死人或傷殘肢體，故這裡說不亞於炮烙之刑。㉞復怨　報仇。㉟反除白罪二句　明明白白有罪反而免除，公正之吏卻建言處治。意為有罪無罪，完全取決於與趙飛燕姐妹及李平的關係。㊱掠立迫恐　屈打成招，嚴刑逼供。㊲至為人起責二句　甚至趙、李兩姓貴戚替人放債，坐地分利，接受財物報謝。責，通「債」。㊳生入死出　活著入獄，死後出牢。㊴自絕　自己走向滅亡。㊵萬乘　萬輛兵車，代指天子。㊶樂家人之賤事　喜歡做家奴小人的卑賤事。指成帝私自買田，奪取奴婢財物之事。㊷好匹夫之卑字　喜歡普通男人的名字。指成帝私行時往往冒充富平侯張放的家人，取一個普通的假名，以便隨從稱呼。㊸僄輕無義小人　剽悍、輕佻、無行的無賴小人。㊹烏集雜會　像一群烏鴉，時聚時散。㊺亂服共坐　衣裝淩亂，坐在一起。喻無尊卑之別。㊻沈湎媟嫚　酗酒戲耍。媟嫚，狎侮；戲弄。㊼溷淆無別　男女亂糟糟擠在一起。㊽黽勉遁樂　盡情歡樂。黽勉，勉力，引申為盡情。㊾窮極　窮奢極侈。㊿使民如承大祭　使用百姓要像對待祭祀大典那樣認真、謹慎。語見《論語・顏淵》。(51)役百乾谿　役使的人工超過乾谿百倍。乾谿，古邑名，在今安徽亳州東南。春秋時楚靈王在乾谿大修宮室，數年樂而不返，國人叛變，靈王自盡而死。(52)費擬驪山　耗費的錢財可與秦始皇修驪山陵相比。(53)饑饉仍臻　饑荒頻繁發生。(54)流散冗食　百姓四散逃荒要飯。(55)餧死　餓死。(56)旬月　一月。(57)匱　貧乏。(58)詩云三句　引自《詩經・蕩》。(59)鏡考　對照檢查。(60)漢興九世　漢朝至成帝，歷高祖、惠帝、文帝、景帝、武帝、昭帝、宣帝、元帝、成帝共九世。(61)百九十餘載　西元前二〇六年西漢建立，至成帝永始二年（西元前一五年），凡一百九十一年。(62)繼體之主七　繼承帝位的有七任，即惠、文、景、武、昭、宣、元。(63)中興　昭、宣二代為中興之世。(64)治安　文、景二代為太平之世。(65)積失君道　長久失去為君之道。(66)遠寤　徹底醒悟。(67)專心反道　專心一致地回到正道上來。反，同「返」。(68)舊愆畢改　徹底改正先前的過錯。(69)赫赫大異　巨大的災異。(70)庶幾可銷　差不多可以消除。(71)天命去就　這裡指漢家的政權。(72)熟省臣言　深思熟慮我的建議。(73)依違　吞吞吐吐；顧忌。(74)答禮　得到回答並受禮敬。(75)擿永　把成帝發怒將抓捕谷永的消息透露給谷永。擿，投，引申為透露。(76)令發去　讓谷永立即出發離開京師。(77)交道廄　地名，在長安西六十里。(78)引滿舉白　酒杯斟滿，乾杯後將杯口翻轉以示盡飲。白，空酒杯。(79)大噱　發狂地大笑。(80)乘輿幄坐張畫屏風　成帝座位附近展開一扇有畫的屏風。(81)書云句　見《尚書・泰誓》。(82)踞肆　放肆。指紂王坐在婦人身上。(83)沈湎于酒　引自《尚書・微子》，指紂王成天飲酒。湎，飲酒過度滿臉通紅的樣子。(84)微子所以告去　紂王庶兄啟，封於微，子爵，史稱微子。紂王淫亂，微子數諫不聽，於是他告知箕子、比干而逃亡。(85)式號式謼　《詩經・蕩》詩句。形容酒醉後大喊大叫。(86)流連　涕泣橫流的樣子。指詩人作詩時嗟歎而涕淚滿面。(87)讜言　直言。(88)不懌　不高興。(89)長信庭林表　長信宮，王太后所居。庭林表，宮中女官名。(90)上朝東宮　成帝到長信宮朝見太后。(91)帝閒顏色瘦黑　皇帝近來臉色發黑又消瘦。(92)大將軍　指王鳳。(93)風以言語暗示。(94)驕蹇縱恣　驕傲放縱。(95)奢淫不制　荒淫奢侈超越定規。(96)拒閉使者　執法侍御史脩（史失其名）到張放家搜捕盜賊，張放家奴緊閉大門，並用箭射使者，不准入內。(97)賊傷無辜　張放得知李游君打算把女兒獻入宮中，竟派家奴康等到李家奪取，殺傷三人。賊，殘害。(98)從者支屬　隨從賓客及親屬。(99)乘權勢　借重權勢。乘，借重。(100)敬武公主　成帝姐，張放之母。(101)瘳　病癒。

【校　記】[1]王商　原無「王」字。據章鈺校，十四行本、乙十一行本、孔天胤本皆有「王」字，今據補。[2]自　原無此字。據章鈺校，十四行本、乙十一行本、孔天胤本皆有此字，張敦仁《通鑑刊本識誤》同，今據補。[3]去　原作「元」。嚴衍《通鑑補》改作「去」，張敦仁《通鑑刊本識誤》同，今從改。[4]二二　據章鈺校，孔天胤本作「二三」，張瑛《通鑑校勘記》同。[5]月　據章鈺校，十四行本、乙十一行本、孔天胤本皆作「日」，張敦仁《通鑑刊本識誤》同。[6]宴　據章鈺校，十四行本、乙十一行本、孔天胤本皆作「燕」。

【語　譯】二年（丙午　西元前一五年）

春，正月初三日己丑，安陽敬侯王音去世。王氏家族中唯有王音修身謹慎，屢次規勸成帝，有忠直的節操。

二月二十八日癸未夜晚，流星像雨一般地從天上墜落，光芒閃爍，沒有到地面就消失了。○最後一天三十日乙酉，發生日蝕。

三月十二日丁酉，任命成都侯王商為大司馬、衛將軍；紅陽侯王立位特進，領城門兵。

京兆尹翟方進被任命為御史大夫。

谷永擔任涼州刺史，到京師上奏公事，事畢，正要返回涼州，成帝派尚書去諮詢谷永，接受谷永的進言。谷永回答說：「臣聽說當天下的君王，統治一個國家的人，憂患就是君主有了危亡的事情，而拯救危亡的辦法，卻不能上達。假若拯救危亡的意見即時上達，那麼商朝、周朝就不會改朝換代，相繼興起，夏、商、周三代的曆法也就不會改變而交替使用。夏朝、商朝將滅亡的時候，連走路的人都知道；但當時的在位君王，卻安然以為自己就是天上的太陽，沒有人能夠危害他，因而罪惡一天一天增多，而自己卻不知道，身將死而自己卻未醒悟。《易經》說：『危機出現，有使它轉為安全的方法。滅亡的徵兆顯現，有使它保全的方法。』陛下如果真正垂意聽取臣屬的意見，使他們不因觸犯忌諱而遭到殺頭，讓那些像草野一樣渺小的人臣，能將自己的所見所聞全都向皇上陳述，這是群臣最大的心願，也是國家長久的幸福！

「去年九月，有黑龍出現；同月最後一天，發生日蝕。今年二月初四日己未夜晚，有流星隕落；三十日乙酉，又發生日蝕。在六個月的時間內，就發生四次大的天象變異，而四次卻是九月、二月，每月發生兩次。夏、商、周三代的末世，春秋時的天下大亂，都沒有這種現象。臣聽說夏、商、周三代所以亡國、喪宗廟，都是因為婦人和一群惡劣的小人，沉湎在酒中；秦王朝所以只傳兩代共十六年就被滅亡，也是由於他們生活太驕縱奢侈，死後埋葬過於豐厚。這兩樣，陛下現在同時都具有，臣請求讓我簡要地陳述它的後果。

「建始、河平年間，許皇后、班婕妤兩姓的貴盛，傾動前朝，像煙火一樣熏灼四方，對美女的寵愛達到了極點，已無以復加；當今後起的趙氏姐妹、李平等人，受到的寵愛十倍於先前的許氏、班氏。廢棄了先帝的法度，聽從女寵的讒言，任官封爵失當，釋放按王法當殺的犯人，還讓她們的親屬驕橫，賜給他們權力，橫行亂政，負責糾察的官員，無人敢依法辦事。又將宮中掖庭的詔獄作為害人的大陷阱，苦刑拷打比炮烙之刑還慘痛，滅絕人命，原來只是皇上替趙飛燕、李平兩家報仇出氣。明明白白有罪之人，反而釋放，公正辦事的官吏，卻建議處治，監獄中囚禁的大多是無罪之人，屈打成招，嚴刑逼供。趙、李兩姓貴戚甚至替人放債，自己坐地分利，接受財物報謝，活著入獄，死後出牢的人，不可勝數。因此一再地發生日蝕，來顯示趙飛燕、李平兩家外戚的罪惡。

「君王一定是自己先毀滅自己，然後上天才會毀滅他。如今陛下不顧身為國君之尊，而喜歡做家奴小人的微賤之事；厭棄崇高至美的皇帝稱號，卻喜歡冒用一個普通男子的名字。又集結大量無賴、輕佻、好鬥的小人作為自己的賓客，經常離開穩固的深宮，挺身外出，不分晝夜，同那一群小人相伴隨，就像烏鴉一樣時聚時散，醉飽在吏民的家裡，衣裝凌亂，共起共坐，酗酒戲弄，混雜無別，盡情歡樂，日夜在外；負責門禁和奉命宿衛的武臣，手執干戈，守衛一座空宮，公卿等百官，都不知道陛下在什麼地方。這種情況，已經連續好幾年了。

「君王以人民作為根基，人民又以財產作為根本，財產枯竭，人民就會反叛，人民反叛，則國家滅亡。因此，聖明的君王，都十分愛護、保養這個根基和根本，不敢窮奢極侈，使喚老百姓就像承奉重大祭祀一樣，謹慎認真。如今陛下輕易地剝奪人民財產，不愛惜民力，聽信邪臣的計謀，丟棄高大開闊的初陵，改而修建昌陵，役使修陵的人工，超過楚靈王修建乾谿宮殿一百倍，財力的耗費，可與秦始皇修建驪山陵相比，耗盡天下人民財產，經過五年仍不能建成，然後再回去修建初陵。以致百姓愁恨動天，饑荒連年發生，百姓四散逃荒要飯，餓死在道路上的，以百萬計。國家沒有夠一年用度的積蓄，百姓沒有一個月的儲備，上下全都匱乏，彼此無法相救。《詩經》說：『商朝得失的鑑戒不遠，就在夏桀這一代。』希望陛下追探夏、商、周、秦失去天下的原因，用以對照檢查自己的行為，若陛下的言行不像他們那樣，我願意服妄言之罪，接受誅殺！

「漢朝興起已歷經九代，一百九十餘年，繼位的國君七位，他們都是承天順道，遵守祖先的法度，有的因而中興隆盛，有的因而天下太平；傳到陛下，卻獨自違背天道，放縱情欲，輕賤自身而任意妄為，正值盛壯之年，卻享受不到有兒子的福氣，又有國家危亡的憂慮，長久失去為君之道，不合天意的事例，也實在太多了。身為繼承人，守護先人的功業，竟是如此，難道不覺有愧嗎？如今社稷、宗廟禍福安危的關鍵，全決定於陛下。陛下若真能明白，醒悟過來，專心一意返回正道，徹底改掉從前的過失，那麼，重新建立的德行彰顯之後，巨大的天地災異就可能消除，已失去的天命也可能恢復，社稷、宗廟也許可以得到保全！請陛下再三注意，深思熟慮我的建議！」

成帝性情寬厚，喜好文章，卻沉迷於飲宴作樂，這都是皇太后和諸舅們日夜憂慮不安的，由於都是至親，不好再三勸諫，所以推請谷永等趁著天象變異時機，向成帝直言極諫，勉勵成帝接受。谷永知道有他們內應，因此盡情陳述，毫無顧忌，每次規勸，都能得到成帝的回答和禮敬。但是這次呈上的奏章，成帝卻很生氣。衛將軍王商暗中透露消息，要谷永趕快離開京師回涼州。成帝派侍御史拘捕谷永，告誡侍御史，谷永過了交道廄，就不要追了；結果侍御史沒有追上谷永，折返回來。這時成帝的心情也寬和了，自己又後悔。

成帝曾經與張放以及趙、李兩姓中的侍中在宮中宴飲，大家舉起滿滿的酒杯一飲而盡，縱談狂笑。當時成帝座位附近張掛著繪畫屏風，畫面上是殷紂王醉坐在妲己身上通宵取樂。侍中、光祿大夫班伯也在座，他久病初癒，成帝回頭指著屏風上的畫問班伯，說：「紂王昏庸無道，到了這個樣子嗎？」班伯回答說：「《書經》只是說紂王『聽信婦人的話』，哪至於在朝堂上放縱到坐在妲己身上啊！這就是孔子所說的，一個人一旦做錯了事，就把所有的壞事加到他身上。紂王的過惡並不像這樣嚴重啊！」成帝說：「如果不是這樣，那麼這幅畫又警示些什麼呢？」班伯回答說：「《書經》記載，商紂王『沉湎於酒』，所以微子寫了誥言離去了；《詩經．蕩》說，酗酒過度，『大喊大鬧』，所以寫〈大雅．蕩〉的詩人禁不住涕泣橫流。《詩經》、《書經》對於淫亂的告誡，追根究底，因酒而起！」成帝感歎地說：「朕很久沒看到班先生，今天又聽到你正直的話！」在座的張放等人很不高興，陸續起身託言上廁所，趁勢溜走。

這時，長信宮的一位庭林表恰好來到未央宮，看見了這一幕。後來成帝到東宮朝見皇太后，皇太后流著眼淚說：「皇帝近來臉色又瘦又黑。班侍中本是大將軍王鳳推薦的人，皇帝應當特別親愛優待；更應該多找幾個像班侍中這樣的人來輔助皇帝你的德行！應該遣送富平侯張放回他自己的封國！」成帝說：「是。」成帝的舅舅們聽到這個消息，就暗示丞相薛宣、御史大夫翟方進，去尋找張放的過失。於是薛宣、翟方進就上奏說「張放驕橫放肆，奢侈荒淫，超越定規，閉門拒絕使者到他家搜捕盜賊，殘殺無辜，他的隨從和親屬都仗著他的權勢為非作歹，請求罷免張放讓他回到封國。」成帝不得已，只好把張放降職為北地都尉。後來連年多次發生災變，所以張放長期不能返回京師。但成帝慰問他的詔書不斷。他的母親敬武公主患病，下詔徵召他回家探視。數月之後，敬武公主的病已痊癒，又把他外放為河東都尉。成帝雖然喜愛張放，但上面迫於皇太后，下面有掌權大臣，所以成帝常常是流著淚送走張放。

邛成太后❶之崩也，喪事倉卒❷，吏賦斂以趨辦❸。上聞之，以過丞相、御史。

冬，十一月❹己丑❺，策[1]免丞相宣為庶人，御史大夫方進左遷❻執金吾❼。二十餘日，丞相官缺，羣臣多舉方進者；上亦器其能，十一月壬子❽，擢方進為丞相，封高陵侯。以諸吏、散騎、光祿勳孔光❾為御史大夫。方進以經術進，其為吏，用法刻深，好任勢立威❿；有所忌惡⓫，峻文深詆⓬，中傷⓭甚多。有言其挾私詆欺⓮不專平者，上以方進所舉應科⓯，不以為非也。光，褒成君霸⓰之少子也，領尚書，典樞機十餘年，守法度，修故事，上有所問，據經法，以心所安而對，不希指苟合⓱；如或不從，不敢強諫爭，以是久而安。時有所言，輒削草藁⓲，以為章主之過以奸忠直[19]，人臣大罪也。有所薦舉，唯恐其人之聞知。沐日歸休[20]，兄弟妻子燕語[21]，終不及朝省政事。或問光：「溫室省中[22]樹，皆何木也？」光嘿不應，更答以他語，其不泄如是。

上行幸雍，祠五畤。

衛將軍王商惡陳湯，奏「湯妄言昌陵且復發徙[23]，又言黑龍冬出[24]，微行數出之應。」廷尉奏「湯非所宜言，大不敬[25]。」詔以湯有功[26]，免為庶人，徙邊。

上以趙后之立也，淳于長有力焉，故德之，乃追顯其前白罷昌陵之功，下公卿，議封長。光祿勳平當[27]以為：「長雖有善言，不應封爵之科[28]。」當坐左遷鉅鹿太守。上遂下詔，以常侍閎、衛尉[2]長首建至策，賜長、閎爵關內侯[29]。

將作大匠萬年佞邪不忠，毒流眾庶，與陳湯俱徙敦煌。

初，少府陳咸、衛尉逢信，官簿[30]皆在翟方進之右。方進晚進[31]，為京兆尹，與咸厚善。及御史大夫缺，三人皆名卿，俱在選中，而方進得之。會丞相薛宣得罪，與方進相連，上使五二千石雜問[32]丞相、御史，咸詰責[33]方進，冀得其處[34]，方進心恨。陳湯素以材能得幸於王鳳及王音，咸、信皆與湯善，湯數稱之於鳳、音所，以此得為九卿。及王商黜逐湯，方進因奏「咸、信附會湯以求薦舉，苟得無恥㉟」，皆免官。

是歲，琅邪太守朱博㊱為左馮翊。博治郡，常令屬縣各用其豪桀以為大吏，文、武從宜。縣有劇賊及它非常，博輒移書以詭責之㊲，其盡力有效㊳，必加厚賞；懷詐不稱㊴，誅罰輒行。以是豪強慴服，事無不集㊵。

【章　旨】以上為第十段，寫成帝永始二年（西元前一五年）外朝的權力鬥爭和人事調整，薛宣被免相，功臣陳湯再次遭斥免。翟方進、朱博得勢，翟方進升任丞相，朱博由地方郡守升任左馮翊。

【注　釋】❶邛成太后　孝宣王皇后，元帝的養母，其父王奉光封邛成侯。宮人為了區別兩王太后，稱孝宣王皇后為邛成太后，稱成帝母王政君為王太后。❷倉卒　匆忙。❸趨辦　倉促辦理。趨，同「促」。❹十一月　應為「十月」。❺己丑　十月初八日。❻左遷　降職。指翟方進由御史大夫降職為執金吾。❼執金吾　九卿之一，掌京師警衛，皇帝出巡時為先導。❽壬子　十一月初二。❾孔光　字子夏，孔子第十四代孫。西漢大儒，歷仕漢成帝、哀帝、平帝三朝。為官圓滑世故，哀帝時官至丞相。傳見《漢書》卷八十一。❿好任勢立威　喜歡運用權勢樹立威望。⓫忌惡　猜忌和厭惡。⓬峻文深詆　利用苛刻嚴厲的文字嚴重詆毀對方。深詆，狠狠的誣陷。⓭中傷　陷害。⓮詆欺　刑律名，誣陷大臣。⓯所舉應科　所舉劾的案件均符合法律條文。⓰霸　孔光之父孔霸，漢元帝賜爵褒成君。事見本書卷二十八元帝永光元年。⓱希指苟合　揣摩皇帝心意，苟且奉迎。⓲輒削草藁　上呈皇帝的奏章抄正後，就把草稿毀掉。削，漢代用竹簡書寫，銷毀文章便須將文字刮削掉。⓳奸忠直　博取忠直的名聲。奸，通「干」。求也。⓴沐日歸休　假日回家。漢代大臣五日一休，稱湯沐日。㉑燕語　話家常。㉒溫室省中　溫室殿中。溫室，長樂宮中殿名。省中，宮中。㉓復發徙　將要再次遷徙邑民。成帝修昌陵邑，採納的是陳湯等人的建議。後來罷昌陵恢復延陵時，陳湯散布流言說，又要將昌陵邑的百姓遷徙到延陵去。王商藉此事大加發揮以報復陳湯。㉔黑龍冬出　黑龍冬季出現，陳湯說是皇帝私自出行所帶來的感應。㉕大不敬　言犯忌諱稱大不敬，死罪。㉖湯有功　指陳湯在西域斬郅支單于之功。㉗平當　字子思，哀帝時官至丞相。傳見《漢書》卷七十一。㉘不應封爵之科　不符合封侯的條例規定。漢高祖曾與大臣約定：「非功不得封侯。」㉙賜長閎爵關內侯　封淳于長、王閎二人為關內侯。關內侯，食采邑於京畿，為第十九級爵。㉚官簿　登錄官位的檔案。㉛晚進　後進。㉜五二千石雜問　委派五個二千石級的大臣組成合議庭，共同審理案件。雜問，合議庭眾法官一起審問。㉝詰責　窮究不捨。㉞冀得其處　希望取代翟方進的御史大夫的位置。㉟苟得無恥　苟且得到，不知羞恥。苟得，苟且得到；不當得而得。㊱朱博　字子元，杜陵（今陝西長安東北）人。歷官郡守、九卿，哀帝時官至丞相。傳見《漢書》卷八十三。㊲移書以詭責之　朱博寫信責成他們限期辦理。詭責，責成；要求。詭，義同「責」，責成。㊳盡力有效　努力辦事而有實效。㊴懷詐不稱　心懷奸詐而不稱職。㊵事無不集　沒有辦不成的事。集，成功。

【校　記】①策　據章鈺校，乙十一行本、孔天胤本皆作「冊」。②衛尉　據章鈺校，十四行本、乙十一行本、孔天胤本皆作「侍中衛尉」。按，前所載，永始元年，以「侍中淳于長為水衡都尉」，則已非居侍中職。

【語　譯】邛成太后去世，喪事匆忙，主辦官吏加收賦稅倉促辦理。成帝知道後，就責備丞相薛宣和御史大夫翟方進。冬，十一月己丑日，下詔把丞相薛宣免職為平民，御史大夫翟方進降職為執金吾。過了二十多天，丞相職位仍然空缺，群臣大多數推薦翟方進；成帝也很器重他的才能，初二日壬子，提升翟方進為丞相，封為高陵侯。任用諸吏、散騎、光祿勳孔光為御史大夫。翟方進因精通經術進入仕途，他為官任職，用法苛刻嚴酷，喜歡運用權勢來樹立個人威信；他有所猜忌厭惡的人，就用嚴厲的文辭狠狠詆毀對方，因此受到他陷害的人很多。有人指控他隱藏私心，誣害欺騙，辦事不公，成帝卻認為他所主持的案件，都能合乎法律條文，不認為不對。孔光是褒成君孔霸的小兒子，擔任尚書，掌管中樞機要十多年，奉公守法，依照前例成規辦事，成帝有所諮問，他都依據經典和法令，以問心無愧的話去回答，不是揣摩皇上的意旨，苟且迎合；皇上若不聽從，他也不敢堅持力爭，因此能較長時間保持他的地位。有時上書建議，奏書寫好，就把草稿毀掉，認為顯露君王的過失，以博得忠直的美名，是人臣的大罪。他要舉薦一個人，唯恐被推薦的人知道。假日回家，與兄弟妻子話家常，始終不涉及朝中政事。有人問孔光：「溫室殿宮中種的樹，都是什麼樹木？」孔光沉默不答，改用別的話岔開，他不洩密朝中之事，就像這樣。

成帝巡幸雍邑，祭祀五天帝廟。

衛將軍王商厭惡陳湯，上奏說「陳湯胡說皇上又要遷徙吏民到昌陵邑去，還說冬天出現黑龍，都是皇上多次微服出行的感應。」廷尉也上奏說「陳湯說了他不應該說的話，是犯大不敬的死罪。」成帝下詔因陳湯有功，免官為平民，發配到邊疆去。

成帝因冊立趙飛燕為皇后，淳于長出了很大的力氣，所以很感激他，便追溯彰顯他建議撤銷昌陵的功勞，要公卿們商討，冊封他。光祿勳平當認為：「淳于長雖然提出過很好的建議，但不符合封侯的法規標準。」平當因此被降職任鉅鹿太守。於是成帝下詔，因常侍王閎、衛尉淳于長首先提出撤銷昌陵良策，賜封兩人都為關內侯。

將作大匠解萬年奸佞不忠，流毒民眾，和陳湯全都發配敦煌。

起初，少府陳咸、衛尉逢信在登記官位的簿錄上，都在翟方進的前面。翟方進是後進，他在任京兆尹時，和陳咸交情很深。等到御史大夫空缺，陳咸、逢信、翟方進三人都是著名的公卿，都列在候選人中，而翟方進取得。適逢丞相薛宣被控有罪，牽連了翟方進，成帝命五位二千石的大臣一起會審丞相薛宣、御史大夫翟方進，陳咸責問翟方進，窮追不捨，希望取代翟方進的職位，翟方進懷恨在心。陳湯向來以才幹得到王鳳、王音的寵信，而陳咸、逢信兩人與陳湯的關係很好，陳湯幾次在王鳳、王音面前稱讚他們，因此陳咸、逢信才被任命為九卿。等到王商貶斥陳湯時，翟方進就上奏「陳咸、逢信依附陳湯，以謀求舉，苟且得官毫無廉恥。」最後陳咸和逢信都被撤職。

這一年，琅邪太守朱博擔任左馮翊。朱博治理郡事時，常常命令所屬各縣選用當地的豪傑充任地方上層官吏，不論文武，一切從便。縣裡如果有大盜巨賊以及其他非常事變，朱博就行文責成所用的地方豪傑，他們能盡力有成，必加厚賞；心懷詭詐而不稱職的，就進行誅殺或處罰。所以地方土豪劣紳畏懼順服，事情沒有辦不成的。

三年（丁未　西元前一四年）

春，正月己卯晦❶，日有食之。

初，帝用匡衡❷議，罷甘泉泰畤❸，其日，大風壞甘泉竹宮❹，折拔畤中樹木❺十圍❻以上百餘。帝異之，以問劉向。對曰：「家人尚不欲絕種祠，況於國之神寶舊畤！且甘泉、汾陰及雍五畤❼始立，皆有神祇感應，然後營之❽，非苟而已也❾。武、宣之世奉此三神，禮敬敕備❿，神光尤著⓫。祖宗所立神祇舊位，誠未易動。前始納貢禹⓬之議，後人相因⓭，多所動搖。易大傳曰：『誣神者殃及三世。』恐其咎不獨止禹等⓮！」上意恨⓯之，又以久無繼嗣，冬，十月庚辰⓰，上白太后，令詔有司復甘泉泰畤、汾陰后土如故，及雍五畤、陳寶祠⓱、長安及郡國祠著明⓲者，皆復之。

是時，上以無繼嗣，頗好鬼神、方術之屬，上書言祭祀方術得待詔者甚眾，祠祭費用頗多。谷永說上曰：「臣聞明於天地之性，不可惑以神怪；知萬物之情，不可罔以非類⓳。諸背仁義之正道，不遵五經之法言⓴，而盛稱奇怪鬼神，廣崇祭祀之方，求報無福之祠㉑，及言世有仙人，服食不終之藥㉒，遙興輕舉㉓、黃冶變化之術㉔者，皆姦人惑眾，挾左道㉕，懷詐偽，以欺罔世主。聽其言，洋洋㉖滿耳，若將可遇；求之，盪盪㉗如係風捕景，終不可得。是以明王距而不聽㉘，聖人絕而不語㉙。昔秦始皇使徐福㉚發男女入海求神采藥，因逃不還，天下怨恨。漢興，新垣平、齊人少翁、公孫卿、欒大㉛等皆以術窮詐得㉜，誅夷伏辜㉝。唯陛下距絕此類，毋令姦人有以窺朝者㉞！」上善其言。

【章　旨】以上為第十一段，寫劉向、谷永上書言事，劉向請求成帝恢復已被撤銷的神靈祭祀，谷永請求成帝拒絕方術迷信。兩人的奏疏，顯現當時的政治光怪陸離，君臣們把國計民生置諸腦後，而在神鬼祭祀、方術迷信上無聊地爭論不休。

【注　釋】❶己卯晦　正月三十日。❷匡衡　字稚圭，西漢大儒，仕元、成二朝，官至丞相。傳見《漢書》卷八十一。❸泰時　祭泰一神的祭壇，漢武帝始建於甘泉宮。❹竹宮　以竹為宮，距泰時三里，為天子祭泰一神時齋戒之所。❺折拔時中樹木　大風吹斷泰時廟中樹木，有的連根拔起。❻十圍　圍，計算圓周弧長的單位，有三寸一圍和五寸一圍兩種說法，俗以一抱稱一圍。以三寸一圍計，十圍之樹，直徑約一尺。❼甘泉汾陰及雍五時　漢時所立三大祭壇。甘泉（今陝西淳化）立泰時，祭天之泰一神。汾陰（今山西河津市西南榮河鎮）立后土時，祭地神。雍（今陝西鳳翔）立五時，祭五天帝。❽營之　指建立三處祭壇。❾非苟而已也　不是輕率決定的。❿禮敬敕備　祭禮儀式嚴整周到。⓫神光尤著　神光顯現特別靈驗。⓬貢禹　字少翁，元帝時大儒，官至丞相，首議漢祭禮多不合古禮。傳見《漢書》卷七十二。⓭後人相因　指韋玄成、匡衡等相繼支持貢禹的建議。⓮其咎不獨止禹等　降低祭天地神靈規格之錯，恐怕不只應由貢禹等人承擔。言外之意，成帝也有責任。⓯恨　悔恨。⓰庚辰　十月初五日。⓱陳寶祠　祭寶雞神，在今陝西寶雞。⓲著明　有名。明，通「名」。⓳知萬物之情二句　知曉萬物生長的規律，異類無法迷惑。罔，欺罔；迷惑。⓴法言　神聖的經典之言。㉑求報無福之祠　向不能回報福音的鬼神祈求。㉒不終之藥　不死之藥。㉓遙興輕舉　謂人修煉成仙後，起行遠遊，輕身上天。㉔黃治變化之術　指煉金術。方士詭稱可將瓦石煉成黃金。㉕左道　邪僻之道。㉖洋洋　美盛的樣子。這裡指漫無邊際的大話。㉗盪盪　空空蕩蕩。㉘距而不聽閉耳不聽。㉙絕而不語　閉口不言。㉚徐福　方士，受秦始皇派遣，帶領三千名童男童女去海中求仙藥，一去不復返。事見《史記・秦始皇本紀》。㉛新垣平齊人少翁公孫卿欒大　這幾個人都是漢武帝寵信的方士。事見《史記・封禪書》。㉜術窮詐得　法術用盡詐偽被揭穿。㉝誅夷伏辜　誅殺伏法。㉞窺朝者　覬覦官位的機會。

【語譯】 三年（丁未　西元前一四年）

春，正月最後一天三十日己卯，發生日蝕。

起初，成帝採納匡衡的建議，撤銷了甘泉的泰畤，當天，大風吹壞了甘泉的竹宮，吹斷或連根拔起泰畤祠中十圍以上的大樹一百多棵。成帝感到奇怪，召見劉向詢問。劉向回答說：「普通平民尚且不願拆毀家廟，何況是一國的神室舊廟！再說，甘泉、汾陰和雍邑這幾個地方的神廟初建時，都有天地神靈顯應，然後營建，不是輕率決定的。武帝、宣帝之世，侍奉這三個地方的神靈，祭禮儀式嚴整周到，神光也顯現得特別靈驗。祖宗所建立的神靈舊址，實在不應該輕易變動。從前元帝採納貢禹的建議，後人相繼遵循，變動很多。《易經・大傳》說：『誣衊神靈的人，三代都要受到災禍。』這個責任，恐怕不能只由貢禹等人承擔吧！」成帝心裡很悔恨，又因為一直沒有繼承的後嗣，冬，十月初五日庚辰，成帝稟告太后，命令主管官員恢復甘泉的泰畤和汾陰后土的祭祀，一切照舊，雍邑的五帝神壇、陳寶祠，以及長安和郡國著名的神祠，也都加以恢復。

這時，成帝由於沒有繼嗣，很喜好鬼神、方術這一類的事，民間上書談論祭祀和方術而得以候補做官的人很多，成帝用在祭祀方面的費用頗多。谷永勸告成帝說：「臣聽說，一個人如果明白天地的本性，就不可能拿神怪來迷惑他；瞭解萬物生長的情況，也不可能用不同類的事物來欺騙他。種種違背仁義正道，不遵守《五經》的經典言論，而去極力稱讚鬼怪神奇，多方推崇祭祀的妙方，祈求那些不能回報福音的鬼神廟宇，以及宣揚世間確有仙人，可以服用長生不死的仙藥，能夠遠遊升天，可以冶煉丹砂變成黃金等法術的，都是奸人妖言惑眾，挾持邪門旁道，心懷欺詐，以矇騙當世君王。聽他們的言論，滿耳無邊際的大話，似乎即將與神仙相遇；如果真的去尋求，卻空空蕩蕩，如同捕風捉影，始終見不到。所以，英明的君王，都會閉耳不聽，聖人們也是閉口不語。以前秦始皇派遣徐福徵召一批男女，到大海去尋求神仙，採摘靈藥，結果徐福趁機逃亡，不再返回，天下人都怨恨。漢朝建立，新垣平、齊人少翁、公孫卿、欒大等人，都因法術用盡，詐騙被揭穿，遭到殺頭滅族。請求陛下對諸如此類加以拒絕，不要讓那些奸猾的人有覬覦朝廷官位的機會！」成帝贊同他的建議。

十一月，尉氏❶男子樊並等十三人謀反，殺陳留太守，劫略吏民，自稱將軍；徒李譚、稱忠、鍾祖、訾順共殺並。以聞，皆封為侯。

十二月，山陽❷鐵官徒蘇令等二百二十八人攻殺長吏，盜庫兵，自稱將軍；經郡國十九，殺東郡太守及汝南都尉。汝南太守嚴訢捕斬令等。遷訢為大司農。

故南昌尉❸九江梅福❹上書曰：「昔高祖納善若不及，從諫如[1]轉圜❺，聽言不求其能，舉功不考其素❻；陳平起於亡命而為謀主，韓信拔於行陳而建上將。故天下之士雲合歸漢，爭進奇異，知者竭其策，愚者盡其慮❼，勇士極其節，怯夫勉其死❽。合天下之知，并天下之威，是以舉秦如鴻毛❾，取楚若拾遺❿，此高祖所以無敵於天下也。孝武皇帝好忠諫，說至言⓫，出爵不待廉、茂⓬，慶賜不須顯功，是以天下布衣各厲志竭精以赴闕庭⓭，自衒鬻者⓮不可勝數，漢家得賢，於此為盛。使孝武皇帝聽用其計，升平可致，於是積尸暴骨⓯，快心胡、越⓰，故淮南王安⓱緣間⓲而起；所以計慮不成而謀議泄者，以眾賢聚於本朝，故其大臣勢陵⑲，不敢和從也。方今布衣乃窺國家之隙，見間而起者，蜀郡⑳是也；及山陽亡徒蘇令之羣，蹈藉㉑名都、大郡，求黨與，索隨和㉒，而無逃匿之意。此皆輕量大臣，無所畏忌，國家之權輕，故匹夫欲與上爭衡㉓也。

「士者，國之重器；得士則重，失士則輕。詩云：『濟濟多士，文王以寧。』㉔廟堂之議，非草茅所言也㉕；臣誠恐身塗野草，尸并卒伍㉖，故數上書求見，輒報罷㉗。臣聞齊桓之時，有以九九㉘見者，桓公不逆，欲以致大㉙也。今臣所言，非特九九也；陛下距臣者三㉚矣，此天下士所以不至也。昔秦武王好力，任鄙㉛叩關自鬻㉜；繆公行霸[2]，由余歸德㉝。今欲致天下之士，民有上書求見者，輒使詣尚書問其所言，言可采取者，秩以升斗之祿，賜以一束之帛。若此，則天下之士，發憤懣，吐忠言，嘉謀日聞於上，天下條貫㉞，國家表裏，爛然㉟可睹矣。

「夫以四海之廣，士民之數，能言之類至眾多也；然其儁桀指世陳政，言成文章，質之先世㊱[3]而不繆，施之當世合時務，若此者亦無幾人㊲。故爵祿束帛者，天下之砥石㊳，高祖所以厲世摩鈍㊴也。

「孔子曰：『工欲善其事，必先利其器。』㊵至秦則不然，張誹謗之罔㊶以為漢歐除㊷，倒持泰阿㊸，授楚其柄㊹。故誠能勿失其柄，天下雖有不順，莫敢觸其鋒，此孝武皇帝所以辟地建功，為漢世宗[45]也。

「今陛下既不納天下之言，又加戮焉。夫鳶鵲遭害，則仁鳥增逝[46]；愚者蒙戮，則智士深退。間者愚民上書，多觸不急之法[47]，或下廷尉而死者眾。自陽朔[48]以來，天下以言為諱；朝廷尤甚，羣臣皆承順上指，莫有執正。何以明其然也？取民所上書，陛下之所善，試下之廷尉，廷尉必曰『非所宜言，大不敬』，以此卜之，一矣。故京兆尹王章，資質忠直，敢面引廷爭，孝元皇帝擢之[49]，以厲具臣而矯曲朝[50]。及至陛下，戮及妻子。且惡惡止其身[51]，王章非有反畔之辜而殃及室家[52]，折直士之節[53]，結諫臣之舌[54]。羣臣皆知其非，然不敢爭，天下以言為戒，最國家之大患也！

「願陛下循高祖之軌，杜亡秦之路，除不急之法，下無諱之詔[55]，博覽兼聽，謀及疏賤，令深者不隱[56]，遠者不塞[57]，所謂『辟四門，明四目[58]』也。往者不可及，來者猶可追。方今君命犯而主威奪[59]，外戚之權，日以益隆。陛下不見其形[60]，願察其景[61]！建始以來[62]，日食、地震，以率言[63]之，三倍春秋，水災亡[64]與比數。陰盛陽微，金鐵為飛[65]，此何景也[66]？漢興以來，社稷三危[67]：呂、霍、上官，皆母后之家也。親親之道，全之為右[68]，當與之賢師良傅，教以忠孝之道；今乃尊寵其位，授以魁柄，使之驕逆，至於夷滅，此失親親之大者也。自霍光之賢，不能為子孫慮，故權臣易世則危[69]。書曰：『毋若火，始庸庸。』[70]勢陵於君，權隆於主，然後防之，亦無及已！」上不納。

【章旨】以上為第十二段，寫成帝永始三年（西元前一四年），人民起義的星火此起彼伏。南昌縣尉梅福憂慮星火燎原，痛切上書成帝，直言勸諫，希望成帝納諫用賢，疏遠奸佞，抑制外戚，成帝不聽。

【注釋】❶尉氏　縣名，為陳留郡屬縣。縣治在今河南尉氏。❷山陽　郡名，治所昌邑，在今山東金鄉西北。❸南昌尉　即豫章郡尉。南昌，縣名，為豫章郡治所，在今江西南昌。❹梅福　字子真，九江壽春人，為南昌尉，通經術，常上書言事。傳見《漢書》卷六十七。❺從諫如轉圜　聽從勸諫像轉動圓環那樣快。❻舉功不考其素　舉用有功之人，不必考究其平常的行為。❼愚者盡其慮　愚笨的人也能盡量發揮才智。即俗語所謂「愚者千慮，必有一得」。❽怯夫勉其死　懦夫也勉勵自己去面對死亡。❾鴻毛　一根羽毛，喻其輕。❿拾遺　撿起地上的東西，喻其易。⓫說至言　喜歡聽至理名言。⓬出爵不待廉茂　賞官封爵只看功勞大小，不管他是否是孝廉、茂才。茂才，即秀才，諱光武帝秀字改。⓭厲志竭精以赴闕庭　振奮志節，竭盡忠誠奔赴朝廷效力。⓮自衒鬻者　自誇自薦的人。漢武帝求賢，下令允許自薦。⓯積尸暴骨　屍首堆積，枯骨露於野。指漢武帝連年征伐，造成殺人盈野，死人遍地。⓰快心胡越　必欲滅匈奴、南越才甘心。⓱淮南王安　劉安，漢高祖孫，文帝封為淮南王，武帝時謀反未遂，自殺國除。傳見《史記》卷一百十八、《漢書》卷四十四。⓲緣間　乘機。⓳大臣勢陵　指淮南王國內大臣的勢力可以控制住劉安。⓴蜀郡　指鴻嘉四年廣漢郡鄭躬等反叛，被蜀郡兵平定之事。㉑蹈藉　踐踏；蹂躪。㉒求黨與二句　招降納叛，搜羅黨羽。㉓與上爭衡　與皇帝較量。㉔詩云三句　引自《詩經・文王》。㉕廟堂之議二句　朝廷大事，我這個山野草民是沒有資格議論的。草茅，蓬屋，喻山野小民。據《漢書》本傳，梅福上書時已致仕家居，故以「草茅」自稱。㉖身塗野草二句　身死山野，屍體和普通兵士一樣被埋葬。意為不甘心碌碌無為，願意為國效力。㉗輒報罷　往往被擱置，不採納。㉘九九　一般的算術知識，如九九乘法表。㉙致大　招致重大的建議。㉚距臣者三　拒絕我已多次。三，多次。㉛任鄙　秦武王時的勇士。㉜叩關自鬻　入函谷關到秦國自我推薦。㉝由余歸德　指由余由西戎投奔秦國。由余，本西戎賢臣，後輔佐秦穆公稱霸。㉞條貫　秩序井然。㉟爛然　光輝燦爛。㊱先世　前代。㊲若此者亦無幾人　像這樣的人也沒有幾個人。㊳砥石　磨刀石，喻動力。爵祿是激發天下士人效忠的動力。㊴厲世摩鈍　指高祖以爵祿延攬人才。㊵孔子曰三句　引語見《論語・衛靈公》。㊶張誹謗之罔　張開法網，因言論治罪。罔，通「網」。㊷為漢毆除　為漢朝的建立開闢道路。㊸泰阿　寶劍名，為名匠歐冶子所鑄。㊹授楚其柄　把劍柄授給楚人。這裡指秦朝暴政，把人民推到楚國人項羽一邊。楚，指項羽。㊺世宗　漢武帝的廟號。㊻夫鳶鵲遭害二句　此二句是說作為惡鳥的貓頭鷹遭到殘害，吉祥的鳳凰鳥也會遠走高飛。鳶鵲，貓頭鷹，古人認為是不祥之鳥。仁鳥，鸞鳳，吉祥鳥。㊼觸不急之法　觸犯了本身就不合理的法律。不急之法，指繁瑣的、不合理的，甚至是不該設立的法律條文。如因言治罪，就是不急之法。㊽陽朔　成帝的第三個年號，西元前二四—前二一年。陽朔元年，京兆尹王章直言遭誅，直言進諫者受挫。㊾孝元皇帝擢之　元帝提拔王章為左曹、中郎將。㊿以厲具臣而矯曲朝　指漢元帝提拔王章，是要用他來鞭策那些混世的官員，矯正政府的歪風邪氣。厲具臣，鞭策平庸的官員。厲，鞭策。具臣，只知照章辦事的官員。矯曲朝，糾正朝中的腐敗現象。(51)惡惡止其身　對罪惡的懲罰，只限於其本人。語出《公羊傳》昭公二十年：「惡惡止其身，善善及子孫。」(52)殃及室家　災禍殃及家人。王章死，妻子被徙。(53)折直士之節　摧折正直士人的氣節。(54)結諫臣之舌　扼止臣子進諫的言路。(55)下無諱之詔　頒布沒有禁忌的詔令。指廣開言路。(56)深者不隱　退避深遠的人不再隱居。(57)遠者不塞　遠來的人不被阻止在外。(58)辟四門二句　語出《尚書・舜典》。意為廣開四門，明視四方，招攬賢才。(59)君命犯而主威奪　君王的權力被侵犯，皇帝的威嚴削弱。犯，奪，指臣子犯君命，奪君權。(60)不見其形　看不到具體內容。(61)願察其景　可以覺察其影響。景，通「影」。(62)建始以來　指成帝即位以來。建始為成帝的第一個年號。(63)率言　大略說；粗略計算。(64)亡　同「無」。(65)金鐵為飛　成帝河平二年（西元前二七年），沛郡鐵官在鑄鐵時，鐵化成流星飛去，被認為是臣奪主權的徵兆。(66)此何景也　這是什麼景象。意謂金鐵為飛，是出現敗亡景象。(67)社稷三危　漢朝建立以來，政權三次遭到危險，即高帝末年諸呂用事、昭帝時上官桀爭權、宣帝時霍禹謀逆，全是皇太后娘家人。(68)全之為右　保全外戚才是最上策。(69)權臣易世則危　大臣權力太重，到了第二代必然陷於危亡。易世，換了一代，即第二代。(70)書曰三句　引語見《周書・洛誥》。意謂：「不要輕易玩火，雖然開始時不過是星星點點。」庸庸，形容火苗微弱的樣子。

【校　記】[1]如　據章鈺校，十四行本、乙十一行本皆作「若」。[2]霸　據章鈺校，十四行本、乙十一行本皆作「伯」。[3]世　據章鈺校，十四行本、乙十一行本、孔天胤本皆作「聖」，張敦仁《通鑑刊本識誤》同。

【語　譯】十一月，尉氏縣的男子樊並等十三人謀反，殺死陳留太守，搶劫擄掠官吏和民眾，自稱將軍；囚徒李譚、稱忠、鍾祖、訾順共同殺死了樊並。報告朝廷，都被封為侯。

十二月，山陽郡鐵官所管屬的礦工蘇令等二百二十八人攻打山陽郡，殺了長史，奪取武庫兵器，自稱將軍；經過十九個郡國，殺了東郡太守和汝南都尉。汝南太守嚴訢捕殺了蘇令等人，晉升嚴訢為大司農。

前南昌縣尉九江人梅福上奏說：「過去高祖劉邦接納善言，常恐來不及；聽從規勸，就像轉圓環那樣快；聽取意見，不計較提意見的人有無才幹；選用有功的人，不考察他平常的行為；陳平起家於亡命之徒，而成為謀主，韓信選拔於行伍，而被授命為上將。所以天下的人才，都從四面八方像雲集一樣來歸附漢王，大家爭相奉獻奇謀妙計，有才智的人，盡力獻出他的策略，愚昧的人，也盡力地獻出他的一得之見，勇士們用生命捍衛操守，懦夫們也鼓勵自己不怕死。集合天下人的聰明才智，團結天下的力量，因而攻取秦王朝就像舉鴻毛，奪取楚就像撿起地下遺物，這就是漢高祖天下無敵的原因。孝武皇帝歡迎忠言規勸，喜歡聽到至理名言，加官晉爵不論是否是孝廉、茂才，賞賜嘉許不必有顯赫功勳，因此，全天下的人民都振奮志節，竭盡忠誠奔赴朝廷效力，自誇自薦的人不計其數，漢朝所得人才，這時候最多。假使孝武皇帝採納當時賢人的建議，可以獲得天下太平。但是，這時戰爭爆發，屍首堆積，枯骨滿野，孝武皇帝一定要滅亡匈奴、南越才甘心，所以淮南王劉安乘機而起；劉安之所以造反失敗，計謀洩漏，原因是眾多賢才聚集在朝廷，劉安的臣僚可以控制局勢，不敢隨從附和反叛。而當今一個平民百姓都在窺伺朝廷的縫隙，看到機會而起的，蜀郡人鄭躬在鴻嘉四年造反就是；等到山陽郡亡命之徒蘇令等人，踐踏名都大郡，搜羅黨羽，尋求隨風附和的人，毫無逃跑躲藏的意思。這都是他們輕視朝廷大臣，無所畏忌，國家權勢衰退，所以一介匹夫也敢想與皇上較量。

「士人，是治國的重要工具；得到士人國家才勢重，失去士人國家則勢輕。《詩經》說：『滿朝都是賢才，文王得以享受安寧。』朝廷大事，本來不是山野草民可以議論的；但是臣確實擔心身沒山野，屍體與普通士兵一般，所以多次上書請求召見，每次都被擱置。臣聽說齊桓公的時候，有人憑藉九九乘法表進見，齊桓公沒有拒絕，想以此引來更重要的建議。如今，臣的建言並不只是九九小技；陛下卻多次拒絕召見臣，這就是天下的賢才不入朝廷的原因。從前，秦武王喜歡武力，勇士任鄙入關自薦；秦穆公實施霸道，由余投奔秦國。當今想要招致天下的人才，人民有上書請求召見的，就應當准許他們到尚書府陳述，所言值得採納的，賜給他升斗的俸祿，賞給他一束布帛。如果這樣，那麼天下的賢才，都會一抒怨氣，吐出忠言，善謀天天上奏皇上，天下秩序井然，朝廷內外，光輝燦爛的景象可以見到了。

「憑著國家疆土的廣大，人民的眾多，能進忠言的人極為眾多；然而其中的俊傑能指出現實政治的利弊，說出富有文采的建議，考之於前代而沒有失誤，實施在當代也合於時務，這樣的人也沒有幾個。所以封爵、俸祿、綢緞、布匹，是激發天下士人效忠的動力，漢高祖用它們來磨礪世人，招攬英才。

「孔子說：『工人想把器物做好，一定先要把工具磨鋒利。』到了秦朝卻不是這樣，張開言論致罪的法網，替漢王朝的建立開闢道路，倒拿著泰阿寶劍，把劍柄交給楚人。所以真能不失劍柄，天下雖有人背叛，也不敢去觸犯劍鋒，這正是孝武皇帝所以開疆拓土，建立功業，成為漢代世宗的原因。

「如今陛下既不採納天下人的建議，又還加害進言之人。那不祥的貓頭鷹被害，仁愛的鳳凰就趕緊飛走；愚昧的人都受殺戮，那麼智士就要深藏。近來愚民上書，多觸犯了不合理的法律，有的被逮捕下獄，遭廷尉處死的人很多。自從陽朔年間以來，天下的人忌諱直言；朝廷官員尤其嚴重，群臣都順從皇上的旨意，沒有人敢堅持公正直言。何以證明這種情況呢？拿出民眾所上奏章，選取陛下所讚許的，試著交給廷尉，廷尉一定會說『這不是他們應當說的話，是犯了大不敬之罪』，依此推測，其他事情都是一個樣子。前京兆尹王章，性格忠直，敢當著皇上的面在朝廷上據理諍諫，孝元皇帝特意提拔他，用以鞭策那些不作為的臣子，矯正朝廷的歪風邪氣。但是，到了陛下，不但王章被殺頭，連他的妻子兒女也被株連。況且，懲治罪惡，只限於本人，王章並不是犯了謀反叛亂的重罪，禍殃竟波及全家，這是摧殘正直人士的氣節，扼住進諫之臣的口舌。群臣都知道這樣處理是錯誤的，卻不敢進言諫爭，所以天下人都相誡閉嘴不說話，這是國家最大的禍患啊！

「臣希望陛下遵循高祖之道，堵住亡秦的途徑，撤除繁瑣不宜的法令，發布不必諱言的詔書，博覽兼聽，疏遠卑賤的人也徵詢意見，使藏身深處的人不再退隱，遠來的人不遭阻隔，正如《書經》所說『廣開四門，明視四方』。過去的事情，不可以追悔，未來的事情，還可以補救。如今君王的權威受到侵犯和剝奪，外戚的權勢也日益膨脹。陛下雖然看不見這種形勢的具體形象，但可以察覺它造成的影響。從建始年間以來，日蝕、地震，大概說來，三倍於春秋，水災多得無法比較。陰盛陽衰，金鐵化成流星飛上天，這是什麼景象？漢朝建立以來，政權出現三次危機：呂氏、霍禹、上官桀，都是皇太后的娘家人。親愛親戚的辦法，保全他們為上策，應當給外戚子弟聘請賢良的教師和師傅，用忠孝之道教育他們；如今卻尊寵他們的官位，授給他們權力，使他們驕橫為逆，直到被滅族，這實際是失去了親愛親人的大義。即使霍光那樣賢明的人，也沒有很好的為子孫考慮，所以權力太重的臣子，第二代就陷於危險境地。《書經》說：『不要輕易玩火，雖然開始時火苗微弱。』等到權臣勢力壓倒了君王，權力高過了主上，然後再來防範，那就來不及了！」成帝不予採納。

【研析】漢成帝昏憒頑劣，但不是智力不夠，而是性情軟弱；他荒怠政事，也不是一個傀儡皇帝。漢成帝微服出遊，親眼看到外戚王譚、王商驕奢過制，感到了政權危機。成帝一反常態，嚴懲王侯，表演了一番大義滅親，誅殺大臣的雄主威風，確實打擊了外戚的喧赫氣焰。只是成帝並沒下定決心誅殺外戚，不過恐嚇他們使其有所收斂罷了。此事發生在鴻嘉三年（西元前一八年），成帝正在微服出遊，寵幸趙飛燕姐妹的興頭上，都做出了這一番政治秀，可以說明兩個問題。其一，成帝頭腦清醒，當親眼看到了外戚的驕奢逾制，皇權受到威脅，也能採取果斷措施。其二，王侯受懲，並不甘心，上書自請黥劓之刑，以舅父之尊，挾皇太后之勢，脅迫成帝，別無反抗手段。成帝不吃這一套，把諸舅送上設計的假法場，像是真要誅殺他們似的。這說明漢成帝仍牢牢地控制著皇權，成帝的昏憒，不是不能為，而是不作為。這充分暴露了皇權至高無上的寡頭政治，這種體制的弊端。舉國體制，聽命於一人，是多麼的危險。成帝清醒時，也能聽幾句臣下的勸諫，谷永、劉向這些大臣也能切言直諫；成帝糊塗時，誅殺言官，群臣就噤若寒蟬了。

趙飛燕姐妹，出身寒微，沒有任何依靠，僅憑天生麗質，就迷倒了漢成帝，趙飛燕奪了正宮之位，汙穢後宮，竟也沒受到懲罰。姐妹一心，相互掩護是其一，成帝天生好色，不愛江山愛美人是其二。成帝隨心所欲，宴飲大呼小叫，沒有一點九五之尊的體統，可算得上是一個風流皇帝。

永始元年（西元前一六年），成帝採納劉向疏奏，停建昌陵，不失為一樁善政，也表明成帝洞察形勢的清醒。當時國庫空虛，頭一年黃河決堤，政府沒有經費修治，以尋求黃河故道為由，聽任洪水氾濫。昌陵修建，選址不當，勞民傷財，五年不成，裁撤這一工程是明智之舉。成帝昌陵工程，比起秦始皇驪山陵，只是小巫見大巫，在漢代諸陵中也不是最大的，仍然是幾萬人修建了五年還沒完工，為了取土填坑，竟然挖掘了周圍一萬多座平民的墳墓。漢民族敬祖，墳墓被挖是一件大事。破了祖墳，就是驚了祖先的靈魂，災禍將及於子孫。皇帝建陵，為的是死後靈魂安居，卻不顧上萬平民千家萬戶靈魂的安居，這還能算是子民天下的父母嗎？每一座帝王墳墓，都是人民血淚和憤怒的見證。

卷第三十二

漢紀二十四

起著雍涒灘（戊申　西元前一三年），盡昭陽赤奮若（癸丑　西元前八年），凡六年。

【題解】本卷記事起西元前一三年，迄西元前八年，凡六年史事，當漢成帝永始四年至綏和元年，是成帝執政的後期。重大事件，有永始四年，谷永上書阻止朝廷對梁王劉立驕奢橫行，違法犯禁，與舅媽姑母亂倫案的調查，此乃皇室糜爛的延伸。元延二年（西元前一一年），段會宗出使西域，安定了烏孫，影響所及，康居遣子入質。匈奴、烏孫、康居三大國歸附漢朝，標誌西漢的極盛，實質是昭宣中興的迴光返照。此時王氏外戚勢力日益隆盛，成帝渾渾噩噩，無所作為。元延三年，蜀地大山崩，成帝居然動員數十萬民眾抓捕野獸以實上林苑取樂。連年災異不斷，谷永、劉向、朱雲等大臣交章上疏，勸諫成帝有所作為，成帝不納。綏和元年，成帝恢復三公建制，確定定陶王劉欣入繼大統。王莽攀附紅陽侯王立，利用王立與淳于長兩人的權力之爭，既剷除了政敵淳于長，又沉重地打擊了王立，一箭雙雕。王莽長於政治，工於心計，終於奪取了執政中心的大司馬職位，嶄露頭角，身手不凡。

孝成皇帝中

永始四年（戊申　西元前一三年）

春，正月，上行幸甘泉，郊泰畤，大赦天下。

三月，行幸河東，祠后土。

夏，大旱。

四月癸未❶，長樂臨華殿❷、未央宮東司馬門❸皆災❹。六月甲午❺，霸陵園門闕災。

秋，七月辛未晦❻，日有食之。

冬，十一月庚申❼，衛將軍王商病免。

梁王立❽驕恣無度，至一日十一犯法。相禹❾奏「立對外家怨望，有惡言。」有司案驗，因發其與姑園子姦事，奏「立禽獸行❿，請誅。」太中大夫谷永上疏[1]曰：「臣聞禮，天子外屏⓫，不欲見外也。是以帝王之意，不窺人閨門之私，聽聞中冓之言⓬。春秋為親者諱⓭，今梁王年少，頗有狂病⓮，始以惡言按驗，既無事實，而發閨門之私，非本章所指。王辭又不服，猥強劾立，傅致⓯難明之事⓰，獨以偏辭⓱成罪斷獄，無益於治道。汙衊宗室以內亂之惡⓲，披布宣揚於天下，非所以為公族⓳隱諱，增朝廷之榮華，昭聖德之風化也。臣愚以為王少而父同產長⑳，年齒不倫。梁國之富足以厚聘美女，招致妖麗㉑，父同產亦有恥辱之心㉒。按事者乃驗問惡言，何故猥自發舒㉓！以三者揆㉔之，殆非人情，疑有所迫切㉕，過誤失言㉖，文吏躡尋㉗，不得轉移㉘。萌牙之時，加恩勿治，上也㉙。既已案驗舉憲㉚，宜及王辭不服，詔廷尉選上德通理之吏更審考清問㉛，著不然之效㉜，定失誤之法㉝。而反命於下吏㉞，以廣公族附疏㉟之德，為宗室刷汙亂之恥，甚得治親之誼㊱。」天子由是寢而不治㊲。

是歲，司隸校尉蜀郡何武㊳為京兆尹。武為吏，守法盡公，進善退惡，其[2]所居無赫赫名，去後常見思。

【章旨】以上為第一段，寫永始四年（西元前一三年）谷永上書，阻止朝廷對梁王劉立亂倫案件的調查。谷永按常理人情，做出強有力的推論雄辯，掩蓋了嫌疑人劉立的犯罪事實，救了一個惡棍的命。在不平等的制度下，刑不上大夫，法律是保護特權的，谷永的辯護才得以奏效。

【注釋】❶癸未　四月十一日。❷長樂臨華殿　長樂宮中殿名。❸司馬門　宮殿的外門，有軍司馬守衛，因稱司馬門。❹災　指天火，即雷擊。長樂宮為太后所居，未央宮為皇帝所居，兩宮同時失火，不祥，故記載。❺甲午　六月二十三日。❻辛未晦　七月三十日。❼庚申　十一月二十一日。❽梁王立　劉立，係景帝弟劉武的第八世孫。❾相禹　梁王相名禹，史失其姓。❿禽獸行　漢法稱亂倫為「禽獸行」。⓫外屏　在門外建的屏風牆。⓬中冓之言　內室說的私房話。⓭春秋為親者諱　見《公羊傳》閔公元年釋例。⓮狂病　瘋癲。⓯傅致　附會羅織。傅，通「附」。⓰難明之事　難以查明的閨房私事。⓱偏辭　一面之辭。⓲內亂之惡　指亂倫的醜惡。⓳公族　皇族。⓴父同產長　指劉立之姑劉園子是劉立父的同胞長輩。㉑招致妖麗羅致絕色美女。㉒恥辱之心　指劉園子身為姑媽自有羞恥之心。㉓猥自發舒　自己說出亂倫之事。㉔揆　推度；推理。㉕迫切　逼供。㉖過誤失言　驚恐中說出的錯話。㉗文吏躡尋　舞文弄墨的文吏抓住不放。㉘不得轉移　一句話說錯，越追越離譜，收不回來。㉙萌牙之時三句　意謂劉立亂倫案一開始就應施恩不加追究，方為上策。㉚案驗舉憲　指調查立案。㉛更審考清問　重新調查審問。㉜著不然之效　彰顯劉立案沒有事實根據。㉝定失誤之法　肯定初審的失誤。㉞反命於下吏　移交主管部門處理。㉟附疏　使族屬親附。㊱治親之誼　處理親情的大義。㊲寢而不治　擱置起來，不再追究。㊳何武　字君公，蜀郡郫縣（今四川郫縣）人。官至大司空。傳見《漢書》卷八十六。

【校　記】①疏　原作「書」。據章鈺校，十四行本、乙十一行本、孔天胤本皆作「疏」，今據改。②其　原無此字。據章鈺校，十四行本、乙十一行本、孔天胤本皆有此字，今據補。

【語　譯】孝成皇帝中

永始四年（戊申　西元前一三年）

春，正月，皇上巡幸甘泉宮，祭祀天帝太乙神，大赦天下。

三月，巡幸河東郡，祭祀后土神。

夏，大旱。

四月十一日癸未，長樂宮的臨華殿、未央宮的東司馬門都發生火災。六月二十三日甲午，霸陵園的正門也發生火災。

秋，七月最後一天三十日辛未，發生日蝕。

冬，十一月二十一日庚申，衛將軍王商因病免職。

梁王劉立驕縱無度，甚至一天犯法十一次。梁國相禹上奏說「劉立對外戚懷有怨恨，惡言相加。」有關部門查辦，由此揭發出劉立與姑母劉園子通姦之事，奏報說「劉立有亂倫的禽獸行為，請處以死刑。」太中大夫谷永上疏說：「臣聽說禮儀規定，天子在門外修建屏風牆，為的是不要看到外面的事情。因而帝王的心意，不探看他人閨門的隱私，竊聽他人在內室的私房話。《春秋》大義，要為親屬隱諱過失，如今劉立年少，瘋癲病又很厲害，開始因惡言被指控，而查無事實，轉而告發他閨房隱私，已不屬原指控的內容了。劉立又不承認，竟以各種手段強行彈劾劉立，附會羅織這些難以查明的事，只根據一面之辭，就行定罪，無益於國家的法治之道。用亂倫的惡行誣衊皇族，披露宣揚於天下，這絕對不是隱諱皇族過失，增加朝廷的光彩，宣揚聖德教化的辦法。臣愚以為，劉立年少，而姑母是與父同胞的長輩，兩人年齡不相當。再說，以梁國的富裕，足以用厚禮選聘美女，羅致絕色美人，而與父同胞的劉園子，也自有恥辱之心。調查的人本來是查問惡言的事，為什麼當事人自己親口說出亂倫事！從這三個方面推測，通姦的事，不合人情，因此臣懷疑供詞是在逼迫的情況下，一時驚恐失言，調查人員抓住追究不放，所說不能回轉。此案尚在萌芽之時，陛下施恩不加追究，這是上策。既然已經立案調查，應該乘劉立拒絕承認，下詔給廷尉，另選道德高尚、通情達理的官吏，重新審理明白，證明事出無據，肯定初審的失誤。命令將調查無罪的事實材料交付有關官吏，以廣布皇族親附的美德，替宗室洗刷被誣衊的汙穢淫亂的恥辱，深得處理親情的大義。」皇上於是就將此案擱置不辦。

這一年，任命司隸校尉蜀郡人何武為京兆尹。何武任官，奉公守法，能引進良善的人，斥退邪惡的人，他在任時，雖沒有顯赫的功勞和名聲，但離開後，常常被人們懷念。

元延元年（己酉　西元前一二年）

春，正月己亥朔❶，日有食之。○壬戌❷，王商復為大司馬、衛將軍。

三月，上行幸雍，祠五畤。

夏，四月丁酉❸，無雲而雷❹，有流星從日下東南行，四面燿燿如雨，自晡❺及昏❻而止。○赦天下。

秋，七月，有星孛于東井。

上以災變，博謀羣臣。北地太守谷永對曰：「王者躬行道德，承順天地，則五徵⑦時序，百姓壽考，符瑞並降。失道妄行，逆天暴物⑧，則咎徵著郵⑨，妖孽⑩並見，饑饉荐臻⑪。終不改寤，惡洽變備⑫，不復譴告，更命有德⑬。此天地之常經，百王之所同也。加以功德有厚薄，期質有脩短⑭，時世有中季，天道有盛衰。陛下承八世⑮之功業，當陽數之標季⑯，涉三七之節紀⑰，遭無妄之卦運⑱，直百六之災阸⑲，三難⑳異科，雜焉同會。建始元年以來，二十載間，羣災大異，交錯鋒起，多於春秋所書㉑。內㉒則為深宮後庭，將有驕臣㉓悍妾㉔、醉酒狂悖卒起之敗，北宮苑囿街巷之中、臣妾之家㉕幽閒之處，徵舒、崔杼之亂㉖；外則為諸夏下土㉗，將有樊並、蘇令㉘、陳勝、項梁㉙奮臂之禍㉚。安危之分界，宗廟之至憂，臣永所以破膽寒心，豫言之累年。下有其萌，然後變見於上㉛，可不致慎！禍起細微，姦生所易㉜，願陛下正君臣之義，無復與羣小媟黷㉝燕[1]飲。勤三綱㉞之嚴㉟，修後宮之政㊱，抑遠驕妒之寵㊲，崇近婉順之行㊳。朝覲㊴法駕㊵而後出，陳兵清道㊶而後行，無復輕身獨出，飲食臣妾之家。三者既除㊷，內亂之路塞矣。諸夏舉兵，萌㊸在民饑饉而吏不恤㊹，興於百姓困而賦斂重，發於下怨離而上不知。傳曰：『飢而不損，茲謂泰，厥咎亡。』㊺比年㊻郡國傷於水災，禾麥不收，宜損常稅㊼之時，而有司奏請加賦，甚繆經義，逆於民心，市怨趨禍㊽之道也。臣願陛下勿許加賦之奏，益減奢泰之費㊾，流恩廣施，振贍㊿困乏，敕勸耕桑，以慰綏(51)元元(52)之心，諸夏之亂庶幾可息！」

中壘校尉(53)劉向上書曰：「臣聞帝舜戒伯禹『毋若丹朱敖(54)[2]』，周公戒成王『毋若殷王紂(55)』，聖帝明王常以敗亂自戒，不諱廢興，故臣敢極陳其愚，唯陛下留神察焉！

「謹按春秋二百四十二年，日食三十六，今連三年比食(56)，自建始以來，二十歲間而八食，率(57)二歲六月而一發，古今罕有。異有小大希稠(58)，占有舒疾緩急(59)，觀秦、漢之易世，覽惠、昭之無後，察昌邑之不終，視孝宣之紹起，皆有變異著於漢紀(60)。天之去就，豈不昭昭然哉！臣幸得託末屬(61)，誠見陛下寬明之德，冀銷大異(62)而興高宗、成王之聲(63)，以崇(64)劉氏，故懇懇數奸(65)死亡之誅！天文難以相曉，臣雖圖上，猶須口說，然後可知，願賜清燕之閒(66)，指圖陳狀(67)！」

上輒入之(68)，然終不能用也。

紅陽侯立舉陳咸方正，對策，拜為光祿大夫、給事中(69)。丞相方進復奏「咸前為九卿，坐為貪邪免，不當蒙方正舉，備內朝臣[70]」，并劾紅陽侯立選舉故不以實。有詔免咸，勿劾立[71]。

十二月乙未[72]，王商為大將軍。辛亥[73]，商薨，其弟紅陽侯立次當輔政。先是立使客因南郡太守李尚占墾草田[74]數百頃，上書以入縣官，貴取其直一萬萬[75] [3] 以上，丞相司直孫寶發之[76]，上由是廢立，而用其弟光祿勳、曲陽侯根。庚申[77]，以根為大司馬、驃騎將軍[78]。

特進、安昌侯張禹[79]請平陵肥牛亭[80]地，曲陽侯根爭，以為此地當平陵寢廟，衣冠所出游道[81]，宜更賜禹它地。上不從，卒以賜禹。根由是害禹寵[82]，數毀惡之。天子愈益敬厚禹，每病，輒以起居聞[83]，車駕自臨問之。上親拜禹牀下，禹頓首謝恩。禹小子未有官，禹數視其小子，上即禹牀下拜為黃門郎、給事中。禹雖家居，以特進為天子師，國家每有大政，必與定議。

時吏民多上書言災異之應，譏切王氏專政所致，上意頗然之，未有以明見[84]。乃車駕至禹弟[85]，辟左右[86]，親問禹以天變，因用吏民所言王氏事示禹。禹自見年老，子孫弱，又與曲陽侯不平，恐為所怨，則謂上曰：「春秋日食、地震，或為諸侯相殺，夷狄侵中國。災變之意，深遠難見，故聖人罕言命[87]，不語怪神，性與天道[88]。自子貢之屬不得聞，何況淺見鄙儒之所言？陛下宜修政事，以善應之，與下同其福喜，此經義意也。新學小生，亂道誤人，宜無信用，以經術斷之！」上雅信愛禹[89]，由此不疑王氏。後曲陽侯根及諸王子弟聞知禹言，皆喜說，遂親就禹。

故槐里令朱雲[90]上書求見，公卿在前，雲曰：「今朝廷大臣，上不能匡主，下無以益民，皆尸位素餐[91]，孔子所謂『鄙夫不可與事君，苟患失之，亡所不至』[92]者也！臣願賜尚方斬馬劍[93]，斷佞臣[94]一人頭以厲[95]其餘！」上問：「誰也？」對曰：「安昌侯張禹！」上大怒曰：「小臣居下訕上[96]，廷辱師傅，罪死不赦！」御史將雲下，雲攀殿檻[97]，檻折。雲呼曰：「臣得下從龍逄、比干[98]遊於地下，足矣！未知聖朝何如耳！」御史遂將雲去。於是左將軍辛慶忌免冠，解印綬[99]，叩頭殿下曰：「此臣素著狂直[100]於世，使其言是，不可誅，其言非，固當容之。臣敢以死爭！」慶忌叩頭流血，上意解，然後得已。及後當治檻，上曰：「勿易[101]，因而輯之[102]，以旌直臣[103]！」

匈奴搜諧單于[104]將入朝，未入塞，病死。弟且莫車[105]立，為車牙若鞮單于[106]，以囊知牙斯為左賢王。

北地都尉張放到官數月，復徵入侍中。太后與上書曰：「前所道(107)尚未效(108)，富平侯反復來，其能默虖！」上謝曰：「請今奉詔！」上於是出放為天水屬國都尉(109)，引少府許商、光祿勳師丹為光祿大夫，班伯為水衡都尉，並侍中，皆秩中二千石。每朝東宮，常從，及大政，俱使諭指於公卿。上亦稍厭游宴，復脩經書之業，太后甚悅。

是歲，左將軍辛慶忌卒。慶忌為國虎臣(110)，遭世承平，匈奴、西域親附，敬其威信。

【章旨】以上為第二段，寫漢成帝元延元年（西元前一二年）仍依賴外戚王氏專政，災異不斷，大臣谷永、劉向、朱雲等人，不斷的交章上書，希望成帝有一番作為，成帝依然故我，不採納善言。

【注釋】❶己亥朔　正月初一日。❷壬戌　正月二十四日。❸丁酉　四月初一日。❹無雲而雷　天上無雲打響雷。古人解釋為人君不關心百姓，百姓怨望，上天示警。❺晡　午後申時，即下午三點到五點。❻昏　黃昏。四月的昏時，約在下午六、七點。❼五徵　胡三省注認為是：雨、晴、冷、熱、風。❽逆天暴物　違背天意，糟蹋萬物。❾咎徵著郵　災禍的徵兆顯示人君有過。咎，災禍。郵，通「尤」。❿妖孽　草木成怪謂之妖，蟲豸成怪謂之孽。⓫饑饉荐臻　大饑荒跟隨妖孽到來。⓬惡洽變備　罪惡無邊，災變萬端，即惡貫滿盈。⓭更命有德　天命轉移，另尋有德之君。⓮期質有脩短　天資有高低。⓯八世　指高、惠、文、景、武、昭、宣、元八代帝王。⓰當陽數之標季　正當陽九的末世。按星象家的說法，運當陽九，災難重重。標季，末世。⓱涉三七之節紀　步入二百一十年的劫數。三七相乘二十一，象徵二百一十年，這也是一個所謂的劫數週期。成帝元延元年已是漢王朝建立後的一百九十五年，已向此劫數靠近。⓲遭無妄之卦運　碰到《易經・无妄卦》所說的命運。無妄，指無望、沒有前途。⓳直百六之災阸　正當百六之期的災難。直，當。⓴三難　指日蝕、地震、暴雨。㉑書　記載。

(22)內　宮內。(23)驕臣　驕悍的官，暗指淳于長等人。(24)悍妾　兇妒的后妃，暗指趙皇后、趙昭儀姐妹。(25)臣妾之家　姬妾之家。(26)徵舒崔杼之亂　指春秋時發生的兩起國君淫亂喪生的事件。陳國大夫夏徵舒之母美而寡居，陳靈公與之私通，常在夏家歡聚淫亂，西元前五九九年陳靈公被夏徵舒射死。崔杼，齊國大夫，齊莊公與崔杼之妻通姦，於西元前五四八年被崔杼殺死。(27)諸夏下土　指華夏民族所居之地，即全國，這裡是說朝廷之外的民間。(28)樊並蘇令　成帝三年的暴動首領。(29)陳勝項梁　秦末起兵反秦將領。(30)奮臂之禍　奮臂一呼引起的禍難。指首倡起義。(31)下有其萌二句　人間出現災禍的苗頭，上天才顯現災異示警。(32)易　輕易；容易。(33)媟黷　猥褻淫亂。(34)三綱　即謂君為臣綱、父為子綱、夫為妻綱。(35)嚴　嚴守三綱之義。(36)修後宮之政　建立後宮的秩序。(37)抑遠驕妒之寵　限制、疏遠恃寵驕悍嫉妒的嬪妃。(38)崇近婉順之行　親近尊重性情溫和行為端正的嬪妃。(39)朝覲　朝見皇太后。(40)法駕　皇帝出行時的儀仗隊，由京兆尹、執金吾為先導，有屬車四十六乘。(41)陳兵清道　布兵戒嚴。(42)三者既除　改正私自出遊、酗酒、好色這三種惡習。(43)萌　苗頭；起因。(44)吏不恤　官吏不加體恤。(45)傳曰四句　語出京房《易傳》，意謂人民饑荒而稅賦不減損，卻說天下太平，這災禍的結果就是滅亡。(46)比年　近年；連年。(47)損常稅　減免常規的賦稅。(48)市怨趨禍　購買怨恨，招致災禍。(49)益減奢泰之費　更要減少奢華享受所需的費用。(50)振贍　救濟。(51)慰綏　安慰。(52)元元　黎民。(53)中壘校尉　武官名，禁軍八校尉之首，掌北軍壘門之內，比二千石。(54)毋若丹朱敖　語出《尚書·益稷》，為舜誡禹之言。丹朱，帝堯之子。敖，通「傲」。傲慢。(55)毋若殷王紂　周公誡成王之語，見《尚書·無逸》。意為不要像殷紂王那樣迷亂。(56)三年比食　連續三年發生日蝕。(57)率　大致。(58)異有小大希稠　變異有小有大，有疏有密。希，通「稀」。(59)占有舒疾緩急　占卜顯示有輕有重，有慢有急。(60)著於漢紀　記載在漢朝歷史上。(61)末屬　疏族；支脈。(62)覬銷大異　希望消除特大災異，暗示避免亡國。(63)興高宗成王之聲　高宗，殷王武丁。祭祀成湯時，有雉登鼎耳鳴叫，高宗懼而修德，殷復興。成王，周成王。輔佐周成王的周公死後，暴風使禾苗倒伏，大樹拔起，周成王懼而祭周公，天下雨，風回頭，倒伏的禾苗恢復。「興高宗成王之聲」即謂此。(64)崇　提高。(65)奸　通「干」。冒犯。(66)清燕之閒　閒暇時間。燕，通「宴」。(67)指圖陳狀　劉向上奏時，附有星孛東井的天體圖以及岷山崩的地位圖。(68)上輒入之　成帝立即召劉向入宮。(69)給事中　加官，侍從皇帝。(70)備內朝臣　充任中朝官。(71)勿劾立　不追究王立。漢制，舉薦不實，舉者連坐。(72)乙未　十二月初二日。(73)辛亥　十二月十八日。(74)墾草田　已被開墾的耕地。草田，荒地。少府管的山林陂澤，曾讓貧民耕種，稱墾草田。王立仗勢侵佔百姓數百頃墾草田。百畝為一頃。(75)賁取其直一萬萬　王立將強奪來的墾草田上書交給國家，卻乘機高價收取一億的價款。(76)孫寶發之　孫寶揭發了這件事。(77)庚申　十二月二十七日。(78)大司馬驃騎將軍　驃騎將軍位次大將軍，加大司馬之號，即為執政大臣，實權在丞相之上。大將軍不常置，即以驃騎將軍或車騎將軍的名義委為執政大臣。(79)張禹　字子文，本河內軹（今河南濟源）人，至其父時，徙家蓮勺（今陝西渭南市北），河平四年繼王商為丞相，鴻嘉元年致仕後加位特進。曾為成帝師，授《論語》，甚見親信。傳見《漢書》卷八十一。(80)肥牛亭　昭帝陵邑平陵縣所屬亭名，正當平陵寢廟前，張禹請求將肥牛亭作為他的葬地。(81)衣冠所出游道　漢制，將死去皇帝生前的衣帽陳列在寢廟，每月將衣帽捧出在靈前祭祀，稱為「游衣冠」。肥牛亭正當遊昭帝衣冠的路上。(82)害禹寵　憎惡張禹深受帝寵。(83)起居聞　成帝親自過問張禹的飲食起居。(84)明見　明顯的證據。見，通「現」。(85)弟　通「第」。宅第。(86)辟左右　讓左右從人迴避。辟，通「避」。(87)聖人罕言命　聖人，指孔子。《論語・子罕》：「子罕言利，與命與仁。」《論語・述而》：「子不語怪、力、亂、神。」(88)性與天道　這裡化用子貢之言。《論語・公冶長》：「子貢曰：夫子之文章，可得而聞也；夫子之言性與天道，不可得而聞也。」(89)上雅信愛禹　成帝非常寵信張禹。(90)朱雲　字游，曲阜（今山東曲阜）人，西漢著名直臣。元帝時曾為槐里（今陝西興平）令，因彈劾權奸石顯被罷官，所以稱「故槐里令」。傳見《漢書》卷六十七。(91)尸位素餐　空居其位，白吃閒飯。尸位，典出《尚書・五子之歌》：「太康尸位。」尸，古代祭祀時以人裝扮的神主。素餐，白吃閒飯。典出《詩經・伐檀》：「彼君子兮，不素餐兮。」素，空；白白地。(92)孔子所謂三句　這裡化用《論語・陽貨》孔子之言。意為不可與小人同事一君，小人怕失去官位，無所不用其極。(93)尚方斬馬劍　尚方，少府所屬官府名，保管和組織生產皇室所用器物。斬馬劍，形容尚方寶劍鋒利無比。(94)佞臣　奸佞之臣。(95)厲　鞭策。(96)訕上　誹謗在上位的人，即以下犯上。漢律，誹謗大臣犯詆欺罪，死刑。(97)殿檻　殿前欄杆。(98)龍逢比干　龍逢，夏桀時忠臣關龍逢。比干，商紂王時忠臣。兩人均因直諫被昏君殺害。(99)免冠二句　摘下官帽，解下官印和綬帶，表示不顧一切犯顏直諫。(100)素著狂直　一向以性格率直著稱。(101)勿易　不要更換。(102)輯之　修理好欄杆。(103)以旌直臣　用來表彰正直的忠臣。旌，表彰。(104)搜諧單于　即搜諧若鞮單于，名欒提且麋胥，欒提陶莫皋之弟，西元前二〇－前一二年在位。(105)且莫車　且麋胥同父異母弟。呼韓邪單于正宮顓渠閼氏生子二人，長曰且莫車，次曰囊知牙斯。大閼氏生子四子，長曰陶莫皋，次曰且麋胥。大閼氏之子年長於顓渠閼氏之子。呼韓邪單于為求政治穩定，傳長不傳嫡，但遺囑兄終弟及，以便嫡子且莫車繼位，故匈奴陶莫皋繼位之後，連續數世均兄終弟及。事詳本書卷三十成帝建始二年。(106)車牙若鞮單于　即且莫車，西元前一二－前八年在位。(107)前所道　指太后王政君言成帝親近侍中班伯，疏遠張放事。見本書卷三十一成帝永始二年。(108)效　辦理。(109)天水屬國都尉　治勇士縣，在今甘肅榆中東南。屬國都尉，官名。管理歸附的民族事務。天水郡屬國負責安置歸附的羌人。(110)虎臣　如虎之臣。指為國家柱石的武將。

【校　記】①燕　原作「宴」。據章鈺校，十四行本、乙十一行本、孔天胤本皆作「燕」，今據改。②敖　原作「傲」。據章鈺校，十四行本、乙十一行本、孔天胤本皆作「敖」，今據改。③萬萬　原作「億萬」。據章鈺校，十四行本、乙十一行本、孔天胤本皆作「萬萬」，張瑛《通鑑校勘記》同，今據改。

【語　譯】元延元年（己酉　西元前一二年）

春，正月初一日己亥，發生日蝕。○二十四日壬戌，王商被重新起用為大司馬、衛將軍。

三月，皇上巡幸雍邑，祭祀五時。

夏，四月初一日丁酉，天空無雲而有雷聲，有流星從太陽下方向東南方向劃過，光耀四射，如同下雨，從申時到黃昏才停止。○赦免天下。

秋，七月，在東方井宿出現彗星。

皇上因為發生災異，廣泛徵詢臣下意見。北地太守谷永回答說：「君王能夠親身踐行道德，承順天地旨意，那麼下雨、天晴、寒冷、炎熱、颳風五種氣象，就會按時令運轉，人民就能長壽，吉祥符瑞一起降臨。君王如果違背正道，胡作非為，違背天意，糟蹋萬物，那麼災禍的徵兆就顯示人君的過失，妖孽同時出現，大饑荒接連來到。君王如果始終不醒悟，惡貫滿盈，災變叢生，上天就不再警告，另尋有德之君。這是天地行事的正常道理，對歷代的君王是一樣的。加上功德有厚有薄，天資有高有低，所處時代有中期、晚期，形勢有盛有衰。陛下繼承漢家八代的基業，正當陽九的晚期，臨近二百一十年一個週期的劫數，正碰上《易經》上〈无妄〉之卦的命運，又恰逢『百六』的災難，不同的三種災難日蝕、地震、暴雨，混雜著同時到來。自建始元年以來，二十年間，各種大災異，交替發生，比《春秋》記載的還要多。在宮廷之內，將有驕橫的內臣和兇悍的嬪妃、縱酒的狂悖之徒突然帶來的敗亡，在深宮的花園街巷之中，在姬妾之家的幽暗僻靜之處，將會出現夏徵舒與崔杼一樣的變亂；在朝廷之外的廣大國土之上，將會有樊並、蘇令、陳勝、項梁振臂造反那樣的災禍。如今國家處在安全與危亂的分界線上，宗廟社稷面臨最大憂患，這就是臣谷永膽破心寒，連年上書預言的緣故啊！人間有不安的苗頭，上天才用災異示警，怎能不謹慎小心啊！禍亂起於細微，奸邪生於隨意，臣希望陛下端正君臣之間的大義，不要再與那群小人猥褻淫亂，宴飲作樂。嚴格按照三綱的原則，建立後宮的秩序，疏遠限制恃寵驕悍的嬪妃，親近和順、端莊、品德好的美女。皇上出行要有法駕的儀仗護衛，還要警衛戒嚴，不要隨便獨自出宮，飲宴姬妾之家。出遊、酗酒、好色三種惡習去掉了，產生內亂的道路就堵死了。全國各地舉兵造反，發端於民眾飢餓而官吏不加體恤，興起於百姓困苦而賦稅沉重，暴發於民情怨恨而皇上不知。《易傳》說：『人民饑荒而不減損稅賦，反而宣揚國泰民安，其災禍就導致滅亡。』地方郡國連年遭受水災傷害，穀子小麥都沒有收成，應該是減免正常稅額的時候，而主管官員卻上奏增加賦稅，這是很違背經典大義，背離民心，製造怨恨，招致災禍的做法啊。臣希望陛下不要批准增加賦稅的奏請，更要減少奢華享受所需要的費用，廣施恩澤，救濟貧困的民眾，下詔勸勉他們耕田種桑，用來撫慰黎民百姓之心，全國各地的造反或許可以平息！」

中壘校尉劉向上書說：「臣聽說帝舜告誡大禹『不要像帝堯的兒子丹朱那樣驕傲』，周公告誡成王『不要學殷紂王』，聖明的帝王常常把別人的敗亡作為自己的警戒，不忌諱說興亡，所以臣才敢極力陳述愚見，請陛下留心考察！

「臣謹慎考察了《春秋》二百四十二年，記載了日蝕三十六次，現今連續三年發生日蝕，自建始以來，二十年間發生了八次日蝕，大致兩年零六個月就發生一次，這是古今少有的。變異有小有大，有疏有密，占卜顯示有輕有重，有緩有急，看一看秦漢的改朝換代，想一想漢惠帝、昭帝沒有後代，察考昌邑王劉賀被廢太子之位，審視孝宣帝從平民中崛起，都有天象變異記載在漢朝歷史上。上天疏遠誰和親近誰，難道不是明明白白的嗎！臣有幸為皇族的支脈，看到陛下有寬厚的德行，希望能消除變異，而能興起像殷高宗、周成王那樣的聲譽，以提高劉氏的聲望，所以才不斷懇切地冒死上書！天文複雜，難以向陛下說明白，臣雖然繪製了天文圖表，呈獻陛下，但仍需口頭說明，然後才能知曉，希望陛下將閒暇的時間賜給臣，讓臣指著圖表向陛下詳述天文變異的情狀！」皇上立即召見劉向，但終究沒有採納他的建議。

紅陽侯王立舉薦陳咸為方正，通過對策被任命為光祿大夫、給事中。丞相翟方進再次上奏說「陳咸從前位列九卿，因貪贓邪惡而被罷官，不該以方正資格舉薦，充任朝廷侍從大臣」，同時還彈劾紅陽侯王立有意不如實舉薦人才。皇上下詔免去陳咸的官職，不追究王立。

十二月初二日乙未，王商為大將軍。十八日辛亥，王商去世，他的弟弟紅陽侯王立按順序應擔任輔政大臣。從前王立曾派他的門客通過南郡太守李尚佔奪由百姓開墾過的荒田數百頃，然後上書說是新開墾的田，請求政府收購，乘機索取高價一億多，丞相司直孫寶揭發此事，皇上因此廢棄王立，而任用他的弟弟光祿勳、曲陽侯王根。二十七日庚申，任命王根為大司馬、驃騎將軍。

特進、安昌侯張禹請求皇上把平陵肥牛亭的土地賜給他，曲陽侯王根堅決反對，認為這塊地在昭帝陵園附近，是皇帝祭祀衣冠出遊廟園必經之地，應換另一塊地方賜給他。皇上不聽，最終把那塊地賜給了張禹。王根因此很忌恨張禹得寵，多次毀謗張禹。但是皇上卻越發尊敬厚待張禹，張禹每次患病，皇上都要詢問張禹的飲食起居情況，甚至乘車親臨慰問張禹。到張禹床前拜望，張禹磕頭謝恩。張禹的小兒子還沒有官職，張禹頻頻用眼看著小兒子，皇上就在張禹床前任命他小兒子為黃門郎、給事中。張禹雖然住在家裡，但因是特進和天子的老師，所以國家每有大事，皇上都一定要與他商議後才決定。

當時官員和百姓中有許多人上書，諷刺指責王氏專政而招致災異，皇上心裡也很是同意這個看法，但又認為證據不明顯。就坐車到張禹家，摒退身邊的人，親自詢問張禹關於天象變異的原因，同時把官員和百姓所說的有關王氏的事情告訴張禹。張禹知道自己年老，子孫太弱，又和曲陽侯王根關係不好，擔心被他怨恨，就對皇上說：「《春秋》上所記載的日蝕、地震，或是由於諸侯互相攻殺，或是因為夷狄侵犯中國。上天降下災害變異的用意，深遠難明，所以聖人孔子很少談論天命，也不說怪異和鬼神的事，性命與天道的問題。連子貢他們都沒有聽到孔子談論過，更何況那些見識膚淺的儒生所說的話呢？陛下應當勤於政事，以行善來應對天地所顯示的變異，與臣下共享福澤，這才是經術的大義。那些初學小生，擾亂正道，貽誤人們，應該不要相信和任用他們，要按儒學經術來判斷事理！」因為皇上非常寵信張禹，從此不再懷疑王氏。後來曲陽侯王根以及王氏的子弟得知張禹的這番話，都很高興，於是都親近張禹。

原槐里縣令朱雲上書給元帝請求謁見，當著公卿大臣，朱雲說：「如今朝廷大臣，對上不能糾正君王的過失，對下不能有利於人民，都佔著職位白吃飯，是孔子所說的『庸俗小人，不可以讓他侍奉君王，他若是擔心失去祿位，便什麼事都幹得出來』那樣的人！臣希望皇上賜給一口尚方斬馬劍，殺一個奸巧諂媚的人頭來警戒其他的人！」皇上問：「要殺誰呀？」朱雲回答說：「安昌侯張禹！」皇上大怒說：「你這個小小臣子，身居下位而毀謗上級，在朝廷之上侮辱朕的師傅，犯的是死而不赦的大罪！」御史拉朱雲下殿，朱雲抓住殿邊的欄杆，欄杆折斷了。朱雲呼喊著說：「小臣能到地下去和龍逢、比干交朋友，心滿意足啦！只是不知道聖明的朝廷將會怎麼樣！」御史便把朱雲押了出去。當時左將軍辛慶忌脫掉官帽，解下了官印和綬帶，在大殿之下叩首說：「這個小臣一向以任性直率聞名當世，假如他說得對，就不可殺，假如他說得不對，本也該寬容他。我膽敢以死諫諍！」辛慶忌磕頭流血，皇上的怒氣消除了，然後這事才算罷休。等到後來該修理欄杆了，皇上說：「別換新的，在原有的基礎上加以修補，用以表彰直臣！」

匈奴搜諧單于即將入朝，沒有進入邊塞，就病死了。他的弟弟且莫車繼立，即為車牙若鞮單于，任命囊知牙斯為左賢王。

北地都尉張放上任幾個月，又被徵召入朝當侍中。皇太后給皇上寫信說：「前次我說的事，你還未辦，富平侯張放反倒回了京師，我還能沉默嗎！」皇上謝罪說：「請讓我立即奉詔去辦！」於是皇上外任張放為天水屬國都尉，引入少府許商、光祿勳師丹為光祿大夫，班伯為水衡都尉，仍兼侍中，都是官俸中二千石。每次朝見太后，常讓他們隨從，遇有國家大事，就讓他們給公卿傳諭旨意。皇上也逐漸厭倦遊樂飲宴，重新研習儒家經書，太后非常高興。

這一年，左將軍辛慶忌去世。辛慶忌是國家的武臣虎將，遇上天下太平無事，匈奴、西域親附漢朝，敬服辛慶忌的威信。

二年（庚戌 西元前一一年）

春，正月，上行幸甘泉，郊泰畤。三月，行幸河東，祠后土。既祭，行遊龍門❶，登歷觀❷，陟西岳❸而歸。

夏，四月，立廣陵孝王子守為王。

初，烏孫小昆彌❹安日❺為降民所殺，諸翖侯❻大亂，詔徵故金城太守段會宗❼為左曹、中郎將、光祿大夫❽，使安輯烏孫。立安日弟末振將為小昆彌，定其國而還。時大昆彌雌栗靡❾勇健，末振將恐為所并，使貴人烏日領詐降，刺殺雌栗靡。漢欲以兵討之而未能，遣中郎將段會宗立公主孫伊秩靡❿為大昆彌。久之，大昆彌、翖侯難栖殺末振將，安日子安犂靡代為小昆彌。漢恨不自誅末振將，復遣段會宗發戊己校尉⓫諸國兵，即誅末振將太子番丘⓬。會宗恐大兵入烏孫，驚番丘，亡逃不可得，即留所發兵墊婁地，選精兵三十弩⓭徑至昆彌所在，召番丘，責以末振將之罪，即手劍擊殺番丘。官屬以下驚恐，馳歸。小昆彌安犂靡勒兵數千騎圍會宗，會宗為言來誅之意：「今圍守殺我，如取漢牛一毛⓮耳。宛王、郅支頭縣槀街⓯，烏孫所知也。」昆彌以下服，曰：「末振將負漢，誅其子可也，獨不可告我，令飲食之⓰邪？」會宗曰：「豫告昆彌⓱，逃匿之，為大罪。即飲食以付我，傷骨肉恩⑱。故不先告。」昆彌以下號泣罷去。會宗還，奏事，天子賜會宗爵關內侯、黃金百斤。會宗以難栖殺末振將，奏以為堅守都尉⑲。責大祿、大監⑳以雌栗靡見殺狀，奪金印、紫綬，更與銅、墨云。末振將弟卑爰疐本共謀殺大昆彌，將眾八萬餘口[1]北附康居，謀欲借兵兼并兩昆彌，漢復遣會宗與都護孫建并力以備之。

自烏孫分立兩昆彌，漢用憂勞㉑，且無寧歲。時康居復遣子侍漢，貢獻，都護郭舜㉒上言：「本匈奴盛時，非以兼有烏孫、康居故也，及其稱臣妾，非以失二國也。漢雖皆受其質子，然三國㉓內相輸遺㉔，交通如故，亦相候司，見便則發㉕。合不能相親信，離不能相臣役㉖。以今言之，結配烏孫，竟未有益，反為中國生事。然烏孫既結在前，今與匈奴俱稱臣，義不可距。而康居驕黠㉗，訖不肯拜使者，都護吏至其國，坐之烏孫諸使下，王及貴人先飲食已，乃飲啗㉘都護吏，故為無所省以夸旁國㉙。以此度之，何故遣子入侍？其欲賈市㉚，為好辭之詐㉛也。匈奴，百蠻大國，今事漢甚備，聞康居不拜，且使單于有悔自卑之意。宜歸其侍子，絕勿[2]復使㉜，以章漢家不通無禮之國！」漢為其新通，重致遠人，終羈縻不絕。

【章　旨】以上為第三段，寫段會宗三次出使西域，安定了烏孫，影響所及，康居也派質子向漢朝進貢。於是，匈奴、烏孫、康居三大強國歸附漢朝，西域穩定。

【注　釋】❶龍門　指龍門山禹門津。龍門山主峰在今山西河津北，山南禹門津為晉陝交通咽喉。❷歷觀　歷山上的道觀。歷山在今山西永濟南。❸陟西岳　登臨華山。陟，登山。西岳，即華山，在今陝西華陰。❹烏孫小昆彌　宣帝甘露元年，遣使立元貴靡為烏孫大昆彌，烏就屠為小昆彌。元貴靡與烏就屠為兄弟，均係烏孫昆彌翁歸靡之子。元貴靡為漢解憂公主所生，烏就屠為胡婦所生。❺安日　小昆彌烏就屠之孫。安日叔父日貳殺安日父拊離，叛逃康居。安日遣刺客殺日貳，擁護日貳的叛民歸降安日，安日為其降民所殺。❻翖侯　烏孫大臣、將軍之號。❼段會宗　字子松，天水郡上邽縣（今甘肅天水市西南）人。兩度為西域都護。又曾為金城太守，因病免。傳見《漢書》卷七十。❽左曹中郎將光祿大夫　段會宗是漢朝安撫西域的名將，烏孫亂，再次起用他，加此三個頭銜以示身分尊重。左曹，為加官，與右曹合稱諸曹，秩二千石，每日朝謁，典掌樞機。❾雌栗靡　大昆彌元貴靡之孫，星靡之子。❿公主孫伊秩靡　公主，指解憂公主，漢楚王劉戊之孫，史稱楚主解憂公主。伊秩靡，雌栗靡之叔父，解憂公主之孫。⓫戊己校尉　武官名，執掌屯田西域車師的武官，隸屬西域都護。⓬番丘　末振將太子，與安犂靡為從兄弟。⓭三十弩　三十人，人持一弩。⓮漢牛一毛　同「九牛一毛」之意，喻細微。司馬遷〈報任安書〉：「假令僕伏法受誅，若九牛亡一毛，與螻蟻何異。」段會宗以此喻其身細微。⓯稾街　長安城中街道名，為少數民族聚居區，外國使館也多在這條街上。大宛王毋寡於武帝太初三年被誅，匈奴郅支單于於元帝建始三年被誅，均曾懸首稾街。⓰令飲食之　指在殺番丘前賜之飲食，與番丘餞行。⓱豫告昆彌　指將誅殺番丘事先告訴安犂靡。豫，通「預」。⓲即飲食以付我二句　如果允許安犂靡為番丘餞行，豈不有傷骨肉之情。這些都是段會宗為自己突擊殺番丘編造的理由，因為不採取突擊手段，番丘難以伏法。⓳堅守都尉　難栖為大昆彌之翖侯，因其殺末振將之功，授予此職。堅守，意為能堅守臣節。⓴大祿大監　烏孫國丞相、監察大臣之號。㉑漢用憂勞　漢朝因烏孫兩昆彌內亂而憂慮辛勞。㉒郭舜　人名，時任西域都護。㉓三國　指匈奴、烏孫、康居。㉔內相輸遺　指三國之間互相通使交易。㉕見便則發　有機會便發起攻擊。㉖合不能相親信二句　三國友好時也互不信任，交惡時誰也征服不了誰。㉗驕黠　既傲慢又猾頭。㉘飲啗　喝酒吃飯。㉙故為無所省以夸旁國　指康居故意怠慢漢使，藉以向鄰國誇耀。㉚賈市　做生意。㉛好辭之詐　康居遣子入漢，遞交甜言蜜語的國書，是欺詐之術。㉜絕勿復使　斷絕外交，漢朝不派使臣往康居。

【校 記】①餘口 原無此二字。據章鈺校，十四行本、乙十一行本、孔天胤本皆有此二字，張敦仁《通鑑刊本識誤》、張瑛《通鑑校勘記》同，今據補。②勿 原作「不」。據章鈺校，十四行本、乙十一行本、孔天胤本皆作「勿」，今據改。

【語 譯】二年（庚戌 西元前一一年）

春，正月，皇上巡幸甘泉宮，祭祀天帝泰一神。三月，巡幸河東，祭祀后土。祭祀完畢，皇上出遊龍門，登上歷山的道觀，又登上了華山，然後回京城。

夏，四月，冊立廣陵孝王的兒子劉守為王。

當初，烏孫國王小昆彌安日被投降烏孫的人所殺，各翖侯大亂，成帝下詔徵召前任金城太守段會宗為左曹、中郎將、光祿大夫，派他安撫烏孫。段會宗扶立安日的弟弟末振將為小昆彌，安定了烏孫國之後返回京師。當時大昆彌雌栗靡勇猛矯健，末振將害怕被他吞併，就派遣貴人烏日領偽裝投降，乘機刺殺了雌栗靡。漢朝想派兵征伐末振將，感到力量不足，就派中郎將段會宗前去扶立解憂公主的孫子伊秩靡為大昆彌。過了很久，大昆彌與翖侯難栖殺掉了末振將，安日的兒子安犂靡代替末振將為小昆彌。漢朝悔恨沒有親自殺掉末振將，再一次派遣段會宗調發戊己校尉所轄諸國的士兵，就地誅殺了末振將的太子番丘。段會宗擔心大軍進入烏孫，會驚動番丘，番丘逃跑不能抓獲，因此就讓大軍留駐在墊婁，挑選三十名精良的弓弩手，直入昆彌的住地，召見番丘，追究末振將的罪行，當場親手舉劍擊殺番丘。番丘手下的官屬驚恐逃走。小昆彌安犂靡率領數千名騎兵包圍了段會宗，段會宗向他們講明前來誅殺番丘的意圖說：「現在你們包圍了我們，殺了我，對於漢朝的損失，不過是拔了牛身上的一根毫毛。從前的大宛國王、郅支單于的人頭懸掛在長安槀街上，想必你們烏孫都是知道的。」昆彌以下表示服從，說：「末振將背負漢朝，可以殺他的兒子，難道不能先通報我們，好讓我們為他送些飲食餞行嗎？」段會宗說：「如果預先告訴你小昆彌，讓番丘逃跑隱藏，那就要犯大罪。假使讓你為他餞行後，再交由我們處置，那會傷害你們骨肉恩情。所以不事先告訴你。」小昆彌以下放聲大哭後撤兵而去。段會宗返回後，奏報朝廷，皇上賜他關內侯爵位，黃金百斤。段會宗因難栖殺末振將有功，奏請任命他為堅守都尉。又追究烏孫的大祿、大監沒有盡到保護大昆彌雌栗靡的責任，於是收回原在宣帝時賜給他們的金印、紫綬，改給他們銅印、墨綬。末振將的弟弟卑爰疐，本是共同謀殺大昆彌的主犯，他率領八萬多名部眾往北依附康居國，圖謀借用康居兵力兼併兩昆彌，漢朝又派遣段會宗和都護孫建合力防備他。

自從烏孫分為兩個昆彌以來，漢朝因而憂慮和辛勞，而且沒有一年能得安寧。這時，康居國恢復派遣王子入侍漢朝皇帝，並進貢財物，都尉郭舜上書說：「當初匈奴強盛時，並不是因為兼併了烏孫、康居兩國，等到匈奴稱臣歸順漢朝時，也不是因為失去了這兩國。漢朝儘管接受了這三個國家的質子，而三國之間仍相互貿易贈送，交往與以前一樣，同時也相互偵察，窺伺時機，得到機會就發動攻擊。三國友好時互不相信，交惡時誰也征服不了誰。就現在的狀況來說，與烏孫締結姻緣，不但沒有得到什麼好處，反而給中國惹事生非。但烏孫與漢朝早已結好，現在和匈奴一起又都稱臣歸順，按禮義不能拒絕。而康居卻傲慢狡猾，至今仍不肯叩拜漢朝使者，都護官員到康居國，座位被排在烏孫各國使者後面，吃飯時，國王和貴人先飲食完畢，才讓都護官員飲食，故意不把都護官員放在眼裡，以此向鄰國誇耀。由此推測，康居現在為什麼要遣子入侍漢朝呢？其目的是想同中國做生意而已，他們說一番漂亮話，不過是一場欺騙。匈奴，是百蠻中的大國，如今侍奉漢朝禮儀十分周全，如果知道康居王不拜漢使，將會使匈奴單于產生自卑羞愧的心理。應當遣回康居王子，不派漢使，斷絕外交，用以顯示漢朝不與不懂禮儀的國家交往！」朝廷因康居新近才與漢朝往來，重視招徠遠方民眾，還是維繫著與康居的關係，沒有斷絕交往。

三年（辛亥　西元前一〇年）

春，正月丙寅❶，蜀郡岷山崩❷，壅❸江三日，江水竭。劉向大惡❹之，曰：

「昔周岐山崩，三川竭❺，而幽王亡。岐山者，周所興也。漢家本起於蜀、漢❻，今所起之地，山崩川竭，星孛❼又及攝提❽、大角❾，從參至辰，殆必亡矣！」

二月丙午❿，封淳于長為定陵侯。

三月，上行幸雍，祠五畤。

上將大誇胡人以多禽獸，秋，命右扶風發民入南山⓫，西自褒斜⓬，東至弘農⓭，南敺漢中⓮，張羅罔⓯罝罘⓰，捕熊羆禽獸，載以檻車，輸[1]長楊射熊館⓱，以罔為周阹⓲，縱禽獸其中，令胡人手搏之，自取其獲，上親臨觀焉。

【章旨】以上為第四段，寫成帝元延三年（西元前一〇年），蜀郡發生大山崩，按古時觀念上天發出了嚴重警告，而成帝毫不覺醒，不恤民生，大搞排場，發動數十萬民眾捕獸以取一樂的行為，渾渾噩噩，匪夷所思。

【注釋】❶丙寅　正月初十日。❷岷山崩　此次山崩，據《水經注》載，在岷山天彭闕附近。天彭闕因天彭山而得名，兩山夾江相對如門，又稱天彭門，在今四川都江堰市西岷江灌口山西嶺下。❸壅　堵塞。❹大惡　極為震驚。❺周岐山崩二句　周幽王二年（約西元前八〇年），三川地區大地震，岐山崩，三川枯。岐山，在今陝西岐山縣東北，為周朝發祥之地，故岐山崩象徵西周衰亡。三川，指涇、渭、洛三水。❻漢家本起於蜀漢　指蜀、漢為漢家的發祥地。漢高祖劉邦當初被項羽封為漢王，有巴、蜀、漢中之地，並以此為根據地與項羽相爭而有天下。❼星孛　《漢書・五行志》如淳注：「孛星尾長及攝提大角，始發於參至辰也。」孛星，這裡指彗星，出現於天空，從參至辰，彗尾掃過攝提及大角星空。❽攝提　大角星左右三顆星呈三角形的六顆星，稱攝提星，正當斗柄所指，以建時節。❾大角　星名，即牧夫座α星，為一等星，中國古代占星家稱為天王的帝廷。❿丙午　二月二十日。⓫南山　即終南山，屬秦嶺。⓬褒斜　指褒斜道，南口為褒谷，在今陝西勉縣；北口為斜谷，在今陝西眉縣西南。⓭弘農　郡名，治所弘農，在今河南靈寶北。⓮漢中　郡名，治所南鄭，即今陝西南鄭。⓯罔　同「網」。⓰罝罘　均係捕獸之網。⓱長楊射熊館　長楊，宮名，在今陝西周至東南。射熊館係宮中動物園。⓲周阹　圍障；阻擋禽獸的圍欄。

【校記】①輪　原作「輪之」。據章鈺校，十四行本、乙十一行本、孔天胤本皆無「之」字，今據刪。

【語譯】三年（辛亥　西元前一〇年）

春，正月初十日丙寅，蜀郡的岷山崩塌，堵塞岷江三天，江水枯竭。劉向極為震驚，說：「過去周朝岐山崩塌，涇水、渭水、洛水都枯竭，結果周幽王滅亡。岐山是周朝興起的地方。漢室原本興起於蜀漢，如今興起的地方，山崩川竭，彗星尾巴掃到了攝提、大角星座，又從參星掃到辰星，漢朝恐怕定要滅亡了！」

二月二十日丙午，冊封淳于長為定陵侯。

三月，皇上巡幸雍邑，祭祀五天帝。

皇上要向胡人誇耀園苑中珍禽怪獸眾多，秋，下令右扶風徵發民眾進入終南山，西起褒斜道，東到弘農郡，南達漢中郡，在綿延千里的山巒叢中，布設羅網，捕獵熊羆等禽獸，用檻車運往長楊宮的射熊館，四面設網形成圍障，把禽獸放入裡面，讓胡人赤手空拳與野獸格鬥，誰獲得野獸就歸誰所有，皇上親自到現場觀看。

四年（壬子　西元前九年）

春，正月，上行幸甘泉，郊泰畤。

中山王興❶、定陶王欣❷皆來朝，中山王獨從傅❸，定陶王盡從傅、相、中尉❹。

上怪之，以問定陶王，對曰：「令❺：諸侯王朝，得從其國二千石。傅、相、中尉，皆國二千石，故盡從之。」上令誦詩，通習❻，能說❼。佗日，問中山王：「獨從傅在何法令？」不能對，令誦尚書，又廢❽。及賜食於前，後飽❾，起下❿，韈係解⓫。帝由此以為不能，而賢定陶王⓬，數稱其材。是時諸侯王唯二人於帝為至親⓭，定陶王祖母傅太后隨王來朝，私賂遺趙皇后、昭儀及票騎將軍王根。后、昭儀、根見上無子，亦欲豫自結⓮，為長久計，皆更稱⓯定陶王，勸帝以為嗣。帝亦自美其材，為加元服⓰而遣之，時年十七矣。

三月，上行幸河東，祠后土。○隕石于關東二。

王根薦谷永，徵入⓱，為大司農。永前後所上四十餘事，略相反覆⓲，專攻上身與後宮而已⓳。黨於王氏，上亦知之，不甚親信也。為大司農歲餘，病，滿三月，上不賜告，即時免⓴。數月，卒。

【章　旨】以上為第五段，寫成帝親愛定陶王，以及王氏外戚黨羽谷永之死。

【注　釋】❶中山王興　劉興，成帝幼弟。❷定陶王欣　劉欣，成帝大弟劉康之子。❸獨從傅　只有其師傅相隨。❹盡從傅相中尉　王師、王相及中尉，即全部二千石的高級官員都相隨。❺令　漢律令。❻通習　全部都熟練。❼能說　能解說詩意。❽又廢　又不能背誦。❾後飽　最後一個吃完飯。言其貪吃。❿起下　起身下殿。⓫韈係解　襪帶鬆開。形容其儀容不整。⓬賢定陶王　認為定陶王賢。賢，才德兼備，使動詞。⓭至親　最親；血緣關係最近。中山王劉興親弟，定陶王劉欣親姪。

⓮豫自結 預先替自己打算而結交定陶王。⓯更稱 輪番稱讚；交口稱譽。⓰加元服 加冠。元服，冠。此指成帝特為定陶王劉欣舉辦成人禮，表示特殊恩寵，有過繼為子之意。古時加冠禮，應由父親為兒子舉辦。⓱徵入 徵召谷永入京。時谷永為北地太守。⓲略相反覆 內容大致相同。反覆，翻來倒去，即老生常談。⓳專攻上身與後宮而已 指谷永上奏，只是批評成帝本人以及後宮嬪妃，而絕口不談外戚王氏專權的事。⓴上不賜告二句 漢制，公卿百官病假滿百日，即自動免職。病假至三月，皇帝恩准續假，稱為賜告。不賜告，即未給延假詔書，自動免職。

【語譯】四年（壬子 西元前九年）

春，正月，皇上巡幸甘泉宮，祭祀太乙天神。

中山王劉興、定陶王劉欣都來京朝見，中山王只讓太傅相隨，定陶王讓太傅、相、中尉全都相隨。皇上覺得奇怪，就問定陶王劉欣，劉欣回答說：「按照法令規定：諸侯王朝見天子，應由諸侯王國裡全體二千石的官員陪同。太傅、相、中尉都是王國裡二千石的官員，所以就讓他們都隨從來了。」皇上命令他背誦《詩經》，他全都熟練背誦，而且還能解說其中義理。另一天，皇上問中山王劉興：「你只要太傅一人陪同，這是根據哪一條法令呢？」劉興答不上來，命令他背誦《尚書》，又背誦不下去。等到皇上賜餐，劉興最後一個吃飽，起身下殿，襪帶子鬆開了。皇上因此認為劉興沒有什麼才能，而認為劉欣賢能，多次稱讚他的才幹。當時在諸侯王中，只有他們兩人是皇上至親，定陶王祖母傅太后，隨定陶王一起來朝見時，暗中賄賂趙皇后、趙昭儀和票騎將軍王根。皇后、昭儀和王根看到皇上無子，也想預先私自和定陶王結交，作為自己的長久打算，因此輪番稱讚定陶王，勸說皇帝立他為嗣。皇帝自己也很欣賞他的才能，親自為他主持加冠禮，然後讓他回國，劉欣當時是十七歲。

三月，皇上巡幸到河東，祭祀后土神。〇兩顆隕石墜落在關東。

王根推薦谷永，谷永受徵召入朝，被任命為大司農。谷永前後上奏四十餘事，內容大致相同，專門抨擊皇上和後宮而已。谷永與王氏外戚結黨，皇上也知道，所以對谷永並不太親近和信任。谷永任大司農一年多後，因病休假，滿三個月，皇上不給他延長病假，立即將他免職。過了幾個月，谷永去世。

綏和元年（癸丑　西元前八年）

春，正月，大赦天下。

上召丞相翟方進、御史大夫孔光、右將軍廉褒、後將軍朱博入禁中，議「中山、定陶王誰宜為嗣者？」方進、根、褒、博皆以為：「定陶王，帝弟之子。禮曰：『昆弟之子，猶子也。為其後者，為之子也❶。』定陶王宜為嗣。」光獨以為：「禮，立嗣以親❷。以尚書盤庚殷之及王為比，兄終弟及❸。中山王，先帝之子，帝親弟，宜為嗣。」上以「中山王不材，又禮，兄弟不得相入廟❹」，不從光議。二月癸丑❺，詔立定陶王欣為皇太子，封中山王舅諫大夫馮參為宜鄉侯，益中山國三萬戶，以慰其意。使執金吾任宏守大鴻臚❻，持節徵定陶王。定陶王謝曰：「臣材質不足以假充❼太子之宮，臣願且得留國邸❽，旦夕奉問起居，俟有聖嗣，歸國守藩。」書奏，天子報聞❾。戊午❿，孔光以議不合意，左遷廷尉，何武為御史大夫。

初，詔求殷後，分散為十餘姓⓫，推求其嫡⓬，不能得。匡衡、梅福皆以為宜封孔子世為湯後⓭，上從之，封孔吉為殷紹嘉侯⓮。三月，與周承休侯⓯皆進爵為公，地各百里。

上行幸雍，祠五時。

初，何武之為廷尉也，建言：「末俗之敝，政事煩多，宰相之材不能及古，而丞相獨兼三公⑯之事，所以久廢而不治也，宜建三公官。」上從之。夏，四月，賜曲陽侯根大司馬印綬⑰，置官屬，罷票騎將軍官。以御史大夫何武為大司空，封氾鄉侯，皆增奉如丞相，以備三公焉。

秋，八月庚戌⑱，中山孝王興薨。

匈奴車牙單于死，弟囊知牙斯立，為烏珠留若鞮單于⑲。烏珠留單于立，以弟樂為左賢王，輿[1]為右賢王，漢遣中郎將夏侯藩、副校尉韓容使匈奴。

或說王根曰：「匈奴有斗入漢地⑳，直㉑張掖郡，生奇材木[2]、箭竿、鷲羽㉒，如得之，於邊甚饒，國家有廣地之實，將軍顯功垂於無窮！」根為上言其利，上直欲從單于求之，為有不得，傷命損威㉓。根即但以上指曉藩㉔，令從藩所說而求之。藩至匈奴，以語次㉕說單于曰：「竊見匈奴斗入漢地，直張掖郡，漢三都尉居塞上，士卒數百人，寒苦，候望㉖久勞，單于宜上書獻此地，直斷割之㉗，省兩都尉士卒數百人，以復天子厚恩，其報必大！」單于曰：「此天子詔語邪，將從使者所求也？」藩曰：「詔指也，然藩亦為單于畫善計耳。」單于曰：「此温偶駼王㉘所居地也，未曉其形狀、所生㉙，請遣使問之。」

藩、容歸漢後，復使匈奴，至則求地。單于曰：「父兄傳五世㉚，漢不求此地，至知獨求，何也？已問温偶駼王，匈奴西邊諸侯作穹廬及車，皆仰此山材木，且先父地，不敢失也。」藩還，遷為[3]太原太守。單于遣使上書，以藩求地狀聞。詔報單于曰[4]：「藩擅稱詔，從單于求地，法當死，更大赦二㉛，今徙藩為濟南太守，不令當匈奴。」

冬，十月甲寅㉜，王根病免。

上以太子既奉大宗後，不得顧私親，十一月，立楚孝王孫景為定陶王㉝，以奉共王後[5]。太子議欲謝㉞，少傅閻崇以為為人後之禮，不得顧私親，不當謝。太傅趙玄以為當謝，太子從之。詔問所以謝狀，尚書劾奏玄，左遷少府，以光祿勳師丹為太傅。

初，太子之幼也，王祖母傅太后躬自養視。及為太子，詔傅太后與太子母[6]丁姬㉟自居定陶國邸，不得相見。頃之，王太后欲令傅太后、丁姬十日一至太子家，帝曰：「太子承正統，當共養陛下，不得復顧私親。」王太后曰：「太子小而傅太后抱養之，今至太子家，以乳母恩耳，不足有所妨！」於是令傅太后得至太子家，丁姬以不養太子，獨不得。

【章　旨】以上為第六段，寫成帝綏和元年（西元前八年）恢復三公建制，確立太子人選，姪兒定陶王劉欣入承大統。

【注　釋】❶昆弟之子四句　意謂兄弟的兒子，視同自己的兒子。只要做他的後嗣，也就是他的兒子了。語出《儀禮・喪服》：「昆弟之子若子。」《公羊傳》成公十五年：「為人後者，為之子也。」❷立嗣以親　按照宗法制度，選擇繼承人，應以血緣親近為標準。成帝與中山王為兄弟，比與定陶王的叔姪關係更為親近。❸兄終弟及　商代王位兄死後由弟繼承。❹兄弟不得相入廟　按照宗廟禮儀，兄弟牌位不能同時進入祭廟。按照宗廟制度，父為昭，子為穆，兄弟不得為昭穆。❺癸丑　二月初九日。❻使執金吾任宏守大鴻臚　執金吾，九卿之一，執掌京師治安。守，試用，滿歲再實任。這裡是權宜授職，給任宏加「大鴻臚」銜，以便持節徵召定陶王。大鴻臚，九卿之一，執掌諸侯國及四方蠻夷以及禮儀賓贊事務。❼假充　謙詞，不配佔有。❽國邸　指定陶王邸舍。邸，諸侯王設在京師的賓館。❾天子報聞　皇帝回覆知道了。不表示態度，即不准其所請。❿戊午　二月十四日。⓫分散為十餘姓　殷人子姓，後分為宋、孔、華、戴、桓、向、樂等姓。⓬推求其嫡　尋找嫡系子孫。⓭宜封孔子世為湯後　元帝時丞相匡衡首創以孔子世傳的嫡系子孫作為殷湯的後裔封侯，成帝時梅福又提出此議。⓮殷紹嘉侯　成帝封孔子後代孔吉為殷紹嘉侯於沛（今江蘇沛縣）。⓯周承休侯　封周朝的後裔為承休侯，史失其名。⓰三公　漢初承秦制，以丞相、太尉、御史大夫為三公。此以丞相、大司馬、大司空為三公。大司馬相當於太尉，大司空相當於御史。⓱大司馬印綬　漢武帝元狩四年（西元前一一九年），始置大司馬，為大將軍衛青的加銜，只是一種稱號。漢宣帝地節三年（西元前六七年）恢復大司馬，仍為稱號。至成帝以王根為大司馬，加印綬，置官署，始成為實職軍事長官。大司馬的俸祿與丞相同，號萬石，為每月三百五十斛穀。⓲庚戌　八月初九日。⓳烏珠留若鞮單于　車牙單于之弟，西元前一三—前八年在位。⓴斗入漢地　斗，指邊界上的突出部，這裡指匈奴有塊土地楔入中國界內。㉑直　正當。㉒鷲羽　黑雕之羽，可做箭翎。㉓傷命損威　有損詔令，傷害國威。㉔根即但以上指曉藩　王根立即把皇帝的意圖告訴將出使匈奴的夏侯藩。㉕語次　談話中順便提及。㉖候望　偵察瞭望。㉗直斷割之　把邊界取直，將突出部割讓給漢朝。㉘温偶駼王　匈奴王名號。㉙所生　指草木鳥獸。㉚父兄傳五世　呼韓邪單于傳子復株累，復株累傳弟搜諧，搜諧傳弟車牙，車牙傳弟囊知牙斯，是為五世。㉛更大赦二經歷兩次大赦。成帝綏和二年（西元前七年）去世，哀帝即位大赦，接著改元又大赦。夏侯藩兩次出使匈奴求地，匈奴的反應應在兩次大赦後，即哀帝建平元年或二年。㉜甲寅　十月十四日。㉝定陶王　定陶王劉欣已過繼給伯父成帝劉驁為太子，定陶王無後，今立宣帝之子楚孝王劉囂之孫劉景繼任定陶王奉祀劉康香火。㉞謝　上奏向成帝謝恩，因為成帝下詔立劉景為定陶王，使劉康有了奉祀的人，因此劉欣要謝恩，由於劉欣已過繼為成帝太子，與自己生父已脫離關係，不應當謝恩。㉟丁姬　定陶共王劉康之妃，劉欣生母。

【校　記】①興　據章鈺校，十四行本作「興」。②木　原無此字。據章鈺校，十四行本、乙十一行本、孔天胤本皆有此字，今據補。③為　原無此字。據章鈺校，十四行本、乙十一行本、孔天胤本皆有此字，今據補。④曰　原無此字。據章鈺校，十四行本、乙十一行本、孔天胤本皆有此字，今據補。⑤以奉共王後　原無此五字。據章鈺校，十四行本有此五字，乙十一行本、孔天胤本、張敦仁《通鑑刊本識誤》同，「共」作「恭」，今據十四行本補。按，《漢書·宣元六王傳》作「奉共王後」。⑥與太子母　原無此四字。據章鈺校，十四行本、乙十一行本、孔天胤本皆有此四字，張瑛《通鑑校勘記》同，今據補。

【語　譯】綏和元年（癸丑　西元前八年）

春，正月，大赦天下。

皇上宣召丞相翟方進、御史大夫孔光、右將軍廉褒、後將軍朱博進宮，商討「中山王劉興與定陶王劉欣誰合適做繼承人？」翟方進、王根、廉褒、朱博都認為：「定陶王，是皇上弟弟的兒子。《禮記》說：『兄弟的兒子，就如同自己的兒子。只要做了他的後嗣，也就是他的兒子了。』定陶王劉欣適宜立為繼承人。」只有孔光一人認為：「依禮，確立繼承人要選擇血緣關係最親近的人，以《尚書·盤庚》中所記載的殷王的繼承情形來比較，殷法是兄終弟及的。中山王劉興，是先帝的兒子，皇上的親弟弟，應當選他為繼承人。」皇上以「中山王劉興沒有才幹，並且依禮，兄弟的牌位不能同時入祀宗廟」為由，沒有順從孔光的建議。二月初九日癸丑，皇上下詔冊立定陶王劉欣為皇太子，封中山王的舅父、諫大夫馮參為宜鄉侯，又增封中山國采邑三萬戶，以示安慰。派執金吾任宏臨時代理大鴻臚，拿著符節徵召定陶王入京。定陶王推辭說：「以臣的才能資質，不足以充任太子位，臣但願暫留在京師的定陶王官邸，早晚進宮問候皇上起居，等到皇上有了親子，再回去守衛藩國。」奏章呈上，天子回覆說知道了。十四日戊午，孔光因建議不合皇上的心意，被降職為廷尉，任命何武為御史大夫。

當初，皇上下詔訪求殷商的後代，發現殷商子孫分散為十多個姓，尋找嫡系子孫，沒有找到。匡衡、梅福都認為應封孔子的後世子孫為商湯王的後嗣，皇上聽從了，封孔吉為殷紹嘉侯。三月，殷紹嘉侯與周承休侯都進爵位為公爵，封地各周長一百里。

皇上遊幸雍邑，祭祀五天帝。

當初，何武擔任廷尉時，上奏建議：「末世積習的弊端，政事煩多，當今宰相的才能趕不上古人，而丞相一人兼管三公的事務，所以國家事務長時間廢弛，沒有治理好，應設立三公官職。」皇上聽從了何武的建議。夏，四月，賜曲陽侯王根大司馬金印、紫綬，設置辦事機構，免去票騎將軍職務。任命御史大夫何武為大司空，封氾鄉侯，大司馬、大司空的俸祿都增加到和丞相一樣，用以配齊三公。

秋，八月初九日庚戌，中山孝王劉興逝世。

匈奴車牙單于死，弟弟囊知牙斯繼位，即為烏珠留若鞮單于。烏珠留若鞮繼位後，任命弟弟欒提樂為左賢王，欒提輿為右賢王，漢朝派遣中郎將夏侯藩、副校尉韓容出使匈奴。

有人勸告王根說：「匈奴有一塊突出的地方，伸入漢地，正當張掖郡內，它出產奇異木材、箭竿、鷲羽，若能得到此地，漢朝邊郡就更加富饒，國家有開疆拓土之實，將軍也可因功業顯著而名垂千古！」王根對皇上說明獲得這塊地方的好處，皇上想直接從單于那裡求取這塊地方，又怕得不到，有損詔令，傷害國威。王根把皇上的旨意告訴了夏侯藩，指使他以個人意見向單于求地。夏侯藩到達匈奴，在與單于交談中順便勸導單于說：「我看到匈奴有塊突出的土地伸入漢地，在張掖郡內，漢朝三名都尉沿邊駐守，幾百名士兵，天寒人苦，偵察瞭望，時間長，太勞苦，單于應當上書向漢天子獻上這塊土地，取直邊界線，把突出部分割給漢朝，可以使漢朝省去兩名都尉和數百名士卒，以此報答漢天子的厚恩，漢天子的回報必定豐厚！」單于問：「這是天子給你的旨意，還是你自己提出的要求？」夏侯藩說：「是天子的旨意，不過，也是我替單于籌劃的善計。」單于說：「這塊地方是温偶駼王的轄區，不知道地理形勢與物產，請等我派人前去詢問他。」

夏侯藩、韓容歸國後，再次出使匈奴。一到匈奴，就要求割地。單于說：「從呼韓邪單于開始，我們父子兄弟已傳位五代，漢朝未曾求取這塊土地，唯獨到我囊知牙斯繼位才求取，這是為什麼？我已問過温偶駼王，他說匈奴西部各諸侯製作帳幕和車輛，全都依賴此地山上出產的木材。況且它是先父的土地，不敢失去它。」夏侯藩回國，遷為太原太守。單于遣使上書，報告了夏侯藩要求割地的情況。天子下詔回覆單于說：「夏侯藩擅自假稱詔旨，向單于求地，依法應當處死，因為經過兩次大赦，現改任他為濟南太守，不再讓他面對匈奴。」

冬，十月十四日甲寅，王根因病被免職。

皇上因為太子既然入奉為大宗，就不能再顧念自己生父的骨肉親情，十一月，冊封楚孝王的孫子劉景承爵定陶王，以供奉共王劉康香火。太子與左右商議，想上書叩謝，少傅閻崇認為按照為人後嗣之禮，對生父就不能再顧念父子親情，所以不應叩謝。太傅趙玄則認為應當叩謝，太子聽從了太傅趙玄的建議。皇上詔問太子為何叩謝，尚書就此事彈劾趙玄，趙玄被降職為少府，任命光祿勳師丹為太傅。

當初，太子年幼時，由定陶王祖母傅太后親自撫養。等到做了太子，皇上詔令傅太后和太子生母丁姬留住京師定陶國府邸，不許與太子相見。不久，王太后想讓傅太后、丁姬每隔十天到太子家探望一次，皇帝說：「太子已承繼正統，禮應奉養太后，不能再顧念自己的骨肉親人。」王太后說：「太子很小傅太后就抱養他，現在讓她到太子宮看望，不過是乳母之情罷了，不足以有所妨害！」皇上這才同意傅太后到太子家，丁姬因為沒有撫養太子，就沒有讓她去。

衛尉、侍中淳于長有寵於上，大見信用，貴傾公卿，外交諸侯、牧、守，賂遺、賞賜累鉅萬，淫於聲色。許后姊孊為龍雒思侯[1]夫人，寡居，長與孊私通，因取為小妻。許后時居長定宮，因孊賂遺長，欲求復為婕妤❷。長受許后金錢乘輿、服御物前後千餘萬，詐許為白上，立以[1]為左皇后。孊每入長定宮，長[2]輒與孊書，戲侮❸許后，嫚易無不言❹，交通書記，賂遺連年。

時曲陽侯根輔政，久病，數乞骸骨。長以外親❺居九卿位，次第當代根。侍中、騎都尉、光祿大夫王莽心害長寵，私聞其事。莽侍曲陽侯病，因言：「長見將軍久病意喜，自以當代輔政，至對衣冠❻議語署置❼」，具言❽其罪過。根怒曰：「即如是，何不白也！」莽曰：「未知將軍意，故未敢言。」根曰：「趣白東宮❾！」莽求見太后，具言長驕佚，欲代曲陽侯，私與長定貴人姊通，受取其衣物。太后亦怒曰：「兒至如此！往，白之帝！」莽白上，上以太后故，免長官，勿治罪，遣就國。

初，紅陽侯立不得輔政，疑為長毀譖，常怨毒長❿，上知之。及長當就國，立嗣子⓫融從長請車騎⓬，長以珍寶因⓭融重遺立。立因上封事⓮，為長求留曰：「陛下既託文⓯以皇太后故，誠不可更有它計。」於是天子疑焉⓰，下有司按驗⓱。吏捕融，立令融自殺以滅口。上愈疑其有大姦，遂逮長繫洛陽詔獄⓲，窮治⓳。長具服戲侮長定宮，謀立左皇后，罪至大逆，死獄中。妻子當坐者徙合浦⓴，母若歸故郡[21]。上使廷尉孔光持節賜廢后藥，自殺。丞相方進復劾奏「紅陽侯立，狡猾不道，請下獄。」上曰：「紅陽侯，朕之舅，不忍致法，遣就國。」於是方進復奏立黨友後將軍朱博、鉅鹿太守孫閎，皆免官，與故光祿大夫陳咸皆歸故郡[22]。咸自知廢錮，以憂死。

方進智能有餘，兼通文法吏事[23]，以儒雅緣飾法律[24][3]，號為通明相[25]，天子器重之。又善求人主微指[26]，奏事無不當意。方淳于長用事，方進獨與長交，稱薦之。及長坐大逆誅，上以方進大臣，為之隱諱，方進內慚，上疏謝罪[4]乞骸骨。上報曰：「定陵侯長已伏其辜，君雖交通，傳不云乎：『朝過夕改，君子與[27]之』，君何疑焉！其專心壹意，毋怠醫藥，以自持[28]。」方進起視事，復條奏長所厚善京兆尹孫寶、右扶風蕭育、刺史二千石以上，免二十餘人。函谷都尉[29]、建平侯杜業[30]，素與方進不平，方進奏「業受紅陽侯書聽請，不敬」，免，就國。

上以王莽首發大姦，稱其忠直，王根因薦莽自代。丙寅[31]，以莽為大司馬，時年三十八。莽既拔出同列，繼四父[32]而輔政，欲令名譽過前人，遂克己不倦。聘諸賢良以為掾、史，賞賜、邑錢[33]悉以享士[34]，愈為儉約。母病，公卿列侯遣夫人問疾，莽妻迎之，衣不曳地[35]，布蔽膝[36]，見之者以為僮使。問知其夫人，皆驚[5]，其飾名㊲如此。

丞相方進、大司空武奏言：「春秋之義，用貴治賤，不以卑臨尊。刺史位下大夫而臨二千石㊳，輕重不相準㊴。臣請罷刺史，更置州牧以應古制。」十二月，罷刺史，更置州牧，秩二千石。

犍為郡㊵於水濱㊶得古磬十六枚，議者以為嘉祥。劉向因是說上：「宜興辟雍㊷，設庠序㊸，陳禮樂㊹，隆雅頌之聲㊺，盛揖讓之容㊻，以風化天下。如此而不治者，未之有也。或曰㊼：不能具禮㊽。禮以養人㊾為本，如有過差㊿，是過而養人(51)也。刑罰之過或至死傷(52)，今之刑非皋陶之法(53)也，而有司請定法(54)，削則削，筆則筆(55)，救時務也。至於禮樂，則曰不敢，是敢於殺人、不敢於養人也。為其俎豆(56)、管絃(57)之間小不備(58)，因是絕而不為，是去小不備而就大不備(59)，惑莫甚焉！夫教化之比於刑法，刑法輕，是舍所重而急所輕(60)也。教化，所恃以為治也，刑法，所以助治也。今廢所恃而獨立其所助，非所以致太平也。自京師有誖逆不順之子孫，至於陷大辟，受刑戮者不絕，由不習五常之道(61)也。夫承千歲之衰周，繼暴秦之餘敝，民漸漬惡俗，貪饕險詖(62)，不閑(63)義理，不示以大化而獨歐(64)以刑罰，終已不改！」帝以向言下公卿議，丞相、大司空奏請立辟廱，按行長安城南營表(65)，未作而罷。時又有言「孔子布衣，養徒三千人，今天子太學弟子少。」於是增弟子員三千人，歲餘，復如故(66)。

劉向自見得信於上，故常顯訟宗室(67)，譏刺王氏及在位大臣，其言多痛切，發於至誠。上數欲用向為九卿，輒不為王氏居位者及丞相、御史所持(68)，故終不遷，居列大夫官前後三十餘年而卒(69)。後十三歲而王氏代漢。

【章旨】以上為第七段，寫王莽攀附並利用紅陽侯王立，剷除了政治競爭對手淳于長，又沉重地打擊了王立的威信，可以說是打擊政敵，一箭雙雕。王莽長於政治，工於心計，終於奪取了輔政大臣大司馬的職位。

【注釋】❶龍雒思侯　即韓寶，宣帝時將軍韓增之子。封爵龍雒侯，諡曰思。❷欲求復為婕妤　許皇后被廢，因居長定宮，希望重新得到婕妤稱號以恢復自由。婕妤，地位低於皇后的嬪妃稱號。❸戲侮　戲弄、羞辱。❹嫚易無不言　什麼輕薄話都敢說。❺外親　外戚。淳于長為皇太后王政君姐子。❻衣冠　代指士大夫。❼議語署置　封官許願。❽具言　詳說。❾趣白東宮　趕快稟告皇太后。❿怨毒長　痛恨淳于長。⓫嗣子　嫡長子。⓬從長請車騎　向淳于長討要儀仗車騎。因淳于長出京就任封國，官屬儀仗不能帶去，故王融仗勢討取。⓭因　憑藉；通過。⓮上封事　上奏密札，直呈皇帝。⓯託文　寫於詔書的文辭。⓰天子疑焉　成帝知王立素怨淳于長，現又突然為仇人求情，故起疑心。⓱下有司按驗　交主管部門審查。⓲遂逮長繫洛陽詔獄　淳于長封定陵侯，漢定陵縣在今河南舞陽。因淳于長在赴封國途中案發，故直接逮捕囚於洛陽詔獄。⓳窮治　徹底追究。⓴合浦　郡名，郡治在今廣東海康。漢時為重罪流放地之一。㉑母若歸故郡　淳于長母王若，字君俠，王太后姐，回歸故里。王氏故里在漢魏郡元城縣（今河北大名東北）。㉒與故光祿大夫陳咸皆歸故郡　元延元年，光祿大夫陳咸被免職。另據《漢書・翟方進傳》，朱博、孫閎被免官，只陳咸被罷歸故里，疑此句中「與」字、「皆」字衍。㉓文法吏事　文書法令和行政經驗。㉔以儒雅緣飾法律　用儒家學說解釋法律。緣飾，裝飾，引申為解說。㉕號為通明相　被稱為通達明理的丞相。㉖善求人主微指　善於揣摩皇帝的心思。㉗與　讚許。㉘自持　保重。㉙函谷都尉　函谷關所置都尉，掌盤查出入之人。㉚杜業　建平侯杜延年之孫，素不附權貴，與翟方進、淳于長皆不睦，故翟方進藉機將其排斥。傳附《漢書》卷六十。㉛丙寅　十一月辛未朔，無丙寅。丙寅，應為十二月二十六日。㉜四父　指王鳳、王音、王商、王根，四人皆王莽叔伯。㉝邑錢　封邑的收入。㉞享士　供養名士。㉟衣不曳地　衣服長度不拖到地面。㊱布蔽膝　葛布做的外套。布，葛織物。蔽膝，護膝的圍裙。㊲飾名　以偽裝博取名譽。㊳刺史位下大夫而臨二千石　刺史秩六百石，只相當於古時之下大夫，但卻領導著二千石的郡守及王國相等。㊴輕重不相準　上下輕重的關係不相當。㊵犍為郡　郡名，治所僰道，在今四川宜賓。㊶水濱　江岸邊。㊷辟雍　京師太學。辟，明。雍，和。辟雍，取明和天下之義。㊸設庠序　建立郡縣的地方學校。相傳西周時，黨有庠，鄉有序。㊹陳禮樂　宣揚禮樂文化。㊺隆雅頌之聲　興起高雅的音樂。㊻盛揖讓之容　講究謙讓的禮儀。㊼或曰　有人說。㊽不能具禮　治理天下不能只靠禮儀。㊾養人　培養人；教育人。㊿過差　過失、差錯。(51)過而養人　即使教化失誤，也只不過是教育人的效果不顯著而已。(52)刑罰之過或至死傷　刑罰失誤則導致人的死傷。(53)皋陶之法　皋陶，傳說中堯舜時的著名刑獄官。他施行的法律簡樸公正。(54)定法　標準刑法。(55)削則削二句　指隨意改變法律。(56)俎豆　祭祀用的器皿。(57)管絃　指祭樂。(58)小不備　稍稍不周全齊備。(59)大不備　重大的不周全齊備。指禮樂教化缺損。(60)舍所重而急所輕　丟了大的重的，而揀小的輕的。今語有丟了西瓜而揀了芝麻，取捨失當。舍，捨棄。急，重視；致力於。(61)五常之道　五種人人應遵守的道德。五常，仁、義、禮、智、信。(62)貪饕險詖　貪婪奸險。(63)閑　熟習。(64)歐　通「毆」。擊；毆打。(65)按行長安城南營表　巡行長安南郊選址和樹立標記。(66)復如故　恢復原來的太學生一千人的定制。漢武帝初立太學，博士弟子定員五十人，以後不斷擴大，至元帝時定員一千人，到成帝時一度擴大為三千人。(67)顯訟宗室　公開替皇族打抱不平。(68)持　扶持；佐助。(69)卒　去世。劉向歷官諫大夫、中壘校尉、光祿大夫等職，於建平三年（西元前四年）去世。

【校　記】[1]以　原無此字。據章鈺校，十四行本、乙十一行本、孔天胤本皆有此字，今據補。[2]長　原無此字。據章鈺校，孔天胤本有此字，今據補。[3]法律　原無此二字。據章鈺校，十四行本、乙十一行本、孔天胤本皆有此二字，張敦仁《通鑑刊本識誤》同，今據補。[4]謝罪　原無此二字。據章鈺校，十四行本、乙十一行本、孔天胤本皆有此二字，張敦仁《通鑑刊本識誤》、張瑛《通鑑校勘記》同，今據補。[5]皆驚　原無此二字。胡三省注云：「此下依《漢書》有『皆驚』二字，文意乃足。它本皆有此二字。」據章鈺校，十四行本、乙十一行本、孔天胤本皆有此二字，張敦仁《通鑑刊本識誤》同，今據補。

【語譯】衛尉、侍中淳于長受皇上寵愛，大受重用和信任，尊貴壓倒公卿，在宮廷外交結諸侯、州牧、太守，所受賄賂和皇上賜賞，累積億萬之多，且縱情聲色。許皇后的姐姐許孊，原是龍雒思侯韓寶的夫人，守寡在家，淳于長和她私通，而後娶她為妾。許皇后當時住在長定宮，就通過姐姐賄賂淳于長，想請求重做婕妤。淳于長接受了許后送的金錢、車馬、衣物器件等，前後共有千餘萬，假裝答應為她向皇上稟白，立她為左皇后。許孊每次去長定宮，淳于長就讓許孊捎書信給許后，戲弄侮辱許后，輕薄汙穢的話無所不言，交往書信，送禮賄賂，連續了好幾年。

當時曲陽侯王根輔政，因長期生病，多次請求辭職。淳于長以外戚身分位列九卿，按順序應當代替王根輔政。侍中、騎都尉、光祿大夫王莽內心忌恨淳于長受寵，暗中探知他的不少壞事。王莽在侍候曲陽侯王根的病時，乘機說：「淳于長見將軍久病，心裡很高興，自以為應當代替將軍輔政，甚至還對士大夫及貴族子弟封官許願」，王莽詳細述說淳于長的罪過。王根發怒說：「如果有這樣的事，為什麼不早告訴我！」王莽說：「不知將軍心裡的想法，所以不敢告訴您。」王根說：「速去稟告太后！」王莽去求見太后，詳細講述了淳于長驕奢淫侈，想代替曲陽侯輔政，私下與長定貴人的姐姐通姦，接受許后賄賂的衣物。太后也發怒說：「此兒竟敢如此！快去！奏告皇帝！」王莽奏告了皇上，皇上因淳于長是太后姐姐的兒子，只免去淳于長的官職，沒有治他的罪，把他送回定陵侯國。

當初，紅陽侯王立不得輔政，懷疑是淳于長在誹謗誣陷他，時常痛恨淳于長，皇上知道這些情況。等到淳于長將要回到封國去時，王立的嫡長子王融請求淳于長把車騎送給他，淳于長就用珍寶通過王融重賂王立。王立於是上密封奏書，替淳于長求情留在京師，他說：「陛下已在詔書中說了，看在皇太后的分上，真的不可另有別的打算。」由此皇上起了疑心，把事情下達主管部門調查。辦案官員逮捕了王融，王立命令王融自殺來滅口。皇上更加懷疑他有大陰謀，於是逮捕淳于長關押在洛陽詔獄，徹底追究。淳于長招供了戲侮許皇后，謀求立她為左皇后的事，定罪名為「大逆」，死在獄中。受株連的妻子兒子放逐到合浦，淳于長的母親王若遣送回原籍魏郡。皇上派廷尉孔光持節送藥給廢皇后許氏，她自殺了。丞相翟方進又上奏彈劾王立說「紅陽侯王立，狡猾無道，請求逮捕下獄。」皇上說：「紅陽侯王立，是朕的舅舅，不忍心法辦他，送他回封國。」於是翟方進又上奏彈劾王立的黨羽後將軍朱博、鉅鹿太守孫閎，全都罷官，與原光祿大夫陳咸全都回歸故里。陳咸明白自己已被廢棄禁錮，憂憤而死。

翟方進很有智謀和才能，兼通文書法令和官吏行政事務，善於用儒學學說解釋法律，被人稱為通達明理的丞相，天子很器重他。又善於揣摩皇上細微的心思，奏事無不合天子的心意。當淳于長受重用時，翟方進只和淳于長交往，在皇上面前稱讚和推薦他。到淳于長犯大逆罪被殺，皇上因翟方進是朝廷重臣，特意為他掩飾與淳于長的關係，翟方進內心慚愧，就上疏謝罪稱病乞求辭職。皇上回覆說：「定陵侯淳于長已經伏罪，你雖然曾與他有過交往，古書上不是說過：『早上的過失，晚上就改正，君子都會讚許的』，你還有什麼好懷疑呢！還是專心一意，不要耽誤了醫治，保重自己吧。」於是翟方進又出來任職辦事，再次上奏，分條彈劾與淳于長有特別交往的京兆尹孫寶、右扶風蕭育，以及刺史二千石以上的官員，撤職二十餘人。函谷都尉、建平侯杜業，素來與翟方進不和，翟方進上奏說「杜業曾接受紅陽侯書信囑託，犯了不敬之罪」，杜業被罷官，遣回封國。

皇上認為王莽首先揭發淳于長的重大奸惡，稱讚他忠心正直，王根因此保薦王莽代替自己的職務。丙寅日，任命王莽為大司馬，時年三十八歲。王莽已超出同列，繼四位伯父、叔父之後而輔政，他想讓自己的聲譽超越前輩，就竭力克制私欲，自勵不倦。聘用各種賢良人士作為自己的部屬，皇上的賞賜和封邑的收入全部用來供養名士，自己越發儉樸節約。他的母親患病，公卿諸侯都派夫人去探問，王莽的妻子迎接她們，衣服長不拖地，粗布圍裙，看見她的人以為是家裡傭人。詢問後才知是王莽的夫人，都感到驚訝，王莽以偽裝博取名譽就是這個樣子。

丞相翟方進、大司空何武上奏說：「《春秋》上所講的大義，是用尊貴的人去治理卑賤的人，而不是讓卑賤的人淩駕在尊貴的人之上。刺史官位低於大夫，卻要監督二千石的官員，上下輕重的關係不相當。臣請求廢掉刺史，改設州牧，以符合古制。」十二月，下詔廢掉刺史，改設州牧，官秩二千石。

犍為郡在水邊得到十六枚古代石磬，議事的人認為這是吉祥的徵兆。劉向藉此勸說皇上：「應當在京師興建辟雍，在各地設立學堂，陳設禮樂，興起高雅的音樂，大力倡導謙讓的禮儀，用以教化天下。如果這樣，仍治理不好天下，那是從未有過的。有人會說：治理天下，不能只靠禮儀。禮是以培養人為根本，如果禮有些差錯，也只是用失誤的禮儀培養人。如果刑罰有了差錯，有時導致人的死傷。如今的刑法，不是臯陶之法，主管部門制定標準刑法，想刪的就刪，想增的就增，是為了救治時弊。至於禮樂，卻推辭說不敢妄動，豈不是敢於殺人，而不敢於培養人。由於俎豆祭器、管絃樂器，稍稍不齊全，就索性放棄禮樂不作為，這是拋棄了小不齊全而造成了缺乏禮樂教化這樣的大不齊全，沒有比這更糊塗的了。教化與刑法兩者比較，刑法輕，不興教化，就是棄重取輕。教化，是治理國家的依靠，刑法，是治理國家的輔助手段。如今丟了要依靠的東西而去樹立輔助的東西，這不是使天下太平的辦法。從京師起，總有背逆不孝的子孫，甚至不斷有人被判死刑，受刑戮，這都是由於不學習仁、義、禮、智、信五常道德的結果。漢朝承襲了歷經千年而衰弱的周朝，繼承了暴秦留下的積習，民眾逐漸浸染了惡劣風習，貪婪奸險，不明義理，若再不用仁義教化來教導他們，而單靠刑罰來約束他們，那麼，目前這種現狀是無法改變的！」皇帝把劉向的建議交由公卿討論，丞相、大司空奏請設立京師太學，派人在長安城南郊選址，樹立標誌，尚未開工，就又擱置了。當時又有人說「孔子是一位平民，卻有弟子三千人，現在天子太學的弟子太少。」於是又增太學弟子到三千人，一年多以後，又恢復原來的規模。

劉向見自己能得到皇上的信任，所以常常公開替皇族打抱不平，譏諷王氏以及在位大臣，言詞大多深切，發自內心至誠。皇上多次想任用劉向為九卿，每次都得不到身居高位的王氏及丞相、御史大夫的支持，所以劉向始終未能升遷，列位大夫前後三十多年而卒。他死後十三年，王莽取代了漢朝。

【研 析】本卷啟人深思的有以下幾件大事。第一件，永始四年（西元前一三年），梁王劉立違法犯禁，有時一天多達十餘起，是一個惡棍。特別是劉立亂倫，與自己的親姑母兼舅媽的劉園子通姦，醜聞被揭發，谷永上書阻止朝廷調查。谷永用常理推斷，說劉立與劉園子，不僅輩分不同，而且年齡相差太大，不可能有這等事。即使有，也是閨門隱私，為了皇室顏面，也要停止調查。成帝採納了谷永建議，擱置案件，保護了劉立這個惡棍。谷永、劉向、朱雲等許多大臣上奏言得失，成帝均不採納，唯獨這件混淆是非的上奏，成帝偏偏採納了。成帝、谷永，為何要保護梁王劉立呢？主要原因有二。其一，專制制度，法律不平等。「刑不上大夫」有著根深蒂固的影響，更何況是宗室王。其二，成帝生活糜爛，劉立亂倫，是皇室腐朽的外延，成帝不欲深究。谷永是外戚王氏黨羽，上書強調為尊者諱、為親者諱的倫常觀念，成帝自然心領神會而擱置案件了。

第二件，成帝姪兒劉欣入繼大統，立為皇太子，卻讓劉欣生母丁姬、祖母傅太后都要留在封國內，要她們與劉欣割斷關係。宗法制度，無情有理。皇太后王政君下詔，說傅太后撫育劉欣，可以到京師以奶娘身分十天入見皇太子劉欣一次。這個口子一開，就為傅太后入宮打開了大門。等到劉欣即位，是為哀帝，傅太后就堂皇以祖母身分入宮，控制了哀帝，其後生出許多事端。雖非王政君始料所及，卻是親情不可斬斷的生動證明。成帝要求劉欣繼承大統後，要割斷祖孫母子之情的要求完全落空。

第三件，段會宗安邊給千瘡百孔的西漢王朝打了一劑強心針，製造了成帝時的虛假強盛。不過段會宗是繼成湯之後的又一員出使西域的名將。段會宗，字子松，天水上邽人，曾在竟寧元年（西元前三三年）、陽朔元年（西元前二四年），兩度出任西域都護。西域都護一任為三年。段會宗既懂軍事，又懂政治。他既能宣明漢王朝的恩信、國威，又十分注意漢王朝與烏孫等各國的友好關係。段會宗在西域各國樹立了很高的聲望，贏得了尊敬。元延二年（西元前一一年），段會宗已七十三歲高齡，再次受命，以左曹中郎將、光祿大夫身分出使西域，率領戊己校尉的軍隊前去平定烏孫國內亂，段會宗以大勇精神智取烏孫國叛臣番丘的首級，可以說是兵不血刃結束了平叛任務，使漢王朝威震西域。兩年後，烏孫再度發生內亂，七十五歲高齡的段會宗，又一次受命前往西域。段會宗與西域都護孫建一起平定了烏孫內亂。段會宗因積勞成疾，又高齡經受遠行風霜，以及征戰之勞，病死在烏孫。西域各國人民，聽到噩耗，都十分悲痛。段會宗的一生獻給了國家，獻給了西域各國人民。段會宗出使西域期間，西域各國人心安定，一心歸順漢朝，社會生產得到發展。因此，段會宗死後，人民十分懷念他，西域各國為他發喪，並立祠廟祭祀他。

卷第三十三

漢紀二十五

起閼逢攝提格（甲寅 西元前七年），盡旃蒙單閼（乙卯 西元前六年），凡二年。

【題 解】本卷記事起西元前七年，至西元前六年，共二年史事，當成帝綏和二年至哀帝建平元年，新老皇帝交替之際。兩年史事，洋洋一卷書，其實並沒多少有關國計民生或對外事務的大事件，主要筆墨寫的是統治集團的權力鬥爭和宮廷黑幕。綏和二年二月，熒惑守心，成帝逼死丞相翟方進以應天變，但並沒有挽救自己的死亡。三月十八日成帝無疾暴崩，這是一樁疑案。成帝死，哀帝立，宗法倫理與親情的矛盾立即凸顯，母以子貴，傅太后入宮掣肘哀帝，阻止對成帝死因的調查，保護皇太后趙飛燕，因為趙飛燕替哀帝入繼大統出過力。傅太后卻無中生有，以謀反罪逼死中山王太后馮氏，以報昔年兩人爭寵之仇。哀帝嗣位，竟然無所作為。師丹上書建言限田，賈讓上書獻治河三策，均遭議而不決，最終擱置。只有耿育上書為陳湯鳴冤，陳湯被召還終老京師，陳湯的功過是非，終於畫上了句號。在調查成帝死因中，牽扯出成帝親手殺死皇子以討好趙飛燕之妹趙昭儀。宮中黑幕，違反倫常，竟至於此。

孝成皇帝下

綏和二年（甲寅　西元前七年）

春，正月，上行幸甘泉，郊泰畤。

二月壬子❶，丞相方進薨。

時熒惑守心❷，丞相府議曹❸平陵李尋奏記❹方進，言：「災變迫切❺，大責❻日加，安得但[1]保斥逐之戮❼！闔府❽三百餘人，唯君侯❾擇其中，與盡節轉凶❿。」方進憂之，不知所出。會郎賁麗善為星⓫，言大臣宜當之。上乃召見方進，還歸，未及引決⓬，上遂賜冊⓭，責讓以政事不治，災害並臻，百姓窮困，曰：「欲退君位，尚未忍，使尚書令賜君上尊酒⓮十石，養牛一⓯，君審處焉！」方進即日自殺。上祕之，遣九卿冊[2]贈印綬⓰，賜乘輿祕器⓱、少府供張⓲，柱檻皆衣素⓳。天子親臨弔⓴者數至，禮賜異於它相故事。

臣光曰：「晏嬰㉑有言：『天命不慆，不貳其命㉒。』禍福之至，安可移乎！昔楚昭王、宋景公㉓不忍移災於卿佐，曰：『移腹心之疾，寘諸股肱，何益也！』藉㉔其災可移，仁君猶不肯[3]為，況不可乎！使方進罪不至死而誅之，以當大變，是誣㉕天也；方進有罪當刑，隱其誅而厚其葬，是誣人也。孝成欲誣天、人而卒無所益，可謂不知命矣。」

三月，上行幸河東，祠后土。

丙戌㉖，帝崩于未央宮。

帝素彊無疾病，是時，楚思王衍、梁王立來朝，明旦，當辭去，上宿供張白虎殿。又欲拜左將軍孔光為丞相，已刻侯印，書贊㉗。昏夜㉘，平善㉙，鄉晨㉚，傅綺韈欲起㉛，因失衣㉜，不能言㉝，晝漏上十刻㉞而崩。民間讙譁㉟，咸歸罪趙昭儀。皇太后詔大司馬莽雜與御史、丞相、廷尉治，問皇帝起居發病狀，趙昭儀自殺。

班彪贊曰：「臣姑㊱充後宮為婕妤，父子、昆弟侍帷幄㊲，數為臣言：『成帝善修容儀㊳，升車正立㊴，不內顧㊵，不疾言㊶，不親指㊷，臨朝淵嘿㊸，尊嚴若神，可謂有[4]穆穆㊹天子之容者[5]矣。博覽古今，容受直辭㊺，公卿奏議可述㊻。遭世承平，上下和睦。然湛㊼乎[6]酒色，趙氏亂內，外家擅朝，言之可為於邑㊽！』建始以來，王氏始執國命，哀、平短祚，莽遂篡位，蓋其威福㊾所由來者漸矣！」

是日，孔光於大行㊿前拜受丞相、博山侯印綬。

富平侯張放聞帝崩，思慕哭泣而死。

荀悅論曰：「放非不愛上，忠不存焉。故愛而不忠，仁之賊也！」

皇太后詔南、北郊長安如故[51]。

【章　旨】以上為第一段，寫丞相翟方進、漢成帝之死。成帝聰明而多才藝，儀容莊重，待人寬容，是一塊英明天子的料，只可惜生性風流，沉迷於聲色，不僅誤了國家，也枉送了性命。翟方進枉死，也沒能替這位風流天子免禍。皇太后下詔，大臣合議會審，逼死趙昭儀，也挽救不了西漢衰頹的國運。成帝可惡，漢祚可悲。

【注　釋】❶壬子　二月十三日。❷熒惑守心　火星徘徊在心宿星區。熒惑，即火星。火星為何逆行到心宿星區，這是天文現象之謎。但在古代星象家看來，是極嚴重的問題，因為熒惑守心，預兆天子死亡。❸議曹　官府機構中設置的言官，從三公九卿至州郡長官，皆置議曹。❹奏記　向上級遞交的公文。❺災變迫切　指天象顯示出嚴峻的形勢，而且迫在眉睫。❻大責　大責罰。❼戮　羞辱。❽闔府　指丞相府全部官屬。❾君侯　今語之意叫「侯爺」，是對丞相的尊稱，因丞相皆封侯。❿盡節轉凶　為國家盡忠貞之節，轉移災禍。指翟方進盡節而死，才能轉禍為福。⓫賁麗善為星　賁麗，人名。善為星，精通天文星象。⓬未及引決　沒有立即自盡。⓭賜冊　下策免詔書。冊，同「策」。⓮上尊酒　上等酒。⓯養牛一　祭祀用的肥牛一頭。漢制，凡天地大變，皇帝派侍中持節乘四白馬賜丞相上等酒十石，牛一頭，策告罪過，示意丞相立即自盡。使者還宮途中，尚書即上奏丞相病故。⓰冊贈印綬　特頒詔書，賞賜丞相印綬陪葬。⓱祕器　隨葬的明器。⓲少府供張　治喪所需錢物均由少府供給。⓳柱檻皆衣素　房柱及欄杆都裹上白色綢緞。⓴臨弔　到靈堂祭弔。㉑晏嬰　春秋時齊景公賢相。傳見《史記》卷六十二。㉒天命不慆二句　天命不可懷疑，命數無法改變。㉓楚昭王宋景公　《左傳》哀公六年（西元前四八九年），楚國上空出現紅雲，像群火鳥挾持太陽奔跑了三天。周太史對昭王使臣說，可用祭祀的辦法移禍於令尹或司馬等大臣。楚昭王聽後說：「把肚子上的病移在胳膊、大腿上，有什麼益處。」終未做移禍大臣的祭祀。《史記・宋微子世家》載：宋景公時，出現熒惑守心的天象，主對人君不利，司星子韋說，可將災禍轉移給丞相、百姓或莊稼，宋景公均不答應，感動上帝，火星退離了心宿三度。㉔藉　即使。㉕誣　欺瞞。㉖丙戌　三月十八日。㉗書贊　已寫好委任大臣的贊辭。㉘昏夜　黃昏時。㉙平善　成帝身體如常。㉚鄉晨　將天亮。鄉，通「嚮」。㉛傅絝韈欲起　指成帝穿褲襪準備起床。傅，通「附」。穿；著。

㉜因失衣　突感手臂麻木拿不住衣裳。㉝不能言　不能說話。成帝症狀頗似今腦溢血。㉞晝漏上十刻　白天漏壺中的浮箭上升到十刻時。三月天，白天的漏刻共五十八刻，晝漏上十刻，即天剛亮不久。㉟民間讙譁　民間流言譁然。㊱臣姑　班彪之姑即成帝之班婕妤。成帝寵趙飛燕姐妹，班婕妤以侍奉太后自保。㊲侍帷幄　在深宮中侍奉。㊳修容儀　善於修飾儀表。㊴升車正立　乘車端莊嚴肅。㊵不內顧　不左右觀望。㊶不疾言　不大聲說話。㊷不親指　不用手指指點點。以上幾句是班彪借用《論語・鄉黨》對孔子升車儀容的描寫來描繪成帝的儀容。㊸淵嘿　沉靜寡言。㊹穆穆　莊重溫和。㊺容受直辭　聽得進直言。㊻可述　有內容，值得稱道。㊼湛　沉迷。㊽於邑　嗚咽，傷心的樣子。㊾威福　即作威作福。㊿大行　指死而未葬的皇帝。(51)皇太后詔南北郊句　天子冬至日在都城南郊「圓丘」祭天；夏至日在都城北郊「方澤」祭地。成帝永始三年（西元前一四年），撤銷南、北郊的祭典，至此皇太后下詔恢復。

【校　記】[1]但　原無此字。據章鈺校，十四行本、乙十一行本、孔天胤本皆有此字，張敦仁《通鑑刊本識誤》同，今據補。[2]冊　原作「策」。據章鈺校，十四行本、乙十一行本、孔天胤本皆作「冊」，今據改。[3]肯　原作「忍」。據章鈺校，十四行本、乙十一行本、孔天胤本皆作「肯」，今據改。[4]有　原無此字。據章鈺校，十四行本、乙十一行本、孔天胤本皆有此字，今據補。[5]者　原無此字。據章鈺校，十四行本、乙十一行本、孔天胤本皆有此字，今據補。[6]乎　原作「于」。據章鈺校，十四行本、乙十一行本、孔天胤本皆作「乎」，今據改。

【語　譯】孝成皇帝下

綏和二年（甲寅　西元前七年）

春，正月，皇上巡幸甘泉宮，祭祀太乙天神。

二月十三日壬子，丞相翟方進去世。

當時，火星徘徊在心宿星區，丞相府議曹平陵人李尋向翟方進遞交公文，說：「災變嚴重而急迫，責罰與日俱增，怎麼能只保身免遭罷官斥逐之辱！相府全部官屬三百餘人，希望你從中選擇，為國家盡忠貞之節，轉移凶禍。」翟方進為此憂慮，不知道怎麼辦。正好郎官賁麗精通天文星象，向皇上奏說大臣應當承擔災禍。皇上就召見翟方進，翟方進從宮中回家，沒來得及自裁，皇上便賜下策免詔書，斥責翟方進沒有辦理好政務，災禍接連而至，百姓窮困。詔書說：「想免掉你的職位，還不忍心，派尚書令賜予你上等酒十石，肥牛一頭，你自己審慎地處理吧！」翟方進當天就自殺了。皇上對這件事祕而不宣，派九卿拿著皇上冊書，贈送翟方進用於陪葬的官印和綬帶，賜給車子、隨葬的明器，由少府供給喪葬費用，翟方進宅第的房柱及欄杆裹上白色綢緞。天子親自多次到靈堂弔唁，葬禮賞賜與其他丞相舊例不同。

司馬光說：「晏嬰說過：『天命不可懷疑，命數無法改變。』禍與福來了，怎麼可以轉移呢！從前楚昭王、宋景公不忍心把災禍轉移到大臣身上，說：『把心腹的病痛，轉移到大腿和胳膊上，有什麼好處！』即使災禍可以轉移，仁愛的君主也不肯那樣做，何況災禍根本就不可以轉移呢！如果翟方進沒有犯下死罪而殺了他，用來承當天變，就是欺騙上天；如果翟方進有死罪應當正法，卻隱瞞他被誅殺的原因，加以厚葬，是欺騙人民。孝成皇帝想欺騙上天和民眾，而又沒有什麼好處，可以說是不知道天命。」

三月，皇上巡幸河東，祭祀后土神。

三月十八日丙戌，皇上在未央宮逝世。

成帝身體向來強壯沒有疾病，當時，楚思王劉衍、梁王劉立來京朝見，第二天早晨，兩王應當辭別離去，皇上留宿在鋪設帷帳的白虎殿。還想任命左將軍孔光為丞相，已經刻好了侯印，寫好了委任大臣的贊辭。夜晚，皇上身體還和往常一樣，天將亮時，皇上穿褲襪想起床，突然手中衣服落下，說不出話，計時的漏斗指向十刻時逝世。民間流言譁然，都歸罪於趙昭儀。皇太后下詔大司馬王莽與御史大夫、丞相、廷尉一同調查皇帝的死因，查問皇帝的起居和發病情況，趙昭儀自殺。

班彪評論說：「臣的姑姑曾經在後宮為婕妤，父子兄弟侍奉皇帝身邊，他們多次對臣說：『成帝善於修飾儀表，乘車端莊嚴肅，不左右觀望，不大聲說話，不用手指指點點，臨朝聽政，沉靜寡言，莊重嚴肅像一尊神，真是有莊重溫和的天子儀容的帝王。博覽古今，聽得進直言，公卿奏議有充實可稱讚的內容。遇上太平盛世，上下和睦。但成帝沉迷於酒色，趙飛燕姐妹穢亂後宮，外戚專權，說起來為之傷心！』從建始年間以來，王氏開始執掌國家大權，哀帝、平帝短命，王莽於是篡位，王氏作威作福，是長時間逐漸釀成的啊！」

成帝逝世的當天，孔光在大行皇帝靈堂前跪拜接受丞相、博山侯爵的印章、綬帶。

富平侯張放聽說成帝逝世，思念哭泣而死。

荀悅評論說：「張放並不是不愛皇上，只是沒有忠心。因此只有愛心而沒有忠心，就是傷害仁義的蟊賊！」

皇太后詔令京師長安城南郊祭天、北郊祭地的大典恢復如故。

夏，四月丙午❶，太子即皇帝位，謁高廟，尊皇太后曰太皇太后，皇后曰皇太后。大赦天下。

哀帝初立，躬行儉約，省減諸用，政事由己出，朝廷翕然望至治焉。

己卯❷，葬孝成皇帝于延陵❸。

太皇太后令傅太后、丁姬十日一至未央宮。

有詔問丞相、大司空：「定陶共王太后宜當何居？」丞相孔光素聞傅太后為人剛暴，長於權謀，自帝在襁褓，而養長教道❹至於成人，帝之立又有力。光心恐傅太后與政事❺，不欲與帝旦夕相近，即議以為定陶太后宜改築宮。大司空何武曰：「可居北宮❻。」上從武言。北宮有紫房複道❼通未央宮，傅太后果從複道朝夕至帝所，求欲稱尊號，貴寵其親屬，使上不得由直道❽行。高昌侯董宏希指❾，上書言：「秦莊襄王，母本夏氏，而為華陽夫人所子，及即位後，俱稱太后⑩。宜立定陶共王后為帝太后。」事下有司，大司馬王莽、左將軍、關內侯、領尚書事師丹劾奏宏：「知皇太后至尊之號，天下一統，而稱引亡秦以為比喻，詿誤聖朝⑪，非所宜言，大不道！」上新立，謙讓，納用莽、丹言，免宏為庶人。傅太后大怒，要上⑫，欲必稱尊號。上乃白太皇太后，令下詔尊定陶恭王為恭皇。

五月丙戌⑬，立皇后傅氏，傅太后從弟晏之子也。

詔曰：「春秋⑭，母以子貴⑮。宜尊定陶太后曰恭皇太后、丁姬曰恭皇后，各置左右詹事⑯，食邑如長信宮、中宮⑰[1]。」追尊傅父為崇祖侯，丁父為褒德侯，封舅丁明為陽安侯，舅子滿為平周侯，皇后父晏為孔鄉侯，皇太后弟侍中、光祿大夫趙欽為新城侯。太皇太后詔大司馬莽就第⑱，避帝外家⑲。莽上疏乞骸骨。帝遣尚書令詔起莽，又遣丞相孔光、大司空何武、左將軍師丹、衛尉傅喜白太皇太后曰：「皇帝聞太后詔，甚悲！大司馬即不起，皇帝即不敢聽政！」太后乃復令莽視事。

成帝之世，鄭聲⑳尤甚，黃門名倡丙彊、景武之屬富顯於世，貴戚㉑至與人主爭女樂。帝自為定陶王時疾之，又性不好音，六月，詔曰：「孔子不云乎：『放鄭聲，鄭聲淫㉒。』其罷樂府官。郊祭樂及古兵法武樂在經，非鄭、衛之樂者，條奏[2]，別屬他官㉓。」凡所罷省過半㉔，然百姓漸漬日久，又不制雅樂有以相變㉕，豪富吏民湛沔自若㉖。

王莽薦中壘校尉劉歆有材行，為侍中，稍遷光祿大夫，貴幸，更名秀㉗。上復令秀典領五經㉘，卒父前業㉙。秀於是總羣書而奏其七略㉚，有輯略、有六藝略、有諸子略、有詩賦略、有兵書略、有術數略、有方技略。凡書六略，三十八種，五百九十六家，萬三千二百六十九卷。其敘諸子，分為九流㉛：曰儒，曰道，曰陰陽，曰法，曰名，曰墨，曰從橫，曰雜，曰農，以為：「九家皆起於王道既微，諸侯力政㉜，時君世主好惡殊方，是以九家之術蠭出並作，各引一端，崇其所善，以此馳說㉝，取合諸侯。其言雖殊，譬猶[3]水火相滅，亦相生也㉞。仁之與義，敬之與和，相反而皆相成也。易曰：『天下同歸而殊塗，一致而百慮。』今異家者推所長㉟，窮知究慮以明其指㊱，雖有蔽短，合其要歸㊲，亦六經之支與流裔㊳。使其人遭明王聖主，得其所折中，皆股肱之材已。仲尼有言：『禮失而求諸野㊴。』方今去聖久遠，道術缺廢，無所更索㊵，彼九家者，不猶愈㊶於野乎！若能脩六藝之術而觀此九家之言，舍短取長，則可以通萬方之略矣。」

河間惠王良能脩獻王㊷之行，母太后薨，服喪如禮，詔益封萬戶，以為宗室儀表[43]。

初，董仲舒說武帝，以「秦用商鞅之法，除井田，民得賣買，富者田連阡陌，貧者亡立錐之地。邑有人君之尊[44]，里有公侯之富[45]，小民安得不困！古井田法雖難卒行[46]，宜少近古，限民名田[47]以贍不足，塞并兼之路；去奴婢[48]，除專殺之威[49]；薄賦斂，省繇役，以寬民力[50]，然後可善治也。」及上即位，師丹復建言：「今累世承平，豪富吏民訾[51]數鉅萬，而貧弱愈困，宜略為限。」天子下其議，丞相光、大司空武奏請：「自諸侯王、列侯、公主名田各有限，關內侯、吏、民名田皆毋過三十頃[52]，奴婢毋過三十人。期盡三年[53]，犯者沒入官。」時田宅、奴婢賈為減賤，貴戚近習[54]皆不便也，詔書：「且須後[55]。」遂寢不行[56]。又詔：「齊三服官[57]、諸官[58]，織綺繡難成、害女紅之物[59]，皆止，無作輸[60]。除任子令及誹謗詆欺法[61]。掖庭宮人[62]年三十以下，出嫁之；官奴婢[63]五十以上，免為庶人[64]。益吏三百石以下俸。」

【章旨】以上為第二段，寫漢哀帝即位，諸侯入繼大統的宗法繼嗣倫理與親情的矛盾就尖銳地呈現出來。此時，西漢土地高度集中的社會矛盾也呈現出來，師丹建言限田法令，因觸犯貴戚官僚的既得利益，而被擱置。劉歆完成《七略》的編制，是目錄學史上的一件大事。

【注釋】❶丙午 四月初八日。❷己卯 四月己亥朔，無己卯。己卯，應為五月十二日。❸延陵 漢成帝陵，在今陝西咸陽。❹養長教道 指傅太后把哀帝劉欣一手養大到成人，又一手教導他。道，通「導」。❺與政事 干預政治。❻北宮 即未央宮北之桂宮。一說北宮非桂宮。❼複道 由樓閣走廊形成的雙層通道。❽直道 正道。這裡指按宗法制度辦事。按照宗法制度，封國王太后不能與中央皇太后平起平坐，小宗親屬不能享受大宗（嫡長子）的特權。❾希指 迎合在上者的旨意。❿秦莊襄王五句 指秦莊襄王即位後將生母夏后與嫡母華陽夫人並稱太后。事詳本書卷六秦孝文王元年。⓫詿誤聖朝 使漢朝陷入錯誤中。詿誤，受牽連而陷入錯誤。意謂以秦比漢，而牽連漢朝。⓬要上 即要脅皇帝。⓭丙戌 五月十九日。⓮春秋 指《春秋公羊傳》。⓯母以子貴 見《公羊傳》隱公元年。⓰詹事 官名，主管皇后或皇太后、太子宮中事務。⓱食邑如長信宮中宮 皇太后居長信宮，皇后居中宮。這裡指傅太后的待遇比照皇太后，丁姬的待遇比照皇后。⓲就第 辭職回家。⓳避帝外家 迴避皇上外家。即讓王莽將權柄交給哀帝的外家傅氏、丁氏。⓴鄭聲 借指靡靡之音。㉑貴戚 指王氏五侯、淳于長之家。㉒放鄭聲二句 捨棄鄭國的樂曲，因其靡曼淫穢。語出《論語·衛靈公》孔子之言。㉓其罷樂府官五句 意謂裁撤樂府官，祭祀天地的音樂，以及古兵法武樂載於經典的樂曲，不屬於鄭、衛靡曼之樂的，逐條上奏，改由其他單位管理。樂府官，管理音樂的機構。漢武帝元狩三年設置。郊祭樂，指南、北郊祭天、地的樂曲。㉔罷省過半 裁減禁演的樂曲超過半數。㉕又不制雅樂有以相變 又不用純正的新樂曲來替換。㉖湛沔自若 一如既往地沉迷於相沿已久的鄭、衛之音中。㉗更名秀 其時讖緯流行，有《河圖赤伏符》書，內有「劉秀發兵捕不道，四夷雲集龍鬥野，四七之際火為王」的話頭，於是劉歆改名劉秀，以應符讖，妄想變天當皇帝。㉘典領五經 掌管《詩》、《書》、《禮》、《易》、《春秋》五經。㉙卒父前業 完成其父劉向於成帝河平三年（西元前二六年）開始的典校群書之業。㉚七略 劉向、劉歆父子典校圖書後，將圖書分為六類，即《六藝略》、《諸子略》、《詩賦略》、《兵書略》、《術數略》、《方技略》，加上書首的總序《輯略》，共為七略。㉛九流 九個學術流派。《七略》分諸子百家為儒、道、陰陽、法、名、墨、縱橫、雜、農九個學派。㉜諸侯力政 戰國時，諸侯憑藉實力，各自為政。㉝馳說 到處遊說。㉞水火相滅二句 指諸子百家學說，形式上水火不容，互相對立，實際上互相影響，相輔相成。㉟今異家者推所長 現在從各家學說中找出它們的長處。㊱窮知究慮以明其指 深入研究它們的中心思想，弄清主題。㊲雖有蔽短二句 雖各有所短，但歸納其主要精神。㊳亦六經之支與流裔 也是源於《六經》或屬於《六經》的分支。㊴禮失而求諸野 失傳了的古代禮儀，往往可以在農村中找到遺存。野，與都邑相對，指農村。㊵更索 另外尋求。㊶愈 超過；勝過。㊷獻王 景帝子河間王劉德的謚號。劉德以謹厚聞名於世，曾向漢武帝進獻雅樂。傳見《漢書》卷五十三。㊸儀表楷模；表率。㊹邑有人君之尊　每個縣邑，都有如帝王之尊的貴人。㊺里有公侯之富　每個村莊，都有像王侯一樣的富人。上兩句意為全國城鄉遍布大大小小的土皇帝。㊻卒行　突然實行。卒，通「猝」。㊼限民名田　限制富人佔有土地的數量。名田，佔田。㊽去奴婢　廢除將奴婢作為私產的制度。㊾除專殺之威　取消奴婢主人對奴婢隨意生殺的特權。㊿寬民力　寬緩民力；與民休息。(51)訾　通「貲」。資產。(52)三十頃　三千畝。百畝土地為一頃。(53)期盡三年　指限令超量佔有土地和奴婢的豪民貴戚三年內減到限量以內，否則將予以沒收。詳見《漢書・哀帝紀》及《漢書・食貨志》。(54)近習　指皇帝左右的親信。(55)且須後　暫且再等待一段時間。(56)遂寢不行　於是限田建議被擱置沒有執行。(57)齊三服官　設於齊地臨淄的織造機構。(58)諸官　指少府所屬東西織室令等。(59)害女紅之物　指奇巧織物，有害正常織繡工作。(60)無作輸　指織造廠不再生產耗工費時、有礙正常織繡的奇巧織物，也不再向京師輸送。(61)除任子令及誹謗詆欺法　漢二千石以上高官任滿三年，可保舉親子一人為郎，稱任子令。非議朝廷和誣陷大臣均治罪，即誹謗詆欺法。詔令廢除。(62)掖庭宮人　即皇宮一般宮女。(63)官奴婢　替官府做雜役的奴隸、婢女，終身服役。(64)免為庶人　成為一般平民。

【校記】[1]中宮　據章鈺校，乙十一行本作「中官」，張瑛《通鑑校勘記》同。[2]條奏　原無此二字。據章鈺校，十四行本、乙十一行本、孔天胤本皆有此二字，張敦仁《通鑑刊本識誤》、張瑛《通鑑校勘記》同，今據補。[3]猶　原作「如」。據章鈺校，十四行本、乙十一行本、孔天胤本皆作「猶」，今據改。

【語譯】夏，四月初八日丙午，太子劉欣即皇帝位，祭告漢高祖劉邦陵廟，尊皇太后為太皇太后，皇后為皇太后。大赦天下。

哀帝剛即位，親自力行節約，減省各項開支，政事都由自己處理，朝廷上下和諧，大家都認為國家有希望治理好。

己卯日，葬孝成皇帝於延陵。

太皇太后下令傅太后、丁姬每十天一次到未央宮探望哀帝。

皇上下詔詢問丞相、大司空：「定陶太后應當住在哪個宮裡？」丞相孔光一向聽說傅太后為人剛強暴戾，善於權謀，自皇帝還是嬰孩時，就由她親自撫養教導直到成人，皇帝被立為太子，她又盡了力。孔光心裡害怕傅太后干預政事，不希望她與皇帝旦夕相處，於是便建議說定陶太后應另建宮室居住。大司空何武說：「可以住在北宮。」皇上聽從了何武的建議。北宮紫房的樓閣複道直通未央宮，傅太后果然從複道早晚到皇帝住所，請求皇帝加封她尊號，重用寵信她的親屬，使得皇上不能按正規辦事。高昌侯董宏迎合皇上和傅太后的心意，上奏說：「秦莊襄王的母親本是夏氏，後因被華陽夫人養為嗣子，等到即位後，夏氏、華陽夫人都尊稱太后。應當立定陶共王后為帝太后。」皇上把奏章轉給有關部門，大司馬王莽，左將軍、關內侯、主管尚書事師丹，聯名上奏彈劾董宏，說：「董宏知道皇太后是最尊貴的稱號，現今天下一統，而稱引亡秦的事例來作比喻，誤導聖朝，這是不應該說的話，犯了大逆不道的罪！」皇上初即位，謙遜忍讓，採納王莽、師丹的意見，把董宏免職，貶為平民。傅太后大怒，要挾皇上，一定要稱尊號。皇上就稟告太皇太后，太皇太后命令皇上下詔尊稱定陶恭王為恭皇。

五月十九日丙戌，冊立傅氏為皇后，她是傅太后堂弟傅晏的女兒。

皇上下詔說：「《春秋》上說，母以子貴。應尊稱定陶太后為恭皇太后、丁姬為恭皇后，各自設置左右詹事，采邑和長信宮皇太后、中宮皇后一樣。」又追尊傅太后的父親為崇祖侯，丁姬的父親為褒德侯，封舅父丁明為陽安侯，舅父的兒子丁滿為平周侯，皇后的父親傅晏為孔鄉侯，皇太后趙飛燕的弟弟侍中、光祿大夫趙欽為新城侯。太皇太后王政君下詔命令大司馬王莽辭職回家，迴避皇上的外戚，王莽上疏請求退辭。皇帝派尚書令持詔書起用王莽，又派丞相孔光、大司空何武、左將軍師丹、衛尉傅喜稟報太皇太后說：「皇帝聽到太皇太后的詔書，十分悲痛！大司馬不立刻出來辦事，皇帝就不敢聽政！」太皇太后便又命令王莽上朝理事。

漢成帝的時候，靡靡之音非常流行，宮廷著名倡優丙彊、景武之輩富顯於世，皇親國戚甚至與皇帝爭奪歌伎舞女。哀帝在做定陶王時就憎惡這種事，又生性不喜好音樂，六月下詔說：「孔子不是說過：『不要聽鄭國音樂，鄭國音樂太靡亂。』應撤銷樂府官。郊祭天地大典的音樂，以及古代兵法軍樂載於經典的，不是鄭國、衛國靡靡之音的音樂，逐條上奏，可由別的部門來管理。」因此裁減的樂曲過半，然而百姓長久以來習慣於那種音樂，而又沒有制定其他高雅的音樂來替換，因而富豪和官民之家，仍然一如既往地沉湎在鄭、衛之音中。

王莽推薦中壘校尉劉歆，說他有才能德行，任命為侍中，逐漸遷升為光祿大夫，顯貴寵幸，改名劉秀。皇上又命令劉秀負責審核校對《五經》，完成其父劉向先前的事業。劉秀於是彙總群書，編成《七略》上奏，內有《輯略》、《六藝略》、《諸子略》、《詩賦略》、《兵書略》、《術數略》、《方技略》。其中分類書目共有六略，包括三十八種，五百九十六家，一萬三千二百六十九卷。其中敘述諸子的，分為九大流派，有儒家、道家、陰陽家、法家、名家、墨家、縱橫家、雜家、農家，劉秀認為：「九家都是興起於王道衰微、諸侯爭霸的時代，當時各國的君主好惡不同，所以九家學派一時蜂起，各自提出一種主張，抬高自己所稱揚的學說，拿它到處遊說，希望說服各個諸侯。他們的學說雖然不同，就像水火不能相容，實際上又是相輔相成。仁與義，敬與和，儘管彼此相反，卻又彼此相成。《易經》說：『天下共同到達一個目標而有不同的道路，天下歸一而有上百種考慮。』如今要從各個不同學派中找出它的長處，深入研究，明白它的主旨，雖然各有所短，但綜合各家學說的宗旨和內容，也不過是儒家《六經》的支派和末流。讓這些人如能遇到聖明國君，將各家學說取長補短，加以折衷，那樣就可成為國家的棟樑之才。孔子說過：『古代禮儀失傳了，往往可以到鄉村中求得。』現在距離聖人的時代久遠，那時的原則方法已經闕失，無處追尋，而現存的九家學說，豈不是勝過去鄉村尋求嗎！若能研修《六藝》之術，再參考九派的學說，取長補短，那麼，也就可以通曉萬種方略。」

河間王劉良能承繼祖先獻王劉德的高尚品德，母親王太后去世，劉良服喪符合禮制，皇上下詔增加一萬戶封邑，作為皇族的表率。

起初，董仲舒勸說漢武帝，認為「秦國採用商鞅變法，廢除井田制度，民眾可以買賣土地，富人土地阡陌相連，貧窮的人沒有立錐之地。縣邑有如帝王之尊的豪紳，閭里有公侯一樣的富人，小民怎能不貧困！古代的井田制雖然難以突然推行，但也應該稍稍靠近古代制度，限制百姓佔有土地數額，用以補助耕地不足的民戶，堵塞兼併的道路；取消奴婢，廢除主人殺害奴婢的特權；減輕賦稅，減少徭役，使民眾得以休養生息，然後才可以把國家治理好。」等到哀帝即位，師丹又建言說：「如今累世太平，豪富、官吏、富民資產數億，而貧弱百姓更加困難，應該稍加限制。」皇上把師丹的奏議轉給臣下討論，丞相孔光、大司空何武上奏請求說：「從諸侯王、列侯、公主起，所佔有的田畝，每人要有限制，關內侯、官吏和富民，佔地都不能超過三十頃，奴婢不能超過三十人。定下三年期限，違犯的人，多佔的田畝和奴婢罰沒入官。」當時田畝、奴婢的價值下跌，貴族、外戚，以及皇帝親近的人，都深感不利，皇上下詔：「暫且等待一段時間。」於是限田建議被擱置沒有實行。皇上又下詔：「設置在齊地的三服官以及其他主管皇室服裝的官員，因為刺繡綺羅，織造艱難，傷害女紅，全部停業，不再織造輸送。廢除任子令和誹謗詆欺罪的法令條文。掖庭中一般宮女年三十歲以下的，放出宮嫁人，官奴婢五十歲以上的，免除服役為平民。增加三百石以下官吏的俸祿。」

上置酒未央宮，內者令❶為傅太后張幄❷，坐於太皇太后坐旁。大司馬莽按行❸，責內者令曰：「定陶太后，藩妾，何以得與至尊並！」徹去，更設坐。傅太后聞之，大怒，不肯會❹，重怨恚❺莽；莽復乞骸骨。秋，七月丁卯❻，上賜莽黃金五百斤，安車駟馬，罷就第。公卿大夫多稱之者，上乃加恩寵，置中黃門，為莽家給使❼，十日一賜餐。又下詔益封曲陽侯根、安陽侯舜、新都侯莽、丞相光、大司空武邑戶各有差。以莽為特進、給事中，朝朔望，見禮如三公。又還紅陽侯立於京師。

傅太后從弟右將軍喜，好學問，有志行。王莽既罷退，眾庶歸望於喜❽。初，上之官爵外親也，喜獨執謙稱疾。傅太后始與政事，數諫之，由是傅太后不欲令喜輔政。庚午⑨，以左將軍師丹為大司馬，封高鄉亭侯，賜喜黃金百斤，上右將軍印綬，以光祿大夫養病；以光祿勳淮陽彭宣為右將軍。大司空何武、尚書令唐林皆上書言：「喜行義修潔，忠誠憂國，內輔之臣也。今以寢病一旦遣歸，眾庶失望，皆曰：『傅氏賢子，以論議不合於定陶太后，故退』，百寮⑩莫不為國恨之⑪。忠臣，社稷之衛，魯以季友⑫治亂，楚以子玉⑬輕重，魏以無忌⑭折衝⑮，項以范增存亡⑯。百萬之眾，不如一賢，故秦行千金以間廉頗⑰，漢散萬金以疏亞父⑱。喜立於朝，陛下之光輝，傅氏之廢興也。」上亦自重之，故尋復進用⑲焉。

建平侯杜業上書詆⑳曲陽侯王根[1]、高陽侯薛宣、安昌侯張禹而薦朱博。帝少而聞知王氏驕盛，心不能善，以初立，故且優之㉑。後月餘，司隸校尉解光奏：「曲陽侯，先帝山陵未成，公㉒聘取故[2]掖庭女樂五官㉓殷嚴、王飛君等置酒歌舞，及根兄子成都侯況，亦聘取故掖庭貴人以為妻，皆無人臣禮，大不敬，不道！」於是天子曰：「先帝遇根、況父子，至厚也，今乃背恩忘[3]義！」以根嘗建社稷之策㉔，遣歸國，免況為庶人，歸故郡。根及況父商所薦舉為官者皆罷。

九月庚申㉕，地震，自京師到北邊郡國三十餘處，壞城郭，凡壓殺四百餘人。上以災異問待詔李尋㉖，對曰：「夫日者，眾陽之長，人君之表也。君不修道，則日失其度㉗，晻昧亡光㉘。間者㉙日尤不精㉚，光明侵奪失色㉛，邪氣珥、蜺數作㉜。小臣不知內事，竊以日視陛下，志操衰於始初多矣。唯陛下執乾剛之德㉝，彊志守度㉞，毋聽女謁㉟、邪臣之態，諸保阿㊱、乳母甘言悲[4]辭之託，斷而勿聽㊲。勉彊大義，絕小不忍㊳。良有不得已，可賜以貨財，不可私以官位，誠皇天之禁也！

「臣聞月者，眾陰之長，妃后、大臣、諸侯之象也。間者月數為變，此為母后與政亂朝㊴，陰陽俱傷，兩不相便。外臣㊵不知朝事，竊信天文，即如此，近臣已不足杖㊶矣。唯陛下親求賢士，無彊所惡㊷，以崇社稷，尊彊本朝！

「臣聞五行㊸以水為本，水為準平㊹。王道公正脩明㊺，則百川理，落脈㊻通；偏黨失綱㊼，則涌溢為敗㊽。今汝、潁漂涌㊾，與雨水並為民害，此詩所謂『百川沸騰㊿』，咎在皇甫卿士(51)之屬。唯陛下少抑外親大臣！

「臣聞地道柔靜，陰之常義也。間者關東地數震，宜務崇陽抑陰以救其咎，固志建威(52)，閉絕私路(53)，拔進英雋，退不任職(54)，以彊本朝(55)！夫本彊則精神折衡㊻，本弱則招殃致凶，為邪謀所陵㊼。聞往者淮南王㊽作謀之時，其所難者獨有汲黯，以為公孫弘等不足言也。弘，漢之名相，於今無比，而尚見輕，何況亡弘之屬乎！故曰朝廷亡人，則為賊亂所輕，其道自然也。」

【章旨】以上為第三段，寫哀帝欲整朝綱，卻受到傅氏、王氏兩股外戚勢力的牽制與互相角鬥，天變災異，不斷示警。

【注釋】❶內者令　官名，主持宮中事務的宦官之長。❷張幄　陳設幄帳。即設置座位。❸按行　巡察檢視。❹不肯會　不答應赴宴會。❺重怨恚　深為怨恨。❻丁卯　七月初一日。❼置中黃門二句　特派中黃門到王莽家供驅使。❽眾庶歸望於喜　朝野大眾都希望傅喜會接替王莽。❾庚午　七月初四日。❿百寮　指文武百官。⓫恨之　為國惋惜傅喜不得輔政。恨，惋惜；遺憾。⓬季友　魯閔公時賢大夫。《左傳》閔公二年云：「季氏亡則魯不昌。」《史記·魯周公世家》云：「季友亡則魯不昌。」意謂魯國的治亂興衰，與季友是否當權有關。⓭子玉　楚成王時賢大夫，率楚軍與晉文公戰城濮，兵敗為成王所殺，晉文公知道後才鬆了一口氣。⓮無忌　即戰國時魏信陵君無忌，多次領兵抵禦外敵，保持了魏國的地位。⓯折衝　指抵禦外敵。⓰項以范增存亡　意謂范增的去留決定了項羽的成敗。范增，秦末項羽的謀士。⓱間廉頗　秦離間趙王與廉頗的關係，撤了廉頗之職，導致趙國長平之戰大敗。廉頗是戰國中期趙國的著名大將。傳見《史記》卷八十一。⓲疏亞父　亞父，即范增，劉邦千方百計離間項羽和范增的關係。⓳尋復進用　不久又進用傅喜。⓴詆　毀謗，這裡指彈劾。㉑故且優之　因此暫且優待他。㉒公　公然。㉓五官　三百石的女官。㉔建社稷之策　指擁立哀帝即位。㉕庚申　九月二十五日。㉖待詔李尋　待詔，未有實任的候補官員。李尋，當時的星占家。㉗度　常規；常態。㉘晻昧亡光　昏暗無光。亡，通「無」。㉙間者　近來。㉚不精　不亮。㉛光明侵奪失色　太陽遭外物侵犯而失去了原有的色澤。㉜邪氣珥蜺數作　珥，指環抱太陽的半圓形黑色雲氣。蜺，出現在太陽旁邊的暈霓。古人認為均係不祥之兆。㉝執乾剛之德　乾為陽，指代天子。此句意謂握緊天子之權柄。㉞彊志守度　堅定不移，恪守法度。㉟女謁　內寵。㊱保阿　保姆。㊲斷而勿聽　拒絕群小的請託不能聽從。㊳勉彊大義二句　勉力堅持大義，斷絕小不忍的私情。㊴與政亂朝　干預政治，擾亂朝綱。與，通「預」。㊵外臣　編外之臣。李尋自稱。李尋為待詔，尚非官職。㊶杖　通「仗」。依仗；信任。㊷無彊所惡　不要增強奸佞小人的勢力。㊸五行　金、木、水、火、土。㊹水為準平　水的特性是公平。㊺王道公正脩明　治國之道公正廉明。㊻落脈　經脈。將百川喻為大地的經脈。㊼偏黨失綱　偏向私黨，王綱墜失。《尚書・洪範》：「無偏無黨，王道蕩蕩。」㊽涌溢為敗　百川氾濫，破壞土地。㊾汝潁漂涌　汝水、潁水暴漲，淹沒財物。㊿百川沸騰　源自《詩經・十月之交》。這首詩被釋為譏刺周幽王的詩。(51)皇甫卿士　皇甫，即皇父，人名。周王室的達官貴人。(52)固志建威　堅守志向，建立威嚴。(53)閉絕私路　切斷私情請託之路。(54)退不任職　黜退不稱職的官吏。(55)以彊本朝　加強中央政府的權威。(56)折衝　挫敗對方。(57)陵　欺陵。(58)淮南王　指武帝時淮南王劉安，謀反被誅。事見本書卷十九武帝元狩元年。

【校　記】[1]王根　原無「王」字。據章鈺校，十四行本、乙十一行本、孔天胤本皆有「王」字，張敦仁《通鑑刊本識誤》同，今據補。[2]故　原無此字。據章鈺校，十四行本、乙十一行本、孔天胤本皆有此字，張敦仁《通鑑刊本識誤》同，今據補。[3]恩忘　據章鈺校，十四行本、乙十一行本二字皆互乙。[4]悲　原作「卑」。據章鈺校，十四行本、乙十一行本、孔天胤本皆作「悲」，今據改。

【語　譯】皇上在未央宮設置酒宴，內者令為傅太后設置座位，位於太皇太后座位旁邊。大司馬王莽巡視檢查，斥責內者令，說：「定陶太后是藩王的妾，怎麼能夠和至尊太皇太后並排！」撤去她的座位，另外安排座位。傅太后聽說後，大怒，不肯參加酒會，深為痛恨王莽，王莽又請求辭職。秋，七月初一日丁卯，皇上賞賜給王莽黃金五百斤，四馬駕的安車一輛，免官回到自己府第。公卿大夫大多稱讚王莽，皇上就給予特殊的恩寵，特派中黃門官到王莽家供其驅使，十天皇上賜餐一次。又下詔加封曲陽侯王根、安陽侯王舜、新都侯王莽、丞相孔光、大司空何武采邑戶數，多少不等。又加官王莽為特進、給事中，每月初一、十五朝見天子，禮遇和三公一樣。又召紅陽侯王立返回京師。

傅太后堂弟右將軍傅喜喜好學問，有志節操守。王莽罷退後，大家都希望傅喜接替王莽。起初，皇上加封外親官爵時，唯獨傅喜稱病不肯接受。傅太后剛開始干預朝政，傅喜就多次諫阻她，因此傅太后不想讓傅喜來輔政。七月初四日庚午，任命左將軍師丹為大司馬，封高鄉亭侯，賜傅喜黃金百斤，交回右將軍印信綬帶，以光祿大夫的身分在家養病；任命光祿勳淮陽人彭宣為右將軍。大司空何武、尚書令唐林都上奏說：「傅喜操行與道義高尚潔美，忠誠憂國，是位輔弼大臣。如今卻因臥病突然把他遣送回家，大家感到失望，都說：『傅喜是傅氏家族的賢能人才，因為見解與定陶太后不合，所以被罷退』，文武百官沒有不為國家惋惜的。忠臣是國家的衛士，魯國的治亂興衰，全靠季友是不是當權，楚國因子玉的生死而影響國家地位的輕重，魏國依仗公子無忌而戰勝強敵，項羽則因范增的去留決定了楚國的存亡。百萬之眾，抵不過一個賢能的人才，所以秦國用千金行賄來離間趙王與廉頗的關係，漢高祖散萬金使項羽疏遠范增。傅喜立於朝廷，是陛下的光輝，傅氏興廢的關鍵。」皇上自己也很器重傅喜，所以不久又舉用他。

建平侯杜業上奏詆毀曲陽侯王根、高陽侯薛宣、安昌侯張禹，而舉薦朱博。皇帝從小就知道王氏驕橫，內心對他們沒有好感，由於剛即位，所以暫且優待他們。杜業上書一個多月後，司隸校尉解光上奏說：「曲陽侯王根，在先帝陵墓沒有修成時，就公然聘娶以前的後宮女樂五官殷嚴、王飛君等，設酒歌舞，王根姪子、成都侯王況，也聘娶舊時後宮的貴人為妻，全無人臣禮節，犯了大不敬和不道之罪！」於是天子說：「先帝對待王根、王況父子，極優厚，他們如今竟然忘恩負義！」由於王根曾建議立定陶王為太子，僅遣送他返回封國，撤銷王況的侯爵，貶為平民，遣歸故里。由王根和王況的父親王商所舉薦而任職的官員，全都免職。

九月二十五日庚申，發生地震，從京師到北邊郡國三十多處城郭損壞，共壓死四百餘人。皇上就拿這次災異諮問待詔李尋，李尋回答說：「太陽，是所有陽性物質的首領，是君王的象徵。君王不修道，那麼太陽就失去它的常態，昏暗無光。近來太陽尤為不明亮，光明被外物侵犯而失去原來的色澤，黑色雲氣環抱，暈霓多次出現。小臣不知宮內的事，但個人從太陽的變化來觀察陛下，志氣操行比剛即位時差多了。希望陛下秉持天子的陽剛之德，堅定志節，恪守法度，不要聽從內寵、邪臣的擺布，保姆、乳娘甜言蜜語或言辭悲傷的請託，堅決不要聽從。要努力實現大義，斷絕小不忍的私情。實在不得已時，可賜予他們錢財珍寶，不可私授官職爵位，因為這實在是上天所禁止的！

「臣聽說月亮是陰性物質的首領，是后妃、大臣、諸侯的象徵。近來，月亮一再發生變異，這顯示母后干預朝政，陰陽兩敗俱傷，兩相妨礙。臣是一個沒有職任編外之臣，不知朝廷的事，只是個人就天象變化，推斷如此，親近大臣已經不能依靠了。願陛下親自另求賢德之士，不要增強奸佞小人的勢力，這樣才能國家昌盛，漢朝強大！

「臣聽說五行以水為根本，水的特性是公平。治理國家之道公正廉明，那麼，百川順暢，水脈流通，如果偏向私黨，王綱墜失，那麼，百川洪水氾濫成災。如今汝水、潁水暴漲氾濫，與雨水一起成為民眾的災害。這正像《詩經》裡所說的『百川沸騰』，這些災害應歸咎於皇甫卿士這些人。希望陛下稍稍抑制外戚大臣！

「臣聽說大地溫柔平靜，是陰性事物的正常規則。近來關東地區多次地震，應當致力崇揚陽剛，抑制陰柔，以此來補救過失，堅守志節，建立威嚴，杜絕私下請託的途徑，提拔進用英傑人才，罷免不稱職的官吏，才能使朝廷根本強盛！根本強盛了，那麼精神上就能挫敗對手，根本衰弱了，那就招災惹禍，被邪惡的陰謀所欺陵。聽說從前淮南王謀反之時，他所害怕的只有汲黯一人，認為公孫弘等人不值一提。公孫弘是漢朝的名相，今天沒有人能比得上他，但是，還被人看輕，何況如今連公孫弘之輩都沒有呢！所以說，如果朝廷沒有賢能的人才，就會被亂臣賊子輕視，這是很自然的道理。」

騎都尉平當❶使領河隄，奏：「九河今皆寘滅。按經義，治水有決河❷深川❸而無隄防壅塞之文。河從魏郡以東北[1]多溢決❹，水迹難以分明，四海之眾❺不可誣。宜博求能浚川疏河者。」上從之。

待詔賈讓奏言：「治河有上、中、下策。古者立國居民❻，疆理土地❼，必遺❽川澤之分，度水勢所不及❾。大川無防，小水得入，陂障卑下，以為汙澤，使秋水多得其所休息，左右游波寬緩而不迫⑩。夫土之有川，猶人之有口也，治土而防其川，猶止兒啼而塞其口，豈不遽⑪止，然其死可立而待也。故曰：『善為川者決之使道，善為民者宣之使言。』⑫蓋隄防之作，近起戰國，雍防百川，各以自利。齊與趙、魏以河為竟⑬，趙、魏瀕山⑭，齊地卑下⑮，作隄去河⑯二十五里，河水東抵齊隄則西泛趙、魏，趙、魏亦為隄去河二十五里。雖非其正，水尚有所游盪，時至而去，則填淤肥美⑰，民耕田之。或久無害，稍築宮宅⑱，遂成聚落。大水時至，漂沒，則更起隄防以自救，稍去其城郭⑲，排水澤而居之，湛溺⑳自其宜也。今隄防，陿者㉑去水數百步，遠者數里，於故大隄之內復有數重㉒，民居其間，此皆前世所排也。河從河內黎陽㉓至魏郡昭陽㉔，東西互有石隄，激水使還㉕，百餘里間，河再西三東，迫阨㉖如此，不得安息㉗。

「今行上策，徙冀州之民當水衝者㉘，決黎陽遮害亭㉙，放河使北入海。河西薄大山，東薄金隄，勢不能遠，泛濫朞月㉚自定。難者將曰：『若如此，敗壞城郭、田廬、冢墓以萬數，百姓怨恨。』昔大禹治水，山陵當路者毀之，故鑿龍門㉛，闢伊闕㉜，析底柱㉝，破碣石㉞，墮斷天地之性，此乃人功所造㉟，何足言也！今瀕河十郡㊱，治隄歲費且萬萬㊲，及其大決，所殘無數。如出數年治河之費以業㊳所徙之民，遵古聖之法，定山川之位，使神人各處其所而不相奸㊴。且大漢方制萬里㊵，豈其與水爭咫尺之地哉！此功一立，河定民安，千載無患，故謂之上策。

「若乃多穿漕渠㊶於冀州地，使民得以溉田，分殺水怒㊷，雖非聖人法，然亦救敗術也。可從淇口㊸以東為石隄，多張水門㊹。恐議者疑河大川難禁制，滎陽漕渠足以卜㊺之。冀州渠首盡，當仰此水門，諸渠皆往往股引取之㊻。旱則開東方下水門，溉冀州；水則開西方高門，分河流，民田適治，河隄亦成。此誠富國安民、興利除害，支數百歲，故謂之中策。

「若乃繕完故隄㊼，增卑倍薄㊽，勞費無已，數逢其害，此最下策㊾也！」

【章　旨】以上為第四段，詳細摘載賈讓的治河三策，朝廷只是議而不決，沒有下文。

【注　釋】❶平當　字子思，平陵（今陝西咸陽西北）人。官至丞相。傳見《漢書》卷七十一。❷決河　決開河堤，使分流。❸深川　疏浚河床。❹溢決　漫過河堤沖開缺口。❺四海之眾　全國之民。❻立國居民　建立都城，安置百姓。❼疆理土地　劃界治理土地。❽遺　留下；讓出。❾度水勢所不及　與上句意為墾土居民，一定要留出低窪之地以為川澤，而選擇洪水淹不到的高敞之地墾殖。❿大川無防六句　對大的河川，不要築堤限制河床，讓眾多的小溪可以流入；山坡下的低窪地，聽其聚水成為湖泊沼澤；這樣秋水可以蓄積，並使水流寬緩不急。⓫遽　立刻。⓬故曰三句　語出《國語・周語・召公諫厲王弭謗》。意謂善於治水的人，是決開堵塞疏導水勢；善於治國的人，是引導民眾暢所欲言。道，通「導」。疏導。宣，宣洩；引導。⓭竟　通「境」。邊界。⓮趙魏瀕山　趙國、魏國的土地靠近高山。⓯齊地卑下　齊國的土地靠海，比較低平。⓰去河距離黃河岸。⓱填淤肥美　河岸泥沙淤積形成肥沃的土地。⓲宮宅　住宅。⓳稍去其城郭　逐漸離開位居高地的城郭。⓴湛溺　遭水淹。㉑陿者　指河床狹窄處。陿，同「狹」。㉒數重　數道小堤。㉓黎陽　漢河內郡屬縣，縣治在今河南浚縣。㉔昭陽　漢魏郡屬縣，縣治在今河南濮陽西，與黎陽相距一百多里。㉕激水使還　石堤堵截水流，使之回流。㉖迫阨　指河水被擠壓阻擋。㉗不得安息　河水下流不暢，故不斷發生水災。㉘當水衝者　指居住在水流必經的低窪地上的居民。㉙遮害亭　亭名，此處築有石堤，高一丈，名金隄，在浚縣西南二十五里。㉚朞月　一個月。㉛龍門　山名，在今山西河津北。相傳大禹鑿龍門成龍門津。㉜伊闕　山名，伊水從山中穿過，兩岸相對如闕，故名伊闕。在今河南洛陽南十五公里。㉝析厎柱　謂鑿開厎柱山。析，分。厎柱，亦作「砥柱」，山名，又稱三門山，在今河南陝縣西三門峽附近的黃河中流。㉞碣石　山名，在今河北昌黎境。㉟人功所造　指城郭、田廬、冢墓。此句意謂昔年大禹治水，打通了所有阻擋水路的自然險阻，現在治理黃河水患，怎能讓人工所造之物擋路。㊱瀕河十郡　臨河十郡為河南、河內、東郡、陳留、魏郡、平原、千乘、信都、清河、勃海。㊲萬萬　一億。㊳業　使之樂業。㊴奸　通「干」。干擾；侵犯。㊵方制萬里　指漢朝土地遼闊。㊶穿漕渠　修挖運河及灌溉渠。㊷分殺水怒　分減水勢。㊸淇口　淇水注入黃河之口，在今河南浚縣西南四十公里。㊹多張水門　多設閘門。㊺卜　占卜，引申為驗證、例證。㊻冀州渠首盡三句　黃河北冀州平原上灌溉渠乾涸時，全靠關閉滎陽運河閘門，導引河水注入河北各灌溉支渠。股，據《漢書》如淳注，應作「肢」，別支。㊼繕完故隄　修治完善原有的河堤。㊽增卑倍薄　將河堤低處增高，薄處加厚。倍，加。㊾下策　賈讓建言治河三策，上策是引導河水自然入海；中策是在河北平原開鑿數條運河分洪；下策是不斷加固原有河堤。據不完全統計，從夏朝起四千多年來，黃河氾濫一千五百多次，改道七次，而治河卻始終取下策。

【校　記】①北　原無此字。據章鈺校，乙十一行本有此字，張敦仁《通鑑刊本識誤》同，今據補。

【語　譯】騎都尉平當被委派主管治理河堤事務，他上奏說：「古代的九河，如今都填塞難尋。查驗經義，治水有決開堵塞、深挖河床，而沒有修築堤防、堵塞水流的記載。黃河從魏郡東北多次發生河水氾濫決口，九河水流的遺跡難以弄清，四海之內的百姓是不能欺騙的。應廣泛徵求能挖深水道、疏浚河水的人才。」皇上採納了他的建議。

待詔賈讓上奏說：「治河有上、中、下三種方案。古人建築都城，安置民眾，劃界整理土地，都要預留川澤之水匯聚之處，選擇水勢達不到的地方。大河無堤防，小溪才可以流入，池塘的堤防低下，形成沼澤，這樣才能使秋水漲時可以蓄洪水，水面寬闊，水流就緩慢不急。大地上有河流，就像人有口一樣，修整土地卻去阻塞河流，就像為了不讓小孩子啼哭，而去塞住他的嘴巴，啼哭聲停止了，但小孩的死期也就跟著到了。所以說：『善於治水的人，開決堤防，疏導水勢，善於治理天下的人，開導人民，使他們暢所欲言。』堤防的修築，近了說興起於戰國時代，各國或修築堤防，或堵塞百川，各自為了自身的利益。齊國與趙國、魏國以黃河為界，趙、魏靠近高山，而齊國地勢低下，在距離黃河岸邊二十五里處修築堤防，黃河水東下到達齊國堤防，就向西在趙、魏氾濫，趙、魏也在距離黃河岸邊二十五里處修築堤防。雖然雙方方法不正當，河水還有流動的地方，洪水時來時去，泥沙淤泥沉積成為肥沃的土壤，百姓在上面耕種。或者經過很長的時間未發生水災，就逐漸修建住宅，聚成村落。洪水一時到來，田宅人畜漂沒，就加高堤防來自救，逐漸離開城郭，排除積水而定居下來，沿岸民眾遭受水災是自然之事。如今黃河堤防，距離河水近的僅數百步，遠一點的有幾里，在舊有的大堤之內又築起數道小堤防，民眾居住在裡面，這都是前代排水的地方。黃河從河內郡的黎陽到魏郡的昭陽，東西兩岸都有用石頭築成的堤防，阻遏水流使水迴轉，百餘里的河段，黃河兩次向西，三次向東彎折，如此擠壓阻擋，自然不斷發生災害。

「如今實行治河的上策，就是遷移冀州洪氾區民眾，掘開黎陽遮害亭的堤壩，讓河水向北流入渤海。黃河的西邊靠近太行山，東邊接近金隄，水勢不可能沖擊很遠，決堤造成的氾濫，一個月後自然會平定。責難的人會說：『若這樣，必定毀壞數以萬計的城郭、田地、房屋和墳墓，人民會怨恨的。』從前大禹治水，山陵擋路，則毀掉山陵，因而鑿通龍門山，劈開伊闕山，中分厎柱山，破開碣石山，毀壞大地固有的面貌，現在這些城郭、田地、房屋和墳墓，不過是人力所造，哪值得一提！如今靠近黃河的十個郡，每年整治堤防的費用以億計，一旦發生大的決口，所造成的毀壞難以計數。若拿出數年治河的費用來使遷移的民眾安居樂業，遵照古代聖賢的做法，確定山川的位置，使神與人各居其所，互不相擾。何況大漢朝國土廣闊萬里，何需與河水去爭那一尺一寸的土地呢！這個方案一旦實現，黃河穩定，人民安居樂業，千年無水災，所以稱為上策。

「若是在冀州地區多開鑿運河渠道，使民眾用來灌溉田地，又能分流減弱水勢，這雖然不是聖人的做法，但也是挽救損毀的辦法。可以從淇口以東修築石堤，多設水閘門。恐怕有人會懷疑黃河這樣的大河，用渠道、水門難以控制，那麼滎陽的糧道運河，就足以作為例證說明問題。冀州的灌溉水渠，全依靠滎陽運河的水門節制，各條灌溉渠都從這裡取水分流。天旱時，打開東方水流向下的水門，灌溉冀州的田地；洪水到來，就打開西方高處的水門，分散水流，使農田受到保護，河堤也能保存。這實在是富國安民、興利除害、能控制水災數百年的辦法，所以稱為中策。

「若只是修補原有的堤防，把低的地方增高，單薄的地方加厚，耗費人力物力永無止境，而民眾要遭受無數次的水災，這是最下策！」

孔光、何武奏：「迭毀之次當以時定❶，請與羣臣雜議❷。」於是光祿勳彭宣等五十三人皆以為孝武皇帝雖有功烈，親盡宜毀。太僕王舜、中壘校尉劉歆議曰：「禮，天子七廟❸。七者其正法數，可常數者也。宗不在此數中，宗變也❹。苟有功德則宗之，不可預為設數。臣愚以為孝武皇帝功烈如彼，孝宣皇帝崇立之如此，不宜毀。」上覽其議，制曰：「太僕舜、中壘校尉歆議可。」

何武後母在蜀郡，遣吏歸迎，會成帝崩，吏恐道路有盜賊，後母留止❺。左右❻或譏武事親不篤，帝亦欲改易大臣，冬，十月，策免武，以列侯歸國。癸酉❼，以師丹為大司空。丹見上多所匡改成帝之政，乃上書言：「古者諒闇不言，聽於冢宰❽，三年無改於父之道❾。前大行屍柩在堂，而官爵臣等以及親屬，赫然皆貴寵，封舅為陽安侯❿，皇后尊號未定，豫封父為孔鄉侯⓫，出侍中王邑、射聲校尉王邯⓬等。詔書比下⓭，變動政事⓮，卒暴無漸⓯。臣縱不能明陳大義，復曾不能牢讓⓰爵位，相隨⓱空受封侯，增益陛下之過。間者郡國多地動水出⓲，流殺人民，日月不明，五星失行，此皆舉錯失中，號令不定，法度失理，陰陽溷濁之應也。

「臣伏惟人情無子，年雖六七十，猶博取⓳而廣求。孝成皇帝深見天命，燭知至德⓴，以壯年克己㉑，立陛下為嗣。先帝暴棄天下㉒，而陛下繼體㉓，四海安寧，百姓不懼，此先帝聖德，當合天人之功也。臣聞『天威不違顏咫尺㉔』，願陛下深思先帝所以建立陛下之意，且克己躬行，以觀羣下之從化。天下者，陛下之家也，胏附㉕何患不富貴？不宜倉卒若是，其不久長矣。」丹書數十上，多切直之言。

傅太后從弟子遷㉖在左右，尤傾邪，上惡之，免官，遣歸故郡。傅太后怒，上不得已，復留遷。丞相光與大司空丹奏言：「詔書前後相反，天下疑惑，無所取信。臣請歸遷故郡，以銷姦黨。」卒不得遣，復為侍中。其逼於傅太后，皆此類也。

【章旨】以上為第五段，寫大臣議迭毀之制，以及傅太后掣肘朝政。

【注釋】❶迭毀之次當以時定　依順序拆除或變更皇室祭廟之事，應按時決定。此議乃貢禹首先提出的，建議實行「五廟」制，即除保留開國皇帝劉邦的祭廟外，再保留現任皇帝向上推四世的四代祭廟，其餘一律撤毀。其後韋玄成、匡衡也支持此議，但均停留在議論上，現在孔光、何武又舊事重提。❷雜議　合議。❸天子七廟　《禮記・王制》曰：「天子七廟，三昭三穆，與太祖之廟而七。」排列是開國皇帝廟居中，然後左三、右三，左稱昭，右稱穆。三昭三穆是從現任皇帝上溯六代，一左一右依次排列。❹宗變也　七廟是常數，其他因建立大功而被尊為宗的皇帝，不在七廟之列，稱為變數，其祭廟永遠不毀。如漢武帝被尊為「太宗」，漢宣帝被尊為「世宗」，故王舜、劉向等建言不毀。❺留止　留在原籍，未到京師。何武，蜀郡郫縣（今四川郫縣）人，故其後母留在原籍蜀郡。❻左右　此指天子左右近臣。❼癸酉　十月初九日。❽古者諒闇不言二句　古時新君居喪，沉默不言，國家大事，交宰相處理。諒闇，一作「諒陰」，居喪時所住的房子，又名「凶廬」。語出《論語・憲問》，子張問：「《書》云：高宗諒陰，三年不言。」高宗，指殷帝武丁。❾三年無改於父之道　語出《論語・學而》孔子之言。意謂兒子繼位後，三年內不改變其父的施政方針。❿陽安侯　指丁明。⓫孔鄉侯　指傅晏。⓬侍中王邑射聲校尉王邯　均係太皇太后王政君的親屬。⓭比下　接連頒布。⓮變動政事　指人事安排發生變動。⓯卒暴無漸　變動突然，沒有漸進過程。卒，通「猝」。⓰牢讓　堅決辭讓。⓱相隨　隨波逐流。⓲地動水出　地震洪水湧出。⓳博取　多娶妻妾。取，同「娶」。⓴獨知至德　指成帝洞察哀帝具有美好的品德。㉑克己　克制私欲。㉒暴棄天下　指成帝突然病故。㉓繼體　繼位。㉔天威不違顏咫尺　語出《左傳》僖公九年齊桓公之言。意謂上天的威嚴始終在面前，行事必須謹慎。咫尺，八寸，指距離非常近。㉕胏附　骨肉相連，喻皇帝左右的親信。胏，帶骨的肉脯。㉖遷　傅遷，傅太后的堂姪，哀帝的堂表叔。

【語譯】孔光、何武上奏：「依順序拆除或變更皇室祭廟之事，應按時確定下來，請與群臣合議。」於是光祿勳彭宣等五十三人都認為孝武皇帝雖然有功業，但親情已盡，應該拆毀。太僕王舜、中壘校尉劉歆建議說：「按照《禮記》，天子有七座祭廟。『七』是法定的禮數，是永遠不變的。被尊為『宗』的，不在七廟之內，是一個變數。如果建立了功德才被尊為『宗』，不可以預先設定數字。臣愚昧認為孝武皇帝既然建立了被尊為『宗』的功業，孝宣皇帝又是那樣的尊崇孝武帝，不應該毀廟。」皇上看了這個奏議，下詔說：「太僕王舜、中壘校尉劉歆的建議可行。」

何武的後母在原籍蜀郡，何武派官員回去接後母到長安居住，適逢成帝去世，接後母的官員怕路上有盜賊，就把何武的後母留在蜀郡。皇上左右的近臣有人指責何武奉養後母不厚道，皇帝也正想更換大臣，冬十月，下詔罷免何武，以列侯身分遣歸封國。初九日癸酉，任命師丹為大司空。師丹見皇上頗多更改成帝時的政令，就上書說：「古代天子居喪時不發政令，國家大事聽從太宰處理，三年不改變先父的治國之道。先帝的屍棺尚在靈堂，而臣等以及皇上親屬卻升官封爵，全都赫然顯貴寵幸，皇上封舅父丁明為陽安侯，皇后的尊號還未確定，就預封她父親傅晏為孔鄉侯，逐出侍中王邑、射聲校尉王邯等。詔書連連頒布，人事變動來得突然，沒有漸進過程。臣既不能明白地陳述大義，又不能堅決辭讓爵位，跟著他人憑空接受封侯，更增加了陛下的過失。近來郡國多次發生地震，湧出大水，淹死百姓。太陽、月亮昏暗無光彩，五星失去它正常的運行，這都是舉措失當，號令搖擺不定，法令制度失去常理，陰陽混濁不清的反映。

「臣觀察人之常情，假若沒有兒子，雖然年齡六七十，仍然多娶妻妾，廣為求子。孝成皇帝深明天命，深知陛下有至高的品德，在壯年之時就克制自己，毅然立陛下為太子。先帝突然捨棄天下，而陛下繼位，四海安寧，人民不驚，這是先帝的聖德，符合天人合一的效驗。臣聽說『上天的威嚴不遠，近在咫尺之間』，希望陛下深思先帝之所以選擇您作為繼承人的心意，並且克制自己，身體力行，以此觀察群臣聽從教化的情況。天下，是陛下的家，還愁皇親國戚不能富貴嗎？不應當如此迫不及待，那樣是不能長久的。」師丹上書數十次，多痛切直率之言。

傅太后的堂姪傅遷侍奉在皇上左右，尤為陰險奸邪，皇上很討厭他，免去他的官職，遣回原郡。傅太后發怒，皇上無奈，又將傅遷留下。丞相孔光、大司空師丹上奏說：「前後詔書內容相反，天下人迷惑，無法取信於民。臣請求把傅遷送回原郡，以清除奸黨。」最終傅遷沒有被遣歸，又被任命為侍中。皇上每次受傅太后脅迫，都是這樣的。

議郎耿育上書冤訟❶陳湯曰：「甘延壽、陳湯，為聖漢揚鉤深致遠之威❷，雪國家累年之恥，討絕域不羈之君，係萬里難制之虜，豈有比哉！先帝嘉之，仍下明詔❸，宣著其功，改年垂曆❹，傳之無窮。應是❺，南郡獻白虎❻，邊垂無警備。會先帝寢疾，然猶垂意不忘，數使尚書責問丞相，趣立其功。獨丞相匡衡排而不予❼，封延壽、湯數百戶，此功臣戰士所以失望也。孝成皇帝承建業之基，乘征伐之威，兵革不動，國家無事，而大臣傾邪，欲專主威，排妒有功，使湯塊然❽被見拘囚，不能自明，卒以無罪老棄❾。敦煌正當西域通道，令威名折衝之臣，旋踵及身❿，復為郅支遺虜⓫所笑，誠可悲也！至今奉使外蠻者，未嘗不陳郅支之誅以揚漢國之盛。夫援⓬人之功以懼敵，棄人之身以快讒⓭，豈不痛哉！且安不忘危，盛必慮衰，今國家素無文帝累年節儉富饒之畜，又無武帝薦延⓮梟俊禽敵之臣⓯，獨有一陳湯耳！假使異世不及陛下⓰，尚望國家追錄其功，封表其墓，以勸後進也。湯幸得身當聖世，功曾未久⓱，反聽邪臣鞭逐斥遠⓲，使亡逃分竄，死無處所。遠覽之士⓳，莫不計度，以為湯功累世不可及⓴，而湯過人情所有㉑，湯尚如此，雖復破絕筋骨㉒，暴露形骸㉓，猶復制於脣舌㉔，為嫉妒之臣所係虜耳。此臣所以為國家尤戚戚㉕也。」書奏，天子還湯，卒於長安。

【章　旨】以上為第六段，寫耿育上書為陳湯鳴冤，功臣得以終老京師。陳湯的功過是非，至此畫上句號。

【注　釋】❶冤訟　為人訴冤。❷揚鉤深致遠之威　指在邊遠蠻荒的西域為漢朝揚取深徠遠之威。鉤深致遠，鉤取深處之物，招徠遠方之人。❸明詔　聖明的詔書。❹改年垂曆　由於陳湯等誅滅郅支，促使呼韓邪單于歸漢，漢元帝為之改年號為「竟寧」。❺應是　以下是地方對陳湯建功的反應。❻獻白虎　表示慶賀大漢揚威於西方。白虎，西方之獸，威武雄壯。❼匡衡排而不予　匡衡排斥陳湯等人，不給陳湯等人獎賞。事詳本書卷二十九元帝竟寧元年。❽塊然　孤獨的樣子。❾卒以無罪老棄　最終使功臣陳湯年老之時，無罪而被遺棄。❿旋踵及身　指陳湯轉身成了罪犯。旋踵，轉身，形容快速。⓫郅支遺虜　郅支單于的殘部。⓬援　援引。⓭快讒　讓讒佞之人感到高興。⓮薦延　薦舉延攬。⓯梟俊禽敵之臣　勇猛多才擒敵制勝的武臣。⓰假使異世不及陛下　假如陳湯已死，未等到陛下即位。異世，另一世界，指陳湯死亡。⓱功曾未久　剛立功不久。⓲鞭逐斥遠　被驅趕到遙遠的邊塞。⓳遠覽之士　有遠見的人。⓴累世不可及　幾代人都趕不上。㉑湯過人情所有　陳湯所犯的過失，都在人常情之內。㉒破絕筋骨　為國粉身碎骨。㉓暴露形骸　拋屍疆場。㉔制於脣舌　被奸佞小人的口舌所箝制。㉕戚戚　憂心忡忡的樣子。

【語　譯】議郎耿育上書為陳湯訴冤說：「甘延壽、陳湯為大漢揚取深徠遠之威，洗雪國家多年的恥辱，討伐絕遠地域不馴服的國君，捕捉萬里之外難以制服的敵人，有誰能比得上他們的功績呢！先帝嘉獎他們，而且頒下聖明的詔書，顯揚他們的突出功績，改換了年號，使功績傳之無窮。與此相呼應，南郡貢獻白虎，邊陲再沒有警報。恰遇先帝臥病在床，然而仍然關懷不忘，多次派尚書責問丞相，催促他們迅速擬定功序等級。惟獨丞相匡衡從中排斥，不予獎賞，封了甘延壽、陳湯數百戶的采邑，這正是功臣戰士大失所望的原因。孝成皇帝承繼先人創下的基業，憑征伐之威，戰爭平息，國家安寧無事，但是大臣歪邪作惡，意欲獨佔君主的權威，排斥嫉妒有功之臣，使陳湯孤身被囚禁於監獄，不能自我明辯，最終使一個年老的功臣，以無罪之身被遺棄邊陲。敦煌正當通往西域的要道，讓一個立威揚名擊退敵人之臣，轉眼成了階下囚，又被郅支單于殘部所譏笑，實在令人悲傷！直到今日，漢朝奉命出使各國的使節，無不陳述誅郅支單于的事情來宣揚漢朝的強盛。利用英雄的功績使敵人驚惶害怕，拋棄英雄的身體而使讒言陷害的人稱心快意，難道不令人痛心嗎！何況平安時要不忘危險，鼎盛時一定要想到衰落，如今國家平時已沒有文帝多年節約留下的豐富積蓄，又沒有武帝時延攬的勇猛多才擒殺敵人的將領，獨有陳湯一人而已！假若陳湯已經過世，未能趕上陛下當政，還希望國家能追錄他的功勞，封表他的墳墓，用以激勵後來的仁人志士。陳湯有幸得逢聖世，他立功的時間也不太久，反而聽信奸臣的讒言，把他放逐到偏遠的邊塞，四處逃亡，死無葬身之地。有遠見的人士無不思量，認為陳湯的功勞幾代以來無人可比，而陳湯的過失卻是人情之常見，陳湯的下場尚且如此，他人縱使為國家而粉身碎骨，捐軀疆場，仍不免被奸臣的口舌所箝制，被嫉妒之臣陷害而成囚犯。這正是我所以為國家特別憂愁的原因。」奏章呈上後，天子下詔讓陳湯回到長安，在長安去世。

孝哀皇帝❶上

建平元年（乙卯　西元前六年）

春，正月，隕石于北地❷十六。○赦天下。

司隸校尉解光奏言：「臣聞許美人❸及故中宮史❹曹宮❺，皆御幸孝成皇帝，產子，子隱不見。臣遣吏驗問，皆得其狀❻：元延元年，宮有身，其十月，宮乳❼

掖庭牛官令舍。中黃門❽田客持詔記❾與掖庭獄丞籍武，令收置暴室獄❿，『毋問兒男、女，誰兒也！』宮曰：『善臧我兒胞⓫，丞知是何等兒⓬也！』後三日，客持詔記與武，問：『兒死未？』武對：『未死。』客曰：『上與昭儀⓭大怒，柰何不殺！』武叩頭啼曰：『不殺兒，自知當死；殺之，亦死！』即因客奏封事⓮曰：『陛下未有繼嗣，子無貴賤，唯留意！』奏入，客復持詔記取兒，付中黃門王舜。舜受詔，內兒殿中，為擇乳母，告『善養兒，且有賞，毋令漏泄！』舜擇官婢張棄為乳母。後三日，客復持詔記并藥以飲宮。宮曰：『果也欲姊弟⓯擅天下！我兒，男也，額上有壯髮⓰，類孝元皇帝。今兒安在？危殺之矣！柰何令長信得聞之⓱？』遂飲藥死。棄所養兒，十一日，宮長李南以詔書取兒去，不知所置。

「許美人元延二年懷子，十一月乳。昭儀謂成帝[1]曰：『常紿我言從中宮來，即從中宮來，許美人兒何從生中⓲？許氏竟當復立邪⓳！』懟⓴，以手自擣，以頭擊壁戶柱，從牀上自投地，啼泣不肯食，曰：『今當安置我，我欲歸耳！』帝曰：『今故告之，反怒為，殊不可曉也！』帝亦不食。昭儀曰：『陛下自知是，不食何為？陛下嘗自言：「約不負女㉑！」今美人有子，竟負約㉒，謂何？』帝曰：

『約以趙氏故不立許氏，使天下無出趙氏上者，毋憂也！』後詔使中黃門靳嚴從許美人取兒去，盛以葦篋㉓，置飾室簾南去㉔。帝與昭儀坐，使御者于客子解篋緘㉕，未已，帝使客子及御者皆出，自閉戶，獨與昭儀在。須臾開戶，嘑客子使緘封篋㉖，及詔記令中黃門吳恭持以與籍武曰：『告武，篋中有死兒，埋屏處㉗，勿令人知！』武穿獄樓垣下為坎，埋其中。

「其它飲藥傷墮者無數事，皆在四月丙辰赦令㉘前。臣謹案：永光三年，男子忠等發長陵傅夫人冢，事更大赦㉙，孝元皇帝下詔曰：『此朕所不當得赦也！』窮治，盡伏辜。天下以為當。趙昭儀傾亂聖朝，親滅繼嗣，家屬當伏天誅㉚。而同產親屬皆在尊貴之位，迫近帷幄，羣[2]下寒心，請事窮竟㉛！」丞相以下議正法㉜，帝於是免新成侯趙欽、欽兄子咸陽侯訢皆為庶人，將家屬徙遼西郡。

【章旨】以上為第七段，寫由調查成帝之死因而牽引出宮中嬪妃爭寵而明爭暗鬥的黑幕，充滿血腥。漢成帝戀美人，乃至於親手殺害兒子，比老虎還毒，簡直是有悖人倫。

【注釋】❶孝哀皇帝　諱欣，定陶王劉康之子，以諸侯為成帝嗣而繼任為帝。西元前六—前一年在位。荀悅曰：「諱『欣』之字曰『喜』。」❷北地　郡名，治所馬嶺，在今甘肅慶陽西北馬嶺鎮。❸許美人　廢后許皇后的親屬。❹中宮史　皇后宮中的女教官。❺曹宮　字偉能，許皇后的師傅，教授《詩經》。❻狀　實情。❼乳　產子。曹宮在宮中牛官令的官舍生下兒子。❽中黃門　秩一百石的宦官。❾詔記　成帝手書的便函。❿暴室獄　屬掖庭令，宮中嬪妃有病或皇后、貴人有罪則置其中。這裡指將曹宮之子囚置暴室獄。⑪善臧我兒胞　此曹宮對籍武所言，本意是「藏好我兒胞衣」，指「好好照顧我的孩子」。⑫何等兒　暗示是皇帝之子。⑬昭儀　趙昭儀。⑭即因客奏封事　籍武趁機託田客向成帝上交一封祕信。⑮姊弟　指趙皇后、趙昭儀姐妹。⑯額上有壯髮　在額頭上有一束突出的頭髮，古時稱圭頭。⑰柰何令長信得聞之　怎樣能讓皇太后知道這件事。長信，宮名，這裡指太后王政君。⑱許美人兒何從生中　這是趙昭儀質問成帝的話。成帝曾對趙氏姐妹發誓說只寵幸她二人。成帝每次去趙昭儀處也說是從趙皇后處來，既然如此，許美人怎會生孩子。⑲許氏竟當復立邪　許美人為被廢許皇后親屬，母以子貴，許美人生子有可能被立為皇后，故趙昭儀心裡恐慌而有是言。⑳懟　惱恨。㉑約不負女　您曾發誓說永不負我。女，通「汝」。㉒竟負約　您竟然違背誓約。㉓盛以葦篋　將皇子裝在蘆葦編的筐子裡。㉔置飾室簾南去　斬嚴把裝著皇子的葦筐放在昭陽宮窗南而後離去。飾室，指以金玉為飾的昭陽宮。㉕御者于客子解篋緘　御者，指侍從的宮婢。于客子，宮婢名。解篋緘，解開捆筐子的繩子。㉖使緘封篋　讓于客子重新將筐用繩捆好。㉗埋屏處　埋在隱蔽的地方。㉘丙辰赦令　成帝綏和二年四月十八日赦令。丙辰，應為丙午，哀帝於四月初八丙午即位後大赦天下。見《漢書・哀帝紀》，本書亦同。㉙事更大赦　指忠盜墓事，發生在兩次大赦前。更，經歷；經過。㉚天誅　上天的懲罰。㉛窮竟　徹底追查清楚。㉜丞相以下議正法　丞相以下的九卿百官議定按正常法規處理。

【校　記】①成帝　原無「成」字。據章鈺校，十四行本、乙十一行本、孔天胤本皆有「成」字，今據補。②羣　原作「天」。據章鈺校，十四行本、乙十一行本、孔天胤本皆作「羣」，今據改。

【語　譯】孝哀皇帝上

建平元年（乙卯　西元前六年）

春，正月，十六塊隕石墜落在北地郡。○赦免天下。

司隸校尉解光上奏說：「臣聽說許美人和原皇后宮史曹宮，都曾經蒙受孝成皇帝幸御，生下孩子，可是孩子下落不明。臣派官員查問，得知了全部實情：元延元年，曹宮懷孕，到了十月，曹宮在宮中牛官令的官舍生下孩子。中黃門田客拿著皇帝手詔給掖庭獄丞籍武看，命令籍武把曹宮母子關進暴室獄，並吩咐：『不許問生的是男是女，不管他是誰的孩子！』曹宮對籍武說：『請藏好我兒胎衣，你獄丞知道他是誰的孩子！』

三天後，田客又拿手詔給籍武，問道：『小孩死了沒有？』籍武回答說：『沒有死。』田客說：『皇上和趙昭儀大怒，問你為什麼不殺死！』籍武磕頭哭著說：『不殺男孩，自知該死；殺了，也是死！』就通過田客呈遞密封奏書說：『陛下沒有繼承人，自己的兒子不分貴賤，請陛下三思！』奏入，田客又拿著詔書來取走了小孩，交給了中黃門王舜。王舜接受手詔，把小孩送入內宮殿中，為他挑選奶媽，告訴奶媽說『好好餵養小孩，會有賞賜的，此事不准洩漏出去！』王舜選了官婢張棄當奶媽。三天後，田客又拿著手詔和毒藥，讓曹宮喝藥自盡。曹宮說：『果然，趙飛燕姐妹倆想獨霸天下！我生的孩子是男孩，額前下有一束突出的頭髮，與孝元皇帝一樣。如今我兒在哪裡？大概被她們殺害了吧！怎麼樣才能讓皇太后知道？』於是飲藥而死。張棄餵養那個小孩，十一天時，宮長李南就拿著手詔把小孩取走了，此後就再不知其下落。

「許美人元延二年懷孕，十一月分娩。趙昭儀對成帝說：『您每次欺騙我說從皇后那裡來，既然從皇后的宮裡來，許美人的孩子是從哪裡生出來？許氏竟然還要立為皇后嗎！』趙飛燕非常惱恨，用手打自己，用頭撞牆壁和門柱，從床上自己摔到地下，哭泣著不肯吃飯。說：『您現在就打發我好了，我想回家！』皇帝說：『我今天特意告訴你，你反而惱怒，真是令人搞不懂！』皇帝也不吃飯。趙昭儀說：『陛下自己認為是對的，不吃飯幹什麼？陛下曾自己說：「誓不負你！」現在許美人有了孩子，竟然違背誓約，陛下還有什麼說的？』皇帝說：『朕與你趙氏有誓約，不立許氏為皇后，讓天下的人沒有能在趙氏之上的，你不要憂慮！』後來皇上下詔派中黃門靳嚴從許美人那裡抱走小孩，裝在葦草編的籠筐裡，放在昭陽宮門簾的南邊而離開。皇帝和趙昭儀坐著，命侍從于客子解籠筐的繩子，籠筐尚未打開，皇帝就叫于客子和其他侍從都退出去，自己關好門，單獨與趙昭儀在一起。一會兒打開門，呼喊于客子，叫他將籠筐捆好，並寫手詔令中黃門吳恭把籠筐交給籍武，說道：『告訴籍武，箱子裡有死嬰，把他埋在隱祕的地方，不許讓人知道！』籍武在獄樓牆下挖了個坑，將那死嬰埋入。

「其他喝藥墮胎的無數起，都發生在綏和二年四月丙辰日赦免令之前。臣謹考察：永光三年，男子忠等人盜掘長陵傅夫人的墓，事經大赦，孝元皇帝下詔說：『這件事，是朕不應當赦免的！』徹底追究，全體伏誅。天下人都認為處理得當。趙昭儀傾覆禍亂聖朝，親手殺害皇家繼嗣，家屬應為上天所誅伐。但是她的同母親屬都在尊貴的位置上，近身天子，群臣寒心，請陛下徹底查清這件事。」丞相以下朝廷大臣討論認為應按正常法規處理，於是皇帝罷免了新成侯趙欽、趙欽姪子咸陽侯趙訢的爵位，貶為平民，帶著趙氏家屬流放到遼西郡。

議郎耿育上疏言：「臣聞繼嗣失統，廢適立庶，聖人法禁，古今至戒❶。然太伯見歷知適❷，逡循❸固讓，委身吳、粵，權變❹所設，不計常法，致位王季，以崇聖嗣❺，卒有天下。子孫承業，七八百載，功冠三王❻，道德最備，是以尊號追及太王❼。故世必有非常之變，然後乃有非常之謀。孝成皇帝自知繼嗣不以時立❽，念雖末[1]有皇子❾，萬歲之後未能持國，權柄之重，制於女主，女主驕盛則耆❿欲無極，少主幼弱則大臣不使⓫。世無周公抱負之輔⓬，恐危社稷，傾亂天下。知陛下有賢聖通明之德，仁孝子愛之恩，懷獨見之明，內斷於身⓭，故廢後宮就館之漸，絕微嗣⓮禍亂之根，乃欲致位⓯陛下以安宗廟。愚臣⓰既不能深援安危⓱，定金匱之計⓲，又不知推演⓳聖德，述先帝之志，乃反覆校省內⓴，暴露私燕㉑。誣汙先帝傾惑㉒之過，成結寵妾妒媢之誅㉓，甚失賢聖遠見之明，逆負先帝憂國之意㉔！夫論大德不拘俗㉕，立大功不合眾㉖，此乃孝成皇帝至思㉗所以萬萬於眾臣㉘，陛下聖德盛茂所以符合於皇天也，豈當世庸庸斗筲之臣㉙所能及哉！且褒廣將順君父之美，匡救㉚銷滅既往之過，古今通義也。事不當時固爭㉛，防禍於未然，各隨指阿從以求容媚㉜。晏駕㉝之後，尊號已定㉞，萬事已訖，乃探追不及之事㉟，訐揚幽昧之過㊱，此臣所深痛也！願下有司議，即如臣言，宜宣布天下，使咸曉知先帝聖意所起。不然，空使謗議上及山陵㊲，下流後世，遠聞百蠻，近布海內，甚非先帝託後之意也。蓋孝子[2]，善述父之志，善成人之事，唯陛下省察！」帝亦以為太子頗得趙太后力，遂不竟其事㊳。傅太后恩趙太后，趙太后亦歸心㊴，故太皇太后及王氏皆怨之。

丁酉㊵，光祿大夫傅喜為大司馬，封高武侯。

秋，九月甲辰㊶，隕石于虞㊷二。

郎中令㊸泠褒、黃門郎段猶等復奏言：「定陶共皇太后、共皇后皆不宜復引定陶藩國之名，以冠大號。車馬、衣服宜皆稱皇之意㊹，置吏二千石以下㊺，各供厥職，又宜為共皇立廟京師。」上復下其議，羣下多順指言：「母以子貴，宜立尊號以厚孝道。」唯丞相光、大司馬喜、大司空丹以為不可。丹曰：「聖王制禮，取法於天地。尊卑者，所以正天地之位，不可亂也。今定陶共皇太后、共皇后以『定陶共』為號者，母從子，妻從夫之義也㊻。欲立官置吏，車服與太皇太后並，非所以明『尊無二上㊼』之義也。定陶共皇號謚已前定，義不得復改。禮：『父為士，子為天子，祭以天子，其尸服以士服㊽』，子無爵父之義，尊父母也。為人後者為之子，故為所後服斬衰㊾三年，而降其父母期㊿，明尊本祖(51)而重正統也。孝成皇帝聖恩深遠，故為共王立後，奉承祭祀，今共皇(52)長為一國太祖，萬世不毀，恩義已備。陛下既繼體先帝，持重大宗(53)，承宗廟、天地、社稷之祀，義不可復奉定陶共皇，祭入其廟。今欲立廟於京師，而[3]使臣下祭之，是無主(54)也。又，親盡當毀(55)，空去一國太祖不墮之祀(56)而就無主當毀不正之禮，非所以尊厚共皇也！」丹由是寖不合上意(57)。

會有上書言：「古者以龜、貝為貨，今以錢易之，民以故貧，宜可改幣。」上以問丹，丹對言可改。章下有司議，皆以為行錢以來久，難卒(58)變易。丹老人，忘其前語，復從公卿議。又丹使吏書奏，吏私寫其草(59)。丁、傅子弟聞之，使人上書告「丹上封事，行道人偏持(60)其書。」上以問將軍、中朝臣，皆對曰：「忠臣不顯諫(61)。大臣奏事，不宜漏泄，宜下廷尉治。」事下廷尉，劾丹大不敬，事未決，給事中、博士申咸、炔欽上書言：「丹經、行無比(62)，自近世大臣能若丹者少。發憤懣，奏封事，不及深思遠慮，使主簿[63]書，漏泄之過不在丹，以此貶黜，恐不厭[64]眾心。」上貶咸、欽秩各二等[65]，遂策免丹曰：「朕惟君位尊任重，懷諼迷國[66]，進退違命，反覆異言[67]，甚為君恥之！以君嘗託傅位[68]，未忍考于理[69]，其上大司空、高樂侯印綬，罷歸[70]！」

尚書令唐林上疏曰：「竊見免大司空丹策書，泰深痛切[71]。君子作文，為賢者諱。丹，經為世儒宗[72]，德為國黃耇[73]，親傅聖躬[74]，位在三公。所坐者微[75]，海內未見其大過。事既以往，免爵太重，京師識者咸以為宜復丹爵邑，使奉朝請。唯陛下裁覽眾心[76]，有以尉復師傅之臣！」上從林言，下詔，賜丹爵關內侯。

上用杜業之言，召見朱博，起家復為光祿大夫，遷京兆尹。冬，十月壬午[77]，以博為大司空。

中山王箕子[78]，幼有眚病[79]，祖母馮太后自養視，數禱祠解[80]。上遣中郎謁者張由將醫[81]治之。由素有狂易病[82]，病發，怒去[83]，西歸長安。尚書簿責由擅去狀[84]，由恐，因誣言中山太后[85]祝詛上及傅太后。傅太后與馮太后並事元帝，追怨之，因是遣御史丁玄按驗[86]，數十日，無所得，更使中謁者令[87]史立治之。立受傅太后指，冀得封侯，治馮太后女弟習[88]及弟婦君之[89]，死者數十人，誣奏云：「祝詛，謀殺[4]上，立中山王。」責問馮太后，無服辭[90]。立曰：「熊之上殿何其勇[91]，今何怯也！」太后還謂左右：「此乃中語[92]前世事[5]，吏何用知之？欲陷我效也[93]！」乃飲藥自殺。宜鄉侯參[94]、君之、習夫及子[6]當相坐者，或自殺，或伏法，凡死者十七人。眾莫不憐之。

司隸孫寶奏請覆治[95]馮氏獄，傅太后大怒曰：「帝置司隸，主使察我！馮氏反事明白，故欲擿抉[96]以揚我惡[97]，我當坐之[98]！」上乃順指[99]，下寶獄。尚書僕射唐林爭之，上以林朋黨比周，左遷敦煌魚澤障[100]候。大司馬傅喜、光祿大夫龔勝固爭，上為言太后，出寶，復官。張由以先告，賜爵關內侯，史立遷中太僕。

【章旨】以上為第八段，寫哀帝在傅太后挾制下執政昏庸，黑白顛倒。傅太后感謝趙飛燕皇太后擁立之功，諷耿育上書阻止了對成帝死因案的徹查；而傅太后欲報昔日馮婕妤當熊而立，使自己尷尬這一莫名之怨，數十年後還大興冤獄，竟以謀反罪逼殺中山王馮太后。傅氏又索求尊號，貪婪無比，師丹為之而被罷官。

【注釋】❶至戒　最重要的警戒。❷見歷知適　指太伯知道小弟季歷當為嫡嗣。太伯，周先祖古公亶父的長子，他看到小弟季歷賢能，又受到父王寵愛，便與二弟仲雍一起逃到吳地以讓賢。季歷，周文王姬昌之父，事詳《史記·吳太伯世家》。❸逡循　徘徊；往復多次。❹權變　在特殊情況下，可通權達變。❺以崇聖嗣　指讓賢明的人來繼承王位。這裡具體指季歷及文王姬昌。❻功冠三王　指周文王之功，是夏、商、周三朝最大的。❼太王　武王建立周朝後，追封古公亶父為太王。❽繼嗣不以時立　指成帝早年沒能及時立太子。❾未有皇子　晚年可能有皇子。❿耆　通「嗜」。⓫大臣不使　大臣們不從使命。

⑫周公抱負之輔　周公盡心輔佐成王。⑬內斷於身　指成帝確定哀帝為繼嗣後，便不再進御嬪妃，免得生下幼子來爭位。⑭微嗣　指晚年所生幼子。⑮致位　傳位。⑯愚臣　指解光等。⑰深援安危　盡力穩定國家。⑱定金匱之計　制定出長治久安之策。⑲推演　發揚光大。⑳反覆校省內　翻來覆去在宮禁內調查。㉑暴露私燕　揭露了成帝的隱私。私燕，指閨房中的隱私。㉒傾惑　為美色所惑。㉓成結寵妾妒媢之誅　謂成帝受寵妃擺布而造成替寵妃濫行誅殺。成結，造成。㉔甚失賢聖遠見之明二句　為成帝殺子惡行辯護，意謂成帝殺嬪妃所生之子，不是被趙昭儀所迷惑，而是替哀帝剷除幼主爭位的禍根，是高瞻遠矚安定國家的聖德。㉕論大德不拘俗　評論偉大人物的品德，不要拘泥於世俗的見解。㉖立大功不合眾　建立重大功勞的人，不能用常人的標準去衡量。㉗至思　深思。㉘萬萬於眾臣　高出眾臣萬萬倍。㉙斗筲之臣　識量短淺的臣子。斗筲，喻細小，用於形容無遠見的小人。筲，竹器，容量二升。㉚匡救　補救。㉛事不當時固爭　當事情發生之時，不敢據理力爭。㉜各隨指阿從以求容媚　一個個見風使舵，順從主上的心意以取寵。㉝晏駕　皇帝去世。㉞尊號已定　指趙皇后被尊為太后。㉟乃探追不及之事　才追究已無法挽回的往事。㊱訐揚幽昧之過　揭發暴露幽隱不明的過錯。㊲空使謗議上及山陵　平白地讓誹謗波及死去的成帝。山陵，指成帝的陵墓，借指死去的成帝。意指懲治趙氏姐妹將使成帝蒙受汙垢。㊳遂不竟其事　於是對解光的指控，不作追查，不了了之。㊴趙太后亦歸心　趙太后也傾心交結傅太后。㊵丁酉　正月初四日。㊶甲辰　九月十五日。㊷虞　縣名，縣治在今河南虞城。㊸郎中令　「令」字衍。因武帝太初元年已將郎中令更名為光祿勳。㊹稱皇之意　指車馬衣服要和皇室尊位相稱。㊺置吏二千石以下　可以設置二千石以下的官吏。如詹事、太僕、少府等。㊻母從子二句　傅太后為定陶共王劉康之母，丁姬為劉康之妻，故尊傅太后為「定陶共皇太后」，尊丁姬為「定陶共皇后」，表示母從子、妻從夫。㊼尊無二上　至尊只能有一人。㊽父為士四句　引自《禮記・喪服小記》。意謂父親的身分本來是士，兒子當了天子，祭祀時便按天子禮儀，而尸的服裝仍為士服。用天子禮祭祀，表示身為天子的兒子盡孝心，仍著士服，表明父親原來的身分。尸，古代祭祀，找一個童子穿著死者（祖宗）生前的衣服，裝扮成死者受祭，後演變為牌位。㊾斬衰　粗麻布喪服。子女替父母守孝三年才服斬衰。㊿降其父母期　過繼為人子之人，替父母服喪時降等為齊衰，守孝一年。(51)尊本祖　指哀帝既繼成帝後，應尊成帝為正統，不應再去尊自己的生父。(52)共皇　即劉康，本為共王，其子劉欣過繼給成帝，是為哀帝，故又稱劉康為共皇。(53)持重大宗　身為嫡系大宗負有重任。(54)無主　指沒有木主。(55)親盡當毀　按當時祭禮，四世以後之廟，由於親盡則盡毀，不再祭祀。(56)太祖不墮之祀　立共王廟於定陶，則為一國始祖廟，當萬世不毀。(57)浸不合上意　逐漸不符合皇上的心意。(58)卒　通「猝」。突然。(59)私寫其草　私自抄寫副本。(60)偏持　全都持有。(61)忠臣不顯諫　忠臣不公開諫阻皇帝。

(62)經行無比　經學、品行沒人能比得上。(63)主簿　丞相府屬官，執掌文書檔案。(64)厭　心服。(65)貶咸欽秩各二等　將博士申咸、炔欽降級二等，即從六百石降至四百石。(66)懷諼迷國　心懷詐偽，貽誤國事。諼，偽詐。(67)反覆異言　說話前後矛盾。(68)嘗託傅位　哀帝為太子時，師丹曾任太子太傅。(69)考于理　由廷尉推究。理，指司法官廷尉。(70)罷歸　免職回家。(71)泰深痛切　極為痛心。(72)經為世儒宗　經學為世儒所宗。(73)德為國黃耇　是德高望眾的國老。黃耇，對高壽者的尊稱。黃，指老年人白髮轉黃。耇，形容老人面有積垢。(74)親傅聖躬　指師丹曾擔任過哀帝的師傅。(75)所坐者微　被指控的過失十分細微。(76)裁覽眾心　考慮眾人的心意做出決斷。(77)壬午　十月二十三日。(78)箕子　中山王劉興之子。(79)眚病　即中醫所稱之「肝厥」，發病時，嘴唇、手腳指甲皆呈青色。(80)數禱祠解　多次祭祀禱告，以求病情緩解。(81)將醫　帶著太醫。(82)狂易病　即癲癇症，一說係精神失常。(83)怒去　發狂離去。(84)簿責由擅去狀　下正式公文申斥張由，並責問其擅自離開中山王回京的原因。(85)中山太后　即元帝之馮昭儀。(86)按驗　調查核實。(87)中謁者令　出納章奏的內廷宦官。(88)女弟習　馮太后之妹馮習。(89)君之人名，馮太后弟媳，寡居。(90)無服辭　沒有認罪的文辭。(91)熊之上殿何其勇　當初野熊上殿時，你是何等英勇。熊上殿事，詳本書卷二十九元帝建昭元年。元帝與馮婕妤（後改昭儀）、傅昭儀等觀鬥獸，一野熊破欄上殿，傅昭儀倉皇逃走，馮婕妤以身相迎保護元帝。史立舊事重提，意在迫使馮太后自誣。(92)中語　宮中密語，指馮、傅二人爭風吃醋之事。(93)欲陷我效也　想陷害我的人提供的證據。(94)宜鄉侯參　馮參，馮太后之弟。傳附《漢書》卷七十九。(95)覆治　重新調查審理。(96)擿抉　即剔抉，找岔子。(97)揚我惡　宣揚我的過錯。(98)我當坐之　我將要他坐牢。(99)順指　順從傅太后的心意。(100)魚澤障　邊防哨卡名，在敦煌效谷縣。孫寶被貶為魚澤障候官。

【校　記】[1]末　據章鈺校，十四行本、乙十一行本、孔天胤本皆作「未」。[2]子　原作「者」。據章鈺校，十四行本、乙十一行本、孔天胤本皆作「子」，今據改。[3]而　原無此字。據章鈺校，十四行本、乙十一行本、孔天胤本皆有此字，今據補。[4]殺　原作「弒」。據章鈺校，十四行本、乙十一行本、孔天胤本皆作「殺」，今據改。[5]前世事　原無此三字。據章鈺校，十四行本、乙十一行本、孔天胤本皆有此三字，張瑛《通鑑校勘記》同，今據補。[6]習夫及子　原作「習及夫子」。胡三省注云：「按，〈馮昭儀傳〉『習夫及子』也。」據章鈺校，乙十一行本作「習夫及子」，當是，今據改。

【語　譯】議郎耿育上疏說：「臣聽說皇帝繼承喪失大統順序，廢棄嫡子而立庶子，是聖人立法所禁，古今最重要的警戒。可是吳太伯發現小弟王季適合作繼承人，再三堅決辭讓，託身吳、粵，這是在特殊情況下的通權達變，不按常規辦法，把嫡子的嗣位讓給了王季，以尊崇聖嗣，結果周朝得了天下。子孫繼承前代功業，有七八百年，功業居於夏商周三代之首，道德最為完備，因而王位的尊號追加到古公亶父，尊為太王。所以，時事一定要有非常的變化，然後才有非常的謀略。孝成皇帝自知早年沒有生下繼嗣，沒能及時立下太子，考慮到即使晚年得子，自己萬歲之後，兒子不能主持國政，國家大權，控制在母后女主之手，母后驕縱過度，就會貪欲不止，少主幼弱，大臣們就不聽使命。當世如果沒有周公姬旦那樣抱負成王，盡心輔佐的臣子，恐怕就要危害國家，使天下大亂。先帝瞭解陛下有賢聖英明的品德，仁愛孝順的恩情，獨具慧眼，不再召幸嬪妃，所以廢除後宮進御之習，斷絕了晚年生子可能帶來的禍根，就想把皇位傳給陛下，以安定宗廟。愚昧之臣既不能穩定國家，制定出長治久安的計策，又不懂得發揚光大聖德，宣揚先帝正大無私的志向，卻反覆在宮禁內調查，揭露了宮闈中的隱私。誣言先帝被美色迷惑之過，造成替寵妃濫行誅殺，有失先帝聖賢遠見的英明，辜負了先帝為國憂慮的本意。評論偉大人物的品德，不要拘泥於世俗的見解，建立重大功勞的人，不能用常人的標準去衡量，這正是孝成皇帝深謀遠慮，高出眾臣萬萬倍，陛下聖德茂盛符合皇天選擇的原因，豈是當代庸俗鄙陋微細小臣所能及的呢！況且讚揚遵循君父的美德，補救消除已往的過失，是古今共同的大義。遇到事情不對，不能及時堅決力爭，以防患於未然，而各自見風使舵，順從主上的心意以取寵。先帝逝世後，趙太后的尊號已經確定，萬事都已完畢，這才來追查無法挽回的往事，揭發暴露那些幽隱不明的過錯，這實在是令臣深感悲痛！希望把此事交給主管官吏討論，若如同臣所說，就應宣布於天下，使天下人都知道先帝聖意產生的原因。不然，平白地讓誹謗言論上達死去的成帝，下至流傳後代，遠播異族，近布海內，這絕對不是先帝託付給陛下的本意。孝順的子女，是善於遵循先父的遺志，善於完成先人未完成的事業，請陛下省覽詳察！」皇帝也覺得自己被立為太子，很得力於趙太后，於是不再追究這件事。傅太后感激趙太后立哀帝之功，趙太后也心向著傅太后，因此太皇太后以及王氏權貴們都怨恨趙太后。

正月初四日丁酉，任命光祿大夫傅喜為大司馬，封高武侯。

秋，九月十五日甲辰，兩顆隕石在虞縣墜落。

郎中令泠褒、黃門郎段猶等又上奏說：「定陶共皇太后、共皇后都不應再使用定陶藩國的名稱，加在尊號的上面。車馬、衣服也都應與皇室的身分相稱，應設置二千石以下官吏在那裡供職，還應當為共皇在京師長安建立宗廟。」皇上又把奏章交由大臣們商議，大臣大多順從皇上旨意說：「母以子貴，應當建立尊號，以厚孝道。」只有丞相孔光、大司馬傅喜、大司空師丹認為不應這樣。師丹說：「聖王制定禮儀，是取法於天地。尊者卑者，是擺正天地的位置，不能混亂。如今定陶共皇太后、共皇后以『定陶共』為號，正是表示母從子、妻從夫的意思。想要建官設吏，車馬、衣服和太皇太后一樣，這就無法表明『尊無二上』的道理。定陶共皇的尊號、謚號前已確定，在道理上是不能再更改的。《禮記》上說：『父親為士，兒子是天子，祭祀父親時，兒子用天子的禮儀去祭祀，但尸的服裝仍為士服』，兒子沒有加封父親爵位的道理，這是表示尊重父母。過繼為他人作後嗣的，也就是他人的兒子，所以就要為過繼的父母穿不縫邊的粗麻布製成的衣服守孝三年，而縮短對親生父母守孝的時間，以表明崇敬所過繼的祖先，而尊重正統。孝成皇帝聖恩深遠，特意為共王選定了繼承人，以承奉祭祀，使共皇能長久為藩國的太祖，香火萬代不滅，已經恩義備至。陛下既然為先帝的繼承人，身居嫡系大宗負有重任，承襲了宗廟、天地、社稷的祭祀，在道義上就不能再承奉定陶共皇，到共皇廟去祭祀祖先。如今想在京師建立共皇廟，然而讓臣下去祭祀，這就成為沒有木主的祭祀。再有，親情盡後祭廟當毀，現在徒然去除掉一個藩王萬世不毀的祭祀，而去趨就一個既無木主又將撤除，而且按禮儀又不符合正道的祭祀，這不是尊崇厚待共皇的做法！」由此，師丹漸漸不合皇上的心意。

正好有人上奏說：「古代用龜甲、貝殼作為貨幣，如今用錢幣來取代，因此百姓貧困，應該改革幣制。」皇上詢問師丹的意見，師丹回答可以改革。奏章交給主管部門討論，都認為使用錢幣的時間已很久了，難以驟然改變。師丹年紀大了，忘了他回答皇上說過的話，又順從公卿們的意見。此外，師丹讓屬官抄寫奏章，屬官私自抄寫了一份副本。丁、傅兩家子弟得這一消息，派人上書告發「師丹呈上機密奏章，街上行路的人全都持有他的機密奏章。」皇上詢問將軍和朝中大臣，都回答說：「忠臣是不顯露他對君王的諫阻。大臣上奏的事情，不應向外洩漏，應把師丹交廷尉治罪。」此案交由廷尉審查，廷尉彈劾師丹犯大不敬罪，案件沒有最後判定，給事中、博士申咸、炔欽上奏說：「師丹的經學與德行無人可比，在近世大臣之中像師丹這樣的人少有。師丹因宣洩鬱悶，上呈機密奏書，未能深思熟慮，就讓主簿抄寫，洩漏的過錯不在師丹，以這個理由將他貶黜，恐怕不能使大家心服。」皇上將申咸、炔欽各降級二等，接著下策書罷免師丹，說：「朕見你官位尊貴，責任重大，卻心懷詐偽，貽誤國事，行動舉止有背詔令，說話前後矛盾，朕深為你感到羞恥！因為你曾居太傅之位，我不忍心由廷尉推究你，你交還大司空、高樂侯的印信綬帶，免職回家！」

尚書令唐林上奏說：「我看到罷免大司空師丹的策書，極為痛心。君子寫文章，要為賢德的人掩飾過錯。師丹經學為世儒所宗，品德上是國家尊崇的老前輩，親自教導聖上，位居三公。而被指責的過失輕微，天下人沒有看到師丹的重大過錯。事情已經過去了，免除爵位的處分過重，京師有識之士都認為應當恢復師丹的爵位封邑，使他能參加朝見。希望陛下考慮眾人的心意做出決斷，用以安慰報答當過師傅的大臣！」皇上聽從了唐林的意見，下詔賜師丹關內侯的爵位。

皇上採納杜業的意見，召見朱博，又起用為光祿大夫，後遷任京兆尹。冬，十月二十三日壬午，任命朱博為大司空。

中山王劉箕子小時患有肝厥症，祖母馮太后親自撫養看護，多次祈禱，以求病情緩解。皇上派遣中郎謁者張由帶醫師給劉箕子治病。張由原本就有精神疾病，病情發作，就發狂離去，西回長安。尚書下公文責問張由擅自離開中山國的原因，張由恐懼，就誣告中山太后詛咒皇上及傅太后。傅太后與馮太后都是一起侍奉元帝的，傅太后追想舊怨而懷恨馮太后，於是派遣御史丁玄調查核實，幾十天，一無所獲，另派中謁者令史立去審理。史立接受傅太后的旨意，想獲得封侯，於是處治了馮太后的妹妹馮習以及弟媳君之，死了的有數十人，上奏誣告說：「馮太后訴於鬼神，圖謀殺害皇上，立中山王為帝。」史立責問馮太后，馮太后沒有服罪的話。史立說：「當年熊從欄中逃出時，你是何等勇敢，如今為什麼如此膽怯呢！」馮太后回宮後對身邊的人說：「這是宮中談論前代的事，史立怎麼知道的？這是想陷害我的人提供的證據！」於是服毒自殺。宜鄉侯馮參、君之、馮習的丈夫和兒子，被牽連此案而治罪的，有的自殺，有的被殺，共死了十七人。人們都很同情他們。

司隸孫寶奏請重新審理馮氏一案，傅太后大怒說：「皇帝設置司隸官，難道是為了追查我！馮氏謀反的事情很清楚，孫寶想故意挑剔來顯揚我的過失，我將讓他坐牢！」皇上就順從傅太后的旨意，把孫寶關進監獄。尚書僕射唐林為孫寶辯護，皇上以結黨營私的罪名，把唐林貶調敦煌郡效谷縣當軍候。大司馬傅喜、光祿大夫龔勝極力爭辯，皇上把此事告訴傅太后，釋放了孫寶，恢復他的官職。張由因為首先告發，賜爵關內侯，史立升官中太僕。

【研析】極端的皇權，就是所謂的絕對權威，而絕對權威必然帶有野蠻性。本卷所載統治集團的權力鬥爭，以及宮中黑幕，活生生地表現了皇權的野蠻性，上演一齣又一齣的悲劇，包括皇帝本人在內亦不幸免。丞相翟方進之冤死，漢成帝之暴崩，張放效愚忠之死，中山王馮太后被誣謀反而死，趙昭儀專寵喪失人性被逼死，無一不表現了專制政治的弊端，很有警世意義。專制不除，這些悲劇的上演就不會停止。

先說翟方進之死。按照古代的天人感應學說，人間政治昏亂，上天就要降災示警。熒惑守心，自然天象，被說成是兆示國君有災難，但可以轉移到大臣身上。春秋時楚昭王二十七年（西元前四八九年），楚國上空出現火燒紅雲，像一群火鳥圍繞太陽飛奔了三天。楚昭王羋軫派使者到周王室向太史請教。太史說：「楚王有災難，可以用祭祀禱告的法術，轉移到大臣令尹或者司馬的身上。」楚昭王說：「大臣是寡人的臂膀，把腹心的疾病轉移到臂膀，有什麼好處。」楚昭王不做禱告。孔子稱讚楚昭王是一個懂得大道的人。又春秋時宋景公三十七年（西元前四八〇年），熒惑守心，心宿是宋的分野，司星官子韋說：「宋公有災，可轉移到國相身上去。」宋景公說：「相是我的手和腳。」子韋說：「可轉移給人民。」宋景公說：「國君依靠的是人民。」子韋說：「可轉移給收成。」宋景公說：「沒有收成，人民沒有飯吃，我這國君有何用。」子韋祝賀說：「上天高高在上，聽得見下界的聲音。國君說了三次善言，熒惑將要後退。」熒惑果然退了三度。如今成帝綏和二年，熒惑守心，成帝卻逼死丞相翟方進，企圖嫁禍於人，結果自己並沒有免禍，只比翟方進多活了一個月零五天。二月十三日翟方進被賜死，三月十八日成帝暴崩。正如司馬光所說：假定災禍可以轉移，仁慈的君主也不忍心去做，楚昭王芈軫、宋景公頭曼，做出了榜樣。何況災禍根本就不可轉移。對於翟方進來說，他沒有犯死罪，為了承當天變，把他殺了，是冤死而侮辱上帝；如果翟方進犯了死罪，借他的人頭承當天變，卻是在掩蓋他的罪行，賜給他豐厚葬禮，是侮辱人民。漢成帝劉驁既欺天，又欺人，而自己並沒有得到好處，實在是昏塗而不知天命。

再說成帝之死。班彪稱讚成帝美姿容，是一個帥哥，很注意修飾儀容，乘車必立正，不左顧右盼，說話從容，從不發火，上朝時神情莊重，嚴肅得像一尊神，很有天子派頭。成帝博覽古今，知識淵博，聽得進逆耳之言，很有權威，力能制奸，是一個聰明天子。很可惜，成帝一門心思玩女人，大臣直諫的話，能聽不能行，只當耳邊風，他沉溺於酒色達到了癲狂和心理變態的地步，甚至於親手殺死皇子來討好心上人趙昭儀。虎毒不食子，癲狂天子比虎還毒，令人髮指。成帝無疾而暴崩，有人推斷是服了過量春藥而死，這叫做「自作孽，不可活」。

再說一人之死，那就是富平侯張放。張放是西漢名臣張安世的後裔，成帝寵信的大臣，任侍中、中郎將，與成帝同臥起，經常微行出遊，又鬥雞走馬長安市中，遭到大臣彈劾，王政君太后斥責，成帝不得已外出張放，三進三出，最後遣就國。成帝死後，張放思慕哭泣而悲死。荀悅認為，張放引導成帝放縱玩樂，不是一個忠臣，但他確實很愛成帝，以至於死。荀悅評論說：「愛而不忠，是仁義的蟊賊。」張放之愛，是對成帝的百依百順，是典型的奴才之愛。成帝放縱，本不應由奴才負責。奴才殉主，是非同一般的愛，只有效極忠的人才捨得生命。奴才的效忠，也就是愚忠。對昏暴之君效愚忠的人，客觀上可以說是助紂為虐，說他是仁義的蟊賊未為不可，但主觀上，效愚忠的人與阿諛藏奸的人有本質的不同，不能說是仁義的蟊賊。效愚忠的人，其情可憫，而奸險小人，則令人可恨。張放是值得同情的，但並不可愛。

中山王馮氏王太后被誣謀反而死，比翟方進還要冤。翟方進之冤，死於荒唐的意識形態，替皇帝禦災，用自己的生命去換取皇帝生命的安全，還可以與忠字掛鉤，所以死了享受國葬。馮太后，則是人為製造的冤案，無中生有，表現了皇權政治體制下司法的無邊黑暗。史立奉命造冤獄，拷死了馮氏王太后的妹妹馮習等數十人，仍得不到口供，然後從宮中派去給劉箕子治病的御醫中收買無行敗類做假證，硬是顛倒黑白，做成馮氏王太后詛咒皇上的冤案。親王之家尚且如此，平民百姓更是訴告無門，只能發出「屈死不告狀」的哀鳴。法律應該是神聖的，但實際上卻只為權勢和金錢服務。傅太后因嫉妒而生恨，幾十年後仗著接近皇權而赤裸裸地製造冤案，株連而成大獄，即便是朝中大臣，只要同情馮氏王太后，就要受到打擊，司隸校尉孫寶請求調查而被下獄，尚書令唐林出來申辯而遭流放，製造冤案的小人卻有功，張由檢舉揭發被封關內侯，顛倒黑白的審判官史立被提升為中太僕。

趙昭儀以天生麗質迷倒漢成帝，不僅專寵後宮，而且逼迫成帝殺害皇子，頤指氣使，不可一世，成帝死了，她的末日也就到了。

從翟方進之死，到趙昭儀之死，一連串的悲劇發生，無一不是由一至高無上的皇權生出的弊端。成帝是至高權威，他可以隨意讓人去替死。傅太后接近了皇權，她才可以呼風喚雨，製造冤案。張放匐匍皇權，才效愚忠而死。其實皇權也是一把雙刃劍，它給一個人帶來絕對權威，而絕對權威的濫用，也會傷及自身。成帝本人暴死而又無子的悲劇，不也是極端皇權異化人性的產物嗎！

卷第三十四

漢紀二十六

起柔兆執徐（丙辰 西元前五年），盡著雍敦牂（戊午 西元前三年），凡三年。

【題解】本卷記事起西元前五至前三年，凡三年史事，當哀帝建平二年到四年。哀帝是一個短命皇帝，年二十歲即位，即位六年，年二十五歲而死。本卷寫哀帝即位前半段，即前期執政的三年史事。哀帝比成帝還要昏庸暴虐，幾乎沒有一件善政可言。哀帝即位後的第一件大事就是背叛入繼大統尊奉成帝為正宗的倫理，他用提拔朱博等群小的辦法完成對生父、祖母等直系親屬稱尊號的願望，從而排逐正直，親近小人。董賢、息夫躬、傅晏、傅商等一班奸佞充斥朝廷。諍臣鄭崇死獄中，執金吾毋將隆、諫大夫鮑宣上書勸諫，言民疾苦，哀帝充耳不聞。傅太后挾制天子，干預朝政，哀帝無所作為，既無能，也無心。哀帝尊寵丁氏、傅氏，加上王氏，三家外戚明爭暗鬥，政治一片昏暗，西漢王朝急劇衰落。

孝哀皇帝中

建平二年（丙辰 西元前五年）

春，正月，有星孛❶于牽牛❷。

丁、傅❸宗族驕奢，皆嫉傅喜❹之恭儉。又，傅太后❺欲求稱尊號，與成帝母❻齊尊❼，喜與孔光❽、師丹❾共執❿以為不可。上重違⓫大臣正議⓬，又內迫傅太后，依違者連歲。傅太后大怒，上不得已，先免師丹以感動喜⓭，喜終不順⓮。朱博⓯與孔鄉侯傅晏⓰連結，共謀成尊號事，數燕見⓱，奏封事，毀短喜及孔光。丁丑⓲，上遂策免喜⓳，以侯就第⓴。

御史大夫㉑官既罷㉒，議者多以為古今異制㉓，漢自天子之號下至佐史㉔，皆不同於古，而獨改三公，職事㉕難分明，無益於治亂㉖。於是朱博奏言：「故事㉗：選郡國守相㉘高第為中二千石㉙，選中二千石為御史大夫，任職㉚者為丞相。位次有序，所以尊聖德㉛，重國相㉜也。今中二千石未更㉝御史大夫而為丞相，權輕，非所以重國政也。臣愚以為大司空官可罷，復置御史大夫，遵奉舊制。臣願盡力以御史大夫為百僚率㉞！」上從之。夏，四月戊午㉟，更拜博為御史大夫。又以丁太后㊱兄陽安侯明㊲為大司馬、衛將軍，置官屬，大司馬冠號㊳如故事。

傅太后又自詔丞相、御史大夫曰：「高武侯喜附下罔上㊴，與故大司空丹同心背畔，放命圮族㊵，不宜奉朝請㊶，其遣就國。」

丞相孔光，自先帝[42]時議繼嗣[43]，有持異[44]之隙，又重忤傅太后指[45]，由是傅氏在位者與朱博為表裏[46]，共毀譖光。乙亥[47]，策免光為庶人[48]。以御史大夫朱博為丞相，封陽鄉[49]侯，少府[50]趙玄為御史大夫。臨延登受策[51]，有大聲如鍾鳴，殿中郎吏陛者[52]皆聞焉。

上以問黃門侍郎[53]蜀郡揚雄[54]及李尋[55]。尋對曰：「此洪範[56]所謂鼓妖[57]者也。師法[58]，以為人君不聰[59]，為眾所惑，空名得進[60]，則有聲無形，不知所從生[61]。其傳曰[62]：『歲、月、日之中[63]，則正卿受之[64]。』今以四月日加辰、巳有異[65]，是為中焉。正卿，謂執政大臣也。宜退[66]丞相、御史，以應天變。然雖不退，不出期年[67]，其人自蒙其咎[68]。」揚雄亦以為「鼓妖，聽失之象也[69]。朱博為人彊毅，多權謀[70]，宜將不宜相，恐有凶惡亟疾[71]之怒。」上不聽。

朱博既為丞相，上遂用其議[72]，下詔曰：「定陶共皇[73]之號不宜復稱定陶，尊共皇太后曰帝太太后[74]，稱永信宮；共皇后曰帝太后[75]，稱中安宮；為共皇立寢廟[76]於京師，比[77]宣帝父悼皇考制度[78]。」於是四太后各置少府、太僕，秩[79]皆中二千石。

傅太后既尊後，尤驕，與太皇太后語，至謂之嫗[80]。時丁、傅以一二年間暴興[81]尤盛，為公卿列侯者甚眾[82]，然帝不甚假[83]以權勢，不如王氏[84]在成帝世也。

丞相博、御史大夫玄奏言：「前高昌侯宏[85]，首建尊號之議[86]，而為關內侯師丹所劾奏，免為庶人。時天下衰粗[87]，委政於丹[88]，丹不深惟[89]褒廣尊號之義，而妄稱說[90]，抑貶尊號，虧損孝道，不忠莫大焉！陛下仁聖，昭然[91]定尊號，宏以忠孝復封高昌侯。丹惡逆暴著[92]，雖蒙赦令，不宜有爵邑[93]，請免為庶人。」奏可。

又奏：「新都侯王莽[94]〔1〕前為大司馬，不廣尊尊[95]之義，抑貶尊號，虧損孝道，當伏顯戮。幸蒙赦令，不宜有爵土，請免為庶人。」上曰：「以莽與太〔2〕皇太后有屬[96]，勿免，遣就國。」及平阿侯仁[97]臧匿趙昭儀親屬，皆遣〔3〕就國。

天下多冤王氏[98]者。諫大夫[99]楊宣上封事言：「孝成皇帝深惟宗廟之重，稱述陛下至德以承天序[100]，聖策[101]深遠，恩德至厚。惟念先帝之意，豈不欲以陛下自代[102]，奉承東宮[103]哉！太皇太后[104]春秋七十，數更憂傷[105]，敕令[106]親屬引領[107]以避丁、傅，行道之人為之隕涕，況於陛下？時〔4〕登高遠望，獨不慚於延陵[108]乎！」帝深感其言，復封成都侯商中子邑[109]為成都侯。

朱博又奏言：「漢家故事，置部刺史[110]，秩卑而賞厚[111]，咸勸功樂進[112]。前罷刺史，更置州牧，秩真二千石[113]，位次九卿；九卿缺，以高第[114]補。其中材則苟自守而已，恐功效陵夷[115]，姦軌[116]不禁。臣請罷州牧，置刺史如故。」上從之。

六月庚申[117]，帝太后丁氏崩，詔歸葬定陶共皇之園[118]，發陳留[119]、濟陰[120]近郡國五萬人穿復土[121]。

【章旨】以上為第一段，寫哀帝依靠提拔朱博等群小的辦法，終於完成對生父及其親屬稱尊號的願望，而對繼承大統的操守，不免虧缺。

【注釋】❶孛　星芒四出散射的現象，因而亦作為彗星的別稱。❷牽牛　星宿名，即「河鼓二」，古代稱「牛宿」，俗稱「牛郎星」。❸丁傅　指哀帝舅陽安侯丁明、哀帝祖母傅太后、皇后父孔鄉侯傅晏等為首的外戚。❹傅喜　（?—西元九年）字稚游，河內溫（今河南溫縣）人，好學有志行，傅太后從父弟，官至大司馬，封高武侯。傳見《漢書》卷八十二。❺傅太后　（?—西元前二年）元帝昭儀，哀帝祖母。傳見《漢書》卷九十七下。❻成帝母　即元帝王皇后。❼齊尊　指傅太后要與王皇后同稱「太皇太后」之尊號。❽孔光　（西元前六五—西元五年）字子夏，孔子十四世孫，明經學，封博山侯。傳見《漢書》卷八十一。❾師丹　（?—西元三年）字仲公，官至大司空，封高樂侯。傳見《漢書》卷八十六。❿共執　共同堅持。⓫重違　難違。⓬大臣正議　大臣們的正當建議。⓭感動喜　觸動傅喜，使其恐懼。⓮不順　不順從。⓯朱博　（?—西元前五年）字子元，杜陵（今陝西長安）人，官至丞相，封陽鄉侯。傳見《漢書》卷八十三。⓰傅晏　漢哀帝傅皇后父，元壽二年（西元前一年）坐亂妻妾位免孔鄉侯爵。傳見《漢書》卷十八。⓱數燕見　哀帝多次召見賜宴。燕，通「宴」。⓲丁丑　二月二十日。⓳策免喜　下詔書罷免傅喜的官職。策，簡冊。此指免職詔書。⓴以侯就第　仍保留列侯的爵位，退位居家。㉑御史大夫　官名，秦、漢三公之一，副丞相，掌監察。㉒既罷　指漢成帝綏和元年（西元前八年）罷御史大夫，置大司空。㉓古今異制　古代和當代制度不同。㉔佐史　漢代低級官吏。㉕職事　職權和職責。㉖治亂　治理。㉗故事　慣例。㉘守相　漢制，郡置太守，封國置相，並稱為守相。㉙中二千石　漢九卿官員以及郡國守相的俸祿級別。每月實得穀一百八十斛，年實得穀二千一百六十石。(30)任職　稱職。(31)尊聖德　尊重皇帝的恩德。(32)重國相　加重丞相的地位和權力。(33)未更　沒有經歷。(34)率　表率。(35)戊午　四月初二日。(36)丁太后　（？—西元前五年）定陶共王姬，漢哀帝母。傳見《漢書》卷九十七下。(37)明　丁明，以哀帝舅封陽安侯，後為王莽所殺。傳見《漢書》卷八。(38)冠號　稱號。(39)附下罔上　附和下臣，欺瞞皇帝。(40)放命圮族　違抗詔命，毀壞宗族。放，通「方」。語出《尚書·堯典》。(41)奉朝請　漢制，對退職大臣、皇親等給予奉朝請之名，使能參加朝會。(42)先帝　指成帝。(43)議繼嗣　議立太子事。(44)持異　堅持異議，指孔光主張立中山王之事。(45)重忤傅太后指　嚴重地違背傅太后的旨意。指，同「旨」。(46)為表裏　相為表裡，內外夾攻。傅太后與朱博，一在宮內，一在宮外，夾攻孔光。(47)乙亥　四月十九日。(48)庶人　平民。(49)陽鄉　朱博封地，在山陽湖陵，今山東魚臺。(50)少府　官名，九卿之一，掌山林川澤，理皇室財政。(51)臨延登受策　漢制，初拜丞相或御史大夫，皇帝親自延入登殿授予策書。(52)陛者　執兵器列於殿階前的禁衛宮兵。(53)黃門侍郎　宮官，侍從皇帝。(54)揚雄　（西元前五三—西元一八年）字子雲，西漢著名文學家。傳見《漢書》卷八十七。(55)李尋　字子良，平陵（今山東歷城）人，善星曆，治《尚書》，官黃門侍郎，因罪流放敦煌。傳見《漢書》卷七十五。(56)洪範　《尚書》篇名。(57)鼓妖　鼓為妖，發出巨響。(58)師法　老師所傳授的學問技能。(59)不聰　耳目閉塞。(60)空名得進　徒有虛名的人得到進用。(61)不知所從生　不知聲音從何處發生。(62)傳曰　指西漢劉向所著《洪範五行傳》。(63)歲月日之中　一年三分，則四月為歲中；一月三分，則十九為月中；一日三分，則辰、巳為日中。辰、巳相當於一日之九至十二時。(64)則正卿受之　執政大臣應承擔責任。漢時丞相、御史大夫、司空等三公相當周時的正卿。(65)今以四月日加辰巳有異　現今是在四月十九日的辰、巳時發生鼓妖的災異，正是在歲、月、日之中。(66)退　罷退。(67)期年　一週年。(68)自蒙其咎　自己蒙受災禍。(69)聽失之象也　失聽的象徵。(70)權謀　權術。(71)亟疾　急劇到來的禍害。(72)用其議　採納他的意見。(73)定陶共皇　元帝傅昭儀之子劉康，封定陶共王，其子即漢哀帝。(74)太太后　哀帝祖母傅氏之尊號。(75)帝太后　哀帝生母丁姬之尊號。(76)寢廟　即宗廟。古代宗廟分「廟」、「寢」兩部分，前為廟，後為寢。(77)比　比照。(78)宣帝父悼皇考制度　漢宣帝入承大統為昭帝之後，而宣帝在元康元年五月為其生父史皇孫立廟，號曰皇考，四時祭祀，皇考奉明陵置縣奉明縣。哀帝比照這一成例為其生父劉康置陵園。(79)秩　等級；官階。(80)嫗　老婦。(81)暴興　暴發。(82)為公卿列侯者甚眾　指傅氏、丁氏等外戚封官封侯者甚眾。(83)假　給與。(84)王氏　指成帝時王太后家族。(85)高昌侯宏　董宏（？—西元前二年），為高昌侯董忠之子。初元二年（西元前四七年）襲爵，建平元年坐佞邪免爵。傳見《漢書》卷十七。(86)首建尊號之議　指董宏首先提出尊傅太后為皇太后的倡議。(87)衰粗　斬衰粗服。當時尚為成帝服喪。(88)委政於丹　將政務交付師丹。(89)深惟　深深地思考。(90)妄稱說指師丹反對哀帝為生父加皇考尊號所說的理由，為人後者不應顧私親。(91)昭然　明顯。(92)惡逆暴著　罪惡暴露得很明顯。(93)爵邑　爵位封邑。(94)新都侯王莽　王莽於成帝永始元年（西元前一六年）封新都侯。初始元年（西元八年），代漢稱帝，建立新朝。傳見《漢書》卷九十九。(95)尊尊　尊崇尊者。(96)有屬　有親戚關係。(97)平阿侯仁　河平二年（西元前二七年）始封皇太后弟王譚，永始元年（西元前一六年），王譚子王仁嗣爵，即平阿侯仁，後為王莽所殺。傳見《漢書》卷十八。(98)王氏　指外戚王莽家族。(99)諫大夫　郎中令屬官，掌議論。(100)天序　帝王按正統相傳的次序。(101)聖策　聖明的決策。(102)自代　代替自己。(103)奉承東宮　指供養皇太后。(104)太皇太后　指元帝王皇后。(105)數更憂傷　指先喪元帝，又喪成帝。更，經歷。(106)敕令　這裡指太皇太后的命令。(107)引領　帶頭。(108)延陵　漢成帝陵名。(109)成都侯商中子邑　商，即王商，河平二年（西元前二七年）六月十二日以皇太后弟封成都侯。傳見《漢書》卷八十二。中子，即仲子，第二個兒子王邑。(110)部刺史　漢武帝元封五年（西元前一〇六年），將全國分為十三部，置部刺史十三人，掌監察，秩六百石。(111)秩卑而賞厚　秩次低，但賞賜豐厚。(112)勸功樂進　自勉立功，樂於進取。(113)真二千石　官階等級名，月俸一百五十斛，年俸穀一千八百石。(114)高第　指在真二千石考核中成績優異者，可優先補入九卿中。(115)陵夷　衰落；廢弛。(116)姦軌　奸佞不軌。(117)庚申　六月初五日。(118)定陶共皇之園　定陶共皇的陵園，在今山東定陶。即丁太后死與夫同葬。(119)陳留　郡名，治所陳留，在今河南開封東南。(120)濟陰　郡名，治所定陶，在今山東定陶西北。(121)穿復土　先挖土為壙，下棺，再覆蓋泥土為墳。

【校記】[1]王莽　原無「王」字。據章鈺校，乙十一行本有「王」字，今據補。[2]太　原無此字。據章鈺校，乙十一行本、孔天胤本皆有此字，今據補。[3]遣　據章鈺校，乙十一行本無此字。[4]時　原無此字。據章鈺校，乙十一行本有此字，張敦仁《通鑑刊本識誤》同，今據補。

【語譯】孝哀皇帝中

建平二年（丙辰　西元前五年）

春，正月，有孛星出現在牽牛星旁。

外戚丁、傅宗族驕橫奢侈，都忌恨傅喜謙恭節儉。又，傅太后想要稱尊號，與成帝母親王政君太皇太后平起平坐，傅喜與孔光、師丹一起堅持不同意。皇上難違眾大臣的正當主張，又內受傅太后的逼迫，猶豫了一年多。傅太后大怒，皇上不得已，先罷了師丹的官，以此觸動傅喜，而傅喜始終不順從。朱博與孔鄉侯傅晏勾結，一起謀劃完成傅太后稱尊號的事，多次受皇上召請宴飲，便遞上祕密奏書，誹謗傅喜和孔光。二月二十日丁丑，皇上於是下詔罷了傅喜的官，以侯爵身分回家。

御史大夫的官職已被裁撤，廷議大臣大多認為古今制度不同，漢朝上自天子的稱號，下至佐史的名稱，都和古代不同，而唯獨更改三公的稱號，職權和職責難以分清，無益於國家治理。於是朱博上奏說：「按照慣例，選拔地方郡守、國相治績最優的擔任朝廷中二千石的官職，再從中二千石的官員中挑選人任御史大夫，御史大夫稱職的再擔任丞相。這樣，官位次第有序，就能尊重皇帝的恩德，加重丞相的地位和權力。如今中二千石沒有經歷御史大夫的階梯，就擔任了丞相，權力輕，不是用來重視國家政權的辦法。臣愚昧地認為大司空官職可以裁撤，重新設置御史大夫，遵從舊制。臣願盡心竭力做好御史大夫，成為百官的表率！」皇上聽從了朱博的建議。夏，四月初二日戊午，改任朱博為御史大夫。又任命丁太后的兄長陽安侯丁明為大司馬、衛將軍，設置官屬，大司馬所加尊號和先前一樣。

傅太后又自行給丞相、御史大夫下詔說：「高武侯傅喜，附和下屬，蒙蔽皇上，和前任大司空師丹同心背離，違抗詔命，毀壞宗族，不應當讓他參加朝拜，遣送他回封國去。」

丞相孔光在先前先帝討論立繼承人時，就持不同意見而與皇帝有嫌隙，又嚴重地違背傅太后的旨意，因此傅氏在朝廷任職的人與朱博內外夾攻，一起詆毀孔光。四月十九日乙亥，皇帝策免孔光為平民。任命御史大夫朱博為丞相，封為陽鄉侯，又任命少府趙玄為御史大夫。皇上親自引入二人登殿授予策書，這時有像鐘鳴的洪大聲音，殿上中郎、吏以及衛士全都聽到了。

皇上拿這件怪事詢問黃門侍郎蜀郡人揚雄和李尋。李尋回答說：「這是〈洪範〉裡所說的鼓妖。依據師授之法，認為國君耳目閉塞，被人迷惑，使有名無實之人升官，所以就出現有聲音而沒有形狀的怪事，使人不知從何處發出。《洪範五行傳》說：『鼓妖出現在歲、月、日的中期，預示正卿要承受災難。』現在是四月，又是一天的辰時、巳時，出現怪異，正是歲、月、日的中期。正卿，指的是執政大臣。應當罷免丞相、御史大夫，以回應上天的變異。不過，即使不罷免他們，不到一年，他們自己也會遭受災禍。」揚雄也認為「鼓妖的出現，是國君失聽的象徵。朱博為人剛強堅毅，多權變之謀，適宜為將，不宜為相，如不引退，恐怕會激怒上天，將很快遭到極凶險的災禍。」皇上沒有聽從他們的意見。

朱博任丞相後，皇上就採納他的建議，頒詔說：「定陶共皇這個稱號不應當再有『定陶』二字，現尊共皇太后為帝太太后，所居之宮稱永信宮；共皇后為帝太后，所居之宮稱中安宮；並為共皇在京師建立寢廟，依照宣帝的父親悼皇考的寢廟規制。」於是，漢宮內傅太后、丁太后、趙太后、太皇太后四位太后各自設置少府、太僕，官秩都為中二千石。

傅太后取得尊號後，越發驕橫，在和太皇太后說話時，甚至稱她為老嫗。當時丁、傅兩家在一二年內突然暴發，權勢格外強盛，為公卿列侯的人很多，但是皇帝不多給與他們實權，趕不上王氏在成帝的時代。

丞相朱博、御史大夫趙玄上奏說：「前高昌侯董宏首先倡議尊號之事，而被關內侯師丹所彈劾，免職為平民。當時天下為成帝服喪，國家政事交付師丹，師丹不深思褒揚推崇尊號的大義，反而妄加陳說，壓抑貶低尊號，損害陛下的孝道，這是最大的不忠！陛下仁慈聖明，明明白白確定了尊號，董宏因為忠孝而再被封為高昌侯。師丹的罪惡暴露得很明顯，儘管蒙受赦免不治他死罪，也不應當再有爵位封邑，請求皇上將他貶為平民。」皇上批准了。

朱博、趙玄又上奏說：「新都侯王莽從前為大司馬，不弘揚尊崇尊貴的大義，卻壓抑貶低尊號，損傷陛下的孝道，應當明正典刑，殺頭示眾。幸蒙赦令得免死罪，但不應當有爵位封邑，請求陛下把他貶為平民。」皇上說：「因王莽與太皇太后有親屬關係，不免除他的爵位和封土，遣送回封國算了。」另外，平阿侯王仁隱藏趙昭儀親屬，都被遣送回封國。

天下人大多為王氏受屈而不平。諫大夫楊宣呈上機密奏書說：「孝成皇帝深思宗廟的重要，稱讚陛下至高的品德，讓陛下承繼帝王的正統，聖明的決策意義深遠，對陛下的恩德極其深厚。追念先帝的本意，難道不是想讓陛下代替自己來侍奉太皇太后嗎！太皇太后已年高七十，屢經國喪的憂傷，又下令要自己親屬引退，以避讓丁、傅二氏，路上的行人都為此而傷心落淚，更何況陛下呢？每當陛下登高遠望，面對成帝的陵寢，難道不感到羞愧嗎！」皇帝深為此言所感動，又封成都侯王商的次子王邑為成都侯。

朱博又上奏說：「依據漢家舊例，設置部刺史，秩次低，但賞賜豐厚，因此人人自勉立功，樂於進取。以前撤銷刺史，改設州牧，官祿為真二千石，官位次於九卿；九卿中有缺額，就由州牧中優秀者遞補。州牧中的中等人才，就只求苟且自保而已，如此，恐怕州牧的作用逐漸廢弛，奸邪不軌的行為不能禁止。我請求撤銷州牧，和以前一樣設置刺史。」皇上聽從了他的建議。

六月初五日庚申，帝太后丁氏去世，皇上下詔，歸葬定陶共皇的陵園。徵發陳留郡、濟陰郡靠近定陶地區的民伕五萬人挖土築墳。

初，成帝時，齊人甘忠可詐造天官曆❶、包元太平經❷十二卷，言漢家❸逢天地之大終❹，當更受命❺於天，以教渤海夏賀良等。中壘校尉❻劉向❼奏忠可假鬼神❽，罔上惑眾❾。下獄，治服❿，未斷⓫，病死。賀良等復私以相教⓬。上即位，司隸校尉⓭解光、騎都尉⓮李尋白⓯賀良等，皆待詔黃門⓰。數召見，陳說「漢曆中衰，當更受命。成帝不應天命，故絕嗣。今陛下久疾，變異屢數⓱，天所以譴告⓲人也。宜急改元易號⓳，乃得延年益壽，皇子生，災異息矣。得道不得行⓴，咎殃且無不有㉑，洪水將出，災火且起，滌盪民人㉒。」上久寢疾㉓，冀其有益，遂從賀良等議，詔大赦天下，以建平二年為太初元年，號曰「陳聖劉太平皇帝」，漏刻以百二十為度㉔。

秋，七月，以渭城㉕西北原上永陵亭部為初陵㉖，勿徙郡國民。

上既改號月餘，寢疾自若㉗。夏賀良等復欲妄變政事，大臣爭以為不可許。賀良等奏言：「大臣皆不知天命，宜退丞相、御史，以解光、李尋輔政。」上以其言無驗，八月，詔曰：「待詔賀良等建言改元易號，增益漏刻，可以永安國家。朕信道不篤㉘，過聽其言㉙，冀為百姓獲福，卒無嘉應㉚。夫過而不改，是謂過矣！六月甲子詔書㉛，非赦令，皆蠲除㉜之。賀良等反道惑眾，姦態當窮竟㉝。」皆下獄，伏誅。尋及解光減死一等㉞，徙燉煌郡㉟。

上以寢疾，盡復㊱前世所嘗興諸神祠㊲凡七百餘所，一歲三萬七千祠云。

傅太后怨傅喜不已，使孔鄉侯晏㊳[1]風㊴丞相朱博令奏免喜侯。博與御史大夫趙玄議之，玄言：「事已前決㊵，得無不宜㊶？」博曰：「已許孔鄉侯矣。匹夫相要㊷，尚相得死㊸，何況至尊㊹？博唯有死耳！」玄即許可。博惡㊺獨斥奏喜，以故大司空汜鄉侯何武㊻前亦坐過免就國，事與喜相似，即并奏：「喜、武前在位，皆無益於治，雖已退免，爵土之封，非所當也，皆請免為庶人。」上知傅太后素嘗㊼怨喜，疑博、玄承指㊽，即召玄詣尚書問狀㊾，玄辭服㊿。有詔：「左將軍(51)彭宣(52)與中朝者(53)雜問(54)」，宣等奏劾「博、玄、晏皆不道(55)，不敬，請召詣廷尉詔獄(56)」。上減玄死罪三等(57)，削晏戶四分之一(58)，假謁者節(59)召丞相詣廷尉(60)，博自殺，國除。

九月，以光祿勳(61)平當(62)為御史大夫。冬，十月甲寅(63)，遷為丞相。以冬月故，且賜爵關內侯(64)。以京兆尹(65)平陵王喜(66)為御史大夫。

上欲令丁、傅處爪牙官(67)，是歲，策免左將軍淮陽彭宣，以關內侯歸家，而以光祿勳丁望(68)代為左將軍。

烏孫(69)卑爰疐(70)侵盜匈奴西界，單于遣兵擊之，殺數百人，略(71)千餘人，毆牛畜去。卑爰疐恐，遣子趨逯為質(72)匈奴，單于受，以狀聞(73)。漢遣使者責讓(74)單于，告令還歸卑爰疐質子，單于受詔遣歸(75)。

【章旨】以上為第二段，寫待詔方術士夏賀良等人，以及朝廷大臣丞相朱博、御史大夫趙玄等佞臣，鑽營取巧，終於奸事敗露，一個個沒有好下場。

【注釋】❶天官曆　一種曆書。❷包元太平經　也叫《天曆包元太平經》，是道教最早的典籍，內容龐雜，包括天地、陰陽、五行、干支、災異、神鬼等。❸漢家　即漢朝。❹大終　道教的說法，指天命終結。❺更受命　改換天命，重新受命。❻中壘校尉　官名，掌北軍壘門內，外掌西域事務。❼劉向　(西元前七五—前四年) 名更生，字子政，沛（今江蘇沛縣）人，西漢經學家。傳見《漢書》卷三十六。❽假鬼神　假借鬼神，依靠鬼神說事。❾罔上惑眾　欺騙皇帝，迷惑民眾。❿治服　即審理中，本人承認其欺詐行為。⓫未斷　沒有判決。⓬私以相教　指夏賀良等私下互相傳授偽《天官曆》、《包元太平經》等。⑬司隸校尉　官名，掌京師治安。⑭騎都尉　官名，漢常以騎都尉護西域。⑮白　推薦。⑯待詔黃門　以材技被徵召，未正式授官，候補待命。⑰變異屢數　多次出現天變。⑱譴告　上天警告。⑲改元易號　改變年號和皇帝尊號。⑳得道不得行　知道這個道理而不能實行。㉑咎殃且無不有　災禍將無處不有。且，將。㉒滌盪民人　指危害百姓。㉓寢疾　臥病在床。㉔漏刻以百二十為度　古代以壺滴漏計時，一晝夜為一百刻，今增加二十。㉕渭城　古縣名，在今陝西咸陽東北。㉖初陵　新皇帝登基，即動手建造自己的陵墓，尚未取名，稱初陵。㉗自若　仍是老樣子。㉘信道不篤　信奉大道不堅定。篤，誠篤；堅定。㉙過聽其言　錯誤地聽了夏賀良等人的話。㉚卒無嘉應　始終沒有好的報應。㉛甲子詔書　指前六月初九日改元易號所發布的詔書。㉜蠲除　廢除。㉝窮竟　徹底追究。㉞減死一等　漢法，罪應至死，改判降低一等罪刑，免除死罪，改流徙邊郡，稱減死一等。㉟燉煌郡　也作「敦煌郡」。郡名，治所敦煌，在今甘肅敦煌。㊱盡復　全部恢復。㊲祠　指祭祀。㊳孔鄉侯晏　指傅晏。㊴風　通「諷」。暗示。㊵前決　原先已經處理過。㊶得無不宜　恐怕不適宜。得無，莫非；恐怕。㊷匹夫相要　指普通人相交、相約定。㊸得死　指得到相約朋友的死力相助。㊹至尊　指傅太后。㊺惡　厭惡；不願。㊻何武　（?—西元三年）字君公，蜀郡郫縣（今四川郫縣）人，以射策甲科為郎，為人仁厚，喜舉薦人，官至大司空，封汜鄉侯。傳見《漢書》卷八十六。㊼素當　平常。㊽承指　稟承傅太后的旨意。㊾問狀　訊問情況。㊿玄辭服　趙玄口供認罪。51左將軍　官名，掌軍事及少數民族事務。52彭宣　字子佩，淮陽陽夏（今河南太康）人，長於《易經》，官至大司空，封長平侯。傳見《漢書》卷七十一。53中朝者　指尚書臺官員。54雜問　共同推問。55不道　刑律名目。56廷尉詔獄　即皇帝親自將此案交廷尉審理。詔獄，奉詔令關押犯人的牢獄。57減玄死罪三等　減死罪三等，按漢制為隸臣妾。58削晏戶四分之一　削去傅晏所封五千戶中的一千二百五十戶。59假謁者節　授予謁者符節，宣召朱博、趙玄。假，加；授予。謁者，郎中令屬官，掌接待禮儀，傳宣詔命。60詣廷尉　到廷尉處受審。61光祿勳　官名，漢九卿之一，掌皇宮禁衛。62平當　（?—西元前四年）字子思，以明經為博士，官至丞相。傳見《漢書》卷七十一。63甲寅　十月初一日。64關內侯　爵名，為秦漢二十級爵位的第十九級。有侯號而無國邑，在京畿地區賜若干戶食邑，大多為三百戶。漢制，丞相應封侯，但冬月非封侯之時，故先賜平當關內侯爵位。65京兆尹　京師行政長官。66王喜　應為王嘉。王嘉（?—西元前二年），字公仲，平陵（今陝西咸陽西北）人，以明經射策甲科為郎，官至丞相，封新甫侯。傳見《漢書》卷八十六。67爪牙官　指要害官位。68丁望　丁太后的叔父。69烏孫　古族名，初居祁連、敦煌間，後西遷至今伊犁河和伊塞克湖一帶，從事游牧，都赤谷城。70卑爰疐　烏孫末振將弟，殺貴人烏日領降漢，漢封為歸義侯。71略　掠奪。72質　做人質。73以狀聞　指匈奴單于將接受卑爰疐子為質事報告漢廷。⑭責讓 責備。即責備匈奴與烏孫均為漢臣屬國，匈奴不應擅自接受烏孫質子。⑮受詔遣歸 接受漢皇之命，遣送烏孫質子回國。

【校 記】①晏 原無此字。據章鈺校，乙十一行本、孔天胤本皆有此字，張敦仁《通鑑刊本識誤》同，今據補。

【語 譯】當初成帝時，齊國人甘忠可偽造《天官曆》、《包元太平經》十二卷，稱漢朝正遇到天地的一次輪迴大終極，應該重新受命於天，以此傳授渤海人夏賀良等。中壘校尉劉向上奏說，甘忠可假借鬼神，欺騙皇上，蠱惑人心。於是將甘忠可關進監獄，在審理中他招認了挾詐欺罔之罪，沒有判決，就病死了。夏賀良等人又暗地裡互相傳授。皇上即位後，司隸校尉解光、騎都尉李尋向皇帝推薦夏賀良等人，都成為待詔黃門。夏賀良等人多次被皇帝召見，並向皇帝述說「漢朝的壽命已中途衰落，應當重新接受天命。成帝不回應天命，所以斷絕子嗣。如今陛下長年生病，天災變異多次出現，這是上天以此來警告。應當趕快更換年號和皇上尊號，才能延年益壽，誕生皇子，這樣，災害異變就平息了。知道這個道理而不實行，災禍將無處不有，洪水將湧出，大火將會燃起，危害百姓。」皇上久病在床，渴望有所幫助，就採納夏賀良等人的建議，下詔大赦天下，把建平二年改為太初元年，號稱「陳聖劉太平皇帝」。還將計時的漏刻改為一百二十刻度。

秋，七月，將渭城西北原上永陵亭一帶劃為皇上的陵墓區，但不遷移郡國的百姓去居住。

皇上改元易號一個多月以後，病情還和以前一樣。夏賀良等人又想胡亂改變朝廷政事，大臣們都諫諍皇上，認為不能答應他們。夏賀良等上奏說：「大臣們都不知天命，應當將丞相、御史罷免，任用解光、李尋等輔助朝政。」天子因為他們的話沒有應驗，八月，下詔說：「待詔夏賀良等人，建議改元易號，增加漏器的刻度，可以使國家永保平安。朕對天道的信奉不堅定，誤聽了他們的話，想因此而為百姓謀取幸福，結果沒有得到好的報應。有過失而不改正，才是真正的過錯！六月初九日甲子的詔書，除大赦令外，全部作廢。夏賀良等違反天道，蠱惑人心，奸惡行為應徹底追究。」夏賀良等人都關進監獄，處以死刑。李尋和解光減死罪一等，被流放到燉煌郡。

皇上因為臥病在床，恢復所有前代曾經祭祀的各種神祠共七百餘處，一年祭祀三萬七千次。

傅太后怨恨傅喜不止，派孔鄉侯傅晏暗示丞相朱博，讓他上奏免除傅喜的侯爵。朱博和御史大夫趙玄商議此事，趙玄說：「此事先前已作了裁決，再提恐怕不合適吧？」朱博說：「我已經答應孔鄉侯了。匹夫間相交，尚且能以死相報，何況是傅太后？我朱博惟有一死，單獨去做！」趙玄也就答應了。朱博不願單獨上奏指控傅喜，因為故大司空氾鄉侯何武以前也因過失被免職而遣歸封國，情況和傅喜相似，就一併彈劾說：「傅喜、何武兩人從前在位時，對治理國家都沒有幫助，雖然已經罷免官職，但還保有爵位封邑，這是不妥當的，請求把他們都貶為平民。」皇上知道傅太后平常怨恨傅喜，就懷疑朱博、趙玄是受傅太后旨意，因此立即召趙玄到尚書處詢問情況，趙玄口供認罪。下詔說：「左將軍彭宣和中朝官一同審問此事」，彭宣等上奏彈劾說「朱博、趙玄、傅晏都犯有不道、不敬之罪，請求將他們召到廷尉詔獄審查」。皇上減趙玄死罪三等，削去傅晏四分之一的封邑，又派謁者持節召丞相朱博到廷尉那裡受審，朱博自殺，封國撤銷。

九月，任命光祿勳平當為御史大夫。冬，十月初一日甲寅，升遷平當為丞相。由於冬月不宜封侯，因而暫時先賜爵關內侯。任命京兆尹、平陵人王嘉為御史大夫。

皇上想把丁、傅兩族親人安置在捍衛王室的爪牙官的重位上，這一年，下策書免去左將軍淮陽人彭宣的官職，以關內侯身分回家，而任命光祿勳丁望代替彭宣為左將軍。

烏孫國卑爰疐侵犯劫掠匈奴西部邊境地區，匈奴單于派兵還擊，殺死數百人，掠奪千餘人，驅趕牛畜而歸。卑爰疐恐慌，派他的兒子趨逯到匈奴充當人質，單于接受了，把此事呈報漢朝。漢朝派使節責怪單于，命令歸還卑爰疐作為人質的兒子，單于接到詔令，就把質子送回烏孫。

三年（丁巳　西元前四年）

春，正月，立廣德夷王❶弟廣漢❷為廣平王。○癸卯❸[1]，帝太太后所居桂宮正殿火。

上使使者召丞相平當，欲封之❹，當病篤❺，不應召[2]。室家❻或謂當：「不可彊起受侯印為子孫邪？」當曰：「吾居大位，已負素餐責矣，起受侯印，還臥而死，死有餘罪。今不起者，所以為子孫也！」遂上書乞骸骨❼，上不許。三月己酉❽，當薨。

有星孛于河鼓❾。

夏，四月丁酉❿，王嘉為丞相，河南太守王崇為御史大夫。崇，京兆尹駿之子也。嘉以時政苛急⓫，郡國守相數⓬有變動，乃上疏曰：「臣聞聖王之功在於得人，孔子曰：『材難⓭，不其然與！』故『繼世立諸侯，象賢也⓮。』雖不能盡賢，天子為擇臣⓯，立命卿⓰以輔之。居是國也⓱，累世尊重，然後士民之眾附焉，是以教化行而治功立⓲。今之郡守重於古諸侯⓳，往者致⓴選賢材，賢材難得，拔擢可用者，或起於囚徒。昔魏尚㉑坐事繫，文帝感馮唐㉒之言，遣使持節赦其罪，拜為雲中太守，匈奴忌之。武帝㉓擢韓安國於徒中㉔，拜為梁內史，骨肉以安㉕。張敞㉖為京兆尹，有罪當免，黠吏知而犯敞㉗，敞收殺之，其家自冤㉘，使者覆獄，劾敞賊殺㉙人。上逮捕不下㉚，會免，亡命十數日，宣帝徵敞拜為冀州刺史，卒獲其用。前世非私此三人，貪㉛其材器有益於公家也。孝文時，吏居官者或長子孫以官為氏[3]，倉氏、庫氏則倉庫吏之後也。其二千石長吏㉜亦安官樂職，然後上下相望㉝，莫有苟且㉞之意。其後稍稍變易，公卿以下傳相促急㉟，又數改更政事，司隸㊱、部刺史㊲舉劾苛細，發揚陰私㊳，吏或居官數月而退，送故迎新，交錯道路。中材苟容求全㊴，下材懷危內顧㊵，壹切營私者多。二千石益輕賤㊶，吏民慢易之㊷，或持其微過㊸，增加成罪，言於刺史、司隸[4]，或上書告之。眾庶知其易危，小失意則有離畔之心。前山陽亡徒蘇令㊹等縱橫，吏士臨難，莫肯伏節死義，以守、相威權素奪㊺也。孝成皇帝悔之，下詔書，二千石不為故縱㊻，遣使者賜金，尉厚其意。誠以為國家有急，取辦於二千石，二千石尊重難危㊼，乃能使下。孝宣皇帝愛其善治民之吏，有章劾事留中㊽，會赦壹解。故事：尚書希下章㊾，為煩擾百姓，證驗繫治，或死獄中，章文必有『敢告之』字乃下㊿。唯陛下留神於擇賢，記善忘過，容忍臣子，勿責以備(51)。二千石、部刺史、三輔縣令有材任職者，人情不能不有過差，宜可闊略(52)，令盡力者有所勸。此方今急務，國家之利也。前蘇令發(53)，欲遣大夫使逐問狀(54)，時見大夫無可使者(55)，召盩厔(56)令尹逢，拜為諫大夫遣之。今諸大夫有材能者甚少，宜豫畜養(57)可成就者，則士赴難不愛其死，臨事倉卒乃求，非所以明朝廷(58)也。」嘉因薦儒者公孫光、滿昌及能吏蕭咸、薛脩，皆故二千石(59)有名稱者，天子納而用之。

六月，立魯頃王(60)子部鄉侯閔(61)為王。

上以寢疾未定(62)，冬，十一月壬子(63)，令太皇太后下詔復甘泉(64)泰畤(65)、汾陰(66)后土祠，罷南、北郊(67)。上亦不能親至甘泉、河東(68)，遣有司行事而禮祠焉(69)。無鹽危山(70)土自起覆草(71)，如馳道(72)狀。又，瓠山(73)石轉立(74)。東平王雲(75)及后謁(76)自之石所祭(77)，治石象瓠山立石(78)，束倍草(79)，并祠之。河內(80)息夫躬(81)、長安孫寵相與謀共告之，曰：「此取封侯之計也(82)！」乃與中郎右師譚共因中常侍(83)宋弘上變事(84)，告焉。是時上被疾(85)，多所惡，事下有司，逮王后謁下獄驗治(86)。服「祠祭詛祝上，為雲求為天子，以為石立，宣帝起之表也(87)。」有司請誅王，有詔，廢徙房陵(88)。雲自殺，謁并[5]舅伍宏(89)及成帝舅安成共侯夫人放，皆棄市。事連御史大夫王崇，左遷大司農。擢寵為南陽太守，譚潁川都尉，弘、躬皆光祿大夫、左曹、給事中(90)。

【章旨】以上為第三段，寫哀帝以諸侯入繼大統，心存猜忌，屢興大獄。丞相王嘉善奏，勸諫哀帝要珍惜人才，施政寬和，苦口婆心，哀帝似有所悟，任用了王嘉推薦的一些人。緊接著因病又興大獄，奸險小人息夫躬等得志於朝。

【注釋】❶廣德夷王　劉雲客，漢成帝鴻嘉二年（西元前一九年）封，鴻嘉四年卒，諡號曰「夷」，無後。❷廣漢　劉廣漢，建平三年（西元前四年）立為廣平王，奉中山靖王嗣。❸癸卯　正月二十一日。❹欲封之　皇帝準備封平當為侯。❺病篤　病得很沉重。❻室家　指平當的妻子。❼乞骸骨　古代做官者要求辭職或退休的一種委婉說法。❽己酉　三月二十八日。❾河鼓　星宿名，即「河鼓二」，或稱「牽牛星」，俗稱「牛郎星」。❿丁酉　四月十七日。⓫時政苛急　當時政令苛暴。⓬數　屢次；多次。⓭材難　指人才難得。語出《論語》。⓮象賢也　像其先父祖那樣賢能。語出《禮記‧郊特牲》。⓯擇臣　指皇帝選擇賢臣而任用之。⓰命卿　古代由天子任命諸侯國卿士。漢朝諸侯王國的傅、相、中尉等職亦由天子任命，猶如古代之命卿。⓱居是國也　住在封國內。⓲教化行而治功立　禮教文化得以推行，政績得以確立。⓳今之郡守重於古諸侯　古代侯國，大不過百里，而漢郡守轄地千里，權勢超過古諸侯。⓴致　極力。㉑魏尚　漢文帝時漢雲中太守，匈奴不敢犯雲中，因報功時缺六個首級而下獄。傳附《漢書》卷五十〈馮唐傳〉。㉒馮唐　以孝著稱，事文帝，官車騎都尉等職，曾勸文帝赦魏尚之過而用之。傳見《漢書》卷五十。㉓武帝　應為景帝。㉔擢韓安國於徒中　韓安國犯罪被流放，景帝任命他為梁內史（秩二千石）。韓安國後官至御史大夫。傳見《漢書》卷五十二。㉕骨肉以安　指梁孝王因得韓安國為內史而得以免罪。㉖張敞　字子高，河東平陽（今山西臨汾西南）人，官至京兆尹，治績突出。傳見《漢書》卷七十六。㉗黠吏知而犯敞　指賊捕掾絮舜知敞將免官而有意冒犯，認為張敞不敢治罪。㉘自冤　絮舜家自稱冤枉。㉙賊殺　殘害。㉚逮捕不下　皇帝將奏捕張敞的奏章留中不發。㉛貪　愛惜。㉜二千石長吏　郡太守屬官，秩二百石至四百石。㉝上下相望　互相監督。㉞苟且　得過且過。㉟傳相促急　調動頻繁。傳，指傳車。㊱司隸　指司隸校尉，負責監察三輔、三河、弘農等地事務。㊲部刺史　官名，漢武帝分全國郡國為十三州，稱為部，每部設刺史一人為督察官，按規定的六條問事，稱部刺史。㊳發揚陰私　揭發官吏個人的隱私。㊴苟容求全　為保全自己，不敢嚴格要求下級。㊵懷危內顧　害怕獲罪，只為個人打算。㊶輕賤　權力削弱。㊷慢易之　指吏民對二千石官員的態度也變得輕慢。㊸微過　小錯誤。㊹蘇令　原為山陽鐵官徒，漢成帝永始三年（西元前一四年），率二百二十八人起事，自稱將軍。㊺威權素奪　平素權威被侵奪。㊻不為故縱　不以故意放縱為罪。㊼尊重難危　加重威權，難以侵犯。㊽章劾事留中　彈劾二千石官的奏章，皇帝將奏章留中不發。㊾尚書希下章　尚書很少把彈劾官吏的奏章交付有關機構查辦。㊿章文必有敢告之字乃下　指奏章上申明「如屬誣告，情願反坐」者，才交有司查究。(51)勿責以備　不要求全責備。52闊略　寬恕。53前蘇令發　指成帝永始三年山陽鐵官徒蘇令造反事。54遣大夫使逐問狀　指派大夫追討，並詢問起事的因由。55無可使者　無人可派。56盩厔　縣名，即今陝西周至。57豫畜養　預先集蓄培養。豫，通「預」。58明朝廷　意謂表明朝廷有人才。59故二千石　指過去擔任過郡守之職的官員。60魯頃王　（西元前五一－前二四年）名劉封，漢景帝子，魯共王曾孫。61部鄉侯閔　應為「郚鄉侯閔」，魯頃王子，建平三年六月十二日紹封。王莽時，曾貶為公，後媚莽，被賜姓王，封列侯。傳見《漢書》卷十四。62未定　未安。63壬子　十一月初五日。64甘泉　宮名，在今陝西淳化西北甘泉山上。65泰畤　祭祠泰一神之祠壇，在甘泉宮。66汾陰　古縣名，在今山西萬榮西南，祭土地神的后土祠在汾陰。67南北郊　皇帝在京師南、北郊祀天地。68河東　這裡指汾陰。69遣有司行事而禮祠焉　哀帝不能親至甘泉、汾陰祭祀，改派有關官員作代表去祭祀。70無鹽危山　無鹽縣之危山，在今山東東平境。71土自起覆草　土自動翻起壓蓋住草木。72馳道　專供帝王出行用的寬廣大道。73瓠山　山名，在今山東東平境。74石轉立　石頭翻轉立起。75東平王雲　劉雲，東平王劉宇之子，鴻嘉元年（西元前二〇年）襲封，建平三年自殺。傳見《漢書》卷十四。76后謁　劉雲的王后名謁。77自之石所祭　劉雲與王后親自去石前祭祀。78治石象瓠山立石　劉雲與后在宮中也樹立了一塊與瓠山立石相似的石頭。79倍草　祭祀用的黃倍草。80河內　郡名，治所懷縣，在今河南武陟西南。81息夫躬　複姓息夫，字子微，河內河陽（今河南孟州）人，少為博士弟子，因告密封宜陵侯，後流徙死。傳見《漢書》卷四十五。82此取封侯之計也　這是獲得封侯的辦法。此，指告發東平王祠石事。83中常侍　官名，出入宮廷，侍從皇帝。84上變事　揭發謀逆的特殊奏章稱上變事。上，上奏。變事，謀反之事。85被疾　患病。86驗治　審查。87宣帝起之表也　此乃王后謁之供辭，意為山石起曾是宣帝應天命為天子的預兆。88房陵　縣名，在今湖北房縣。89伍宏　王后謁之舅，因醫術得幸，經安成共侯夫人放推薦，出入宮禁，至此牽連被殺。90光祿大夫左曹給事中　皆言官。光祿大夫，原稱諫大夫，掌議論言事。左曹，加官，受尚書事。給事中，加官，備顧問應對。

【校記】[1]癸卯　原無此二字。據章鈺校，乙十一行本、孔天胤本皆有此二字，張瑛《通鑑校勘記》同，今據補。[2]召　原無此字。胡三省注云：「不應召也。」據章鈺校，乙十一行本、孔天胤本皆有此字，張瑛《通鑑校勘記》同，今據補。[3]以官為氏　原無此四字。據章鈺校，乙十一行本、孔天胤本皆有此四字，張敦仁《通鑑刊本識誤》、張瑛《通鑑校勘記》同，今據補。[4]刺史司隸　原作「司隸刺史」。據章鈺校，乙十一行本、孔天胤本皆作「刺史司隸」，今據改。[5]并　原作「及」。據章鈺校，乙十一行本、孔天胤本皆作「并」，今據改。

【語　譯】三年（丁巳　西元前四年）

春，正月，封立廣德夷王劉雲客的弟弟劉廣漢為廣平王。〇二十一日癸卯，帝太太后傅氏居住的桂宮正殿起火。

皇上派使者宣召丞相平當，想封他為侯，平當病重，沒有應召進宮。妻妾們有人對平當說：「不能強打精神進宮接受侯印，替子孫們著想嗎？」平當說：「我官居高位，已經背負不幹事吃閒飯的指責了，起身接受侯印，回家臥床而死，死有餘辜。今天我不起身接受侯印，正是為子孫後代著想啊！」於是上書請求辭職，皇上沒有同意。三月二十八日己酉，平當去世。

有孛星出現在河鼓星旁。

夏，四月十七日丁酉，王嘉為丞相，河南太守王崇為御史大夫。王崇是京兆尹王駿的兒子。王嘉認為當時施政苛暴，郡國的長官太守和國相頻繁變動，於是上疏說：「臣聽說聖王的最大功德就是取得人才，孔子曰：『人才難得，難道不是這樣的嗎！』所以『選立諸侯的繼承人，像他先父祖那樣賢能。』雖然諸侯王不可能全都是賢才，但天子可以為諸侯王選擇賢良大臣，任命賢卿來輔佐他們。住在封國之內，代代尊榮，然後國人才會歸附，因此禮教文化得以推行，政績得以確立。現在的郡太守的職權重於古代諸侯，以往極力選擇賢才擔任郡太守，由於賢能的人才難得，提拔可以勝任的人，有時甚至起用囚犯。從前魏尚因事犯法坐牢，漢文帝被馮唐的話所感動，派遣使者持符節赦免魏尚的罪，任用他為雲中郡太守，匈奴很害怕他。漢武帝從罪犯中選拔出韓安國，任命他為梁國內史，劉氏骨肉得以平安。張敞為京兆尹，犯了罪本當免職，狡猾的小吏得知張敞將被免職就故意冒犯張敞，張敞抓住小吏殺了，死者家屬自稱冤枉，使者詳查此案後，彈劾張敞殺人。上奏逮捕張敞，宣帝把奏章留中不發，恰逢赦免，張敞逃亡十多天後，宣帝徵召他任命為冀州刺史，終於得到重用。前代君王並不是偏愛他們三人，而是貪惜他們的才能有益於國家。孝文帝時，做官的小吏，有些人就讓子孫長大用官名作為姓氏，如倉氏、庫氏就是倉庫官的後代。那些官秩在二千石的高級官員也安於官位，樂於盡職，然後上下相互監督，沒有人有得過且過的思想。後來情況稍微有所更改，公卿以下的官員調動頻繁，又多次更改法令規章，司隸、部刺史檢舉彈劾十分苛刻細瑣，還揭發宣揚別人的隱私，以致有的官吏在位僅幾個月就被罷免，送走舊官和迎接新官的人，交錯行走在道路上。中等才能的人苟且求生，下等才能的人滿懷危懼只顧自己，大多不論幹什麼都只是謀求私利。二千石的地方官員權力削弱，下屬和普通民眾更加輕視他們，有的揪住他們的輕微過失，擴大成罪狀，向刺史、司隸報告，或者直接上書向皇上告發。大眾平民知道官吏容易倒臺，稍有不如意就產生背叛之心。前些時，山陽郡的亡命徒蘇令等橫衝直闖，官吏士民面臨危難，沒有一個人肯盡節死義，原因是郡太守、諸侯相的威信和權力一向受到削弱造成的。孝成皇帝感到懊悔，下詔書說，二千石的官員不是故意縱容犯罪的，就派使臣賞賜他們黃金，對他們的心意表示安慰厚待。這實在是國家有急難，需要二千石的官員出力辦理，加重二千石官員的權威，難以侵犯，才能指揮下級。孝宣皇帝愛惜那些善於治理民眾的官吏，有彈劾他們的奏章都留在宮中不予批覆，遇到大赦就下令一律解除。根據慣例：尚書很少將奏章轉付有關管理部門查辦，為的是怕騷擾百姓，取證、審查、下獄治罪，有些人就冤死獄中，彈劾奏章上必須有『敢告之』三字才把它轉交有關部門查辦。希望陛下留意選擇賢能之人，記住他的功績，忘掉他的過失，寬容對待他們，不要對他們求全責備。二千石、部刺史、三輔縣令中有才能稱職的官員，按人情難免會有過失，應當寬恕其小過失，讓竭盡心力者受到勉勵。這是當前最緊急的大事，關係到國家的利益。前些時發生蘇令作亂，想派遣大夫追討，並詢問作亂的原因，當時現身朝廷的官員沒有一個可以派遣的，於是徵召盩厔令尹逢，授為諫大夫，派遣他去。如今有才能的大夫非常少，應當預先培養可造就的人才，才能使他們赴難時不惜以死報效朝廷，事到臨頭才倉促去尋求人才，這不是表示朝廷有人才的辦法。」王嘉趁機推薦儒家學者公孫光、滿昌以及能幹的官吏蕭咸、薛脩，他們都是從前二千石官員中卓有名望的，天子採納了王嘉的建議而任用了他們。

六月，封立魯頃王的兒子部鄉侯劉閔為王。

皇上因臥病未安，冬，十一月初五日壬子，讓太皇太后王政君下詔書：恢復甘泉泰時、汾陰后土祠的祭祀，撤銷長安南、北郊的祭祀。皇上也不能親自到甘泉、河東郡祭祀，就派主管官員代為施行，以禮祭祀。

無鹽縣內危山的泥土自動翻起覆蓋草木，像是馳道的樣子。另外，瓠山上的石頭翻轉起立。東平王劉雲和王后謁親自前往石前祭拜，雕了一塊石頭和瓠山立石相似，捆紮上黃倍草，一併祭祀。河內人息夫躬、長安人孫寵一起合謀向朝廷告發這件事，兩人說：「這是取得封侯的計策！」就與中郎右師譚一同通過中常侍宋弘入奏變亂之事，予以告發。此時皇上生病，對很多事情都很厭惡，就將這件事交付主管部門處理，主管官員逮捕王后謁，關進監獄，查詢審理。王后謁招認「祭祀山石，詛咒皇上，為求神靈保佑劉雲做天子，認為山石起立，是從前宣帝應天命而為天子的預兆。」主管官員請求殺東平王，皇上下詔，罷免劉雲的王位，流放到房陵。劉雲自殺，王后謁和劉雲舅父伍宏，以及成帝的舅母安成共侯夫人放，全都街頭處死。案件牽連御史大夫王崇，王崇被降職為大司農。擢升孫寵為南陽郡太守，右師譚為潁川都尉，宋弘、息夫躬都升為光祿大夫、左曹、給事中。

四年（戊午　西元前三年）

春，正月，大旱。

關東❶民無故驚走，持稾❷或掫❸一枚，轉相付與❹，曰「行西王母籌❺」，道中相過逢❻，多至千數。或被髮徒跣❼，或夜折關❽，或踰牆❾入，或乘車騎奔馳，以置驛傳行❿，經郡國二十六至京師，不可禁止。民又聚會里巷阡陌⓫，設張[1]博具⓬，歌舞祠⓭西王母，至秋乃止。

上欲封傅太后從父弟⓮侍中、光祿大夫商，尚書僕射⓯平陵鄭崇⓰諫曰：「孝成皇帝封親舅五侯⑰，天為赤黃，晝昏，日中有黑氣。孔鄉侯，皇后父，高武侯以三公封，尚有因緣⑱。今無故欲復[2]封商，壞亂制度，逆天人之心，非傅氏之福也！臣願以身命當國咎⑲。」崇因持詔書案起⑳。傅太后大怒曰：「何有為天子乃反為一臣所顓制㉑邪！」二月癸卯㉒，上遂下詔封商為汝昌㉓侯。

【章旨】以上為第四段，寫傅太后干預朝政，挾制哀帝封堂弟傅商為汝昌侯。

【注釋】❶關東　地區名，泛指函谷關以東地區。又稱山東，謂華山以東地區。即中原地區的代稱。❷稾　禾稈。❸掫　麻稈。❹轉相付與　互相傳遞。❺行西王母籌　西王母，傳說中的神話人物，相傳其長生不老，住在崑崙山上，西周第五任國王周穆王曾與她相會過。籌，指籌策，一種符信，持之可行走天下。此句意謂傳遞西王母的籌策。❻過逢　相遇。❼徒跣　赤腳。❽折關　衝開關門。❾踰牆　翻越城牆。❿置驛傳行　放在驛車上傳送。驛傳，國家傳送公文的車馬驛站。⓫阡陌　鄉村小路。⓬博具　賭博遊戲之具。⓭祠　指祭祀。⓮從父弟　伯父或叔父的弟弟，即堂弟。⓯尚書僕射　少府屬官，掌宮廷事務。⓰鄭崇（？—西元前三年）字子游，少為郡文學史，官至尚書僕射。傳見《漢書》卷七十七。⓱封親舅五侯　指成帝封其舅王譚、王商、王立、王根、王逢時五人皆為關內侯。因在同一天封，並稱為五侯。⓲因緣　依據。⓳臣願以身命當國咎　我願以身家性命承擔由此而產生的禍害。國咎，指傅太后的怪罪。⓴持詔書案起　拿著詔書草稿站起來。表示強烈反對封傅商為侯。㉑顓制　即「專制」。這裡意謂左右、挾制。㉒癸卯　二月二十八日。㉓汝昌　在今山東陽穀東北。

【校記】[1]張　原無此字。據章鈺校，乙十一行本、孔天胤本皆有此字，今據補。[2]欲復　原作「復欲」。據章鈺校，乙十一行本、孔天胤本二字皆互乙，今據改。

【語譯】四年（戊午　西元前三年）

春，正月，大旱。

關東地區的民眾無緣無故驚恐奔走，每人手拿一支麥稈或一支麻稈，互相傳遞，說「傳遞西王母娘娘的信牌」，沿途互相傳遞，人數多達上千。有的披散頭髮，打著赤腳，有的夜半闖關，有的翻牆而入，有的乘車騎馬奔馳，有的放在驛車傳送，經二十六個郡國，傳到京師長安，無法禁止。民眾又聚集在街巷、田間，擺設放置賭博工具，載歌載舞祭祀西王母，一直到秋天才停止。

皇上想封傅太后堂弟侍中、光祿大夫傅商為侯，尚書僕射平陵人鄭崇諫阻說：「孝成皇帝封親舅五侯，天變為赤黃，白天昏暗，太陽中有黑色雲氣。孔鄉侯傅晏是皇后父親，高武侯傅喜以三公身分而封侯，還算有依據。現今無故想再給傅商封侯，破壞了漢家制度，違反天人的心意，不是傅氏家族的福分。臣願意以自身性命承擔官家懲處。」鄭崇於是拿著詔書草稿站起來。傅太后大怒說：「哪有身為天子反被一個臣下所挾制呢！」二月二十八日癸卯，皇上仍然下詔封傅商為汝昌侯。

駙馬都尉❶、侍中雲陽董賢❷得幸於上，出則參乘❸，入御❹左右，賞賜累鉅萬，貴震朝廷。常與上臥起，嘗晝寢❺，偏藉上袖❻，上欲起，賢未覺❼，不欲動賢，乃斷袖而起。又詔賢妻得通引籍殿中❽，止賢廬❾。又召賢女弟❿以為昭儀，位次皇后。昭儀及賢與妻旦夕上下⓫，並侍左右。以賢父恭⓬為少府，賜爵關內侯。詔將作大匠⓭為賢起大第北闕下，重殿⓮，洞門⓯，土木之功，窮極技巧。賜武庫禁兵、上方⓰珍寶。其選物上弟⓱盡在董氏，而乘輿⓲所服乃其副⓳也。及至東園祕器⓴、珠襦㉑、玉匣㉒[1]，豫以賜賢，無不備具。又令將作為賢起冢塋義陵㉓旁，內為便房㉔，剛柏題湊㉕，外為徼道㉖，周垣㉗數里，門闕罘罳㉘甚盛。

鄭崇以賢貴寵過度諫上，由是重得罪，數以職事見責。發疾頸癰㉙，欲乞骸骨，不敢。尚書令趙昌佞諂㉚，素害崇，知見疏㉛，因奏「崇與宗族通，疑有姦，請治。」上責崇曰：「君門如市人㉜，何以欲禁切㉝主上？」崇對曰：「臣門如市，臣心如水㉞，願得考覆㉟！」上怒，下崇獄。司隸孫寶㊱上書曰：「按尚書令昌奏僕射崇獄，覆治，榜掠㊲將死，卒無一辭，道路㊳稱冤。疑昌與崇內有纖介㊴，浸潤㊵相陷。自禁門樞機近臣㊶，蒙受冤譖，虧損國家，為謗不小。臣請治昌以解眾心㊷。」書奏，上下詔曰：「司隸寶附下罔上，以春月㊸作詆欺㊹，遂其姦心，蓋國之賊也。免寶為庶人。」崇竟㊺死獄中。

三月丁卯㊻[2]，諸吏、散騎㊼、光祿勳㊽賈延為御史大夫。

上欲侯董賢而未有緣㊾，侍中傅嘉勸上定息夫躬、孫寵㊿告東平本章，掇[3]去宋弘(51)，更言因董賢以聞，欲以其功侯之，皆先賜爵關內侯。頃之(52)，上欲封賢等而心憚王嘉(53)，乃先使孔鄉侯晏(54)持詔書示丞相、御史。於是嘉與御史大夫賈延上封事(55)言：「竊見董賢等三人始賜爵，眾庶匈匈(56)，咸曰賢貴，其餘并蒙恩(57)，至今流言未解(58)。陛下仁恩於賢等不已(59)，宜暴(60)賢等本奏語言，延問公卿、大夫、博士、議郎，考合古今，明正其義，然後乃加爵土。不然，恐大失眾心，海內引領而議(61)。暴評其事(62)，必有言當封者，在陛下所從。天下雖不說(63)，咎有所分(64)，不獨在陛下。前定陵侯淳于長(65)初封，其事亦議，大司農谷永以長當封，眾人歸咎於永，先帝不獨蒙其譏(66)。臣嘉、臣延，材駑不稱(67)，死有餘責，知順指不迕(68)，可得容身須臾(69)，所以不敢者，思報厚恩也。」上不得已，且為之止。

夏，六月，尊帝太太后(70)為皇太太后。

秋，八月辛卯(71)，上下詔切責公卿曰：「昔楚有子玉得臣(72)，晉文公[4]為之側席而坐(73)；近事，汲黯(74)折淮南之謀(75)。今東平王雲等至有圖弒天子逆亂之謀者，是公卿股肱莫能悉心(76)、務聰明(77)以銷厭未萌(78)故也。賴宗廟之靈，侍中、駙馬都尉賢等發覺以聞，咸伏厥辜(79)。書不云乎：『用德章厥善(80)。』其封賢為高安侯(81)，南陽太守寵為方陽侯(82)，左曹、光祿大夫躬為宜陵侯(83)，賜右師譚爵關內侯。」又封傅太后同母弟鄭惲子業為陽信侯(84)。息夫躬既親近，數進見言事，議論無所避(85)，上疏歷詆(86)公卿大臣。眾畏其口，見之仄目(87)。

上使中黃門(88)發武庫兵(89)，前後十輩(90)，送董賢及上乳母王阿舍(91)。執金吾(92)毋將隆(93)奏言：「武庫兵器，天下公用。國家武備，繕治造作，皆度大司農錢(94)。大司農錢，自乘輿不以給共養(95)，共養勞賜，一出少府(96)。蓋不以本臧(97)給末用，不以民力共浮費98，別公私，示正路也。古者諸侯、方伯得顓征伐99，乃賜斧鉞100，漢家邊吏職任距寇，亦賜武庫兵，皆任事然後蒙101之。春秋之誼102，家不臧甲103，所以抑臣威104，損私力105也。今賢等便僻弄臣106，私恩微妾107，而以天下公用給其私門，契國威器108，共其家備。民力分於弄臣，武兵設於微妾，建立非宜，以廣驕僭109，非所以示四方也110。孔子曰：『奚取於三家之堂111！』臣請收還武庫。」上不說。

頃之，傅太后使謁者賤買執金吾官婢八人，隆奏言：「賈賤，請更平直112。」上於是制詔丞相、御史：「隆位九卿，既無以匡113朝廷之不逮114，而反奏請與永信宮115爭貴賤之賈，傷化失俗116。以隆前有安國之言，左遷為沛郡都尉117。」初，成帝末，隆為諫大夫，嘗奏封事言：「古者選諸侯入為公卿，以褒118功德，宜徵定陶王使在國邸，以填萬方119。」故上思其言而宥120之。

諫大夫渤海鮑宣121上書曰：「竊見孝成皇帝時，外親122持權，人人牽引123所私以充塞朝廷，妨賢人路124，濁亂天下，奢泰亡度125，窮困百姓，是以日食且十126，彗星四起127。危亡之徵128，陛下所親見也，今奈何反覆劇129於前乎！

「今民有七亡130：陰陽不和131，水旱為災，一亡也；縣官重責132更賦133租稅，二亡也；貪吏並公，受取不已[134]，三亡也；豪彊大姓，蠶食亡厭[135]，四亡也；苛吏繇役[136]，失農桑時[137]，五亡也；部落鼓鳴，男女遮列[138]，六亡也；盜賊劫略[139]，取民財物，七亡也。七亡尚可，又有七死[140]：酷吏毆殺[141]，一死也；治獄深刻[142]，二死也；冤陷亡辜[143]，三死也；盜賊橫發[144]，四死也；怨讎相殘[145]，五死也；歲惡[146]饑餓，六死也；時氣疾疫[147]，七死也。民有七亡而無一得[148]，欲望國安，誠難；民有七死而無一生，欲望刑措[149]，誠難。此非公卿、守相貪殘成化[150]之所致邪？

「羣臣幸得居尊官，食重祿[151]，豈有肯加惻隱[152]於細民[153]，助陛下流教化[154]者邪！志但在營私家，稱賓客，為姦利[155]而已。以苟容曲從[156]為賢，以拱默尸祿[157]為智，謂如臣宣等為愚。陛下擢臣巖穴[158]，誠冀有益豪毛[159]，豈徒使臣美食大官[160]、重高門之地[161]哉！

「天下，乃皇天之天下也。陛下上為皇天子，下為黎庶[162]父母，為天牧養元元[163]，視之當如一[164]，合尸鳩[165]之詩。今貧民菜食不厭[166]，衣又穿空[167]，父子、夫婦不能相保，誠可為酸鼻[168]。陛下不救，將安所歸命[169]乎！奈何獨養外親與幸臣董賢，多賞賜，以大萬數，使奴從、賓客，漿酒藿肉[170]，蒼頭廬兒[171]，皆用致富，非天意也！

「及汝昌侯傅商172，亡功而封。夫官爵非陛下之官爵，乃天下之官爵也。陛下取非其官，官非其人173，而望天說民服，豈不難哉？方陽侯孫寵、宜陵侯息夫躬，辯足以移眾174，彊可用獨立175。姦人之雄176，惑世尤劇者也，宜以時罷退177。及外親幼童未通經術者，皆宜令休，就師傅178。急徵179故大司馬傅喜，使領外親，故大司空何武、師丹，故丞相孔光，故左將軍彭宣，經皆更博士180，位皆歷三公；龔勝181為司直182，郡國皆慎選舉183，可大委任也。陛下前以小不忍184退武等185，海內失望。陛下尚能容亡功德者甚眾，曾不能忍武等邪！治天下者，當用天下之心為心186，不得自專快意187而已也。」宣語雖刻切188，上以宣名儒，優容之189。

【章旨】以上為第五段，寫哀帝嬖寵董賢貴盛，息夫躬等奸邪小人朋比亂政，直臣尚書僕射鄭崇蒙冤死獄中，執金吾毋將隆、諫大夫鮑宣，上書勸諫，哀帝充耳不聞。

【注釋】❶駙馬都尉　漢武帝置，掌皇帝車駕之副馬。❷董賢　字聖卿，雲陽（今陝西淳化西北）人，為漢哀帝所寵幸，官至大司馬，操縱朝政。傳見《漢書》卷九十三。❸參乘　即驂乘，古時乘車在車右陪乘的人。❹御　隨侍。❺晝寢　睡午覺。❻偏藉上袖　董賢側身而臥，壓住了皇帝的衣袖。❼未覺　沒有醒。❽通引籍殿中　列名宮中名冊，自由進入宮禁。❾止賢廬　留在董賢在宮中歇宿的地方。❿女弟　董賢之妹。⓫旦夕上下　早晚都在皇帝身邊。⓬恭　董恭，董賢父，初為御史，後因董賢貴寵而為九卿，封關內侯。事見《漢書》卷九十三。⓭將作大匠　官名，即秦將作少府，掌修治宮室。⓮重殿　有前後二重宮殿。⓯洞門　與宮門相仿。重殿、洞門皆僭天子制度。⓰上方　禁中。⓱選物上弟　挑選出的上等物品。弟，通「第」。等級。⓲乘輿　指皇帝。⓳副　次等。⓴東園祕器　指棺材。漢制，大臣死則賜東園祕器。東園，官署名，屬少府，主製作冥器。㉑珠襦　將珠子用金線穿成的上衣。㉒玉匣　用金線將玉片穿成，穿在死者足以上腰以下。漢制，帝王死，用珠襦玉匣。㉓義陵　哀帝陵。㉔便房　小的曲室，用以盛放棺槨。㉕剛柏題湊　即黃腸題湊，天子用的棺木。以柏木黃心朝外，稱黃腸；槨上木頭皆內向為槨蓋，上尖下方，像屋簷四垂，稱為題湊。題，頭。湊，聚。㉖徼道　巡行警戒用的道路。㉗周垣　圍牆。㉘罘罳　古代設在宮門外或城角的瞭望或防禦設施，形似網，上有孔。㉙疾頸癰　頸部長了毒癰。㉚佞諂　溜鬚拍馬的小人。㉛知見疏　察知鄭崇被哀帝疏遠。㉜君門如市人　意謂鄭崇家門庭若市。㉝禁切　阻禁。㉞臣心如水　我的心像水一樣清白。㉟考覆　考查覆核。㊱孫寶　字子嚴，潁川鄢陵（今河南鄢陵）人，以明經為郡吏，清正剛直，官至大司農。傳見《漢書》卷七十七。㊲榜掠　鞭打。㊳道路　指道路上的行人。㊴纖介　指細微宿怨。㊵浸潤　讒言積累，逐漸發生作用。㊶樞機近臣　掌握機要的親近重臣。㊷解眾心　平息眾人心中的困惑。㊸春月　萬物生長月，漢廷常有大赦。㊹詆欺　欺騙；詆毀。㊺竟　最終。㊻丁卯　三月二十二日。㊼諸吏散騎　均為加官，諸吏得舉法，散騎傍乘輿，無常職。㊽光祿勳　官名，九卿之一，秦朝稱郎中令，漢武帝改名光祿勳。掌皇宮禁衛。㊾緣　機會。㊿孫寵　因告發東平王而封方陽侯，元壽二年（西元前一年）免，流放合浦。傳見《漢書》卷十八。(51)掇去宋弘　去掉原奏章中宋弘的名字。(52)頃之　過了一段時間。(53)心憚王嘉　害怕丞相王嘉反對。(54)晏　傅晏。(55)上封事　上密封奏章。(56)匈匈　群情激憤的樣子。(57)其餘并蒙恩　指息夫躬與孫寵是因董賢貴寵而附帶被封侯。(58)未解　沒有平息。(59)不已　不斷；不止。(60)暴　公開。(61)引領而議　伸長脖子議論。(62)暴評其事　公開評論董賢封侯一事。(63)說　通「悅」。(64)咎有所分　過錯有人分擔。(65)淳于長　皇太后王政君姐子，元延三年（西元前一〇年）二月二十日封，綏和元年（西元前八年）坐大逆，下獄死。傳見《漢書》卷十八。(66)譏諷。(67)材駑不稱　才能低下不稱職。自謙之詞。(68)迕　同「忤」。違背。(69)須臾　短暫的時間。(70)帝太太后　指哀帝祖母傅太后。(71)辛卯　八月十九日。(72)子玉得臣　楚成王大將，晉楚城濮之戰，晉雖得勝，但聽說未抓到子玉，晉文公仍深感憂慮。得臣，即子玉。(73)側席而坐　指晉文公面有憂色。(74)汲黯　（？—西元前一一二年）字長孺，濮陽（今河南濮陽西南）人，好黃老之術，官淮陽太守。傳見《漢書》卷五十。(75)淮南之謀　淮南王劉安謀反，獨懼汲黯。(76)悉心　盡心。(77)務聰明　及早察覺。(78)銷厭未萌　消滅在陰謀未發生之前。(79)咸伏厥辜　都服其罪。(80)用德章厥善　用爵祿賞賜表彰善行。語出《尚書·盤庚》。(81)高安侯　封國在朱扶，其地今無考。(82)方陽侯　封國在沛郡龍亢，即今安徽懷遠西北。(83)宜陵侯　封國在南陽杜衍，即今河南南陽西南。(84)陽信侯　封國在南陽新野，即今河南新野。(85)避　避忌。(86)歷詆　逐一詆毀眾大臣。(87)仄目　側目；不敢正視。(88)中黃門　官名，秩百石，掌給事禁中。(89)發武庫兵　調發武庫的兵器。武庫，國家總兵器庫，在長安城中處於未央宮與長樂宮之間。(90)十輩　十批。(91)送董賢及上乳母王阿舍　哀帝讓中黃門先後把十批兵器送到董賢及哀帝乳母王阿的家中。(92)執金吾　官名，秦及漢初稱中尉，武帝太初元年更名為執金吾，掌京師警衛。(93)毋將隆　字君房，東海蘭陵（今山東蒼山縣）人，傳見《漢書》卷七十七。(94)皆度大司農錢　都用的是大司農國庫的錢。度，用。(95)不以給共養　不供給皇帝使用。共，通「供」。(96)一出少府　全部從少府支出。(97)本臧　指大司農錢。臧，通「藏」。(98)浮費　為浮華而消耗。(99)顓征伐　專掌征伐之權。顓，通「專」。(100)斧鉞　象徵享有征伐之權。(101)蒙　得到。(102)誼　通「義」。(103)家不臧甲　《春秋公羊傳》載孔子所說，私家不可藏兵器。(104)抑臣威　抑制臣子之威。(105)損私力　削弱私家的勢力。(106)便僻弄臣　皇帝親近狎玩的諂佞小臣。(107)私恩微妾　於皇帝有私恩的奴僕。(108)契國威器　拿國家威武的兵器。(109)驕僭　驕橫僭越。(110)示四方也　為全國作榜樣。(111)奚取於三家之堂　源出《論語》孔子之言。孔子是指天子所用的八佾之禮不應行於魯叔孫、仲孫、季孫之堂。毋將隆引用孔子之言，是說國家武器不應賞賜給董賢、王阿等私門。(112)請更平直　請求改付相當的價錢。(113)匡　匡正。(114)不逮　不足。(115)永信宮　傅太后所居宮，這裡代指傅太后。(116)傷化失俗　傷風敗俗。(117)沛郡都尉　官名，太守之副，掌郡國兵事。(118)褒　表彰。(119)以填萬方　以威鎮四方。填，通「鎮」。(120)宥　寬大；諒解。(121)鮑宣　（？—西元三年）字子都，渤海高城（今河北鹽山縣東南）人，好學明經，舉孝廉為郎，官至司隸校尉。傳見《漢書》卷七十二。(122)外親　指外戚王氏。(123)牽引　指裙帶關係，任用私人。(124)妨賢人路　阻塞了賢者的進身之路。(125)奢泰亡度　奢侈享受沒有節制。(126)日食且十　日蝕出現近十次。(127)彗星四起　彗星四次出現。古人認為彗星出現是不祥之兆。(128)徵　徵兆。(129)劇　超過；增加。(130)民有七亡　百姓流亡有七種情況。(131)陰陽不和　氣候失調。(132)重責　加重徵收。(133)更賦　漢代徵收的一種代役稅。(134)貪吏並公二句　貪官汙吏假借國家的名義，沒完沒了地勒索百姓，中飽私囊。(135)蠶食亡厭　指豪強大姓吞食小民的土地永無滿足。(136)繇役　服勞役。(137)失農桑時　錯過種田植桑的農時。(138)部落鼓鳴二句　村落鳴鼓示警，男女列隊捕盜。(139)劫略　搶掠。(140)七死　七種致民於死的情況。(141)毆殺　酷打虐殺。(142)治獄深刻　審案嚴刑苛法。(143)冤陷亡辜　冤枉陷害無辜百姓。(144)盜賊橫發　盜賊到處橫行。(145)怨讎相殘　仇殺致死。(146)歲惡　年成不好。(147)時氣疾疫　流行疾疫。(148)一得　一條生路。(149)刑措　刑罰擱置不用，指無人犯罪。(150)貪殘成化　貪汙殘害成風。(151)食重祿　享受豐厚的俸祿。(152)惻隱　同情心。(153)細民　微不足道的老百姓。(154)教化　教育風化。(155)姦利　狼狽為奸取利。(156)苟容曲從　苟且偷生，曲意迎合。(157)拱默尸祿　無所事事，尸位素餐。(158)擢臣巖穴　皇帝將我從村野中提拔起來。(159)有益豪毛　有微小的貢獻。(160)美食大官　居高官，食美食。(161)重高門之地　立於高門殿上。高門，殿名，在未央宮中。(162)黎庶　老百姓。(163)牧養元元　管理黎民。(164)視之當如一　一視同仁。(165)尸鳩　出自《詩經・尸鳩》。言鳩養七子，平均對待，引申為對百姓要一視同仁。(166)菜食不厭　連野菜都吃不飽。(167)衣又穿空　衣服破敗，百孔千瘡。(168)酸鼻　讓人心痛。(169)歸命　活命。(170)漿酒藿肉　將酒當水，將肉當豆葉，形容董賢奢侈的生活。藿，豆葉。(171)蒼頭廬兒　奴婢；僕從。(172)汝昌侯傅商　以皇太后從父弟封，元壽元年（西元前二年），因外附諸侯免。傳見《漢書》卷十八。(173)取非其官二句　所選的人不應當受此官職，此官職也不應當授給此人。皆指皇帝用人不當。(174)辯足以移眾　詭辯足可以煽動大眾。辯，此指詭辯。(175)彊可用獨立　強暴足以鬧獨立。(176)姦人之雄　奸雄之首。(177)宜以時罷退　應及時罷免黜退。(178)皆宜令休二句　均應辭退，到老師那裡去學習儒術。(179)徵　徵召。(180)經皆更博士　經學都經歷過博士教育。更，經歷。(181)龔勝　（西元前六七—西元一二年）字君賓，好學明經，官光祿大夫。傳見《漢書》卷七十二。(182)司直　丞相屬官，秩千石。(183)慎選舉　推薦人才十分謹慎。因龔勝守正不阿，郡國皆懼其彈劾。(184)小不忍　稍有些不能容忍。(185)退武等　黜退大司空何武等人。(186)用天下之心為心　以天下人的心意為自己的心意。(187)自專快意　只圖自己一時痛快。(188)刻切　深刻激烈。(189)優容之　優待寬容他。哀帝因鮑宣為當世大儒而未加處置。

【校　記】[1]匣　據章鈺校，乙十一行本作「柙」。[2]丁卯　原無此二字。據章鈺校，乙十一行本、孔天胤本皆有此二字，今據補。[3]掇　原無此字。據章鈺校，乙十一行本有此字，《漢書・王嘉傳》亦同，今據補。[4]公　據章鈺校，乙十一行本無此字。

【語　譯】駙馬都尉、侍中雲陽人董賢受皇上寵愛，出行與皇上同坐一輛車，入宮隨侍左右，得到的賞賜價值幾億，尊貴震動了朝廷。董賢經常與皇上睡在一起，曾經有一次睡午覺，董賢側身而臥，壓住了皇上的袖子，皇上想起床，但見董賢還未睡醒，不想驚醒董賢，就把袖子割斷再起來。又詔命董賢的妻子列名在冊，出入皇宮，住進董賢宮內。又召董賢的妹妹入宮，封為昭儀，地位僅次於皇后。董昭儀、董賢與妻子早晚侍候在皇上身邊。任命董賢的父親董恭為少府，賜爵關內侯。還下詔書，命令將作大匠為董賢在未央宮北門外建造豪華住宅，有前後兩重大殿，殿門廣闊如同宮門，土木工程精巧豪華無與倫比。又賜給他武庫裡專供給宮中用的兵器和禁中珍寶。經過挑選，上等的精製珍寶器物，都進了董賢的家中，而天子所用的卻是次等的。甚至連皇家喪葬用的棺木、用珠串綴成的短壽衣、用玉製成的壽褲，都預先賜給董賢，無不齊備。又下令將作大匠在義陵旁邊為董賢建造墓園，墓內建有小的曲室，存放用堅實的柏木做成的外槨題湊，墓園外修建有巡行警戒的道路，墓園的圍牆有數里之長，門牆上的防禦設施，威嚴壯觀。

鄭崇認為董賢受寵過度而諫阻皇上，因而嚴重得罪了皇上，皇上多次藉公事譴責他。鄭崇頸子上長毒癰，想請求退休，又不敢提出。尚書令趙昌是個諂媚之人，一向陷害鄭崇，知道鄭崇被皇上疏遠，於是上奏說「鄭崇與劉氏宗族中的人交往密切，我懷疑有奸謀，請求查處。」皇上責問鄭崇說：「你家門庭若市，為什麼要禁止朕交朋友？」鄭崇回答說：「臣下門庭若市，臣心清白如水，希望得到皇上的審核！」皇上發怒，把鄭崇關進監獄。司隸孫寶上書說：「尚書令趙昌上奏指控僕射鄭崇一案，經過反覆審查，笞擊拷問，把鄭崇打得半死，但終無一句口供，道路上的行人都說鄭崇冤枉。我疑心趙昌與鄭崇懷有私人的宿怨，逐漸讒毀陷害鄭崇。假若連皇帝身邊主管機要的大臣，都遭誣陷而蒙受冤屈，國家受到虧損，這個誹謗不小。我請求追查趙昌誣謗罪，以解眾人心中的困惑。」奏章呈上後，皇上下詔說：「司隸孫寶附和臣下，欺矇皇上，利用春月寬赦之時，毀謗趙昌，欺騙朝廷，想達到救助鄭崇的奸惡用心，是國家的奸賊。罷免孫寶的官職，貶為平民。」鄭崇最終死在獄中。

三月二十二日丁卯，任命諸吏、散騎、光祿勳賈延為御史大夫。

皇上打算封董賢侯爵，卻沒有機會，侍中傅嘉勸皇上更改息夫躬、孫寵控告東平王劉雲的奏章，將宋弘的名字削去，改說是由董賢告發的，想藉口這個功勞來封董賢侯爵，把告發有功的人都先封為關內侯。不久，皇上想正式加封董賢等人為侯，而心裡害怕王嘉反對，就先派孔鄉侯傅晏拿詔書給丞相、御史大夫看。於是王嘉和御史大夫賈延呈進機密奏章說：「臣私下注意到董賢等三人剛被賜封關內侯時，群情激憤，都說董賢因顯貴受封，其他兩人是借光而受封，至今流言還沒有平息。陛下對董賢等人的仁愛恩德不斷，應當把董賢等人的奏章原文公布，詢問公卿、大夫、博士、議郎，請他們考查是否合乎古今的事例，讓大家顯明地看到加封合乎道義，然後再加封爵位采邑。否則的話，恐怕大失眾心，天下人就要伸長脖子議論。如果公開讓大臣們議論此事，必定有說應當加封他們的人，如此，陛下不過是採納其建議。天下人即使不高興，過錯也有人分擔，就不由陛下一人承擔了。從前定陵侯淳于長初封時，其事也是討論過，大司農谷永認為淳于長當封侯，眾人就歸罪於谷永，先帝沒有獨自一人蒙受譏刺。臣王嘉、臣賈延，才能低下不稱職，死有餘辜，明知順從陛下的心意，不違逆陛下，可以暫時安穩保身，之所以不敢這樣做，是想報答皇上深德厚恩。」皇上不得已，暫時擱下這件事。

夏，六月，尊帝太太后傅氏為皇太太后。

秋，八月十九日辛卯，皇上下詔嚴厲斥責公卿說：「從前楚國有子玉得臣，晉文公因他而憂慮不敢正坐，近代有汲黯，阻止了淮南王叛亂的陰謀。如今東平王劉雲等人甚至有殺害天子之謀，這是公卿大臣們沒能盡心職守，及早發覺，把陰謀消除在沒有萌生之前的緣故。幸賴祖宗在天之靈，侍中、駙馬都尉董賢等人及時察覺並報告給朕，才使叛臣賊子全都服罪正法。《書經》不是說過嗎：『要以恩德來彰明善行。』」封董賢為高安侯，南陽太守孫寵為方陽侯，左曹、光祿大夫息夫躬為宜陵侯，賜右師譚關內侯爵位。」又封傅太后同母弟鄭惲子鄭業為陽信侯。息夫躬親近了皇上後，他就多次進見皇上言事，議論毫無顧忌，上書逐一詆毀公卿大臣。朝廷百官都害怕他那張嘴，遇見他不敢正視。

皇上派中黃門到武庫拿兵器，前後共有十批，送給董賢以及皇上乳母王阿家中。執金吾毋將隆上奏說：「武庫兵器是天下人公用的。國家的武器裝備，修理製作，費用開支都由大司農支付。大司農的錢，就連天子的生活費用都不供給，天子的生活費和對臣下的慰勞賞賜，都出自少府。不把國家用於根本的儲備供給君王作賞賜，也不拿民力為浮華而消耗，區別公私，顯示正道。古代諸侯、方伯受命專行征伐時，才賜給他們斧鉞，漢朝守邊官吏的職責是抵禦外來侵略，也賜給他們武庫的兵器，這都是因為有軍事任務，然後才接受兵器。《春秋》上說的大義，私家不能藏兵器，以此抑制臣下的威勢，削弱私人的勢力。如今董賢等人是諂佞逢迎，被皇上親近狎玩的小臣，是對皇上有私恩的奴僕，皇上卻將天下公用之物贈給私家，拿國家威武的兵器供給私家作武備。使民力分散到狎玩之臣的手中，把國家武庫的兵器擺放在卑賤奴僕之家，這種做法很不妥當，將更增強他們的驕橫僭越，不是應該展示給全國的榜樣。孔子說：『天子祭祖之禮，怎麼能行於三家大夫祭祖的廳堂上！』我請求陛下收回兵器歸庫。」皇上很不高興。

不久，傅太后派謁者以低價收買執金吾官府的八名官婢，毋將隆上奏說：「買官婢的價錢太低，請改付公平市價。」皇上因此下詔給丞相、御史大夫說：「毋將隆位列九卿，不但不能扶正朝廷的過失，反而奏請與永信宮的傅太后爭論價格的高低，有傷教化，敗壞風俗。因他從前有安定國家的建議，把他降職為沛郡都尉。」當初，成帝末年，毋將隆任諫大夫，曾進呈密封奏章說：「古代選拔諸侯入朝為公卿，是為了褒獎功德，應當徵召定陶王，讓他住在京城定陶王府邸，以威鎮天下。」因此皇上念及他的話而寬恕了他。

諫大夫渤海人鮑宣上書說：「我看成帝時，外戚把持權柄，人人都引薦各自所偏愛的人來布滿朝廷，阻礙賢能之士進升的道路，混亂天下，窮奢極欲沒有節制，使百姓窮困，所以發生了近十次日蝕，彗星四次出現。這些危亡的徵兆，是陛下所親眼見到的，如今為什麼反而比從前更厲害呢！

「如今百姓流亡有七種情況：陰陽不和，水旱成災，此其一；縣吏加重徵收更賦和稅租，此其二；貪官汙吏藉口為公，勒索不已，此其三；豪強大族吞食小民土地永無滿足，此其四；苛暴的官吏徵發徭役，使農桑失時，此其五；村落鳴鼓示警，男女列隊捕盜，此其六；盜賊搶掠，奪取民眾財物，此其七。這七種流亡尚可忍受，還要面對七種死亡：被酷吏毆打致死，這是第一種死亡；審案嚴刑苛法而死，這是第二種死亡；冤枉陷害，無罪致死，這是第三種死亡；因盜賊橫行而死，這是第四種死亡；因仇怨而互相殘殺致死，這是第五種死亡；荒年飢餓而死，這是第六種死亡；流行瘟疫而死，這是第七種死亡。民眾有七種死亡而得不到一點幫助，想讓國家安定，實在太難了；人民有七死卻沒有一條生路，想無人犯法，刑法擱置不用，更是難上加難。這難道不是公卿、守相貪婪殘忍成風所造成的嗎？

「群臣有幸能身居高位，享受豐厚的俸祿，哪裡還有肯對小民有惻隱之心，幫助陛下推行教化的人啊！他們的志向只在經營自己的私產，滿足賓客的要求，為奸取利而已。他們把苟且偷生曲意迎合視為賢德，把無所事事尸位食祿視為明智，認為像臣這樣的人是愚蠢的。陛下將臣從山村裡提升起來，希望臣對朝廷能有絲毫助益，哪只是讓我飽嘗美食、身居高位、無所作為地站在高門大殿上呢！

「天下，是皇天的天下。陛下上為皇天之子，下為黎民百姓的父母，替上天來管理和教養黎民，應一視同仁，與〈尸鳩〉一詩中布穀鳥同等憐愛牠的七個兒子相符合。如今窮人連野菜都吃不飽，衣不蔽體，父子、夫婦不能相互保全，實在令人悲痛心酸。陛下如果不救助他們，讓他們到哪裡去安身呢！為什麼只供養外戚和寵臣董賢，賞賜之多，動輒上億，使奴僕、賓客視酒肉如同白水豆葉，奴僕、侍從都成為富翁，這可不是皇天的心意啊！

「還有汝昌侯傅商無功而被封侯。官爵不是陛下的官爵，而是天下人的官爵。陛下選定的人不配受此官爵，此官也不應當授此人，卻希望上天喜悅，民眾心服，豈不是太難了嗎？方陽侯孫寵、宜陵侯息夫躬，辯才足以煽動民眾，強暴足以使他們鬧獨立。這兩人是奸邪人中的魁首，迷惑世人最厲害的人，應立即將他們罷免。那些外戚幼童不懂經術的，都應命令他們辭職回家，跟老師學習經術。盡快徵召前大司馬傅喜，令他統率外戚，前大司空何武、師丹，前丞相孔光，前左將軍彭宣，他們的經學都經歷了名師教導，而官位都高列三公；龔勝為司直，郡國都謹慎嚴肅地向朝廷舉薦人才，這樣的人，應該委以重任。陛下前些時因稍有些不能容忍，罷了何武等人的官，讓天下大失所望。陛下尚且能容忍許多無功無德的人，竟然不能容忍何武等有用的人嗎！治理天下的人，就應該以天下人的心意為自己的心意，不能只圖自己痛快而已。」鮑宣的話雖然深刻激烈，皇上因鮑宣是名儒，也就寬容了他。

匈奴單于上書願朝五年❶。時帝被疾❷，或言❸：「匈奴從上游來厭人❹，自黃龍、竟寧時❺，單于朝中國，輒有大故❻。」上由是難之❼，以問公卿，亦以為虛費府帑❽，可且勿許。單于使辭去，未發❾，黃門郎揚雄上書諫曰：「臣聞六經之治，貴於未亂❿，兵家之勝，貴於未戰⓫。二者皆微⓬，然而大事之本⓭，不可不察也。今單于上書求朝，國家不許而辭之，臣愚以為漢與匈奴從此隙⑭矣。匈奴本五帝⑮所不能臣⑯，三王⑰所不能制⑱，其不可使隙⑲明甚。臣不敢遠稱，請引秦以來明⑳之。

「以秦始皇之彊，蒙恬㉑之威，然不敢窺西河㉒，乃築長城以界之㉓。會漢初興，以高祖之威靈，三十萬眾困於平城㉔，時奇譎之士、石畫之臣㉕甚眾，卒其所以脫㉖者，世莫得而言㉗也。又高皇后[1]時，匈奴悖慢㉘，大臣權書遺之㉙，然後得解。及孝文時，匈奴侵暴北邊㉚，候騎㉛至雍甘泉㉜，京師大駭，發三將軍屯細柳、棘門[2]、霸上㉝以備之，數月乃罷。孝武即位，設馬邑之權㉞，欲誘匈奴，徒費財勞師，一虜不可得見，況單于之面乎？其後深惟㉟社稷之計，規恢萬載之策㊱，乃大興師數十萬，使衛青㊲、霍去病㊳操兵，前後十餘年。於是浮西河，絕大幕㊴，破窴顏㊵，襲王庭㊶，窮極其地，追奔逐北，封狼居胥山㊷，禪於姑衍㊸，以臨瀚海㊹，虜名王、貴人以百數。自是之後，匈奴震怖，益求和親，然而未肯稱臣也。

「且夫前世豈樂傾㊺無量之費，役無罪之人，快心於[3]狼望㊻之北哉？以為不壹勞㊼者不久逸，不暫費者不永寧，是以忍百萬之師以摧餓虎之喙㊽，運府庫之財填盧山[49]之壑而不悔也。至本始之初，匈奴有桀心[50]，欲掠烏孫，侵公主[51]，乃發五將[52]之師十五萬騎以擊之。時鮮有所獲，徒奮揚威武，明漢兵若雷風耳！雖空行空反[53]，尚誅兩將軍[54]，故北狄[55]不服，中國未得高枕安寢也。逮至元康、神爵[56]之間，大化神明，鴻恩溥洽[57]，而匈奴內亂，五單于爭立，日逐[58]、呼韓邪[59]攜國歸死[60]，扶伏[61]稱臣，然尚羈縻[62]之，計不顓制[63]。自此之後，欲朝者不距[64]，不欲者不彊，何者？外國天性忿鷙[65]，形容魁健，負力怙氣[66]，難化以善，易肄以惡[67]，其彊難詘[68]，其和難得。故未服之時，勞師遠攻，傾國殫貨[69]，伏尸流血，破堅拔敵，如彼之難也。既服之後，慰薦撫循[70]，交接賂遺[71]，威儀[72]俯仰，如此之備也。往時嘗屠大宛之城[73]，蹈烏桓之壘[74]，探姑繒之壁[75]，藉蕩姐之場[76]，艾朝鮮之旃[77]，拔兩越之旗[78]。近不過旬月[79]之役，遠不離二時[80]之勞，固已犁其庭[81]，掃其閭[82]，郡縣而置之，雲徹[83]席卷，後無餘災。唯北狄為不然，真中國之堅敵也，三垂[84]比之懸[85]矣。前世重之茲甚[86]，未易可輕也。

「今單于歸義，懷款誠[87]之心，欲離其庭，陳見于前[88]，此乃上世之遺策[89]，神靈之所想望，國家雖費，不得已者也。柰何距以來厭之辭[90]，疏以無日之期[91]，消往昔之恩，開將來之隙？夫疑而隙之，使有恨心，負前言，緣往辭[92]，歸怨於漢，因以自絕，終無北面之心(93)。威之不可，諭之不能(94)，焉得不為大憂乎？夫明者視於無形(95)，聰者聽於無聲(96)，誠先於未然(97)，即兵革不用而憂患不生。不然，壹有隙之後，雖智者勞心於內，辯者轂擊於外(98)，猶不若未然之時也。且往者圖西域，制車師(99)，置城郭都護三十六國，費歲以大萬計者[4]，豈為康居、烏孫能踰白龍堆(100)而寇西邊哉？乃以制匈奴也。夫百年勞之，一日失之，費十而愛一(101)，臣竊為國不安也。唯陛下少留意於未亂、未戰，以遏邊萌之禍(102)！」書奏，天子寤焉，召還匈奴使者，更報單于書而許之。賜雄帛五十匹，黃金十斤。單于未發(103)，會病，復遣使願朝明年，上許之。

【章旨】以上為第六段，寫漢哀帝朝議匈奴單于請求入朝事宜，公卿大臣主張拒絕，黃門郎揚雄獨持異議，不可疏遠匈奴，接受入朝，哀帝裁決可，雖在病中，頭腦還算清醒。

【注釋】❶願朝五年　願於建平五年來朝貢。❷被疾　患病。❸或言　有人說。❹厭人　壓人。厭，鎮壓；抑制。❺黃龍竟寧時　宣帝、元帝時。黃龍是漢宣帝年號，竟寧是漢元帝年號。❻大故　指國喪。❼難之　難決斷此事。❽虛費府帑　白白浪費國家錢財。❾未發　還沒有出發。❿貴於未亂　貴在禍亂未發生就治理好。⓫兵家之勝二句　兵家的勝利，貴在未戰之前。⓬微　精妙。⓭本　根本。⓮隙　嫌隙。指漢匈從此加深了裂痕。⓯五帝　說法多種。《史記·五帝本紀》以黃帝、顓頊、帝嚳、唐堯、虞舜為五帝。⓰不能臣　不能使匈奴臣服。⓱三王　夏禹、商湯、周文王和周武王。⓲不能制　無法控制。⓳使隙　使出現嫌隙。⓴明　說明；證明。㉑蒙恬　（？—西元前二一〇年）秦名將，曾率兵三十萬防匈奴。㉒西河　指漢武威、張掖、敦煌、酒泉一帶。㉓界之　作為邊界，防衛匈奴。㉔平城　漢高帝七年（西元前二〇〇年），漢高祖劉邦率三十萬眾擊匈奴不利，被困平城七日乃得出。平城在今山西大同北。㉕奇譎之士石畫之臣　善於出奇計、善於謀略的臣子。石，通「碩」。大也。㉖脫　指高帝脫離危險，從匈奴包圍中脫身而出。㉗世莫得而言　當世沒有留傳下來，不得而知。㉘悖慢　蠻橫傲慢。高后時，匈奴冒頓單于寫信說，漢匈兩國和好，要娶高后為妻，言辭極為狂悖。載《漢書・匈奴傳》。㉙權書遺之　權宜作書來應答。㉚侵暴北邊　侵犯北部邊境。㉛候騎　偵察的騎兵。㉜雍甘泉　指雍縣、甘泉宮。兩地均皇帝行宮。雍縣在今陝西鳳翔西，甘泉宮在今陝西淳化東北。㉝細柳棘門霸上　三地名，均拱衛京師長安的重鎮。細柳，在今陝西咸陽西南。棘門，在今陝西咸陽東北。霸上，在今陝西長安東北。㉞馬邑之權　指漢武帝元光二年（西元前一三三年），設謀馬邑擊匈奴單于事件。於此拉開了漢匈戰爭的序幕。馬邑，郡名，郡治朔縣，在今山西朔州。㉟深惟　深思熟慮。㊱規恢萬載之策　規劃長久之計。㊲衛青　（？—西元前一〇六年）字仲卿，河東平陽（今山西臨汾西南）人，西漢名將，官至大將軍，封長平侯。先後七次出擊匈奴。傳見《漢書》卷五十五。㊳霍去病　（西元前一四〇—前一一七年）河東平陽（今山西臨汾西南）人，西漢名將，官至驃騎將軍，封冠軍侯。六次出擊匈奴，解除了匈奴對漢朝的威脅。傳見《漢書》卷五十五。㊴絕大幕　度過大漠。指漢武帝元狩四年（西元前一一九年），衛青、霍去病兩路漢軍度過大沙漠出擊匈奴。此次是漢匈兩國主力決戰，漢勝匈敗，匈奴遠遁，此後漢南無王庭。㊵窴顏　山名，在今蒙古人民共和國境內杭愛山南，衛青曾破匈奴兵於此。㊶王庭　匈奴單于王庭。㊷狼居胥山　山名，約在今內蒙古自治區克什克騰旗西北至阿巴嘎旗一帶。㊸姑衍　山名，在今內蒙古自治區境內。㊹瀚海　指今內蒙古自治區北部及蒙古國南部一帶。㊺樂傾　願意耗費。㊻狼望　狼煙候望之地。㊼壹勞　一次辛勞。指征伐匈奴。㊽忍百萬之師以摧餓虎之喙　忍心以百萬軍隊納於餓虎之口。㊾盧山　地名，單于南庭。㊿桀心　狼子野心。(51)公主　指王建女細君，時為烏孫昆莫右夫人。(52)五將　指田廣明、趙充國、田順、范明友、韓增。(53)空行空反　徒勞往返。指未取勝，空手而歸。(54)尚誅兩將軍　漢宣帝本始三年（西元前七一年），五將軍出擊匈奴，田順先期而退，田廣明畏敵不進，宣帝下令治罪，二人自殺。(55)北狄　指匈奴。(56)元康神爵　均為漢宣帝年號。(57)大化神明二句　朝政清明，皇恩浩蕩。(58)日逐　匈奴日逐王先賢撣。(59)呼韓邪　匈奴呼韓邪單于稽侯狦。(60)攜國歸死　舉國歸死命於漢朝。(61)扶伏　同「匍匐」。(62)羈縻　籠絡。(63)計不顓制　沒有完全控制。顓，同「專」。(64)距　通「拒」。(65)忿鷙　兇狠。(66)負力怙氣　依恃膽力。(67)易肄以惡　習慣於作惡。(68)詘　屈。(69)傾國殫貨　費盡國力。(70)慰薦撫循　安慰撫勉。(71)賂遺　贈送財物。(72)威儀　接待的禮儀。(73)屠大宛之城　武帝太初三年（西元前一〇二年），貳師將軍李廣利為取汗血馬攻大宛之事。(74)蹈烏桓之壘　昭帝元鳳三年（西元前七八年），中郎將范明友擊烏桓，獲三王首，斬六千餘級。(75)探姑繒之壁　昭帝始元四年（西元前八三年），西南姑繒族反，水衡都尉呂辟胡與大鴻臚田廣明先後擊之。壁，營壘。⑯藉蕩姐之場　漢元帝永光二年（西元前四二年）右將軍馮奉世征隴西羌蕩姐事。藉，掃蕩；踏平。場，疆場。⑰艾朝鮮之旃　漢武帝元封三年（西元前一〇八年），左將軍荀彘與樓船將軍楊僕攻滅朝鮮。艾，通「刈」。砍倒。旃，紅色的曲柄旗。⑱拔兩越之旗　指漢武帝元鼎六年（西元前一一一年）至元封元年（西元前一一〇年）樓船將軍楊僕等先後攻滅南越、東越事。⑲旬月　滿一個月。⑳二時　半年。三月為一時。㉑犁其庭　平定王庭。謂取得決定性勝利，把匈奴的王庭犁為耕地。㉒掃其閭　解散其原來建制。㉓雲徹　掃淨烏雲。㉔三垂　指東、南、西三方。㉕懸　差別很大。㉖重之茲甚　對匈奴十分重視。㉗款誠　真誠。㉘陳見于前　來長安朝見。㉙遺策　遺留下來的計策。㉚來厭之辭　指上述「匈奴從上游來厭人」等話。㉛疏以無日之期　指疏遠匈奴，說一句沒有確切日期的空話。㉜負前言二句　指若匈奴懷恨，將背負與漢朝和好的承諾，而仗恃以往的和好與今日拒絕來朝的言辭，把怨恨和責任歸罪於漢朝。㉝北面之心　臣服漢朝之心。㉞威之不可二句　出兵討伐不可以，好言開導也不可以。威，示威，指以武力相向。諭，曉諭，指通使安撫。㉟明者視於無形　明智者能於無形中發現苗頭。㊱聰者聽於無聲　聰明的人能於無聲中察到聲息。㊲先於未然　料事於事發之前。㊳轂擊於外　指使者乘車頻相往來。轂，車轂。㊴車師　西域國名，原名姑師，漢分其地為二部，前部治交河城，在今新疆吐魯番西。後部治務塗谷，在今新疆吉木薩爾南山中。㊵白龍堆　地名，在今新疆庫木塔格。㊶費十而愛一　花費十分氣力取得的成果卻因惜一分而葬送。愛，惜。㊷邊萌之禍　邊疆發生戰禍。㊸未發　沒有出發。

【校　記】①高皇后　原作「高后」。據章鈺校，乙十一行本、孔天胤本皆作「高皇后」，今據補。②細柳棘門　原作「棘門細柳」。據章鈺校，乙十一行本、孔天胤本皆作「細柳棘門」，今據改。③於　原無此字。據章鈺校，乙十一行本有此字，今據補。④費歲以大萬計者　原無此七字。據章鈺校，乙十一行本、孔天胤本皆有此七字，張敦仁《通鑑刊本識誤》、張瑛《通鑑校勘記》同，今據補。

【語　譯】匈奴單于上奏請求建平五年入朝。當時皇帝患病，有人說：「匈奴從黃河上游的西北方向來壓制人，從黃龍、竟寧年間起，單于每到中國朝見，中國就有大喪。」皇上因此感到為難，拿此事詢問公卿大臣，大家也認為接待單于白白地浪費國家錢財，可暫時不答應。單于使節辭別離去，沒有出發，黃門郎揚雄上書勸諫說：「臣聽說，儒家《六經》所講的治國之道，最重要的是把禍亂消弭在未發生之前，兵家的勝利，是不戰而勝。這兩件事都很精微深奧，但都是國家大事的根本，不可不明察。如今單于上書請求入朝，皇上沒有同意而辭去，臣認為這將使漢朝與匈奴從此產生嫌隙。匈奴原本是五帝不能臣服、三王不能控制的，因此不能使匈奴有嫌隙之心是很明顯的。臣不敢追溯太遠的歷史，請讓臣引用秦朝以來的史實加以說明。

「憑著秦始皇的強大，蒙恬的雄威，卻不敢窺伺西河，於是修築長城來隔斷匈奴。等到漢朝興起，以漢高祖的聲威和英明，三十萬名漢軍困於平城，當時善出奇計的謀士、籌劃決策的謀臣很多，最後所以能脫險的原因，世人不得而知。又，高皇后時，匈奴蠻橫傲慢，大臣們權宜作書應答，交給單于，這樣才將危險化解。到了孝文帝時，匈奴侵犯北部邊境，巡邏偵察騎兵深入漢朝雍城、甘泉，京師震駭，派遣徐厲、周亞夫、劉禮三位將軍，率兵分別駐守細柳、棘門、霸上以防備匈奴，雙方對峙了幾個月，匈奴才撤兵。孝武帝即位，設下馬邑之計，想引誘匈奴深入，徒然浪費財物，又勞累軍隊，連一個匈奴人也沒有見到，更何況見單于一面呢？此後，武帝深思熟慮國家的安危大計，擬定了萬年的太平策略，動員數十萬大軍，派衛青、霍去病統率，前後奮戰十餘年。渡過西河，穿過大漠，攻破窴顏山，襲擊單于王庭，深入匈奴內地，追擊敗兵，在狼居胥山築壇祭天，在姑衍山祭地，漢軍迫近瀚海，擒獲名王、貴人數百人。自此以後，匈奴震驚恐怖，越發要求和親，但是，仍不肯向朝廷稱臣。

「再說前代祖先難道願意耗費無限量的費用，驅使無罪的國民，在狼煙遍地的北方浴血奮戰，只求一時之快嗎？那是因為不做一次勞師動眾，就得不到長久的安逸，不暫時花費錢財，就得不到長久安寧，因此，才狠下心來，投入百萬大軍來摧毀餓虎之口，動用府庫的錢財來填塞盧山的溝壑也不後悔。至本始初年，匈奴有暴戾不順之心，企圖劫掠烏孫國，侵害烏孫公主，於是宣帝調發五員大將率領的十五萬名騎兵去襲擊匈奴。當時很少有收穫，僅僅是奮揚武威，顯示漢軍宛如風雷疾速而已！由於這次出征，徒勞往返，還誅殺了兩位將軍，所以北方的蠻族不順服，中國就不能高枕無憂。等到元康、神爵年間，朝政清明，皇恩浩蕩，而匈奴內部發生叛亂，五個單于爭奪汗位，日逐、呼韓邪率領國民歸順漢廷匍匐稱臣，但是朝廷還要籠絡他們，而不完全控制他們。從此以後，匈奴想來朝見的都不拒絕，不想來朝見也不勉強，這是為什麼呢？因為化外之人天性兇狠，體魄魁梧健壯，仗恃氣力，難以感化向善，卻容易習慣作惡。他們性情倔強，難以使其屈服，難以和睦相處。所以，他們未順服時，朝廷勞師遠攻，竭盡國力，耗光財物，伏屍流血，攻堅克敵，是那樣的困難。已經降服之後，慰勞安撫，交往贈送，禮儀俯仰，是如此完備。從前漢軍曾攻破大宛的都城，夷平烏孫的軍營，襲擊姑繒的營壁，踐踏蕩姐的戰場，砍斷朝鮮國的旗柄，拔取兩越的軍旗。時間短的戰役，不過一個月，長的也不超過半年辛勞，就已經夷平王庭耕為桑田，改編原來的部落設置郡縣，就像雲之散，席之捲，天清地淨，沒有給後世留下絲毫禍根。只有北狄不是如此，真是中國的強敵，東、西、南三陲之敵，和它相比，實在相差太遠了。正由於此，前世對匈奴很重視，如今也絕不可等閒視之。

「現今單于歸心教化，懷著誠懇之心，想離開自己的王庭，來京師朝見陛下，這是前代遺留下來的策略，也是祖先神靈所盼望的。國家雖要為此支出些費用，也是不得已的事。怎麼能用『匈奴從上游來厭人』一句話來加以拒絕，用沒有說定確切日期的來朝導致與匈奴疏遠，把歷年積下的所有恩德一筆勾銷，開啟未來的嫌隙？匈奴因懷疑而產生嫌隙，如果有了仇恨之心，仗恃以往的和好與今日被拒絕入朝的言辭，把全部怨恨歸罪於漢朝，由此與漢朝決裂，最終放棄臣服漢朝之心。到那時，我們以武力相加不可以，好言開導也不可以，怎能不構成重大憂患呢？眼明的人能看到無形的東西，耳聰的人能聽到無聲的音響，果真料事於事發之前，也就能兵革不用而憂患不生。不然，嫌隙一旦產生，儘管有智者在朝廷內辛苦策劃，善辯使者乘車頻相往來於外，還是不如在事情沒有發生的時候有一個正確的決策。況且從前圖謀西域，制服車師國，設置三十六國城郭都護，每年花費都以萬為單位計算，哪裡是為了防備康居國、烏孫國能越過白龍堆沙漠來侵犯我西部邊境呢？而是為了制服匈奴啊！百年辛勞的成果，一天之間就失去，當初開支了十分費用，而今卻只為了愛惜一分費用而激發匈奴背叛，臣私下深為國家感到不安。希望陛下在還未亂、未戰之時稍加注意，以遏止北邊戰禍的萌生！」奏書呈上，天子醒悟，召回匈奴使節，更改給單于的書信，答應單于朝見的要求。賜給揚雄綢緞五十匹，黃金十斤。單于尚未啟程，就剛好生病，就又派遣使節表示希望明年入朝，皇上同意了。

董賢貴幸日盛❶，丁、傅害其寵❷，孔鄉侯晏與息夫躬謀欲求居位輔政❸。會單于以病未朝，躬因是而上奏，以為：「單于當以十一月入塞，後以病為解❹，疑有他變❺。烏孫兩昆彌❻弱，卑爰疐彊盛，東結單于，遣子往侍❼，恐其合勢以并烏孫。烏孫并，則匈奴盛而西域危矣。可令降胡詐為卑爰疐使者來上書，欲因天子威告單于歸臣侍子，因下其章❽，令匈奴客❾聞焉，則是所謂『上兵伐謀，其次伐交❿』者也。」

書奏，上引見躬，召公卿、將軍大議。左將軍公孫祿以為：「中國常以威信懷伏夷狄，躬欲逆詐⓫，進不信之謀⓬，不可許。且匈奴賴先帝之德，保塞稱藩；今單于以疾病不任[1]奉朝賀⓭，遣使自陳⓮，不失臣子之禮。臣祿自保沒身不見匈奴為邊竟憂也⓯！」躬掎⓰祿曰：「臣為國家計，冀先謀將然⓱，豫圖未形⓲，為萬世慮⓳，而祿欲以其犬馬齒保目所見⓴。臣與祿異議，未可同日語也。」上曰：「善！」乃罷羣臣，獨與躬議。

躬因建言㉑：「災異屢見，恐必有非常之變㉒，可遣大將軍行邊兵㉓，敕武備㉔，斬一郡守以立威，震四夷，因以厭應變異㉕。」上然之，以問丞相嘉，對曰：「臣聞動民以行不以言㉖，應天以實不以文㉗，下民微細，猶不可詐，況於上天神明而可欺哉！天之見異㉘，所以敕戒人君㉙，欲令覺悟反正㉚，推誠行善，民心說而天意得矣㉛。辯士見一端㉜，或妄以意傅著㉝星曆，虛造匈奴、烏孫[2]、西羌之難，謀動干戈，設為權變㉞，非應天之道㉟也。守相有罪，車馳詣闕㊱，交臂就死㊲，恐懼如此。而談說者欲動安之危㊳，辯口快耳㊴，其實未可從。夫議政者，苦其諂諛、傾險、辯惠、深刻㊵也。昔秦繆公㊶不從百里奚㊷、蹇叔㊸之言，以敗其師㊹，其悔過自責，疾詿誤之臣㊺，思黃髮之言㊻，名垂於後世。願陛下觀覽古戒㊼，反覆參考，無以先入之語為主㊽！」上不聽。

【章旨】以上為第七段，寫邪惡佞臣息夫躬策劃挑起人為的邊患，僥倖立功封侯，獨攬朝政大權。息夫躬很不高明的詐計，竟然蠱惑了漢哀帝。

【注釋】❶貴幸日盛　日益得到皇帝寵信。❷害其寵　嫉妒董賢得寵。❸居位輔政　擔任丞相。❹為解　作解釋。❺他變　其他的變故。❻昆彌　烏孫國主名。❼遣子往侍　哀帝建平二年（西元前五年），烏孫卑爰疐為結好匈奴，送子趨逯到匈奴為人質。❽下其章　把奏章交臣下討論。❾匈奴客　匈奴使者。❿上兵伐謀二句　最好的用兵辦法是以計謀伐敵，其次是通過外交手段使敵屈服。語出《孫子·謀攻》。⓫逆詐　指主觀臆想敵人之詐謀。⓬不信之謀　不講信用的計策。⓭以疾病不任奉朝賀　因病不能來長安朝賀。⓮自陳　自己說明情況。⓯臣祿自保句　公孫祿敢保證他有生之年匈奴都不會為患邊境。⓰掎　接著公孫祿的話說。⓱冀先謀將然　希望事先設謀破壞敵人可能的行動。⓲豫圖未形　即防患於未然。⓳慮　打算。⓴以其犬馬齒保目所見　指公孫祿只考慮有生之年自己所能見到的。即說公孫祿只有短見，不為長遠著想。㉑建言　建議。㉒非常之變　異乎尋常的變化。指可能發生邊患。㉓行邊兵　引兵巡邊。㉔敕武備　命令做好戰鬥準備。㉕因以厭應變異　用這種方法來鎮妖異應天變。㉖動民以行不以言　引導百姓靠行動而不是言論。㉗應天以實不以文　用實際行動應天變而不重表面。㉘見異　出現變異。見，通「現」。㉙敕戒人君　警告皇帝。㉚覺悟反正　覺醒回到正路。㉛民心說而天意得矣　百姓歡悅也就得到了天意。㉜一端　一個方面；一點跡象。㉝傅著　附會。㉞設為權變　假設應變的謀略。㉟非應天之道　不是應對天變的正道。㊱車馳詣闕　乘車到朝廷。㊲交臂就死　束手受死。㊳欲動安之危　想動搖安定局面，讓危險發生。㊴辯口快耳　能言善辯讓人愛聽。㊵苦其讇諛傾險辯惠深刻　最恨阿諛奉承、陰險狡詐、花言巧語、用心惡毒的人。㊶秦繆公　（西元前六五九－前六二〇年在位）秦國國君，春秋五霸之一。㊷百里奚　春秋時秦賢大夫，曾助穆公建立霸業。㊸蹇叔　亦為春秋時秦穆公之賢大夫。㊹以敗其師　致使軍隊失敗。指秦晉崤之戰。㊺疾詿誤之臣　痛恨貽誤的大臣。㊻思黃髮之言　想起白髮老人的忠告。指秦穆公在秦師敗後，想起百里奚、蹇叔之言，而後悔莫及。㊼古戒　古來的歷史教訓。㊽無以先入之語為主　不要為先入之言所左右。指不要聽從息夫躬的建議。

【校　記】①任　章鈺校云：「不仕，乙十一行本『仕』作『任』，熊校同。」是章鈺所據胡克家刻本作「仕」，與校者所見不同。按，胡三省注云：「『任』音『壬』。」可見原當作「任」。②烏孫　原無此二字。據章鈺校，乙十一行本、孔天胤本皆有此二字，今據補。

【語　譯】董賢的寵幸顯貴日益隆盛，丁氏、傅氏兩家外戚嫉妒董賢受寵，孔鄉侯傅晏與息夫躬謀劃想要獲得輔政大臣的官位。正好趕上匈奴單于因生病未能入朝，息夫躬趁機上奏，認為：「單于應在十一月入關，後來藉口生病沒有來，疑有其他變故。烏孫兩位昆彌勢弱，卑爰疐勢力強盛，與東方匈奴交結，派遣兒子入質匈奴，恐怕他們要聯合起來吞併烏孫。烏孫被吞併，那麼匈奴就強盛而西域就危險了。可以派歸降的烏孫人假扮成卑爰疐的使者來長安上書，請求藉中國天子的權威施壓匈奴，歸還烏孫入侍匈奴的質子，皇上把奏章交給朝臣廷議，讓匈奴的使臣知道，這就是所謂『用兵的最好策略是運用謀略取勝，其次是使用外交手段制勝。』」

奏書呈上，皇上召見息夫躬，又召集公卿、將軍大規模討論。左將軍公孫祿認為：「中國一貫以威望和信義安撫夷狄，息夫躬主觀臆想敵人欺詐，進獻不講信用的計謀，不能允許。況且，匈奴依賴先帝的恩德，保衛邊塞，自稱藩國；如今單于因病不能勝任來京師朝賀，派使者來自為說明，沒有失去臣子的禮節。臣公孫祿敢於擔保，在臣的有生之年都不會有匈奴為患邊界！」息夫躬接著公孫祿的話說：「臣為國家安危考慮，希望事先謀劃敵人可能的行動，防患於未然，為萬世太平著想，而公孫祿只考慮到自己有生之年這眼前的安危。臣與公孫祿意見不同，不可同日而語。」皇上說：「說得好！」於是讓群臣退朝，單獨與息夫躬商議。

息夫躬建議說：「災異多次出現，恐怕一定有非常的事變，可派大將軍巡視邊境，整頓軍備，斬一個郡的太守以樹威，震驚四方蠻族，以此來鎮妖異應天變。」皇上認為有道理，就拿這個建議去詢問丞相王嘉，王嘉回答說：「臣聽說引導百姓要靠實際行動，不能靠言辭，順應天命要靠切合實際的內容，而不能靠表面文章，下民微小，尚且不能欺騙，更何況上天神明，難道是可以欺騙的嗎！上天出現變異，是用來警戒君王，想使君王覺悟，回到正路，推誠心，施善政，民心喜悅，也就得到了天意。能說會道的人只看見事物的一個方面，有的就隨意用自己的想法去附會星辰，憑空揑造匈奴、烏孫、西羌將要發難，想大動干戈，預設下應變的策略，這不是應對上天的辦法。太守、國相有罪，應當用囚車迅速地押赴皇帝的殿庭，反縛雙臂，接受死刑，豈可如此製造恐怖。而那些善於言談的人想動搖國家的安定局面，走向危亡之途，能言善辯，讓人愛聽，其實是不能採納的。商議國家大事，最可恨的就是那些阿諛奉承、陰險狡詐、花言巧語、用心惡毒的人。從前，秦繆公不聽百里奚、蹇叔的勸告，以致喪師辱國，後來悔恨自責，痛恨那些貽誤大事的大臣，思念黃髮老人的諍言，得以名垂後世。希望陛下觀覽古代的戒鑑，反覆考慮，不要以先入之言為主！」皇上沒有聽從。

【研　析】哀帝入宮繼位大統，效法成帝荒淫，年紀輕輕患上沉重的風流病，又受制於祖母傅太后，被丁氏、傅氏，以及息夫躬、董賢之流等一幫群小包圍，整天稀里糊塗，渾渾噩噩，不知所為。匈奴單于來朝，朝議拒絕，揚雄上書陳說利害，哀帝有所醒悟，做出了正確的決策，息夫躬一番巧言，哀帝又改變了主意，做出錯誤的決定。絕對權威的皇權，掌握在如此一個人的手中，國運還能昌盛嗎？集權制度使國家安危繫於一個人的智愚與精神狀態，實在是太危險了。儒家學者製造天人感應理論來制約皇權，利用天象說事，所以昏暗之朝，天象變異不絕於書。沒有制度的約束，靠虛無的理論維繫政治天平，可收一時之效，絕無長遠之福。天人感應是古代的一種意識形態。意識形態代表不了善政，更代表不了合理的制度，而且荒唐的意識形態還要靠強權維護，它更是一把雙刃劍。本來藉天象說事，是用來限制惡性皇權的，其結果往往是大臣受禍，翟方進之死，不就是這樣的嗎！

成帝縱淫，天象變異不斷；哀帝步塵，變異天象更是層出不窮，好像天人真有感應似的。皇帝英明，為政不惡，自然天象不為人注意，就好像是正面的感應。一樣的自然災害，水患天旱，在聖明之朝，國家有備，應對有序，不會為民害；若發生在昏暗之朝，政府不管，人民流離，社會就要動亂。古代聖哲荀子早有警言：「天行有常，不為堯存，不為桀亡。應之以治則吉，應之以亂則凶。」吉凶善惡，在人不在天。成帝、哀帝朝的天象變異，都是人為說事，並不是真有什麼感應。

本卷所載諫大夫鮑宣上書，是一個亮點。鮑宣，字子都，渤海郡高城縣人。鮑宣明經好學，為官清廉。他從基層一步一步上來，瞭解民生疾苦。鮑宣為縣鄉嗇夫，代理束州丞，為郡功曹，舉孝廉為郎，歷官議郎、大司空府西曹掾、丞相司直等職，幾起幾落，復為諫大夫，名重當時。鮑宣上書，把人民的疾苦和官吏的暴虐，描寫得歷歷如畫。他列舉人民有七種苦難和七種死亡。水旱災害、沉重賦稅、貪官勒索、土地兼併、差役不斷、社會不寧、強盜橫行，是為七苦。陷入法網、入獄受虐、無處申冤、落入賊手、雪恨仇殺、荒年餓死、瘟疫傳染，是為七死。人民處於七苦七死的水深火熱之中。鮑宣認為，民有七苦七死，完全是朝廷高官、地方郡縣官吏貪贓枉法的結果。他為民呼喊：「陛下不救，將安所歸命乎！」兩千年後，再讀此文，忍不住動容落淚。可是哀帝看了奏章，無動於衷，還想懲治鮑宣，懾於他的聲望，又是為民代言，沒有觸及統治集團的罪惡，沒有犯顏冒昧，置之不理作罷。西漢王朝在哀帝帶領之下，向著死亡之門加速前進。

卷第三十五

漢紀二十七

起屠維協洽（己未　西元前二年），盡玄黓閹茂（壬戌　西元二年），凡四年。

【題解】本卷記事起西元前二年，迄西元二年，凡四年史事，當哀帝元壽元年，至平帝元始二年。兩代皇帝交接，權臣大換班，王莽亂中取勢，西漢實際已名存實亡，只待舉行禪讓儀式了。元壽元年，挾制哀帝的祖母傅太后死，丁、傅外戚集團立即失勢，嬖佞董賢貴盛，哀帝賞賜違禮過制，丞相王嘉犯顏直諫，蒙冤下獄，絕食而死。元壽二年匈奴單于來朝。六月二十六日，哀帝死於未央宮，太皇太后王政君當天趕到未央宮，收了皇帝印璽，奪回權力，立即起用王莽。經過多年伏蟄韜晦獲得的虛譽，以及果決毒辣的手段，王莽迅速攫取了漢家政權。元始元年，王莽給自己加上了安漢公，又奪了太皇太后王政君垂簾的權力，為自己逼宮篡位鋪平了道路。元始二年，王莽送女入宮，備位皇后，還耍了一番權術，表演推讓屈從的政治秀，沒有一個敢於直言的人上奏，西漢國祚，走到了盡頭。

孝哀皇帝下

元壽元年（己未　西元前二年）

春，正月辛丑朔❶，詔將軍、中二千石舉❷明習兵法者❸各一人，因就拜孔鄉侯傅晏為大司馬、衛將軍，陽安侯丁明為大司馬、票騎將軍。

是日，日有食之。上詔公卿大夫悉心陳過失❹，又令舉賢良方正能直言者❺各一人。大赦天下。

丞相嘉奏封事曰：「孝元皇帝奉承大業❻，溫恭少欲❼，都內❽錢四十萬萬。嘗幸上林❾，後宮❿馮貴人從臨獸圈，猛獸驚出，貴人前當之⓫，元帝嘉美其義，賜錢五萬。掖庭見親⓬，有加賞賜，屬其人勿眾謝⓭。示平惡偏⓮，重失人心⓯，賞賜節約。是時外戚貲⓰千萬者少耳，故少府⓱、水衡⓲見錢多也。雖遭初元、永光凶年饑饉，加有[1]西羌之變⓳，外奉⓴師旅，內振㉑貧民，終無傾危之憂，以府臧內充實也。孝成皇帝時，諫臣多言燕出㉒之害，及女寵專愛，耽㉓於酒色，損德傷年㉔，其言甚切，然終不怨怒也。寵臣淳于長㉕、張放㉖、史育㉗，育數貶退，家貲不滿千萬，放斥逐就國。長榜死㉘於獄，不以私愛害公義，故雖多內譏㉙，朝廷安平，傳業陛下。

「陛下在國之時㉚，好㉛詩、書，上㉜儉節，徵來，所過道上稱誦德美，此天下所以回心㉝也。初即位，易帷帳，去錦繡㉞，乘輿席緣綈繒㉟而已。共皇寢廟比當作[36]，憂閔元元[37]，惟用度不足，以義割恩[38]，輒且止息[39]，今始作治[40]。而駙馬都尉董賢亦起官寺[41]上林中[42]，又為賢治大第[43]，開門鄉北闕[44]，引王渠[45]灌園池，使者護作[46]，賞賜吏卒，甚於治宗廟。賢母病，長安廚[47]給祠具[48]，道中過者皆飲食[49]。為賢治器[50]，器成，奏御乃行[51]。或物好，特賜其工[52]，自貢獻宗廟、三宮[53]，猶不至此。賢家有賓婚及見親[54]，諸官並共[55]，賜及倉頭[56]、奴婢人十萬錢。使者護視、發取市物[57]，百賈[58]震動，道路讙譁[59]，羣臣惶惑。詔書罷苑[60]，而以賜賢二千餘頃，均田之制[61]從此墮壞。奢僭放縱[62]，變亂陰陽，災異眾多，百姓訛言，持籌相驚[63]，天惑其意，不能自止[64]。陛下素仁智慎事，今而有此大譏[65]。

「孔子曰：『危而不持，顛而不扶，則將安用彼相矣[66]！』臣嘉幸得備位[67]，竊內悲傷不能通愚忠之信[68]，身死有益於國，不敢自惜。唯陛下慎己之所獨鄉[69]，察眾人之所共疑[70]。往者寵臣[2]鄧通、韓嫣[71]，驕貴失度，逸豫[72]無厭，小人不勝情欲[73]，卒陷罪辜[74]，亂國亡軀[75]，不終其祿，所謂『愛之適足以害之[76]』者也！宜深覽前世，以節賢寵[77]，全安其命。」上由是於嘉浸不說[78]。

前涼州[79]刺史杜鄴[80]以方正對策曰：「臣聞陽尊陰卑，天之道也。是以男雖賤，各為其家陽；女雖貴，猶為其國陰。故禮明三從之義[81]，雖有文母[82]之德，必繫於子[83]。昔鄭伯隨姜氏之欲[84]，終有叔段篡國之禍[85]；周襄王內迫惠后之難[86]，而遭居鄭之危[87]。漢興，呂太后[88]權私親屬，幾危社稷。竊見陛下約儉正身，欲與天下更始[89]，然嘉瑞未應[90]，而日食、地震。案春秋災異，以指象為言語[91]。日食，明陽為陰所臨[92]。坤以法地[93]，為土，為母[94]，以安靜為德；震，不陰之效也[95]。占象甚明[96]，臣敢不直言其事！昔曾子[97]問從令之義[98]，孔子曰：『是何言與[99]！』善閔子騫[100]守禮不苟從親[101]，所行無非理[3]者，故無可間也。今諸外家昆弟[102]，無賢不肖[103]，並侍帷幄[104]，布在列位[105]，或典兵衛，或將軍屯，寵意并於一家，積貴之埶，世所希見、所希聞也。至乃並置[106]大司馬、將軍之官，皇甫[107]雖盛，三桓[108]雖隆，魯為作三軍[109]，無以甚此[110]！當拜之日[111]，晻然[112]日食。不在前後[113]，臨事而發[114]者，明陛下謙遜無專[115]，承指非一[116]，所言輒聽，所欲輒隨，有罪惡者不坐辜罰[117]，無功能者畢受[118]官爵。流漸積猥[119]，過在於是[120]，欲令昭昭[121]以覺聖朝[122]。昔詩人所刺[123]，春秋所譏[124]，指象[125]如此，殆不在它[126]。由後視前，忿邑非之[127]，逮身所行[128]，不自鏡見[129]，則以為可，計之過者[130]。願陛下加致精誠，思承始初[131]，事稽諸古[132]，以厭[133]下心，則黎庶羣生無不說喜[134]，上帝百神收還威怒[135]，禎祥福祿，何嫌136不報！」

上又徵孔光詣公車137，問以日食事，拜為光祿大夫，秩中二千石，給事中，位次丞相138。

初，王莽既就國139，杜門自守140。其中子獲殺奴141，莽切責獲，令自殺。在國三歲，吏民上書冤訟莽者142百數。至是，賢良143周護、宋崇等對策，復深訟144莽功德，上於是徵莽及平阿侯仁還京師，侍太后145。

董賢因日食之變以沮146傅晏、息夫躬之策，辛亥147 [4]，上收晏印綬，罷就第。

丁巳148，皇太太后傅氏崩，合葬渭陵149，稱孝元傅皇后。丞相、御史奏息夫躬、孫寵等罪過，上乃免躬、寵官，遣就國，又罷侍中、諸曹、黃門郎數十人。

鮑宣上書曰：「陛下父事天，母事地150，子養黎民151。即位以來，父虧明152，母震動153，子訛言相驚恐154。今日食於三始155，誠可畏懼。小民正朔日156尚恐毀敗器物157，何況於日虧158乎！陛下深內自責159，避正殿，舉直言，求過失，罷退外親及旁仄素餐之人160，徵拜孔光為光祿大夫，發覺孫寵、息夫躬過惡，免官遣就國，眾庶歙然161，莫不說喜162。天人同心，人心說則天意解163矣。乃二月丙戌164，白虹干日(165)，連陰不雨，此天下[5]憂結未解(166)，民有怨望未塞(167)者也。侍中、駙馬都尉董賢，本無葭莩之親(168)，但以令色(169)、諛言自進，賞賜無度(170)，竭盡府臧(171)，并合三第(172)，尚以為小，復壞暴室(173)。賢父、子坐使(174)天子使者，將作治第(175)，行夜吏卒(176)[6]皆得[7]賞賜，上冢有會(177)，輒太官(178)為供。海內貢獻，當養一君，今反盡之賢家，豈天意與民意邪！天不可久負(179)，厚之如此，反所以害之也！誠欲哀(180)賢，宜為謝過天地(181)，解讎海內(182)，免遣就國，收乘輿器物還之縣官(183)，如此[8]可以父子終其性命。不者，海內之所仇(184)，未有得久安者也。孫寵、息夫躬不宜居國，可皆免，以視(185)天下。復徵何武(186)、師丹、彭宣、傅喜，曠然(187)使民易視(188)，以應天心，建立大政，與太平之端(189)。」上感大異，納宣言，徵何武、彭宣，拜鮑宣為司隸。

上託(190)傅太后遺詔，令太皇太后下丞相、御史，益封董賢二千戶，及[9]賜孔鄉侯、汝昌侯、陽新侯國(191)。王嘉封還詔書(192)，因奏封事諫曰：「臣聞爵祿、土地，天之有也。書云：『天命有德，五服五章哉(193)！』王者代天爵人(194)，尤宜慎之。裂地(195)而封，不得其宜，則眾庶不服，感動陰陽，其害疾(196)自深。今聖體久不平，此臣嘉所內懼也。高安侯賢，佞幸之臣，陛下傾爵位以貴之，單(197)貨財以富之，損至尊[198]以寵之，主威已黜[199]，府臧已竭，唯恐不足。財皆民力所為，孝文皇帝[10]欲起露臺，重百金之費，克己不作[200]。今賢散公賦以施私惠，一家至受千金，往古以來，貴臣未嘗有此，流聞四方，皆同怨之。里諺曰：『千人所指，無病而死。』臣常為之寒心。今太皇太后以永信太后遺詔詔丞相、御史，益賢戶，賜三侯國，臣嘉竊惑。山崩、地動、日食於三朝，皆陰侵陽之戒也。前賢已再封[201]，晏、商再易邑[202]，業[203]緣私橫求，恩已過厚，求索自恣，不知厭足，甚傷尊尊之義[204]，不可以示天下，為害痛矣！臣驕侵罔[205]，陰陽失節，氣感相動，害及身體[206]。陛下寢疾久不平，繼嗣未立，宜思正萬事，順天人之心，以求福祐，柰何[11]輕身肆意[207]，不念高祖之勤苦，垂立[208]制度，欲傳之於無窮哉！臣謹封上詔書，不敢露見[209]，非愛死而不自法[210]，恐天下聞之，故不敢自劾[211]。」

初，廷尉[212]梁相治東平王雲獄[213]時，冬月未盡二旬，而相心疑雲冤獄，有飾辭[214]，奏欲傳[215]之長安，更下公卿覆治[216]。尚書令鞫譚、僕射宗伯鳳以為可許。天子以為相等皆見上體不平[217]，外內顧望[218]，操持兩心[219]，幸雲踰冬[220]，無討賊疾惡主讎[221]之意，免相等皆為庶人。後數月，大赦，嘉薦「相等皆有材行[222]，聖王有計功除過[223]，臣竊為朝廷惜此三人。」書奏，上不能平[224]。後二十餘日，嘉封還益董賢戶事[225]，上乃發怒，召嘉詣尚書[226]，責問以「相等前坐不忠，罪惡著聞，君時輒[227]已自劾，今又稱譽，云『為朝廷惜之』，何也？」嘉免冠謝罪[228]。

事下將軍中[12]朝者[229]，光祿大夫孔光等劾「嘉迷國罔上[230]，不道，請謁者召嘉詣廷尉詔獄[231]。」議郎龔等以為「嘉言事前後相違[232]，宜奪爵土，免為庶人。」永信少府猛等以為「嘉罪名雖應法，大臣括髮關械[233]，裸躬就笞[234]，非所以重國[235]、褒宗廟[236]也。」上不聽，三月[13]，詔「假謁者節[237]，召丞相詣廷尉詔獄。」

使者既到，府掾、史涕泣，共和藥進嘉[238]，嘉不肯服。主簿曰：「將相不對理陳冤，相踵以為故事[239]，君侯宜引決[240]！」使者危坐[241]府門上，主簿[242]復前進藥。嘉引藥杯[243]以擊地，謂官屬曰：「丞相幸得備位三公，奉職負國[244]，當伏刑都市，以示萬眾。丞相豈兒女子邪？何謂咀[245]藥而死！」嘉遂裝，出見使者，再拜受詔。乘吏小車，去蓋，不冠，隨使者詣廷尉。廷尉收嘉丞相、新甫侯印綬，縛嘉載致都船詔獄[246]。上聞嘉生自詣吏，大怒，使將軍以下與五二千石雜治[247]。吏詰問嘉，嘉對曰：「案事者[248]思得實。竊見相等前治[249]東平王獄，不以雲為不當死，欲關[250]公卿，示重慎，誠不見其外內顧望、阿附為雲驗[251]，復幸得蒙大赦。相等皆良善吏，臣竊為國惜賢，不私[252]此三人。」獄吏曰：「苟如此，則君何以為罪？猶當有以負國，不空入獄矣。」吏稍侵辱[253]嘉，嘉喟然[254]仰天歎曰：「幸得充備宰相，不能進賢、退不肖，以是負國，死有餘責。」吏問賢、不肖主名[255]。嘉曰：「賢故丞相孔光、故大司空何武，不能進；惡高安侯董賢父、子佞邪[14]亂朝，而不能退。罪當死，死無所恨！」嘉繫獄二十餘日，不食，歐血[256]而死。

【章旨】以上為第一段，寫哀帝貴寵董賢，違禮過制，大失君德。丞相王嘉犯顏直諫，蒙冤而死。

【注釋】❶辛丑朔　正月初一日。❷舉　察舉。❸明習兵法者　通曉兵法的人。❹悉心陳過失　盡心述說朝廷的過失。❺賢良方正能直言者　漢代察舉中的一個科目，稱舉賢良方正，能直言，敢於說話的人是入選條件。由郡國舉薦，皇帝親自策問，然後任官。❻孝元皇帝奉承大業　漢元帝繼位。❼温恭少欲　溫良恭儉，很少有不良的欲望。❽都內　官署名，屬大司農，長官為都內令、丞，掌財政。❾上林　上林苑，皇帝的御苑。❿後官　後宮官。漢制，後宮嬪妃，均有官爵。⓫貴人前當之　此指建昭元年（西元前三八年），元帝在虎圈觀獸鬥，突然一隻熊跳出圈外，眾官、嬪妃紛紛逃竄，馮婕妤卻挺身上前遮擋。當，通「擋」。⓬掖庭見親　宮廷中被親幸的嬪妃。⓭勿眾謝　不要當眾謝恩。⓮示平惡偏　以此表示公平，厭惡偏頗。⓯重失人心　著重人心的得失。⓰貲　錢財。⓱少府　漢官署名，掌皇室財政，其長官少府，為九卿之一。⓲水衡　漢官署名，其長官為水衡都尉，掌鑄錢。⓳西羌之變　永光二年（西元前四二年），西羌彡姐叛漢。⓴奉　供給。㉑振　賑濟。㉒燕出　指皇帝微服私行。㉓耽　沉湎。㉔損德傷年　有損德行，傷害壽命。㉕淳于長　字子孺，魏郡元城（今河北大名）人，少以太后姐子為黃門郎，因立趙飛燕為皇后得寵，封定陵侯。傳見《漢書》卷九十三。㉖張放　成帝寵臣，常與成帝外出私行，封富平侯。㉗史育　人名，成帝寵臣之一，事跡不詳。㉘榜死　拷打致死。㉙內譏　朝廷內對成帝多有譏諷。㉚在國之時　指在定陶王封國之時。㉛好　喜歡。㉜上　通「尚」。崇尚。㉝回心　指臣民將擁戴成帝之心，移到了現在的哀帝身上。㉞易帷帳二句　換掉高貴的帳子，去掉錦繡等裝飾。㉟乘輿席緣綈繒　皇帝所乘車的席墊僅用粗厚的絲織品包邊。㊱比當作　每次應當興建。㊲元元　老百姓。㊳以義割恩　為公義捨棄恩情。㊴輒且止息　指因財政困難而一直不肯修建共皇寢廟。㊵今

始作治　現在才開始興建。41官寺　官署。42上林中　上林苑中。43大第　高大寬敞的府第。44開門鄉北闕　府第的大門向北方開。鄉，通「向」。45王渠　即御渠。46使者護作　皇帝特別派使者監督施工。47長安廚　長安廚官。48祠具　這裡指祈禱用具及餐具。49道中過者皆飲食　在道中祈禱，過往行人均可獲得飲食。50治器　製造用具。51奏御乃行　呈奏皇帝過目後才使用。52特賜其工　對製作好的工匠還特別賞賜。53三宮　指長信、永信二太后及趙太后宮。54賓婚及見親　有來賓、舉辦婚禮或接待親戚。55諸官並共　百官共同供奉財物等。共，通「供」。56倉頭　僕人。57使者護視發取市物　董賢家人到市場購物，皇帝也派使者專門監護，巧取豪奪。58百賈　各行各業的商人。59道路讙譁　輿論譁然。60罷苑　裁撤皇家園林。61均田之制　從公卿到吏民，按品制規定佔田限額，謂之均田，並不是每人佔田數額相等。哀帝綏和二年（西元前七年）削減佔田限額，卻無法實行。62奢僭放縱　奢侈僭制，肆無忌憚。63百姓訛言二句　指前述百姓持西王母籌轉相奔走之事。64不能自止　指百姓聽謠言，思想被上天迷惑，不能停止持籌相驚的行動。65大譏　指皇帝因董賢事受到朝野人士的譏諷。66危而不持三句　語出《論語・季氏》孔子之言，意為盲人遇到危險，不去扶持；將要跌倒了，不去攙扶，那麼要你這助手還有什麼用處呢。67備位　擔任宰相的委婉說法。68竊內悲傷不能通愚忠之信　私下常常因為自己的忠信未能表達而感到悲傷。69慎己之所獨鄉　謹慎對待自己與所專寵的人（指董賢）。70察眾人之所共疑　明白大家所共同懷疑的對象（亦指董賢）。71鄧通韓嫣　鄧通，漢文帝幸臣。傳見《漢書》卷九十三。韓嫣，漢武帝弄臣。傳見《漢書》卷九十三。文帝寵任鄧通，賜銅山一座，允許他自己鑄錢，結果鄧氏錢遍天下。景帝即位，沒收了鄧通家產，鄧通餓死。漢武帝寵韓嫣，共起共臥，隨意出入皇宮，因淫亂後宮被皇太后處死。兩人過分受寵，其身必危。72逸豫　貪圖安逸享樂。73不勝情欲　不能擺脫心中的私欲。74卒陷罪辜　終究獲罪。75亡軀　鄧通最終在景帝時餓死，韓嫣被武帝賜死。76愛之適足以害之　本是愛護他，反而是害了他。77以節賢寵　對董賢的寵愛應有所節制。78浸不說　逐漸不喜歡。79涼州　州名，漢武帝置十三部州之一，州治在今甘肅武威。80杜鄴　字子夏，少孤，以孝廉為郎，官涼州刺史。傳見《漢書》卷八十五。81三從之義　即所謂婦女應在家從父，出嫁從夫，夫死從子的道理。82文母　周文王之母。83必繫於子　指周文王母必須聯屬依附其子。84鄭伯隨姜氏之欲　鄭伯之母姜氏喜鄭伯弟共叔段，為叔段請大邑京居之，鄭伯答應了這一請求。85叔段篡國之禍　共叔段得到京邑，野心大增，欲襲鄭，鄭伯擊滅了共叔段。86周襄王內迫惠后之難　周襄王之母惠后喜其弟叔帶，周襄王即位後，受到惠后的強大壓力。87居鄭之危　叔帶在母后的偏袒下引狄人伐周，周襄王避難奔至鄭國。88呂太后　即漢高后呂雉。劉邦死後，呂太后積極培植諸呂勢力，幾乎顛覆了劉氏政權。89更始　開創新局面。90嘉瑞未應　沒有祥瑞出現。91以指象為言語　指天以顯示災異表示其警戒。(92)明陽為陰所臨　表明陽被陰侵犯。(93)坤以法地　坤象徵地。(94)為土二句　大地是土，是母。天為父，地為母。(95)震二句　發生地震，是不遵陰道的效驗。(96)占象甚明　占卜的卦象十分明白。(97)曾子　曾參，孔子弟子。(98)從令之義　聽從父命是否就是孝的道理。(99)是何言與　這是什麼話。此事見《孝經》。與，同「歟」。(100)閔子騫　孔子弟子，以孝著稱。(101)守禮不苟從親　遵守禮儀，不苟且聽從父母之命。(102)諸外家昆弟　眾多外戚子弟。(103)無賢不肖　無論是賢者或是不肖之徒。(104)並侍帷幄　同入宮廷，侍奉皇上。帷幄，本指軍中帳幕，此代宮廷。(105)布在列位　分布在重要崗位上。(106)並置　指同時設置兩個大司馬、將軍。傅晏為大司馬、大將軍，丁明為大司馬、驃騎將軍。(107)皇甫　周之卿士。(108)三桓　指春秋時魯國之孟孫、仲孫、季孫氏，曾三分公室。(109)魯為作三軍　魯國曾為三桓分設三軍。(110)無以甚此　指今日之外戚丁氏、傅氏等較皇甫、三桓之勢，有過之無不及。(111)當拜之日　拜官的那天。(112)晻然　昏暗。(113)不在前後　不前不後。(114)臨事而發　即正好在拜官那日發生。(115)無專　不敢專斷。(116)承指非一　順承傅太后的旨意辦事不只一次。(117)辜罰　按罪處罰。(118)畢受　全部授予。受，同「授」。(119)流漸積猥　逐漸發展，越積越多。(120)過在於是　過錯就在上述這些地方。(121)昭昭　明白。(122)聖朝　指哀帝。(123)詩人所刺　詩中所諷刺的。(124)譏　譏諷。(125)指象　指天變災異等。(126)殆不在它　恐怕不是其他方面。(127)忿邑非之　憤懣、憂鬱地非議。邑，通「悒」。(128)逮身所行　親身施行。(129)不自鏡見　不能對照鏡子看到自己的行為。(130)計之過者　計謀之失誤。(131)思承始初　回顧剛開始即位初期。(132)事稽諸古　每事均考察古代的做法。(133)厭　滿足。(134)說喜　高興喜歡。說，通「悅」。(135)威怒　指日蝕、地震等。(136)嫌　疑。(137)詣公車　到未央宮司馬門。公車，官署名，掌司馬門警衛、天下上事及徵召等。(138)位次丞相　地位低於丞相。(139)就國　回到封國。王莽就國在建平二年（西元前五年）。(140)杜門自守　閉門不出。(141)中子獲殺奴　王莽的次子王獲殺死奴婢。中子，即仲子、次子。(142)冤訟莽者　為王莽鳴冤的人。(143)賢良　即賢良方正。(144)深訟　大加歌頌。(145)太后　指太皇太后王政君。(146)沮　阻止；取消。(147)辛亥　正月十一日。(148)丁巳　正月十七日。(149)渭陵　漢元帝陵。(150)父事天二句　以天為父，地為母。(151)子養黎民　撫育百姓像對待兒子一樣。(152)父虧明　指日蝕。(153)母震動　指地震。(154)子訕言相驚恐　指民奔走行西王母籌事。(155)日食於三始　日蝕發生在正月初一。正月初一為歲之始，月之始，日之始，故稱三始。(156)正朔日　正月初一。(157)毀敗器物　民俗以正月初一損毀器物為不吉利。(158)日虧　指日蝕。(159)深內自責　內心深刻地責備自己。(160)旁仄素餐之人　身旁混飯吃的人。(161)眾庶歙然　民眾和洽。(162)說喜　歡欣。說，通「悅」。(163)人心說則天意解　人心歡悅，則天怒自解。(164)丙戌　二月十六日。(165)白虹干日　一股白氣沖犯太陽。本是一種天文現象，古代人卻認為是一種預兆。(166)憂結未解　憂愁糾結尚未化解。(167)未塞　沒有平息。(168)葭莩之親　疏遠的親戚。葭莩，本是蘆葦中的薄膜，用以比喻關係疏遠的親戚。[169]令色　媚態。[170]無度　沒有限度。[171]府臧　內府儲存。臧，通「藏」。[172]三第　三座府第。[173]暴室　官署名，長官為暴室丞。掌織作染色等事。宮中婦人有病或犯罪時居此室。[174]使　指揮。[175]將作治第　將作大匠為董賢造府第。[176]行夜吏卒　夜間巡邏值更者。[177]上冢有會　舉行祭禮和會見賓客。[178]太官　宮官名，掌御膳。[179]負　辜負。[180]哀　憐愛。[181]謝過天地　向天地承認過錯。[182]解讎海內　解除全國百姓對董賢的痛恨。[183]縣官　指官府。[184]海內之所仇　全國百姓的仇敵。[185]視　昭示。[186]何武　（?—西元三年）字君公，蜀郡郫縣（今四川郫縣）人，善治《易經》，為人仁厚，官至大司空，封汜鄉侯。傳見《漢書》卷八十六。[187]曠然　開闊的樣子。[188]使民易視　讓民眾改變看法。[189]端　開始。[190]託　假託。[191]國　指國邑，即封地。孔鄉侯傅晏、汝昌侯傅商、陽新侯鄭業三人原來雖封侯，但未有國邑。[192]封還詔書　丞相將皇帝詔書原封退回，表示拒絕執行。[193]天命有德二句　源自《尚書・皋陶謨》。意謂上天將有德之人分為天子、諸侯、卿、大夫、士五等，故這五等人的服裝色彩、圖案也有所不同。[194]代天爵人　皇帝代天授爵位給人。[195]裂地　指分封國邑。[196]害疾　染病。[197]單通「殫」。盡。[198]損至尊　損害皇帝的利益。[199]黜　降低。[200]克己不作　文帝因聽說修露臺需百金，值中等人家十戶的產業，故罷而不建。[201]再封　指董賢先封為關內侯，又封為高安侯。[202]晏商再易邑　指傅晏封孔鄉侯，食邑三千戶，後又增二千戶。傅商先嗣封崇祖侯，後改封汝昌侯。[203]業　陽新侯鄭業。[204]尊尊之義　指尊重傅太后。[205]侵罔　侵害欺蒙。[206]害及身體　危害及於皇帝身體。[207]輕身肆意　不注意自己身體而放縱。[208]垂立　創立。[209]不敢露見　指不敢拆封。[210]不自法　不以抗旨之法自劾。[211]自劾　上章彈劾自己。[212]廷尉　官名，九卿之一，掌刑獄。[213]東平王雲獄　指前東平王劉雲與后謁祠瓠山石而引發的大案一事。[214]飾辭　掩飾的假話。[215]傳　指將此案移長安審理。[216]覆治　重審。[217]不平　不安。指患病。[218]顧望　觀望。[219]操持兩心　兩面討好，即不按皇帝的意圖辦事。[220]幸雲踰冬　想僥倖讓劉雲的案子拖過冬天。漢制，立春以後不再行刑。[221]疾惡主讎　痛恨惡行，為主上報仇。[222]材行　才能和德行。[223]計功除過　計其功勞，免除過失。[224]上不能平　哀帝內心的惱怒不能平復。[225]益董賢戶事　給董賢增加封地之事。[226]詣尚書　到尚書臺。[227]輒　便；就。[228]免冠謝罪　脫帽表示歉意。其實這是哀帝為董賢事有意找王嘉的過失，王嘉並沒有什麼過錯。[229]事下將軍中朝者　將王嘉案交給中朝將軍議定。[230]迷國罔上　蒙蔽國民，欺騙皇帝。孔光彈劾王嘉，必欲置之死地，似有奪相權之嫌。[231]詣廷尉詔獄　到廷尉所屬詔獄。詔獄，奉皇帝詔令關押犯人的牢獄。[232]相違　不一致。[233]括髮關械　結髮，上刑具。[234]裸躬就笞　赤著身子受鞭打。[235]重國　尊重國威。[236]褒宗廟　褒揚宗廟社稷。[237]假謁者節　讓謁者持符節。[238]和藥進嘉　調毒藥給王嘉吃。漢制，丞相有罪，一般不到廷尉處對質，而應服毒自盡。[239]相踵以為故事　相沿成為慣例。[240]引決　飲藥自殺。[241]危坐　直身端坐。[242]主簿　丞相府屬官，掌具體事物。243杯 同「杯」。244奉職負國 履行職責，辜負了國家。245咀 嚼。246都船詔獄 漢執金吾屬下，有中壘、寺互、武庫、都船四令丞，此謂都船令所轄詔獄。247使將軍以下與五二千石雜治 派將軍與五位二千石官員組成合議庭共同審理王嘉一案。漢治大臣案，一般派五位二千石官員參與，今加派將軍，此哀帝必欲置王嘉於死地。248案事者 負責審案的人。249治 審理。250關 知會；關照。251驗 指梁相等心懷二致，阿附劉雲等指責得不到驗證。252私 偏私。253侵辱 加刑陵辱。254喟然 歎息聲。255主名 具體人名。256歐血 吐血。歐，同「嘔」。

【校　記】1有 原作「以」。據章鈺校，甲十六行本、乙十一行本皆作「有」，今據改。2寵臣 原無此二字。據章鈺校，甲十六行本、乙十一行本皆有此二字，張敦仁《通鑑刊本識誤》同，今據補。3理 張敦仁《通鑑刊本識誤》認為當作「禮」。4辛亥 原作「辛卯」。據章鈺校，甲十六行本、乙十一行本皆作「辛亥」，張瑛《通鑑校勘記》同，今據改。按，正月辛丑朔，無辛卯。5下 張敦仁《通鑑刊本識誤》認為當作「有」。6吏卒 原作「使卒」，今據嚴衍《通鑑補》改作「吏卒」。7得 原作「上」，今據嚴衍《通鑑補》改作「得」。8如此 原無此二字。據章鈺校，甲十六行本、乙十一行本、孔天胤本皆有此二字，張敦仁《通鑑刊本識誤》同，今據補。9及 原無此字。據章鈺校，甲十六行本、孔天胤本皆有此字，今據補。10皇帝 原無此二字。據章鈺校，甲十六行本、乙十一行本、孔天胤本皆有此二字，張敦仁《通鑑刊本識誤》同，今據補。11柰何 原作「乃何」。據章鈺校，甲十六行本、乙十一行本、孔天胤本皆作「柰何」，張敦仁《通鑑刊本識誤》同，今據改。12中 原無此字。據章鈺校，乙十一行本、孔天胤本皆有此字，今據補。13三月 原無此二字。據章鈺校，甲十六行本、乙十一行本、孔天胤本皆有此二字，張敦仁《通鑑刊本識誤》同，今據補。14佞邪 原無此二字。據章鈺校，甲十六行本、乙十一行本、孔天胤本皆有此二字，張敦仁《通鑑刊本識誤》同，今據補。

【語　譯】孝哀皇帝下

元壽元年（己未　西元前二年）

春，正月初一日辛丑，皇上詔將軍、中二千石官，每人各自舉薦一位明習兵法的人，藉此任命孔鄉侯傅晏為大司馬、衛將軍，陽安侯丁明為大司馬、票騎將軍。

這一天，發生日蝕。皇上詔公卿大夫盡心陳述朝廷過失，又命令各自舉薦一位敢於直言的賢良方正。大赦天下。

丞相王嘉上密封奏書說：「孝元皇帝承繼帝位，溫良恭儉，很少有個人欲望，都內存錢達四十億。曾經遊幸上林苑，後宮官馮貴人侍從皇上到獸圈，猛獸受驚突然跳出獸圈，馮貴人挺身上前擋住猛獸，漢元帝嘉獎她的義勇，賞賜五萬錢。深宮中被親幸的嬪妃，有時給予賞賜，便囑咐受賞的人不要在眾人面前謝恩。他顯示公平，厭惡偏心，很重視人的心理平衡，而且賞賜也很節省。當時外戚的資產達到一千萬的人很少，所以少府、水衡兩部門現錢很多。國家雖然遭遇初元、永光年間的荒年饑饉，加上發生了西羌叛變，對外要供給軍隊的費用，對內要救濟貧民，但始終沒有傾覆的憂慮，因為國庫儲備充實。孝成皇帝時，諫臣們都指出微服出行的危害，以及專愛女寵，沉迷於酒色，損害品德，減少壽命，這些言辭懇切激烈，但成帝始終不怨恨，不發怒。寵臣淳于長、張放、史育三人，史育多次遭到貶斥降職，家產不滿千萬，張放被放逐回到封國。淳于長被拷死獄中，沒有以私情傷害公義，所以，成帝雖然在朝內受到許多譏評，而朝廷平安無事，把帝業傳給了陛下。

「陛下在定陶封國的時候，喜愛《詩經》、《書經》，崇尚儉樸節約，被徵召來京師任皇太子時，沿途經過的道路上，人們都稱頌陛下的美德，這正是天下人民把愛戴成帝之心轉移到陛下身上的原因。陛下剛即位時，更換帷帳，撤去錦繡的服飾，車馬和座位的靠墊只不過用粗厚的綈繒包邊作為裝飾而已。共皇寢廟每次應當興建，都因憐憫百姓，念及國家經費不足，為公義割捨恩情，便暫停修建，直到現在才開始建造。而駙馬都尉董賢卻在上林苑裡蓋了官府，陛下還為他修建高大的邸宅，邸宅的正門正面向皇宮北門，引導御渠的水來灌溉園林水池，由皇上使者監督施工，對吏卒的賞賜，超出了修建宗廟。董賢的母親生病，由長安的廚官供給她祈禱施捨用具和食品，道路過往行人都可獲得飲食。陛下還為董賢製造器具，器具製成，呈奏陛下過目後才使用。有的器物好，還特地賞賜匠工，即使奉獻宗廟以及皇帝、太后、皇后三宮，都沒有達到這程度。董賢家有賓客、辦婚禮，或接待親戚，各官府共同供奉財物，賞賜給奴僕、婢女的錢，每人達十萬。在皇帝使者的監護下，董賢家人強行用低價購買貨物，各行各業的商人震驚恐懼，道路行人譁然，群臣惶惑。詔書裁撤皇家園林，卻把兩千多頃田地賜給董賢，限制官員佔田的制度從此被破壞。奢侈僭制，肆無忌憚，陰陽錯亂，災異眾多，百姓聽信謠言，手持禾稼麻稈，互相驚恐奔走，是上天迷惑他們，自己不能停止下來。陛下一向仁慈智慧，謹慎行事，如今卻蒙受這樣大的譏諷。

「孔子說：『盲人遇到危險不去扶助，將要跌倒不去扶持，要這樣的助手有什麼用！』臣王嘉僥倖得任丞相之位，內心經常暗自悲傷，無法在陛下面前表達受信任的愚忠，如果我身死有益於國家，絕不敢吝惜。希望陛下能審慎地對待自己偏愛寵臣，明白大家共同的疑慮。從前的寵臣鄧通、韓嫣，驕橫顯貴沒有限度，安逸享樂永無滿足，這些小人不能擺脫心中的私欲，最終犯下大罪，擾亂了國家，自己也喪生，不能終身享受榮華富貴，正所謂『本是愛護他，反而是害了他』！應當深入觀覽前代的教訓，節制對董賢的寵愛，以保全他的生命。」皇上從此對王嘉漸漸不喜歡。

前涼州刺史杜鄴以方正身分對策說：「臣聽說陽尊陰卑，是上天的規則。所以男子即使卑賤，仍然是各家之陽；女子即使尊貴，仍是國中之陰。所以禮教闡明女子在家從父、出嫁從夫、夫死從子的道理，即使有周文王母親的德行，也必須依從於兒子。從前鄭莊公順從母親姜氏的意願，以致釀成共叔段篡國的大禍；周襄王迫於其母惠后的責難，遭遇逃亡到鄭國的危難。漢朝興起後，呂太后把朝廷大權私自交給她的親屬，幾乎斷送了漢王朝。臣看到陛下節儉修身，想重新開創國家新局面，但祥瑞沒有回應，反而降臨日蝕、地震。查閱《春秋》記載的災變，那是上天用顯示災異發出警告。日蝕，表明陽被陰侵犯。坤效法地，象徵土、象徵母，以安靜為美德；地震，是大地沒有遵循陰道的效驗。占卜的卦象也十分明顯，臣怎敢不直率地據實報告！從前曾子曾經詢問孔子，聽從父命是否就是孝順，孔子說：『這是什麼話！』孔子稱讚閔子騫謹守禮儀，不隨便盲從父母，但他的所作所為沒有不合乎道理的，因此別人也就無法離間他和父母的關係。如今這些外戚子弟，不管是賢能的還是不賢的，一律侍奉皇上，分布在重要的崗位上，有的掌握了禁兵，有的統率駐防軍隊，寵愛集中於一家，權力迅速膨脹，是世上很少見到，也很少聽說過的。甚至同時設置兩個大司馬、將軍，周代皇甫卿士雖然強盛，魯國三桓勢力雖然隆貴，魯國替他們建置了三軍，也無法超過傅氏、丁氏！就在任命兩個大司馬、將軍的當天，天空昏暗，發生日蝕。不前不後，就在授官拜職的時候發生，表明陛下謙虛不敢專斷，稟承傅太后的旨意不止一次，她說的話就聽，想要的就給，外戚中犯有罪過的不按罪懲處，無功無能的都授官拜爵。這類事情逐漸發展，越積越多。過錯就在上述這些地方，皇天明明白白地發出警告，以此來喚醒陛下。從前詩人的諷刺，《春秋》中的譏刺，所指正是今天的現象，恐怕不是其他方面。從後世人來看前代人的過失行為，會憤懣、憂鬱地加以非議，但想想自身所作所為，不拿前人作鏡子照一照，還以為自己正確，那就大錯特錯了。希望陛下精誠治國，想一想剛即位之時，每件事都要考察古人的事例做借鑑，用以滿足人民的心願，那麼，黎民大眾沒有不喜悅的，上帝百神也都收回威怒，不用懷疑吉祥福祿不降臨！」

皇上又徵召孔光到公車府，詢問日蝕的事，任命他為光祿大夫，秩中二千石，給事中，列位次於丞相。

當初，王莽回到封國後，閉門自守。他的第二個兒子王獲殺死家奴，王莽痛斥王獲，命他自殺。在封國三年，數百官吏、百姓上奏為王莽申冤。直到此時，賢良周護、宋崇等應對策問，又大加讚頌王莽的功德，皇上於是徵召王莽和平阿侯王仁回到京師，侍奉太皇太后。

董賢利用日蝕的變異反擊傅晏、息夫躬，說日蝕是因為兩人挑動對匈奴的戰爭引起的，正月十一日辛亥，皇上收繳傅晏印信綬帶，免職回家。

正月十七日丁巳，皇太太后傅氏去世，和元帝合葬於渭陵，稱為「孝元傅皇后」。

丞相、御史上奏息夫躬、孫寵等人的罪過，皇上便罷免了息夫躬、孫寵的官職，責令回到封國，又罷免了侍中、諸曹、黃門郎數十人。

鮑宣上書說：「陛下把天地當做父母來侍奉，把黎民百姓當做子女來撫養。而即位以來，上天日蝕，大地震動，黎民百姓訛言流傳，互相驚恐。現在日蝕又發生在正月初一，實在令人畏懼。小民們在正月初一這天尚且怕損壞一件器具，更何況日蝕發生在這一天呢！陛下在內心深刻地責備自己，避開在正殿聽政，選拔直言的人，尋找過失，罷免斥退外戚以及身邊不稱職之人，徵召任命孔光為光祿大夫，察覺孫寵、息夫躬的罪過，把他們罷官遣送回封國，眾人和洽一致，沒有一個不高興的。天人同心，人心喜悅，那麼上天的憤怒就自然消解了。但是在二月十六日丙戌，白虹侵犯太陽，又連陰不雨，這表示國家重大的憂慮糾結還沒有化解，百姓有怨恨沒有平息。侍中、駙馬都尉董賢，原本和陛下毫無親戚關係，僅憑他的媚態和奉承，皇上就對他賞賜沒有限度，竭盡了府庫錢財，合併三座上等房屋為一座賜給他，他還嫌太小，又拆除暴室來擴充面積。董賢父子可以隨意呼喚天子的使者，皇上派將作大匠為他修建宅第，連夜間巡邏的吏卒都得到賞賜，董賢上墳祭奠祖先和會見賓客，皇家御廚房供應所需。全國各地進獻的財物本當是奉養天子一人，如今反而都到了董賢家裡，這難道是天心和民意嗎！上天是不可以長久背棄的，對董賢如此厚待，反而會因此害了他！假使真心愛董賢，就應當為他向天地承認過錯，解除天下人對他的仇視，罷免他的官職，遣送回封國，收回所賜御用的器物，還給官府，這樣可以讓董賢父子保全性命。不這樣，全國民眾仇恨的他，是不可能有長久平安的。孫寵、息夫躬不應當封侯，都應免除爵位，以告示天下。重新起用何武、師丹、彭宣、傅喜，使百姓改變看法，以順天心，那麼治國大政得到重建，這是太平盛世的開始。」皇上覽奏，感到災異之事嚴重，就採納鮑宣的建議，徵召何武、彭宣，並任命鮑宣為司隸。

皇上假稱傅太后的遺詔，讓太皇太后交代丞相、御史大夫，給董賢增加食邑二千戶，並且賜孔鄉侯傅晏、汝昌侯傅商、陽新侯鄭業三人侯國封邑。王嘉把詔書封起來還給天子，並呈上密封奏書諫阻說：「我聽說爵位、俸祿、土地，都是上天所擁有的。《書經》說：『上天命有德的人為天子、諸侯、公卿、大夫、士五個等級，有五種顯示尊卑的衣服，五種衣服的色彩、原料、圖案都不相同！』天子代表上天授爵位給人，應該特別慎重。裂地封國，處理不當，人心不服，觸動陰陽，就會使天子的病情加重。現在聖體長期未能平安，這是臣王嘉內心深感不安的原因。高安侯董賢，是個靠巧言諂媚而受寵的臣子，陛下恨不得把所有爵位都封給他，使他顯貴，竭盡所有錢財都賜給他，使他大富，損害皇帝的利益去寵愛他，君王權威已經降低，國庫所藏已被耗盡，而仍唯恐不能滿足。財富都是民力創造的，孝文皇帝想修建露臺，因吝惜那百金的興建費而克制自己沒去興建。如今董賢散發國家的賦稅來布施他個人恩惠，甚至一家可得千金的賞賜，自古以來，顯貴大臣未曾有這樣的。董賢所為，流聞全國，人們共同怨恨他。里巷流行的諺語說：『千人所指，無病而死。』臣常為此而寒心。如今太皇太后拿永信太后的遺詔命令丞相、御史，增加董賢采邑人戶，賜給三個侯國，臣王嘉私下感到很迷惑。山崩、地震、日蝕同時發生在正月初一，這都是上天因為陰侵陽而顯示的警告。前不久，董賢已經兩次封爵，傅晏、傅商也兩次改換封國采邑，鄭業因私寵而貪求無度，恩惠已很優厚了，他們仍恣意求索，不知滿足，如此則深深傷害尊崇尊者的本義，不可向天下公布，為害深切！臣屬驕橫，侵害欺蒙，陰陽失調，兩氣互相衝動，害及身體。陛下久病不癒，繼承人尚未確定，應當考慮把萬事納入正軌，順應天心人心，以求上天的保佑，豈能輕視自身健康，隨意而為，不念及高祖辛勞艱苦，創立制度，想讓它傳之無窮呢！臣特地將詔書封還，不敢拆開來看，並非怕死不敢承認違抗詔旨，實在是怕天下人知道詔書的內容，因此不敢自我彈劾。」

當初，廷尉梁相審理東平王劉雲一案時，冬季還剩二十天，梁相疑心劉雲一案是冤案，有不實的供辭，因而上奏，想把案犯解到長安，改由公卿再加重審。尚書令鞫譚、僕射宗伯鳳認為可以答應。天子卻認為梁相等人看到皇上身體不適，別有居心，內外觀望，兩面討好，企圖把劉雲一案拖過冬季，就可減刑免死，毫無討伐賊寇、痛恨惡行、為主上復仇的心意，因此罷免了梁相等人的官職，都貶為平民。幾個月後，大赦，王嘉又推薦「梁相等都有才能德行，聖明的君王對臣下總是錄其功，免其過，臣私下為朝廷惋惜這三個人。」書奏呈上，皇上的怒氣不能平復。過了二十多天，王嘉又把增封董賢食邑的詔書封還，皇上便怒氣大發，召王嘉到尚書臺，責問他「梁相等人從前犯了不忠之罪，罪惡昭著，當時你便自我彈劾，現在你又加稱譽，說什麼『為朝廷惋惜他們』，這是為什麼？」王嘉脫帽謝罪。

皇上把王嘉一案交由內朝將軍議定，光祿大夫孔光等人彈劾「王嘉迷亂國家，蒙蔽聖上，犯不道之罪，請皇上派謁者宣召王嘉到廷尉詔獄。」議郎龔等認為「王嘉奏言之事，前後互相矛盾，應當剝奪爵位食邑，免去官職，貶為平民。」永信少府猛等認為「王嘉的罪名雖然應當依法處治，但把國家大臣束結其髮，戴上刑具，裸露身體受拷打，這不是尊重國家、褒揚宗廟社稷的做法。」皇上不聽猛等的勸告，三月，下詔「令謁者持節，召丞相王嘉入廷尉詔獄。」

使者到了丞相府，相府的掾、史等官吏流淚哭泣，一起把毒藥調好送給王嘉，王嘉不肯喝。主簿說：「將相犯罪，不和執法官面對申理冤屈，世代相沿而成慣例，君侯應該自殺！」使者直身端正地坐在府門，主簿又上前去把毒藥送給王嘉。王嘉接過藥杯擲在地上，對相府的官吏說：「丞相我有幸得位居三公，如果履行職責背負了國家，應該在都市公開伏刑受死，以昭示百姓。丞相難道是小兒婦女嗎？為何要喝毒藥而死！」王嘉於是穿上朝服，出來見使者，再拜接受詔書。然後乘坐吏員小車，去掉車篷，不戴官帽，隨著使者前往廷尉。廷尉收繳了王嘉的丞相印綬和新甫侯印綬，捆綁王嘉載至都船詔獄。皇上聽到王嘉活著自己前往獄吏，大怒，派出將軍與五位二千石的官員會審。獄吏訊問王嘉，王嘉回答說：「負責審案的人要的是實情。我看到梁相等人前些時候審理東平王案件，不是認為劉雲沒有犯死罪，想的是知會公卿，表示慎重，實在看不出他們對朝廷內外有所顧慮和觀望，阿諛攀附劉雲的證據，更談不上企圖僥倖大赦。梁相他們都是善良官吏，臣只是為國惜才，不是偏袒他們三人。」獄吏說：「若是這樣，那麼，憑什麼給你定罪呢？必定是犯了背負國家的罪，不會憑空把你關進監獄的。」獄吏開始施刑陵辱王嘉，王嘉喟然仰天長歎說：「臣有幸能充任丞相，卻不能引進賢才，斥退不正派的人，因此背負了國家，死有餘辜。」獄吏問誰是賢才，誰是不正派的人，王嘉說：「賢能的前丞相孔光、前大司空何武，卻不能進用；惡者高安侯董賢父子奸佞妄邪擾亂朝政，卻不能斥退。罪當處死，死而無恨！」王嘉關押在監獄二十多天，不進飲食，吐血而死。

已而❶上覽其對，思嘉言，會御史大夫賈延免，夏，五月乙卯❷，以孔光為御史大夫。秋，七月丙午❸，以光為丞相，復故國博山侯❹，又以汜鄉侯何武為御史大夫。上乃知孔光前免非其罪❺，以過近臣毀短光者❻，曰：「傅嘉前為侍中，毀譖仁賢，誣愬❼大臣，令俊艾❽者久失其位，其免嘉為庶人，歸故郡。」

八月，何武徙為前將軍。辛卯⑨，光祿大夫彭宣為御史大夫。

司隸鮑宣坐摧辱丞相⑩，拒閉使者⑪，無人臣禮，減死髡鉗⑫。

大司馬丁明素重王嘉，以其死而憐之。九月乙卯⑬，冊免明，使就第。

冬，十一月⑭壬午⑮，以故定陶太傅、光祿大夫韋賞⑯為大司馬、車騎將軍。

己丑⑰，賞卒。

十二月庚子⑱，以侍中、駙馬都尉董賢為大司馬、衛將軍，冊⑲曰：「建爾于公，以為漢輔！往悉爾心，匡正庶事，允執其中⑳！」是時賢年二十二，雖為三公，常給事中，領尚書㉑[1]，百官因賢奏事。以父衛尉恭不宜在卿位，徙為光祿大夫、秩中二千石，弟寬信代賢為駙馬都尉。董氏親屬皆侍中、諸曹、奉朝請，寵在丁、傅之右㉒矣。

初，丞相孔光為御史大夫，賢父恭為御史，事光㉓。及賢為大司馬，與光並為三公，上故令賢私過光㉔。光雅㉕恭謹，知上欲尊寵賢。及聞賢當來也，光警戒衣冠出門待㉖，望見賢車乃卻入㉗。賢至中門㉘，光入閤㉙，既下車，乃出，拜謁、送迎甚謹㉚，不敢以賓客鈞敵之禮㉛。上聞之，喜，立拜光兩兄子為諫大夫、常侍㉜。賢由[2]是權與人主侔㉝矣。

是時，成帝外家王氏衰廢，唯平阿侯譚子去疾為侍中，弟閎為中常侍。閎妻父中郎將蕭咸㉞，前將軍望之子也，賢父恭慕之，欲為子寬信求咸女為婦，使閎言之。咸惶恐不敢當，私謂閎曰：「董公為大司馬，冊文言『允執其中』，此乃堯禪舜[3]之文㉟，非三公故事㊱，長老㊲見者莫不心懼。此豈家人子所能堪邪㊳！」閎性有知略㊴，聞咸言，心[4]亦悟㊵，乃還報恭，深達㊶咸自謙薄之意㊷。恭歎曰：「我家何用負天下㊸，而為人所畏如是！」意不說。後上置酒麒麟殿㊹，賢父子、親屬宴飲，侍中、中常侍皆在側，上有[5]酒所㊺，從容視賢笑曰：「吾欲法堯禪舜㊻，何如？」王閎進曰：「天下乃高皇帝天下，非陛下之[6]有也！陛下承宗廟，當傳子孫於亡窮㊼，統業至重㊽，天子亡戲言㊾！」上默然不說㊿，左右皆恐。於是遣閎出歸郎署(51)。

久之，太皇太后為閎謝(52)，復召閎還。閎遂上書諫曰：「臣聞王者立三公，法三光(53)，居之者當得賢人。易曰：『鼎折足，覆公餗(54)』，喻三公非其人也。昔孝文皇帝幸鄧通，不過中大夫(55)，武皇帝[7]幸韓嫣(56)，賞賜而已，皆不在大位。今大司馬、衛將軍董賢，無功於漢朝，又無肺腑之連(57)，復無名迹高行以矯世(58)，昇擢數年，列備鼎足(59)，典衛禁兵，無功封爵，父子、兄弟橫蒙拔擢(60)，賞賜空竭帑藏(61)，萬民諠譁，偶言(62)道路，誠不當天心也！昔褒神蚖(63)變化為人，實生褒姒(64)，亂周國，恐陛下有過失之譏[8]，賢有小人不知進退之禍，非所以垂法(65)後世也！」上雖不從閎言，多(66)其年少志彊，亦不罪也。

【章　旨】以上為第二段，寫哀帝朝嬖寵董賢貴盛，取代傅氏、丁氏，更有過之，漢室朝政，一片昏暗。

【注　釋】❶已而　不久。❷乙卯　五月十七日。❸丙午　七月初九日。❹復故國博山侯　恢復孔光原來所封博山侯的封國。❺免非其罪　無罪不該免職。❻過近臣毀短光者　責備詆毀孔光的近臣。❼誣愬　誣告。❽俊艾　賢能之人。艾，同「乂」。❾辛卯　八月二十四日。❿摧辱丞相　指丞相孔光車馬在馳道中行，違制，遇鮑宣，鮑宣沒收了孔光的車馬之事。⓫拒閉使者　使者欲捕鮑宣，鮑宣閉門拒捕。⓬減死髡鉗　減去死罪，改判剃髮、束頸之刑罰。⓭乙卯　九月十九日。⓮十一月　閏十一月。⓯壬午　閏十一月十七日。⓰韋賞　（？—西元前二年）韋弘之子，明《詩經》，哀帝時為大司馬、車騎將軍，賜爵關內侯。傳附《漢書》卷七十三〈韋賢傳〉。⓱己丑　閏十一月二十四日。⓲庚子　十二月初六日。⓳冊　封策詔書。⓴允執其中　一心一意處理政務恰到好處。允，誠也。真誠；專心。這句話是堯禪位舜，舜禪位禹說的話，哀帝在封策董賢詔書中也用了這句話，像是要禪位給董賢，是天子失言。㉑領尚書　主管尚書臺。㉒右　上。指董家之榮寵超過了外戚丁氏和傅氏。㉓事光　侍奉孔光。㉔上故令賢私過光　哀帝故意讓董賢私下到孔光家去，以觀察孔光對董賢的態度。㉕雅　平素；素常。㉖警戒衣冠出門待　整理好衣冠出門等待。㉗卻入　退到屋裡。㉘中門　內門。㉙閤　通「閣」。門邊的小屋。㉚謹　恭謹有禮。㉛鈞敵之禮　對等之禮。㉜諫大夫常侍　諫大夫掌論議。常侍乃加官，可出入禁中。㉝與人主侔　指董賢的權勢簡直與皇帝相等。侔，相等。㉞蕭咸　蕭望之之子，字仲，舉茂材，官至大司農。傳見《漢書》卷七十八。㉟堯禪舜之文　據《論語・堯曰》載，「允執其中」是堯禪位於舜、舜禪位於禹時冊文中的一句。㊱非三公故事　不是冊封三公舊例中所有的。㊲長老　德高望重的長者。㊳此豈家人子所能堪邪　這哪是我們普通人家的孩子能夠承當的呢。㊴知略　智慧和謀略。㊵悟　省悟。㊶深達　誠懇地轉達。㊷謙薄之意　即蕭咸不敢高攀之意。㊸何用負天下　什麼地方得罪了天下。㊹麒麟殿　宮殿名，在未央宮中。㊺上有酒所　皇帝有醉意。㊻吾欲法堯禪舜　哀帝欲效法堯禪舜，將帝位傳與董賢。㊼亡窮　無窮。亡，通「無」。

(48)統業至重　國統之事至關重大。(49)天子亡戲言　皇帝沒有開玩笑的話。(50)不說　不高興。說，通「悅」。(51)遣閎出歸郎署　命王閎回自己的署所，不得再隨侍禁中。(52)謝　表示歉意。(53)法三光　效法日、月、星三光。(54)鼎折足二句　語出《易經·鼎卦·文辭》，意謂鼎折了腳，鼎裡裝的食物就會傾倒出來。(55)不過中大夫　指鄧通官位只不過是中大夫。(56)武皇帝幸韓嫣　武皇帝寵幸韓嫣，韓嫣官位也只是上大夫。(57)肺腑之連　骨肉之親。(58)矯世　糾正世風。(59)鼎足　指董賢位列三公。(60)横蒙拔擢　意外被提拔。(61)空竭帑藏　虛耗國庫資財。(62)偶言　私下相語。(63)褒神蚖　相傳褒神以蝮蛇變化為人。蚖，蝮蛇。(64)褒姒　周幽王妃，美貌無比，幽王絕愛，想要逗她大笑，於是點燃烽火臺，諸侯發兵救駕，刀光劍影，褒姒認為好玩而大笑。等到犬戎真正兵圍西周，幽王再點燃烽火，諸侯不救，西周於是滅亡。(65)垂法　效法。(66)多　賞識。

【校　記】①尚書　原作「尚書事」。據章鈺校，甲十六行本、乙十一行本、孔天胤本皆無「事」字，今據刪。按，《漢書·董賢傳》作「尚書」。②由　原作「自」。據章鈺校，甲十六行本、乙十一行本、孔天胤本皆作「由」，今據改。③舜　據章鈺校，孔天胤本作「受」。④心　原無此字。據章鈺校，甲十六行本、乙十一行本、孔天胤本皆有此字，張敦仁《通鑑刊本識誤》同，今據補。⑤有　據章鈺校，甲十六行本、乙十一行本皆作「在」，張敦仁《通鑑刊本識誤》同。按，《漢書·董賢傳》作「有」。⑥之　原無此字。據章鈺校，甲十六行本、乙十一行本、孔天胤本皆有此字，今據補。⑦武皇帝　原作「武帝」。據章鈺校，甲十六行本、乙十一行本、孔天胤本皆作「武皇帝」，今據補。⑧譏　據章鈺校，甲十六行本作「機」。

【語　譯】不久，皇上看到王嘉的供辭，考慮王嘉的話，正好御史大夫賈延被免職，夏，五月十七日乙卯，任命孔光為御史大夫。秋，七月初九日丙午，任命孔光為丞相，恢復他原先的博山侯封國，又任用汜鄉侯何武為御史大夫。這時皇上才知道孔光從前被免職，並非他真的有罪，就斥責詆毀孔光的近臣，說：「傅嘉從前為侍中，譏言誹謗仁賢，誣陷大臣，以致傑出的人才長久失去他的職位，現在免除傅嘉的官職，貶為平民，回到原籍去。」

八月，何武徙任前將軍。二十四日辛卯，光祿大夫彭宣為御史大夫。

司隸鮑宣犯了侮辱丞相，閉門拒絕使者逮捕，喪失臣子禮儀之罪，免除死刑，判處髡刑。

大司馬丁明一向尊重王嘉，對王嘉的死，十分痛惜。九月十九日乙卯，丁明被罷官，讓他回到侯爵府第。

冬，閏十一月十七日壬午，任命前定陶王國太傅、光祿大夫韋賞為大司馬、車騎將軍。二十四日己丑，韋賞去世。

十二月初六日庚子，任命侍中、駙馬都尉董賢為大司馬、衛將軍，封冊詔書說：「封立你為三公，作為漢朝的輔佐大臣！今後要竭盡全力，匡正國家眾事，專心處理政務恰到好處！」當時董賢二十二歲，雖然位在三公，卻常在皇帝左右侍奉，主管尚書臺，百官通過董賢奏事。因董賢的父親衛尉董恭不再適宜處在卿的位置，調任光祿大夫、官秩中二千石，董賢的弟弟董寬信接替董賢為駙馬都尉。董氏親屬都被任命為侍中、諸曹、奉朝請，所受寵幸在丁、傅兩家之上。

當初，丞相孔光為御史大夫時，董賢的父親董恭為御史，侍奉孔光。等到董賢做大司馬，與孔光並列三公，皇上特意讓董賢私下去拜訪孔光。孔光素來恭敬謹慎，知道皇上想尊寵董賢。聽說董賢快到了，孔光整理好衣冠出門等待，看到了董賢的車駕就退入門內。董賢車駕到了中門，孔光退到客廳旁的小門，等候董賢下車後，孔光馬上出來，拜見迎送之禮非常恭敬，不敢把董賢看成與自己是同等地位的賓客，使用平等的禮節相待。皇上知道後，非常高興，立即任命孔光兩個姪兒為諫大夫、常侍。從此董賢的權勢與皇帝相當了。

此時，成帝的外祖父母和舅舅家王氏已經衰落，只剩下平阿侯王譚的兒子王去疾做侍中，弟弟王閎做中常侍。王閎的岳父中郎將蕭咸，是故將軍蕭望之的兒子，董賢的父親董恭很仰慕蕭咸，想為兒子董寬信求娶蕭咸的女兒為妻，就請王閎去說合。蕭咸恐懼不敢答應，私下對王閎說：「董賢為大司馬，策書中說『允執其中』，這是唐堯讓位給虞舜時所說的話，而不是策封三公所慣用的話，長老們看到的人無不感到恐懼。這豈是我們普通人家的女兒能夠承受得起的！」王閎原本有智謀才略，聽了蕭咸的話，心裡也明白了，因此就回覆董恭，誠懇轉達了蕭咸謙遜又自覺卑微的意思。董恭歎息說：「我家有什麼地方得罪了天下，而竟被人們如此地畏懼！」內心很不高興。後來，皇上在麒麟殿設置酒宴，董賢父子、親屬都參加了宴會，侍中、中常侍都在旁邊侍候，皇上有醉意，閒談時看著董賢，笑著說：「我想效法唐堯讓位給虞舜，你看怎麼樣？」王閎進言說：「天下是高皇帝的天下，並非陛下的獨有！陛下承繼了宗廟，就應該傳給子孫萬代，繼統天下大業，至關重大，天子沒有開玩笑的話！」皇上默然不悅，身旁的人都很害怕。因此，就命王閎出宮，回到郎署。

很久以後，太皇太后替王閎向皇帝謝罪，又把王閎召回。王閎於是上奏勸諫說：「臣聽說帝王設立三公，是效法日、月、星，身居三公的人必須是賢德的人。《易經》說：『鼎的腳如果被折斷，裡面的食物就會傾倒出來』，這是比喻三公人選不當將導致傾覆的後果。過去孝文皇帝寵愛鄧通，只不過讓他做中大夫，武皇帝寵愛韓嫣，只是賞賜而已，兩人都不居高位。如今大司馬、衛將軍董賢，既無功於漢朝，更不是皇上的近親，也沒有著名的事跡、崇高的德行可以糾正世風，卻連年擢升，位居三公，掌管禁衛軍隊，無功而受封爵位，父子、兄弟意外地蒙受提拔，賞賜之多，使國庫虛空，萬民為之喧譁，路上行人竊竊私語，實在不合天意！從前褒神的毒蛇變化為人，生下褒姒，大亂周王朝，臣恐懼陛下有過失而被譏諷，董賢有小人不知進退之禍，這可不是用來垂法後世的！」皇上雖然不採納王閎的勸諫，但卻讚賞他年少志壯，也就未加罪於他。

二年（庚申　西元前一年）

春，正月，匈奴單于及烏孫大昆彌伊秩靡皆來朝，漢以為榮。是時西域凡五十國，自譯長❶至將、相、侯、王皆佩漢印綬凡三百七十六人。而康居、大月氏、安息、罽賓、烏弋❷之屬，皆以絕遠❸，不在數中，其來貢獻，則相與報❹，不督錄總領也❺。自黃龍❻以來，單于每入朝，其賞賜錦繡、繒絮輒加厚於前❼，以慰接❽之。單于宴見❾，羣臣在前，單于怪董賢年少，以問譯❿。上令譯報⓫曰：「大司馬年少，以大賢居位⓬。」單于乃起，拜賀漢得賢臣。是時上以太歲厭勝⓭所在，舍單于上林苑蒲陶宮⑭，告之以加敬⑮於單于，單于知之⑯，不悅。

夏，四月⑰壬辰晦⑱，日有食之。

五月甲子⑲，正三公官分職⑳。大司馬、衛將軍董賢為大司馬，丞相孔光為大司徒，御史大夫[1]彭宣為大司空，封長平侯㉑。

六月戊午㉒，帝崩于未央宮。

帝睹孝成之世祿去王室㉓，及即位，屢誅大臣㉔，欲彊主威以則武、宣㉕。然而寵信讒諂㉖，憎疾忠直㉗，漢業由是遂衰。

太皇太后聞帝崩，即日駕之未央宮，收取璽綬。太后召大司馬賢，引見東箱㉘，問以喪事調度㉙。賢內憂，不能對，免冠謝。太后曰：「新都侯莽，前以大司馬奉送先帝大行㉚，曉習故事㉛，吾令莽佐君。」賢頓首：「幸甚！」太后遣使者馳召莽，詔尚書諸發兵符節、百官奏事、中黃門、期門兵皆屬莽。莽以太后指㉜，使尚書劾賢，帝病不親醫藥，禁止賢不得入宮殿司馬中㉝。賢不知所為，詣闕免冠徒跣謝㉞。己未㉟，莽使謁者以太后詔即闕下冊賢曰：「賢年少，未更事理㊱，為大司馬，不合眾心，其收大司馬印綬，罷歸第！」即日，賢與妻皆自殺，家惶恐，夜葬。莽疑其詐死，有司奏請發賢棺，至獄診視㊲，因埋獄中。太皇太后詔公卿舉可大司馬者。莽故大司馬，辭位避丁、傅，眾庶稱以為賢。又太皇太后近親，自大司徒孔光以下，舉朝[38]皆舉莽。獨前將軍何武、左將軍公孫祿二人相與謀，以為「往時惠、昭之世[39]，外戚呂、霍、上官[40]持權，幾危社稷。今孝成、孝哀比世無嗣[41]，方當選立近親輔〔2〕幼主，不宜令外戚大臣[42]持權，親疏相錯[43]，為國計便[44]。」於是武舉公孫祿可大司馬，而祿亦舉武。庚申[45]，太皇太后自用莽為大司馬、領尚書事。

太皇太后與莽議立嗣[46]。安陽侯王舜[47]，莽之從弟，其人修飭[48]，太皇太后所信愛也，莽白以舜為車騎將軍。秋，七月，遣舜與大鴻臚[49]左咸使持節迎中山王箕子[50]以為嗣。

莽又白太皇太后，詔有司以皇太后[51]前〔3〕與女弟昭儀[52]專寵錮寢[53]，殘滅繼嗣[54]，貶為孝成皇后，徙居北宮。又以定陶共王太后與孔鄉侯晏同心合謀，背恩忘本，專恣不軌[55]，徙孝哀皇后退就桂宮，傅氏、丁氏皆免官爵歸故郡，傅晏將妻子徙合浦[56]。獨下詔褒揚傅喜曰：「高武侯喜，姿性端慤[57]，論議忠直，雖與故定陶太后有屬，終不順指從邪，介然守節，以故斥逐就國。傳不云乎：『歲寒然後知松柏之後凋也[58]。』其還喜長安，位特進[59]，奉朝請。」喜雖外見褒賞，孤立憂懼，後復遣就國，以壽終[60]。莽又貶傅太后號為定陶共王母，丁太后號曰丁姬。莽又奏董賢父子驕恣奢僭，請收沒入財物縣官[61]，諸以賢為官者皆免。父恭、弟寬信與家屬徙合浦，母別歸故郡鉅鹿[62]。長安中小民讙譁，鄉其第哭，幾獲盜之[63]。縣官斥賣[64]董氏財，凡四十三萬萬。賢所厚吏沛朱詡自劾去大司馬府[65]，買棺衣，收賢屍葬之。莽聞之，以它罪擊殺詡。莽以大司徒孔光名儒，相三主[66]，太后所敬，天下信之，於是盛尊事光，引光女婿甄邯為侍中、奉車都尉[67]。諸素所不說者，莽皆傅致[68]其罪，為請奏草[69]，令邯持與光，以太后指風光[70]。光素畏慎，不敢不上之，莽白太后，輒[71]可其奏。於是劾奏何武、公孫祿互相稱舉[72]，皆免官，武就國。又奏董宏子高昌侯武父為佞邪[73]，奪爵。又奏南郡太守毋將隆前為冀州牧，治中山馮太后獄[74]，冤陷無辜；關內侯張由誣告骨肉；中太僕史立、泰山太守丁玄陷人入大辟[75]；河內太守趙昌譖害鄭崇[76]，幸逢赦令，皆不宜處位在中土[77]，免為庶人，徙合浦。中山之獄，本立、玄自典考之[78]，但與隆連名奏事，莽少時慕與隆交，隆不甚附，故因事擠之[79]。

紅陽侯立[80]，太后親弟，雖不居位，莽以諸父[81]內敬憚之，畏立從容言太后，令己不得肆意[82]，復令光奏立罪惡：「前知定陵侯淳于長[83] [4] 犯大逆罪，多受其賂[5]，為言誤朝[84]。後白以官婢楊寄私子為皇子[85]，眾言曰：『呂氏少帝復出[86]』，紛紛為天下所疑，難以示來世，成襁褓之功[87]，請遣立就國[88]。」太后不聽。莽曰：「今漢家衰，比世無嗣[89]，太后獨代幼主統政[90]，誠可畏懼。力用公正先天下[91]，尚恐不從，今以私恩逆[92]大臣議，如此，羣下傾邪，亂從此起。宜可且遣就國，安後復徵召之[93]。」太后不得已，遣立就國。莽之所以脅持上下[94]，皆此類也。

於是附順莽者拔擢，忤恨者誅滅，以王舜、王邑[95]為腹心，甄豐[96]、甄邯[97]主擊斷[98]，平晏[99]領機事，劉秀[100]典文章，孫建[101]為爪牙。豐子尋[102]、秀子棻[103]、涿郡[104]崔發、南陽陳崇[105]皆以材能幸於莽[106]。莽色厲而言方[107]，欲有所為，微見風采[108]，黨與[109]承其指意而顯奏之。莽稽首涕泣[110]，固推讓，上以惑[111]太后，下用示信[112]於眾庶焉。

八月，莽復白太皇太后，廢孝成皇后、孝哀皇后為庶人，就其園[113]。是日，皆自殺。◯大司空彭宣以王莽專權，乃上書言：「三公鼎足承君[114]，一足不任[115]，則覆亂美實[116]。臣資性淺薄，年齒老眊[117]，數伏疾病，昏亂遺忘，願上大司空、長平侯印綬，乞骸骨歸鄉里，竢窴溝壑[118]。」莽白太后策免宣，使就國。莽恨宣求退，故不賜黃金、安車、駟馬[119]。宣居國數年，薨。

班固贊曰：「薛廣德保縣車之榮[120]，平當逡巡有恥[121]，彭宣見險而止[122]，異乎苟患失之者[123]矣！」

戊午[124]，右將軍王崇[125]為大司空，光祿勳東海馬宮[126]為右將軍，左曹、中郎將甄豐為光祿勳。

九月辛酉[127]，中山王即皇帝位，大赦天下。

平帝年九歲，太皇太后臨朝，大司馬莽秉政，百官總己以聽於莽[128]。莽權日盛，孔光憂懼，不知所出[129]，上書乞骸骨。莽白太后，帝幼少，宜置師傅，徙光為帝太傅，位四輔[130]，給事中，領宿衛、供養，行內署門戶[131]，省服御食物[132]。以馬宮為大司徒，甄豐為右將軍。

冬，十月壬寅[133]，葬孝哀皇帝於義陵[134]。

【章旨】以上為第三段，寫哀帝之死，王莽復職為大司馬，挾太皇太后之威，持多年韜晦贏得的虛譽，以及果決毒辣的手段，迅速攫取漢家政權，百官總己以聽，漢室已名存實亡。

【注釋】❶譯長　翻譯官。❷康居大月氏安息罽賓烏弋　康居，古西域國名，約在今巴爾喀什湖和鹹海之間。大月氏，古族名，曾建貴霜王國。安息，亞洲西部古國，在伊朗高原和兩河流域，處於絲綢之路必經之地。罽賓，古西域國名，漢時在喀布爾河下游及喀什米爾一帶。烏弋，烏弋山離國，西域古國，在今阿富汗西部之赫拉特。❸絕遠　非常遠。❹相與報　指來貢則回報。❺不督錄總領也　不屬於西域都護管轄。❻黃龍　漢宣帝年號。❼加厚於前　較前豐厚。❽慰接　接待並撫慰。❾單于宴見　設宴招待單于並會見。❿譯　指翻譯員。⓫報　回答。⓬以大賢居位　因十分賢能因而官居高位。⓭太歲厭勝　太歲即木星。是年太歲在申，申為南向，按照迷信說法，要依據方向鎮壓煞神。⓮蒲陶宮　宮名，武帝伐大宛，採葡萄種此。蒲陶，即葡萄。⓯加敬　欺騙匈奴單于說，讓他住在蒲陶宮是更敬重他。⓰知之　單于知道了真相。⓱四月　應為三月。⓲壬辰晦　三月三十日。⓳甲子　五月初二日。⓴三公官分職　大司馬掌軍事，大司徒掌民事，大司空掌農事。㉑長平侯　封國在濟南（今山東濟南）。㉒戊午　六月二十六日。㉓祿去王室　指政權掌握在外戚王氏手中。㉔屢誅大臣　指殺朱博、王嘉等。㉕欲彊主威以則武宣　欲效法武帝、宣帝，加強皇帝的威信。㉖寵信讒諂　指寵信趙昌、董賢、息夫躬等。㉗憎疾忠直　憎惡直臣師丹、傅喜、鄭崇等。㉘東箱　東邊廂房。箱，通「廂」。㉙喪事調度　即喪事的安排。㉚大行　指皇帝之喪。㉛曉習故事　熟悉舊例。㉜指　通「旨」。㉝司馬中　即司馬門內，禁軍屯兵處。㉞免冠徒跣謝　脫帽、赤腳請罪。㉟己未　六月二十七日。㊱未更事理　未經事理。㊲診視　查驗。㊳舉朝　滿朝文武百官。㊴惠昭之世　惠帝、昭帝之時。㊵呂霍上官　指外戚呂台、呂祿、呂產，以及霍光、上官桀、上官安等。㊶比世無嗣　幾代都沒有後嗣。㊷外戚大臣　指王莽。㊸親疏相錯　外戚和異姓大臣互相摻雜。㊹為國計便　為國家打算，這是最合適的。㊺庚申　六月二十八日。㊻立嗣　指立帝。㊼王舜　王音子，永始二年（西元前一五年）襲封。王莽堂弟。王莽篡位後，封為安新公。㊽修飭　儀容端正，為人謹慎。㊾大鴻臚　官名，九卿之一，掌民族事務。㊿中山王箕子　即漢平帝劉衎（西元前八—西元五年），西元一—五年在位。(51)皇太后　此皇太后指趙飛燕。(52)女弟昭儀　趙飛燕妹趙昭儀。(53)專寵錮寢　意謂成帝只寵愛趙飛燕姐妹，從而杜塞後宮其他嬪妃與成帝接近。(54)殘滅繼嗣　建平元年（西元前六年），中宮史曹宮和許美人先後生子，都因趙昭儀的吵鬧而最後不知所終。(55)專恣不軌　恣意專權，行為不軌。(56)合浦　郡名，郡治合浦，在今廣東合浦東北。漢代官員犯罪，多流放合浦。(57)端慤　端正篤誠。(58)歲寒然後知松柏之後凋也　《論語・子罕》孔子之言。比喻道德高尚、有節操的人。(59)特進　加官。漢制，凡諸侯功德優異者，賜位特進，位在三公下。(60)以壽終　以天年而終。(61)收沒入財物縣官　將董賢家財沒收歸官府。(62)鉅鹿　郡名，治所鉅鹿，在今河北平鄉。(63)鄉其第哭二句　明裡佯裝弔喪，向著董賢的府第哭，暗裡圖謀偷盜董家的財物。幾，通「冀」。(64)縣官斥賣　官府賣掉。(65)自劾去大司馬府　朱詡自動辭去大司馬府的職務。(66)相三主　輔佐三個皇帝，即成帝、哀帝、平帝。(67)奉車都尉　官名，掌皇帝乘輿車，秩比二千石。(68)傅致　羅織罪名。傅，通「附」。(69)為請奏草　請人寫彈劾奏章。

(70)以太后指風光　用太后的旨意暗示孔光。風，通「諷」。(71)輒　總是。(72)互相稱舉　指前何武、公孫祿互相舉薦之事。(73)父為佞邪　指董宏首請立丁姬為帝太后，傅氏為帝太太后。(74)中山馮太后獄　中山王箕子祖母，元帝昭儀，被張由誣告祝詛哀帝及傅太后，飲藥自殺，牽連而死者十七人。(75)陷人入大辟　即馮太后等被誣致死事。(76)趙昌譖害鄭崇　建平四年（西元前三年），趙昌誣告鄭崇勾結劉氏宗族為奸，鄭崇下獄死。(77)中土　中原地區。(78)本立玄自典考之　本來是史立、丁玄親自主持審理的。(79)擠之　排擠毋將隆。(80)紅陽侯立　王立（?—西元四年），河平二年六月十二日以皇太后弟關內侯封。傳見《漢書》卷十八。(81)諸父　叔父。(82)肆意　為所欲為。(83)定陵侯淳于長　淳于長以皇太后姐子封，綏和元年（西元前八年），因罪下獄死。傳見《漢書》卷十八。(84)為言誤朝　指綏和元年，王立為淳于長說情之事。(85)白以官婢楊寄私子為皇子　王立曾建議立官婢楊寄所生子為皇子。(86)呂氏少帝復出　呂后和少帝的局面再次出現。呂后曾名他人子為惠帝子，引起猜疑。(87)禰之功　指輔立幼主之功。(88)遣立就國　將王立遣回封國。(89)比世無嗣　累世無繼承人。如成帝、哀帝均無子。(90)統政　執政。(91)力用公正先天下　努力做到公正，先為天下著想。(92)逆　違背。(93)安後復徵召之　局勢安定後可重新徵召回來。(94)脅持上下　脅持太后和群臣。(95)王邑　（?—西元二三年）王商子，建平元年（西元前六年）封成都侯。王莽篡位，為隆興公。傳見《漢書》卷十八。(96)甄豐　元始元年為左將軍、光祿勳，以定策安宗廟功封廣陽侯。(97)甄邯　元始元年為侍中、奉車都尉，以定策安宗廟功封承陽侯。與甄豐傳均見《漢書》卷十八。(98)主擊斷　主管舉劾、斷獄。(99)平晏　平當之子，元始五年封防鄉侯。傳見《漢書》卷十八。(100)劉秀　即劉歆（?—西元二三年），字子駿，後改名秀。劉向之子，沛（今江蘇沛縣）人，西漢末年的古文經學家、目錄學家、天文學家。元始五年封紅休侯。傳見《漢書》卷三十六。(101)孫建　元始五年封成武侯。傳見《漢書》卷十八。(102)豐子尋　甄豐子甄尋。(103)秀子棻　劉歆子劉棻。(104)涿郡　郡名，治所涿縣（今河北涿州），漢高祖置。(105)陳崇　元始五年封南鄉侯。傳見《漢書》卷十八。(106)幸於莽　得到王莽的信任。(107)色厲而言方　表情嚴厲，說話端莊。(108)微見風采　稍微暗示一下。見，同「現」。顯現。(109)黨與　同黨之人。(110)稽首涕泣　磕頭哭泣。(111)惑　迷惑。(112)示信　取信。(113)就其園　回到成帝、哀帝的陵邑去。(114)鼎足承君　三公一起輔佐皇帝。(115)一足不任　一隻鼎足不能勝任。(116)覆亂美實　鼎翻倒，倒出鼎中的美食。(117)年齒老眊　年老糊塗。眊，通「耄」。(118)竢寘溝壑　等待身死填埋深溝，即等死之意。(119)黃金安車駟馬　大臣退休，例賜黃金、安車、駟馬，今不賜給彭宣，表示王莽對彭宣辭退的不滿。(120)薛廣德保縣車之榮　永光元年，御史大夫薛廣德退休，元帝賜安車、駟馬等。廣德歸，懸其安車，以傳示子孫為榮。縣，同「懸」。(121)平當逡巡有恥　建平三年，宰相平當臨死前不願封侯。(122)彭宣見險而止　大司空彭宣發現王莽有野心，便主動辭去了大司空之職，回歸故里。(123)異

乎苟患失之者　他們和患得患失者截然不同。124戊午　八月二十七日。125王崇　（？—西元四年）元始元年封扶平侯。傳見《漢書》卷十八。126馬宮　字游卿，東海戚（今河南濮陽）人，以射策甲科為郎，官大司徒，封扶德侯。傳見《漢書》卷八十一。127辛酉　九月初一日。128總己以聽於莽　政事完全聽命於王莽。129不知所出　不知如何是好。130四輔　四輔為閒散官，名重權輕，用以尊禮德高望重的老臣。虞、夏、商、周時以前丞、後丞、左輔、右相為四輔。王莽以孔光為太傅，位四輔，明尊榮之，而不給與實權。131行內署門戶　加官名，掌禁中侍衛。132省服御食物　察看御用服飾、車馬、食物。133壬寅　十月十二日。134義陵　漢哀帝陵。

【校記】1御史大夫　原無此四字。據章鈺校，甲十六行本、乙十一行本、孔天胤本皆有此四字，張敦仁《通鑑刊本識誤》同，今據補。按，《漢書·哀帝紀》亦有此四字。2輔　原無此字。張敦仁《通鑑刊本識誤》認為「親」下脫此字，當是，今據補。3前　原無此字。據章鈺校，甲十六行本、乙十一行本、孔天胤本皆有此字，今據補。4淳于長　原作「長」。據章鈺校，甲十六行本、乙十一行本、孔天胤本皆作「淳于長」，張瑛《通鑑校勘記》同，今據補。5多受其賂　原無此四字。據章鈺校，甲十六行本、乙十一行本、孔天胤本皆有此四字，張敦仁《通鑑刊本識誤》、張瑛《通鑑校勘記》同，今據補。

【語譯】二年（庚申　西元前一年）

春，正月，匈奴烏珠留若鞮單于欒提囊知牙斯以及烏孫大昆彌伊秩靡都來漢朝見，漢朝感到很榮耀。當時，西域共有五十國，從翻譯官到將軍、丞相、侯、王都佩戴漢朝印綬，總計三百七十六人。並且康居、大月氏、安息、罽賓、烏弋等國，都因極為遙遠，不包括在五十國之內，他們來進貢時，漢朝才給予回報，但不屬西域都護管轄。自黃龍年間以來，單于每次來朝，所賞賜錦繡、繒絮等都比從前豐厚，用以慰勞接待他們。有一次設宴招待單于並會見，群臣們在殿前作陪，單于見董賢那麼年輕感到驚奇，就詢問翻譯官。皇上命翻譯官回答說：「大司馬年輕，是因十分賢能而居高位。」單于便起身，跪拜恭賀漢朝得此賢臣。這時皇上因太歲在申，申為南向，為了能以詛咒之術制服煞神，將單于安排住在上林苑蒲陶宮，告知單于這是對他的特別禮待，後來單于知道漢朝把他視為煞神，就十分不滿。

夏，四月壬辰晦，發生日蝕。

五月初二日甲子，確定三公官名和各自的職權。任命大司馬、衛將軍董賢為大司馬，丞相孔光為大司徒，御史大夫彭宣為大司空，封為長平侯。

六月二十六日戊午，哀帝在未央宮去世。

哀帝親眼看到孝成皇帝時代政權旁落，等到自己即位後，屢次誅罰大臣，想效法漢武帝、宣帝以加強國君的權威。但是寵任奸佞，聽信讒言，憎恨忠心耿直的大臣，漢朝的大業因此開始衰落。

太皇太后聽說哀帝去世，當天駕臨未央宮，收取皇帝印璽。太皇太后召大司馬董賢，在未央宮東廂房接見，詢問皇上喪葬如何安排。董賢內心憂慮，不能回答，脫帽謝罪。太皇太后說：「新都侯王莽從前任大司馬，辦理過先帝的喪事，熟悉舊制，我命王莽協助你。」董賢磕頭說：「這太好了！」太皇太后派使者飛馳徵召王莽，下詔尚書，所有徵調發兵的虎符、節信、百官奏事、中黃門、期門武士都歸屬王莽掌管。王莽按太后的旨意，讓尚書彈劾董賢，稱在哀帝生病時沒有親自侍奉醫藥，禁止董賢進入宮殿司馬門內。董賢不知如何是好，前往宮門前脫帽光腳請罪。六月二十七日己未，王莽派謁者拿著太皇太后的詔書，在宮門前給董賢頒發免職策書，說：「董賢年輕，未經事理，擔任大司馬不合民心，應當收回大司馬印綬，免職回家！」當天，董賢和他的妻子都自殺了，董賢家惶恐，連夜下葬。王莽懷疑董賢詐死，主管部門上奏請求打開董賢的棺材，把屍體抬到監獄查驗，就埋在獄中。太皇太后下詔，命公卿大臣推舉可以擔任大司馬的人選。王莽曾經擔任過大司馬，為了避讓丁、傅兩家而辭退職位，大家都稱讚他賢德。又是太皇太后的近親，從大司徒孔光以下，滿朝文武官員全都推舉王莽。只有前將軍何武和左將軍公孫祿二人相互商議，認為「先前惠帝、昭帝時代，外戚呂氏、霍氏、上官氏把持朝政，幾乎危及劉家天下。現今孝成、孝哀連續兩代沒有後嗣，正應選立劉氏近親輔佐幼主，不應再讓外戚大臣把持朝政，應當讓外戚與異姓大臣互相摻雜，為國家考慮，這樣最合適。」因此何武推舉公孫祿為大司馬人選，而公孫祿也推舉何武為大司馬。二十八日庚申，太皇太后親自決定任用王莽為大司馬，主管尚書事。

太皇太后與王莽商議皇位繼承人選。安陽侯王舜，是王莽的堂弟，其人儀容端正，為人謹慎，是太皇太后寵愛和信任的人，王莽稟告任命王舜為車騎將軍。秋，七月，派王舜和大鴻臚左咸持著符節迎接中山王劉箕子進京，立為皇位的繼承人。

王莽又奏請太皇太后，下詔主管官員因皇太后趙飛燕之前與妹妹趙昭儀專寵恃愛，堵塞後宮侍寢之路，殘害滅絕成帝後代，將她貶為孝成皇后，遷住到北宮去。又因為定陶共王太后傅氏和孔鄉侯傅晏同心合謀，背恩忘本，專橫放肆，圖謀不軌，將孝哀皇后貶居桂宮，傅氏、丁氏兩家都免除官職，剝奪爵位，遣回原郡，傅晏和妻子全家流放到合浦。唯獨下詔嘉獎表揚傅喜說：「高武侯傅喜，生性端正篤誠，議論忠正耿直，儘管跟已故定陶太后有親屬關係，但始終不肯順從旨意，依附邪惡，堅定不移地堅守名節，因此被斥逐回到封國。古書不是說：『歲寒然後知松柏之後凋也。』令傅喜返回長安，官位特進，參加朝會。」傅喜儘管表面被褒賞，但深感孤立和憂懼，後來又被遣回封國，終其天年。王莽又把傅太后號貶為定陶共王母，丁太后貶為丁姬。王莽又上奏說董賢父子驕橫放縱，揮霍無度，請求將財物沒入官府，所有依靠董賢而做官的人全都免職。他的父親董恭、弟弟董寬信及其家屬流放合浦，他母親另外遣歸故郡鉅鹿。長安城內的市民喧譁，向著董家府第哭泣，實際是希望偷點東西。官府賣掉董家的財物，共得錢四十三億之多。董賢從前厚待的官吏沛郡人朱詡自我彈劾，辭去大司馬府的官職，買了棺材、壽衣等，收殮董賢的屍體安葬。王莽知道後，藉口其他的罪名把朱詡處死。王莽因為大司徒孔光是著名的儒家學者，輔助過成帝、哀帝、平帝三位君主，為太皇太后所尊敬，天下人都信賴他，於是非常推崇尊重孔光，擢升孔光的女婿甄邯為侍中、奉車都尉。平日所不喜歡的人，王莽就都羅織罪名，請人寫彈劾奏章，讓甄邯拿給孔光，暗示孔光這是太皇太后的旨意。孔光素來膽小謹慎，不敢不呈上去，王莽向太后稟告，太皇太后就同意孔光送上的奏章。於是彈劾何武、公孫祿互相薦舉之罪，都免除官職，何武遣回封國。又上奏說高昌侯董武的父親董宏奸佞邪惡，剝奪了董宏爵位。又上奏說南郡太守毋將隆從前擔任冀州牧時，審理中山王馮太后一案，冤枉陷害無辜；關內侯張由誣陷皇帝骨肉之親，中太僕史立、泰山太守丁玄陷害人致死；河內郡太守趙昌誣陷鄭崇，這些人幸運地遇上大赦令，但都不應再留居中原地區，免職，成為平民，流放合浦。中山王一案，原是史立、丁玄親自審理的，只是與毋將隆聯名上奏，王莽年輕時渴望和他結交，毋將隆不是十分依附他，所以王莽藉故把他排擠掉。

紅陽侯王立是太皇太后的親弟弟，雖然不居官位，王莽因為他是叔父的關係，內心對他既敬重又畏懼，擔心王立閒暇時在太皇太后面前說長道短，使自己不能為所欲為，就又命孔光彈劾王立的罪狀，說：「以前王立知道定陵侯淳于長犯了大逆的罪行，因為接受了他很多賄賂，於是為淳于長說情，貽誤朝廷。此後又建議將婢女楊寄的私生子當做皇子，大家都說：『呂氏和少帝的局面再度出現』，天下人紛紛質疑問難，無法垂示後世，實現輔佐幼主的功績，請求遣送王立回封國。」太皇太后沒有聽從。王莽說：「現在漢家衰落，接連兩代皇帝都沒有嗣子，太皇太后獨自代替幼主執政，實在令人畏懼。就算努力做到公正，首先為天下著想，尚怕人心不服，現在因私人的恩情而拒絕大臣們的公議，這樣一來，恐怕在下面的人互相傾軋，禍亂自此而起。應當暫且派人送他回封國，等局勢安定之後，再徵召他回來。」太皇太后無奈，只好遣送王立回封國。王莽用來強迫上下聽從他的辦法，都類似於此。

於是，附會順從王莽的人被擢升，違背他怨恨他的人就被誅殺。任用王舜、王邑為心腹；甄豐、甄邯主管舉劾斷獄，平晏主管機要，劉秀掌管禮樂法度，孫建任武臣。甄豐的兒子甄尋、劉秀的兒子劉棻、涿郡人崔發、南陽人陳崇，都因有才能而受到王莽的信任。王莽表情嚴厲，說話端莊，他想要做什麼，僅略微有點表示，他的同黨就能承其指意公開上奏。王莽卻叩首哭泣，堅決辭讓，對上迷惑太后，對下顯示誠信於民眾。

八月，王莽又奏報太皇太后，廢黜孝成皇后趙飛燕、孝哀皇后傅氏為平民，遣送到成帝、哀帝的陵園守墓。當天，她們都自殺了。〇大司空彭宣因為王莽專權，就上書說：「三公好比鼎的三隻腳共同輔助國君，一隻腳不能勝任，就會使鼎中美食倒出。臣資質淺薄，年老糊塗，屢次患病臥床，頭腦昏亂，記憶不好，願奉上大司空、長平侯印綬，請求批准我辭職，歸回鄉里，以待死去。」王莽告訴太皇太后下詔罷免彭宣，讓他回到封國。王莽憎恨彭宣請求辭職，因而不按慣例賜給他黃金、安車、駟馬。彭宣在封國數年後去世。

班固評論說：「薛廣德能保住懸車的榮耀，平當不受封侯，明禮知恥，彭宣看到險境而中止做官，他們實在與患得患失之輩截然不同！」

八月二十七日戊午，任命右將軍王崇為大司空，光祿勳東海人馬宮被任命為右將軍，左曹、中郎將甄豐被任命為光祿勳。

九月初一日辛酉，中山王劉箕子即帝位，大赦天下。

平帝時年九歲，太皇太后臨朝聽政，大司馬王莽主持朝政，百官完全聽命於王莽。王莽的權勢日益壯大，孔光憂慮懼怕，不知如何是好，上書請求辭職。王莽告訴太皇太后，皇帝年幼，應當為他設置師傅。於是調孔光為平帝的太傅，位居四輔，兼給事中，管理皇宮宿衛、供養，掌禁中侍衛，察看御用服飾、車馬、食物。任命馬宮為大司徒，甄豐為右將軍。

冬，十月十二日壬寅，葬孝哀帝於義陵。

孝平皇帝上

元始元年（辛酉　西元一年）

春，正月，王莽風❶益州❷，令塞外蠻夷自稱越裳氏❸重譯❹獻白雉一、黑雉二。莽白太后下詔，以白雉薦宗廟❺。於是羣臣盛陳莽功德，「致周成白雉之瑞❻，周公及身在而託號於周❼，莽宜賜號曰安漢公，益戶疇爵邑❽。」太后詔尚書具其事❾。莽上書言：「臣與孔光、王舜、甄豐、甄邯共定策❿，今願獨條光等功賞⓫，寢置臣莽，勿隨輩列⓬。」甄邯白太后下詔曰：「『無偏無黨，王道蕩蕩⓭。』君有安宗廟之功，不可以骨肉⓮故蔽隱不揚，君其勿辭！」莽復上書固讓數四，稱疾不起，左右白太后，「宜勿奪莽意，但條孔光等」，莽乃肯起。二月丙辰⑮，太后下詔：「以太傅、博山侯光為太師，車騎將軍、安陽侯舜為太保，皆益封萬戶；左將軍、光祿勳豐為少傅，封廣陽侯；皆授四輔之職。侍中、奉車都尉邯封承陽侯。」四人既受賞，莽尚未起⑯。羣臣復上言：「莽雖克讓⑰，朝所宜章⑱，以時加賞，明重元功⑲，無使百僚元元⑳失望！」太后乃下詔：「以大司馬、新都侯莽為太傅，幹㉑四輔之事，號曰安漢公，益封二萬八千戶。」於是莽為惶恐，不得已而起，受太傅、安漢公號，讓還㉒益封事，云：「願須百姓家給㉓，然後加賞。」羣臣復爭，太后詔曰：「公自期百姓家給，是以聽之，其令公奉賜皆倍故㉔。百姓家給人足，大司徒、大司空以聞㉕。」莽復讓不受，而建言㉖褒賞宗室羣臣，立故東平王雲太子開明為王㉗；又以故東平思王孫成都為中山王㉘，奉孝王後；封宣帝耳孫㉙信等三十六人皆為列侯；太僕王惲等二十五人皆賜爵關內侯。又令諸侯王公、列侯、關內侯無子而有孫若同產子㉚者，皆得以為嗣；宗室屬未盡而以罪絕者，復其屬㉛；天下吏比二千石以上年老致仕㉜者，參分故祿㉝，以一與之，終其身㉞。下及庶民鰥寡，恩澤之政㉟，無所不施。

莽既媚說㊱吏民，又欲專斷，知太后老，厭政㊲，乃風公卿奏言：「往者吏以功次遷[38]至二千石，及[1]州部所舉茂材異等吏[39]，率多不稱[40]，宜皆見安漢公[41]。又，太后春秋高[42]，不宜親省[43]小事。」令太后下詔曰：「自今以來，唯封爵乃以聞，他事安漢公、四輔平決[44]。州牧、二千石及茂材吏初除奏事者，輒引入，至近署對[45]安漢公，考故官[46]，問新職[47]，以知其稱否[48]。」於是莽人人延問，密致恩意[49]，厚加贈送，其不合指，顯奏免之，權與人主侔[50]矣。

置羲和[51]官，秩二千石。

夏，五月丁巳朔[52]，日有食之。大赦天下。公卿以下舉敦厚能直言者[53]各一人。

王莽恐帝外家衛氏[54]奪其權，白太后：「前哀帝立，背恩義，自貴外家[55]丁、傅，撓亂[56]國家，幾危社稷。今帝以幼年復奉大宗為成帝後，宜[2]明一統之義[57]，以戒前事，為後代法。」六月，遣甄豐奉璽綬，即拜帝母衛姬為中山孝王后。賜帝舅衛寶、寶弟玄爵關內侯。賜帝女弟三人號曰君[58]，皆留中山，不得至京師。

扶風[59]功曹申屠剛以直言對策曰：「臣聞成王幼少，周公攝政，聽言下賢[60]，均權布寵[61]，動順天地，舉措不失，然近則召公[62]不說，遠則四國流言[63]。今聖主始免襁褓[64]，即位以來，至親分離，外戚杜隔，恩不得通。且漢家之制，雖任英賢，猶援姻戚[65]，親疏相錯[66]，杜塞間隙，誠所以安宗廟，重社稷也。宜亟遣使者徵中山太后，置之別宮，令時朝見，又召馮、衛二族，裁與冗職[67]，使得執戟親奉宿衛，以抑患禍之端，上安社稷，下全保傅。」莽令太后下詔曰：「剛所言僻經妄說[68]，違背大義！」罷歸田里。

丙午[69]，封魯頃公[70]之八世孫公子寬[71]為褒魯侯，奉周公祀；封褒成君孔霸曾孫均為褒成侯[72]，奉孔子祀。

詔「天下女徒[73]已論[74]，歸家，出雇山錢[75]，月三百。復貞婦，鄉一人[76]。大司農部丞十三人，人部一州[77]，勸農桑。」

秋，九月，赦天下徒。

【章旨】以上為第四段，寫王莽運用權術，給自己加號安漢公，又直接代替太皇太后主宰朝政，鋪平了逼宮篡位的道路。

【注釋】❶風　暗示。❷益州　漢十三部州之一。治所洛，在今四川廣漢北。此代指益州刺史。❸越裳氏　南方越族一支。這是王莽讓人假託為越裳氏。❹重譯　形容路遠，民族眾多，語言不通，需多次翻譯才能通達。❺薦宗廟　獻祭宗廟。❻周成白雉之瑞　周成王曾獲白雉，朝野以為祥瑞。❼周公及身在而託號於周　周公因有大功，在他活著的時候便被授予尊號。❽益戶疇爵邑　增加王莽封邑人戶，以使與爵號相稱。疇，等。❾具其事　詳細報告事情的始末。❿定策　指立平帝。⓫獨條光等功賞　單獨條列孔光等人的功績進行獎賞。⓬寢置臣莽二句　把我王莽擱置一旁，不要和孔光等人列在一起受封賞。

⑬無偏無黨二句　語出《尚書·洪範》，意謂公正無私，王道坦蕩。⑭骨肉　指王莽與太皇太后有親。⑮丙辰　二月二十八日。⑯莽尚未起　指上文王莽稱病不理朝政，至此四人已受封賞之際，仍未上朝理事。⑰克讓　克己而退讓。⑱朝所宜章　朝廷還是應當表彰。章，通「彰」。⑲明重元功　明白地宣示尊重首功。⑳元元　老百姓。㉑幹　主管。㉒讓還　退回。㉓家給　家家豐足。㉔奉賜皆倍故　俸祿與賞賜都比過去多一倍。㉕以聞　再加以報告。㉖建言　建議。㉗開明為王　建平二年，劉雲死，封國除，今以劉雲子劉開明繼為東平王。㉘成都為中山王　東平思王劉宇乃漢宣帝之子，宣帝繼承帝位，今以劉宇孫劉成都為中山王，以奉中山孝王之後。㉙耳孫　曾孫。㉚同產子　同母兄弟之子。㉛宗室屬未盡而以罪絕者二句　宗室親屬因罪而被除宗屬籍者，恢復其宗屬的身分。㉜致仕　退休。㉝參分故祿　將其原來享受的俸祿分成三份。㉞終其身　享受原俸祿三分之一，到死為止。㉟恩澤之政　優惠的政策。㊱媚說　獻媚取悅。說，通「悅」。㊲厭政　厭惡政事。㊳以功次遷　按照功勞或資歷升遷。㊴及州部所舉茂材異等吏　指州刺史以「茂材異等」之名而舉薦為吏的人。㊵多不稱　多數不稱職。㊶宜皆見安漢公　應該都先去晉見王莽。㊷春秋高　年紀大了。㊸親省　親自過問。㊹平決　評議決定。㊺對　答問。㊻考故官　考核其任前職的政績。㊼問新職　問其任新職的打算。㊽稱否　稱職與否。㊾密致恩意　私送恩情。㊿侔　相等。(51)羲和　官名，王莽篡位後改大司農為羲和。(52)丁巳朔　五月初一日。(53)敦厚能直言者　漢代察舉中的科目名。(54)衛氏　平帝乃中山衛姬所生。(55)自貴外家　使外家尊貴。(56)撓亂　擾亂。(57)一統之義　指既承帝統，不得再顧私親。(58)賜帝女弟三人號曰君　以太皇太后詔賜平帝的三個妹妹謁臣、皮、鬲子都為封君。女弟，妹。號曰君，即封謁臣號修義君，皮為承禮君，鬲子號尊德君。(59)扶風　郡名，治所內右史地，在今陝西咸陽東。(60)聽言下賢　聽取直言，禮賢下士。(61)均權布寵　均衡權力，廣布恩寵。(62)召公　與周公同為西周成王輔政大臣。(63)四國流言　四方對周公攝政均有流言蜚語，認為將不利於成王。(64)始免襁褓　剛離開童年。時平帝年僅十歲。(65)猶援姻戚　還要靠親戚做外援。(66)親疏相錯　親戚與賢臣並用。(67)裁與冗職　安排給與散職。(68)僻經妄說　離經叛道的邪說。(69)丙午　六月二十日。(70)魯頃公　名讎，魯國末世君。魯國於秦孝文王元年（西元前二五〇年）為楚所滅。(71)公子寬　封褒魯侯後即死，十一月由相如嗣爵，更姓公孫氏，後又更為姬氏。封國在南陽（今河南南陽）。(72)褒成侯　孔均，孔霸曾孫。封國在瑕丘（今山東兗州東北）。(73)女徒　女犯人。(74)已論　已定過罪。(75)歸家二句　按漢制，女子犯罪，要進山砍柴六月，今詔令歸家，只出一些錢，名義上雇人代役，故稱雇山錢。(76)復貞婦二句　恢復表彰貞婦，每鄉一人。(77)人部一州　每人管一州。

【校記】①及 原無此字。據章鈺校，甲十六行本、乙十一行本、孔天胤本皆有此字，張敦仁《通鑑刊本識誤》同，今據補。②宣 據章鈺校，甲十六行本作「宣」。

【語譯】孝平皇帝上

元始元年（辛酉 西元一年）

春，正月，王莽暗示益州刺史，命令邊塞外的蠻族自稱越裳氏部落，通過幾重翻譯才語言相通，向中國獻上一隻白色的野雞，兩隻黑色的野雞。王莽稟報太后，請她下詔令，把白色野雞獻祭宗廟。因此，群臣極力讚美王莽的功德，說他「召來周成王獲得白色野雞的祥瑞，周公在世時，就賜號為周公，現在王莽應賜號為安漢公，增加封邑人戶，以與爵號相稱。」太皇太后下詔，令尚書詳細報告這件事。王莽上書說：「臣和孔光、王舜、甄豐、甄邯共同決策擁立當今皇帝，現在希望只條列孔光等人的功績行賞，將臣的一點貢獻放下，就不要和他們一起列舉。」甄邯奏請太皇太后下詔說：「『不偏私，不偏袒，王道坦蕩。』你有安邦定國的大功，不能因為你是我的骨肉親戚，就遮蓋隱瞞起來而不宣揚，你不要推辭！」王莽又多次上奏堅決推辭，甚至稱病不視事，左右大臣稟報太皇太后，「最好不要強奪王莽的心意，只給孔光等人論功行賞」，王莽才肯起身入朝視事。二月二十八日丙辰，太皇太后下詔：「任命太傅、博山侯孔光為太師，車騎將軍、安陽侯王舜為太保，都增為萬戶侯；又任命左將軍、光祿勳甄豐為少傅，封為廣陽侯；他們三人都授予四輔的職位。封侍中、奉車都尉甄邯為承陽侯。」四人接受了封賞後，而王莽還沒有上朝理事。群臣又上奏說：「王莽雖然謙讓，但朝廷應當彰明他的功績，及時予以獎賞，明白地宣示尊重首功，不要使百官和民眾感到失望！」太皇太后就下詔：「任命大司馬、新都侯王莽為太傅，主管四輔之事，號為安漢公，增加封邑二萬八千戶。」於是，王莽假裝感到惶恐，不得已而起身視事，接受太傅、安漢公的稱號，退還增加封邑的賞賜，說：「臣希望等待天下百姓都能豐足之後接受加賞。」群臣又替王莽力爭，太后下詔說：「安漢公自己期望天下百姓都豐足，這可以聽從他，只有他的俸祿和歲時常賜著明在令，應當比往常增加一倍。等到天下百姓都能自給自足時，大司徒、大司空再行奏報。」王莽還是推辭不肯接受，並建議表揚獎賞宗室群臣，冊立已故東平王劉雲的太子劉開明為東平王；又冊立已故東平思王劉宇的孫子劉成都為中山王，承奉中山孝王之後；封宣帝的曾孫劉信等三十六人都為列侯；又封太僕王惲等二十五人為關內侯。又命諸侯王公、列侯、關內侯，凡沒有兒子而有孫子或同母兄弟的兒子的，都可承繼王侯爵位；皇宗近親關係未應斷絕，因犯罪而被斷絕的，恢復其屬籍；全國俸祿比二千石以上的官吏因年老退休的，以原俸祿的三分之一作為退休金，直至死為止。下至平民百姓、鰥夫寡婦，有關恩德之政，無所不施。

王莽已討好了全國的官員和民眾，又想獨斷權力，他知道太后年老，厭惡政事，就示意公卿上奏說：「從前官吏因功績按順序逐漸升到二千石的高官，以及部刺史所推薦的茂材異等的人，為官大多數不稱職，應當讓他們都去見安漢公，由安漢公親自考察。此外，太后年事已高，不適宜再親自過問小事。」讓太皇太后下詔說：「從今以後，只有封爵之事奏報，其他事情安漢公、四輔決定處理。州牧、二千石以及茂材出身的，第一次任職和上疏奏事的，應該引進召見，到大內的官署接受安漢公問答，由安漢公考核他們任前職的治績，詢問新上任後如何施政，從而瞭解他們是否稱職。」於是王莽對官員一一召見詢問，私送恩情，贈送豐厚禮品，其中不合他旨意的人，公開奏報，予以免職，王莽的權勢與皇帝相當了。

設置羲和官職，官秩二千石。

夏，五月初一日丁巳，發生日蝕。大赦天下。公卿以下官員各舉薦一位敦厚能直言的人。

王莽怕平帝外戚衛氏奪去他的權力，就稟告太后說：「先前哀帝登基，背離恩義，只使自己外戚丁、傅二家顯貴，擾亂了國家，幾乎使國家處於危險境地。如今平帝年幼，又繼承大宗而成為成帝之後，應當明示正統相承的大義，以防備再次出現從前的事情，並為後代所效法。」六月，派遣甄豐捧著璽綬，在中山國拜平帝的母親衛姬為中山孝王后，賜平帝舅父衛寶、衛玄為關內侯。賜給平帝的三個妹妹尊號為君，都留在中山國，不得到京師。

扶風郡功曹申屠剛用正直之言對策說：「臣聽說周成王年幼，周公旦攝政，聽取直言，禮賢下士，均衡權力，廣施恩寵，行動都順應天地之心意，舉措沒有過失，然而近處召公不滿，遠處管、蔡、商、奄四國散布流言蜚語。如今皇上剛離襁褓，即位以來，與親骨肉分離，外戚隔絕，恩情不能相通。況且漢朝制度，即使任用優秀賢良人才，仍然要引進姻親，親疏交錯，堵塞空隙，這是用來安定宗廟，鞏固社稷的良策。應當趕快派遣使者徵召中山太后進京，安置於別宮，讓母子按時相見，再徵召馮、衛兩家來京，僅給與散職，讓他們手持武器，親自擔任宮中的警衛，以抑制禍患的發生，上安國家社稷，下保師傅。」王莽讓太皇太后下詔說：「申屠剛的話，是離經叛道的邪說，違背大義！」罷免申屠剛的官職，返回鄉里。

六月二十日丙午，封魯頃公的八世孫公子姬寬為褒魯侯，承奉周公的祭祀；又封褒成君孔霸的曾孫孔均為褒成侯，承奉孔子的祭祀。

太皇太后下詔「天下凡是已判刑的女子，准予回家，出雇人上山伐木之錢，每人每月三百。恢復表揚貞婦的制度，每鄉推薦一名貞婦。大司農部丞十三人，每人負責一州，前往鼓勵農婦耕織。」

秋，九月，赦免天下囚犯。

二年（壬戌　西元二年）

春，黃支國❶獻犀牛。黃支在南海中，去京師三萬里。王莽欲燿威德，故厚遺其王，令遣使貢獻。

越巂郡❷上黃龍游江中，太師光、大司徒宮等咸稱「莽功德比❸周公，宜告祠宗廟。」大司農孫寶曰：「周公上聖，召公大賢，尚猶有不相說，著於經典，兩不相損。今風雨未時❹，百姓不足，每有一事，羣臣同聲❺，得無非其美者❻！」

時大臣皆失色，甄邯即時承制罷議者❼。會寶遣吏迎母，母道病，留弟家，獨遣妻子。司直陳崇劾奏寶，事下三公即訊❽。寶對曰：「年七十，誖眊❾，恩衰共養，營妻子，如章❿。」寶坐免，終於家。

帝更名衎。

三月癸酉⓫，大司空王崇謝病⓬免，以避王莽。

夏，四月丁酉⓭，左將軍甄豐為大司空，右將軍孫建為左將軍，光祿勳甄邯為右將軍。○立代孝王⓮玄孫之子如意為廣宗王，江都易王⓯孫盱台侯宮為廣川王，廣川惠王⓰曾孫倫為廣德王。紹封漢興以來大功臣之後周共⓱等皆為列侯及關內侯，凡百一十七人。

郡國大旱、蝗，青州⓲尤甚，民流亡。王莽白太后：宜衣繒練⓳，頗損膳⓴，以示天下。莽因上書願出錢百萬，獻田三十[1]頃，付大司農助給貧民。於是公卿皆慕效㉑焉，凡獻田宅者二百三十人，以口賦貧民㉒。又起五里㉓於長安城中，宅二百區㉔，以居貧民。莽帥群臣奏太后言：「幸賴陛下德澤，間者風雨時㉕，甘露降，神芝生㉖，蓂莢㉗、朱草㉘、嘉禾㉙，休徵㉚同時並至。願陛下遵帝王之常服㉛，復太官之法膳㉜，使臣子各得盡驩心，備共養！」莽又令太后下詔，不許。

每有水旱，莽輒素食，左右以白太后。太后遣使者詔莽曰：「聞公菜食，憂民深矣。今秋幸孰[33]，公以時[34]食肉，愛身為國！」

六月，隕石于鉅鹿二。

光祿大夫楚國龔勝、太中大夫琅邪[35]邴漢以王莽專政，皆乞骸骨。莽令太后策詔之曰：「朕愍[36]以官職之事煩大夫，大夫其脩身守道，以終高年。」皆加優禮[37]而遣之。○梅福知王莽必篡漢祚，一朝棄妻子去，不知所之。其後，人有見福於會稽[38]者，變姓名為吳市門卒[39]云。

秋，九月戊申晦[40]，日有食之，赦天下徒。○遣執金吾候陳茂諭說江湖賊成重等二百餘人皆自出[41]，送家在所收事[42]。重徙雲陽，賜公田宅[43]。王莽欲悅[44]太后以威德至盛，異於前，乃風單于令遣王昭君[45]女須卜居次云入侍太后，所以賞賜之甚厚。

車師後王國[46]有新道通玉門關，往來差近[47]，戊己校尉[48]徐普欲開之。車師後王姑句[49]以當道供給使者[50]，心不便[51]也。普欲分明其界[52]，然後奏之，召姑句使證[53]之，不肯，繫之[54]。其妻股紫陬謂姑句曰：「前車師前王為都護司馬所殺，今久繫必死，不如降匈奴！」即馳突[55]出高昌壁[56]，入匈奴。又去胡來王[57]唐兜與赤水羌58數相寇，不勝，告急都護，都護但欽不以時59救助。唐兜困急，怨欽，東守玉門關。玉門關不內60，即將妻子、人民千餘人亡61降匈奴。單于受置左谷蠡地62，遣使上書言狀63曰：「臣謹已受。」詔遣中郎將韓隆等使匈奴，責讓64單于。單于叩頭謝罪，執二虜65還付使者。詔使中郎將王萌待於西域惡都奴66界上。單于遣使送，因請其罪67，使者以聞。莽不聽，詔會西域諸國王，陳軍68斬姑句、唐兜以示之。乃造設四條，中國人亡入匈奴者，烏孫亡降匈奴者，西域諸國佩中國印綬降匈奴者，烏桓降匈奴者，皆不得受69。遣中郎將王駿、王昌、副校尉甄阜、王尋使匈奴，班四條與單于70，雜函封71，付單于，令奉行，因收故宣帝所為約束72封函還。時莽奏令中國不得有二名73，因使使者以風單于，宜上書慕化74，為一名，漢必加厚賞。單于從之，上書言：「幸得備藩臣，竊樂太平聖制。臣故名囊知牙斯，今謹更名曰知。」莽大說，白太后，遣使者答諭，厚賞賜焉。

莽欲以女配帝為皇后以固其權，奏言：「皇帝即位三年，長秋宮75未建，掖庭媵未充76。乃者國家之難，本從無嗣，配取不正77，請考論五經，定取后禮78，正十二女之義79，以廣繼嗣，博采二王後80及周公、孔子世81、列侯在長安者適子女82。」事下有司，上眾女名83，王氏女多在選中者，莽恐其與己女爭，即上言：

「身無德，子材下[84]，不宜與眾女並采[85]。」太后以為至誠，乃下詔曰：「王氏女，朕之外家，其勿采。」庶民、諸生、郎吏以上守闕上書者日千餘人，公卿大夫或詣[86]廷中，或伏省戶下[87]，咸言：「安漢公盛勳堂堂[88]若此，今當立后，獨奈何廢公女[89]，天下安所歸命[90]？願得公女為天下母[91]！」莽遣長史以下分部[92]曉止公卿及諸生，而上書者愈甚。太后不得已，聽[93]公卿采莽女。莽復自白：「宜博選眾女。」公卿爭曰：「不宜采諸女以貳正統[94]。」莽乃白：「願見女[95]。」

【章 旨】以上為第五段，寫王莽上欺太皇太后，下壓群臣，耍盡權術表演政治秀，沒有一個敢於直言的人勸阻，西漢國祚，走到了盡頭。

【注 釋】❶黃支國 古國名，在今印尼蘇門答臘西北部亞齊附近。傳見《漢書》卷二十八下。❷越巂郡 郡名，在今四川西昌東南。❸比 相當於。❹風雨未時 風不調雨不順。❺同聲 眾口一辭。❻得無非其美者 恐怕不是什麼好事。❼罷議者 停止爭議。❽即訊 立即訊問。❾誖眊 年老糊塗。❿恩哀共養三句 母親供養較差，只知照顧妻子，像奏章所說的那樣。共，通「供」。⓫癸酉 三月二十一日。⓬謝病 稱病。⓭丁酉 四月十六日。⓮代孝王 文帝子劉參，封代王。今以代孝王玄孫之子劉如意封為廣宗王以繼。傳見《漢書》卷十四。⓯江都易王 劉非，景帝子，封江都王，今以其孫劉宮繼爵為廣川王。廣川王，為廣世王之誤。傳見《漢書》卷十四。⓰廣川惠王 劉越，景帝子。現以惠王曾孫劉倫繼封。傳見《漢書》卷十四。⓱周共 人名，絳侯周勃玄孫。⓲青州 州名，治所臨淄，在今山東臨淄。⓳繒練 無花紋的絲織品。⓴損膳 減少膳食費用。㉑慕效 仿效。㉒以口賦貧民 將田宅按人口數分給貧民。㉓五里 五個里（居住區）。里，里坊。㉔宅二百區 建民宅二百所。㉕風雨時 風調雨順。㉖神芝生 神異靈芝出現。古人認為靈芝是瑞草。㉗蓂莢 甜菜。古人認為是瑞草。㉘朱草 紅草，也是瑞草。㉙嘉禾 特別粗壯的稻禾，古人視為祥瑞。㉚休徵 嘉兆祥瑞。㉛遵帝王之常服 按規定穿皇帝的正常服裝。[32]復太官之法膳　恢復太官正常的膳食供應。[33]孰　通「熟」。指豐收。[34]以時　按時。[35]琅邪　郡名，治所東武，在今山東諸城。[36]愍　憐惜。[37]加優禮　給予優厚的待遇。[38]會稽　郡名，治所吳縣，在今江蘇蘇州。[39]吳市門卒　吳縣市場之守門卒。[40]戊申晦　九月三十日。[41]皆自出　都出來自首。[42]送家在所收事　送至家庭所在地收留安排。[43]賜公田宅　賜給他公田和屋宅。[44]悅　取悅。[45]王昭君　名嬙，元帝時被選入宮，自請嫁匈奴呼韓邪單于，對促進漢匈友好關係，起了一定的作用。[46]車師後王國　治務塗谷，在今新疆吉木薩爾南山中。傳見《漢書》卷九十六下。[47]差近　比較近。[48]戊己校尉　官名，元帝初元元年（西元前四八年）置，掌管西域事務。[49]姑句　車師後王國國王。[50]當道供給使者　正當新路，要承擔供給過往使者的負擔。[51]心不便　心裡不願意。[52]分明其界　劃清界線。[53]證　確認。[54]繫之　囚禁起來。[55]馳突　騎馬奔突。[56]高昌壁　高昌乃古城名，故址在今新疆吐魯番東，城牆乃夯土築成，漢稱高昌壁或高昌壘，是為防衛匈奴而建。[57]去胡來王　婼羌國王號，意謂去胡歸漢之意。婼羌，在今新疆巴音郭楞蒙古自治州南部。[58]赤水羌　居住在赤水的羌族的一支，故地在今青海興海縣境內。[59]不以時　不按時；不及時。[60]不內　不接納。內，通「納」。[61]亡　出走。[62]受置左谷蠡地　匈奴接受唐兜等並將其安置在左谷蠡王所轄地。[63]言狀　報告當時狀況。[64]責讓　責備。[65]二虜　指車師後王姑句與去胡來王唐兜。[66]惡都奴　谷名，位於漢時西域與中原地區的邊界地區。[67]單于遣使送二句　匈奴單于派使者將姑句與唐兜交給漢使，並向漢廷請求寬恕他們的罪過。[68]陳軍　軍隊列成陣勢。[69]受　接受。[70]班四條與單于　漢匈以長城為界，互不犯邊，互不接受對方的降人。匈奴還受四條約束：一、逃亡到匈奴的中國人；二、逃亡到匈奴的烏孫王國人；三、逃亡到匈奴的西域各國接受中國封爵的人；四、逃亡到匈奴的烏桓族人。這四種人匈奴均不得收納。[71]雜函封　將四條約束與璽書同封一函。[72]宣帝所為約束　漢宣帝甘露四年（西元前五〇年），漢匈兩國約定，長城以南漢有之，長城以北匈奴有之，有降者不得受。現在，王莽收回原來宣帝所訂約束，而以新的四條約束來代替。[73]二名　兩個字的名字。[74]慕化　嚮往並接受教化。[75]長秋宮　皇后宮名。長秋，即年年豐收之意。[76]掖庭媵未充　後宮嬪妃未充實（指未達到規定限額）。[77]本從無嗣二句　因沒有固定的繼承人，后妃的來路又不正所造成的。[78]取后禮　迎娶皇后的禮儀。取，通「娶」。[79]十二女之義　此沿用古禮，據《公羊傳》載，周天子有十二位后妃。[80]二王後　商、周天子的後裔。[81]周公孔子世　周公、孔子的後裔。[82]適子女　古代宗法制度確定只有嫡妻（正妻）所生子女才有繼承權。[83]上眾女名　上報眾女子的名單。[84]身無德二句　我自身無德，女兒材行也不高。此王莽自謙之詞。[85]並采　和其他女子一起選拔。[86]詣　往。[87]伏省戶下　指到政府各部門。[88]盛勳堂堂　功業盛大的樣子。[89]獨柰何廢公女　為什麼偏要排除王莽的女兒。[90]天下安所歸命　怎能使天下歸心呢。[91]天下母即皇后。92分部　分別。93聽　任憑；聽任。94以貳正統　指皇后應選王莽女，否則便會出現兩個正統。95願見女　願意讓宮廷來考察自己的女兒。

【校　記】1十　據章鈺校，孔天胤本作「千」。

【語　譯】二年（壬戌　西元二年）

春，黃支國進貢犀牛。黃支國在南海中，距離京師三萬里。王莽想要炫耀威德，所以送給黃支國王以厚禮，讓黃支國王派使臣進貢。

越巂郡報告黃龍在長江中游動，太師孔光、大司徒馬宮等都認為「王莽的功德可以與周公相比，應該告祭宗廟。」大司農孫寶說：「周公是最高的聖人，召公是最大的賢人，他們兩人尚有不和睦，明顯地記載在經典，但對兩人的聲譽並沒有損害。現在風雨失調，百姓貧困，每有一件事情，群臣異口同聲讚揚，恐怕不是什麼好事！」當時大臣們都驚恐變色，甄邯立即宣布奉旨停止議論。適逢孫寶派遣府吏迎接母親，母親在途中患病，就留住在孫寶弟弟的家中，只送孫寶的妻子到京師。司直陳崇藉此事彈劾孫寶，事情交由三公立即審訊。孫寶回答說：「我年已七十，老邁糊塗，供養母親的恩情衰退，只照顧妻子，和奏章所說的一樣。」孫寶獲罪免職，病死家中。

平帝更名為劉衎。

三月二十一日癸酉，大司空王崇稱病免職，以此來避讓王莽。

夏，四月十六日丁酉，任命左將軍甄豐為大司空，右將軍孫建為左將軍，光祿勳甄邯為右將軍。○封立代孝王劉參玄孫的兒子劉如意為廣宗王，江都易王劉非的孫子盱台侯劉宮為廣世王，廣川惠王劉越的曾孫劉倫為廣德王。續封漢興以來大功臣的後代周共等為列侯或關內侯，共一百一十七人。

郡國大旱，發生蝗災，青州尤為嚴重，百姓流散逃亡。王莽稟報太后：宮中應該改穿沒有文采的絲服，大大減少膳食費用，向天下人表示皇室節儉。王莽乘機上書，願意捐錢一百萬，獻田三十頃，交歸大司農以賑濟貧民。於是，公卿大臣全都仿效，共有二百三十人捐獻田宅，依照貧民人數而分給田宅。又在長安城裡建了五個里坊，共有住宅二百所，用以安置貧民。王莽率領群臣上奏太后說：「有幸仰賴陛下的恩德，近來風雨適時，甘露下降，神異靈芝出現，蓂莢、朱草、嘉禾，祥瑞嘉兆同時並至。希望陛下仍穿帝王的正常服裝，恢復供應正常的膳食，使臣子各能竭盡歡心，精心供養！」王莽又讓太皇太后下詔，表示不同意。每逢有水、旱災害，王莽就吃素食，左右近臣就把這事稟報太皇太后。太皇太后派使臣詔令王莽說：「聽說安漢公只吃素食，為人民憂心太深了。今年秋天莊稼幸而豐收，你應當按時吃肉，為國家愛護自己的身體！」

六月，有兩顆隕石墜落在鉅鹿縣。

光祿大夫楚國人龔勝、太中大夫琅邪人邴漢因王莽專權，都請求辭職。王莽讓太皇太后下策書說：「朕很可憐以官職之事煩勞兩位大夫，你們可以修身守道，以終天年。」都給予優厚的賞賜，遣送回鄉。○梅福知道王莽必定會篡奪漢朝政權，有一天拋棄妻子出走，不知去向。後來，有人在會稽郡看到梅福，說是已更名換姓，在吳縣守門。

秋，九月最後一天三十日戊申，發生日蝕，赦免天下囚犯。○派遣執金吾候陳茂去勸說江湖盜賊成重，成重等二百餘人都出來自首，把他們各自送回原籍安置。成重則遷到雲陽縣安頓，並賜給他公田和住宅。

王莽想讓太皇太后高興，說她的威望和恩德已達到頂點，不同於先前，就暗示單于，讓他派遣王昭君的女兒須卜居次云入宮奉侍太后，所以對單于的賞賜非常豐厚。

車師後王國有一條新道直通玉門關，往來比較近，戊己校尉徐普想拓寬成大道。車師後王姑句認為他們正處於西域前往中國的要衝，擔心漢朝派往西域使者的供給全落在他們身上，心裡不願意。徐普想要勘明新道的路線分界，然後上奏朝廷，就召來姑句，讓他證明新道的確較舊道為近，姑句不肯證實，徐普便將姑句扣押了。姑句的妻子股紫陬對姑句說：「從前車師前王被都護司馬所殺，現在你長久囚禁必死，不如投降匈奴！」當即疾馳奔突，出了高昌壁，逃入匈奴。婼羌國的去胡來王唐兜與相鄰的赤水羌多次互相攻擊，唐兜不能取勝，向西域都護告急，都護但欽沒有及時援助。唐兜被困危急，怨恨但欽，想向東進入玉門關。而玉門關守將又不讓他進關，他只好率領妻子、百姓千餘人逃亡投降匈奴。單于收容他們後，安置在左谷蠡王所居住的地方，派出使臣到漢朝把收容姑句、唐兜兩人的情況據實上奏，說：「我已接受他們來降。」朝廷下詔遣中郎將韓隆等出使匈奴，指責單于。單于磕頭謝罪，拘捕姑句、唐兜交給使者。漢朝下詔派遣中郎將王萌在西域惡都奴的邊界上等待。單于派遣使者護送漢使押解姑句、唐兜到惡都奴，藉機請朝廷寬恕他兩人的罪過，漢朝使節回到長安，向王莽轉告了單于的請求。王莽不理會，下詔召集西域各國國王來長安，陳列軍隊，當眾將姑句、唐兜斬首。還制定了四項條例：中國人逃亡到匈奴的，烏孫逃亡投降匈奴的，西域諸國佩帶中國印綬投降匈奴的，烏桓投降匈奴的，都不能接納。派遣中郎將王駿、王昌，副校尉甄阜、王尋出使匈奴，向單于頒布四條規定，將它與璽書同函封好，交付單于，命令單于遵照執行，就此機會將過去宣帝所制定的約束匈奴的詔令加封收回。這時王莽上奏命令中國人不准取兩個字的名字，因而讓使節暗示單于，應當上書表示嚮往並接受教化，改為一個字的名字，漢朝一定加以優厚的賞賜。單于同意了，上奏說：「臣單于有幸能充當漢朝的藩國臣屬，私下為太平聖制而高興。臣原名囊知牙斯，現在恭敬更名為知。」王莽大為高興，稟報太皇太后，派遣使節到匈奴答覆知曉，對單于厚加獎賞。

王莽想把女兒嫁給平帝成為皇后，藉以鞏固自己的權力，就上奏說：「皇帝即位已有三年，皇后尚未確定，掖庭陪嫁的女子也不夠數。以往國家的危難，在於皇帝無子，皇后的來路不正。請查考《五經》，制定聘娶皇后的禮儀，使天子一娶十二人的規定納入正軌，以廣求繼嗣，多方採納殷、周二王的後裔，周公、孔子的後代，以及列侯在長安的嫡女。」太皇太后把此事交由主管官吏辦理，主管官吏呈上眾女名單，王氏的女子多數在被選的名冊裡，王莽害怕她們和自己的女兒競爭，就上奏說：「我沒有高尚品德，女兒才能低下，因此她不適宜與眾女子一起參加挑選。」太后以為王莽是誠心實意，就下詔說：「王氏女子，是我的娘家人，就不必參加挑選。」庶民、諸生、郎吏以上官吏守候在皇宮大門前上奏的，每天有一千多人，公卿、大夫有的來到殿廷之中，有的俯伏在省門之下，一致請求說：「安漢公有如此高顯盛大的功德，如今立皇后，為什麼偏偏要排除王莽的女兒，天下人怎能歸心呢？臣等都希望安漢公的女兒做國母！」王莽派遣長史以下官員分別布置勸阻公卿及諸生的請願，但上書的人更多了。太皇太后不得已，就聽任公卿挑選王莽的女兒。王莽又為自己辯白說：「應當廣選眾女。」公卿們爭辯說：「不應當採納其他女子而有失正統。」王莽就說：「好吧，讓我女兒接受朝廷的考察。」

【研析】本卷有三大事件值得研析。其一，哀帝嬖幸董賢；其二，丞相王嘉之冤死；其三，王莽詐偽之術。分層討論如次。

一、哀帝嬖幸董賢。董賢是一個美男子，又天生一副媚骨，因其父董恭為御史，董賢得以為太子舍人，侍從哀帝劉欣。但直到哀帝即位兩年之後，董賢在殿下值班報時刻，才被哀帝發現，真是一見鍾情，立即升遷董賢，拜為黃門郎，不久又升為駙馬都尉侍中，出入宮禁，陪伴哀帝臥起，寵愛無比，董氏一門貴幸。哀帝升遷董賢之父為少府，賜爵關內侯。立董賢妹為昭儀，位次皇后。任命董賢弟為執金吾，董賢妻父為將作大匠。哀帝又詔令將作大匠用國家公款在皇家上林苑中給董賢蓋豪華宅第，董賢家中日用器物，乃至祭祀祖先器物費用，也由皇家供給。封董賢為高安侯，竟然在封策文中使用皇帝禪讓的命辭「允執其中」，而且哀帝也竟然在一次宴會上因醉酒說出禪位給董賢的話。哀帝昏糊到「不愛江山愛男寵」的地步。西漢國祚弄到這個地步，不亡何待。柏楊讀史至此深深長歎，寫下一段精彩評論，摘載以供欣賞。柏楊說：「劉欣先生跟董賢先生之間，是一種狂熱的同性戀。中國君王群中，劉欣不是唯一搞同性戀的君王，但他卻是為了同性戀，而把政府體制全部摧毀的君王。劉奭、劉驁，已把漢王朝蹂躪得奄奄一息，但官員人民效忠的慣性，仍在繼續，劉欣先生如果稍為有一點點正常，小心翼翼，收拾殘局，漢政府仍有維持下去的可能。然而，劉欣先生卻是個敗家子。任何一個富貴太久的家庭，最後必然要出個敗家子，把家產一掃而光。皇家的家產就是政權，這是中國傳統政治的悲劇——君王是一個擁有無限權威的司機，他如果決心把車開進萬丈深谷，誰都擋不住，誰都救不了。」西漢滅亡，社會階級矛盾還未到對立階級總爆發的程度，也就是爆發農民大起義的條件尚未成熟，而是統治階級自身腐朽，皇位繼承人一代不如一代，敗家子一個接一個，劉氏自毀江山，這叫做「自作孽，不可活」。陰謀家王莽應運而生。

二、丞相王嘉之冤死。漢哀帝昏庸誤國，親近小人，遠離君子。哀帝濫賞濫殺，群臣恐懼，噤若寒蟬。自元帝、成帝以來，長時期的是非顛倒，黑白混淆，正氣衰弱，邪氣狂熾，到哀帝一朝，滿朝文武，鮮有直言者。丞相王嘉，雖然才幹平庸，尚保持一絲正氣，他僅僅兩次上奏密封奏摺，勸諫哀帝不要過分寵信董賢，拒絕執行給董賢、傅晏、傅商、鄭業增加采邑，既非國家大政，又非當朝直諫，僅僅是提了一點正確建議，哀帝就要賜死王嘉。王嘉拒絕服毒自殺，拍案而起，對部屬說：「我王嘉有幸得位居三公，如果奉職不謹慎，辜負了國家的重託，應該在都市公開伏刑受死，用以昭示百姓。我身為丞相，難道要像一個婦女服毒自盡嗎？」何等慷慨，何等自信，正氣沖牛斗。王嘉理直氣壯接受審判，是對昏庸哀帝權威的挑戰。王嘉知道必死，但他要死個明白，讓天下人知道他的冤。於是哀帝更加憤恨，立即組織五位大臣會審，成立特別法庭，定要把王嘉打成鐵案，給他羅織罪狀。光祿大夫孔光指控「王嘉背叛國家，欺騙主上，大逆不道」，享有一代賢才美譽的孔光，原是一個偽君子，他是無限上綱。五大臣合議庭據此審問王嘉，王嘉一一駁斥。所謂「叛國罪」，指的是梁相等三人在審理東平王劉雲案件時，沒有按照哀帝旨意誣枉劉雲，王嘉替三人說了幾句公道話，被孔光上綱上線為不與哀帝同一條心，就是「背叛國家、欺騙主上」，自然是「大逆不道」之罪。議郎龔、永信少府猛認為罷官就夠了。五大臣只能按孔光定的調子判王嘉大逆之罪，卻又說不出道理。於是問王嘉：「照你的說法，我們如何定你的罪？」然後就刑訊逼供。王嘉自己認罪說：「我身為丞相，不能除掉奸邪，進用賢才，這就是辜負國家的罪。」五大臣問：「奸臣是誰？賢才是誰？」王嘉說：「奸臣是董賢，賢臣是孔光、何武。」說完絕食二十餘日而死獄中。

王嘉經過堂堂正正的五大臣會審，但沒有討回清白，仍然是蒙冤而死。這說明專制集權制度下的司法，權大於法，沒有公正可言。只要比你權大的人要你死，你就得死，你沒有罪，司法給你定罪。王嘉身為丞相，為百官之長，但他的權力大不過皇上，皇上要他死，他就得死，他不服毒好好死，就叫他皮開肉綻橫死、餓死。權臣專政，奸佞當道，當官的貪贓，那老百姓就沒活頭了。這是審理王嘉這場滑稽戲帶給人們的思考。

此外，相映成趣的是，王嘉說孔光是一代賢才，而恰恰是這個享有虛譽的賢才說話最毒，他揣摩哀帝心思，為哀帝代言，必置王嘉於死地。後來孔光又阿附王莽，分享了一杯篡國殘羹。那麼王嘉為何又說孔光是一代賢才呢？主要原因有二。一是孔光雖然虛偽奸猾，但還不是奸險陰毒之人。孔光圓滑世故，是根牆頭草，哪邊風大，就往風吹的方向倒，他只是苟且偷生要自保。孔光給王嘉上綱上線，陰暗心裡是要奪他的相位。孔光損人利己，當然是壞；奸險陰毒之人，損人不利己，壞中之壞。二是，當時賢人隱蔽，孔光雖壞，當不是壞中之壞。王嘉直臣，在矮子裡拔將軍，為國家惜才，美言孔光，可以說是以德報怨了。

孔光可鄙，王嘉可嘉。王嘉之死，惜哉！冤哉！

三、王莽詐偽之術。元、成、哀三代昏君，把個西漢王朝弄得國將不國。恰好王莽姑母王政君為漢元帝皇后，生子成帝劉驁，她又高壽，經歷元、成、哀、平四朝，身分屢變，皇后、皇太后、太皇太后。皇帝死後，皇后、皇太后、太皇太后就成為皇室政權的象徵，享有極高的威望，在新舊兩君交替之際代掌皇權。王政君生性賢淑，才能平庸，不喜好專權，這一切為王莽篡漢鋪平了道路。王莽是一個野心家和政治家，他的才幹當世莫及。王莽類似曹操，從小就有心眼，成年後深謀遠慮，每下一步棋都有精確計算。王莽對上討好王政君，對下沽名釣譽，獲取好名聲，待士卑恭謙讓，在朝中有好人緣。王莽兄早死，有子名王光，王莽恩養視為己出。王光為博士弟子，王莽在休息日親自帶上羊肉美酒慰問王光的老師，一併慰問王光的同學，博取好名聲。哀帝即位，王莽受到哀帝外戚傅氏集團的排擠，一度罷官歸第。王莽閉門謝客，韜光養晦。他的中子王獲殺奴，王莽令其子償命自殺，表示王子犯法與庶民同罪。王莽這樣做，就事件本身無可指責，但他作為攫取政權的手段，不僅殘忍，而且狡詐。當哀帝死後，王政君立即召王莽入京，官復大司馬，奪了董賢的權，王莽的兇殘本性立刻顯露無遺。王莽立即報復，逼殺董賢，打擊政敵，誅殺斥逐傅氏、丁氏外戚集團及廢皇后趙飛燕等。這些亂國嬖幸和外戚，應當剷除，不過王莽是帶著報復心理，手段殘忍。對潛在政敵也毫不手軟。紅陽侯王立是太皇太后王政君親弟，並無過錯，王莽擔心王立說他壞話，把他排斥出京。大司徒何武、大司空彭宣、大司農孫寶稍有不滿，王莽罷了他們的官。丞相孔光，原本是見風使舵之徒，由於他的名聲高，王莽也要排斥，讓他去做小皇帝的師傅，明升暗降，奪其實權。王莽在排斥異己的同時，安插私黨，王舜、王邑、甄豐、甄邯、崔發、陳崇等碌庸小人受到重用。王莽還利用王政君依賴他的心理，動不動就稱病不辦公，讓群臣三請，王政君遷就，冠冕堂皇地達到私欲的目的。王莽送女兒入宮是一個最典型的例證。本來王莽有絕對權威讓太皇太后王政君出面給小皇帝平帝指婚，直選王莽之女。王莽不這樣做，他要發令公選，太后、大臣來評論選一個最優秀的女子。王莽自知他的女兒不夠條件，卻偏要用這樣的方式把女兒送進宮中，既撈取公正之名，又宣揚了他的女兒是絕對的天下第一。王莽的辦法是，自己的女兒不參選，鬧得大臣不幹，三番五次上書太皇太后要求王莽之女參選。如此一番折騰，誰還敢送女參選。於是王莽之女大搖大擺以天下第一優秀女子堂皇入宮為皇后。王莽明明是自己要做安漢公，卻也是群臣三請，自己多次謙讓才肯俯允。王莽每謙讓一次，就向篡國地位前進了一步，謙讓得越厲害，奪取的權力就越多。如此詐偽之術在中國歷史上，除了曹操，沒有第二個人可與王莽相比。

◎新譯漢書

吳榮曾、劉華祝／等注譯

班固所撰的《漢書》是二十四史中的第一部斷代史，全書包括十二帝紀、八表、十志、七十傳，載述從西漢開國迄王莽新朝止，二百二十九年間的歷史與人物，是繼《史記》之後，中國史書中的不朽之作。它的體例雖仿自《史記》，但結構和內容要比《史記》完善和豐富，為後世斷代史的編撰奠定了基礎。《漢書》在文學上也有很高的成就，被譽為「文章雄跨百代」。本書全套共十冊，由北京大學著名歷史學者吳榮曾先生主持，三十餘位教授學者共同參與注譯，提供今人閱讀《漢書》最佳的幫助。

◎新譯後漢書

魏連科／等注譯

《後漢書》系統記述了東漢一百九十四年的歷史，是後人研究東漢史事的主要依據。它與《史記》、《漢書》、《三國志》合稱「前四史」。范曄參考諸多當時有關東漢歷史的著作，以敏銳的史鑑和深厚的修史功力，取長補短，去偽存真，在舊有體例上有所新創，並提出「正一代得失」的著史主張，而成其一家之書。本書由十數位學識俱富的歷史學者共同注譯，以南宋紹興年間刻本為底本，以明汲古閣本、清武英殿本和王先謙《集解》本等為校本，參考近人研究成果，詳為校勘注譯，提供今人閱讀與研究《後漢書》最佳之讀本。

◎新譯三國志

梁滿倉、吳樹平／等注譯

三國時代，群雄逐鹿，人才輩出，政治、軍事、外交上的風雲變幻，高潮迭起，陳壽以其優異的修史才能，善於掌握材料，剪裁有序，敘事出色，文筆簡鍊，精彩記錄此一風雲時代的真實面貌，《三國志》也成為中國史學發展史上的一部傑作。本書由中國社科院等十數位歷史學者共同注譯，以集校注大成的清盧弼所撰《三國志集解》為底本，校以其他善本，注釋汲取裴松之《三國志》注的菁華，輔以深入淺出的導讀、研析等，提供今人閱讀與研究《三國志》最佳之佐助。